RESEARCH ON THE
MENTAL HEALTH EDUCATION

心理健康教育研究

第六卷

心理健康教育基础应用研究

俞国良　著

北京师范大学出版集团
BEIJING NORMAL UNIVERSITY PUBLISHING GROUP
北京师范大学出版社

总　序

────────

2000 年迄今的二十多年间，受教育部委托我主持了《中小学心理健康教育指导纲要》《中等职业学校学生心理健康教育指导纲要》《高等学校学生心理健康教育指导纲要》调研和政策编制工作，以及专项心理健康教育政策和相关课程标准的研制工作。在此过程中，我逐步放弃原来的社会心理学、发展心理学等研究领域，全身心专注于心理健康教育的理论探索和实证研究。经过十年磨一剑的不懈努力与辛勤耕耘，目前有所斩获。这就是摆在您面前的《心理健康教育研究》(全六卷)中辑录的六个专题研究。

第一卷"中小学校心理健康教育研究"。本专题研究立足调研，对中小学心理健康教育的现状、特点、影响因素和量表编制等进行了阐述，旨在提供适合中小学生发展需要的心理健康教育。

第二卷"高等学校心理健康教育研究"。本专题研究从总论、高职院校和普通高校调研、实证研究诸方面入手，试图全景式展现大学生心理健康教育的现状、特点和存在的问题及其教育对策。

第三卷"心理健康教育学科融合研究"。心理健康问题错综复杂，它是多学科领域的研究对象，需要协同"作战"。"新长征"刚刚开始，之后"路漫漫其修远兮，吾将上下而求索"。

第四卷"心理健康教育前沿问题研究"。唯其"前沿"必须有新意、有创新。本专题研究从理论研究、领域研究和应用研究三个方面进行了系统梳理，也是我目前继续努力的方向和目标。

第五卷"心理健康经典理论思想研究"。本专题研究精心选择了18位心理健康研究术业有专攻的心理学大师的理论思想，试图从大师们的著述和研究中，和大家一起寻找曾经失去的"经典家园。"

第六卷"心理健康教育基础应用研究"。本专题研究由基础研究、理论研究和应用研究三部分组成。无论何种研究都是对幸福感的不懈追求，人类借此完成了一场生命本质力量的精神突围。

实际上，二十多年的专题研究总是有限的，问题的答案也是有限的，更多的内容则是在论题和答案之外；其中的苦楚与酸甜，自然也不敢与专家学者分享，就让它留在耳顺之年的记忆中；至于各卷的写作动机、具体内容以及前因后果，已在各卷的"前言"中进行了"坦白交代"。特别幸运的是，我们正处于"不确定性"为现实生活底色的百年未有之大变局的时代，这为心理健康研究者和教育者提供了前所未有的研究素材、实践环境与发展机遇。我坚信，只要大家专心致志且持之以恒，就必定能迎来心理健康教育研究的新气象、新成果，为我国心理健康教育事业再创辉煌而固本强基，真正实现世界卫生组织2001年指出的，"心理健康是一种健康或幸福状态，在这种状态下，个体可以实现自我、能够应对正常的生活压力、工作富有成效和成果，以及有能力对所在社会做出贡献"。

让我们一起共勉，

让我们持续努力，

让我们热切期待。

俞国良

2023年岁末记于北京西海探微斋

前　言

————

这是《心理健康教育研究》之第六卷《心理健康教育基础应用研究》。

实事求是地说，我虽然一直在"双一流"高校工作，任职教授、博士生导师也有二十多个年头，却始终认为自己名不副实，主要原因有三。一是没有"童子功"。因为小时候家庭极度贫困，连吃饱穿暖都成奢望，就更谈不上博览群书，更不要说熟读"四书五经"和中国传统文化经典了。待年龄稍大、到了学龄期，又恰逢"文化大革命"，除了几部"样板戏"和"红宝书"外，对中国近现代史和中华优秀传统文化知之甚少，其中的一鳞半爪知识也大多来自"道听途说"。二是缺乏哲学素养。上中学时，开始全面"拨乱反正"并进入改革开放时期，但当时盛行"学好数理化，走遍天下都不怕"。农家子弟唯一改变命运的机会在于"跳农门"——考上中专或大学，捧上"铁饭碗"。在家庭和生活重重压力下，我从高中开始就选择理科，现在所拥有的哲学、人文、社会科学知识的"功底"源自初中时期的一点积累和自己的业余爱好。三是对经典书籍了解甚少。考上大学有了助学金，解决了温饱问题后，又禁不住成绩和奖学金的"诱惑"，于是把所有的时间和精力都花费在学业成绩上。虽然不能说没有阅读过一部经典著作，但范围和数量极其有限，基本上集中于专业领域，且往往一知半解。这也是近十年我热衷于撰著若干经典导读类教材、丛书的主要原因。实际上，这可能是一种"补课"行为。鉴于上述，我只好做一些基础应用研究工作，而"心理健康教育"恰恰又符合这个范畴。这也是我最初的研究动机。

顾名思义，《心理健康教育基础应用研究》由基础研究、理论研究和应用研究三篇组成。

　　先说基础研究。因为基础研究是获得关于现象和可观察事实的基本原理及新知识而进行的实验性和理论性工作，其中文献综述或研究成果梳理又是其基础之基础。由于条件和资质所限，我虽然做不了实验性工作，但做些文献梳理工作显然是可以的。这一篇的元分析就属于这样一种总结和评价已有研究的定量分析的基础研究。例如，孤独感与手机成瘾、社交媒体使用与错失焦虑等，都是现实生活中较为常见的心理健康问题，诸多研究基于不同的理论视角探讨了两者间的内在联系，但研究结果存在很大分歧。为明确两者之间的整体关系，以及产生分歧的原因，我们对检索后获得的诸多文献使用随机效应模型进行了元分析，并获得了有意义的研究结果。特别是基于心理健康问题临床经验，我们把心理健康问题界定为内化问题和外化问题两类。以此，我们对我国大中小学生(特指我国内地)心理健康问题检出率进行了元分析的系统研究。检索时间以 2010 年智能手机出现作为学生心理健康问题的关键影响因素，纵跨十年，共检索出 10 424 篇文献，将 1 135 篇纳入检出率的元分析，被试总人数为 3 248 179。总体而言，我国大中小学生抑郁、焦虑、睡眠问题和自我伤害检出率偏高，其整体心理健康状况堪忧，需要引起全社会的高度警觉。特别是经过比较研究后发现，我国学生心理健康问题总体检出率为 18.9%，内化问题总体检出率为 20.0%，外化问题总体检出率为 11.7%，涵盖地区、学段、经济区域、检出工具和时间、年份是造成各类心理健康问题检出率差别的主要原因，而人口统计学特征，如性别、生源地和是否独生子女，则没有显著影响。这些结果可作为我国青少年学生心理健康问题检出率的循证及其教育政策编制、心理健康教育实践的依据，有的放矢地对不同年龄学生、不同心理健康问题进行预防和干预。

　　再说理论研究。它也属于基础研究的范畴，以认识现象、发现规律和开拓新的知识领域为目的。心理健康教育归根结底是一个理论问题，即幸福感问题。幸福感是心理健康的本质特征和核心所在。可以说，正是对幸福感的不懈追求，人们开始重视心理健康，也借此完成了一场生命本质力量的精神突围。但心理健康不能就事论事，它有着特定的社会根源。我们从心理健康研究的社会学取向，系统探讨了本体安全感的两个核心变量：自我认同和环境适应。本体安全感与心理健康互为因果关系，两者的目标都是实现人类的健康与幸福。事实是实现上述目标的前进道路并不平坦，如童年期虐待。鉴于此，在应对心理健康问题时，亟须加强心理健康教育的一体化、体系化、终身化等理论建设。从学校层面看，大中小幼道德认知发展与心理健康教育同步，而课程一体化则是心理健康教育一体化的关键抓手，它强调心理健康课程在不同学段间的过渡与衔接。尤其是高等学校，既要重视政策建设也要重视体系建设，即建立新时代中国特色的心理健康教育体制体系观，包括价值体系、理论体系、发展体系、服务体系、实践体系和生态体系，真正实现高等学校心理健康教育效果的最大化、最优化。其中，师资队伍建设最为关键。因为教师是多重角色承担者，在角色扮演和转换的过程中正面临着巨大的心理压力、基本心理需要的剥夺和责任边界的无限扩大，这些直接威胁着教师的心理健康。此外，妥善解决好教师的后顾之忧，如老龄化问题或老年心理健康问题也至关重要。综上，我们提出了"十四五"期间或今后一段时期内我国心理健康教育事业发展的方向。

最后说说应用研究。应用研究主要针对某一特定的目的或目标，为解决实际问题提供科学依据。显然，心理健康的应用研究，主要是为了应对、解决诸如无聊、父母倦怠、手机教养、老年身体症状等心理健康问题。针对上述问题的主要策略是，应从小抓起，从学校教育入手，普及心理健康知识，树立心理健康意识，提高心理健康素养。鉴于此，我们以国家大中小思政课程体系中"道德与法治""心理健康与职业生涯""大学生心理健康"等课程为蓝本，系统阐述了在国家课程中单独或部分设置心理健康课程的教学实践，详细分析了在国家课程体系层面设置心理健康课程的目标与任务、思路与特点、核心素养与教学内容以及课程实施建议。与此对应的配套策略是加强家、校协同，着力提高父母心理健康水平，重点解决父母倦怠和手机教养问题。父母倦怠是由于家庭资源和心理需求之间可感知的差异而产生的心理健康问题，而手机教养由手机依赖发展而来，它的出现和流行与父母的人格特征、教养压力和生活压力等个体因素有关。为减少和杜绝上述行为，社会应合理分配资源，让父母尽可能陪伴在孩子身边；同时父母也要学会缓解自身的教养压力，学习心理健康知识，树立心理健康意识，为孩子的健康成长固本强基。一句话，全社会都应努力提供适合学生发展需要的心理健康教育。其中，成长咨询和朋辈咨询不失为两种重要途径。

就目前我国人文社会科学发展而言，心理健康教育作为一个跨学科研究领域，仍是一匹成长中的"小马驹"，至多因为国家和政府的重视以及相关政策的制定，在人们心目中由"小马驹"变成了"小黑马"。但从"小马驹""小黑马"真正成为一匹驰骋我国人文社会科学万里疆场的"黑马""千里马"，现在仅仅是走完了"万里长征的第一步"，今后的路更长、更难、更艰苦。就本书而言，我的在读博士生张亚利、靳娟娟、陈雨濛、黄潇潇、于晓琪、张哲、邵蕾，博士后王鹏程和老学生李淼、王浩等均有一定贡献，北京师范大学出版社编辑周雪梅博士也为本卷的出版付出了许多心血，在此一并致谢。作为心理健康教育研究工作者和实践工作者，我们应努力"提供适合学生发展需要的心理健康教育"。此举利在当代，功在千秋。

目录 | CONTENTS

第一篇 基础研究

第一章 孤独感与手机成瘾的关系：一项元分析 6

第二章 社交媒体使用与错失焦虑的关系：一项元分析 48

第三章 我国小学生心理健康问题检出率的元分析：2010—2020 年 89

第四章 我国初中生心理健康问题检出率的元分析：2010—2020 年 110

第五章 我国高中生心理健康问题检出率的元分析：2010—2020 年 136

第六章 我国大学生心理健康问题检出率的元分析：2010—2020 年 159

第七章 我国学生心理健康问题检出率的比较研究：基于元分析 186

第二篇 理论研究

第八章 心理健康的终极诠释：幸福感视角 219

第九章 本体安全感：心理健康研究的社会学取向 236

1

第十章　童年期虐待及其对青少年心理健康问题的影响 254

第十一章　大中小幼心理健康教育一体化：道德认知视角 273

第十二章　大中小幼心理健康教育一体化：课程论视角 288

第十三章　高等学校心理健康教育政策：定性与定量分析 300

第十四章　高等学校心理健康教育体制观：体系建设探微 316

第十五章　生命历程—生态系统观模型下的老年心理健康问题 336

第十六章　新时代我国心理健康教育事业发展的方向及其路径 364

第三篇　应用研究

第十七章　青少年无聊的心理效应与应对：心理健康视角 381

第十八章　国家层面设置心理健康教育课程的实践与探索 394

第十九章　父母倦怠逼近家庭：父母的心理健康问题 414

第二十章　手机教养逼近家庭：父母的心理健康问题 428

第二十一章　老年人日常小团体的多样性对其身体症状的影响 442

第二十二章　成长咨询：提供适合学生发展需要的心理健康教育 460

第二十三章　朋辈咨询：提供适合学生发展需要的心理健康教育 474

第一篇

基础研究

笔者在自序中已谈到基础研究是获得关于现象和可观察事实的基本原理及新知识而进行的实验性与理论性工作，其中文献综述或研究成果梳理又是其基础之基础，而元分析就属于这样一种总结和评价已有研究的定量分析的基础。本篇对现实生活中较为常见的心理健康问题——孤独感与手机成瘾、社交媒体使用与错失焦虑之间的关系进行元分析。

为明确孤独感与手机成瘾两者之间的整体关系，以及产生分歧的原因，我们对检索后获得的 121 项研究(124 个效应值)使用随机效应模型进行了元分析。结果发现：孤独感与手机成瘾呈中等程度的正相关($r=0.25$，95%的置信区间为[0.23，0.27])；两者的关系受被试年龄群体的调节，成年人群体中的相关系数显著高于青少年群体，但不受性别、孤独感和手机成瘾测量工具以及文化背景的影响。研究结果表明，孤独感与手机成瘾关系密切，支持了补偿性网络使用理论和自我调节缺陷模型。对社交媒体使用与错失焦虑而言，我们对检索后获得的 65 项研究(70 个独立样本)使用随机效应模型进行了元分析。结果发现：社交媒体使用与错失焦虑呈显著正相关($r=0.38$，95%的置信区间为[0.34，0.41])；二者的相关强度受社交媒体使用测量指标和社交媒体类型的调节，但不受性别、年龄、错失焦虑测量工具和个体主义指数的调节。研究结果在一定程度上澄清了大众传播的社会认知理论和数字恰到好处假说的争论，表明社交媒体使用程度越高的人，往往错失焦虑水平也越高。

进一步地，有感于我国学生心理健康问题检出率众说纷纭、莫衷一是的现状，我们对我国大、中、小学生(特指我国内地，以下各章同)心理健康问题检出率进行了系统的元分析。检索时间以 2010 年出现智能手机作为学生心理健康问题的关键影响因素，纵跨十年，共检索文献 10 424 篇，将 1 135 篇纳入检出率的元分析，被试总人数为 3 248 179（其中，小学生纳入 101 篇，被试人数为 289 396；初中生纳入 222 篇，被试人数为 711 769；高中生纳入 252 篇，被试人数为 913 421；大学生纳入 560 篇，被试人数为 1 333 593）。研究表明：（1）我国小学生心理健康问题的检出率由高到低依次是睡眠问题、抑郁、焦虑、攻击行为、退缩、违纪行为和躯体化；其中前三项检出率偏高，后四项检出率较低，说明小学生整体心理健康状况尚可。（2）在初中生的心理健康问题中，焦虑、抑郁和自我伤害检出率排在前三位，接着是自杀意念和睡眠问题；上述问题随年代发展呈恶化趋势，其中焦虑和自杀意念尤为明显；检出率整体随年级而增加，其中焦虑尤为明显；女生的心理健康问题检出率高于男生；中西部地区的初中生比东北和东部地区的初中生更容易出现心理健康问题。（3）高中生心理健康问题的检出率排在前四名的依次是抑郁、焦虑、睡眠问题和自我伤害，上述诸问题较为严重；随后是自杀意念、躯体化、自杀计划和自杀企图（未遂）；对高年级、欠发达地区高中生的心理健康问题应予以重点关注。（4）大学生心理健康问题的检出率，以睡眠问题、抑郁、自我伤害最为突出；近十年大学生焦虑、抑郁、睡眠问题和自杀未遂的检出率显著上升，自我伤害的检出率显著下降；东北和中部地区的大学生心理健康状况优于西部和东部地区；性别、生源地、独生与否对大学生心理健康问题检出率的影响均不显著。同时，测量工具、检出标准、检出时间等因素是导致大中小学生心理健康问题检出率不一致的重要原因。此外，我们又采用元分析方法纳入 1 043 篇文献，囊括小学、初中、高中及大学生 2 905 979 名，详细比较了 2010—2020 年我国大、中、小学生心理健康内化问题与外化问题检出率的共通点与差异，系统考查了这十年间我国大、中、小学生各类心理健康问题检出率的大小、分布特点、影响因素与发展趋势。

　　总体而言，我国大、中、小学生抑郁、焦虑、睡眠问题和自我伤害检出率偏高，我国大、中、小学生整体心理健康状况堪忧，需要引起全社会的高度警觉。本研究作为一家之言，可资于我国学生心理健康问题检出率的循证及其教育政策编制、心理健康教育实践的依据，有的放矢地对不同年龄阶段学生、不同心理健康问题进行教育预防和精准干预。未来我们应着力提高心理健康教育效能，编制科学的测量工具和筛查标准，建立、完善心理健康动态监测体系和学校心理健康服务体系。

第一章

————

孤独感与手机成瘾的关系：一项元分析

随着科技的进步和数字化进程的推进，手机已经成为人们日常生活的重要组成部分，正日益普及并逐步升级。[①] 虽然手机可以帮助人们开展线上交流、购物、娱乐、学习等多种活动，给生活带来了极大的便利，但值得注意的是，越来越多的人变得难以摆脱手机，导致手机成瘾现象的出现。[②] 研究发现，无论是成年人，还是青少年，均存在一定比例的手机成瘾人群，如中国大学生中约有 21.3% 的人存在手机成瘾问题[③]，西班牙 12～18 岁的人中手机依赖的检出率约为 14.8%[④]。精神卫生专家预测，手机依赖将成为 21 世纪最重要的非药物依赖类型之一。[⑤] 手机成瘾会引发抑郁[⑥]，降低幸福感[⑦]，导致信息过载[⑧]，诱发认知失败行为[⑨]，严重威胁个体的身心健康。手机成瘾问题目前已成为一个

————

[①] Mahapatra, S., "Smartphone Addiction and Associated Consequences: Role of Loneliness and Self-Regulation," *Behaviour & Information Technology*, 2019, 38(8), pp. 833-844.

[②] Shen, X. & Wang, J. L., "Loneliness and Excessive Smartphone Use among Chinese College Students: Moderated Mediation Effect of Perceived Stressed and Motivation," *Computers in Human Behavior*, 2019(95), pp. 31-36.

[③] Long, J., Liu, T. Q., Liao, Y. H., et al., "Prevalence and Correlates of Problematic Smartphone Use in a Large Random Sample of Chinese Undergraduates," *BMC Psychiatry*, 2019(16), p. 408.

[④] De-Sola Gutiérrez, J., Rodríguez de Fonseca, F. & Rubio, G., "Cell-Phone Addiction: A Review," *Frontiers in Psychiatry*, 2016(7), p. 175.

[⑤] Choliz, M., "Mobile Phone Addiction: A Point of Issue," *Addiction*, 2010, 105(2), pp. 373-374.

[⑥] Coyne, S. M., Stockdale, L. & Summers, K., "Problematic Cell Phone Use, Depression, Anxiety, and Self-Regulation: Evidence from a Three Year Longitudinal Study from Adolescence to Emerging Adulthood," *Computers in Human Behavior*, 2019(96), pp. 78-84.

[⑦] Horwood, S. & Anglim, J., "Problematic Smartphone Usage and Subjective and Psychological Well-Being," *Computers in Human Behavior*, 2019(97), pp. 44-50.

[⑧] Kneidinger-Müller, B., "When the Smartphone Goes Offline: A Factorial Survey of Smartphone Users' Experiences of Mobile Unavailability," *Computers in Human Behavior*, 2019(98), pp. 1-10.

[⑨] 张亚利、李森、俞国良：《大学生无聊倾向与认知失败的关系：手机成瘾倾向的中介作用及其在独生与非独生群体间的差异》，载《心理发展与教育》，2019，35(3)。

公共卫生问题，日益受到研究者的关注和重视。①

一、文献回顾

近年来，为了对手机成瘾进行深入的了解以便更好地加以预防和控制，诸多研究探讨了与它密切相关的风险因素，其中孤独感是备受关注的一个。② 然而，关于孤独感与手机成瘾的关系，诸多研究却得出了不一致的结论。多数研究表明两者之间呈正相关③④⑤，但也有研究显示两者之间呈显著的负相关⑥⑦，还有研究认为两者之间相关并不显著⑧⑨。另外一些研究则认为两者之间可能呈U 形关系。⑩⑪⑫ 目前尚无研究对该领域的成果进行整合，为解决该领域的争议，

① Gao, Q., Jia, G., Fu, E., et al., "A Configurational Investigation of Smartphone Use Disorder among Adolescents in Three Educational Levels," *Addictive Behaviors*, 2020(103), p. 106231.

② De-Sola Gutiérrez, J., Rodríguez de Fonseca, F., & Rubio, G. "Cell-Phone Addiction: A Review," *Frontiers in Psychiatry*, 2016(7), p. 175.

③ Dayapoglu, N., Kavurmaci, M. & Karaman, S., "The Relationship Between the Problematic Mobile Phone Use and Life Satisfaction, Loneliness, and Academic Performance in Nursing Students," *International Journal of Caring Sciences*, 2016, 9(2), pp. 647-652.

④ Lapierre, M. A., Zhao, P. & Custer, B. E., "Short-Term Longitudinal Relationships Between Smartphone Use/Dependency and Psychological Well-Being among Late Adolescents," *Journal of Adolescent Health*, 2019, 65(5), pp. 607-612.

⑤ Liu, Q. Q., Yang, X. J., Zhu, X. W., et al., "Attachment Anxiety, Loneliness, Rumination and Mobile Phone Dependence: A Cross-Sectional Analysis of a Moderated Mediation Model," *Current Psychology*, 2019, 38(6), pp. 1-11.

⑥ Jafari, H. & Aghaei, A., "The Relationship Between Addiction to Mobile Phone and Sense of Loneliness among Students of Medical Sciences in Kermanshah, Iran," *BMC Research Notes*, 2019(12), p. 676.

⑦ Mansourian, M., Solhi, M., Adab, Z., et al., "Relationship Between Dependence to Mobile Phone with Loneliness and Social Support in University Students," *Razi Journal of Medical Sciences*, 2014, 21(120), pp. 1-8.

⑧ Jeong, S. H., Kim, H., Yum, J. Y., et al., "What Type of Content Are Smartphone Users Addicted to? SNS vs. Games," *Computers in Human Behavior*, 2016(54), pp. 10-17.

⑨ Mosalanejad, L., Nikbakht, G., Abdollahifrad, S., et al., "The Prevalence of Smartphone Addiction and Its Relationship with Personality Traits, Loneliness and Daily Stress of Students in Jahrom University of Medical Sciences in 2014: A Cross-Sectional Analytical Study," *Journal of Research in Medical and Dental Science*, 2019, 7(2), pp. 131-136.

⑩ Bruggeman, H., Van Hiel, A., Van Hal, G., et al., "Does the Use of Digital Media Affect Psychological Well-Being? An Empirical Test among Children Aged 9 to 12," *Computers in Human Behavior*, 2019(101), pp. 104-113.

⑪ Przybylski, A. K. & Weinstein, N., "A Large-Scale Test of the Goldilocks Hypothesis: Quantifying the Relations between Digital-Screen Use and the Mental Well-Being of Adolescents," *Psychological Science*, 2017, 28(2), pp. 204-215.

⑫ Twenge, J. M., Martin, G. N. & Campbell, W. K., "Decreases in Psychological Well-Being among American Adolescents after 2012 and Links to Screen Time During the Rise of Smartphone Technology," *Emotion*, 2018, (6), pp. 765-780.

避免以往单个研究受样本数量、年龄等因素影响而使研究结果产生偏差，为从宏观角度得出更普遍、更准确的结论，本研究拟采用元分析的方法对以往研究进行整合分析，通过估计孤独感与手机成瘾之间的总体相关强度和可能的调节因素，为手机成瘾的深入研究和预防干预提供更加可靠的依据。

（一）孤独感与手机成瘾的概念和测量

孤独感是个体的人际关系达不到期望水平时所产生的一种心理感受，常伴有空虚、无聊、无助、苦闷等消极心理体验。[1][2][3]目前孤独感主要的测量工具是加州大学洛杉矶分校孤独量表第三版（UCLA Loneliness Scale，ULS-20）。[4] 该量表由 20 个题目构成，其中 9 个反向计分题，为单维度结构，采用李克特四点计分。由于该量表题目数量较多，因此目前使用较广的还有加州大学洛杉矶分校孤独感量表第二版的简化版（UCLA Loneliness Scale Short Form，ULS-8）。[5] 该量表共 8 个题目，包含 2 个反向计分题，计分方式为李克特四点计分。此外还有情绪—社交孤独问卷（Emotional-Social Loneliness Scale，ESLI）。[6]与 UCLA 系列测量工具仅关注个体内心的主观体验和感受不同，该量表还将客观的社交孤立状况纳入测量内容中，共包括 15 对匹配好的题目，分别测量客观上的情绪与社交孤立和主观上的情绪与社交孤独四个维度。另外，我国学者邹泓、周晖和

① Kim, J. H., "Smartphone-Mediated Communication vs. Face-to-Face Interaction: Two Routes to Social Support and Problematic Use of Smartphone," *Computers in Human Behavior*, 2017(67), pp. 282-291.

② Kim, J. H., "Psychological Issues and Problematic Use of Smartphone: ADHD's Moderating Role in the Associations among Loneliness, Need for Social Assurance, Need for Immediate Connection, and Problematic Use of Smartphone," *Computers in Human Behavior*, 2018(80), pp. 390-398.

③ Peplau, L. A., Russell, D. & Heim, M., "The Experience of Loneliness," in I. H. Frieze, D. Bar-Tal, & J. S. Carroll(Eds.), *New Approaches to Social Problems: Applications of Attribution Theory*, San Francisco, Jossey-Bass, 1979.

④ Russell, D. W., "UCLA Loneliness Scale(Version 3): Reliability, Validity, and Factor Structure," *Journal of Personality Assessment*, 1996, 66(1), pp. 20-40.

⑤ Hays, R. D. & DiMatteo, M. R, "A Short-Form Measure of Loneliness," *Journal of Personality Assessment*, 1987, 51(1), pp. 69-81.

⑥ Vincenzi, H. & Grabosky, F., "Measuring the Emotional/Social Aspects of Loneliness and Isolation," *Journal of Social Behavior and Personality*, 1987, 2(2), pp. 257-270.

周燕还编制了中学生孤独感量表。[1] 该量表共 21 个题目，包含纯孤独感、社交能力、同伴关系及对重要关系未满足的感知四个维度。目前 ULS-20 是当下使用范围最为广泛的一种量表，但中学生孤独感量表在我国中学生孤独感的测量中使用较广。

　　对手机成瘾的界定目前并无一致结论，因而也存在着多种称谓（如手机依赖、手机成瘾倾向、问题性手机使用、手机过度使用等），但大多数研究倾向于将它归为行为成瘾的范畴，将它定义为过度沉迷于以手机为媒介的各种活动，导致生理、心理和社会功能受损的非物质成瘾或行为成瘾。[2][3][4][5] 其表现类似于酒精和毒品等物质成瘾，包括耐受性、戒断症状、凸显性、冲突性、情绪改变、渴求和失控等核心特征。[6][7] 针对手机成瘾的测量也大多基于上述特征，主要分为两类。一类是衡量一般性手机成瘾的量表，对智能手机与非智能手机不做区分。使用较广的有手机成瘾指数问卷（Mobile Phone Addiction Index，MPAI）。[8] 该量表共 17 个题目，涵盖失控性、逃避性、低效性和戒断性 4 个因子。只要对其中的 8 个条目做出肯定回答，即被界定为手机成瘾者。还有熊婕等人编制的大学生手机成瘾倾向量表（Mobile Phone Addiction Tendency Scale，MPATS）。[9] 该量表共 16 个题目，包括戒断症状、凸显行为、社交抚慰和心境

① 邹泓、周晖、周燕：《中学生友谊、友谊质量与同伴接纳的关系》，载《北京师范大学学报（社会科学版）》，1998（1）。

② De-Sola Gutiérrez, J., Rodríguez de Fonseca, F. & Rubio, G., "Cell-Phone Addiction: A Review," *Frontiers in Psychiatry*, 2016（7）, p. 175.

③ Lapierre, M. A., Zhao, P. & Custer, B. E., "Short-Term Longitudinal Relationships Between Smartphone use/Dependency and Psychological Well-Being among Late Adolescents," *Journal of Adolescent Health*, 2019, 65（5）, pp. 607-612.

④ 刘勤学、杨燕、林悦等：《智能手机成瘾：概念、测量及影响因素》，载《中国临床心理学杂志》，2017，25（1）。

⑤ 熊婕、周宗奎、陈武等：《大学生手机成瘾倾向量表的编制》，载《中国心理卫生杂志》，2012，26（3）。

⑥ Lee, H., Ahn, H., Choi, S., et al., "The SAMS: Smartphone Addiction Management System and Verification," *Journal of Medical Systems*, 2014, 38（1）, pp. 1-10.

⑦ Vincenzi, H. & Grabosky, F., "Measuring the Emotional/Social Aspects of Loneliness and Isolation," *Journal of Social Behavior and Personality*, 1987, 2（2）, pp. 257-270.

⑧ Leung, L., "Linking Psychological Attributes to Addiction and Improper Use of the Mobile Phone among Adolescents in Hong Kong," *Journal of Children and Media*, 2008, 2（2）, pp. 93-113.

⑨ 熊婕、周宗奎、陈武等：《大学生手机成瘾倾向量表的编制》，载《中国心理卫生杂志》，2012，26（3）。

改变 4 个因素。另一类则是顺应时代的发展，结合智能手机应用程序(App)使用上瘾的现状编制的智能手机成瘾量表。较为常用的有智能手机成瘾量表(Smartphone Addiction Scale，SAS)。[①] 该量表共 33 个题目，包括日常生活干扰、积极预期、戒断症状、网络导向关系、失控性和耐受性。还有苏双等人编制的大学生智能手机成瘾量表(Smartphone Addiction Scale for College Students，SAS-C)。[②] 该量表共 22 个题目，包含戒断行为、凸显行为、社交安抚、消极影响、App 使用、App 更新 6 个因子。

(二) 孤独感与手机成瘾的关系

目前关于孤独感与手机成瘾的关系主要有如下四种观点。

第一种观点认为，孤独感与手机成瘾呈显著的正相关。补偿性网络使用理论认为，当人们在现实世界中遭遇心理社会问题时，可能会求助于网络或智能手机来逃避痛苦。[③] 孤独感水平较高的人由于缺乏密切的社会交往和广泛的社会支持，归属感难以获得满足，因而会促使个体寻求解决策略以应对这种痛苦的心理感受。[④] 手机具有易得性和多功能性等优势，不仅能够帮助个体进行线上社会交往，建立虚拟的社交关系满足个体的归属感需求，还能够帮助个体开展线上娱乐和消遣，使机体达到兴奋状态，暂时缓解内心的无助和落寞，因此孤独感水平较高的个体更容易被手机吸引并沉溺其中，最终形成对手机的严重

[①] Kwon, M., Lee, J. Y., Won, W. Y., et al., "Development and Validation of a Smartphone Addiction Scale(SAS)," *PloS One*, 2013, 8(2), e56936.

[②] 苏双、潘婷婷、刘勤学等：《大学生智能手机成瘾量表的初步编制》，载《中国心理卫生杂志》，2014，26(5)。

[③] Kardefelt-Winther, D., "A Conceptual and Methodological Critique of Internet Addiction Research: Towards a Model of Compensatory Internet Use," *Computers in Human Behavior*, 2014(31), pp. 351-354.

[④] Zhen, R., Liu, R. D., Hong, W., et al., "How do Interpersonal Relationships Relieve Adolescents Problematic Mobile Phone Use? The Roles of Loneliness and Motivation to Use Mobile Phones," *International Journal of Environmental Research and Public Health*, 2019, 16(13), p. 2286.

依赖。①② 此外，自我调节缺陷模型认为，有心理社会问题的个体，其自我调节和控制能力的不足会导致手机使用时间的无节制增加，最终形成手机依赖。③ 那些孤独感水平较高的个体往往自我调节能力较弱，这使得他们比孤独感较低的人更难保持健康的手机使用习惯，更容易出现手机成瘾问题。④⑤ 许多研究也发现孤独感确实与手机成瘾呈显著的正相关⑥⑦⑧，并且孤独感能够正向预测手机成瘾水平。⑨

第二种观点认为，孤独感与手机成瘾呈显著的负相关。根据刺激假设⑩，手机作为一种便捷的移动社交工具，它搭载的社交程序和平台能够帮助个体与他人建立及保持联系，拓展社交范围，提升友谊质量，因而有助于减少个体的孤独感水平。⑪⑫ 基于手机展开的线上社交活动极具隐秘性和跨时空性，对于现

---

① Kim, J. H., "Smartphone-Mediated Communication vs. Face-to-Face Interaction: Two Routes to Social Support and Problematic Use of Smartphone," *Computers in Human Behavior*, 2017(67), pp. 282-291.

② Shen, X. & Wang, J. L., "Loneliness and Excessive Smartphone Use among Chinese College Students: Moderated Mediation Effect of Perceived Stressed and Motivation," *Computers in Human Behavior*, 2019(95), pp. 31-36.

③ Tokunaga, R. S. & Rains, S. A., "An Evaluation of Two Characterizations of the Relationships Between Problematic Internet Use, Time Spent Using the Internet, and Psychosocial Problems," *Human Communication Research*, 2010, 36(4), pp. 512-545.

④ Kim, J. H., "Psychological Issues and Problematic Use of Smartphone: ADHD's Moderating Role in the Associations among Loneliness, Need for Social Assurance, Need for Immediate Connection, and Problematic Use of Smartphone," *Computers in Human Behavior*, 2018(80), pp. 390-398.

⑤ Kim, J. H., "Longitudinal Associations among Psychological Issues and Problematic Use of Smartphones," *Journal of Media Psychology*, 2019, 31(3), pp. 117-127.

⑥ Volungis, A. M., Kalpidou, M., Popores, C., et al., "Smartphone Addiction and Its Relationship with Indices of Social-Emotional Distress and Personality," *International Journal of Mental Health and Addiction*, 2020, 18(2), pp. 1209-1225.

⑦ 张雪凤、高峰强、耿靖宇等：《社交回避与苦恼对手机成瘾的影响：孤独感、安全感和沉浸的多重中介效应》，载《中国临床心理学杂志》，2018，26(3)。

⑧ Zhen, R., Liu, R. D., Hong, W. & Zhou, X., "How Do Interpersonal Relationships Relieve Adolescents Problematic Mobile Phone Use? The Roles of Loneliness and Motivation to Use Mobile Phones," *International Journal of Environmental Research and Public Health*, 2019, 16(13), p. 2286.

⑨ Kim, J. H., "Longitudinal Associations among Psychological Issues and Problematic Use of Smartphones," *Journal of Media Psychology*, 2019, 31(3), pp. 117-127.

⑩ Kraut, R., Patterson, M., Lundmark, V., et al., "Internet Paradox: A Social Technology that Reduces Social Involvement and Psychological Well-Being?" *American Psychologist*, 1998, 53(9), pp. 1017-1031.

⑪ Bruggeman, H., Van Hiel, A., Van Hal, G., et al., "Does the Use of Digital Media Affect Psychological Well-Being? An Empirical Test among Children Aged 9 to 12," *Computers in Human Behavior*, 2019(101), pp. 104-113.

⑫ Kerkhof, P., Finkenauer, C. & Muusses, L. D., "Relational Consequences of Compulsive Internet Use: A Longitudinal Study among Newlyweds," *Human Communication Research*, 2011, 37(2), pp. 147-173.

实生活中因社交技巧缺乏导致社会联结较差而倍感孤独的人而言，有助于降低自我表露的人际压力，增加社会交往的主动性，进一步强化既有的亲密关系并拓展新的社交对象。①② 因此，手机使用有助于弥补孤独感水平较高的个体线下产生的社交空洞，增加线上社会支持，提高幸福感水平，减轻孤独感。相关研究表明，通过手机和计算机网络等在线工具增加与现有朋友的在线时间能够提升友谊的质量，从而减轻孤独感。③④ 实验研究也发现，社交网络上状态更新活动的增加有助于减轻孤独感。⑤ 关于孤独感与手机成瘾的直接关系，也确实有研究表明两者之间呈显著的负相关。⑥⑦

第三种观点认为，孤独感与手机成瘾没有直接关系。很多实证研究为该观点提供了一定的证据支持⑧⑨⑩⑪，但在该现象的解释上又存在两种不同的看法。一种认为两者的直接关系不显著是受到了某种因素的调节或压抑。"富者更富，

---

① Bruggeman, H., Van Hiel, A., Van Hal, G., et al., "Does the Use of Digital Media Affect Psychological Well-Being? An Empirical Test among Children Aged 9 to 12," *Computers in Human Behavior*, 2019(101), pp. 104-113.

② Liu, D., Baumeister, R. F., Yang, C. C., et al., "Digital Communication Media Use and Psychological Well-Being: A Meta-Analysis," *Journal of Computer-Mediated Communication*, 2019, 24(5), pp. 259-273.

③ Clark, J. L., Algoe, S. B. & Green, M. C., "Social Network Sites and Well-Being: The Role of Social Connection," *Current Directions in Psychological Science*, 2018, 27(1), pp. 32-37.

④ Valkenburg, P. M. & Peter, J., "Online Communication and Adolescent Well-Being: Testing the Stimulation versus the Displacement Hypothesis," *Journal of Computer-Mediated Communication*, 2007, 12(4), pp. 1169-1182.

⑤ Deters, F. G. & Mehl, M. R., "Does Posting Facebook Status Updates Increase or Decrease Loneliness? An Online Social Networking Experiment," *Social Psychological and Personality Science*, 2013, 4(5), pp. 579-586.

⑥ Jafari, H. & Aghaei, A., "The Relationship Between Addiction to Mobile Phone and Sense of Loneliness among Students of Medical Sciences in Kermanshah, Iran," *BMC Research Notes*, 2019(12), p. 676.

⑦ Mansourian, M., Solhi, M., Adab, Z., et al., "Relationship Between Dependence to Mobile Phone with Loneliness and Social Support in University Students," *Razi Journal of Medical Sciences*, 2014, 21(120), pp. 1-8.

⑧ Błachnio, A. & Przepiorka, A., "Be Aware! If You Start Using Facebook Problematically You Will Feel Lonely: Phubbing, Loneliness, Self-Esteem, and Facebook Intrusion. A Cross-Sectional Study," *Social Science Computer Review*, 2019, 37(2), pp. 270-278.

⑨ Iqbal, M. & Nurdiani, G., "Issmartphone Addiction Related to Loneliness?" *Specialty Journal of Psychology and Management*, 2016, 2(2), pp. 1-6.

⑩ Jeong, S. H., Kim, H., Yum, J. Y., et al., "What Type of Content Are Smartphone Users Addicted to? SNS vs. Games." *Computers in Human Behavior*, 2016(54), pp. 10-17.

⑪ Mosalanejad, L., Nikbakht, G., Abdollahifrad, S., et al., "The Prevalence of Smartphone Addiction and Its Relationship with Personality Traits, Loneliness and Daily Stress of Students in Jahrom University of Medical Sciences in 2014: A Cross-Sectional Analytical Study," *Journal of Research in Medical and Dental Science*, 2019, 7(2), pp. 131-136.

穷者更穷"模型①认为，那些性格外向的人比内向的人从互联网使用中获得的社会效益更多。性格外向的人利用手机等互联网设备可以加强与社会支持网络中其他人员的联系，也更容易结交一些新朋友，因而比那些性格内向的人从手机使用中获得的社会支持更多，体验到的孤独感更少。② 有研究者开展的纵向研究表明，内外向人格确实能够调节手机使用与孤独感的关系。③ 另外一项研究也发现，在线自我表露能够调节手机成瘾与孤独感的关系，自我表露程度较高的人，过度使用手机能够减轻孤独感。④ 另外一种看法则认为孤独感与手机成瘾之间是一种共变关系。例如，有研究发现，在排除性别、自我监控和认同动机的影响后，孤独感对手机成瘾的作用不显著。⑤ 一项纵向研究也发现在控制社交媒体使用时间和心理健康初始水平后，两者之间没有显著的预测作用。⑥

　　第四种观点认为，孤独感与手机成瘾呈 U 形关系。数字恰到好处假说（Digital Goldilocks Hypothesis）认为，在数字媒体使用极其普遍的社会中，适度使用手机具有适应性，是有益的，过多地使用手机可能会取代其他适应性、有意义的社会活动，但过少地使用手机也可能会剥夺年轻人信息交流和社会交往的机会。⑦⑧⑨ 针对孤独

①　Kraut，R.，Kiesler，S.，Boneva，B.，et al.，"Internet Paradox Revisited,"*Journal of Social Issues*，2002，58（1），pp. 49-74.

②　Kim，J. H，"Smartphone-Mediated Communication vs. Face-to-Face Interaction：Two Routes to Social Support and Problematic Use of Smartphone,"*Computers in Human Behavior*，2017（67），pp. 282-291.

③　Kraut，R.，Kiesler，S.，Boneva，B.，et al.，"Internet Paradox Revisited,"*Journal of Social Issues*，2002，58（1），pp. 49-74.

④　Karsay，K.，Schmuck，D.，Matthes，J.，et al.，"Longitudinal Effects of Excessive Smartphone Use on Stress and Loneliness：The Moderating Role of Self-Disclosure,"*Cyberpsychology*，*Behavior*，*and Social Networking*，2019，22（11），pp. 706-713.

⑤　Takao，M.，Takahashi，S. & Kitamura，M.，"Addictive Personality and Problematic Mobile Phone Use,"*CyberPsychology & Behavior*，2009，12（5），pp. 501-507.

⑥　Coyne，S. M.，Rogers，A. A.，Zurcher，J. D.，et al.，"Does Time Spent Using Social Media Impact Mental Health? An Eight Year Longitudinal Study,"*Computers in Human Behavior*，2020（104），p. 106160.

⑦　Bruggeman，H.，Van Hiel，A.，Van Hal，G.，et al.，"Does the Use of Digital Media Affect Psychological Well-Being? An Empirical Test among Children Aged 9 to 12,"*Computers in Human Behavior*，2019（101），pp. 104-113.

⑧　Przybylski，A. K. & Weinstein，N.，"A Large-Scale Test of the Goldilocks Hypothesis：Quantifying the Relations Between Digital-Screen Use and the Mental Well-Being of Adolescents,"*Psychological Science*，2012，28（2），pp. 204-215.

⑨　Twenge，J. M.，Martin，G. N. & Campbell，W. K.，"Decreases in Psychological Well-Being among American Adolescents after 2012 and Links to Screen Time During the Rise of Smartphone Technology,"*Emotion*，2018，18（6），pp. 765-780.

感与手机依赖的关系，目前尚未有研究直接验证该观点，但类似的研究为该观点提供了证据支持。例如，有研究者对瑞士青少年的调查发现，网络使用强度与抑郁之间呈 U 形关系，过度使用网络的人和极少使用网络的人都与抑郁的高发病率有关。[①] 此外，一项纵向研究发现，Facebook 使用与青少年孤独感呈 U 形关系，大量使用 Facebook 会导致更高的孤独感，而低到中等水平的 Facebook 使用则会减少孤独感。[②] 还有研究表明，手机使用时间和手机使用频率与幸福感均呈 U 形关系，无论使用过多还是使用过少都会降低幸福感。[③]

综上，由于既有研究多数支持第一种观点，故本研究提出假设 1：孤独感与手机成瘾呈一定程度的正相关。

(三)孤独感与手机成瘾关系的调节变量

不同年龄被试群体可能会影响孤独感与手机成瘾的相关性。"失补偿"假说[④]认为，个体在常态发展过程中受到干扰因素(如人际交往问题)阻碍后会发生"心理补偿"过程，若个体能够主动改善阻碍因素以满足发展需求，则是一种"建设性补偿"；若个体的心理资源不能助力个体修复阻碍因素，则会出现"病理性补偿"(如病理性手机使用)，以弥补未满足的心理需求。[⑤] 从毕生心理发展的视角来看，随着年龄的增长，个体的心理发展会越加成熟，当人际关系出现危机时，为抵御孤独感的侵扰，个体会调动自身的调控机制，采取建设性的策略改善不良的人际交往状况，提高人际交往的质量，而不太倾向于逃避或沉浸

---

① Bélanger, R. E., Akre, C., Berchtold, A., et al., "A U-Shaped Association Between Intensity of Internet Use and Adolescent Health," *Pediatrics*, 2011, 127(2), pp. 330-335.

② Wang, K., Frison, E., Eggermont, S., et al., "Active Public Facebook Use and Adolescents' Feelings of Loneliness: Evidence for a Curvilinear Relationship," *Journal of Adolescence*, 2018(67), pp. 35-44.

③ Bruggeman, H., Van Hiel, A., Van Hal, G., et al., "Does the Use of Digital Media Affect Psychological Well-Being? An Empirical Test among Children Aged 9 to 12," *Computers in Human Behavior*, 2019(101), pp. 104-113.

④ 高文斌、陈祉妍：《网络成瘾病理心理机制及综合心理干预研究》，载《心理科学进展》，2006，14(4)。

⑤ 吴茜玲、罗娇、白纪云等：《大学生安全感对手机成瘾的影响：回避现实社交的中介作用》，载《心理发展与教育》，2019，35(5)。

于手机营造的虚拟世界中。[1][2]　因此，个体年龄越大可能孤独感与手机成瘾的联结越弱。

综上，本研究提出假设2：孤独感与手机成瘾的关系受不同年龄被试群体调节。

性别也可能会调节孤独感与手机成瘾的关系。首先，就心理弹性水平而言，研究发现男生比女生的心理弹性水平更高，尤其是在情绪控制方面。[3][4][5]　因此，当个体的孤独感水平较高时，男性的承受能力更强，往往受其影响较小，因而很少借助手机、网络等媒介去倾诉内心的消极感受，对手机的依赖程度较低；而女性由于承受能力较低，孤独情绪在内心积聚时，往往会借助手机等便捷的社交工具来排遣内心的寂寞，对手机的依赖程度较高。[6][7]　此外，从自我表露来看，研究表明女性的自我表露水平比男性更高[8][9][10]，因此女性在应对孤独感时更容易通过向他人表露的形式倾吐内心的无聊和寂寞，而手机中下载的众多社交工具能够方便、快捷地满足女性自我表露的需求，因而女性可能更容易

---

[1]　Kraut, R., Patterson, M., Lundmark, V., et al., "Internet Paradox: A Social Technology that Reduces Social Involvement and Psychological Well-Being?" *American Psychologist*, 53(9), 1998, pp. 1017-1031.

[2]　Mansourian, M., Solhi, M., Adab, Z., et al., "Relationship Between Dependence to Mobile Phone with Loneliness and Social Support in University Students," *Razi Journal of Medical Sciences*, 2014, 21(120), pp. 1-8.

[3]　冯志远、万鹏宇、黄琴等：《大学生社会支持、心理韧性、网络欺负及生活满意度的关系研究》，载《中国健康教育》，2016，32(1)。

[4]　Sadeghi, M., Barahmand, U. & Roshannia, S., "Differentiation of Self and Hope Mediated by Resilience: Gender Differences," *Canadian Journal of Family and Youth*, 2020, 12(1), pp. 20-43.

[5]　张亚利、李森、俞国良：《自尊与社交焦虑的关系：基于中国学生群体的元分析》，载《心理科学进展》，2019，27(6)。

[6]　De-Sola Gutiérrez, J., Rodríguez de Fonseca, F. & Rubio, G., "Cell-Phone Addiction: A Review," *Frontiers in Psychiatry*, 2016(7), p. 175.

[7]　Yayan, E. H., Suna Dağ, Y. & Düken, M. E., "The Effects of Technology Use on Working Young Loneliness and Social Relationships," *Perspectives in Psychiatric Care*, 2019, 55(2), pp. 194-200.

[8]　Dindia, K. & Allen, M., "Sex Differences in Self-Disclosure: A Meta-Analysis," *Psychological Bulletin*, 1992, 112(1), pp. 106-124.

[9]　Hao, Z., Jin, L., Li, Y., et al., "Alexithymia and Mobile Phone Addiction in Chinese Undergraduate Students: The Roles of Mobile Phone Use Patterns," *Computers in Human Behavior*, 2019(97), pp. 51-59.

[10]　王美芳、许文伟、王欣欣：《父母严厉管教与青少年学业成绩的关系：青少年自我表露的中介作用》，载《中国临床心理学杂志》，2017，25(4)。

借助此类应用软件对他人倾诉内心的孤独，也更容易对它们形成依赖。①②

综上，本研究提出假设 3：孤独感与手机成瘾的关系受性别调节。

测量工具也可能对孤独感与手机成瘾的关系产生影响。首先，从对孤独感的测量来看，目前应用较广的两种工具有 ULS-20 和 ULS-8。虽然后者使得测量内容和形式变得极其简洁，但同前者相比可能会不可避免地损失掉部分信息，因而不同的孤独感测量工具也可能会影响孤独感与手机成瘾的关系。其次，从对手机成瘾的测量来看，目前的两大类测量工具涵盖的内容不尽相同，如苏双等人③编制的大学生智能手机成瘾量表除了涵盖既有的手机成瘾测量的内容外，还增加了 App 使用和 App 更新两个因子，更加全面地反映个体的问题性手机使用现象。另外，具体到每种测量工具上，诸多量表的结构，涉及的手机成瘾的核心成分也不尽相同，因而可能会对孤独感与手机成瘾的关系产生影响。

综上，本研究提出假设 4：孤独感与手机成瘾的关系受孤独感测量工具的调节。假设 5：孤独感与手机成瘾的关系受手机成瘾测量工具的调节。

此外，文化背景也有可能对孤独感与手机成瘾的关系产生影响。中国文化集体主义色彩较为浓厚，这使得个体更加看中周围和谐的人际关系，受周围人际环境和交往氛围的影响更大，对来自他人的排斥和孤立也更加敏感，因而更有可能感受到孤独，借助手机逃避和缓解这种消极心理感受的概率也更高。④⑤ 西方文化倾向于个体自由，受周围的人际环境影响较小，因而感受到的孤独感水平可能更低，借助手机缓解的概率较低。此外，受儒家文化的

---

① Hoşoğlu, R. , "Investigating Mobile Phone Addiction in High School Students," *Addicta：The Turkish Journal on Addictions*, 2019(6), pp. 51-68.

② Takao, M. , Takahashi, S. & Kitamura, M. , "Addictive Personality and Problematic Mobile Phone Use," *Cyberpsychology & Behavior*, 2009, 12(5), pp. 501-507.

③ 苏双、潘婷婷、刘勤学等：《大学生智能手机成瘾量表的初步编制》，载《中国心理卫生杂志》，2014，26(5)。

④ 黄梓航、敬一鸣、喻丰等：《个人主义上升，集体主义式微？——全球文化变迁与民众心理变化》，载《心理科学进展》，2018，26(11)。

⑤ Jiang, Q. , Li, Y. & Shypenka, V. , "Loneliness, Individualism, and Smartphone Addiction among International Students in China," *Cyberpsychology, Behavior, and Social Networking*, 2018, 21(11), pp. 711-718.

熏陶，中国人倾向于保守，而西方人倾向于冒险，因此中国人感到孤独时可能更倾向于借助手机、互联网等方式获得心理慰藉，而西方人可能借助酗酒、兴奋性物质摄入等冒险性活动排解心中的孤独感。[1][2][3]

综上，本研究提出假设6：文化差异能够调节孤独感与手机成瘾的关系。

二、研究方法

（一）文献检索与筛选

首先，在中文数据库中（中国知网期刊和硕博论文数据库、万方期刊和学位论文数据库及维普期刊数据库），搜索篇名或摘要中包含关键词"孤独感"与"手机"的文献。其次，在英文数据库中（Web of Science 核心合集，Elsevier-SD，Springer Online Journals，Medline，EBSCO-ERIC，SAGE Online Journals，Scopus，PsycINFO，PsycArticles & ProQuest Dissertations and Theses）将关键词"mobile phone""smartphone""cell phone"分别与"loneliness"搭配，检索篇名或摘要中包含此类关键词的文献。此外，为了避免遗漏，通过文献中的引文进行补查和补充，检索截至日期为 2020 年 1 月 28 日，共获取文献 1 078 篇。

使用 EndNote X9 导入文献并按照如下标准筛选：（1）报告了孤独感与手机成瘾的具体数据（如相关系数、样本量）且无明显错误，不包括多元回归分析中获得的有关数据；（2）必须对测量工具有明确介绍；（3）数据重复发表的仅取其一；（4）研究对象非特殊人群，如有留守经历的学生、住院患者等。最后，共纳入研究 121 项（共包含效应值 124 个，被试 73 543 人），时间跨度为 2005—

---

[1] Jiang, Q., Li, Y. & Shypenka, V., "Loneliness, Individualism, and Smartphone Addiction among International Students in China,"*Cyberpsychology, Behavior, and Social Networking*, 2018, 21(11), pp. 711-718.

[2] Kim, J. H., "Smartphone-Mediated Communication vs. Face-to-Face Interaction: Two Routes to Social Support and Problematic Use of Smartphone,"*Computers in Human Behavior*, 2017(67), pp. 282-291.

[3] 王洁、陈健芷、杨琳等：《感觉寻求与网络成瘾关系的元分析》，载《心理科学进展》，2013，21(10)。

2020 年，文献筛选流程见图 1-1。

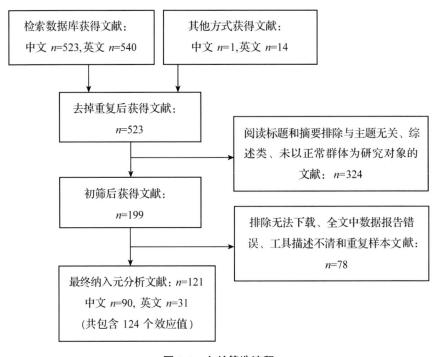

图 1-1　文献筛选流程

(二) 文献编码

　　每项研究根据以下特征进行编码：作者信息、出版年份、被试来源地、相关系数、样本量、男性比例、平均年龄、手机成瘾和孤独感的测量工具、被试类型以及发表类型(见表 1-1)。对于相关系数的录入，若研究未报告相关系数，但报告了 F、t 和 X^2 值，通过相应公式($r = \sqrt{\dfrac{t^2}{t^2 + df}}$; $r = \sqrt{\dfrac{F}{F + df_e}}$; $r = \sqrt{\dfrac{X^2}{X^2 + N}}$)，先将相关系数转化为 r 值再进行编码。[1] 此外，若原始文献仅报告了孤独感与手机成

---

[1]　Card, N. A., *Applied Meta-Analysis for Social Science Research*, New York, Guilford Press, 2012.

瘾各个子维度相关系数，则按照公式 $r_{xy} = \dfrac{\sum r_{x_i} r_{y_j}}{\sqrt{n + n(n-1)\bar{r}_{x_i x_j}} \sqrt{m + m(m-1)\bar{r}_{y_i y_j}}}$ ①

合成孤独感与手机成瘾的相关系数进行编码。编码由两位评分者独立完成，最终计算编码一致性为 96%。对于编码出现不一致的情况，经过查看原始文献并讨论进行更正。

表 1-1　纳入分析的原始研究的基本资料

作者	年份	国籍	r 值	人数	男性比	M_{age}	被试类型	发表类型	测量工具	
									手机成瘾	孤独感
Gao	2020	中国	0.200	556	0.52	无	小学生	A	MPAI	其他
	2020	中国	0.050	642	0.53	无	初中生	A	MPAI	其他
	2020	中国	0.090	568	0.53	无	高中生	A	MPAI	其他
Zhen	2019	中国	0.220	4 509	0.50	14.05	中学生	A	其他	其他
Yayan	2018	土耳其	0.393	1 312	0.74	13.81	青少年	A	SAS	ULS-20
Volungis	2019	美国	0.310	150	0.17	19.28	大学生	A	SAS	ULS-20
Shen	2019	中国	0.240	549	0.35	18.39	大学生	A	SAS-C	ULS-20
Mosalanejad	2019	伊朗	0.053	233	0.18	无	大学生	A	SAS	ULS-20
Mahapatra	2019	印度	0.290	330	0.58	无	大、中学生	A	其他	其他
Liu	2019	中国	0.390	908	0.49	21.04	大学生	A	MPAI	ULS-20
Lapierre1	2019	美国	0.241	346	0.34	19.11	大学生	A	其他	ULS-8
	2019	美国	0.356	346	0.34	19.32	大学生	A	其他	ULS-8
Lapierre2	2019	美国	0.220	297	0.25	21.81	大学生	A	其他	ULS-8
Kim	2019	美国	0.500	288	0.52	30.77	13~40 岁	A	其他	其他
Karsay	2019	德国	0.236	461	0.47	48.65	18~65 岁	A	其他	其他
Jafari	2019	伊朗	-0.324	439	0.46	23.18	大学生	A	其他	其他

---

① Hunter, J. E. & Schmidt, F. L., *Methods of Meta-Analysis*：*Correcting Error and Bias in Research Findings* (2nd ed.), Newbury Park, Sage, 2004.

续表

作者	年份	国籍	r 值	人数	男性比	M_{age}	被试类型	发表类型	测量工具	
									手机成瘾	孤独感
Hoşoğlu	2019	土耳其	-0.012	502	0.46	无	高中生	A	其他	ULS-20
Błachnio	2019	波兰	0.080	597	0.33	21.22	大学生	A	其他	其他
Wang	2018	中国	0.340	463	0.78	18.75	大学生	A	其他	ULS-8
Parashkouh	2018	伊朗	0.172	581	0.46	16.20	高中生	A	其他	ULS-20
Holte	2018	美国	0.217	237	0.23	18.94	大学生	D	其他	ULS-20
Kim	2017	美国	0.470	930	0.51	25.56	13~40 岁	A	其他	其他
Darcin	2016	土耳其	0.122	367	0.39	19.50	大学生	A	SAS	ULS-20
Bian	2015	中国	0.310	414	0.38	无	大学生	A	其他	ULS-8
Tan	2013	土耳其	0.350	527	0.30	20.80	大学生	A	其他	ULS-20
Laramie	2007	美国	0.258	316	0.36	34.95	18 岁以上	D	其他	ULS-20
Dayapoğlu	2016	土耳其	0.256	353	0.22	无	大学生	A	其他	ULS-20
Mansourian	2014	伊朗	-0.320	405	无	无	大学生	A	MPAI	ULS-20
Lee	2019	韩国	0.400	342	0.57	无	高中生	A	其他	ULS-20
Iqbal	2016	印尼	0.175	100	0.39	无	16~30 岁	A	其他	ULS-20
Jeong	2016	韩国	0.060	944	0.51	无	小学生	A	其他	其他
Güzeller	2012	土耳其	0.130	641	0.40	16.01	高中生	A	其他	ULS-20
Park	2005	韩国	0.100	157	0.48	无	大学生	B	其他	ULS-20
Çakır	2017	土耳其	0.137	540	0.66	无	高中生	A	SAS	ULS-8
左春荣	2019	中国	0.280	476	0.42	无	大学生	A	MPAI	ULS-20
钟旭辉	2019	中国	0.419	302	0.57	无	18~35 岁	D	其他	ULS-8
张玲玲	2019	中国	0.366	654	0.39	无	大学生	A	MPATS	ULS-20
谢孟哲	2019	中国	0.240	280	0.35	20.50	大学生	A	MPATS	ULS-20
吴琴	2019	中国	0.291	1 707	0.38	无	大、中学生	A	MPAI	ULS-20
汤凯婷	2019	中国	0.270	982	无	无	大学生	A	MPATS	ULS-20
史华伟	2019	中国	0.388	848	0.47	无	大学生	A	MPAI	ULS-20
马雪梅	2019	中国	0.335	471	0.23	无	大学生	A	MPATS	ULS-20

续表

作者	年份	国籍	r 值	人数	男性比	M_{age}	被试类型	发表类型	测量工具 手机成瘾	测量工具 孤独感
刘艳	2019	中国	0.230	431	0.94	18.63	大学生	A	MPATS	ULS-8
姜少凯	2019	中国	0.310	298	0.63	无	中职生	A	MPAI	其他
何川	2019	中国	0.132	530	0.30	无	大学生	A	MPAI	ULS-20
高蓉	2019	中国	0.373	1 988	0.43	无	大学生	A	MPATS	ULS-20
高大鹏	2019	中国	0.270	201	0.52	无	大学生	A	MPATS	ULS-20
付兵红	2019	中国	0.316	1 466	0.31	无	大学生	A	MPAI	ULS-20
陈嘉豪	2019	中国	0.279	854	0.48	无	大学生	D	SAS-C	ULS-20
张雪凤	2018	中国	0.232	487	0.43	19.86	大学生	A	MPAI	其他
徐畅	2018	中国	0.310	397	0.49	无	大学生	D	MPATS	ULS-20
熊思成	2018	中国	0.110	359	0.40	无	大学生	A	MPATS	ULS-20
王瑜	2018	中国	0.177	1 277	0.30	16.00	中职生	D	MPAI	其他
唐文清	2018	中国	0.330	780	0.48	无	大学生	A	MPATS	ULS-20
唐慧琳	2018	中国	0.290	617	0.40	无	大学生	A	MPATS	ULS-20
史梦薇	2018	中国	0.510	192	0.28	无	大学生	A	MPAI	ULS-20
邱蕾	2018	中国	0.361	1 420	0.50	21.13	大学生	A	MPATS	ULS-20
吕慧娟	2018	中国	0.351	246	0.47	无	大学生	A	MPAI	ULS-20
刘宁	2018	中国	0.330	843	0.32	20.39	大学生	A	MPAI	ULS-20
李长玲	2018	中国	0.266	272	无	无	大学生	A	MPAI	其他
李贝贝	2018	中国	0.261	263	0.22	无	大学生	A	MPATS	ULS-20
贾丽娟	2018	中国	0.153	603	0.41	无	高中生	D	MPAI	ULS-20
何安明	2018	中国	0.310	490	0.28	20.00	大学生	A	SAS-C	其他
方小平	2018	中国	0.320	349	0.32	无	大学生	A	MPATS	其他
庄鸿娟	2018	中国	0.250	624	0.39	15.96	中学生	A	其他	其他
钟琦	2017	中国	0.130	812	0.50	无	大学生	A	MPAI	ULS-20
杨兮	2017	中国	0.250	388	0.39	无	大学生	A	MPAI	ULS-20
闫凤霞	2017	中国	0.327	315	0.26	21.00	大学生	A	MPATS	ULS-20

续表

作者	年份	国籍	r值	人数	男性比	M_{age}	被试类型	发表类型	测量工具 手机成瘾	孤独感
夏艳雨	2017	中国	0.299	330	0.36	无	大学生	A	MPATS	ULS-20
吴亚楠	2017	中国	0.418	220	0.45	无	大学生	A	其他	ULS-20
韦莺	2017	中国	0.293	512	0.58	20.01	大学生	A	MPATS	ULS-20
孙君洁	2017	中国	0.179	1 368	0.57	无	大学生	A	MPAI	ULS-20
卿再花	2017	中国	0.220	1 142	0.24	无	大学生	A	MPATS	ULS-20
米继红	2017	中国	0.230	1 043	0.53	无	中职生	D	MPAI	ULS-20
罗星宇	2017	中国	0.490	670	0.45	19.56	大学生	D	SAS-C	ULS-20
贾玮	2017	中国	0.117	717	0.48	无	大学生	A	MPATS	ULS-20
郭璐璐	2017	中国	0.260	419	0.53	20.77	大学生	D	其他	ULS-20
高洋	2017	中国	0.020	488	0.79	无	中职生	D	MPAI	其他
邓岑珊	2017	中国	0.190	518	0.39	无	大学生	D	MPAI	ULS-20
沃尔佳	2017	无	0.381	438	0.57	24.85	大学生	D	SAS	其他
赵秀秀	2016	中国	0.080	582	0.44	无	大学生	D	MPATS	ULS-20
姚梦萍	2016	中国	0.490	681	0.50	无	大学生	D	MPATS	ULS-20
杨春红	2016	中国	0.190	723	0.39	无	大学生	D	MPATS	ULS-20
闫子寒	2016	中国	0.142	717	0.44	无	高中生	A	其他	ULS-20
王礼申	2016	中国	0.185	320	0.66	无	大学生	A	其他	其他
王芳	2016	中国	0.302	439	0.76	无	大学生	A	MPATS	ULS-20
涂巍	2016	中国	0.308	733	0.35	无	大学生	A	MPAI	ULS-20
吕倩倩	2016	中国	0.382	522	0.58	无	中职生	D	其他	其他
刘小磊	2016	中国	0.336	1 261	0.47	21.39	大学生	D	MPAI	ULS-20
刘海娟	2016	中国	0.270	333	0.88	无	大学生	A	SAS-C	ULS-20
李丽	2016	中国	0.190	1 053	0.49	20.40	大学生	A	SAS	ULS-20
李静	2016	中国	0.290	696	0.29	20.00	大学生	A	MPAI	ULS-20
海庆玲	2016	中国	0.306	138	无	无	职工	A	MPAI	ULS-20
符明秋	2016	中国	0.200	1 090	0.46	无	中小学生	A	MPAI	ULS-20

续表

作者	年份	国籍	r值	人数	男性比	M_{age}	被试类型	发表类型	测量工具	
									手机成瘾	孤独感
范士青	2016	中国	0.190	457	0.52	21.12	大学生	A	MPATS	ULS-20
朱永红	2015	中国	0.305	432	0.47	无	大学生	D	MPATS	ULS-20
张岩	2015	中国	0.320	368	0.48	无	大学生	A	MPAI	ULS-20
姚梦萍	2015	中国	0.230	418	0.47	19.85	大学生	A	MPAI	其他
严静	2015	中国	0.327	346	0.51	21.00	大学生	A	其他	ULS-20
熊健宁静	2015	中国	0.323	621	0.56	23.51	研究生	A	MPATS	ULS-20
谢其利	2015	中国	0.290	1 147	0.46	20.23	大学生	A	MPATS	ULS-20
肖雅戈	2015	中国	0.344	575	0.62	无	大学生	D	其他	其他
夏炜	2015	中国	0.298	480	0.40	无	大学生	D	其他	ULS-20
王平	2015	中国	0.256	322	0.42	22.60	大学生	A	MPATS	ULS-20
王慧慧	2015	中国	0.187	457	0.52	21.12	大学生	A	MPATS	ULS-20
刘文俐	2015	中国	0.244	328	0.35	18.30	大学生	A	MPAI	ULS-20
李腾飞	2015	中国	0.290	310	0.35	无	大学生	A	MPATS	ULS-20
李力	2015	中国	0.204	518	0.39	无	大学生	D	MPATS	ULS-20
李春生	2015	中国	0.359	326	0.48	21.98	大学生	D	其他	ULS-20
管浩圻	2015	中国	0.200	361	0.44	20.00	大学生	A	MPATS	ULS-20
甘良梅	2015	中国	0.235	302	0.54	20.15	大学生	A	MPATS	ULS-20
崔玉玲	2015	中国	0.120	534	0.48	20.50	大学生	A	MPAI	ULS-20
陈向丽	2015	中国	0.246	421	无	无	大学生	A	MPAI	ULS-20
全开凤	2014	中国	0.122	546	0.45	无	大学生	D	MPATS	ULS-20
邱慧燕	2014	中国	0.110	315	0.52	无	高中生	A	其他	ULS-20
刘志强	2014	中国	0.326	379	0.74	20.31	大学生	A	MPATS	其他
姜永志	2014	中国	0.193	442	0.52	20.55	大学生	A	MPATS	ULS-20
高海燕	2014	中国	0.227	600	0.44	无	大学生	A	MPATS	ULS-20
韦耀阳	2013	中国	0.263	304	无	无	大学生	A	其他	ULS-20
李苑文	2013	中国	0.317	768	0.52	无	中学生	D	MPAI	其他

续表

作者	年份	国籍	r 值	人数	男性比	M_{age}	被试类型	发表类型	测量工具	
									手机成瘾	孤独感
王相英	2012	中国	0.320	287	0.40	无	大学生	A	MPATS	ULS-20
刘红	2011	中国	0.270	442	0.43	21.28	大学生	A	MPAI	ULS-20
王芳	2008	中国	0.173	632	0.45	无	大学生	A	其他	ULS-20
周芳蕊	2018	中国	0.230	380	0.46	无	大学生	D	MPATS	ULS-20

注：为减少篇幅，纳入文献仅列出第一作者(作者后的数字表示同一年份发表的不同研究)；A 为期刊发表的论文，B 为图书，D 为硕博论文。

(三)发表偏倚控制与检验

发表偏倚是指结果具有统计学意义的研究比结果无统计学意义的研究更容易被发表，因此，已发表的文献并不能全面地代表该领域已经完成的研究总体。[1][2] 本研究纳入文献时不仅纳入了已发表的期刊和会议论文，还纳入了未发表的硕博论文，在一定程度上控制了发表偏倚对元分析结果的影响。此外，为保证元分析结果的可靠性，本研究还将利用漏斗图(Funnel plot)和 Egger's 回归法检验结果是否受发表偏倚的影响。对于前者而言，如果图形呈现一个倒着的漏斗形状，则表明不存在发表偏倚；对于后者而言，如果线性回归的结果不显著，则视为不存在发表偏倚。

(四)模型选择

目前，计算效应大小的方法主要有两种：固定效应模型和随机效应模型。前者假设不同研究的实际效果是相同的，而结果之间的差异是由随机误差引起的。后者假设不同研究的实际效果可能不同，不同的结果不仅受随机误差

---

① Rothstein, H. R., Sutton, A. J. & Borenstein, M., *Publication Bias in Meta-Analysis：Prevention, Assessmentand Adjustments*, Chichester, John Wiley & Sons Ltd, 2005.

② 张亚利、李森、俞国良：《自尊与社交焦虑的关系：基于中国学生群体的元分析》，载《心理科学进展》，2019, 27(6)。

的影响，而且还受不同样本的影响。① 基于文献回顾，本研究认为测量工具、年龄等因素可能影响孤独感与手机成瘾的关系，因此本研究采用随机效应模型进行估计。此外，本研究还通过异质性检验，对随机效应模型选择的适切性进行验证，主要查看 Q 检验结果的显著性以及 I^2 值两个指标，若 Q 检验结果显著或 I^2 值高于 75%，则选择随机效应模型更合适，反之，选用固定效应模型更合适。②

(五)数据处理

本研究采用相关系数 r 作为效应值指标。使用软件 Comprehensive Meta-analysis Version 3.3③ 进行元分析主效应检验和调节效应检验。调节效应分析采用两种形式：(1)当调节变量为连续变量时采用元回归分析考查结果是否显著；(2)当调节变量为分类变量时采用亚组分析检验结果是否显著。亚组分析时为了保证调节变量每个水平下的研究均能代表该水平，每个水平下的效应量个数应不少于 5 个。④

三、研究结果

(一)发表偏差检验

效应值分布漏斗图(图 1-2)显示，效应值集中在图形上方且均匀分布于总效应的两侧；Egger 线性回归的结果不显著，截距为 2.41，95% 的置信区间为 [−2.38，1.19]，p 值为 0.56。这说明本研究不存在明显的发表偏倚，元分析

① Schmidt, F. L., Oh, I. S. & Hayes, T. L., "Fixed-Versus Random-Effects Models in Meta-Analysis: Model Properties and an Empirical Comparison of Differences in Results," *British Journal of Mathematical and Statistical Psychology*, 2009, 62(1), pp. 97-128.

② Higgins, J. P. T., Thompson, S. G., Deeks, J. J., et al., "Measuring Inconsistency in Meta-Analyses," *British Medical Journal*, 2003, 327(7414), pp. 557-560.

③ Borenstein, M., Hedges, L. V., Higgins, J. P. T., et al., *Introduction to Meta-Analysis*, Chichester, Wiley, 2009.

④ Card, N. A., *Applied Meta-Analysis for Social Science Research*, New York, Guilford Press, 2012.

估计结果较为可靠。

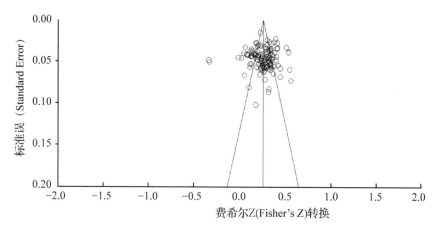

图1-2　效应值分布漏斗图

(二)异质性检验

本研究对纳入的效应量进行异质性检验，以便确定采用随机效应模型是否适合，以及是否有必要进行调节效应分析。[①] 检验结果表明，Q 值为 1 155.90（$p<0.001$），I^2 值为 89.36%，超过了亨特(Hunter)和施密特(Schmidt)提出的75%的法则[②]，说明结果异质，也表明纳入的有关孤独感与手机成瘾关系的效应量中有 89.36%的变异是由效应值的真实差异引起的，接下来的分析选用随机效应模型是合适的。该结果也提示不同研究间的估计值差异可能受到了一些研究特征因素的干扰，可以就影响两者关系的调节变量进行合理探讨。

(三)主效应检验

采用随机效应模型估计孤独感与手机成瘾的相关强度，结果显示两者的相关系数为 0.25，95%的置信区间为[0.23，0.27]，不包含 0(表1-2)。根据有关

---

① 张亚利、李森、俞国良：《自尊与社交焦虑的关系：基于中国学生群体的元分析》，载《心理科学进展》，2019，27(6)。

② Hunter, J. E. & Schmidt, F. L., *Methods of Meta-Analysis: Correcting Error and Bias in Research Findings* (2nd ed.), Newbury Park, Sage, 2004.

研究者的判断标准，孤独感与手机成瘾的相关程度介于 $0.1 \sim 0.3$，二者呈中等程度的正相关。[1] 敏感性分析发现，排除任意一个样本后的效应量 r 值在 $0.249 \sim 0.256$，表明元分析估计结果具有较高的稳定性。

表 1-2　孤独感与手机成瘾关系的随机效应模型分析

模型	k	N	r	r 的 95% 的置信区间		z	p	异质性检验				τ^2
				LL	UL			$Q(T)$	df	p	I^2	
随机模型	124	73 543	0.25	0.23	0.27	22.19	<0.001	1 155.90	123	<0.001	89.36	0.01

注：k 为效应量数，N 为被试数。

(四) 调节效应检验

利用元回归分析和亚组分析检验调节变量对孤独感与手机成瘾的关系是否有显著影响，结果发现：(1) 性别对孤独感与手机成瘾关系的调节作用不显著。元回归分析 (118 个效应值) 结果表明，男性比例对效应值的回归系数不显著 ($b=0.03$，$z=0.29$，95% 的置信区间为 $[-0.14, 0.19]$)。(2) 被试群体类别能够显著调节孤独感与手机成瘾的关系。亚组分析 (116 个效应值) 显示，其 Q 值 (组间) 为 4.31，$p<0.05$，孤独感与手机成瘾的相关系数在成年人群体中要显著高于青少年。(3) 手机成瘾测量工具对孤独感与手机成瘾关系的调节效应不显著。亚组分析 (87 个效应值) 显示，其 Q 值 (组间) 为 2.43，$p>0.05$，结果不显著。(4) 孤独感测量工具对孤独感与手机成瘾关系的调节效应不显著。亚组分析 (98 个效应值) 显示，其 Q 值 (组间) 为 0.62，$p>0.05$，结果不显著。(5) 文化背景对孤独感与手机成瘾的调节作用不显著。亚组分析 (124 个效应值) 显示，其 Q 值 (组间) 为 2.42，$p>0.05$，结果不显著。亚组分析结果见表 1-3。

---

[1]　Gignac, G. E. & Szodorai, E. T., "Effect Size Guidelines for Individual Differences Researchers," *Personality and Individual Differences*, 2016(102), pp. 74-78.

表 1-3 亚组分析结果

调节变量	异质性检验			类别	k	95%CI			双侧检验	
	Q_B	df	p			估计值	下限	上限	z	p
被试群体	4.31	1	0.038	成年人	97	0.26	0.24	0.28	20.56	<0.001
				青少年	19	0.20	0.15	0.25	7.83	<0.001
手机成瘾测量工具	2.43	3	0.488	MPAI	36	0.24	0.20	0.28	10.83	<0.001
				MPATS	39	0.26	0.23	0.28	18.89	<0.001
				SAS	7	0.23	0.12	0.33	4.16	<0.001
				SAS-C	5	0.32	0.22	0.42	6.01	<0.001
孤独感测量工具	0.62	1	0.432	ULS-20	90	0.25	0.23	0.28	20.70	<0.001
				ULS-8	8	0.28	0.22	0.34	8.11	<0.001
文化背景	2.42	1	0.120	西方文化	27	0.20	0.12	0.28	4.76	<0.001
				东方文化	97	0.26	0.25	0.28	26.60	<0.001

注：k 代表效应值的数量；Q_B 代表异质性检验统计量；95%CI 为亚组效果量 r 的 95%的置信区间(余同)；青少年包括中学生和中职生，成年人包括大学生、研究生及调查对象在 18 岁以上的被试。

四、分析与讨论

(一)孤独感与手机成瘾的关系

以往关于孤独感与手机成瘾的关系存在不一致的观点和不一致的研究结果，但尚未有研究对此予以澄清。本研究通过元分析首次对孤独感与手机成瘾的关系从整体上进行估计，结果发现两者之间呈中等程度的正相关。这一结果支持了第一种观点(孤独感与手机成瘾呈显著的正相关)，以及目前的多数研究的结果①②③④，同时也澄清了其中存在的相关性大小和方向的争论。本结果未支持某些研究得出的两者呈高度相关⑤⑥⑦和低度相关⑧⑨，以及相关不显著⑩⑪⑫，甚至负相关⑬⑭的结果。这说明孤独感与手机成瘾的相关具有统计学意义，且在实际工作中不应忽视或夸大两者间的相关性。

本结果同以往某些相近的元分析的结果存在一定的差别。例如，有研究者利用元分析发现孤独感与社交网站使用的相关系数为 0.17。⑮ 本结果得到的相关系数高于该值，这可能是由于手机功能的多样性导致的。社交网站的功能主

① Dayapoglu, N., Kavurmaci, M. & Karaman, S., "The Relationship Between the Problematic Mobile Phone Use and Life Satisfaction, Loneliness, and Academic Performance in Nursing Students," *International Journal of Caring Sciences*, 2016, 9(2), pp. 647-652.

② Lapierre, M. A., "Smartphones and Loneliness in Love: Testing Links Between Smartphone Engagement, Loneliness, and Relational Health," *Psychology of Popular Media Culture*, 2020, 9(2), 125-134.

③ Shen, X. & Wang, J. L., "Loneliness and Excessive Smartphone Use among Chinese College Students: Moderated Mediation Effect of Perceived Stressed and Motivation," *Computers in Human Behavior*, 2019(95), pp. 31-36.

④ Zhen, R., Liu, R. D., Hong, W., et al., "How Do Lnterpersonal Relationships Relieve Adolescents' Problematic Mobile Phone Use? The Roles of Loneliness and Motivation to Use Mobile Phones," *International Journal of Environmental Research and Public Health*, 2019, 16(13), p. 2286.

⑤ Kim, J. H., Longitudinal Associations among Psychological Issues and Problematic Use of Smartphones," *Journal of Media Psychology*, 2019, 31(3), pp. 117-127.

⑥ Lee, K. N. & Kim, H. H., "The Relationship of Parent-Child Communication, Loneliness and Interpersonal Problems on Adolescents' Smartphone Addiction," *Youth Facility Environment*, 2019, 17(3), pp. 27-36.

⑦ Liu, Q. Q., Yang, X. J., Zhu, X. W., et al., "Attachment Anxiety, Loneliness, Rumination and Mobile Phone Dependence: A Cross-Sectional Analysis of a Moderated Mediation Model," *Current Psychology*, 2019, 38(6), pp. 1-11.

⑧ Mahapatra, S., "Smartphone Addiction and Associated Consequences: Role of Loneliness and Self-Regulation," *Behaviour & Information Technology*, 2019, 38(8), pp. 833-844.

⑨ Park, W. K., "Mobile Phone Addiction," in *Mobile Communications* (pp. 253-272), London, Springer, 2005.

⑩ Błachnio, A. & Przepiorka, A., "Be Aware! If You Start Using Facebook Problematically You Will Feel Lonely: Phubbing, Loneliness, Self-Esteem, and Facebook Intrusion. A Cross-Sectional Study," *Social Science Computer Review*, 2019, 37(2), pp. 270-278.

⑪ Hoşoğlu, R., "Investigating Mobile Phone Addiction in High School Students," *Addicta: The Turkish Journal on Addictions*, 2019(6), pp. 51-68.

⑫ Jeong, S. H., Kim, H., Yum, J. Y., et al., "What Type of Content are Smartphone Users Addicted to? SNS vs. Games," *Computers in Human Behavior*, 2016(54), pp. 10-17.

⑬ Jafari, H. & Aghaei, A., "The Relationship between Addiction to Mobile Phone and Sense of Loneliness among Students of Medical Sciences in Kermanshah, Iran," *BMC Research Notes*, 2019(12), p. 676.

⑭ Mansourian, M., Solhi, M., Adab, Z., et al., "Relationship between Dependence to Mobile Phone with Loneliness and Social Support in University Students," *Razi Journal of Medical Sciences*, 2014, 21(120), pp. 1-8.

⑮ Liu, D. & Baumeister, R. F., "Social Networking Online and Personality of Self-Worth: A Meta-Analysis," *Journal of Research in Personality*, 2016(64), pp. 79-89.

要集中于线上社交服务，而手机除了具备社交服务功能之外，还具备购物、游戏等功能①②，不仅能帮助个体进行线上社交，满足归属需求，还能帮助个体进行休闲娱乐、转移和逃避现实生活中的孤独感③④，因此孤独感与问题性手机使用的相关可能比与社交媒体使用的相关更强。另有元分析发现孤独感和问题性网络使用的相关为 0.181。⑤ 本研究与之存在差异，这说明孤独感与手机使用的关系更密切。这可能与手机使用的便捷性有关。与使用计算机上网相比，手机上网更加便捷，不受时间和空间的限制⑥⑦，因此，孤独感水平较高的个体对手机的依赖可能超过对计算机的依赖。还有元分析发现手机成瘾与焦虑、抑郁的相关分别为 0.27 和 0.31⑧，略高于本研究中手机成瘾与孤独感的相关($r = 0.25$)，说明手机成瘾与诸多心理社会因素的相关性不能一概而论。

本研究还澄清了以往众多理论关于孤独感与手机成瘾关系的争论。研究结果支持了第一种观点，验证了假设 1，即孤独感与手机成瘾呈正相关，为补偿性网络使用理论和自我调节缺陷模型提供了证据支持。⑨⑩ 这可能是因为孤独感

---

① Kim, J. H. , "Psychological Issues and Problematic Use of Smartphone: ADHD's Moderating Role in the Associations among Loneliness, Need for Social Assurance, Need for Immediate Connection, and Problematic Use of Smartphone," *Computers in Human Behavior*, 2018(80), pp. 390-398.

② Zhen, R. , Liu, R. D. , Hong, W. , et al. , "How Do Interpersonal Relationships Relieve Adolescents' Problematic Mobile Phone Use? The Roles of Loneliness and Motivation to Use Mobile Phones," *International Journal of Environmental Research and Public Health*, 2019, 16(13), p. 2286.

③ Bian, M. & Leung, L. , "Linking Loneliness, Shyness, Smartphone Addiction Symptoms, and Patterns of Smartphone Use to Social Capital," *Social Science Computer Review*, 2015, 33(1), pp. 61-79.

④ Zhen, R. , Liu, R. D. , Hong, W. , et al. , "How do Interpersonal Relationships Relieve Adolescents' Problematic Mobile Phone Use? The Roles of Loneliness and Motivation to Use Mobile Phones," *International Journal of Environmental Research and Public Health*, 2019, 16(13), p. 2286.

⑤ 胡耿丹、项明强：《国内大学生网络成瘾影响因素的元分析》，载《中国特殊教育》，2011(6)。

⑥ Liu, Q. Q. , Yang, X. J. , Zhu, X. W. , et al. , "Attachment Anxiety, Loneliness, Rumination and Mobile Phone Dependence: A Cross-Sectional Analysis of a Moderated Mediation Model," Current Psychology, 2019, 38(6), pp. 1-11.

⑦ 张亚利、李森、俞国良：《大学生无聊倾向与认知失败的关系：手机成瘾倾向的中介作用及其在独生与非独生群体间的差异》，载《心理发展与教育》，2019，35(3)。

⑧ 张斌、熊思成、徐依等：《手机使用与焦虑、抑郁的关系：一项元分析》，载《中国临床心理学杂志》，2019，27(6)。

⑨ Kardefelt-Winther, D. , "A Conceptual and Methodological Critique of Internet Addiction Research: Towards a Model of Compensatory Internet Use," *Computers in Human Behavior*, 2014(31), pp. 351-354.

⑩ Tokunaga, R. S. & Rains, S. A. , "An Evaluation of Two Characterizations of the Relationships Between Problematic Internet Use, Time Spent Using the Internet, and Psychosocial Problems," *Human Communication Research*, 2010, 36(4), pp. 512-545.

水平越高的个体越倾向于利用手机中的多种功能来逃避现实生活中需求感未满足而招致的心理痛苦体验，或者直接利用手机中的社交功能来补偿现实生活中未被满足的心理需求，寻求网络社会支持和线上归属感，从而导致对手机的依赖程度较高；①② 也可能是因为孤独感水平较高的个体本身就代表着积极心理资源的匮乏，这些群体在手机使用的过程中很可能由于自控能力的不足或外部监控机制的缺失使其手机成瘾的程度逐渐加深。③④⑤ 此外，还有可能是手机成瘾的出现致使孤独感水平上升。对手机的过度使用或不加节制地使用，会使个体原本用于线下社会交流的时间和机会大大减少，不利于社会支持系统的构建。当个体从手机中的虚拟世界回到现实世界时，会感受到更多的社会疏离感，更少的人际归属感，因此孤独感会随之增强。⑥

本结果未能为第二种观点（孤独感与手机成瘾呈显著负相关）提供证据支持。刺激假设认为手机使用有助于个体减少孤独感，虽然个别研究也的确发现两者之间可能呈负相关⑦⑧，但本结果未能支持这一观点。这可能与手机使用的模式有关。手机使用模式通常分为人际交往、娱乐和信息寻求。⑨ 研究表明，以人际交往为目的的手机使用能够帮助个体建立线上社会支持网络，可能对缓

① Kim, J. H., "Smartphone-Mediated Communication vs. Face-to-Face Interaction: Two Routes to Social Support and Problematic Use of Smartphone," *Computers in Human Behavior*, 2017(67), pp. 282-291.

② Shen, X. & Wang, J. L., "Loneliness and Excessive Smartphone Use among Chinese College Students: Moderated Mediation Effect of Perceived Stressed and Motivation," *Computers in Human Behavior*, 2019(95), pp. 31-36.

③ Kim, J. H., "Psychological Issues and Problematic Use of Smartphone: ADHD's Moderating Role in the Associations among Loneliness, Need for Social Assurance, Need for Immediate Connection, and Problematic Use of Smartphone," *Computers in Human Behavior*, 2018(80), pp. 390-398.

④ Kim, J. H., "Longitudinal Associations among Psychological Issues and Problematic Use of Smartphones," *Journal of Media Psychology*, 2019, 31(3), pp. 117-127.

⑤ Kraut, R., Kiesler, S., Boneva, B., et al., "Internet Paradox Revisited," *Journal of Social Issues*, 2002, 58(1), pp. 49-74.

⑥ Liu, D., Baumeister, R.F., Yang, C.C., et al., "Digital Communication Media Use and Psychological Well-Being: A Meta-Analysis," *Journal of Computer-Mediated Communication*, 2019, 24(5), pp. 259-273.

⑦ Jafari, H. & Aghaei, A., "The Relationship Between Addiction to Mobile Phone and Sense of Loneliness among Students of Medical Sciences in Kermanshah, Iran," *BMC Research Notes*, 2019, 12(1), p. 676.

⑧ Mansourian, M., Solhi, M., Adab, Z., et al., Relationship Between Dependence to Mobile Phone with Loneliness and Social Support in University Students, *Razi Journal of Medical Sciences*, 2014, 21(120), pp. 1-8.

⑨ Hao, Z., Jin, L., Li, Y., et al., "Alexithymia and Mobile Phone Addiction in Chinese Undergraduate Students: The Roles of Mobile Phone Use Patterns," *Computers in Human Behavior*, 2019(97), pp. 51-59.

解个体的孤独感大有裨益，但以娱乐消遣为目的的手机使用可能对孤独感的缓解作用不大。[1][2][3] 手机成瘾是对手机的一种过度或无度使用，这种使用可能不全用于线上社会交往，还可能包含了玩游戏、看视频等。比如，中国互联网络信息中心发布的报告显示，在手机网民经常使用的各类移动互联网应用中，社交通信类使用时间仅占总体的 19%，大部分时间全部用于非社交类活动。[4] 因而，这种杂合的使用模式可能大大削弱了手机使用对人际关系的助力作用。[5][6]

本结果也未能给第三种观点提供证据支持。总体而言，孤独感与手机成瘾存在直接联系。由于本研究仅着眼于孤独感与手机成瘾的简单相关，因此从总体来看，二者之间是否受到了诸如内外向人格和自我表露等变量的调节[7][8]，以及两者之间是否随着其他变量而产生共变关系尚需未来研究进一步考查。

本结果也未能给第四种观点提供证据支持。本结果表明孤独感与手机成瘾之间的相关程度为中等，以往研究发现社会心理学领域中 100 余年来的元分析的平均效应值约为 $r = 0.21$。[9] 本结果得到的平均效应值略高于该值，在一定程

---

① Horwood, S. & Anglim, J., "Problematic Smartphone Usage and Subjective and Psychological Well-Being," *Computers in Human Behavior*, 2019(97), pp. 44-50.

② Keresteš, G. & Štulhofer, A., "Adolescents' Online Social Network Use and Life Satisfaction: A Latent Growth Curve Modeling Approach," *Computers in Human Behavior*, 2020(104), p. 106187.

③ 沈彩霞、刘儒德、王丹：《儿童网络行为与孤独感的关系——人格的调节效应》，载《心理科学》，2013，36(5)。

④ 第 44 次中国互联网发展状况统计报告(2019 年 8 月)。

⑤ Dienlin, T., Masur, P. K. & Trepte, S., "Reinforcement or Displacement? The Reciprocity of FtF, IM, and SNS Communication and Their Effects on Loneliness and Life Satisfaction," *Journal of Computer-Mediated Communication*, 2017, 22(2), pp. 71-87.

⑥ Scherr, S., Toma, C. & Schuster, B., "Depression as a Predictor of Facebook Surveillance and Envy: Longitudinal Evidence from a Cross-Lagged Panel Study in Germany," *Journal of Media Psychology: Theories, Methods, and Applications*, 2019, 31(4), pp. 196-202.

⑦ Karsay, K., Schmuck, D., Matthes, J., et al., "Longitudinal Effects of Excessive Smartphone Use on Stress and Loneliness: The Moderating Role of Self-Disclosure," *Cyberpsychology, Behavior, and Social Networking*, 2019, 22(11), pp. 706-713.

⑧ Takao, M., Takahashi, S. & Kitamura, M., "Addictive Personality and Problematic Mobile Phone Use," *CyberPsychology & Behavior*, 2009, 12(5), pp. 501-507.

⑨ Richard, F. D., Bond Jr, C. F. & Stokes-Zoota, J. J., "One Hundred Years of Social Psychology Quantitatively Described," *Review of General Psychology*, 2003, 7(4), pp. 331-363.

度上表明孤独感与手机成瘾之间可能呈典型的线性相关。① 因此，数字恰到好处假说②，有待进一步验证。事实上，也存在未能验证该观点的类似研究。例如，有研究发现数字媒体的使用时间和抑郁不呈 U 形关系，并建议未来研究检验该假设是否仅适合描述数字媒体使用与积极心理变量间的关系。③

(二) 调节效应分析

元分析得出的总体上的结论，并不是对现实中某些未得到支持的具体研究的否定，这里仅仅考虑的是两个变量间的简单相关，其联系的密切程度很可能受到了其他变量的调节或干扰。

本研究发现，孤独感与手机成瘾的总体相关受到了不同年龄群体的调节，验证了假设 2。相对于青少年群体，两者的相关系数在成年人群体中更高。该结果与前言中的预期不一致，从"失补偿"假说的观点来看，年龄越大，心理发展越成熟，出现病理性补偿的概率越低④⑤，孤独感与手机成瘾的相关应在年龄稍小的青少年群体中更高。本结果与这一说法相反，这可能与手机的易得性有关，成年人的手机持有率比青少年高，当出现心理困扰时更容易借助随身携带的手机进行逃避和补偿，而青少年由于经济不独立，使得手机的使用和获取较为不便，因此借助手机排遣孤独的可能性较低。⑥ 此外，本研究成年人群体中大部分调查对象为大学生，他们面临的心理发展任务是获得亲密的人际关系，

---

① Gignac, G. E. & Szodorai, E. T., "Effect Size Guidelines for Individual Differences Researchers," *Personality and Individual Differences*, 2016(102), pp. 74-78.

② Przybylski, A. K. & Weinstein, N., "A Large-Scale Test of the Goldilocks Hypothesis: Quantifying the Relations Between Digital-Screen Use and the Mental Well-Being of Adolescents," *Psychological Science*, 2017, 28(2), pp. 204-215.

③ Houghton, S., Lawrence, D., Hunter, S.C., et al., "Reciprocal Relationships Between Trajectories of Depressive Symptoms and Screen Media Use During Adolescence," *Journal of Youth and Adolescence*, 2018, 47(11), pp. 2453-2467.

④ 高文斌、陈祉妍：《网络成瘾病理心理机制及综合心理干预研究》，载《心理科学进展》，2006，14(4)。

⑤ 吴茜玲、罗娇、白纪云：《大学生安全感对手机成瘾的影响：回避现实社交的中介作用》，载《心理发展与教育》，2019，35(5)。

⑥ 第 44 次中国互联网发展状况统计报告(2019 年 8 月)。

防止孤独感出现，而手机所包含的社交功能为解决该矛盾提供了便利，因此大学生比青少年的孤独感问题更突出，也更可能对手机形成依赖。[1][2] 最后，本结果还可能与外部的约束程度有关。同大学生相比，青少年在手机使用上受到家长和学校乃至手机使用程序本身的管控与约束较多，因而形成依赖的可能性较小。[3][4]

　　本研究还发现性别对孤独感与手机成瘾关系的调节作用不显著，未支持假设3，说明两者间的关系可能存在跨性别的稳定性。虽然不同性别的个体可能对手机使用的具体内容存在不同的偏好，男生可能更偏好游戏类的应用，女生可能更偏好社交类的应用，但从总体的手机使用程度来看，可能不存在显著的性别差异。[5][6][7] 也的确有实证研究发现孤独感与手机成瘾均不存在显著的性别差异[8][9]，与本研究类似的元分析也发现手机使用与焦虑、抑郁的关系同样不受性别因素的调节[10]，说明孤独感等不良情绪产生时，利用手机化解可能是比较普遍的做法。

　　此外，本研究还发现孤独感与手机成瘾的测量工具对孤独感与手机成瘾关

---

① Kim, J. H., "Smartphone-Mediated Communication vs. Face-to-Face Interaction: Two Routes to Social Support and Problematic Use of Smartphone," *Computers in Human Behavior*, 2017(67), pp. 282-291.

② 卿再花、吴彩虹、曹建平等：《父母冲突对大学生手机成瘾的影响：认知评价与孤独感的链式中介作用》，载《中国临床心理学杂志》，2011，25(6)。

③ 丁倩、张永欣、周宗奎：《父母低头族与中学生手机成瘾的关系：父母监控的调节作用》，载《中国特殊教育》，2019(1)。

④ Gao, Q., Jia, G., Fu, E., et al., "A Configurational Investigation of Smartphone Use Disorder among Adolescents in Three Educational Levels," *Addictive Behaviors*, 2020(103), p. 106231.

⑤ Gignac, G. E. & Szodorai, E. T., "Effect Size Guidelines for Individual Differences Researchers," *Personality and Individual Differences*, 2016(102), pp. 74-78。

⑥ Coyne, S. M., Rogers, A. A., Zurcher, J. D., et al., "Does Time Spent Using Social Media Impact Mental Health? An Eight Year Longitudinal Study," *Computers in Human Behavior*, 2020(104), p. 106160.

⑦ Karadağ, E., Tosuntaş, Ş. B., Erzen, E., et al., "Determinants of Phubbing, Which Is the Sum of Many Virtual Addictions: A Structural Equation Model," *Journal of Behavioral Addictions*, 2015, 4(2), pp. 60-74.

⑧ Jafari, H. & Aghaei, A., "The Relationship Between Addiction to Mobile Phone and Sense of Loneliness Among Students of Medical Sciences in Kermanshah, Iran," *BMC Research Notes*, 2019(12), p. 676.

⑨ Liu, Q. Q., Yang, X. J., Zhu, X. W., et al., "Attachment Anxiety, Loneliness, Rumination and Mobile Phone Dependence: A Cross-Sectional Analysis of a Moderated Mediation Model," *Current Psychology*, 2021, 40(4), pp. 5134-5144.

⑩ 张斌、熊思成、徐依等：《手机使用与焦虑、抑郁的关系：一项元分析》，载《中国临床心理学杂志》，2019，27(6)。

系的调节作用不显著，未支持假设 4 和假设 5，说明孤独感与手机成瘾的相关受测量工具的影响较小。首先，就孤独感的测量工具 ULS-20 和 ULS-8 而言，两者的测量题数不同，前者是把 ULS 第二版不合时宜的题目完善后得到的，而后者是把 ULS 第二版不合时宜的题目删减后得到的。两者测量的题目保持了高度的一致，测量属性也比较接近，且均是单维结构，均能在一定程度上测量孤独感的突出表现①②，因而对孤独感与手机成瘾关系的测量影响不显著。其次，就手机成瘾的测量工具而言，虽然 MPAI、MPATS、SAS 以及 SAS-C 测量的内容和长度稍有不同，但编制时均参考了 DSM-IV 中诊断物质成瘾或病理性赌博的标准，因此均涵盖了手机成瘾的重要成分，如戒断性、耐受性、失控性等。因而对孤独感与手机成瘾关系的影响也不存在显著差异。需要注意的是，本研究分析测量工具的调节效应时为保证结果的准确性和稳定性，亚组分析时遵循了较为严格的标准③，低于 5 个效应值的亚组并未被纳入。因此，孤独感与手机成瘾的关系是否受到使用数量较少的个别测验工具的影响仍需未来研究进一步确认。

最后，本研究发现文化背景对孤独感与手机成瘾关系的调节作用不显著，未支持假设 6，说明文化背景对孤独感与手机成瘾的影响较小，两者间的关系可能存在跨文化趋同效应。首先，孤独已经成为一种无声的"瘟疫"，影响着人们的身心健康，这一现象似乎在全球变得普遍。④ 手机成瘾也是全球面临的一个普遍现象，已经成为一个公共卫生问题而引发了众多学者的关注⑤⑥⑦，两者

① Hays, R. D. & DiMatteo, M. R., "A Short-Form Measure of Loneliness," *Journal of Personality Assessment*, 1987, 51(1), pp. 69-81.

② Russell, D. W., "UCLA Loneliness Scale(Version 3)：Reliability, Validity, and Factor Structure," *Journal of Personality Assessment*, 1996, 66(1), pp. 20-40.

③ Card, N. A., *Applied Meta-Analysis for Social Science Research*, New York, Guilford Press, 2012.

④ Kim, J. H., "Smartphone-Mediated Communication vs. Face-to-Face Interaction：Two Routes to Social Support and Problematic Use of Smartphone," *Computers in Human Behavior*, 2017(67), pp. 282-291.

⑤ De-Sola Gutiérrez, J., Rodríguez de Fonseca, F. & Rubio, G., "Cell-Phone Addiction：A Review," *Frontiers in Psychiatry*, 2016(7), p. 175.

⑥ Gao, Q., Jia, G., Fu, E., et al., "A Configurational Investigation of Smartphone Use Disorder among Adolescents in Three Educational Levels," *Addictive Behaviors*, 2020(103), p. 106231.

⑦ Long, J., Liu, T. Q., Liao, Y. H., et al., "Prevalence and Correlates of Problematic Smartphone Use in a Large Random Sample of Chinese Undergraduates," *BMC Psychiatry*, 2016(16), p. 408.

在全球范围内均是普遍现象，可见受不同文化的影响较小。其次，受传统文化的影响，虽然我国具有浓厚的集体主义色彩，在这种背景下孤独感与手机成瘾的关系可能会更强，但研究发现全球文化变化的特征是个人主义上升，集体主义式微，多元文化共存，这已成为当前人类社会发展的显著特征。① 因此，东西方文化可能处于交融状态，差异正在逐渐缩小，因而对孤独感与手机成瘾关系的调节作用不显著。

(三)研究意义与展望

以往关于孤独感与手机成瘾关系的理论观点和研究结果均存在不一致的现象。本研究通过元分析首次澄清了以往诸多理论观点间的争议，以及实证研究中孤独感与手机成瘾相关强度和方向不一致的问题，发现两者之间呈中等程度的正相关。研究结果支持了补偿性网络使用理论②和自我调节缺陷模型③的观点。但本研究也存不足之处。本研究仅仅关注的是孤独感与手机成瘾之间的简单相关，由于原始研究数量的限制，未充分关注可能影响孤独感与手机成瘾直接关系的调节变量(如内外向人格、自我表露)，或干扰变量，这限制了对"穷者更穷，富者更富"模型的检验，也难以验证两者之间是否是受第三变量的影响而发生的共变关系，未来待资料丰富后可做进一步分析，为将来的心理健康干预研究提供更加清晰的思路。

五、研究结论

本研究得到如下结论：孤独感与手机成瘾之间呈中等程度的正相关，孤独

---

① 黄梓航、敬一鸣、喻丰等：《个人主义上升，集体主义式微？——全球文化变迁与民众心理变化》，载《心理科学进展》，2018，26(11)。

② Kardefelt-Winther, D., "A Conceptual and Methodological Critique of Internet Addiction Research: Towards a Model of Compensatory Internet Use," *Computers in Human Behavior*, 2014(31), pp. 351-354.

③ Tokunaga, R. S. & Rains, S. A., "An Evaluation of Two Characterizations of the Relationships Between Problematic Internet Use, Time Spent Using the Internet, and Psychosocial Problems," *Human Communication Research*, 2010, 36(4), pp. 512-545.

感水平较高的个体对手机的依赖程度更高，反之亦然；两者间的关系受被试年龄群体的调节，两者的相关系数在成年人群体中显著高于在青少年群体中；两者间的相关不受性别、孤独感和手机成瘾测量工具以及文化背景的调节，未来应加强纵向研究进一步揭示孤独感与手机成瘾的关系随时间的变化规律。

附录：元分析使用到的参考文献

1. 陈嘉豪．大学生孤独感、自我控制与手机依赖的关系及干预研究．桂林：广西师范大学，2019.

2. 陈向丽．大学生手机成瘾与孤独感、社会支持的关系研究．佳木斯职业学院学报，2015（3）：365-366.

3. 崔玉玲，彭美，韩玉莹，等．大学生手机依赖与自尊、孤独感的关系．中国健康心理学杂志，2015，23（8）：1193-1196.

4. 邓岑珊．大学生人格特质、孤独感与手机依赖的关系研究．南昌：江西科技师范大学，2017.

5. 范士青，李雪源．大学生手机成瘾分类及其对人际关系和孤独感的影响．湖北第二师范学院学报，2016，33（7）：51-54.

6. 方小平．大学生解释偏向、孤独感对手机成瘾的影响．江西社会科学，2018，38（9）：232-239.

7. 符明秋，熊琳，校嘉柠，等．未成年人手机依赖与孤独感的关系：自尊的中介作用．社区心理学研究，2016（2）：125-136.

8. 付兵红．大学生手机依赖与孤独感关系研究．黑龙江教育（理论与实践），2019（12）：17-20.

9. 甘良梅，丁浩．高职学生人格特质、孤独感与手机依赖的关系．职业教育研究，2015（12）：75-78.

10. 高大鹏，张杏杏，孙延超，等．潍坊市某医学院校学生手机成瘾与孤独感及焦虑的关系．医学与社会，2019，32（7）：95-98.

11. 高海燕. 独立学院大学生手机依赖与孤独感的研究. 时代教育, 2014 (9): 78, 80.

12. 高蓉, 朋文佳, 江婧, 等. 大学生手机依赖与孤独感的关系: 社会支持的中介作用. 蚌埠医学院学报, 2019, 44(10): 1389-1393.

13. 高洋. 中职生手机依赖与孤独感、应对方式的关系研究——以云南省玉溪工业财贸学校为例. 昆明: 云南师范大学, 2017.

14. 管浩圻, 陈丽兰. 海南大学生交往焦虑在手机成瘾与孤独感间的中介作用. 中国学校卫生, 2015, 36(8): 1164-1166.

15. 郭璐璐. 手机成瘾者的抑制控制能力缺陷——基于"热"加工视角. 重庆: 西南大学, 2017.

16. 海庆玲. 云南在职员工的手机依赖与孤独感的关系研究. 福建质量管理, 2016(19): 173-174.

17. 何安明, 王晨淇, 惠秋平. 大学生孤独感与手机依赖的关系: 消极应对方式的中介和调节作用. 中国临床心理学杂志, 2018, 26(6): 1222-1225.

18. 何川, 张霞, 于文汶, 等. 大学生群体性孤独与手机成瘾, 社会支持的关系研究. 赤子, 2019(25): 186-187.

19. 贾丽娟. 高中生手机依赖与孤独感的关系: 自尊和安全感的中介效应. 石家庄: 河北师范大学, 2018.

20. 贾玮. 高职生手机成瘾性使用现状及心理成因研究. 天津职业院校联合学报, 2017, 19(11): 119-124.

21. 姜少凯. 中职生手机依赖、孤独感与人际关系的关系. 中小学心理健康教育, 2019(8): 13-16.

22. 姜永志, 白晓丽. 大学生手机互联网依赖与孤独感的关系: 网络社会支持的中介作用. 中国特殊教育, 2014(1): 41-47.

23. 李贝贝. 大学生手机互联网依赖与孤独感的关系. 潍坊工程职业学院学报, 2018, 31(6): 43-48.

24. 李春生. 大学生手机依赖与孤独感及感觉寻求的关系研究. 苏州：苏州大学，2015.

25. 李静，闫国伟，张静平. 医学生手机依赖与孤独感的关系：应对方式的中介作用. 中国健康心理学杂志，2016，24(12)：1828-1831.

26. 李力. 大学生孤独感、人际信任与手机依赖的关系及教育启示. 芜湖：安徽师范大学，2015.

27. 李丽，梅松丽，牛志民，等. 大学生孤独感和睡眠质量的关系：智能手机成瘾的中介作用及性别的调节作用. 中国临床心理学杂志，2016，24(2)：345-348，320.

28. 李腾飞，张良. 大学生社会支持与手机成瘾的关系：孤独感的中介作用. 青少年研究(山东省团校学报)，2015(1)：50-53.

29. 李苑文. 网络、手机成瘾青少年的同伴依恋与孤独感的特点及其关系研究. 武汉：华中师范大学，2013.

30. 李长玲. 大学生手机依赖倾向：基于社会支持与孤独感的研究. 鄂州大学学报，2018，25(2)：76-79.

31. 刘海娟，姚德雯. 大学生手机成瘾与孤独感和自我和谐的关系. 心理与行为研究，2016，14(3)：406-410.

32. 刘红，王洪礼. 大学生手机成瘾与孤独感、手机使用动机的关系. 心理科学，2011，34(6)：1453-1457.

33. 刘宁，刘一如，马少勇，等. 低年级医学生孤独感现状及影响因素分析. 兰州教育学院学报，2018，34(3)：160-162.

34. 刘文俐，蔡太生. 社会支持与大学生手机依赖倾向的关系：孤独的中介作用. 中国临床心理学杂志，2015，23(5)：926-928.

35. 刘小磊. 大学生归因方式、孤独感及冲动性对手机依赖倾向的影响研究. 新乡：新乡医学院，2016.

36. 刘艳，周少斌. 高职大学新生自尊、社会性问题解决、孤独感与手机依赖的关系．中国健康心理学杂志，2019，27(5)：777-780.

37. 刘志强．高职生手机成瘾与孤独感、社会支持的关系．现代预防医学，2014，41(16)：2970-2973，2992.

38. 罗星宇．大学生孤独感与智能手机成瘾的关系：影响模型及其干预研究．武汉：华中师范大学，2017.

39. 吕慧娟，郭雅婷，朱兴英．莆田学院大学生手机依赖与心理健康的关系．青年时代，2018，(35)：146-147，149.

40. 吕倩倩．中职生智能手机依赖、人际关系、无聊倾向的现状及关系研究．福州：福建师范大学，2016.

41. 马雪梅，范斌．大学生手机依赖与孤独感的关系和社会支持的中介效应．锦州医科大学学报，2019，40(1)：83-87，104.

42. 米继红．中职生父母教养方式与手机依赖的关系：孤独感与人际关系的中介作用．石家庄：河北师范大学，2017.

43. 卿再花，吴彩虹，曹建平．父母冲突对大学生手机成瘾的影响：认知评价与孤独感的链式中介作用．中国临床心理学杂志，2017，25(6)：93-97.

44. 邱慧燕．中学生手机依赖性与孤独感之间的相关研究．教学与管理，2014(11)：96-98.

45. 邱蕾．大学生孤独感在社会支持和手机成瘾间的中介效应．医学教育研究与实践，2018，26(1)：113-116.

46. 全开凤．高职新生手机依赖现状及心理成因研究．贵阳：贵州师范大学，2014.

47. 史华伟，李娟，马志强，等．无锡市高职学生手机成瘾状况与羞怯感、孤独感的关系研究．医学与社会，2019，32(12)：112-115，121.

48. 史梦薇，王优．大学生孤独感和手机依赖的关系研究．贵阳学院学报（社会科学版），2018，13(2)：90-93.

49. 孙君洁，李东斌，虞悦．大学生手机依赖与社交焦虑、孤独感的关系，赣南师范大学学报，2017，38（2）：121-124.

50. 汤凯婷，姜兆权，张会君．医学生智能手机成瘾在孤独感与社会支持关系之间中介作用．锦州医科大学学报（社会科学版），2019，17（4）：70-72.

51. 唐慧琳，蔡晓璐．两岸大学生手机依赖与孤独感的关联．南京晓庄学院学报，2018，34：（1）：89-91，123.

52. 唐文清，黄献，王恩界．大学生手机成瘾倾向与人际关系困扰和孤独感的关系．中国心理卫生杂志，2018，32（12）：1045-1049.

53. 涂巍．大学生社会支持、孤独感与手机依赖的关系研究．科教导刊，2016（20）：166-168.

54. 王芳，李然，路雅，等．山西大学本科生手机依赖研究．中国健康教育，2008，24（5）：381，384.

55. 王芳．大学生手机依赖及其与孤独感、社会支持的关系．佳木斯职业学院学报，2016（2）：444-445.

56. 王慧慧，王孟成，吴胜齐．不同手机成瘾类型对大学生人际关系和孤独感的影响——基于潜剖面分析的结果（英文）．中国临床心理学杂志，2015，23（5）：881-885.

57. 王礼申，朱如倩．社交焦虑对大学生手机依赖与孤独感的影响．韶关学院学报，2016，37（7）：122-125.

58. 王平，孙继红，王亚格．大学生手机成瘾与孤独感、父母教养方式的关系研究．当代教育科学，2015（1）：56-58，61.

59. 王相英．大学生手机成瘾与孤独感、人格特质的关系研究．中国特殊教育，2012（12）：59-63.

60. 王瑜．中职学生手机依赖与无聊倾向性、社会支持的关系研究．大连：大连医科大学，2018.

61. 韦耀阳．大学生手机依赖与孤独感的关系研究．聊城大学学报（自然科学版），2013，26（1）：83-85，89.

62. 韦莺，余石金．大学生手机依赖与主观幸福感的关系：孤独感的中介作用．卫生职业教育，2017，35(11)：109-112.

63. 沃尔佳．大连外国学生智能手机依赖与孤独感研究．大连：大连理工大学，2017.

64. 吴琴，张斌，邹何辉．抑郁对青少年手机成瘾的影响：孤独感的中介作用．教育生物学杂志，2019，7(3)：138-143.

65. 吴亚楠，赵广平．大学生手机依赖与孤独感、述情障碍的关系研究．长春教育学院学报，2017，33(5)：20-23.

66. 夏炜．内蒙古师范类高校大学生手机依赖的调查研究．呼和浩特：内蒙古师范大学，2015.

67. 夏艳雨，何安明．大学生手机成瘾与孤独感的关系——应付方式的中介作用．内江师范学院学报，2017，32(12)：12-17.

68. 肖雅戈．大学生手机依赖及其与孤独感、社会支持的关系．长沙：湖南师范大学，2015.

69. 谢孟哲，张俊杰，武海英．孤独感对手机依赖的影响：自尊的中介作用．智库时代，2019(52)：264-265.

70. 谢其利，宛蓉．大学生羞怯与手机成瘾倾向：孤独感的中介作用．贵州师范大学学报(自然科学版)，2015，33(2)：28-31.

71. 熊健宁静，缪绍疆．孤独感在生命质量与手机成瘾间的中介作用．中国健康心理学杂志，2015，23(9)：1363-1367.

72. 熊思成，袁孟琪，张斌，等．大学生孤独感与手机成瘾：负性情绪和消极应对方式的中介作用．中国健康心理学杂志，2018，26(12)：1857-1861.

73. 徐畅．父母教养方式对大学生手机依赖的影响：社会支持、孤独感的多重中介．长沙：湖南师范大学，2018.

74. 闫凤霞，吕佳．自尊对大学生手机成瘾的影响　孤独感的中介效应．校园心理，2017，15(5)：373-375.

75. 闫子寒，朱焰熙，刁端勋，等．高中生手机问题使用现况及其与孤独感关系调查分析．江苏预防医学，2016，27（5）：638-639.

76. 严静，刘倩诗，雷彩华．大学生手机依赖与睡眠质量、孤独感的相关研究．时代教育，2015（19）：87-88，285.

77. 杨春红．大学生手机成瘾倾向、孤独感与人际关系的关系．烟台：鲁东大学，2016.

78. 杨兮，吴亚平，吴红梅．大学生手机成瘾与孤独感、社会支持关系研究——以贵州师范学院为例．洛阳师范学院学报，2017，36（6）：88-90.

79. 姚梦萍，贾振彪，陈欣，等．大学生无聊倾向与手机依赖行为关系．中国公共卫生，2015，31（2）：215-217.

80. 张玲玲，邱蕾．基于结构方程模型的海南大学生手机成瘾与孤独感、社会支持的关系研究．江苏预防医学，2019，30（2）：143-146.

81. 张雪凤，高峰强，耿靖宇，等．社交回避与苦恼对手机成瘾的影响：孤独感、安全感和沉浸的多重中介效应．中国临床心理学杂志，2018，26（3）：494-497.

82. 张岩，周炎根，裴涛．大学生孤独感在人际适应性和手机互联网依赖关系中的中介效应．中国心理卫生杂志，2015，29（10）：774-779.

83. 赵秀秀．高职生手机使用依赖、孤独感和社会支持的关系研究．南昌：南昌大学，2016.

84. 钟琦，尹胜，蒋森，等．某高校临床医学"5+3"一体化学生手机依赖与心理健康关系的现况研究．蚌埠医学院学报，2017，42（9）：1234-1237.

85. 钟旭辉．小城镇青年手机使用与依赖研究——以王母渡镇青年为例．南昌：南昌大学，2019.

86. 周芳蕊．大学生抑郁、孤独与手机依赖：手机使用类型的中介作用．长春：吉林大学，2018.

87. 朱永红．独立学院大学生社会支持、孤独感与手机成瘾的关系．武汉：

华中师范大学，2015.

88. 庄鸿娟，刘儒德，刘颖. 青少年同伴依恋与问题性手机使用的关系：自我建构对孤独感中介作用的调节. 心理科学，2017，40(1)：89-95.

89. 左春荣，欧阳儒阳，杨长根. 大学生自我表露、手机依赖与孤独感的关系研究. 赤峰学院学报(自然科学版)，2019，35(3)：117-121.

90. Bian, M. , & Leung, L. Linking loneliness, shyness, smartphone addiction symptoms, and patterns of smartphone use to social capital. Social Science Computer Review, 2015, 33(1)：61-79.

91. Błachnio, A. , & Przepiorka, A. Be aware! If you start using facebook problematically you will feel lonely：Phubbing, loneliness, self-esteem, and facebook intrusion. A cross-sectional study. Social Science Computer Review, 2019, 37 (2)：270-278.

92. Cakir, Ö. , & Oğuz, E. The correlation between high school students' loneliness levels and smart phone addiction. Mersin University Journal of the Faculty of Education, 2017, 13(1)：418-429.

93. Dayapoglu, N. , Kavurmaci, M. , & Karaman, S. The relationship between the problematic mobile phone use and life satisfaction, loneliness, and academic performance in nursing students. International Journal of Caring Sciences, 2016, 9(2)：647-652.

94. Enez Darcin, A. , Kose, S. , Noyan, C. O. , et al. Smartphone addiction and its relationship with social anxiety and loneliness. Behaviour & Information Technology, 2016, 35(7)：520-525.

95. Gao, Q. , Jia, G. , Fu, E. , et al. A configurational investigation of smartphone use disorder among adolescents in three educational levels. Addictive Behaviors, 2020, 103：106231.

96. Güzeller, C. O. , & Coşguner, T. Development of a problematic mobile

phone use scale for Turkish adolescents. Cyberpsychology, Behavior, and Social Networking, 2012, 15(4): 205-211.

97. Holte, A. J. Smartphone dependence: Relation to text-message dependence, personality, and loneliness(master's thesis). University of North Dakota, 2018.

98. Hoşo ğlu, R. Investigating mobile phone addiction in high school students. Addicta: The Turkish Journal on Addictions, 2019, 6: 51-68.

99. Iqbal, M. , & Nurdiani, G. Issmartphone addiction related to loneliness? Specialty Journal of Psychology and Management, 2016, 2(2): 1-6.

100. Jafari, H. , & Aghaei, A. The relationship between addiction to mobile phone and sense of loneliness among students of medical sciences in Kermanshah, Iran. BMC Research Notes, 2019, 12: 676.

101. Jeong, S. H. , Kim, H. , Yum, J. Y. , et al. What type of content are smartphone users addicted to? SNS vs. games. Computers in Human Behavior, 2016, 54, 10-17.

102. Karsay, K. , Schmuck, D. , Matthes, J. , et al. Longitudinal effects of excessive smartphone use on stress and loneliness: The moderating role of self-disclosure. Cyberpsychology, Behavior, and Social Networking, 2019, 22 (11): 706-713.

103. Kim, J. H. Smartphone-mediated communication vs. face-to-face interaction: Two routes to social supportand problematic use of smartphone. Computers in Human Behavior, 2017, 67: 282-291.

104. Kim, J. H. Longitudinal associations among psychological issues and problematic use of smartphones. Journal of Media Psychology, 2019, 31(3): 117-127.

105. Lapierre, M. A. Smartphones and loneliness in love: Testing links between smartphone engagement, loneliness, and relational health. Psychology of Popular Media Culture, 2019.

106. Lapierre, M. A. , Zhao, P. , & Custer, B. E. Short-Term longitudinal relationships between smartphone use/dependency and psychological well-being among late adolescents. Journal of Adolescent Health, 2019, 65(5): 607-612.

107. Lee, K. N. , & Kim, H. H. The relationship of parent-child communication, loneliness and interpersonal problems on adolescents'smartphone addiction. Youth Facility Environment, 2019, 17(3): 27-36.

108. Liu, Q. Q. , Yang, X. J. , Zhu, X. W. , et al. Attachment anxiety, loneliness, rumination and mobile phone dependence: A cross-sectional analysis of a moderated mediation model. Current Psychology, 2019, 38(6): 1-11.

109. Mahapatra, S. Smartphone addiction and associated consequences: Role of loneliness and self-regulation. Behaviour & Information Technology, 2019, 38(8): 833-844.

110. Mansourian, M. , Solhi, M. , Adab, Z. , et al. Relationship between dependence to mobile phone with loneliness and social support in University students. Razi Journal of Medical Sciences, 2014, 21(120): 1-8.

111. Mosalanejad, L. , Nikbakht, G. , Abdollahifrad, S. , et al. The prevalence of smartphone addiction and its relationship with personality traits, loneliness and daily stress of students in Jahrom University of Medical Sciences in 2014: A cross-sectional analytical study. Journal of Research in Medical and Dental Science, 2019, 7(2): 131-136.

112. Parashkouh, N. N. , Mirhadian, L. , EmamiSigaroudi, A. , et al. Addiction to the internet and mobile phones and its relationship with loneliness in Iranian adolescents. International Journal of Adolescent Medicine and Health, 2018, 33(1).

113. Park, W. K. Mobile phone addiction//Mobile communications. London: Springer, 2005: 253-272.

114. Peplau, L. A. , Russell, D. , & Heim, M. The experience of loneliness//

I. H. Frieze, D. Bar-Tal, & J. S. Carroll(Eds.), New approaches to social problems: Applications of attribution theory. San Francisco: Jossey-Bass, 1979.

115. Shen, X., & Wang, J. L. Loneliness and excessive smartphone use among Chinese college students: Moderated mediation effect of perceived stressed and motivation. Computers in Human Behavior, 2019, 95: 31-36.

116. Tan, Ç., Pamuk, M., & Dönder, A. Loneliness and mobile phone. Procedia-Social and Behavioral Sciences, 2013, 103: 606-611.

117. Volungis, A. M., Kalpidou, M., Popores, C., et al. Smartphone addiction and its relationship with indices of social-emotional distress and personality. International Journal of Mental Health and Addiction, 2019, 18(5), 1209-1225.

118. Wang, H. Y., Sigerson, L., Jiang, H., et al. Psychometric properties and factor structures of Chinese smartphone addiction inventory: Test of two models. Frontiers in Psychology, 2018, 9: 1411.

119. Yayan, E. H., Suna Daǧ, Y., & Düken, M. E. The effects of technology use on working young lonelinessand social relationships. Perspectives in Psychiatric Care, 2019, 55(2): 194-200.

120. Zhen, R., Liu, R. D., Hong, W., et al. How do interpersonal relationships relieve adolescents' problematic mobile phone use? The roles of loneliness and motivation to use mobile phones. International Journal of Environmental Research and Public Health, 2019, 16(13): 2286.

第二章

————

社交媒体使用与错失焦虑的关系：一项元分析

随着无线互联网技术的发展和移动设备的不断升级，众多社交媒体也应运而生并逐渐融入人们的生活。调查显示，中国仅微信朋友圈的使用率就达到了85.1%。[①] 社交媒体不仅为人们建立和拓展社会关系提供了极大的便利，也为人们了解外界信息提供了重要窗口。[②③] 然而，与前一章所述的孤独感与手机成瘾的关系一样，人们在使用社交媒体的过程中，有一定比例的人群出现了问题性使用现象，给心理健康带来潜在的威胁。[④]

一、文献回顾

研究发现，频繁使用社交媒体的青少年出现重度抑郁和自杀行为的风险会更高。[⑤] 随着研究视角的拓展，近来研究者又将着眼点聚焦于社交媒体使用的又一负面效应上，认为社交媒体使用可能会诱发错失焦虑。[⑥⑦⑧] 错失焦虑（Fear

---

① 第 45 次中国互联网络发展状况统计报告(2020-08-10)。

② Dempsey, A. E., O'Brien, K. D., Tiamiyu, M. F., et al., "Fear of Missing Out(FoMO) and Rumination Mediate Relations Between Social Anxiety and Problematic Facebook Use," *Addictive Behaviors Reports*, 2019.

③ 张亚利、李森、俞国良：《大学生错失焦虑与认知失败的关系：手机社交媒体依赖的中介作用》，载《中国临床心理学杂志》，2020，28(1)。

④ Rasmussen, E. E., Punyanunt-Carter, N., LaFreniere, J. R., et al., "The Serially Mediated Relationship between Emerging Adults' Social Media Use and Mental Well-Being," *Computers in Human Behavior*, 2020, 102, pp. 206-213.

⑤ Twenge, J. M., Joiner, T. E., Rogers, M. L., et al., "Increases in Depressive Symptoms, Suicide-Related Outcomes, and Suicide Rates among US Adolescents after 2010 and Links to Increased New Media Screen Time," *Clinical Psychological Science*, 2018, 6(1), pp. 3-17.

⑥ Brown, L. & Kuss, D. J., "Fear of Missing Out, Mental Wellbeing, and Social Connectedness：A Seven-day Social Media Abstinence Trial," *International Journal of Environmental Research and Public Health*, 2020, 17(12).

⑦ Buglass, S. L., Binder, J. F., Betts, L. R., et al., "Motivators of Online Vulnerability：The Impact of Social Network Site Use and FoMO," *Computers in Human Behavior*, 2017(66), pp. 248-255.

⑧ Hunt, M. G., Marx, R., Lipson, C., et al., "No More FoMO：Limiting Social Media Decreases Loneliness and Depression," *Journal of Social and Clinical Psychology*, 2018, 37(10), pp. 751-768.

of Missing Out，FoMO)在社交媒体盛行的当下表现得日益普遍。研究显示，有66%的人曾经历过这种焦虑，并且在每天较晚的时候最为严重。①② 因此，两者间的内在联系成为当下众多研究关注的焦点，然而研究得出的结论却并不一致。有研究发现两者可能呈显著的正相关③④，而另外一些研究却发现两者的相关不显著。⑤⑥此外，两者的相关程度在既有研究中亦存在较大差异，r 值从 0 到 0.75 均有报告。⑦⑧⑨ 因此，社交媒体使用与错失焦虑有无相关，相关程度如何，成为亟待解决的问题。为解决该领域的争议，从宏观角度得出更普遍、更精确的结论，本研究拟采用元分析的方法，通过探讨社交媒体使用与错失焦虑的总体相关性和可能的调节因素，为社交媒体使用的深入研究和合理引导提供更多的证据支持，以便更好地趋利避害。

(一) 社交媒体使用与错失焦虑的概念和测量

社交媒体是指允许用户创建、分享和交流信息的在线平台，搭载的内容包

① Huguenel, B. M., *Fear of Missing Out*: *A Moderated Mediation Approach to Social Media Use*, unpublished master's thesis, Loyola University, 2017.

② Milyavskaya, M., Saffran, M., Hope, N., et al., "Fear of Missing Out: Prevalence, Dynamics, and Consequences of Experiencing FoMO," *Motivation and Emotion*, 2018, 42(5), pp. 725-737.

③ Balta, S., Emirtekin, E., Kircaburun, K., et al., "Neuroticism, Trait Fear of Missing Out, and Phubbing: The Mediating Role of State Fear of Missing Out and Problematic Instagram Use," *International Journal of Mental Health and Addiction*, 2020, 18(3), pp. 628-639.

④ Tunc-Aksan, A. & Akbay, S. E., "Smartphone Addiction, Fear of Missing Out, and Perceived Competence as Predictors of Social Media Addiction of Adolescents," *European Journal of Educational Research*, 2019, 8(2), pp. 559-566.

⑤ Franchina, V., Vanden Abeele, M., Van Rooij, A. J., "Fear of Missing Out as a Predictor of Problematic Social Media Use and Phubbing Behavior among Flemish Adolescents," *International Journal of Environmental Research and Public Health*, 2018, 15(10).

⑥ Gezgin, D. M., "Understanding Patterns for Smartphone Addiction: Age, Sleep Duration, Social Network Use and Fear of Missing Out," *Cypriot Journal of Educational Sciences*, 2018, 13(2), pp. 166-177.

⑦ Franchina, V., Vanden Abeele, M., Van Rooij, A. J., et al., "Fear of Missing Out as a Predictor of Problematic Social Media Use and Phubbing Behavior among Flemish Adolescents," *International Journal of Environmental Research and Public Health*, 2018, 15(10).

⑧ 李静：《社交网站积极自我呈现对问题性社交网站使用的影响——有调节的中介模型》，硕士学位论文，河南大学，2020。

⑨ Pontes, H. M., Taylor, M. & Stavropoulos, V., "Beyond 'Facebook Addiction': The Role of Cognitive-related Factors and Psychiatric Distress in Social Networking Site Addiction," *Cyberpsychology, Behavior, and Social Networking*, 2018, 21(4), pp. 240-247.

括文本、图像、音频和视频。[1][2] 国外常用的社交媒体有 Facebook、Instagram、Snapchat 等[3]，国内常用的有微信、微博、QQ 等。社交媒体使用则是基于社交媒体开展的各种活动的总称，研究者从使用频率、使用时间、使用强度及使用成瘾等角度进行了测量，均能衡量社交媒体使用的程度。[4] 使用频率主要测量各个社交媒体或社交功能的日常使用频率，如点赞、转发的次数，代表性的工具有社交媒体使用量表，该量表共包括 5 个题目。[5] 使用时间主要测量社交媒体每日或每周使用的时长，代表性的工具有单条目的单日 Facebook 使用量表[6]。使用强度主要测量个体与社交媒体的情感联系强度以及社交媒体融入个体生活的程度，代表性的工具有 Facebook 使用强度量表[7]，该量表为单维度结构，包含 8 个题目，如"Facebook 已经成为我日常生活的一部分"。使用成瘾主要测量个体对社交媒体的依赖性。代表性的工具有卑尔根 Facebook 成瘾量表[8]。该量表为单维度结构，共 6 个题目，如"若停止使用 Facebook 会变得焦躁不安"。总体而言，目前关于社交媒体使用的衡量标准并未统一，因而测量结果较为多样化，测量工具也较为分散，其中社交媒体使用强度和社交媒体使用成瘾在当下研究中使用较多。

---

① Mieczkowski, H., Lee, A. Y. & Hancock, J. T., "Priming Effects of Social Media Use Scales on Well-Being Outcomes: The Influence of Intensity and Addiction Scales on Self-Reported Depression," *Social Media + Society*, 2020(10).

② Rozgonjuk, D., Sindermann, C., Elhai, J. D., et al., "Fear of Missing out(FoMO) and Social Media's Impact on Daily-Life and Productivity at Work: Do Whats App, Facebook, Instagram and Snapchat Use Disorders Mediate that Association?" *Addictive Behaviors*, 2020(110).

③ Wegmann, E., Oberst, U., Stodt, B., et al., "Online-Specific Fear of Missing Out and Internet-Use Expectancies Contribute to Symptoms of Internet-Communication Disorder," *Addictive Behaviors Reports*, 2017(5), pp. 33-42.

④ Mieczkowski, H., Lee, A. Y. & Hancock, J. T., "Priming Effects of Social Media Use Scales on Well-Being Outcomes: The Influence of Intensity and Addiction Scales on Self-Reported Depression," *Social Media + Society*, 2020(10).

⑤ Rogers, A. P. & Barber, L. K., "Addressing FoMO and Telepressure among University Students: Could a Technology Intervention Help with Social Media Use and Sleep Disruption?" *Computers in Human Behavior*, 2019(93), pp. 192-199.

⑥ Buglass, S. L., Binder, J. F., Betts, L. R., et al., "Motivators of Online Vulnerability: The Impact of Social Network Site Use and FoMO," *Computers in Human Behavior*, 2017(66), pp. 248-255.

⑦ Ellison, N. B., Steinfield, C. & Lampe, C., "The Benefits of Facebook "Friends": Social Capital and College Students' Use of Online Social Network Sites," *Journal of Computer-Mediated Communication*, 2007, 12(4), pp. 1143-1168.

⑧ Andreassen, C. S., Torsheim, T., Brunborg, G. S., et al., "Development of a Facebook Addiction Scale," *Psychological Reports*, 2012, 110(2), pp. 501-517.

　　错失焦虑又译为错失恐惧，是指对于错失某些可能的重要信息或新奇事件而产生的一种以焦虑为主，并伴有恐惧、失落、担忧、沮丧等消极感受的弥散性复合情绪体验。[1][2] 错失焦虑不仅包括错失前的担心和恐惧，也包括错失后的不安和失落；不仅对遗漏重要的信息感到恐惧，也对错过重要的社会活动和体验感到恐惧；不仅担心错过他人的新奇体验或重要事件，也害怕错过自己希望获得的积极体验。强烈期待了解他人经历、频繁参与社交活动、持续关注外界信息动态等都是其典型表现。[3] 目前常用的测量工具有错失焦虑量表（Fear of Missing Out Scale，FoMOs-P）。[4] 该量表为单维度结构，共 10 个题目。该量表在中国由李琦等人正式修订，删掉两题后，修订为包含错失信息焦虑和错失情境焦虑的双维度错失焦虑量表（Fear of Missing Out Scale，FoMOs-L）。[5] FoMOs-P 结构较为单一，覆盖的内容可能不全面，为此，有研究者结合在线情境编制了错失焦虑量表（Fear of Missing Out Scale，FoMOs-W）。[6] 该量表共 12 个题目，包含状态和特质错失焦虑两个因子。肖曼曼和刘爱书对该量表进行了中文版修订，最终删掉了特质错失焦虑分维度中的一个题目后，形成了包含 11 个题目的双维度结构。[7] 此外，宋小康等人还结合移动社交媒体环境编制了错失焦虑症量表，共 16 个题目，包含心理动机、认知动机、行为表现和情感依赖四个因子。[8] 有研究者还基于自我概念的视角开发了错失焦虑量表（Fear of Missing Out Scale，FoMOs-Z）。该量表包含个人和公众错失焦虑两个维度，共 9 个题目。[9] 总体而言，目前在研究

---

[1]　Przybylski, A. K., Murayama, K., DeHaan, C. R., et al., "Motivational, Emotional, and Behavioral Correlates of Fear of Missing Out," *Computers in Human Behavior*, 2013, 29(4), pp. 1841-1848.

[2]　Zhang, Z., Jiménez, F. R. & Cicala, J. E., "Fear of Missing out Scale: A Self-Concept Perspective," *Psychology & Marketing*, 2020, 37(11), pp. 1619-1634.

[3]　柴唤友、牛更枫、褚晓伟等：《错失恐惧：我又错过了什么》，载《心理科学进展》，2018，26(3)。

[4]　Przybylski, A. K., Murayama, K., DeHaan, C. R., et al., "Motivational, Emotional, and Behavioral Correlates of Fear of Missing Out," *Computers in Human Behavior*, 2013, 29(4), pp. 1841-1848.

[5]　李琦、王佳宁、赵思琦等：《错失焦虑量表测评大学生的效度和信度》，载《中国心理卫生杂志》，2019，33(4)。

[6]　Wegmann, E., Oberst, U., Stodt, B., et al., "Online-Specific Fear of Missing Out and Internet-Use Expectancies Contribute to Symptoms of Internet-Communication Disorder," *Addictive Behaviors Reports*, 2017(5), pp. 33-42.

[7]　肖曼曼、刘爱书：《特质——状态错失恐惧量表的中文版修订》，载《中国临床心理学杂志》，2019，27(2)。

[8]　宋小康、赵宇翔、张轩慧：《移动社交媒体环境下用户错失焦虑症（FoMO）量表构建研究》，载《图书情报工作》，2017，61(11)。

[9]　Zhang, Z., Jiménez, F. R. & Cicala, J. E., "Fear of Missing Out Scale: A Self-Concept Perspective," *Psychology & Marketing*, 2020, 37(11), pp. 1619-1634.

中使用最多的是 FoMOs-P。虽然目前关于错失焦虑的测量工具日趋多样化，但除了 FoMOs-Z 以外，其他量表大都是以 FoMOs-P 为蓝本进行修订、删减或丰富的。

（二）社交媒体使用与错失焦虑的关系

关于社交媒体使用与错失焦虑的关系，目前主要存在两种观点。

第一种观点认为，社交媒体使用与错失焦虑呈正相关。根据大众传播的社会认知理论（social cognitive theory of mass communication），社交媒体使用可能会强化用户的某些认知、情感、态度及行为。[1][2] 该观点强调社交媒体使用可能会增加个体的错失焦虑水平。[3][4] 社交媒体上呈现的大量信息增加了个体对错失活动的可知性。个体在使用过程中由于知晓了大量未参与的事情或活动，因而会体验到紧张、不安以及被排斥的感觉，这种相对剥夺感导致错失焦虑的出现。[5][6][7] 不仅如此，由于社交网站上呈现的信息极具炫耀性和夸张性，浏览此类信息还增加了个体上行社会比较的可能，使个体认为他人的经历比自己的更精彩，也会导致错失焦虑的出现。[8][9][10] 此外，个体在社交媒体上的线上交流、娱乐消遣和无目的的闲逛行为会占用大量的时间，这会挤占个体用于线下社会

---

① Bandura, A., "Social Cognitive Theory of Mass Communication," *Media Psychology*, 2001, 3(3), pp. 265-299.

② Valkenburg, P. M., Peter, J. & Walther, J. B., "Media Effects: Theory and Research," *Annual Review of Psychology*, 2016, 67(1), pp. 315-338.

③ Slater, M. D., "Reinforcing Spirals: The Mutual Influence of Media Selectivity and Media Effects and Their Impact on Individual Behavior and Social Identity," *Communication Theory*, 2007, 17(3), pp. 281-303.

④ Valkenburg, P. M., Peter, J. & Walther, J. B., "Media Effects: Theory and Research," *Annual Review of Psychology*, 2016, 67(1), pp. 315-338.

⑤ Baker, Z. G., Krieger, H. & LeRoy, A. S., "Fear of Missing Out: Relationships with Depression, Mindfulness, and Physical Symptoms," *Translational Issues in Psychological Science*, 2016, 2(3), pp. 275-282.

⑥ Buglass, S. L., Binder, J. F., Betts, L. R., et al., "Motivators of Online Vulnerability: The Impact of Social Network Site Use and FoMO," *Computers in Human Behavior*, 2017(66), pp. 248-255.

⑦ Hunt, M. G., Marx, R., Lipson, C., et al., "No More FoMO: Limiting Social Media decreases Loneliness and Depression," *Journal of Social and Clinical Psychology*, 2018, 37(10), pp. 751-768.

⑧ Bloemen, N. & Coninck, D. D., "Social Media and Fear of Missing out in Adolescents: The Role of Family Characteristics," *Social Media+ Society*, 2020, 6(4).

⑨ Burnell, K., George, M. J., Vollet, J. W., et al., "Passive Social Networking Site Use and Well-Being: The Mediating Roles of Social Comparison and the Fear of Missing Out," *Cyberpsychology: Journal of Psychosocial Research on Cyberspace*, 2019, 13(3), Article 5.

⑩ Yin, L. P., Wang, P. C., Nie, J., et al., "Social Networking Sites Addiction and FoMO: The Mediating Role of Envy and the Moderating Role of Need to Belong," *Current Psychology*, 2021, 40(8), pp. 3879-3887.

互动和人际交往的机会与时间，使个体错过更多有意义的经历。①②③而在虚拟的社交平台上所展示的信息仅是现实生活中的一小部分，无法替代个体的亲身经历和体验。个体在线上时间的消耗中会更加担心是否错过了现实情境中的某些重要活动或信息，也会增加错失焦虑感。④⑤⑥横向研究和纵向研究均发现社交媒体使用确实能够正向预测错失焦虑水平。⑦⑧⑨

第二种观点认为，社交媒体使用与错失焦虑线性相关较弱，可能呈 U 形关系。根据数字恰到好处假说，在数字媒体极其普遍的时代，社交媒体使用已变成一种潮流，只有顺应潮流，适度参与和使用社交媒体才会对个体的心理社会适应产生助力作用。反之，无论是过度使用还是排斥使用均会对个体的心理社会适应产生不良影响。⑩社交媒体使用过多的用户可能会增加自身的完型倾向，这会推动个体持续关注和跟进当下的新颖信息或事件动态，使个体更加害怕错过一些重要或精彩的事件。⑪社交媒体使用过少的用户由于难以及时获得外界的有效

① Alt, D., "Students' Wellbeing, Fear of Missing Out, and Social Media Engagement for Leisure in Higher Education Learning Environments," *Current Psychology*, 2018, 37(1), pp. 128-138.

② Beyens, I., Frison, E., & Eggermont, S., "I Don't Want to Miss a Thing": Adolescents' Fear of Missing Out and Its Relationship to Adolescents' Social Needs, Facebook Use, and Facebook Related Stress," *Computers in Human Behavior*, 2016(64), 1-8.

③ Duvenage, M., Correia, H., Uink, B., et al., "Technology Can Sting When Reality Bites: Adolescents' Frequent Online Coping is Ineffective with Momentary Stress," *Computers in Human Behavior*, 2020(102), pp. 248-259.

④ Bruggeman, H., Van Hiel, A., Van Hal, G., et al., "Does the Use of Digital Media Affect Psychological Well-Being? An Empirical Test among Children Aged 9 to 12," *Computers in Human Behavior*, 2019(101), pp. 104-113.

⑤ Coyne, S.M., Rogers, A.A., Zurcher, J.D., et al., "Does Time Spent Using Social Media Impact Mental Health? An Eight Year Longitudinal Study," *Computers in Human Behavior*, 2020(4).

⑥ 李巾英、马林：《被动性社交网站使用与错失焦虑症：压力知觉的中介与乐观的调节》，载《心理科学》，2019，42(4)。

⑦ Buglass, S.L., Binder, J.F., Betts, L.R., et al., "Motivators of Online Vulnerability: The Impact of Social Network Site Use and FoMO," *Computers in Human Behavior*, 2017(66), pp. 248-255.

⑧ 李巾英、马林：《被动性社交网站使用与错失焦虑症：压力知觉的中介与乐观的调节》，载《心理科学》，2019，42(4)。

⑨ Yin, L.P., Wang, P.C., Nie, J., et al., "Social Networking Sites Addiction and FoMO: The Mediating Role of Envy and the Moderating Role of Need to Belong," *Current Psychology*, 2019.

⑩ Przybylski, A.K., Murayama, K., DeHaan, C.R., et al., "Motivational, Emotional, and Behavioral Correlates of Fear of Missing Out," *Computers in Human Behavior*, 2013, 29(4), pp. 1841-1848.

⑪ Yin, L.P., Wang, P.C., Nie, J., et al., "Social Networking Sites Addiction and FoMO: The Mediating Role of Envy and the Moderating Role of Need to Belong," *Current Psychology*, 2021, 40(8), pp. 3879-3887.

信息以及他人的活动状态，增加了错过的机会，因此也会心生疑虑和担心。①只有适度使用社交媒体的用户，才能将线上和线下活动合理安排，理性地看待和关注外界的动态，减少错失焦虑的出现。目前关于社交媒体使用与错失焦虑的 U 形关系尚未有直接的证据支持，但确有研究发现社交媒体使用与错失焦虑的线性相关不显著。②③④⑤

　　综上，大众传播的社会认知理论不仅获得了横向研究和纵向研究的证据支持，从数字媒体使用与心理健康的大领域来看，该理论也具有较为广泛的适用性，得到了众多研究的支持。⑥⑦⑧ 数字恰到好处假说则属于近年来提出的新观点，目前仅在数字媒体使用与幸福感的关系中得到了支持⑨，而在数字媒体使用与抑郁间的关系中并未获得支持⑩，其适用性尚待进一步验证。由此，本研究提出假设 1：社交媒体使用与错失焦虑呈一定程度的正相关。

---

① Lai, C., Altavilla, D., Ronconi, A., et al., "Fear of Missing Out(FoMO) is Associated with Activation of the Right Middle Temporal Gyrus During Inclusion Social Cue," *Computers in Human Behavior*, 2016(61), pp. 516-521.

② Bailey, A. A., Bonifield, C. M. & Arias, A., "Social Media Use by Young Latin American Consumers: An Exploration," *Journal of Retailing and Consumer Services*, 2018(43), pp. 10-19.

③ Franchina, V., Vanden Abeele, M., Van Rooij, A. J., et al., "Fear of Missing Out as a Predictor of Problematic Social Media Use and Phubbing Behavior among Flemish Adolescents," *International Journal of Environmental Research and Public Health*, 2018, 15(10).

④ Gezgin, D. M., "Understanding Patterns for Smartphone Addiction: Age, Sleep Duration, Social Network Use and Fear of Missing Out," *Cypriot Journal of Educational Sciences*, 2018, 13(2), pp. 166-177.

⑤ Traş, Z. & Öztemel, K., "Examining the Relationships Between Facebook Intensity, Fear of Missing Out, and Smartphone Addiction," *Addicta: The Turkish Journal on Addictions*, 2019, 6(1), pp. 91-113.

⑥ Faelens, L., Hoorelbeke, K., Soenens, B., et al., "Social Media Use and Well-Being: A Prospective Experience-Sampling Study," *Computers in Human Behavior*, 2021(114).

⑦ Jagtiani, M. R., Kelly, Y., Fancourt, D., et al., "State of Mind: Family Meal Frequency Moderates the Association Between Time on Social Networking Sites and Well-Being among U. K. Young Adults," *Cyberpsychology, Behavior, and Social Networking*, 2019, 22(12), pp. 753-760.

⑧ Keles, B., McCrae, N. & Grealish, A., "A Systematic Review: The Influence of Social Media on Depression, Anxiety and Psychological Distress in Adolescents," *International Journal of Adolescence and Youth*, 2020, 25(1), pp. 79-93.

⑨ Przybylski, A. K., Amy Orben, Weinstein, N., "How Much Is Too Much? Examining the Relationship Between Digital Screen Engagement and Psychosocial Functioning in a Confirmatory Cohort Study," *Journal of the American Academy of Child & Adolescent Psychiatry*, 2020, 59(9), pp. 1080-1088.

⑩ Houghton, S., Lawrence, D., Hunter, S. C., et al., "Reciprocal Relationships Between Trajectories of Depressive Symptoms and Screen Media Use During Adolescence," *Journal of Youth and Adolescence*, 2018, 47(11), pp. 2453-2467.

（三）社交媒体使用与错失焦虑关系的调节变量

性别可能影响社交媒体使用与错失焦虑的关系。首先，男性和女性对媒体使用的偏好程度不同。男性偏好游戏类的应用，而女性则对社交类的应用情有独钟。[1][2][3] 从暴露理论的视角来看[4]，由于女性的社交媒体使用水平更高，她们更有可能了解到他人经历的但自己未曾体验过的活动，会对错过的信息产生更多的担心和恐惧。[5][6] 其次，元分析发现男性比女性的情绪调节能力更强。[7] 面对社交媒体中他人呈现的炫耀性信息和精彩体验，男性可能更加从容和乐观，错失焦虑水平更低，而女性则更有可能表现出担忧和不安，错失焦虑水平较高。[8] 综上，本研究提出假设 2：性别能够调节社交媒体使用与错失焦虑的关系，女性群体中两者的相关更强。

年龄也可能对社交媒体使用与错失焦虑的关系产生影响。首先，就社交媒体的可访问性而言，青少年社交媒体的注册及使用频率和时间会受到一定程度的约束与监管[9]，而成年人则不受此类情况的限制，更有条件在社交媒体上浏览大量的信息，并产生持续关注、害怕错过的心理反应。[10][11] 其次，就社会交往

① Balta, S., Emirtekin, E., Kircaburun, K., et al., "Neuroticism, Trait Fear of Missing Out, and Phubbing: The Mediating Role of State Fear of Missing Out and Problematic Instagram Use," *International Journal of Mental Health and Addiction*, 2020, 18(3), pp. 628-639.

② Casale, S., Rugai, L. & Fioravanti, G., "Exploring the Role of Positive Metacognitions in Explaining the Association Between the Fear of Missing Out and Social Media Addiction," *Addictive Behaviors*, 2018(85), pp. 83-87.

③ Coyne, S. M., Rogers, A. A., Zurcher, J. D., et al., "Does Time Spent Using Social Media Impact Mental Health? An Eight Year Longitudinal Study," *Computers in Human Behavior*, 2020(104).

④ Brown, J. D. & Bobkowski, P. S., "Older and Newer Media: Patterns of Use and Effects on Adolescents' Health and Well-Being," *Journal of Research on Adolescence*, 2011, 21(1), pp. 95-113.

⑤ Bloemen, N. & Coninck, D. D., "Social Media and Fear of Missing Out in Adolescents: The Role of Family Characteristics," *Social Media+Society*, 2020(4).

⑥ 张永欣、姜文君、丁倩等：《社会比较倾向与大学生社交网站成瘾：错失恐惧的中介作用》，载《中国临床心理学杂志》，2019，27(5)。

⑦ 何相材、郭英、何翔短等：《中国青少年情绪调节自我效能感性别差异的元分析》，载《上海教育科研》，2019(8)。

⑧ 李巾英、马林：《被动性社交网站使用与错失焦虑症：压力知觉的中介与乐观的调节》，载《心理科学》，2019，42(4)。

⑨ Traş, Z. & Öztemel, K., "Examining the Relationships Between Facebook Intensity, Fear of Missing Out, and Smartphone Addiction," *Addicta: The Turkish Journal on Addictions*, 2019, 6(1), pp. 91-113.

⑩ Huguenel, B. M., *Fear of Missing Out: A Moderated Mediation Approach to Social Media Use*, Unpublished master's thesis, Loyola University, 2017.

⑪ Liu, D., Ainsworth, S. E. & Baumeister, R. F., "A Meta-Analysis of Social Networking Online and Social Capital," *Review of General Psychology*, 2016, 20(4), pp. 369-391.

的范围而言，成年人往往比青少年更加广泛，并且成年人朋友圈里的人往往异质性比较高(不同的生活状态和条件)，而青少年朋友圈里的人往往同质性比较高(相似的学习环境)。这使得成年人在使用社交媒体时浏览到他人发布的信息更多，也更有可能发现自己未曾体验过的经历，因而会产生更多的担忧和不安，生怕遗漏他人有意义的信息。①② 综上，本研究提出假设3：被试年龄能够调节社交媒体使用与错失焦虑的关系，年龄越大两者的相关越强。

　　社交媒体使用的测量指标也可能会对社交媒体使用与错失焦虑的关系产生影响。社交媒体使用衡量的标准并不相同。社交媒体使用频率、使用时间和使用强度是社交媒体日常使用习惯的一种反映。③④ 社交媒体使用成瘾主要借鉴精神障碍诊断和统计手册(DSM-Ⅳ)中物质成瘾和行为成瘾的标准衡量社交媒体过度使用的症状学特征⑤⑥，反映的是个体对社交媒体的依赖程度，因此该指标有可能对错失焦虑产生更大的影响。类似元分析也发现，社交媒体使用不同指标与抑郁的关系存在显著差异，使用成瘾与抑郁的关系比使用强度和使用频率与抑郁的关系更强。⑦ 综上，本研究提出假设4：社交媒体使用的测量指标能够调节社交媒体使用与错失焦虑的关系。

　　错失焦虑测量工具也可能会对社交媒体使用与错失焦虑的关系产生影响。首先，就问卷的题目数量而言，一些中文版的修订问卷，如FoMOs-L是在完整

　　① Baker, Z. G., Krieger, H. & LeRoy, A. S., "Fear of Missing Out: Relationships with Depression, Mindfulness, and Physical Symptoms," *Translational Issues in Psychological Science*, 2016, 2(3), pp. 275-282.

　　② Buglass, S. L., Binder, J. F., Betts, L. R., et al., "Motivators of Online Vulnerability: The Impact of Social Network Site Use and FoMO," *Computers in Human Behavior*, 2017(66), pp. 248-255.

　　③ Buglass, S. L., Binder, J. F., Betts, L. R., et al., "Motivators of Online Vulnerability: The Impact of Social Network Site Use and FoMO," *Computers in Human Behavior*, 2017(66), pp. 248-255.

　　④ Ellison, N. B., Steinfield, C. & Lampe, C., "The Benefits of Facebook 'Friends': Social Capital and College Students' Use of Online Social Network Sites," *Journal of Computer-Mediated Communication*, 2007, 12(4), pp. 1143-1168.

　　⑤ Andreassen, C. S., Torsheim, T., Brunborg, G. S., et al., "Development of a Facebook Addiction Scale," *Psychological Reports*, 2012, 110(2), pp. 501-517.

　　⑥ Monacis, L., De Palo, V., Griffiths, M. D., et al., "Social Networking Addiction, Attachment Style, and Validation of the Italian Version of the Bergen Social Media Addiction Scale," *Journal of Behavioral Addictions*, 2017, 6(2), pp. 178-186.

　　⑦ 刘诏君、孔繁昌、赵改等：《抑郁与社交网站使用的关系：来自元分析的证据》，载《中国临床心理学杂志》，2018，26(6)。

版的问卷——FoMOs-P 的基础上修订来的，在修订过程中被删掉了一些不符合测量标准的题目，这可能使它在测量过程中漏掉一些信息，从而导致测量效果存在差别。其次，就问卷结构而言，FoMOs-P 是单维度结构，主要测量一般情境下的错失焦虑易感性水平。另外一些问卷，如 FoMOs-W 则是二维度结构，不仅测量了错失焦虑的易感性，还测量了在线情境下产生的错失恐惧状态，测量得更加全面，这也可能导致测量结果存在差别。综上，本研究提出假设 5：错失焦虑测量工具能够调节社交媒体使用与错失焦虑的关系。

　　社交媒体类型也可能会对社交媒体使用与错失焦虑的关系产生影响。媒体丰富性理论认为，不同媒体信息呈现的丰富性存在差异，使用时对个体产生的影响也存在差异。[1][2] 以图像为中心的社交平台(如 Instagram)可能比以文字为主要内容的社交平台(如 Twitter)反映的信息更加多彩、直观和形象，更能激发上行社会比较[3][4][5]，因而个体使用此类社交媒体引发的错失焦虑水平可能更高。一项实证研究也发现，社交媒体使用与错失焦虑的相关为 0.17，而 Twitter 使用与错失焦虑的相关为 0.06，二者存在明显差别。[6] 类似地，英国的一项权威报告显示，不同社交媒体对幸福感和心理健康的影响存在差异。其中 Instagram 对个体幸福感的消极影响排在首位，Snapchat 位居其次。[7] 综上，本研究提出假

---

① Daft, R. L. & Lengel, R. H., "Organizational Information Requirements, Media Richness and Structural Design," *Management Science*, 1986, 32(5), pp. 554-571.

② Liu, D., Baumeister, R. F., Yang, C. C., et al., "Digital Communication Media Use and Psychological Well-Being: A Meta-Analysis," *Journal of Computer-Mediated Communication*, 2019, 24(5), pp. 259-273.

③ Burnell, K., George, M. J., Vollet, J. W., et al., "Passive Social Networking Site Use and Well-Being: The Mediating Roles of Social Comparison and the Fear of Missing Out," *Cyberpsychology: Journal of Psychosocial Research on Cyberspace*, 2019, 13(3), Article 5.

④ Franchina, V., Vanden Abeele, M., Van Rooij, A. J., et al., "Fear of Missing Out as a Predictor of Problematic Social Media Use and Phubbing Behavior among Flemish Adolescents," *International Journal of Environmental Research and Public Health*, 2018, 15(10), Article 2319.

⑤ Marengo, D., Longobardi, C., Fabris, M. A., et al., "Highly-Visual Social Media and Internalizing Symptoms in Adolescence: The Mediating Role of Body Image Concerns," *Computers in Human Behavior*, 2018(82), pp. 63-69.

⑥ Franchina, V., Vanden Abeele, M., Van Rooij, A. J., et al., "Fear of Missing Out as a Predictor of Problematic Social Media Use and Phubbing Behavior among Flemish Adolescents," *International Journal of Environmental Research and Public Health*, 2018, 15(10), Article 2319.

⑦ Royal Society for Public Health, "Status of Mind: Social Media and Young People's Mental Health and Wellbeing," Retrieved December 1, 2020.

设 6：社交媒体类型能够调节社交媒体使用与错失焦虑的关系。

社交媒体使用与错失焦虑的关系还可能受文化背景的影响。集体主义倾向较高的文化，强调相互依存，个体受周围的人际环境影响较大，这使得个体在使用社交媒体时更加关注别人的动态。个体在看到朋友正在从事一项自己未曾参与的活动时，更可能会体验到被排斥的感觉，并因此感到紧张和不安，害怕错过一些重要的信息和精彩的体验。①② 个体主义倾向较高的文化，则强调独立性和自主性，个体受周围人际环境影响较小，因而在社交媒体使用的过程中较少体验到错失焦虑。③ 类似的元分析也发现，在集体主义文化中，社交媒体使用与自尊的相关要强于在个体主义文化中。④ 综上，本研究提出假设 7：文化背景能够调节社交媒体使用与错失焦虑的关系，个体主义倾向越高，两者的相关越弱。

总之，目前关于社交媒体使用与错失焦虑的关系，不仅在理论上存在争论，在实证研究过程中也存在不一致的研究结果。鉴于两者在现实生活中都表现得相对普遍且会对人们的工作和生活产生重要影响，所以，两者存在何种关系，对社交媒体使用的合理引导以及错失焦虑的教育矫正或社区干预有重要的参考价值。但目前尚未有研究从宏观和整合的视角对此予以澄清，因而通过元分析的手段估计社交媒体使用与错失焦虑的相关强度以及背后的影响因素十分必要。这样不仅在理论上有助于初步澄清大众传播的社会认知理论和数字恰到好处假说间的争议，对数字媒体使用与心理健康领域的研究也是一种有益的补充；在实践上，还有助于揭示社交媒体使用与错失焦虑存在联系的具体条件，为重度社交媒体使用者及错失焦虑人群提供更为贴切的生活建议和疏导方案。

---

① Alt, D. , "Students' Wellbeing, Fear of Missing Out, and Social Media Engagement for Leisure in Higher Education Learning Environments,"*Current Psychology*, 2018, 37(1), pp. 128-138.

② Huguenel, B. M. , "*Fear of Missing Out: A Moderated Mediation Approach to Social Media Use*, unpublished master's thesis, Loyola University, 2017.

③ Yin, X. Q. , de Vries, D. A. , Gentile, D. A. , et al. , "Cultural Background and Measurement of Usage Moderate the Association Between Social Networking Sites(SNSs)Usage and Mental Health: A Meta-Analysis,"*Social Science Computer Review*, 2019, 37(5), pp. 631-648.

④ Liu, D. & Baumeister, R. F. , "Social Networking Online and Personality of Self-Worth: A Meta-Analysis," *Journal of Research in Personality*, 2016(64), pp. 79-89.

二、研究方法

(一) 文献检索与筛选

由于错失焦虑是近年来才被关注的现象，研究数量总体适中，故搜索策略中仅对该变量进行限定，对社交媒体使用不做限定，以便更全面地纳入研究两者关系的文献。首先，在中文数据库中(中国知网期刊和硕博论文数据库、万方期刊和学位论文数据库及维普期刊数据库)，搜索篇名或摘要中包含关键词"错失焦虑""遗漏焦虑"或"错失恐惧"的文献。其次，在英文数据库中(Web of Science 核心合集、ElsevierSD、Springer Online Journals、Medline、EBSCO-ERIC、SAGE Online Journals、Scopus、PsycINFO、PsycArticles 和 ProQuest Dissertations and Theses)检索篇名或摘要中包含关键词"Fear of Missing Out"或"FoMO"的文献，检索截至日期为 2020 年 1 月，共获取文献 977 篇。此外，为了避免遗漏，通过文献阅读过程中的引文及文献更新进行文献补充，最近一次文献更新时间为 2020 年 12 月。

使用 EndNote X9 导入文献并按照如下标准筛选：(1)须为调查或实验类的实证研究，排除纯理论和综述类及质性研究；(2)同时测量了社交媒体使用和错失焦虑，并至少报告了一个量表的各维度或总分与另一个量表的各维度或总分之间的积差相关系数(r)，或者能转化为 r 的 F 值、t 值、χ^2 值或一元线性回归中的 β 值，偏相关系数和其他类型的相关系数(如等级相关)将被排除；(3)所选研究不限于期刊论文，还包括学位论文、会议全文和书的章节等；(4)数据重复发表的仅取其中内容报告较为全面的一篇；(5)研究对象为一般人群，留守儿童等特殊群体将被排除。(6)样本量大小明确。文献筛选流程如图 2-1 所示。

(二) 文献编码与质量评价

每项研究根据以下特征进行编码：作者、出版年、被试国籍、个体主义指数、平均年龄、相关系数、有效人数、男性比例、错失焦虑测量工具、社交媒

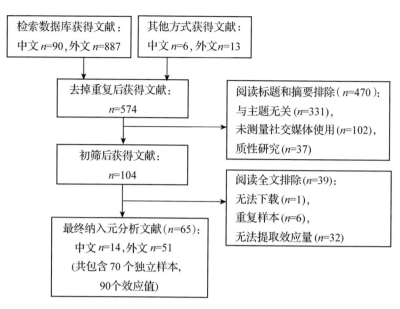

图 2-1　文献筛选流程

体类型、社交媒体使用测量指标和文献质量评价指数(见表 2-1)。编码时遵循
以下原则：(1)效应值的提取以独立样本为单位，每个独立样本编码一次，若
同一篇文献调查了多个独立样本，则分别对应进行编码；(2)若文献仅按被试
特征(如男/女)分别报告了相关，则分别编码；(3)若研究是纵向研究，则按首
次测量结果进行编码；(4)若同一研究同时测量了多个变量指标，则分别针对
各个指标进行编码。

　　对于相关系数的录入，若研究未报告相关系数，但报告了独立样本 t 检验的 t
值、单因素方差分析的 F 值、独立性检验的 χ^2 值和一元线性回归分析的 β 值，则

分别通过相应公式$[r=\sqrt{\dfrac{t^2}{t^2+df}}$，$r=\sqrt{\dfrac{F}{F+df_e}}$，$r=\sqrt{\dfrac{\chi^2}{\chi^2+N}}$，$r=\beta\times 0.98+0.05(\beta\geq$

$0)$，$r=\beta\times 0.98-0.05(\beta<0)(\beta\in(-0.5,0.5))]$，先将它们转化为 r 值再进行编
码。[1][2] 此外，若原始文献仅报告了社交媒体使用与错失焦虑各子维度间的皮尔

　　[1]　Card, N. A., *Applied Meta-Analysis for Social Science Research*, New York, Guilford Press, 2012.

　　[2]　Peterson, R. A. & Brown, S. P., "On the Use of Beta Coefficients in Meta-Analysis," *Journal of Applied Psychology*, 2005, 90(1), pp. 175-181.

逊相关矩阵，则先按照公式 $r_{xy} = \dfrac{\sum r_{x_i} r_{y_j}}{\sqrt{n + n(n-1)\bar{r}_{x_i x_j}}\sqrt{m + m(m-1)\bar{r}_{y_i y_j}}}$ ①合成

社交媒体使用与错失焦虑的相关系数再进行编码。编码由两位评分者独立完成，
最终计算编码一致性为94%。若编码出现不一致的情况，通过查看原始文献并讨
论进行更正。

　　本研究采用张亚利等人②编制的相关类元分析质量评价表，从抽样方法、数据
有效率、刊物级别、测量工具的内部一致性信度对纳入的原始研究进行质量评价。
本研究中每篇文章的评价总分介于0~10，得分越高表明文献质量越好(表2-1)。

表 2-1　纳入分析的原始研究的基本资料

第一作者	年份	国家	个体主义指数	均龄	相关系数	被试人数	男性比	错失焦虑测量工具	社交媒体类型	社交媒体使用测量指标	文献质量评价
Przybylski	2013	英国	89	43.21	0.40	2 079	0.50	FoMOs-P	一般	使用强度	8
Wegmann	2017	—	—	23.43	0.39	270	0.30	FoMOs-W	一般	使用成瘾	6
Błachnio	2018	波兰	60	22.22	0.45	360	0.36	FoMOs-P	Facebook	使用成瘾	6
Tomczyk	2018	波黑	22	13.30	0.54	717	0.53	其他	一般	使用强度	6
	2018	波黑	22	13.30	0.37	717	0.53	其他	一般	其他	6
	2018	波黑	22	13.30	0.53	717	0.53	其他	一般	使用成瘾	5
	2018	波黑	22	13.30	0.56	717	0.53	其他	一般	使用成瘾	5
Chai	2019	中国	20	14.03	0.21	1 319	0.47	其他	Qzone	使用强度	9
Dempsey	2019	美国	91	20.03	0.32	291	0.42	FoMOs-P	Facebook	使用成瘾	9
	2019	美国	91	20.03	0.19	291	0.42	FoMOs-P	Facebook	使用频率	9
Alt	2018	以色列	54	24.10	0.56	290	0.15	其他	一般	其他	6
Balta	2020	土耳其	37	17.15	0.57	423	0.47	FoMOs-W	Instagram	使用成瘾	7

　　① Hunter, J. E. & Schmidt, F. L., "*Methods of Meta-Analysis: Correcting Error and Bias in Research Findings*" (2nd ed.), Newbury Park, Sage, 2004.
　　② 张亚利、李森、俞国良：《自尊与社交焦虑的关系：基于中国学生群体的元分析》，载《心理科学进展》，2019，27(6)。

续表

第一作者	年份	国家	个体主义指数	均龄	相关系数	被试人数	男性比	错失焦虑测量工具	社交媒体类型	社交媒体使用测量指标	文献质量评价
Liu	2018	中国	20	18.83	0.40	465	0.31	FoMOs-P	一般	使用成瘾	7
Riordan	2020	新西兰	79	19.60	0.28	330	0.26	FoMOs-P	Facebook	使用强度	7
	2020	新西兰	79	19.60	0.21	330	0.26	其他	Facebook	使用强度	6
	2020	新西兰	79	20.90	0.31	90	0.14	FoMOs-P	Facebook	使用强度	7
	2020	新西兰	79	20.90	0.29	90	0.14	其他	Facebook	使用强度	6
Yin	2019	中国	20	16.80	0.41	704	0.43	FoMOs-P	一般	使用成瘾	6
Baker	2016	美国	91	21.98	0.30	386	0.19	FoMOs-P	一般	使用时间	6
Sharma	2015	美国	91	—	0.63	129	0.47	其他	Facebook	使用成瘾	1
	2015	美国	91	20.79	0.40	398	0.49	其他	Facebook	使用成瘾	4
Perrone	2017	美国	91	—	0.14	961	0.55	FoMOs-P	一般	使用强度	3
Chambers	2017	美国	91	23.57	0.20	152	0.30	FoMOs-P	一般	使用强度	5
	2017	美国	91	23.57	0.20	152	0.30	FoMOs-P	一般	其他	5
Gezgin	2018	土耳其	37	16.22	0.44	161	0.58	FoMOs-P	一般	使用时间	5
	2018	土耳其	37	16.22	-0.14	161	0.58	FoMOs-P	一般	使用频率	5
Franchina	2018	比利时	75	14.87	0.16	2 663	0.43	其他	Facebook	使用频率	6
	2018	比利时	75	14.87	0.17	2 663	0.43	其他	Snapchat	使用频率	6
	2018	比利时	75	14.87	0.00	2 663	0.43	其他	You Tube	使用频率	6
	2018	比利时	75	14.87	0.06	2 663	0.43	其他	Twitter	使用频率	6
Casale	2020	意大利	76	23.02	0.49	239	0.40	FoMOs-P	一般	使用成瘾	7
Tunc-Aksan	2019	土耳其	37	—	0.43	296	0.54	FoMOs-P	一般	使用成瘾	5
Beyens	2016	比利时	75	16.41	0.50	402	0.43	其他	Facebook	使用强度	6
Barry	2017	美国	91	15.27	0.35	113	0.49	FoMOs-P	一般	使用频率	5
Blackwell	2017	美国	91	22.15	0.56	207	0.24	FoMOs-P	一般	使用成瘾	7
	2017	美国	91	22.15	0.36	207	0.24	FoMOs-P	一般	使用强度	7
Buglass	2017	英国	89	—	0.25	489	0.51	FoMOs-P	Facebook	使用时间	8

续表

第一作者	年份	国家	个体主义指数	均龄	相关系数	被试人数	男性比	错失焦虑测量工具	社交媒体类型	社交媒体使用测量指标	文献质量评价
Stead	2017	英国	89	—	0.47	495	0.31	FoMOs-P	一般	使用成瘾	9
Bailey	2018	—	—	—	0.01	296	0.33	其他	一般	其他	7
Casale	2018	意大利	76	—	0.44	263	1.00	FoMOs-P	一般	使用成瘾	3
	2018	意大利	76	—	0.47	316	0.00	FoMOs-P	一般	使用成瘾	3
Scott	2018	英国	89	14.00	0.36	101	0.44	FoMOs-P	一般	其他	9
Burnell	2019	美国	91	—	0.17	717	0.31	FoMOs-P	一般	其他	8
Rogers	2019	美国	91	19.81	0.21	97	0.38	FoMOs-P	一般	使用频率	8
Reer	2019	德国	67	27.65	0.30	1 865	0.49	FoMOs-P	一般	使用强度	9
Cargill	2019	英国	89	33.01	0.57	224	0.12	FoMOs-P	一般	使用成瘾	1
Fuster	2017	—	—	15.47	0.32	5 280	0.24	FoMOs-P	一般	使用强度	7
	2017	—	—	15.47	0.43	5 280	0.24	FoMOs-P	一般	使用强度	7
Can	2019	土耳其	37	33.65	0.43	371	0.40	FoMOs-P	Facebook	使用成瘾	2
	2019	土耳其	37	33.65	0.24	371	0.40	FoMOs-P	一般	使用时间	3
Pontes	2018	—	—	—	0.68	511	0.35	FoMOs-P	一般	使用成瘾	9
Traş	2019	土耳其	37	21.34	0.27	608	0.28	FoMOs-P	Facebook	使用强度	3
	2019	土耳其	37	21.34	0.04	608	0.28	FoMOs-P	Facebook	使用时间	2
Vallejos-Flores	2018	秘鲁	16	20.74	0.60	510	0.46	FoMOs-P	Facebook	使用成瘾	4
Reyes	2018	菲律宾	32	25.22	0.41	1 060	0.39	FoMOs-P	一般	使用时间	5
Huguenel	2017	美国	91	18.93	0.30	296	0.15	FoMOs-P	Facebook	使用强度	7
	2017	美国	91	18.93	0.17	296	0.15	FoMOs-P	一般	使用时间	6
李巾英	2019	中国	20	21.00	0.25	443	0.42	其他	一般	其他	7
李琦	2019a	中国	20	22.00	0.31	228	0.43	FoMOs-L	一般	使用强度	5
马建苓	2019	中国	20	18.80	0.42	493	0.32	FoMOs-P	一般	使用成瘾	10
	2019	中国	20	18.80	0.29	493	0.32	FoMOs-P	一般	使用强度	9
李琦	2019b	中国	20	—	0.23	584	0.46	FoMOs-L	一般	其他	6
张永欣	2019	中国	20	19.56	0.40	526	0.48	FoMOs-P	一般	使用成瘾	9

续表

第一作者	年份	国家	个体主义指数	均龄	相关系数	被试人数	男性比	错失焦虑测量工具	社交媒体类型	社交媒体使用测量指标	文献质量评价
肖曼曼	2019	中国	20	21.90	0.40	546	0.34	FoMOs-W	一般	使用强度	6
姜永志	2018	中国	20	—	0.42	1 804	0.44	其他	一般	使用成瘾	9
魏祺	2018	中国	20	—	0.43	526	1.00	FoMOs-P	一般	使用成瘾	1
	2018	中国	20	—	0.17	636	0.00	FoMOs-P	一般	使用成瘾	1
张亚利	2020	中国	20	21.63	0.33	466	0.47	FoMOs-L	一般	使用成瘾	8
王梦云	2020	中国	20	14.71	0.35	1 238	0.45	FoMOs-P	一般	使用成瘾	7
任静	2019	中国	20	—	0.17	427	0.50	其他	一般	使用强度	8
Li	2020	中国	20	20.10	0.40	2 017	0.50	FoMOs-W	一般	使用强度	8
Fang	2020	中国	20	19.60	0.45	501	0.29	FoMOs-P	一般	使用成瘾	6
Moore	2020	美国	91	—	0.43	156	0.44	FoMOs-P	一般	使用成瘾	7
Sheldon	2020	美国	91	23.35	0.34	337	0.42	FoMOs-P	Facebook	使用成瘾	5
	2020	美国	91	23.35	0.43	337	0.42	FoMOs-P	Instagram	使用成瘾	5
	2020	美国	91	23.35	0.40	337	0.42	FoMOs-P	Snapchat	使用成瘾	5
Mueller	2020	德国	67	22.00	0.50	226	0.40	其他	一般	使用成瘾	7
Rozgonjuk	2020	—	无	34.49	0.46	335	0.42	FoMOs-P	Instagram	使用成瘾	4
	2020	—	无	29.04	0.26	136	0.38	FoMOs-P	Snapchat	使用成瘾	4
Fabris	2020	意大利	76	13.50	0.48	472	0.50	FoMOs-P	一般	使用成瘾	6
Lai	2016	意大利	76	24.1	0.60	20	0.55	FoMOs-P	一般	使用强度	3
李静	2020	中国	20	15.02	0.75	1 081	0.49	FoMOs-L	一般	使用成瘾	7
胡光友	2020	中国	20	—	0.42	1 092	0.33	FoMOs-L	一般	使用成瘾	5
高霞	2019	中国	20	16.4	0.28	465	0.57	FoMOs-P	一般	其他	5
Lee	2020	中国	20	36.1	0.16	259	—	其他	一般	使用时间	8
Classen	2020	新西兰	79	—	0.33	218	0.24	FoMOs-P	一般	使用强度	7
Öztürk	2020	土耳其	37	21.07	0.23	141	0.45	FoMOs-P	一般	其他	2
	2020	土耳其	37	21.07	0.27	141	0.45	FoMOs-P	一般	其他	3

续表

第一作者	年份	国家	个体主义指数	均龄	相关系数	被试人数	男性比	错失焦虑测量工具	社交媒体类型	社交媒体使用测量指标	文献质量评价
Gosain	2019	印尼	14	—	0.57	106	0.00	FoMOs-P	Instagram	使用成瘾	1
Zhang	2020	美国	91	—	0.27	236		其他	一般	使用强度	6

注：相应国家个体主义指数见 https://www.hofstede-insights.com/country-comparison/。错失焦虑工具一列中"其他"表示与现有分类工具不同，但每种使用量低于 3 次无法单独归为一组进行分析的工具混合组；社交媒体类型一列中"一般"表示原始研究中未区分特定社交媒体的情况；社交媒体使用测量指标一列中"其他"表示与现有分类测量指标不同，但每种使用量低于 3 次无法单独归为一组进行分析的指标混合组（如课堂社交媒体使用、睡前社交媒体使用、被动性社交媒体使用等）。

(三) 发表偏倚控制与检验

由于存在发表偏倚，因此已出版的文献并不能全面地代表该领域已经完成的研究总体。本研究在纳入文献时不仅纳入了已出版的期刊和会议论文，还纳入了未出版的毕业论文，在一定程度上控制了发表偏倚对研究结果的干扰。此外，为保证元分析结果的可靠性，本研究还将利用漏斗图（Funnel plot）、线性 Egger's 回归法以及剪补法（trim and fill method）评估是否存在发表偏倚。对于漏斗图而言，如果图形呈现一个对称的倒漏斗形状，则表明发表偏倚较小，对元分析结果的影响较小[1]；对于线性回归而言，如果线性回归的结果不显著，则表明发表偏倚较小[2]；剪补法基于发表偏倚造成漏斗图不对称这一假设，采用迭代方法剪补一部分研究后，重新估计矫正后的效应量，若效应量在剪补前后差异不大，则表明发表偏倚较小[3]。

---

[1] Light, R. J. & Pillemer, D. B., *Summing up*：*The Science of Reviewing Research*, Cambridge, Harvard University Press, 1984.

[2] Egger, M., Smith, G. D., Schneider, M., et al., "Bias in Meta-Analysis Detected by a Simple, Graphical Test," *British Medical Journal*, 1997, 315(7109), pp. 629-634.

[3] Rothstein, H. R., Sutton, A. J. & Borenstein, M., *Publication Bias in Meta-Analysis*：*Prevention*, *Assessment and Adjustments*, Chichester, John Wiley & Sons Ltd, 2005.

(四) 模型选择

目前，计算效应大小的方法主要有两种：固定效应模型和随机效应模型。前者假设不同研究的实际效果是相同的，而结果之间的差异是由随机误差引起的。后者假设不同研究的实际效果可能不同，而且不同的结果不仅受随机误差的影响，而且还受不同样本特征的影响。[①] 通过文献梳理，本研究认为社交媒体使用测量指标等因素可能影响社交媒体使用与错失焦虑的关系，因此本研究采用随机效应模型进行估计。此外，本研究还通过异质性检验，对随机效应模型选择的适切性进行验证，主要查看 Q 检验结果的显著性以及 I^2 值两个指标。若 Q 检验结果显著或 I^2 值高于75%，则选择随机效应模型更合适，反之，选用固定效应模型更合适。[②]

(五) 数据处理

本研究采用相关系数 r 作为效应值指标，使用软件 Comprehensive Meta-Analysis Version 3.3[③] 进行元分析主效应检验和调节效应检验。在估计平均效应值的过程中，为保证效应值的独立性，当某一研究出现多个效应值时，采用 CMA3.3 软件中的效应值平均化合并功能，将研究中的多个效应值合并后再估计整体效应值。调节效应分析采用元回归分析并结合极大似然法考查结果是否显著。本研究中调节变量涉及：(1)连续调节变量，包括每个研究中被试的平均年龄，每个研究中男性占被试总数的比例，以及被试所在国家或地区的个体主义指数；(2)分类调节变量，包括社交媒体使用测量指标(结合测量工具的名

① Schmidt, F. L., Oh, I. S. & Hayes, T. L., "Fixed-Versus Random-Effects Models in Meta-Analysis: Model Properties and an Empirical Comparison of Differences in Results," *British Journal of Mathematical and Statistical Psychology*, 2009, 62(1), pp. 97-128.

② Huedo-Medina, T. B., Sánchez-Meca, J., Marín-Martínez, F., et al., "Assessing Heterogeneity in Meta-Analysis: Q Statistic or I^2 index?" *Psychological Methods*, 2006, 11(2), pp. 193-206.

③ Borenstein, M., Hedges, L., Higgins, J., et al., *Comprehensive Meta-Analysis (Version 3.3) (Computer Software)*, Englewood, Biostat, 2014.

称和内容分为使用成瘾、使用强度、使用时间和使用频率四类)，社交媒体类型(依据研究目的和原始研究特征分为 Snapchat、Facebook 和 Instagram 三种)，错失焦虑测量工具(结合原始研究使用的工具称谓分为 FoMOs-P、FoMOs-L 和 Fo-MOs-W 三种)。此外，亚组分析时为了保证调节变量每个水平下的研究均能代表该水平，参照既有研究①，每个水平下的效应量个数应不少于 3 个。

三、研究结果

(一)文献纳入与质量评价

本研究共纳入研究 65 项(含 70 个独立样本，90 个效应值，61 893 名被试)，包括硕博论文 10 篇，期刊论文 54 篇，会议论文 1 篇；中文文献 14 篇，英文文献 50 篇，西班牙文文献 1 篇；时间跨度为 2013—2020 年。本研究中文献质量评价得分的均值为 6，高于理论均值(5 分)，其中 19 个效应值的文献质量评分低于理论均值，约占效应值总数的 21%，需谨慎对待此类文献对研究结果的影响。

(二)异质性检验

本研究对纳入的效应量进行异质性检验，以便确定采用随机效应模型是否恰当，以及是否有必要进行调节效应分析。检验结果表明，Q 值为 1 288.69($p <$ 0.001)，I^2 值为 94.65%，超过了休都-梅迪纳(Huedo-Medina)等人提出的 75% 的法则②，说明结果异质，也表明纳入的有关社交媒体使用与错失焦虑关系的效应量中有 94.65% 的变异是由效应值的真实差异引起的，接下来的分析选用随机效应模型是恰当的。该结果也提示不同研究间的估计值差异可能受到了一些

① Song, H., Zmyslinski-Seelig, A., Kim, J., et al., "Does Facebook Make You Lonely? A Meta-Analysis," *Computers in Human Behavior*, 2014(36), pp. 446-452.

② Huedo-Medina, T. B., Sánchez-Meca, J., Marín-Martínez, F., et al., "Assessing Heterogeneity in Meta-Analysis: Q Statistic or I^2 index?" *Psychological Methods*, 2006, 11(2), pp. 193-206.

研究特征因素的干扰，可进行调节效应分析。

(三)主效应检验

采用随机效应模型对合并后形成的 70 个独立样本进行估计，结果显示社交媒体使用与错失焦虑的相关强度为 0.38，95%的置信区间为[0.34，0.41]，不包含 0(表 2-2 和图 2-2)。根据研究者提出的判断标准①，社交媒体使用与错失焦虑的相关程度大于 0.3，表明二者存在高相关。敏感性分析发现，排除任意一个样本后的效应量 r 值在 0.367 ~ 0.380。根据文献质量评分，删除低于 5 分的 19 个效应值后(见表 2-1)，重新对结果进行估计，发现社交媒体使用与错失焦虑的效应量 $r = 0.37$，$p < 0.001$。以上结果均表明元分析结果具有较高的稳定性。

表 2-2　社交媒体使用与错失焦虑的相关

模型	k	r	r 的 95% CI		z	p	异质性检验				τ^2
			LL	UL			$Q(T)$	df	p	I^2	
随机模型	70	0.38	0.34	0.41	18.12	<0.001	1 288.69	69	<0.001	94.65	0.03

注：k 为独立样本个数，CI 为置信区间。

(四)调节效应检验

利用元回归分析检验调节变量对社交媒体使用与错失焦虑的关系是否有显著影响，结果发现：(1)性别对社交媒体使用与错失焦虑关系的调节作用不显著。元回归分析发现，男性比例对效应值的回归系数不显著($b = 0.03$，95%的置信区间为[0.22，0.28])。(2)年龄对社交媒体使用与错失焦虑关系的调节效应不显著。元回归分析发现，平均年龄对效应值的回归系数不显著($b = -0.001$，95%的置信区间为[0.008，0.007])。(3)元回归分析发现，社交媒体使用测量指标对社交媒体使用与错失焦虑关系的调节效应显著。社交媒体使用成瘾与错

① Gignac, G. E. & Szodorai, E. T., "Effect Size Guidelines for Individual Differences Researchers," *Personality and Individual Differences*, 2016(102), pp. 74-78.

Study name	Outcome	Correlation	Lower limit	Upper limit	Z-Value	p-Value
Bailey	Bailey	0.010	−0.104	0.124	0.171	0.864
Franchina	Combined	0.098	0.060	0.135	5.069	0.000
Perrone	Perrone	0.140	0.077	0.201	4.362	0.000
Tras	Combined	0.157	0.079	0.234	3.897	0.000
Lee	Lee	0.160	0.039	0.276	2.852	0.010
Gezgin	Combined	0.164	0.010	0.311	2.082	0.037
Burnell	Burnell	0.170	0.098	0.240	4.587	0.000
魏祺2	魏祺2	0.170	0.093	0.245	4.319	0.000
任静	任静	0.170	0.076	0.261	3.535	0.000
Chambers	Combined	0.200	0.042	0.348	2.475	0.013
Chai	Chai	0.210	0.158	0.261	7.733	0.000
Rogers	Rogers	0.210	0.011	0.393	2.067	0.039
李琦2	李琦2	0.230	0.152	0.305	5.645	0.000
Huguenel	Combined	0.236	0.125	0.341	4.118	0.000
Riordan 1	Combined	0.245	0.141	0.344	4.529	0.000
Buglass	Buglass	0.250	0.165	0.331	5.631	0.000
李巾英	李巾英	0.250	0.161	0.335	5.358	0.000
Oztürk	Combined	0.250	0.088	0.399	3.002	0.003
Dempsey	Combined	0.256	0.145	0.361	4.446	0.000
Rozgonjuk2	Rozgonjuk2	0.260	0.096	0.410	3.069	0.002
Zhang	Zhang	0.270	0.147	0.384	4.226	0.000
高霞	高霞	0.280	0.194	0.362	6.183	0.000
Baker	Baker	0.300	0.206	0.388	6.057	0.000
Reer	Reer	0.300	0.258	0.341	13.356	0.000
Riordan3	Combined	0.300	0.099	0.477	2.887	0.004
李琦1	李琦1	0.310	0.188	0.423	4.808	0.000
张亚利	张亚利	0.330	0.247	0.409	7.377	0.000
Classen	Classen	0.330	0.206	0.443	5.027	0.000
Can	Combined	0.338	0.245	0.426	6.759	0.000
Barry	Barry	0.350	0.177	0.502	3.833	0.000
王梦云	王梦云	0.350	0.300	0.398	12.846	0.000
马建苓	Combined	0.357	0.277	0.431	8.260	0.000
Scott	Scott	0.360	0.177	0.519	3.731	0.000
Fuster	Combined	0.376	0.353	0.399	28.750	0.000
Wegmann	Wegmann	0.390	0.284	0.487	6.729	0.000
Sheldon	Combined	0.391	0.296	0.478	7.540	0.000
Przybylski	Przybylski	0.400	0.363	0.436	19.303	0.000
Liu	Liu	0.400	0.321	0.474	9.106	0.000
Sharma 2	Sharma 2	0.400	0.314	0.479	8.420	0.000
张永欣	张永欣	0.400	0.326	0.469	9.689	0.000
		0.400	0.327	0.468	9.872	0.000
Li	Li	0.400	0.363	0.436	19.012	0.000
Yin	Yin	0.410	0.347	0.470	11.533	0.000
Reyes	Reyes	0.410	0.359	0.459	14.162	0.000
姜永志	姜永志	0.420	0.381	0.457	18.999	0.000
胡光友	胡光友	0.420	0.370	0.468	14.774	0.000
Tunc-Aksan	Tunc-Aksan	0.430	0.332	0.519	7.872	0.000
魏祺1	魏祺1	0.430	0.358	0.497	10.517	0.000
Moore	Moore	0.430	0.293	0.550	5.689	0.000
Casale1	Casale1	0.440	0.337	0.533	7.614	0.000
Blachnio	Blachnio	0.450	0.364	0.529	9.158	0.000
Fang	Fang	0.450	0.377	0.517	10.817	0.000
Rozgonjuk1	Rozgonjuk1	0.460	0.371	0.541	9.061	0.000
Blackwell	Combined	0.466	0.352	0.566	7.211	0.000
Stead	Stead	0.470	0.398	0.536	11.314	0.000
Casale2	Casale2	0.470	0.379	0.552	9.024	0.000
Fabris	Fabris	0.480	0.407	0.547	11.326	0.000
Casale	Casale	0.490	0.387	0.581	8.235	0.000
Beyens	Beyens	0.500	0.423	0.570	10.972	0.000
Mueller	Mueller	0.500	0.395	0.592	8.203	0.000
Tomezyk	Combined	0.503	0.447	0.556	14.800	0.000
Alt	Alt	0.560	0.475	0.634	10.721	0.000
Balta	Balta	0.570	0.502	0.631	13.270	0.000
Cargill	Cargill	0.570	0.474	0.652	9.626	0.000
Gosain	Gosain	0.570	0.426	0.686	6.572	0.000
Vallejos-Flores	Vallejos-Flores	0.600	0.541	0.653	15.607	0.000
Lai	Lai	0.600	0.214	0.824	2.858	0.004
Sharma 1	Sharma 1	0.630	0.513	0.724	8.322	0.000
Pontes	Pontes	0.680	0.630	0.724	18.687	0.000
李静	李静	0.750	0.723	0.775	31.945	0.000
		0.376	0.338	0.412	18.118	0.000

图 2-2　每个独立样本的效应量及总体效应量的森林图

失焦虑的相关最高，社交媒体使用频率与错失焦虑的相关最低，且为边缘显著。配对比较结果发现，除使用强度和使用时间之间，以及使用时间和使用频率之间差异不显著外，其他配对比较差异均显著。(4)元回归分析发现，错失焦虑测量工具对社交媒体使用与错失焦虑关系的调节效应不显著。(5)元回归分析发现，社交媒体类型对社交媒体使用与错失焦虑关系的调节效应显著。Instagram 使用与错失焦虑的相关最高，Snapchat 与错失焦虑的相关最低。配对比较发现，除 Facebook 与 Snapchat 差异不显著外，其他配对比较差异均显著。(6)文化背景对社交媒体使用与错失焦虑关系的调节作用不显著。元回归分析发现，个体主义指数对效应值的回归系数不显著($b = 0.001$，95%的置信区间为[0.002，0.001])。亚组分析结果详见表2-3。

表 2-3　分类变量调节效应分析结果

调节变量	异质性检验			类别	k	r	95%CI		双侧检验	
	Q_B	df	p				下限	上限	z	p
社交媒体使用指标	47.41	3	<0.001	使用成瘾	36	0.47	0.43	0.50	20.09	<0.001
				使用强度	22	0.32	0.27	0.38	10.32	<0.001
				使用时间	8	0.25	0.15	0.35	4.90	<0.001
				使用频率	5	0.14	0.00	0.27	1.95	0.051
错失焦虑测量工具	1.95	2	0.376	FoMOs-P	47	0.37	0.33	0.41	16.01	<0.001
				FoMOs-L	5	0.44	0.32	0.55	6.52	<0.001
				FoMOs-W	4	0.44	0.31	0.56	5.89	<0.001
社交媒体类型	6.05	2	0.048	Facebook	14	0.37	0.28	0.45	7.84	<0.001
				Instagram	4	0.51	0.36	0.63	6.03	<0.001
				Snapchat	3	0.28	0.08	0.46	2.69	0.007

注：k 代表效应值的数量；Q_B 代表异质性检验统计量。

(五) 发表偏差检验

漏斗图(图 2-3)显示，效应值集中在图形上方且均匀分布于总效应的两侧；线性回归的结果不显著，截距为 0.89，95%的置信区间为[1.40，3.19]；剪补法的结果发现，向右侧剪补 11 项研究后，r 调整为 0.41，95%的置信区间为[0.38，0.45]，结果显著。剪补后效应量略高于矫正前的效应量($r = 0.38$)，但两者仅相差0.03，且修正后的结果仍为高相关，说明本研究不存在明显的发表偏倚。

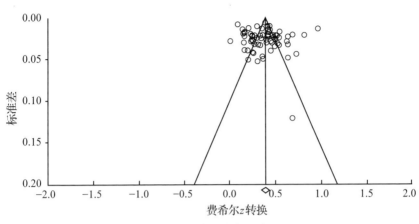

图2-3 效应值分布漏斗图

四、分析与讨论

(一)社交媒体使用与错失焦虑的关系

有关社交媒体使用与心理健康的关系一直是研究关注的焦点。近来许多研究针对社交媒体使用与错失焦虑的关系进行了探讨，但研究结果存在很大差异[1][2][3][4][5][6]，给该领域的深入研究带来了困扰。目前尚未有研究对此予以澄

① Franchina, V., Vanden Abeele, M., Van Rooij, A. J., et al., "Fear of Missing Out as a Predictor of Problematic Social Media Use and Phubbing Behavior among Flemish Adolescents," *International Journal of Environmental Research and Public Health*, 2018, 15(10), Article 2319.

② Gezgin, D. M., "Understanding Patterns for Smartphone Addiction: Age, Sleep Duration, Social Network Use and Fear of Missing Out," *Cypriot Journal of Educational Sciences*, 2018, 13(2), pp. 166-177.

③ 李巾英、马林：《被动性社交网站使用与错失焦虑症：压力知觉的中介与乐观的调节》，载《心理科学》，2019，42(4)。

④ Pontes, H. M., Taylor, M. & Stavropoulos, V., "Beyond 'Facebook Addiction': The Role of Cognitive-related Factors and Psychiatric Distress in Social Networking Site Addiction," *Cyberpsychology, Behavior, and Social Networking*, 2018, 21(4), pp. 240-247.

⑤ Tunc-Aksan, A. & Akbay, S. E., "Smartphone Addiction, Fear of Missing Out, and Perceived Competence as Predictors of Social Media Addiction of Adolescents," *European Journal of Educational Research*, 2019, 8(2), pp. 559-566.

⑥ 张亚利、李森、俞国良：《大学生错失焦虑与认知失败的关系：手机社交媒体依赖的中介作用》，载《中国临床心理学杂志》，2020，28(1)。

清，本研究借助元分析的方法首次对两者的相关强度从整体上进行了估计，结果表明，社交媒体使用与错失焦虑呈高相关。该结果验证了假设1，一定程度上支持了大众传播的社会认知理论的观点①②，表明社交媒体使用与错失焦虑呈线性相关，而数字恰到好处假说③的观点则有待进一步检验。本研究也澄清了社交媒体使用与错失焦虑相关性大小方面存在的争论，支持了目前的多数研究结果④⑤⑥⑦，未支持两者之间呈中低程度相关，甚至相关不显著的结果⑧⑨⑩⑪，说明社交媒体使用与错失焦虑关系颇为密切。

本结果在一定程度上支持了大众传播的社会认知理论⑫⑬，表明社交媒体使

① Bandura, A., "Social Cognitive Theory of Mass Communication," *Media Psychology*, 2001, 3(3), pp. 265-299.

② Valkenburg, P. M., Peter, J. & Walther, J. B., "Media Effects: Theory and Research," *Annual Review of Psychology*, 2016, 67(1), pp. 315-338.

③ Przybylski, A. K., Amy Orben, Weinstein, N., "How Much Is too Much? Examining the Relationship Between Digital Screen Engagement and Psychosocial Functioning in a Confirmatory Cohort Study," *Journal of the American Academy of Child & Adolescent Psychiatry*, 2020, 59(9), pp. 1080-1088.

④ Liu, C. & Ma, J. L., "Social Support through Online Social Networking Sites and Addiction among College Students: The Mediating Roles of Fear of Missing Out and Problematic Smartphone Use," *Current Psychology*, 2020, 39(6), pp. 1892-1899.

⑤ Reyes, M. E. S., Marasigan, J. P., Gonzales, H. J. Q., et al., "Fear of Missing Out and Its Link with Social Media and Problematic Internet Use among Filipinos," *North American Journal of Psychology*, 2018, 20(3), pp. 503-518.

⑥ Balta, S., Emirtekin, E., Kircaburun, K., et al., "Neuroticism, Trait Fear of Missing Out, and Phubbing: The Mediating Role of State Fear of Missing Out and Problematic Instagram Use," *International Journal of Mental Health and Addiction*, 2020, 18(3), pp. 628-639.

⑦ Yin, L. P., Wang, P. C., Nie, J., et al., "Social Networking Sites Addiction and FoMO: The Mediating Role of Envy and the Moderating Role of Need to Belong," *Current Psychology*, 2021, 40(8), pp. 3879-3887.

⑧ Bailey, A. A., Bonifield, C. M. & Arias, A., "Social Media Use by Young Latin American Consumers: An Exploration," *Journal of Retailing and Consumer Services*, 2018(43), pp. 10-19.

⑨ Franchina, V., Vanden Abeele, M., Van Rooij, A. J., et al., "Fear of Missing Out as a Predictor of Problematic Social Media Use and Phubbing Behavior among Flemish Adolescents," *International Journal of Environmental Research and Public Health*, 2018, 15(10), Article 2319.

⑩ Gezgin, D. M., "Understanding Patterns for Smartphone Addiction: Age, Sleep Duration, Social Network Use and Fear of Missing Out," *Cypriot Journal of Educational Sciences*, 2018, 13(2), pp. 166-177.

⑪ Traş, Z. & Öztemel, K., "Examining the Relationships between Facebook Intensity, Fear of Missing Out, and Smartphone Addiction," *Addicta: The Turkish Journal on Addictions*, 2018, 6(1), pp. 91-113.

⑫ Bandura, A., "Social Cognitive Theory of Mass Communication," *Media Psychology*, 2001, 3(3), pp. 265-299.

⑬ Valkenburg, P. M., Peter, J. & Walther, J. B., "Media Effects: Theory and Research," *Annual Review of Psychology*, 2016, 67(1), pp. 315-338.

用与错失焦虑存在线性关系。社交媒体使用的增加往往会导致错失焦虑水平的增加。这种现象类似于"武器效应"①，原因在于社交媒体所具有的自我呈现和实时更新功能增加了未知事件的可感知性。个体通过浏览朋友及重要他人在社交平台上暴露的大量信息，能够知晓更多未曾参与的精彩活动和体验，这增加了个体内心的被排斥感。②③④ 更重要的是，社交平台上的信息往往经过了用户的精心修饰和编辑，充满了炫耀性和夸张性的内容。⑤ 这又会使个体心生嫉妒，认为别人的生活比自己的生活更加精彩、有意义，因而会对此类信息保持高度的关注，时刻担心错过一些重要的信息。⑥ 古语言："眼不见，心不烦。"反过来，"眼见可能会招致心烦"。生活在信息爆炸的时代，个体看到的信息多了亦会对错过的以及可能错过的信息产生莫名的恐惧和担忧，因而体验到的错失焦虑会更多。⑦⑧ 除此之外，社交媒体使用尤其是过度使用还会占用个体的线下活动时间，这可能会使个体错过线下参与他人活动的机会。⑨ 例如，有研究显示，有24%的人由于在社交媒体上浏览和分享信息导致错过了生活中的某些重要时

---

①　Berkowitz, L., "Frustration-Aggression Hypothesis: Examination and Reformulation," *Psychological Bulletin*, 1989, 106(1), pp.59-73.

②　Baker, Z.G., Krieger, H. & LeRoy, A.S., "Fear of Missing Out: Relationships with Depression, Mindfulness, and Physical Symptoms," *Translational Issues in Psychological Science*, 2016, 2(3), pp.275-282.

③　Bloemen, N. & Coninck, D.D., "Social Media and Fear of Missing Out in Adolescents: The Role of Family Characteristics," *Social Media+Society*, 2020, 6(4).

④　Buglass, S.L., Binder, J.F., Betts, L.R., et al., "Motivators of Online Vulnerability: The Impact of Social Network Site Use and FoMO," *Computers in Human Behavior*, 2017(66), pp.248-255.

⑤　Brown, L. & Kuss, D.J., "Fear of Missing Out, Mental Wellbeing, and Social Connectedness: A Seven-day Social Media Abstinence Trial," *International Journal of Environmental Research and Public Health*, 2020, 17(12), Article 4566.

⑥　Burnell, K., George, M.J., Vollet, J.W., et al., "Passive Social Networking Site Use and Well-Being: The Mediating Roles of Social Comparison and the Fear of Missing Out," *Cyberpsychology: Journal of Psychosocial Research on Cyberspace*, 2019, 13(3), Article 5.

⑦　Basu, S. & Banerjee, B., "Impact of Environmental Factors on Mental Health of Children and Adolescents: A Systematic Review," *Children and Youth Services Review*, 2020(119).

⑧　Bloemen, N. & Coninck, D.D., "Social Media and Fear of Missing Out in Adolescents: The Role of Family Characteristics," *Social Media+Society*, 2020, 6(4).

⑨　Alt, D., "Students' Wellbeing, Fear of Missing Out, and Social Media Engagement for Leisure in Higher Education Learning Environments," *Current Psychology*, 2018, 37(1), pp.128-138.

刻①，从而令个体体验到更多的不安和焦虑②③。

　　本研究虽未能直接验证社交媒体使用与错失焦虑的 U 形关系，但结果发现两者呈高相关④，且高于百年来社会心理学研究中的平均相关性 0.21⑤。该结果表明二者可能呈现的是典型的线性关系，而数字恰到好处假说⑥的观点则有待进一步验证。事实上，当下的研究对该观点也存在争论，如有研究发现社交媒体使用与幸福感的关系呈现出二次函数的关系，回答"每周使用几次"的人比回答"几乎每天使用"和"从不使用"的人幸福感更高⑦，但也有研究发现，数字媒体使用与抑郁不呈 U 形关系⑧。未来应检验该观点是否仅限于探讨社交媒体使用与积极心理变量的关系。⑨ 另外，本结果得到的社交媒体使用与错失焦虑的相关为 0.35，高于以往元分析中关于社交媒体使用与孤独感（$r = 0.11$）、抑郁（$r = 0.13$）及压力（$r = 0.13$）等内化问题的相关⑩，说明社交媒体使用与错失焦虑

　　① Shensa, A., Sidani, J. E., Escobar-Viera, C. G., et al., "Emotional Support from Social Media and Face-to-Face Relationships: Associations with Depression Risk among Young Adults," *Journal of Affective Disorders*, 2020（260），pp. 38-44.

　　② Beyens, I., Frison, E. & Eggermont, S., "I Don't Want to Miss a Thing": Adolescents' Fear of Missing Out and Its Relationship to Adolescents' Social Needs, Facebook Use, and Facebook Related Stress," *Computers in Human Behavior*, 2016（64），pp. 1-8.

　　③ Duvenage, M., Correia, H., Uink, B., et al., "Technology Can Sting When Reality Bites: Adolescents' Frequent Online Coping Is Ineffective With Momentary Stress," *Computers in Human Behavior*, 2020（102），pp. 248-259.

　　④ Gignac, G. E. & Szodorai, E. T. "Effect Size Guidelines for Individual Differences Researchers," *Personality and Individual Differences*, 2016（102），pp. 74-78.

　　⑤ Richard, F. D., Bond Jr, C. F. & Stokes-Zoota, J. J., "One Hundred Years of Social Psychology Quantitatively Described," *Review of General Psychology*, 2003, 7（4），pp. 331-363.

　　⑥ Przybylski, A. K., Amy Orben, Weinstein, N., "How Much Is too Much? Examining the Relationship Between Digital Screen Engagement and Psychosocial Functioning in a Confirmatory Cohort Study," *Journal of the American Academy of Child & Adolescent Psychiatry*, 2020, 59（9），pp. 1080-1088.

　　⑦ Bruggeman, H., Van Hiel, A., Van Hal, G., et al., "Does the Use of Digital Media Affect Psychological Well-Being? An Empirical Test among Children Aged 9 to 12," *Computers in Human Behavior*, 2019（101），pp. 104-113.

　　⑧ Houghton, S., Lawrence, D., Hunter, S. C., et al., "Reciprocal Relationships between Trajectories of Depressive Symptoms and Screen Media Use During Adolescence," *Journal of Youth and Adolescence*, 2018, 47（11），pp. 2453-2467.

　　⑨ Houghton, S., Lawrence, D., Hunter, S. C., et al., "Reciprocal Relationships between Trajectories of Depressive Symptoms and Screen Media Use during Adolescence," *Journal of Youth and Adolescence*, 2018, 47（11），pp. 2453-2467.

　　⑩ Liu, D., Baumeister, R. F., Yang, C. C., et al., "Digital Communication Media Use and Psychological Well-Being: A Meta-Analysis," *Journal of Computer-Mediated Communication*, 2019, 24（5），pp. 259-273.

的关系比与孤独感、抑郁及压力的关系更为密切。

(二) 调节效应分析

元分析从宏观上得出的社交媒体使用与错失焦虑的总体相关程度，并不是对既有研究中未获得支持的个别研究的否定，两者的关系很可能受到了某些变量的调节或干扰。

从被试特征来看，性别和年龄对社交媒体使用与错失焦虑的调节作用均不显著，未支持假设2和假设3，说明社交媒体使用与错失焦虑的关系存在跨性别和跨年龄的趋同效应。该结果支持了某些实证研究中得到的结果[1][2][3][4][5]，也与某些类似的元分析结果一致。例如，有元分析发现，社交媒体使用与抑郁以及心理幸福感的关系同样不受性别和年龄因素的影响。[6][7][8][9] 这说明随着社交媒体不断迭代和更新，它们提供的内容可能越来越能够满足用户个性化的需求，

[1]　Barry, C. T., Sidoti, C. L., Briggs, S. M., et al., "Adolescent Social Media Use and Mental Health From Adolescent and Parent Perspectives," *Journal of Adolescence*, 2017(61), pp. 1-11.

[2]　Burnell, K., George, M. J., Vollet, J. W., et al., "Passive Social Networking Site Use and Well-Being: The Mediating Roles of Social Comparison and the Fear of Missing Out," *Cyberpsychology: Journal of Psychosocial Research on Cyberspace*, 2019, 13(3), Article 5.

[3]　Casale, S., Rugai, L. & Fioravanti, G., "Exploring the Role of Positive Metacognitions in Explaining the Association Between the Fear of Missing Out and Social Media Addiction," *Addictive Behaviors*, 2018(85), pp. 83-87.

[4]　Tomczyk, Ł. & Selmanagic-Lizde, E., "Fear of Missing Out (FoMO) among Youth in Bosnia and Herzegovina-Scale and Selected Mechanisms," *Children and Youth Services Review*, 2018(88), pp. 541-549.

[5]　Wegmann, E., Oberst, U., Stodt, B., et al., "Online-Specific Fear of Missing Out and Internet-Use Expectancies Contribute to Symptoms of Lnternet-Communication Disorder," *Addictive Behaviors Reports*, 2017(5), pp. 33-42.

[6]　Huang, C., "Time Spent on Social Network Sites and Psychological Well-Being: A Meta-Analysis," *Cyberpsychology, Behavior, and Social Networking*, 2017, 20(6), pp. 346-354.

[7]　Liu, D., Baumeister, R. F., Yang, C. C., et al., "Digital Communication Media Use and Psychological Well-Being: A Meta-Analysis," *Journal of Computer-Mediated Communication*, 2019, 24(5), pp. 259-273.

[8]　刘诏君、孔繁昌、赵改等：《抑郁与社交网站使用的关系：来自元分析的证据》，载《中国临床心理学杂志》，2018，26(6)。

[9]　Vahedi, Z. & Zannella, L., "The Association Between Self-Reported Depressive Symptoms and the Use of Social Networking Sites (SNS): A Meta-Analysis," *Current Psychology*, 2021, 40(2), pp. 2174-2189.

因而对不同性别及不同年龄的群体同样具有吸引力。①② 例如，关于美国的一项调查显示，主流媒体 Facebook 使用的年龄差异并不明显，在各个年龄段都相对普遍，这可能给不同年龄段和不同性别的个体带来相似的影响，如催生错失焦虑和抑郁等不良情绪。③④ 但本研究中涉及的年龄群体未涵盖儿童和老年人，在结果的推广上需要注意。

从测量特征来看，首先，社交媒体使用测量指标对社交媒体使用与错失焦虑关系的调节作用显著。社交媒体使用成瘾与错失焦虑的相关要强于社交媒体使用频率、社交媒体使用时间和社交媒体使用强度。结果验证了假设 4，支持了某些实证研究中的结果⑤⑥，也同社交媒体使用与抑郁⑦⑧及自尊⑨的元分析结果类似。原因在于衡量社交媒体使用的标准不同。社交媒体使用强度、频率和时间反映的是个体的日常使用习惯或非病理性状态。社交媒体使用成瘾反映的是一种过度使用、失去控制的病理性状态。个体在使用过程中不仅时间损耗多，而且卷入程度深，往往会对社交媒体形成依赖性，因而对个体的心理健康影响

---

① Dempsey, A. E., O'Brien, K. D., Tiamiyu, M. F., et al., "Fear of Missing Out(FoMO) and Rumination Mediate Relations Between Social Anxiety and Problematic Facebook Use," *Addictive Behaviors Reports*, 2019(9).

② 张亚利、李森、俞国良：《大学生错失焦虑与认知失败的关系：手机社交媒体依赖的中介作用》，载《中国临床心理学杂志》，2020，28(1)。

③ 刘诏君、孔繁昌、赵改等：《抑郁与社交网站使用的关系：来自元分析的证据》，载《中国临床心理学杂志》，2018，26(6)。

④ Vahedi, Z. & Zannella, L., "The Association between Self-Reported Depressive Symptoms and the Use of Social Networking Sites(SNS)：A Meta-Analysis," *Current Psychology*, 2021, 40(2), pp. 2174-2189.

⑤ Can, G. & Satici, S. A., "Adaptation of Fear of Missing Out Scale(FoMOs)：Turkish Version Validity and Reliability Study," *Psicologia：Reflexão e Crítica*, 2019(32), Article 3.

⑥ Dempsey, A. E., O'Brien, K. D., Tiamiyu, M. F., et al., "Fear of Missing Out(FoMO) and Rumination Mediate Relations Between Social Anxiety and Problematic Facebook Use," *Addictive Behaviors Reports*, Advance online publication, 2019.

⑦ 刘诏君、孔繁昌、赵改等：《抑郁与社交网站使用的关系：来自元分析的证据》，载《中国临床心理学杂志》，2018，26(6)。

⑧ Vahedi, Z. & Zannella, L., "The Association Between Self-Reported Depressive Symptoms and the Use of Social Networking Sites(SNS)：A Meta-Analysis," *Current Psychology*, 2021, 40(2), pp. 2174-2189.

⑨ Saiphoo, A. N., Halevi, L. D. & Vahedi, Z., "Social Networking Site Use and Self-Esteem：A Meta-Analytic Review," *Personality and Individual Differences*, 2020, 153(1).

更大，伴随的错失焦虑水平更高。①②③其次，错失焦虑测量工具对社交媒体使用与错失焦虑关系的调节作用不显著，未支持假设5。这可能反映了三种测量工具的趋同性。FoMOs-L 属于 FoMOs-P 的修订版，在修订过程中虽然删除了两个题目，但本结果发现，它并没有造成明显的测量衰减，甚至在剔除了一些不合时宜的题目后与错失焦虑的相关比原量表略高。FoMOs-W 属于 FoMOs-P 的改编版，虽然加入了一些新项目，但仍以 FoMOs-P 为主，保留了其中的 7 个项目，所以两者与社交媒体使用的相关相差无几。

从媒体特征来看。社交媒体类型对社交媒体使用与错失焦虑的关系的调节效应显著，结果支持了假设6。首先，Instagram 使用与错失焦虑的相关要高于Facebook。两者均包含图像内容，但 Facebook 是一种综合性的社交媒体，且内容以文本为主。④ Instagram 完全以图像为导向，以一种快速、美妙和有趣的方式将随时抓拍下的图片彼此分享，提供的信息的即时性、精彩性和丰富性更强，个体对它向往程度更高，会更担心错失这种新奇的体验。⑤⑥ 此外，接触此类带有积极化偏向的图像信息会导致认知偏差——认为他人的体貌特征更好，生活更多彩。这会激起个体更高度的错失焦虑感，促使个体产生持续关注他人动态变化的心理欲求。⑦ 其次，Instagram 使用与错失焦虑的相关比 Snapchat 要高。

---

①　Buglass, S. L., Binder, J. F., Betts, L. R., et al., "Motivators of Online Vulnerability: The Impact of Social Network Site Use and FoMO," *Computers in Human Behavior*, 2017(66), pp. 248-255.

②　马建苓、刘畅：《错失恐惧对大学生社交网络成瘾的影响：社交网络整合性使用与社交网络支持的中介作用》，载《心理发展与教育》，2019，35(5)。

③　Monacis, L., De Palo, V., Griffiths, M. D., et al., "Social Networking Addiction, Attachment Style, and Validation of the Italian Version of the Bergen Social Media Addiction Scale," *Journal of Behavioral Addictions*, 2017, 6(2), pp. 178-186.

④　de Lenne, O., Vandenbosch, L., Eggermont, S., et al., "Picture-Perfect Lives on Social Media: A Cross-National Study on the Role of Media Ideals in Adolescent Well-Being," *Media Psychology*, 2020, 23(1), pp. 52-78.

⑤　Rozgonjuk, D., Sindermann, C., Elhai, J. D., et al., "Fear of Missing Out (FoMO) and Social Media's Impact on Daily-Life and Productivity at Work: Do Whats App, Facebook, Instagram and Snapchat Use Disorders Mediate that Association?" *Addictive Behaviors*, 2020(110).

⑥　Scott, H. & Woods, H. C., "Fear of Missing Out and Sleep: Cognitive Behavioural Factors in Adolescents' Night Time Social Media Use," *Journal of Adolescence*, 2018(68), pp. 61-65.

⑦　吴漾、武俐、牛更枫等：《微信朋友圈使用对大学生抑郁的影响：负面社会比较和自我概念清晰性的作用》，载《心理发展与教育》，2020，36(4)。

两者的内容均以图像为导向，但 Instagram 具有开放性，用户信息接收的范围更广。Snapchat 具有封闭性，大多是熟人社交，信息接收的范围较窄①，并且 Snapchat 用户主要使用该平台发送幽默性内容，而非个人的新颖动态②，因而激起的错失焦虑感比 Instagram 低。最后，Facebook 使用与 Snapchat 使用同错失焦虑的相关差异不显著。这可能是因为两者都具有封闭性③，使得个体的社交范围和信息接收范围受限，导致媒体上熟人的社交信息带给个体的心理冲击类似④，因而与错失焦虑的相关无显著差异。需注意的是，国内在该领域的研究处于起步状态，还少有研究关注具体的社交媒体使用（如抖音、微信等）与错失焦虑的关系，未来可待研究丰富后，进一步同国外的研究进行详细对比。

　　从文化特征来看，个体主义指数对社交媒体使用与错失焦虑关系的调节作用不显著，未支持假设 7，表明两者关系可能存在跨文化趋同效应。其他有关网络使用与抑郁和孤独感的元分析⑤，以及社交媒体使用与心理幸福感的元分析⑥也未发现文化差异。这可能与全球文化的融合有关，东方国家虽然受传统文化的影响，集体主义色彩较为浓厚，但随着时代的变迁，全球文化呈现出的是集体主义式微、个体主义上升、多元文化共存的局面。因此，社交媒体使用

---

① Franchina, V., Vanden Abeele, M., Van Rooij, A. J., et al., "Fear of Missing Out as a Predictor of Problematic Social Media Use and Phubbing Behavior among Flemish Adolescents," *International Journal of Environmental Research and Public Health*, 2018, 15(10), Article 2319.

② Burnell, K., George, M. J., Vollet, J. W., et al., "Passive Social Networking Site Use and Well-Being: The Mediating Roles of Social Comparison and the Fear of Missing Out," *Cyberpsychology: Journal of Psychosocial Research on Cyberspace*, 2019, 13(3), Article 5.

③ Franchina, V., Vanden Abeele, M., Van Rooij, A. J., et al., "Fear of Missing Out as a Predictor of Problematic Social Media Use and Phubbing Behavior among Flemish Adolescents," *International Journal of Environmental Research and Public Health*, 2018, 15(10), Article 2319.

④ Thorisdottir, I. E., Sigurvinsdottir, R., Asgeirsdottir, B. B., et al., "Active and Passive Social Media Use and Symptoms of Anxiety and Depressed Mood among Icelandic Adolescents," *Cyberpsychology, Behavior, and Social Networking*, 2019, 22(8), pp. 535-542.

⑤ Tokunaga, R. S., "A Meta-Analysis of the Relationships Between Psychosocial Problems and Internet Habits: Synthesizing Internet Addiction, Problematic Internet Use, and Deficient Self-Regulation Research," *Communication Monographs*, 2017, 84(4), pp. 423-446.

⑥ Liu, D., Baumeister, R. F., Yang, C. C., et al., "Digital Communication Media Use and Psychological Well-Being: A Meta-Analysis," *Journal of Computer-Mediated Communication*, 2019, 24(5), pp. 259-273.

与错失焦虑的关系受文化影响的程度较小。①② 有研究也发现，社交媒体使用与错失焦虑在全球范围内都成为较为普遍的现象。③④⑤ 但值得注意的是，全球文化的分类目前仍然存在着争论。本研究参照既有研究⑥⑦，仅尝试从集体主义和个体主义的角度切入，对社交媒体使用与错失焦虑的关系进行了探讨。基于本研究的开放数据，将来仍可进一步开展跨文化的比较分析。

（三）研究意义、不足与展望

本研究利用元分析从总体上探讨了社交媒体使用与错失焦虑的相关强度以及可能的调节因素，初步澄清了目前大众传播的社会认知理论和数字恰到好处假说之间的争论，为该主题的深入研究提供了证据支持。首先，本研究发现社交媒体使用与错失焦虑呈高度相关，说明两者关系颇为密切，在一定程度上支持了大众传播的社会认知理论⑧⑨，同时也为该领域开展贝叶斯统计分析提供了信息参照。其次，本研究还发现社交媒体使用的测量指标能够对社交媒体使用与错失焦虑的关系产生影响。研究者在今后开展具体研究时，可根据具体情况注意选取恰当的测量指标，以便更加精准地考查两者间的关系。此外，本研究

---

① Cai, H., Zou, X., Feng, Y., et al., "Increasing Need for Uniqueness in Contemporary China: Empirical Evidence," *Frontiers in Psychology*, 2018(9), Article 554.

② 黄梓航、敬一鸣、喻丰等：《个人主义上升，集体主义式微？——全球文化变迁与民众心理变化》，载《心理科学进展》，2018, 26(11)。

③ Baker, Z. G., Krieger, H. & LeRoy, A. S., "Fear of Missing Out: Relationships with Depression, Mindfulness, and Physical Symptoms," *Translational Issues in Psychological Science*, 2016, 2(3), pp. 275-282.

④ Reyes, M. E. S., Marasigan, J. P., Gonzales, H. J. Q., et al., "Fear of Missing Out and Its Link with Social Media and Problematic Internet Use among Filipinos," *North American Journal of Psychology*, 2018, 20(3), pp. 503-518.

⑤ Traş, Z. & Öztemel, K., "Examining the Relationships between Facebook Intensity, Fear of Missing Out, and Smartphone Addiction," *Addicta: The Turkish Journal on Addictions*, 2019, 6(1), pp. 91-113.

⑥ Liu, D., Baumeister, R. F., Yang, C. C., et al., "Digital Communication Media Use and Psychological Well-Being: A Meta-Analysis," *Journal of Computer-Mediated Communication*, 2019, 24(5), pp. 259-273.

⑦ Cai, H., Zou, X., Feng, Y., et al., "Increasing Need for Uniqueness in Contemporary China: Empirical Evidence," *Frontiers in Psychology*, 2018(9), Article 554.

⑧ Valkenburg, P. M., Peter, J. & Walther, J. B., "Media Effects: Theory and Research," *Annual Review of Psychology*, 2016, 67(1), pp. 315-338.

⑨ Bandura, A., "Social Cognitive Theory of Mass Communication," *Media Psychology*, 2001, 3(3), pp. 265-299.

还发现 Instagram 这类以图像为中心并且开放度较高的媒体比 Facebook 这类以文本为中心且开放度较低的媒体与错失焦虑的关系更强。虽然这些媒体并非国内流行的，但该结果同样对国内的社交媒体使用者具有启示作用。需要特别关注以图像为中心的社交媒体使用，尤其注意不要过度使用，以免催生较重的错失焦虑。最后，本研究发现社交媒体使用与错失焦虑的相关在不同性别和年龄群体中表现类似。这提示针对本主题的心理健康教育和社会心理服务工作应该注重实施的覆盖面，构建大中小幼心理健康教育一体化建设新格局①，在不同的年龄阶段均要强调社交媒体的合理使用，以防止个体出现错失焦虑进而影响其身心健康和生活质量。

本研究也存在不足之处。首先，由于当下测量社交媒体使用的工具颇为分散，难以满足调节变量的分组标准，因此本研究未探讨社交媒体使用测量工具是否影响了两者的关系，将来应注重社交媒体测量工具的标准化，以便更加精准地把握社交媒体使用与错失焦虑的关系。其次，由于亚组分析时个别亚组之间效应值个数差异较大，这可能会对结果产生一定的影响，未来待资料丰富后可进一步确认本研究的亚组分析结果是否稳健。此外，由于目前针对国内特定社交媒体开展的研究较少，使得国内外的不同社交媒体难以进行对比分析，未来可基于本研究的开放数据，待国内研究丰富后进一步加以比较。最后，本研究在论述时，仅依据目前的纵向研究和实验研究结果聚焦于社交媒体使用作用于错失焦虑这一视角，但元分析得到的结果仅能表明社交媒体使用与错失焦虑呈线性相关，不能揭示两者间的因果关系，未来还需要展开更加严谨的追踪研究以揭示两者的动态变化规律。

五、研究结论

本研究得到如下结论：第一，社交媒体使用与错失焦虑呈显著正相关，社

---

① 俞国良、张亚利：《大中小幼心理健康教育一体化：人格的视角》，载《教育研究》，2020，41(6)。

交媒体使用水平较高的个体错失焦虑水平也更高，反之亦然；第二，两者的相关受社交媒体使用测量指标的调节，社交媒体使用成瘾与错失焦虑的相关最高，社交媒体使用频率与错失焦虑的相关最低；第三，两者的相关受社交媒体类型的调节，同 Snapchat、Facebook 相比，Instagram 使用与错失焦虑的相关更强；第四，两者的相关不受性别、年龄、错失焦虑测量工具和个体主义指数的调节。

附录：元分析用到的参考文献

1. Alt，D. Students' wellbeing，fear of missing out，and social media engagement for leisure in higher education learning environments. Current Psychology，2018，37（1）：128-138.

2. Bailey，A. A.，Bonifield，C. M.，& Arias，A. Social media use by young Latin American consumers：An exploration. Journal of Retailing and Consumer Services，2018，43：10-19.

3. Baker，Z. G.，Krieger，H.，& LeRoy，A. S. Fear of missing out：Relationships with depression，mindfulness，and physical symptoms. Translational Issues in Psychological Science，2016，2(3)：275-282.

4. Balta，S.，Emirtekin，E.，Kircaburun，K.，et al. Neuroticism，trait fear of missing out，and phubbing：The mediating role of state fear of missing out and problematic Instagram use. International Journal of Mental Health and Addiction，2020，18(3)：628-639.

5. Barry，C. T.，Sidoti，C. L.，Briggs，S. M.，et al. Adolescent social media use and mental health from adolescent and parent perspectives. Journal of Adolescence，2017，61：1-11.

6. Beyens，I.，Frison，E.，& Eggermont，S. "I don't want to miss a thing"：Adolescents' fear of missing out and its relationship to adolescents' social needs，Face-

book use, and Facebook related stress. Computers in Human Behavior, 2016, 64: 1-8.

7. Błachnio, A. , & Przepiórka, A. Facebook intrusion, fear of missing out, narcissism, and life satisfaction: A cross-sectional study. Psychiatry Research, 2018, 259: 514-519.

8. Blackwell, D. , Leaman, C. , Tramposch, R. , et al. Extraversion, neuroticism, attachment style and fear of missing out as predictors of social media use and addiction. Personality and Individual Differences, 2017, 116: 69-72.

9. Buglass, S. L. , Binder, J. F. , Betts, L. R. , et al. Motivators of online vulnerability: The impact of social network site use and FoMO. Computers in Human Behavior, 2017, 66: 248-255.

10. Burnell, K. , George, M. J. , Vollet, J. W. , et al. Derwood, M. K. Passive social networking site use and well-being: The mediating roles of social comparison and the fear of missing out. Cyberpsychology: Journal of Psychosocial Research on Cyberspace, 2019, 13(3), Article 5.

11. Can, G. , & Satici, S. A. Adaptation of fear of missing out scale(FoMOs): Turkish version validity and reliability study. Psicologia: Reflexão e Crítica, 2019, 32, Article 3.

12. Cargill, M. The relationship between social media addiction, anxiety, the fear of missing out, and interpersonal problems(unpublished doctoral dissertation). University of Akron, 2019.

13. Casale, S. , & Fioravanti, G. Factor structure and psychometric properties of the Italian version of the fear of missing out scale in emerging adults and adolescents. Addictive Behaviors, 2020(102).

14. Casale, S. , Rugai, L. , & Fioravanti, G. Exploring the role of positive metacognitions in explaining the association between the fear of missing out and social

media addiction. Addictive Behaviors, 2018, 85: 83-87.

15. Chai, H. Y. , Niu, G. F. , Lian, S. L. , et al. Why social network site use fails to promote well-being? The roles of social overload and fear of missing out. Computers in Human Behavior, 2019, 100: 85-92.

16. Chambers, K. J. College students' anxiety, social media engagement, and fear of missing out(unpublished doctoral dissertation). William James College, 2018.

17. Classen, B. , Wood, J. K. , & Davies, P. Social network sites, fear of missing out, and psychosocial correlates. Cyberpsychology: Journal of Psychosocial Research on Cyberspace, 2020, 14(3), Article 4.

18. Dempsey, A. E. , O'Brien, K. D. , Tiamiyu, M. F. , et al. Fear of missing out(FoMO) and rumination mediate relations between social anxiety and problematic Facebook use. Addictive Behaviors Reports, 2019(9).

19. Fabris, M. A. , Marengo, D. , Longobardi, C. , & Settanni, M. Investigating the links between fear of missing out, social media addiction, and emotional symptoms in adolescence: The role of stress associated with neglect and negative reactions on social media. Addictive Behaviors, 2020(106).

20. Fang, J. , Wang, X. , Wen, Z. , et al. Fear of missing out and problematic social media use as mediators between emotional support from social media and phubbing behavior. Addictive Behaviors, 2020(107).

21. Franchina, V. , Vanden Abeele, M. , Van Rooij, A. J. , et al. Fear of missing out as a predictor of problematic social media use and phubbing behavior among Flemish adolescents. International Journal of Environmental Research and Public Health, 2018, 15(10), Article 2319.

22. Fuster, H. , Chamarro, A. , & Oberst, U. Fear of Missing Out, online social networking and mobile phone addiction: A latent profile approach. Aloma: Revista de Psicologia, Ciències de ' educació i de l' esport Blanquerna, 2017, 35(1):

22-30.

23. Gao, X. The relationships among passive social networking sites use, fear of missing out and risk-taking behavior in high school students and its intervention research (unpublished master's thesis). Central China Normal University, Wuhan, 2019.

24. Gezgin, D. M. Understanding patterns for smartphone addiction: Age, sleep duration, social network use and fear of missing out. Cypriot Journal of Educational Sciences, 2018, 13(2): 166-177.

25. Hu, G. Y. The relationship between basic psychological needs satisfaction and the use of problematic social networks by college students: A moderated mediation model and online intervention studies (unpublished master's thesis). Jiangxi Normal University, Nanchang, 2020.

26. Huguenel, B. M. Fear of missing out: A moderated mediation approach to social media use (unpublished master's thesis). Loyola University, 2017.

27. Jiang, Y. Z. , & Jin, T. L. The relationship between adolescents' narcissistic personality and their use of problematic mobile social networks: The effects of fear of missing out and positive self-presentation. Chinese Journal of Special Education, 2018 (11): 64-70.

28. Lai, C. , Altavilla, D. , Ronconi, A. , & Aceto, P. Fear of missing out (FoMO) is associated with activation of the right middle temporal gyrus during inclusion social cue. Computers in Human Behavior, 2016, 61: 516-521.

29. Lee, K. H. , Lin, C. Y. , Tsao, J. , et al. Cross-sectional study on relationships among FoMO, social influence, positive outcome expectancy, refusal self-efficacy and SNS usage. International Journal of Environmental Research and Public Health, 2020, 17, Article 5907.

30. Li, J. The effect of positive self-presentation on social networking sites on

problematic use of social networking sites—A moderated mediation model(unpublished master's thesis). Henan University, Kaifeng, 2020.

31. Li, L. , Griffiths, M. D. , Niu, Z. , et al. The Trait-State fear of missing out scale：Validity, reliability, and measurement invariance in a Chinese sample of university students. Journal of Affective Disorders, 2020, 274：711-718.

32. Liu, C. , & Ma, J. L. Social support through online social networking sites and addiction among college students：The mediating roles of fear of missing out and problematic smartphone use. Current Psychology, 2020, 39(6)：1892-1899.

33. Ma, J. L. , & Liu, C. The effect of fear of missing out on social networking sites addiction among college students：The mediating roles of social networking site integration use and social support. Psychological Development and Education, 2019, 35(5)：605-614.

34. Moore, K. , & Craciun, G. Fear of missing out and personality as predictors of social networking sites usage：The Instagram case. Psychological Reports, 2021, 124(4)：1761-1787.

35. Müller, S. M. , Wegmann, E. , Stolze, D. , et al. Maximizing social outcomes? Social zapping and fear of missing out mediate the effects of maximization and procrastination on problematic social networks use. Computers in Human Behavior, 2020.

36. Munawaroh, E. , Nurmalasari, Y. , & Sofyan, A. Social network sites usage and fear of missing out among female instagram user//2nd International Seminar on Guidance and Counseling 2019(ISGC 2019). Amsterdam：Atlantis Press, 2020.

37. Öztürk, H. , Gençoğlu, I. , & Kırkgöz, F. The relationship between type of social media usage and depression with fear of missing out. Koç University Undergraduate Psychology Journal, 2020, 9：1-10.

38. Perrone, M. A. FoMO：Establishing validity of the fear of missing out scale with

an adolescent population (unpublished doctoral dissertation). Alfred University, 2016.

39. Pontes, H. M., Taylor, M., & Stavropoulos, V. Beyond "Facebook addiction": The role of cognitive-related factors and psychiatric distress in social networking site addiction. Cyberpsychology, Behavior, and Social Networking, 2018, 21 (4): 240-247.

40. Przybylski, A. K., Murayama, K., DeHaan, C. R., et al. Motivational, emotional, and behavioral correlates of fear of missing out. Computers in Human Behavior, 2013, 29(4): 1841-1848.

41. Reer, F., Tang, W. Y., & Quandt, T. Psychosocial well-being and social media engagement: The mediating roles of social comparison orientation and fear of missing out. New Media & Society, 2019, 21(7): 1486-1505.

42. Ren, J. The relationship between college students' social networking sites use and mobile phone addiction: A moderate mediation model(unpublished master's thesis). Northwest Normal University, Lanzhou, 2019.

43. Reyes, M. E. S., Marasigan, J. P., Gonzales, H. J. Q., et al. Fear of missing out and its link with social media and problematic internet use among Filipinos. North American Journal of Psychology, 2018, 20(3): 503-518.

44. Riordan, B. C., Cody, L., Flett, J. A., et al. The development of a single item FoMO(fear of missing out)scale. Current Psychology, 2020, 39: 1215-1220.

45. Rogers, A. P., & Barber, L. K. Addressing FoMO and telepressure among university students: Could a technology intervention help with social media use and sleep disruption? Computers in Human Behavior, 2019, 93: 192-199.

46. Rozgonjuk, D., Sindermann, C., Elhai, J. D., et al. Fear of missing out (FoMO)and social media's impact on daily-life and productivity at work: Do WhatsApp, Facebook, Instagram and Snapchat use disorders mediate that association? Addictive Behaviors, 2020(110).

47. Scott, H. , & Woods, H. C. Fear of missing out and sleep：Cognitive behavioural factors in adolescents' nighttime social media use. Journal of Adolescence, 2018, 68：61-65.

48. Sharma, S. Disengagement behavior on online social network：The impact of fear of missing out and addiction(unpublished doctoral dissertation). Mississippi State University, 2015.

49. Sheldon, P. , Antony, M. G. , & Sykes, B. Predictors of problematic social media use：Personality and life-position indicators. Psychological Reports. Advance online publication, 2020.

50. Stead, H. , & Bibby, P. A. Personality, fear of missing out and problematic internet use and their relationship to subjective well-being. Computers in Human Behavior, 2017, 76：534-540.

51. Tomczyk, Ł. , & Selmanagic-Lizde, E. Fear of Missing Out(FoMO) among youth in Bosnia and Herzegovina-scale and selected mechanisms. Children and Youth Services Review, 2018, 88：541-549.

52. Traş, Z. , & Öztemel, K. Examining the relationships between facebook intensity, fear of missing out, and smartphone addiction. Addicta：The Turkish Journal on Addictions, 2019, 6(1)：91-113.

53. Tunc-Aksan, A. , & Akbay, S. E. . Smartphone addiction, fear of missing out, and perceived competence as predictors of social media addiction of adolescents. European Journal of Educational Research, 2019, 8(2)：559-566.

54. Vallejos-Flores, M. Á. , Copez-Lonzoy, A. J. E. , et al. Is there anyone online? Validity and reliability of the Spanish version of the Bergen Facebook Addiction Scale(BFAS)in university students. Health and Addictions/Salud y Drogas, 2018, 18(2)：175-184.

55. Wang, M. Y. , Yin, Z. Z. , Xu, Q. , et al. The relationship between shy-

ness and adolescents' social network sites addiction: Moderated mediation model. Chinese Journal of Clinical Psychology, 2020, 28(5): 906-909, 914.

56. Wegmann, E., Oberst, U., Stodt, B., et al. Online-specific fear of missing out and Internet-use expectancies contribute to symptoms of Internet-communication disorder. Addictive Behaviors Reports, 2017, 5: 33-42.

57. Wei, Q. Negative emotions and problematic social network sites usage: The mediating role of fear of missing out and the moderating role of gender(unpublished master's thesis). Central China Normal University, Wuhan, 2018.

58. Xiao, M. M., & Liu, A. S. Revision of the Chinese version of trait-state fear of missing out scale. Chinese Journal of Clinical Psychology, 2019, 27 (2): 268-272.

59. Yin, L. P., Wang, P. C., Nie, J., et al. Social networking sites addiction and FoMO: The mediating role of envy and the moderating role of need to belong. Current Psychology, 2021, 40(8): 3879-3887.

60. Zhang, Y. L., Li, S., & Yu, G, L. Fear of missing out and cognitive failures in college students: Mediation effect of mobile phone social media dependence. Chinese Journal of Clinical Psychology, 2020, 28(1): 67-70, 81.

61. Zhang, Y. X., Jiang, W. J., Ding, Q., et al. Social comparison orientation and social network sites addiction in college students: The mediating role of fear of missing out. Chinese Journal of Clinical Psychology, 2019, 27(5): 928-936.

62. Zhang, Z., Jiménez, F. R., & Cicala, J. E. Fear of missing out scale: A self-concept perspective. Psychology & Marketing, 2020, 37(11): 1619-1634.

第三章

我国小学生心理健康问题检出率的元分析：2010—2020 年

　　随着我国社会经济的快速发展，竞争日益加剧，使得人们常常在人际交往、社会适应等方面产生心理困扰。研究发现，心理健康问题已逐渐从成人到儿童，呈现低龄化趋势。[1][2] 2020 年世界卫生组织估计，个体约 50% 的心理问题出现在 14 岁前，即小学阶段。小学生正处于身心快速发展之际，是自我意识、人格、个性形成和发展的关键时期，其心理健康状况严重影响着学业成就与个人幸福感。因而，若小学生心理健康问题未能得到及时筛查、预防和干预，有可能发展为终生心理疾病，难以矫正治疗。因此，以改善与提升小学生心理健康状况为基本前提，摸清小学生心理健康问题检出率，了解小学生心理健康真实状况，以便日后有针对性地对小学生心理健康状况进行检测和干预。

一、文献回顾

　　尽管目前有关小学生心理健康问题检出率的文章并不少见，但报告的检出率因研究设计、测量工具、地区和样本量的不同而有很大差异。例如，赵玫调查出有异常心理问题倾向的小学生占 25.63%[3]，而张柳和荆玉梅则发现小学生心理健康问题检出率仅为 7.9%[4]。因而我国小学生心理健康问题检出率仍然

---

[1]　杜柏玲：《甘肃山区农村小学生心理健康状况及其影响因素研究——以陇南市为例》，载《甘肃高师学报》，2016，21(11)。

[2]　余欣欣、王洁莹、杨静：《广西三~六年级小学生心理健康现状分析》，载《中国健康教育》，2019，35(12)。

[3]　赵玫：《农村小学生心理健康状况分析》，载《卫生职业教育》，2010，28(9)。

[4]　张柳、荆玉梅：《黄石市 316 名小学生心理健康状况分析及对策研究》，载《湖北师范大学学报(哲学社会科学版)》，2019，39(4)。

众说纷纭，未有定论。近来，元分析方法的出现和成熟为解决该问题提供了可能。它通过定量手段整合已有研究，不仅可以判别小学生心理健康问题的数量、检出比例和分布特征等，还能整体把握小学生心理健康总体动向和趋势。近年来，已有个别研究利用元分析估计了小学生个别心理健康问题的检出率，如有研究者发现小学生抑郁症状检出率为 17.5%[①]。然而，既有元分析仍存在不足之处。首先，仅揭示了部分心理健康问题（如抑郁、焦虑）的检出率，并没有涵盖更为全面的心理健康问题；其次，未针对性地分析 2010—2020 年的心理健康问题。快速的社会变化是影响心理健康水平的重要因素，2010—2020 年我国经济、文化等各领域都发生了巨大变化，因而小学生心理健康状况也可能发生变化。最后，对调节变量的纳入和探讨不够具体。因此，立足于 2010—2020 年的研究成果，采用元分析方法整合小学生心理健康问题检出率并探讨其影响因素是十分必要的。

综上，本研究主要目标是：（1）利用元分析总结 2010—2020 年有关小学生心理健康问题的检出率。根据皮亚杰的认知发展理论，小学生处于具体运算阶段，其情感、社会性发展、认知发展三者并行发展，都具有从"自我中心"向"脱自我中心"转移的特点[②]，即将他人作为认知、情感对象。这也就表明，小学生的情感复杂性以及社会化程度都将随着步入学校生活而开始快速提高。因而，小学生的心理健康问题尤其是情绪情感问题、社会行为问题应受到广泛关注。由于涉及的心理健康问题繁多，无法覆盖全部指标，故本研究主要借鉴相关研究者提出的儿童青少年心理病理性问题两分法[③]，关注内化问题（包括焦虑、抑郁、躯体化、退缩、睡眠问题）和外化问题（包括攻击

---

① Li, J. Y., Li, J., Liang, J. H., et al., "Depressive Symptoms among Children and Adolescents in China: A Systematic Review and Meta-Analysis," *Medical Science Monitor*, 2019(25), pp. 7459-7470.

② 刘国雄、张丽锦：《关于情绪以及情绪发展的理论述评》，载《宁夏大学学报（人文社会科学版）》，2010, 32(1)。

③ Achenbach T. M., "The Classification of Children's Psychiatric Symptoms: A Factor-Analytic Study," *Psychological Monographs: General and Applied*, 1996, 80(7), pp. 1-37.

行为、违纪行为）。（2）考查调节变量对小学生心理健康问题检出率的影响。具体来说，将从出版年份、测量工具、检出时间、性别、区域、年级、独生与否、生源地等方面讨论调节变量的作用，试图全面展现小学生心理健康问题检出率状况。

二、研究方法

（一）文献检索与筛选

本研究所包括的心理健康问题指标较多，因而检索过程是根据不同心理健康问题独立开展的。与既有类似研究不同的是，为了更加全面地纳入文献，避免纳入偏倚的出现，本研究还尽可能地检索了未发表的文献。另外，在检索时对于关心的特定学生群体也未加限定，而是在全面检索之后，再进行筛选。中文使用的是中国知网期刊全文数据库、硕博论文数据库，英文使用的是 Web of Science 核心合集数据库，检索范围设定为摘要。在中文数据库检索时，焦虑需包含关键词"焦虑"和"检出率"；抑郁需包含关键词"抑郁"和"检出率"；躯体化需包括关键词"躯体化"或"躯体主诉"和"检出率"；退缩需包括关键词"退缩"和"检出率"；睡眠问题需包括关键词"睡眠问题"或"睡眠障碍"或"失眠"和"检出率"；攻击行为需包括关键词"攻击"或"欺负"和"检出率"；违纪行为需包括关键词"违纪"和"检出率"。在英文数据库检索时，焦虑需包含关键词"anxi＊"和"prevalence"或"detection rate"和"Chin＊"；抑郁需包含关键词"depress＊"和"prevalence"或"detection rate"和"Chin＊"；躯体化需包括关键词"somati＊"和"prevalence"或"detection rate"和"Chin＊"；退缩需包括关键词"withdrawal"和"prevalence"或"detection rate"和"Chin＊"；睡眠问题需包括关键词"sleep"或"insomnia"和"prevalence"或"detection rate"和"Chin＊"；攻击行为需包括关键词"aggress＊"或"bully＊"和"prevalence"或"detection rate"和"Chin＊"；违纪行为需包括关键词"disciplin＊"和"prevalence"或"detection rate"和"Chin＊"。检索时间段为 2010 年 1 月 1 日至 2020 年 12 月 31 日，共获取文献：焦虑 3 126 篇，抑郁 3 844 篇，躯体化 551 篇，退缩 167 篇，睡眠问题 1 255 篇，攻击行为 469 篇，违纪行为 126 篇。

对于搜索到的文献，利用 EndNote X9 软件导入，按照如下标准筛选：(1)文献需为实证研究且为第一手资料，纯理论及综述性研究将被排除。(2)报告了检出率或能够计算检出率的必要信息，对数据不清晰或存在明显错误且无法进行修正的研究予以删除。(3)必须对测量工具有明确介绍。(4)同一批数据重复发表的仅取其一。(5)研究对象为中国小学阶段或对应年龄段(6~12 岁)学生。(6)研究对象为非特殊人群。文献筛选先由 1 名博士生完成，最后按心理健康指标将文献分配给另外 3 名博士生，这 3 名博士生各自随机抽取 10% 对剔除文献和保留文献进行核查，若出现不一致的结果，则需要与最初文献筛选者协商解决。最终纳入的文献包括：焦虑 9 篇，抑郁 34 篇，躯体化 12 篇，退缩 10 篇，睡眠问题 11 篇，攻击行为 13 篇，违纪行为 12 篇。文献筛选流程如图 3-1 所示。

(二)文献编码

对纳入的每项研究根据以下特征进行编码：文献名、第一作者、发表年份、是否发表、取样地区、被试数、被试平均年龄、测量工具、检出标准、检出时间、检出率。除了录入总检出率外，还将其他分组报告结果(包括性别、年龄、生源地等)录入该项研究的子数据库中。文献编码先由一名博士生完成，完成后再由另一名博士生对照原文核查。若核查出与原文不一致的情况，经过讨论后将对数据进行更正。

(三)发表偏倚控制与检验

由于可能存在发表偏倚，因此仅检索已经发表的文献将无法代表整个领域

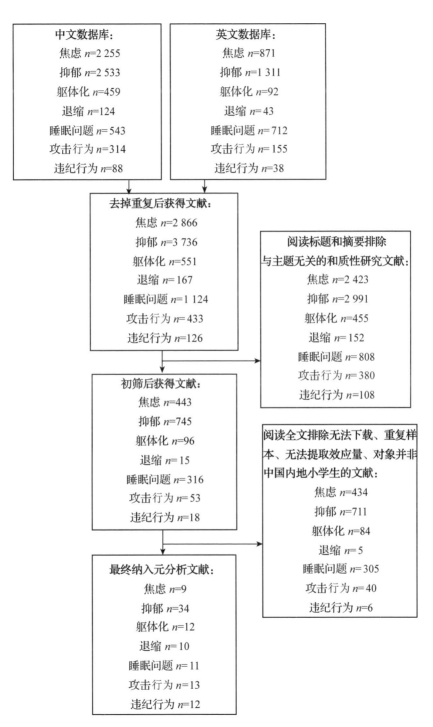

图 3-1 文献筛选流程

的研究现状。为了尽量避免发表偏倚问题，本研究除了纳入发表文献外，还检索了未公开发表的硕博论文。此外，本研究还将采用漏斗图和肯德尔(Kendall)等级相关检验是否存在发表偏倚。就漏斗图而言，由于样本数量增加会导致数据的随机减小，因此，如果研究不存在明显的发表偏倚，则图形将呈现出倒漏斗状的对称分布。就肯德尔等级相关检验而言，其 Tau 值(Kendall's tau)表示效应值与其标准差的相关程度，不显著则表明发表偏倚较小。

(四)模型选择

目前，在元分析中，估计总体效应值的方法主要有固定效应模型和随机效应模型，其区别是代表的权重成分不同。具体而言，固定效应模型假设，在所有原始研究中得出的测量结果由相同的真值和随机误差两部分组成，而每个效应量的不同则全部是由抽样误差造成的。相反，随机效应模型则假设，研究测量的结果由真值、系统误差和抽样误差三部分组成，每个测量结果的差异除了受抽样误差影响之外，还受不同种类的系统误差影响，如测量工具、检出标准等。从文献编码过程可以发现，本研究所包含的分组报告的结果不尽相同，因而此时选择随机效应模型将比固定效应模型更为合理。除此以外，本研究还将通过 Q 检验结果以及 I^2 值两个指标进行异质性检验，以查看该模型选择的适切性。根据希金斯(Higgins)等人[1]的观点，如果 Q 检验结果显著或 I^2 值高于 75%，说明在本研究中，相较于固定效应模型，选择随机效应模型更加合适。

(五)数据处理

本研究采用 CMA3.3 软件(Comprehensive Meta-Analysis Version 3.3)进行小学生心理健康问题检出率的元分析，包括总体检出率估计和调节变量的检验。

---

① Higgins, J. P., Thompson, S. G., Deeks, J. J., et al., "Measuring Inconsistency in Meta-Analyses," *British Medical Journal*, 2003(327), pp. 557-560.

计算合并检出率时，CMA 软件会将输入的比率数据转化为 $logit$ 数据 $[logit = Log$ $(p/(1-p))]$ 进行分析 $\left[var(logit) = \dfrac{1}{case} + \dfrac{1}{non\_case}\right]$，并在分析完成后将 $logit$ 结果再次转换为比率数据输出。[①] 调节变量的分析主要采用两种形式：（1）当调节变量为连续变量时，采用元回归分析考查结果是否显著；（2）当调节变量为分类变量时，采用亚组分析检验结果是否显著。

三、研究结果

（一）文献纳入情况

本研究中，焦虑共纳入文献 9 篇（9 个效应值，12 691 名被试），均为期刊论文；抑郁共纳入文献 34 篇（34 个效应值，94 926 名被试），包括硕博论文 8 篇，期刊论文 26 篇；躯体化共纳入文献 12 篇（12 个效应值，41 588 名被试），包括硕博论文 3 篇，期刊论文 9 篇；退缩共纳入文献 10 篇（10 个效应值，37 533 名被试），包括硕博论文 4 篇，期刊论文 6 篇；睡眠问题共纳入文献 11 篇（11 个效应值，17 437 名被试），包括硕博论文 1 篇，期刊论文 10 篇；攻击行为共纳入文献 13 篇（13 个效应值，46 042 名被试），包括硕博论文 6 篇，期刊论文 7 篇；违纪行为共纳入文献 12 篇（26 个效应值，39 159 名被试），包括硕博论文 3 篇，期刊论文 9 篇。

（二）异质性检验

异质性检验结果如表 3-1 所示，各心理健康问题指标的 Q 值均显著，且 I^2 值均超过了 75% 的标准，表明随机效应模型的选取是恰当的。该结果也提示不同研究间的估计值差异可能受到了一些研究特征因素的干扰，可进行调节变量的效应分析。

---

① Card, N. A., *Applied Meta-Analysis for Social Science Research*, New York, Guilford Press, 2012.

(三)主效应检验

采用随机效应模型,分别对纳入的小学生心理健康问题检出率进行分析,结果显示:焦虑的检出率为 12.3%;抑郁的检出率为 14.6%;躯体化的检出率为 3.6%;退缩的检出率为 3.8%;睡眠问题的检出率为 25.2%;攻击行为的检出率为 4.1%;违纪行为的检出率为 3.7%(表 3-1)。

表 3-1　小学生心理健康问题的检出率

心理健康问题种类	k	被试数	效应值及95的置信区间			异质性检验	
			检出率	下限	上限	I^2	p
焦虑	9	12 691	12.3%	0.06	0.23	99.15	<0.001
抑郁	34	94 926	14.6%	0.12	0.18	99.15	<0.001
躯体化	12	41 588	3.6%	0.02	0.07	99.41	<0.001
退缩	10	37 553	3.8%	0.02	0.06	98.64	<0.001
睡眠问题	11	17 437	25.2%	0.16	0.37	99.51	<0.001
攻击行为	13	46 042	4.1%	0.02	0.10	99.73	<0.001
违纪行为	12	39 159	3.7%	0.02	0.07	99.31	<0.001

为说明主效应检验结果的稳健性,敏感性分析发现,在排除任意一个样本后,焦虑的总体检出率在 11.1% ~ 15.1%;抑郁的总体检出率在 13.3% ~ 14.6%;躯体化的总体检出率在 2.9% ~ 4.1%;退缩的总体检出率在 3.2% ~ 4.2%;睡眠问题的总体检出率在 21.7% ~ 29.1%;攻击行为的总体检出率在 3.6% ~ 4.7%,违纪行为的总体检出率在 3.0% ~ 4.2%,均与各自的总体估计值相差不大,说明元分析估计结果具有较高的稳定性。

(四)调节效应检验

就焦虑而言,如表 3-2 所示,调节效应检验发现:(1)出版年份的调节效应不显著($b = 0.04$,95%的置信区间为[-0.12,0.21]),说明 2010—2020 年焦虑问题的检出率无显著变化;(2)测量工具和标准的调节效应不显著(虽然使用不同的工具及筛查标准，焦虑检出率有所差别，但差异并不显著）；（3）检出时间的调节作用显著，3 个月的检出率显著大于 1 周的检出率，表明检出时间可能是焦虑检出率高低的重要因素；（4）区域的调节作用不显著，东部、中部、西部地区的焦虑检出率无明显差异。

表 3-2 焦虑检出率的调节效应分析

调节变量	异质性检验			类别	k	检出率	95%的置信区间	
	Q_B	df	p				下限	上限
测量工具+检出标准	2.67	2	0.26	Conners	2	9%	0.02	0.29
				SCARED23	2	15%	0.04	0.43
				SCARED22	2	35%	0.11	0.70
检出时间	11.99	1	0.001	1 周	2	4%	0.02	0.09
				3 个月	4	23%	0.14	0.36
区域	0.17	2	0.92	东北	—	—	—	—
				东部	2	8%	0.01	0.26
				西部	3	11%	0.03	0.36
				中部	3	12%	0.03	0.38

注：Conners 为 Conners 父母症状问卷[1]，SCARED23 为儿童焦虑性情绪障碍筛查表[2]，SCARED22 为陈洁琼[3]修订的儿童焦虑性情绪障碍筛查表；工具后的数字为检出标准，下同。

就抑郁而言，如表 3-3 所示：（1）出版年份的调节效应不显著（$b=0.01$，95%的置信区间为[−0.07，0.10]），说明 2010—2020 年抑郁检出率虽然有上升趋势，但变化不明显；（2）测量工具的调节效应显著，不同工具和标准测得检出率在 5.7%~17.4%，CBCL 测得的检出率最低，CESD 测得的检出率最高；（3）检出时间的调节效应显著，6 个月的检出率最低，1 周的检出率最高，此倒

① Conners, C. K. , "A Teacher Rating Scale for Use in Drug Studies with Children," *American Journal of Psychiatry*, 1969, 126(6), pp. 884-888.

② Birmaher, B. , Khetarpal, S. , Brent, D. , et al. , "The Screen for Child Anxiety Related Emotional Disorders (SCARED): Scale Construction and Psychometric Characteristics," *Journal of the American Academy of Child & Adolescent Psychiatry*, 1997, 36(4), pp. 545-553.

③ 陈洁琼：《儿童焦虑情绪症状的影响因素及干预研究》，硕士学位论文，苏州大学，2012。

挂现象可能与采用的测量工具有关；（4）性别的调节作用不显著，仅呈现男高女低的倾向；（5）独生与否的调节作用不显著；（6）年级的调节作用不显著，但四年级至六年级的检出率随年级增加呈现出递减的趋势；（7）生源地和区域的调节作用不显著。

表 3-3　抑郁检出率的调节效应分析

调节变量	异质性检验			类别	k	检出率	95%的置信区间	
	Q_B	df	p				下限	上限
测量工具	16.46	4	0.002	CBCL	5	6%	0.03	0.09
				CDI	16	17%	0.13	0.21
				CESD	6	17%	0.12	0.25
				DSRSC	4	16%	0.10	0.25
				MFQ	2	17%	0.09	0.31
检出时间	9.70	2	0.01	1周	13	19%	0.15	0.25
				2周	15	15%	0.11	0.19
				6个月	5	6%	0.03	0.10
性别	0.39	1	0.53	男生	17	11%	0.08	0.14
				女生	17	10%	0.10	0.13
独生与否	2.51	1	0.11	独生	3	12%	0.08	0.18
				非独生	3	19%	0.12	0.27
年级	0.03	2	0.99	四年级	6	19%	0.13	0.28
				五年级	6	19%	0.12	0.27
				六年级	7	19%	0.13	0.26
生源地	0.01	1	0.91	城镇	5	8%	0.02	0.26
				农村	5	9%	0.03	0.28

续表

调节变量	异质性检验			类别	k	检出率	95%的置信区间	
	Q_B	df	p				下限	上限
区域	3.71	2	0.16	东北	—	—	—	—
				东部	9	11%	0.07	0.17
				西部	10	18%	0.12	0.26
				中部	11	11%	0.07	0.17

注：CBCL 量表为 Achenbach 儿童行为量表[1]，CDI 为儿童抑郁量表[2]，CESD 为流调中心抑郁量表[3]，DSRSC 为儿童抑郁自评量表[4]，MFQ 为情绪问卷[5]。

就躯体化而言，如表 3-4 所示：（1）出版年份的调节效应不显著（$b = -0.04$，95%的置信区间为$[-0.23, 0.15]$），说明 2010—2020 年躯体化的检出率虽有下降趋势，但变化不显著；（2）检出标准的调节作用显著（依据中国常模标准化的 CBCL6 量表，其躯体化检出率显著大于 CBCL98 量表）；（3）虽然男生的躯体化检出率稍高，但性别的调节作用不显著；（4）区域的调节效应不显著，表明东部、中部、西部地区的躯体化检出率无显著差异。

表 3-4　躯体化检出率的调节效应分析

调节变量	异质性检验			类别	k	检出率	95%的置信区间	
	Q_B	df	p				下限	上限
测量工具+检出标准	12.90	1	<0.001	CBCL98	6	2%	0.01	0.03
				CBCL6	5	6%	0.04	0.11

①　Achenbach, T. M. & Edelbrock, C. S., "The Child Behavior Profile: Ⅱ. Boys Aged 12-16 and Girls Aged 6-11 and 12-16," *Journal of Consulting and Clinical Psychology*, 1979, 47(2), pp. 223-233.

②　Kovacs, M., *Children's Depression Inventory(CDI)*, New York, Multi-Health Systems, Inc, 1992.

③　Radloff, L. S., "A Self-Report Depression Scale for Research in the General Population," *Applied Psychol Measurements*, 1977, 1(3), pp. 385-401.

④　Birleson, P., "The Validity of Depressive Disorder in Childhood and the Development of a Self-Rating Scale: A Research Report," *Journal of Child Psychology and Psychiatry*, 1981, 22(1), pp. 73-88.

⑤　Wood, A., Kroll, L., Moore, A., et al., "Properties of the Mood and Feelings Questionnaire in Adolescent Psychiatric Putpatients: A Research Note," *Journal of Child Psychology and Psychiatry*, 1995, 36(2), pp. 327-334.

续表

调节变量	异质性检验			类别	k	检出率	95%的置信区间	
	Q_B	df	p				下限	上限
性别	0.02	1	0.88	男生	8	3%	0.01	0.09
				女生	8	3%	0.01	0.08
区域	5.08	2	0.08	东北	—	—	—	—
				东部	6	3%	0.01	0.05
				西部	2	5%	0.01	0.15
				中部	3	11%	0.04	0.27

注：CBCL98 代表该量表分数超过第 98 百分位即被认为异常；CBCL6 为忻仁娥、唐慧琴、张志雄等人根据全国 22 个省市的儿童青少年所作的 Achenbach 儿童行为量表标准化分类①，超过 6 分则为异常，下同。

就退缩而言，如表 3-5 所示，调节效应检验发现：（1）出版年份的调节效应不显著（$b = 0.01$，95%的置信区间为[-0.13，0.14]），说明 2010—2020 年检出率虽有上升趋势，但变化不明显；（2）检出标准的调节效应不显著。

表 3-5　退缩检出率的调节效应分析

调节变量	异质性检验			类别	k	检出率	95%的置信区间	
	Q_B	df	p				下限	上限
测量工具+检出标准	1.39	1	0.24	CBCL98	6	3%	0.02	0.06
				CBCL6	4	6%	0.03	0.11

就睡眠问题而言，如表 3-6 所示：（1）出版年份的调节效应不显著（$b = -0.13$，95%的置信区间为[-0.27，0.01]），说明 2010—2020 年虽然睡眠问题检出率随年份有下降的趋势，但变化不显著；（2）测量工具的调节效应不显著，CSHQ 的检出率虽然大于 PSQI，但两者之间的差别并不明显；（3）检出时间的调节效应不显著；（4）性别的调节效应不显著，仅呈现男高女低的倾向；（5）区

① 忻仁娥、唐慧琴、张志雄等：《全国 22 个省市 26 个单位 24013 名城市在校少年儿童行为问题调查——独生子女精神卫生问题的调查，防治和 Achenbach's 儿童行为量表中国标准化》，载《上海精神医学》，1992，4(1)。

域的调节效应不显著。

表 3-6　睡眠问题检出率的调节效应分析

调节变量	异质性检验			类别	k	检出率	95%的置信区间	
	Q_B	df	p				下限	上限
测量工具	2.92	1	0.09	PSQI	3	21%	0.09	0.42
				CSHQ	3	48%	0.25	0.71
检出时间	4.92	2	0.09	过去四周	3	48%	0.28	0.68
				近一个月	5	21%	0.12	0.34
				无	2	27%	0.11	0.51
性别	0.95	1	0.33	男生	9	4%	0.02	0.10
				女生	9	3%	0.01	0.08
区域	0.96	2	0.62	东北	—	—	—	—
				东部	5	3%	0.13	0.44
				西部	3	3%	0.11	0.51
				中部	2	4%	0.17	0.73

注：PSQI 为匹兹堡睡眠指数量表①；CSHQ 为儿童睡眠习惯问卷②。

就攻击行为而言，如表 3-7 所示：（1）出版年份的调节效应不显著（$b =$ 0.06，95%的置信区间为[−0.10，0.23]），说明 2010—2020 年小学生攻击行为的检出率虽然略有上升趋势，但变化并不明显；（2）测量工具和标准的调节效应显著，BWAQ 的检出率最高，CBCL6 次之，检出率最低的则是 CBCL98，提示测量工具和标准是影响小学生攻击行为检出率的重要调节变量；（3）检出时间的调节效应显著，未写明检出时间的检出率显著高于 2020 年的检出率，说明检出时间的长短很可能影响着小学生攻击行为检出率的高低；（4）尽管男生有高于女生的趋势，但性别的调节效应仍然不显著；（5）区域的调节效应显著，

---

① Buysse, D. J., Reynolds 3rd, C. F., Monk, T. H., et al., "The Pittsburgh Sleep Quality Index: A New Instrument for Psychiatric Practice and Research," *Psychiatry Research*, 1989, 28(2), pp. 193-213.

② Owens, J. A., Anthony, S. & Melissa, M. G., "The Children's Sleep Habits Questionnaire (CSHQ): Psychometric Properties of a Survey Instrument for School-Aged Children," *Sleep*, 2000, 23(8), pp. 1-9.

中部地区小学生攻击行为的检出率明显高于东部地区。

表 3-7　攻击行为检出率的调节效应分析

调节变量	异质性检验			类别	k	检出率	95%的置信区间	
	Q_B	df	p				下限	上限
测量工具+检出标准	41.61	2	<0.001	BWAQ	2	20%	0.11	0.32
				CBCL98	6	2%	0.01	0.03
				CBCL6	4	5%	0.03	0.08
检出时间	22.88	1	<0.001	无	3	19%	0.10	0.33
				最近半年	10	3%	0.02	0.04
性别	0.04	1	0.87	男生	9	5%	0.01	0.13
				女生	9	4%	0.01	0.12
区域	4.98	1	0.03	东北	—	—	—	—
				东部	7	3%	0.02	0.05
				西部	—	—	—	—
				中部	3	8%	0.04	0.16

注：BWAQ 为 Buss-Warren 攻击问卷[1]。

就违纪行为而言，如表 3-8 所示：（1）出版年份的调节效应不显著（b = 0.08，95%的置信区间为[-0.09，0.25]），说明 2010—2020 年违纪行为的检出率虽有上升趋势，但并不明显；（2）检出标准的调节效应显著，经过中国常模标准化的 CBCL6 量表，其违纪行为的检出率显著高于 CBCL98 量表；（3）性别的调节作用不显著，仅可见男高女低的倾向；（4）区域的调节作用不显著，东部、西部和中部地区的小学生违纪行为检出率无明显差异。

表 3-8　违纪行为检出率的调节效应分析

调节变量	异质性检验			类别	k	检出率	95%的置信区间	
	Q_B	df	p				下限	上限
测量工具+检出标准	4.43	1	0.04	CBCL98	8	2%	0.01	0.04
				CBCL6	3	6%	0.03	0.14

---

① Buss, A. H. & Warren, W. L., *The Aggression Questionnaire Manual*, Los Angeles, Western Psychological Services, 2000.

续表

调节变量	异质性检验			类别	k	检出率	95%的置信区间	
	Q_B	df	p				下限	上限
性别	0.14	1	0.70	男生	9	4%	0.02	0.10
				女生	9	3%	0.01	0.08
区域	0.68	2	0.71	东北	—	—	—	—
				东部	7	4%	0.01	0.10
				西部	2	8%	0.01	0.38
				中部	2	3%	0.00	0.18

（五）发表偏倚检验

首先，就漏斗图而言，小学生各类心理健康问题的效应值均聚集在漏斗图上端，且基本分散于效应值平均值的两端，初步显示发表偏倚问题并不明显。其次，就肯德尔等级相关检验结果来看，焦虑（$Tau = -0.08$，$p = 0.75$）、抑郁（$Tau = -0.19$，$p = 0.11$）、躯体化（$Tau = -0.25$，$p = 0.24$）、退缩（$Tau = 0.09$，$p = 0.72$）、睡眠问题（$Tau = 0.11$，$p = 0.64$）、攻击行为（$Tau = 0.14$，$p = 0.50$）、违纪行为（$Tau = -0.02$，$p = 0.95$）的结果均不显著，说明本研究不存在明显的发表偏倚。

四、分析与讨论

本研究利用元分析方法，囊括了较为全面的心理健康问题指标，对 2010—2020 年小学生心理健康问题的检出率进行了定量整合，并考查了背后的影响因素，在一定程度上澄清了我国 2010—2020 年小学生各类心理健康问题的整体检出率。

(一) 小学生心理健康问题的检出率

研究结果显示，小学生焦虑检出率为 12.3%，抑郁检出率为 14.6%，躯体化检出率为 3.6%，退缩检出率为 3.8%，睡眠问题检出率为 25.2%，攻击行为检出率为 4.1%，违纪行为检出率为 3.7%。从上述结果可见，对于小学生而言，不同心理健康问题的检出率差异较大，如躯体化检出率低至 3.6%，而睡眠问题检出率则高至 25.2%。该结果表明，小学生的心理健康问题不容忽视，尤其是检出率较高的前三位——睡眠问题、抑郁和焦虑。

第一是睡眠问题。本研究由于纳入了未发表的文献，且考查了 2010—2020 年研究成果，使得检出率与陈 (Chen) 等人元分析中 38.9% 的结果[1]不同，但两者都说明我国小学生睡眠问题已较为普遍。这不仅是因为很多睡眠问题 (如夜惊、噩梦、入睡困难等) 在儿童期更为高发[2]，还与我国那几年课业负担较重，难以保证高质量、长时间的睡眠活动有关[3]。此外，小学生电子产品过度使用、手机成瘾现象较为严重[4]，容易导致入睡困难等问题，需要引起社会各界的广泛重视。第二是抑郁。本结果与《心理健康蓝皮书：中国国民心理健康发展报告 (2019—2020)》中约一成的小学生抑郁检出率结果相似[5]，但低于李 (Li) 等人的元分析中得出的中国小学生 17.5% 的检出率[6]，也低于刘福荣等人的元分析中 17.1% 的结果[7]，这可能是由于李等人的研究中未包含 200 人以下的样本数

---

[1]　Chen, X., Ling Ke, Z., Chen, Y., et al., "The Prevalence of Sleep Problems among Children in Mainland China: A Meta-Analysis and Systemic-Analysis," *Sleep Medicine*, 2021(83), pp. 248-255.

[2]　张斌、郝彦利、任衍镇：《广州市小学生的学业成绩与睡眠状况》，载《中国心理卫生杂志》，2013, 27(6)。

[3]　龙鑫、纪颖、张洪伟等：《北京市中高年级小学生睡眠时间现状及影响因素分析》，载《中国卫生统计》，2020, 37(5)。

[4]　来枭雄、黄顺森、张彩等：《中小学生手机成瘾与人际关系主观幸福感和学校认同感的关联》，载《中国学校卫生》，2020, 41(4)。

[5]　傅小兰、张侃、陈雪峰等：《心理健康蓝皮书：中国国民心理健康发展报告 (2019—2020)》，北京，社会科学文献出版社，2021。

[6]　Li, J. Y., Li, J., Liang, J. H., et al., "Depressive Symptoms among Children and Adolescents in China: A Systematic Review and Meta-Analysis," *Medical Science Monitor*, 2009(25), pp. 7459-7470.

[7]　刘福荣、吴梦凡、董一超等：《小学生抑郁症状检出率的 meta 分析》，载《中国心理卫生杂志》，2021, 35(6)。

量①，而刘福荣等人则未检索英文数据库②。因而，本研究的估计结果更加全面且精确。第三是焦虑。本结果与李梦龙等人的研究结果③不同。李梦龙等人曾纳入 15 项小学生社交焦虑状况文献，发现留守小学生社交焦虑检出率为18.22%，非留守小学生则为 13.76%。这种结果差异可能是源于本结果针对的是一般焦虑，而非单纯的社交焦虑。与国外其他国家相比，厄斯金（Erskine）等人发现高收入地区的青少年儿童的焦虑检出率为 18.27%④，低收入和中等收入地区的检出率为 1.53%，意味着经济水平可能会对儿童青少年焦虑的检出率产生影响。作为发展中国家，我国小学生焦虑的检出率也处于中等偏高的位置，需引起警惕。

其余几类小学生心理健康问题的检出率虽然不高，均在 3.6% ~ 4.1%，但值得注意的是，某些心理健康问题一旦出现，很有可能会造成严重后果。例如，小学生的攻击行为和违纪行为，不仅不利于其个性、社会化和良好品德的顺利形成，还会影响学校氛围，给校园安全埋下隐患。因而在心理健康问题的筛查、诊断与干预中，也须重点关注这些问题。总之，本研究所得出的 2010—2020 年我国小学生各类心理健康问题的检出率结果，有利于研究者掌握我国小学生心理健康的真实状况，帮助实现国家对小学生心理健康水平的宏观把控，同时也为改进心理健康教育、完善相关心理健康政策提供一定的依据和参考。

（二）小学生心理健康问题的调节变量

一是出版年份。结果表明，尽管大多数心理健康指标随年份增长略有上升，

---

① Li，J. Y.，Li，J.，Liang，J. H.，et al.，"Depressive Symptoms among Children and Adolescents in China：A Systematic Review and Meta-Analysis，"*Medical Science Monitor*，2019，25，pp. 7459-7470.

② 刘福荣、吴梦凡、董一超等：《小学生抑郁症状检出率的 meta 分析》，载《中国心理卫生杂志》，2021，35(6)。

③ 李梦龙、任玉嘉、蒋芬：《中国农村留守儿童社交焦虑状况的 meta 分析》，载《中国心理卫生杂志》，2019，33(11)。

④ Erskine，H. E.，Baxter，A. J.，Patton，G.，et al.，"The Global Coverage of Prevalence Data for Mental Disorders in Children and Adolescents，"*Epidemiology and Psychiatric Sciences*，2017，26(4)，pp. 395-402.

但这种趋势实际上并不显著。类似地，廖友国和连榕通过横断历史研究发现，1986—2017 年国民心理健康总体呈现缓慢向好的趋势。[①] 然而与之相反，针对具体学生群体，辛自强和张梅的元分析结果却表明，1992—2005 年中学生心理健康水平稳中有降[②]；高中生在 1990—2004 年心理健康水平也呈缓慢下降的趋势[③]。原因可能在于，即使相关心理健康保障和服务体系逐渐完善，资金投入和师资力量不断增大[④]，但社会生活节奏加快，竞争越发激烈，父母期望过高，使得学生群体（包括小学生）仍然面临着来自父母、社会的多种压力和挑战[⑤]，因而，2010—2020 年来我国小学生心理健康检出率并未明显表现出逐年向好的态势。

　　二是测量工具和标准。除了焦虑、退缩和睡眠问题不显著外，其他心理健康问题指标均显著，提示今后在量表的选择上要慎重。值得注意的是，即使选择了同一量表，在使用上也可能因检出标准不同，导致检出率结果的显著差异。具体来看，CBCL 量表是否经过中国样本的常模标准化，对小学生的躯体化、攻击与违纪行为的检出率产生了影响。因而，在小学生心理健康问题的筛检工作中，测评量表及检出标准的正确选择、测量实践的规范化及透明化操作，对准确地评估小学生心理健康状况极其重要。以往某些心理健康问题检出率高低不一，很可能是由于测量工具和标准不一致，导致结果出现严重分歧。例如，刘福荣等人的元分析发现，CES-D 的检出率高达 22.2%，而 BID 量表所得的抑郁检出率仅为 1.9%。[⑥] 为了实现心理健康问题检出率的可比性，未来应开发更科学的测量工具，以便统一检出标准，便于相互对照。此外，测量工具检出率差

　　① 廖友国、连榕：《近三十年国民心理健康变迁的横断历史研究》，载《西南大学学报（社会科学版）》，2019，45（2）。
　　② 辛自强、张梅：《1992 年以来中学生心理健康的变迁：一项横断历史研究》，载《心理学报》，2009，41（1）。
　　③ 俞国良、李天然、王勍：《高中生心理健康的横断历史研究》，载《教育研究》，2016，37（10）。
　　④ 王燕、刘思洁、陈矜之：《改革开放 40 年中国人心态变化的年代分析——以社会信任、主观幸福感和心理健康为例》，载《苏州大学学报（教育科学版）》，2020，8（1）。
　　⑤ 黄文治、王志刚：《小学生学习压力与心理健康的关系研究》，载《校园心理》，2020，18（1）。
　　⑥ 刘福荣、吴梦凡、董一超等：《小学生抑郁症状检出率的 meta 分析》，载《中国心理卫生杂志》，2021，35（6）。

异较大，也可能是因为目前测量工具仍基于量表总分或症状数量的简单加和来诊断是否出现某一心理健康问题。[1] 然而不同测量工具往往涵盖的症状内容和数量有所差异，致使同一心理健康问题很难具有相同的症状表现，检出率也会受其影响。

三是检出时间。除了睡眠问题的检出时间无显著调节作用外，其余心理健康指标的检出时间均存在显著差异。一般来说，短时间的检出时间测得的检出率应比长时间或未规定检出时间测得的检出率低。值得注意的是，小学生抑郁检出时间的检出率呈现出倒挂现象，即 1 周>2 周>6 个月。这说明检出率结果可能受工具影响更大，而非检出时间。许多研究都显示，不同量表调查条目、调查维度不同，评价方法、检出时间也各不一样，容易对检出率造成影响。[2] 另外，睡眠问题检出时间的检出率差别不大。此类结果表明，目前有关检出率元分析测量工具不统一，检出时间不明晰，难以使检出率结果在同一维度上与其他研究进行比较。因而，未来仍然需要探寻更适宜、更统一的测量工具，以求得出更可靠、更稳定的检出率结果。

四是性别。2010—2020 年，我国小学生心理健康问题虽然表现出了男高女低的倾向，但性别差异并不显著。以往对性别的调节效应，不同的研究取得了不一致的结论。杜柏玲发现，小学生心理健康问题的检出率存在显著的性别差异[3]，而另一些研究则认为性别差异不显著。[4][5] 这种不一致的情况，很有可能是受到取样条件、所在地区等不同因素的影响。本研究通过元分析技术，在一定程度上平衡了随机因素，得出我国小学生心理健康问题检出率并未出现性别

① 刘宇、胡传鹏、樊富珉等：《基于网络理论的物质成瘾新视角》，载《心理科学进展》，2021，29（2）。

② 刘福荣、吴梦凡、董一超等：《小学生抑郁症状检出率的 meta 分析》，载《中国心理卫生杂志》，2021，35（6）。

③ 杜柏玲：《甘肃山区农村小学生心理健康状况及其影响因素研究——以陇南市为例》，载《甘肃高师学报》，2016，21（11）。

④ 卫萍、葛明贵、陈雪梅：《合肥 848 名小学生心理健康状况的调查分析》，载《合肥学院学报（社会科学版）》，2007，24（6）。

⑤ 杨洪猛、高松、傅金芝：《少数民族中、小学生心理健康状况研究》，载《健康心理学杂志》，2003，11（6）。

分岭的结论。原因在于，一方面，研究发现无论是学业表现，还是未来成就与人际关系，父母对不同性别的子女所寄予的期望都是一样的[1]；另一方面，随着性别平等教育的逐步推进，小学生在日常学习和生活中接触到的性别角色榜样等性别线索也越来越多样化[2]，日益增强的认知能力如推理、判断等都使性别刻板印象开始逐渐减弱。这些都使得男女小学生在面对心理健康问题时，可能较少受到性别因素的影响。未来我们也应对此类调节变量的效应进行深入的探讨和分析。

五是区域。研究结果显示，大部分指标在区域上无显著差别，仅有攻击行为存在显著区域差异，即中部地区高于东部。2010—2020 年，相比于较为发达的东部地区，我国中部地区经济发展比较落后，心理健康教育投入相对不足，学生获取心理健康教育的途径较少，资源较为有限[3]。有研究显示，全国心理健康教育课开设情况呈倒 U 形，中部地区开课率显著低于东部地区。[4] 因此，中部地区的小学生在面临心理困扰时，可能难以寻求及时而有效的帮助，导致心理健康问题检出率较高。该结论也得到了相关实证研究的支持，即经济水平较低的儿童青少年，更易产生敌对情绪，人际关系更为紧张，攻击行为的发生率可能会更高。[5]

综上，从本研究中的调查结果可知，2010—2020 年我国小学生心理健康总体水平较高，但部分心理健康问题，如睡眠问题、抑郁、焦虑，仍较为普遍，并且这些心理健康问题的检出率受到了测量工具、检出标准、检出时间等因素的影响。因此，重视小学生心理健康问题的筛检工作，加强小学生的心理健康教育十分必要。

---

① 程琳：《父母期望、初中生自我期望与学习成绩的关系》，硕士学位论文，河南大学，2010。
② 李超群、徐良苑、李燕芳：《教师性别刻板印象对中小学生性别刻板印象的影响：教师性别教育行为的中介作用》，载《中国特殊教育》，2021(4)。
③ 俞国良、赵凤青、罗晓路：《心理健康教育：高等院校的地区差异比较研究》，载《黑龙江高教研究》，2017(12)。
④ 徐美贞：《中小学心理健康教育现状调查分析》，载《教育发展研究》，2005(6)。
⑤ 赵建华：《小学生攻击性行为的心理分析及对策研究》，载《心理科学》，2005，28(4)。

(三)研究不足与展望

第一，本研究纳入较多研究指标，因而在英文数据库中仅检索了 Web of Science 核心合集。虽然该平台文献较为全面且权威，但受数据库影响，本研究可能会遗漏个别研究结果。未来研究应检索更多数据库，以求更完备地展现元分析数据。第二，本研究在开始前未进行预注册，未来研究者应重视此项工作，通过衡量、印证预先假设和后期检验，从而进一步加强元分析研究的规范性、科学性和严谨性。第三，本研究主要借鉴内外化问题分析框架，关注小学生群体中较为典型的几类心理健康问题，未来的元分析可纳入更多指标，以求更全面地展现小学生不同心理健康问题的检出率状况。第四，本研究集中于现象调查，尚未关注如何提高和改善小学生心理健康水平，未来的元分析研究可以重点整合提升心理健康的具体干预手段。

五、研究结论

研究结论如下：(1)小学生面临着不同程度的心理健康问题，其中睡眠问题、抑郁和焦虑排在前三位；(2)测量工具与检出标准是造成小学生心理健康问题检出率大小不一的关键因素；(3)除了睡眠问题外，检出时间对小学生心理健康指标检出率的影响较大；(4)虽然区域对攻击行为指标有显著影响，但整体而言，区域对小学生心理健康问题检出率的影响不大。

第四章

———

我国初中生心理健康问题检出率的元分析：2010—2020 年

初中生正处于青春期，其生理和心理都处于急速发展阶段，这一时期被喻为"疾风骤雨期"。在心理发展上，初中生虽然比小学生更加成熟，但健全人格仍未形成，面对生活中的压力性事件时仍然容易出现一些心理健康问题。不仅如此，数字化时代的到来，使得当代初中生成为数字原住民，整个成长过程都紧紧嵌套于网络与数字化环境中。也正是这种网络使用的文化潮流给初中生心理健康带来了新的威胁。[①] 当然，初中生心理健康问题的频发还与他们本身面临的学业负担及中考压力有关，社会转型阶段的知识与人才需求逐渐传导到当代中学生的培养过程中，使初中生面临更大的学业压力。总之，种种原因都可能使得初中生心理健康面临更大的挑战，因此，初中生的心理健康教育是不容忽视的现实问题。

一、文献回顾

初中生心理健康问题已被心理学、教育学、社会学、生物学、公共卫生与预防医学等众多领域关注。众多领域对该问题的探讨总是围绕描述、解释、预测和控制展开，其中描述起着基础和核心的作用。在描述工作中，关于心理健康问题的发生率又是极为重要的议题。例如，有研究发现初中生抑郁的检出率

---

① 俞国良、王浩：《文化潮流与社会转型：影响我国青少年心理健康状况的重要因素及现实策略》，载《西南民族大学学报(人文社科版)》，2020，41(9)。

在10%~60%①②③，焦虑的检出率在6%~58%④⑤⑥。但也可以看出，关于该问题的研究结果很不一致，检出率之间相差很大，给心理健康工作者带来了困惑。因此，初中生总体心理健康状况不佳的比例究竟多大依旧不得而知。面对该问题，有研究者不再描述初中生心理健康问题的发生率，转而描述心理健康的一般水平。例如，有研究发现，1987—2013年我国初中生心理健康水平呈现区域性恶化趋势，中西部地区下降趋势尤为明显。⑦该视角虽然揭示了初中生心理健康问题的变迁特点，但仍然无法揭示初中生心理健康问题的总体检出率，亦无法调和当下研究中检出率不一致的结果，更无法为相关部门和工作者提供准确的判断依据。

近年来，元分析技术的出现与应用为解决该问题提供了可能。初中生心理健康问题检出率结果不一致的现象大多受到了取样人数、地域、测量工具等因素的影响。元分析则可以对原始研究加以整合，从宏观角度得出更普遍、更精确的结论，并且推断研究结果异质性的原因，为心理健康的精准干预提供高质量的证据支持。目前个别研究对我国青少年的自杀企图⑧和抑郁⑨的检出率进行了元分析，但存在着不完善的地方。首先，并未纳入未发表的文献，存在着纳入偏倚。其次，仅仅着眼于心理健康问题中的某一方面，分析得并不全面，无

---

① Chi, X., Becker, B., Yu, Q., et al., "Persistenceand Remission of Depressive Symptoms and Psycho-Social Correlates in Chinese Early Adolescents," *BMC Psychiatry*, 2020(20), Article 406.

② Guo, L., Deng, J., He, Y., et al., "Prevalence and Correlates of Sleep Disturbance and Depressive Symptoms among Chinese Adolescents: A Cross-Sectional Survey Study," *BMJ Open*, 2014(4), Article e005517.

③ 张婉婉、刘阳、余婷婷等：《童年期虐待与初中生抑郁症状关系》，载《中国公共卫生》，2013，29(8)。

④ 杜春燕、吴丝丝、郑玉花等：《青海省西宁市初中生心理健康现状调查》，载《护理研究》，2016，30(26)。

⑤ 雍那、任玉玲、王春元等：《南充市中学生心理健康状况调查》，载《中国健康心理学杂志》，2018，26(10)。

⑥ Zhang, S.C., Yang, R., Li, D.L., et al., "Association of Health Literacy and Sleep Problems with Mental Health of Chinese Students in Combined Junior and Senior High School," *PLos One*, 2019, 14(6), Article e0217685.

⑦ 王勃、俞国良：《初中生心理健康的横断历史研究》，载《中国特殊教育》，2017(11)。

⑧ Hu, J., Dong, Y., Chen, X., et al., "Prevalence of Suicide Attempts among Chinese Adolescents: A Meta-Analysis of Cross-Sectional Studies," *Comprehensive Psychiatry*, 2015(61), pp. 78-89.

⑨ Tang, X., Tang, S., Ren, Z., et al., "Prevalence of Depressive Symptoms among Adolescents in Secondary School in Mainland China: A Systematic Review and Meta-Analysis," *Journal of Affective Disorders*, 2019(245), pp. 498-507.

法从整体上审视心理健康问题的一般状况。此外，这些研究往往将初中生和高中生混合在一起分析，未能精准地考虑初中生这一独立的学段群体。初中生和高中生虽然同为青少年，但两者生理和心理发展的规律以及面临的主要学习任务均不相同，因而初中生心理健康问题具有独特性。因此，本研究拟用元分析的方法对初中生较为典型的心理健康问题检出率进行估计，以澄清以往原始研究中研究结论不一致的问题，从而更加清晰地描述我国初中生的一般状况，为心理健康服务体系的建设提供更加翔实的资料。

关于心理健康的内涵目前存在病理学取向、积极取向和完全取向三种不同的观点，本研究关注的是心理健康问题的检出率，因而依据病理学取向，认为心理健康是精神病理学症状的不显著状态。由于无法全部覆盖所有的心理健康问题指标，本研究沿用当下研究中的经典框架[1]，将心理健康问题界定为内化问题和外化问题两大类。此外，初中生正处于"疾风骤雨期"，其身心发展的不协调、心理活动的矛盾状态、情绪表现的两极性以及自我意识不成熟带来的极端性或偏执性的个性特点，容易导致初中生出现一些情绪问题和自我伤害问题。[2] 鉴于此，本研究结合文献梳理，重点关注初中生内化问题中的焦虑、抑郁、睡眠问题、自杀意念和自杀计划的检出率以及外化问题中的自我伤害和自杀未遂的检出率。

二、研究方法

(一) 文献检索与筛选

本研究包括的心理健康指标较多，但在检索过程中是根据不同心理健康指标独立开展的。与既有类似研究不同的是，为了更加全面地纳入文献，避免纳入偏倚的出现，本研究还尽可能地检索了未发表的文献。另外，在检索时对于

---

[1]　Achenbach，T. M.，"The Classification of Children's Psychiatric Symptoms：A Factor-Analytic Study，"*Psychological Monographs：General and Applied*，1966，80(7)，pp. 1-37.

[2]　俞国良、张亚利：《大中小幼心理健康教育一体化：人格的视角》，载《教育研究》，2020，41(6)。

关心的特定学生群体也未加限定，而是在全面检索之后，再进行筛选。检索数据库中文使用的是知网期刊和硕博论文数据库，英文使用的是 Web of Science 核心合集数据库，检索范围设定为摘要。在中文数据库检索时，焦虑需包含关键词"焦虑"和"检出率"；抑郁需包含关键词"抑郁"和"检出率"；睡眠问题需包括关键词("睡眠问题"或"睡眠障碍"或"失眠")和"检出率"；自我伤害需包括关键词"自我伤害"和"检出率"；自杀需包括关键词"自杀"和"检出率"。在英文数据库检索时，焦虑需包含关键词"anxi ＊"和"prevalence"或"detection rate"或"Chin ＊"；抑郁需包含关键词"depress ＊"和"prevalence"或"detection rate"和"Chin ＊"；睡眠问题需包括关键词"sleep"或"insomnia"和"prevalence"或"detection rate"和"Chin ＊"；自我伤害需包括关键词"self-harm"或"self-harm"或"self-injury"或"self injury"和"prevalence"或"detection rate"和"Chin ＊"；自杀需包括关键词"suicid ＊"和"prevalence"或"detection rate"和"Chin ＊"。为增加元分析结果的实效性和政策咨询的可参考性，本研究将检索时间段设为 2010 年 1 月 1 日至 2020 年12 月 31 日，最终共获取文献：焦虑 3 126 篇，抑郁 3 844 篇，睡眠问题 1 255 篇，自我伤害 258 篇，自杀 628 篇。

使用 EndNote X9 导入文献并按照如下标准筛选：(1)需为实证研究且为第一手资料；(2)报告了检出率或能够计算检出率的必要信息且正确无误；(3)须对测量工具有明确介绍；(4)数据重复发表的仅取其一；(5)研究对象为中国初中阶段或对应年龄段(12～15 岁)学生；(6)研究对象不是特殊人群，如留守儿童等。文献筛选过程由 1 名博士生完成，最后按心理健康指标将文献分配给另外 3 名博士生，这 3 名博士生各自随机抽取 10％对剔除文献和保留文献进行核查，若出现不一致的结果，则需要与最初文献筛选者协商解决。文献筛选流程如图 4-1 所示。

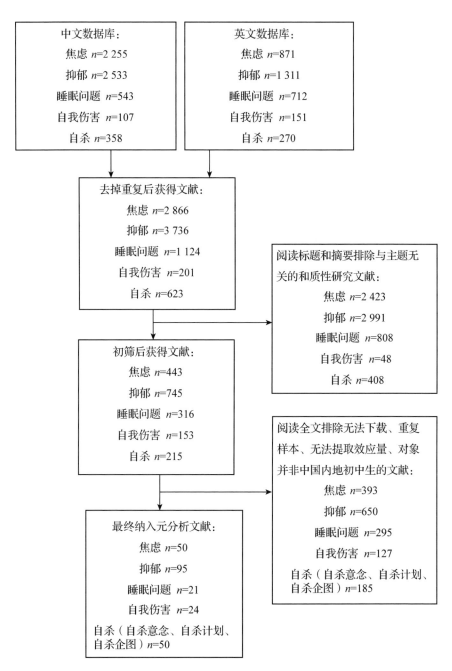

图 4-1 文献筛选流程

（二）数据提取和编码

每篇研究根据以下特征进行数据提取和编码：作者、出版年份、取样地区、检出率、被试数、测量工具、检出标准、检出时间段和出版类型。如果追踪研究在多个时间点收集了发生率，则提取第一次的数据；在同一时间点采用多种评估方法时，提取测量工具效果最佳的结果；基于相同数据的多篇研究，提取信息最全面的一篇。编码先由一名博士生完成，完成后由另一名博士生对照原文核查。若核查出与原文不一致的情况，经过讨论进行更正。

（三）发表偏倚控制与检验

由于可能存在发表偏倚，所以仅检索发表出来的文献未必能全面地代表整个领域的研究。本研究还检索了未公开发表的硕博论文数据库，在一定程度上减少了发表偏倚的出现。此外，本研究还将使用漏斗图和线性回归法检验是否存在发表偏倚。对于漏斗图而言，如果图形呈现一个对称的倒漏斗形状，则表明发表偏倚较小；对于线性回归而言，如果线性回归的结果不显著，代表发表偏倚较小。

（四）模型选择

估计总体效应值的方法分为固定模型和随机模型两种。前者假设众多原始研究测量的结果包括相同的真值和随机误差两部分，肉眼看到的结果差异全部由随机误差导致。后者假设众多研究测量的结果由真值、系统误差和随机误差三部分组成，结果的差异除了受随机误差影响，还受不同种类的系统误差影响，如测量工具、检出标准等。在文献编码的过程中，本研究发现众多研究样本特征（如测量工具、取样地等）不尽相同，因而选用随机效应模型进行元分析。另外，本研究还将通过异质性检验中的 Q 检验结果以及 I^2 值两个指标查看模型选择的适切性。若 Q 检验结果显著或 I^2 值高于 75%，则选择随机效应模型更合适，反之，选用固定效应模型更合适。[①]

（五）数据处理

使用软件 Comprehensive Meta-Analysis Version 3.3 进行检出率的总体估计和调节效应检验。计算合并检出率时，CMA 软件会将输入的比率数据转化为 $logit$ 数据 $[logit = Log(p/(1-p))]$ 进行分析（ $var(logit) = \dfrac{1}{case} + \dfrac{1}{non\_case}$ ），分析完成后会将 $logit$ 结果再次转换为比率数据输出。分析调节效应时采用两种形式：（1）当调节变量为连续变量时采用元回归分析考查结果是否显著；（2）当调节变量为分类变量时采用亚组分析检验结果是否显著。亚组分析时为了保证调节变量每个水平下的研究均能代表该水平，参照既有研究[②]，每个水平下的效应量个数应不少于 3。

三、研究结果

（一）文献纳入情况

本研究中，焦虑共纳入文献 50 篇（50 个效应值，83 879 名被试），包括硕博论文 13 篇，期刊论文 37 篇；抑郁共纳入文献 95 篇（95 个效应值，196 096 名被试），包括硕博论文 16 篇，期刊论文 79 篇；睡眠问题共纳入文献 21 篇（21 个效应值，61 190 名被试），包括硕博论文 4 篇，期刊论文 17 篇；自我伤害共纳入文献 24 篇（24 个效应值，98 408 名被试），包括硕博论文 3 篇，期刊论文 21 篇；自杀意念共纳入研究 26 篇（26 个效应值，128 622 名被试），包括硕博论文 2 篇，期刊论文 24 篇；自杀计划共纳入研究 8 篇（8 个效应值，29 534 名被

---

① Huedo-Medina, T. B., Sánchez-Meca, J., Marín-Martínez, F., et al., "Assessing Heterogeneity in Meta-Analysis: Q Statistic or I^2 Index?" *Psychological Methods*, 2006, 11(2), pp. 193-206.

② 张亚利、李森、俞国良：《社交媒体使用与错失焦虑的关系：一项元分析》，载《心理学报》，2021，53(3)。

试），包括硕博论文 2 篇，期刊论文 6 篇；自杀企图共纳入研究 16 篇(16 个效应值，114 040 名被试)，包括硕博论文 2 篇，期刊论文 14 篇。

(二)异质性检验

本研究对纳入的效应量进行异质性检验，以便确定采用随机效应模型是否恰当，以及是否有必要进行调节效应分析。检验结果发现，各心理健康指标的 Q 值均显著，且 I^2 值均超过了 75% 的标准[1]，表明选用随机效应模型是恰当的。该结果也表明不同研究间的估计值差异可能受到了一些研究特征因素的干扰，可进行调节效应分析。

(三)主效应检验

本研究采用随机效应模型分别对纳入的各类心理健康问题进行分析，结果显示：(1)焦虑的检出率为 27%；(2)抑郁的检出率为 24%；(3)睡眠问题的检出率为 17%；(4)自我伤害的检出率为 22%；(5)自杀意念的检出率为 17%；(6)自杀计划的检出率为 7%；(7)自杀企图(未遂)的检出率为 4%。如表 4-1 所示。

表 4-1　初中生心理健康问题的检出率

心理健康问题种类	k	被试数	效应值及 95% 的置信区间			异质性检验	
			检出率	下限	上限	I^2	p
焦虑	50	83 879	27%	0.24	0.31	99.18	<0.001
抑郁	95	196 096	24%	0.22	0.26	99.31	<0.001
睡眠问题	21	61 190	17%	0.15	0.19	97.85	<0.001
自我伤害	24	98 408	22%	0.17	0.29	99.73	<0.001
自杀意念	26	128 622	17%	0.15	0.19	98.96	<0.001

---

① Huedo-Medina, T. B., Sánchez-Meca, J., Marín-Martínez, F., et al., "Assessing Heterogeneity in Meta-Analysis: Q Statistic or I² Index?" *Psychological Methods*, 2006, 11(2), pp. 193-206.

续表

心理健康问题种类	k	被试数	效应值及95%的置信区间			异质性检验	
			检出率	下限	上限	I^2	p
自杀计划	8	29 534	7%	0.05	0.09	97.99	<0.001
自杀企图(未遂)	16	114 040	4%	0.04	0.05	94.10	<0.001

敏感性分析发现，排除任意一个样本后的焦虑的总体检出率在26%~28%；抑郁的总体检出率在23.6%~24.2%；睡眠问题的总体检出率在16%~18%；自我伤害的总体检出率在21%~24%；自杀意念的总体检出率在16.6%~17.8%；自杀计划的总体检出率在6%~8%；自杀企图的总体检出率在3.7%~4.2%。检出率均与各自的总体估计值相差不大，说明元分析最终的估计结果具有较高的稳定性。

(四)调节效应检验

就焦虑而言，结果发现：(1)出版年份的调节效应显著($b=0.08$，95%的置信区间为[0.02，0.13])，进一步的分析发现2010—2014年的检出率为24%，2015—2020年的检出率为31%，说明2010—2020年焦虑问题的检出率越来越高；(2)测量工具的调节效应显著，使用MSSMHS量表测得的检出率最高，其次是CSSAS，最后是SAS和SCARED，表明不同的工具及筛查标准是影响检出率高低的重要因素；(3)检出时间的调节作用显著，1周与3个月的检出率接近，但被试被问及最近一段时间的焦虑情绪时检出率最高，表明检出时间的差异可能是影响检出率高低的因素；(4)年级的调节效应显著，七年级至九年级学生的检出率随年级递增；(5)性别的调节作用不显著，男生和女生的检出率相当；(6)是否独生的调节作用不显著，独生和非独生群体检出率相当；(7)生源地的调节作用不显著，城镇与农村初中生焦虑检出率相当；(8)经济区域的调节作用显著，东北地区检出率最低，东部和中部地区居中，西部地区最高。如表4-2所示。

表 4-2 焦虑检出率的调节效应分析

调节变量	异质性检验			类别	k	检出率	95%的置信区间	
	Q_B	df	p				下限	上限
测量工具+检出标准	30.48	3	<0.001	CSSAS2	3	35%	0.25	0.47
				MSSMHS2	11	44%	0.38	0.51
				SAS50	15	25%	0.21	0.29
				SCARED23	10	26%	0.22	0.32
检出时间	25.89	2	<0.001	1 周	25	24%	0.20	0.27
				3 个月	10	26%	0.21	0.32
				近来	12	41%	0.35	0.48
年级	6.98	2	0.03	七年级	13	25%	0.19	0.32
				八年级	13	28%	0.21	0.35
				九年级	11	39%	0.30	0.48
性别	1.93	1	0.17	男生	18	24%	0.20	0.28
				女生	18	28%	0.24	0.33
独生与否	0.01	1	0.94	独生	7	23%	0.19	0.29
				非独生	7	24%	0.19	0.29
生源地	0.05	1	0.83	城镇	4	29%	0.19	0.41
				农村	4	31%	0.21	0.43
经济区域	23.82	3	<0.001	东北	3	11%	0.06	0.18
				东部	17	24%	0.20	0.28
				中部	12	26%	0.21	0.32
				西部	17	35%	0.29	0.41

注：CSSAS 为中学生焦虑量表[1]，MSSMHS 为中国中学生心理健康量表[2]，SAS 为焦虑自评量表[3]，SCARED 为儿童焦虑性情绪障碍筛查表[4]；工具后的数字为检出标准，下同。

---

[1] 王极盛、邱炳武、赫尔实：《中学生焦虑量表的编制及其标准化》，载《社会心理科学》，1997(3)。

[2] 王极盛、李焰、赫尔实：《中国中学生心理健康量表的编制及其标准化》，载《社会心理科学》，1997，46(4)。

[3] Zung, W. W., "A Rating Instrument for Anxiety Disorders," *Psychosomatics*, 1971, 12(6), pp. 371-379.

[4] Birmaher, B., Khetarpal, S., Brent, D., et al., "The Screen for Child Anxiety Related Emotional Disorders(SCARED): Scale Construction and Psychometric Characteristics," *Journal of The American Academy of Child & Adolescent Psychiatry*, 1997, 36(4), pp. 545-553.

就抑郁而言，结果发现：（1）出版年份的调节效应不显著（$b=0.01$，95%的置信区间为$[-0.03, 0.05]$），说明2010—2020年抑郁检出率无明显变化；（2）测量工具的调节效应显著，SCL-90中抑郁分量表测出的检出率偏低，MSSMHS和SDS测得的检出率偏高，不同工具和标准测出的检出率在13%~38%；（3）检出时间的调节效应显著，2周的检出率最低，最近一段时间的检出率最高；（4）年级的调节作用不显著，但七年级至九年级学生的检出率呈年级递增趋势；（5）性别的调节作用不显著，检出率仅呈现出女高男低的倾向；（6）独生与否的调节作用不显著；（7）生源地的调节作用不显著；（8）经济区域的调节作用不显著。如表4-3所示。

表4-3 抑郁检出率的调节效应分析

调节变量	异质性检验			类别	k	检出率	95%的置信区间	
	Q_B	df	p				下限	上限
测量工具+检出标准	36.79	8	<0.001	CDI19	12	23%	0.18	0.29
				CESD16	7	30%	0.22	0.38
				CESD20	11	23%	0.18	0.29
				DSRSC15	9	22%	0.17	0.28
				MSSMHS2	9	38%	0.30	0.46
				SCL2	3	13%	0.07	0.21
				SDS50	11	37%	0.30	0.45
				SDS53	6	33%	0.24	0.43
				CSSDS2	3	19%	0.11	0.30
检出时间	9.15	2	0.01	1周	67	25%	0.22	0.28
				2周	16	19%	0.15	0.25
				近来	8	36%	0.26	0.46
年级	3.91	2	0.14	七年级	33	25%	0.21	0.29
				八年级	32	28%	0.24	0.33
				九年级	29	31%	0.26	0.36
性别	1.13	1	0.29	男生	29	25%	0.21	0.29
				女生	28	28%	0.24	0.32

续表

调节变量	异质性检验			类别	k	检出率	95%的置信区间	
	Q_B	df	p				下限	上限
独生与否	0.61	1	0.44	独生	13	26%	0.20	0.32
				非独生	13	29%	0.23	0.37
生源地	1.35	1	0.25	城镇	12	27%	0.22	0.34
				农村	12	33%	0.26	0.39
经济区域	2.01	3	0.57	东北	5	26%	0.17	0.39
				东部	37	23%	0.20	0.27
				中部	23	22%	0.18	0.27
				西部	23	27%	0.22	0.32

注：CDI 为儿童抑郁量表①，CESD 为流调中心抑郁量表②，DSRSC 为儿童抑郁自评量表③，MSSMHS 为中国中学生心理健康量表④，SCL 为 90 项症状自评量表⑤，SDS 为抑郁自评量表⑥，CSSDS 为中学生抑郁量表⑦。

就睡眠问题而言，结果发现：（1）出版年份的调节效应不显著（$b=-0.01$，95%的置信区间为[-0.07，0.06]），说明 2010—2020 年自我伤害的检出率虽有下降趋势，但变化不显著；（2）年级的调节作用不显著；（3）性别的调节作用不显著；（4）经济区域的调节效应不显著，表明东部、中部、东北地区的睡眠问题检出率无显著差异。如表 4-4 所示。

① Kovacs, M., *Children's Depression Inventory(CDI)*, New York, Multi-Health Systems, Inc, 1992.

② Radloff, L. S., "The CES-D Scale: A Self-Report Depression Scale for Research in the General Population," *Applied Psychological Measurement*, 1997, 1(3), pp. 385-401.

③ Birleson, P., "The Validity of Depressive Disorder in Childhood and the Development of a Self Rating Scale: A Research Report," *Journal of Child Psychology and Psychiatry*, 1981, 22(1), pp. 73-88.

④ 王极盛、李焰、赫尔实：《中国中学生心理健康量表的编制及其标准化》，载《社会心理科学》，1997，46(4)。

⑤ Derogatis, L. R., *SCL-90-R: Administration, Scoring, and Procedures Manual*, Baltimore, Clinical Psychometric Research, 1977.

⑥ Zung, W. W., "A Self-Rating Depression Scale," *Archives of General Psychiatry*, 1965, 12(1), pp. 63-70.

⑦ 王极盛、邱炳武、赫尔实：《中学生抑郁量表的编制及其标准化》，载《社会心理科学》，1997(3)。

表 4-4　睡眠问题检出率的调节效应分析

调节变量	异质性检验			类别	k	检出率	95%的置信区间	
	Q_B	df	p				下限	上限
年级	2.53	2	0.28	七年级	3	11%	0.04	0.27
				八年级	3	14%	0.05	0.31
				九年级	4	26%	0.13	0.46
性别	0.05	1	0.83	男生	5	11%	0.07	0.16
				女生	5	10%	0.06	0.15
经济区域	3.54	2	0.17	东北	3	12%	0.07	0.19
				东部	9	20%	0.15	0.25
				中部	5	16%	0.11	0.23
				西部	—	—	—	—

就自我伤害而言，结果发现：(1)出版年份的调节效应不显著($b=0.08$，95%的置信区间为[−0.034, 0.20])，说明2010—2020年自我伤害的检出率虽有上升趋势，但变化不明显；(2)测量工具的调节效应不显著；(3)年级的调节作用不显著；(4)性别的调节作用不显著；(5)独生与否的调节作用不显著；(6)生源地的调节作用不显著；(7)经济区域的调节作用显著，中、西部地区偏高，东部地区最低。如表 4-5 所示。

表 4-5　自我伤害检出率的调节效应分析

调节变量	异质性检验			类别	k	检出率	95%的置信区间	
	Q_B	df	p				下限	上限
测量工具	0.36	1	0.55	ANSAQ	3	20%	0.08	0.43
				OSI	4	28%	0.13	0.49
年级	0.33	2	0.85	七年级	5	26%	0.16	0.38
				八年级	6	26%	0.17	0.37
				九年级	4	30%	0.18	0.45
性别	0.51	1	0.48	男生	8	21%	0.16	0.28
				女生	8	24%	0.18	0.32

续表

调节变量	异质性检验			类别	k	检出率	95%的置信区间	
	Q_B	df	p				下限	上限
独生与否	0.08	1	0.78	独生	3	26%	0.15	0.41
				非独生	3	23%	0.13	0.38
生源地	0.50	1	0.48	城镇	3	26%	0.15	0.41
				农村	4	18%	0.09	0.33
经济区域	6.00	2	0.05	东北	—	—	—	—
				东部	4	16%	0.09	0.27
				中部	9	31%	0.23	0.41
				西部	4	35%	0.22	0.51

注：ANSAQ 为青少年非自杀性自伤行为评定问卷①，OSI 为渥太华自我伤害问卷②。

首先，就自杀意念而言，结果发现：（1）出版年份的调节效应不显著（b=0.03，95%的置信区间为[-0.03，0.08]），说明 2010—2020 年自杀意念的检出率虽有上升趋势，但不明显；（2）测量工具的调节效应显著，单条目迫选题测得的检出率显著高于李克特计分式的 SIOSS 量表；（3）年级的调节效应不显著，七年级至九年级学生的检出率无显著差异；（4）性别的调节效应呈边缘显著，女生的自杀意念检出率（22%）高于男生（16%）；（5）经济区域的调节作用不显著，东、中、西部地区检出率的差异不显著。其次，就自杀计划而言，调节效应检验发现：（1）年级的调节效应显著，七年级的检出率显著低于八年级；（2）性别的调节效应不显著。最后，就自杀企图而言，调节效应检验发现：（1）出版年份的调节效应显著（b=0.08，95%的置信区间为[0.02，0.13]），说明 2010—2020 年自杀企图的检出率明显增加；（2）年级的调节效应不显著；（3）性别的调节作用不显著，但女生的自杀企图检出率（4%）略高于男生（3%）；（4）经济区域的调节作用不显

① 万宇辉、刘婉、郝加虎：《青少年非自杀性自伤行为评定问卷的编制及其信效度评价》，载《中国学校卫生》，2018，39（2）。

② Cloutier, P. F. & Humphreys, L., "Measurement of Self-Injury in Adolescents," in M. K. Nixon & N. L. Heath (Eds.), *Self-Injury in Youth: The Essential Guide to Assessment and Intervention*, New York, Routledge Press, 2009, pp. 115-142.

著，东部地区和西部地区检出率的差异不显著。如表4-6所示。

表 4-6　自杀检出率的调节效应分析

自杀类别	调节变量	异质性检验			类别	k	检出率	95%的置信区间	
		Q_B	df	p				下限	上限
自杀意念	测量工具	14.85	1	<0.001	单条目迫选	17	19%	0.17	0.22
					SIOSS	6	11%	0.09	0.14
	年级	2.09	2	0.35	七年级	8	14%	0.12	0.17
					八年级	8	16%	0.14	0.19
					九年级	5	17%	0.13	0.20
	性别	3.15	1	0.08	男生	8	16%	0.12	0.21
					女生	8	22%	0.17	0.28
	经济区域	1.47	2	0.48	东北	—	—	—	—
					东部	14	16%	0.14	0.19
					中部	5	19%	0.15	0.24
					西部	3	18%	0.13	0.24
自杀计划	年级	6.48	1	0.01	七年级	3	5%	0.04	0.05
					八年级	3	6%	0.05	0.08
					九年级	—	—	—	—
	性别	0.09	1	0.76	男生	3	5%	0.02	0.15
					女生	3	6%	0.02	0.18
自杀企图（未遂）	年级	1.44	2	0.49	七年级	4	3%	0.02	0.05
					八年级	4	4%	0.03	0.06
					九年级	3	5%	0.03	0.07
	性别	2.25	1	0.13	男生	5	3%	0.02	0.04
					女生	3	4%	0.03	0.07
	经济区域	1.17	1	0.28	东北	—	—	—	—
					东部	7	3%	0.03	0.04
					中部	—	—	—	—
					西部	3	4%	0.03	0.05

注：SIOSS 为夏朝云等人编制的自杀意念自评量表[1]。

---

[1]　夏朝云、王东波、吴素琴等：《自杀意念自评量表的初步制定》，载《临床精神医学杂志》，2002(2)。

（五）发表偏倚检验

首先，就漏斗图而言，各类心理健康问题的效应值均集中在图形上方且均匀分布于总效应的两侧，初步表明发表偏倚问题并不明显。其次，就线性回归的结果而言：焦虑的回归截距为-4.77，95%的置信区间为［-11.66，2.12］；抑郁的回归截距为-0.56，95%的置信区间为［-5.57，4.46］；睡眠问题的回归截距为2.54，95%的置信区间为［-3.75，8.84］；自我伤害的回归截距为7.96，95%的置信区间为［-12.69，28.61］；自杀意念的回归截距为-1.68，95%的置信区间为［-8.83，5.47］；自杀计划的回归截距为-8.45，95%的置信区间为［-25.754，8.84］；自杀企图的回归截距为-2.75，95%的置信区间为［-6.62，1.23］。所有结果均说明本研究不存在明显的发表偏倚。

四、分析与讨论

（一）心理健康问题的总体检出率

本研究发现，在2010—2020年初中生心理健康问题检出率中，焦虑为27%，抑郁为24%，睡眠问题为17%，自我伤害为22%，自杀意念为17%，自杀计划为7%，自杀企图为4%。2010—2020年焦虑、抑郁和自我伤害检出率排在前三位，说明初中生可能面临的情绪问题较为突出。这既与初中生面临的学业难度增大、家长较高的学业期望以及中考压力有关，也与初中生步入青春期后的生理和激素分泌变化有关[1][2]，还与教师队伍的心理健康水平和学校的校园

---

① Tang, X., Tang, S., Ren, Z., et al., "Prevalence of Depressive Symptoms among Adolescents in Secondary School in Mainland China: A Systematic Review and Meta-Analysis," *Journal of Affective Disorders*, 2019 (245), pp. 498-507.

② 雍那、任玉玲、王春元等：《南充市中学生心理健康状况调查》，载《中国健康心理学杂志》，2018，26(10)。

氛围有关。有研究表明，初中生的很多心理健康问题均可归结为师源性心理问题。[1][2] 总之，外在环境因素和自身生理因素导致心理尚未成熟但精力充沛的初中生情绪容易两极化，产生一些情绪问题和并发心理问题。[3] 此外，本研究还发现，一定比例的初中生还存在自我伤害问题和自杀问题，这与其消极情绪和不成熟的应对方式均有关系[4]，值得心理健康工作者关注。需要注意的是，本研究中综合得出的检出率均基于静态的视角，但对于在某一时间点置身于心理健康风险中的个体自我救赎的比例和风险延续的比例还需立足动态视角衡量。

本结果与类似研究可能存在着不同之处。（1）关于焦虑，本研究结果高于1980—2009年全球44个国家焦虑障碍7.3%的检出率[5]，以及2000—2015年我国焦虑障碍0.5%的检出率[6]。原因在于以上关注的是焦虑障碍，程度较严重，而本研究关注的是焦虑症状或焦虑问题的检出率，包含了轻、中、重不同程度的焦虑问题。此外，本研究关注的是初中群体而其他研究则不限于此。该结果在一定程度上表明初中生虽然焦虑情绪突出，但可能大部分并不严重。（2）关于抑郁，本研究结果高于1991—2018年我国初中生21.9%的检出率[7]，低于2012—2018年我国初中生26.8%的检出率[8]。这可能是由于本研究关注的时间范围有别于既有研究，也可能是因为纳入了未发表的研究，使得纳入数量超过了既有研究，估计结果更加准确。另外，本研究结果高于2011—2018年中国小

① 金东贤、邢淑芬、俞国良：《教师心理健康对学生发展的影响》，载《教育研究》，2008(1)。
② 俞国良、张亚利：《青少年无聊的心理效应与应对——心理健康视角》，载《山西师大学报(社会科学版)》，2021，48(4)。
③ 李婷、王宏、刁华等：《初中生心理健康现状及其家庭影响因素》，载《中国健康心理学杂志》，2020，28(5)。
④ 傅小兰、张侃、陈雪峰等：《心理健康蓝皮书中国国民心理健康发展报告(2019—2020)》，北京，社会科学文献出版社，2021。
⑤ Baxter, A. J., Scott, K. M., Vos, T., et al., "Global Prevalence of Anxiety Disorders: A Systematic Review and Meta-Regression," *Psychological Medicine*, 2013, 43(5), pp. 897-910.
⑥ Guo, X., Meng, Z., Huang, G., et al., "Meta-Analysis of the Prevalence of Anxiety Disorders in Mainland China from 2000 to 2015," *Scientific Reports*, 2016(6), Article 28033.
⑦ Li, J. Y., Li, J., Liang, J. H., et al., "Depressive Symptoms among Children and Adolescents in China: A Systematic Review and Meta-Analysis," *Medical Science Monitor: International Medical Journal of Experimental and Clinical Research*, 2019(25), pp. 7459-7470.
⑧ 刘福荣、宋晓琴、尚小平等：《中学生抑郁症状检出率的 meta 分析》，载《中国心理卫生杂志》，2020，34(2)。

学生 16.8% 的检出率[①]，低于 1999—2018 年中国高中生 24.2% 的检出率[②]，低于 2015—2020 年中国大学生 27% 的检出率[③]，低于 1980—2020 年全球研究生 34% 的检出率[④]，与 1987—2012 年中国老年人 23.6% 的检出率持平[⑤]。这表明抑郁问题可能在初中生群体中只是开始显现，若应对不好，可能会一直延续。（3）关于睡眠问题，本研究由于纳入了部分未发表的文献，使得检出率低于梁等人元分析中的 2010—2020 年初中生 20% 的检出率[⑥]。此外，本研究结果还低于 2010—2020 年我国高中生 28% 的睡眠问题检出率[⑦]，低于 2011—2015 年我国大学生 25.7% 的检出率[⑧]，低于 1999—2016 年我国老年人 35.9% 的检出率[⑨]，表明睡眠问题可能随着年龄增长呈现出逐渐增加的趋势。（4）关于自我伤害，本研究结果高于 2007—2015 年我国大学生 16.6% 的检出率[⑩]和 1989—2018 年全球儿童青少年 19.5% 的检出率[⑪]，表明自我伤害行为可能集中出现在初中阶段。（5）关于自杀意念，本研究结果与邹广顺等人的元分析中 2010—2020 年我国初

① 刘福荣、吴梦凡、董一超等：《小学生抑郁症状检出率的 meta 分析》，载《中国心理卫生杂志》，2021，35(6)。

② Li, J. Y., Li, J., Liang, J. H., et al., "Depressive Symptoms among Children and Adolescents in China: A Systematic Review and Meta-Analysis," *Medical Science Monitor: International Medical Journal of Experimental and Clinical Research*, 2019(25), pp. 7459-7470.

③ Gao, L., Xie, Y., Jia, C., et al., "Prevalence of Depression among Chinese University Students: A Systematic Review and Meta-Analysis," *Scientific Reports*, 2020(10), Article 15897.

④ Guo, L., Fan, H., Xu, Z., et al., "Prevalence and Changes in Depressive Symptoms among Postgraduate Students: A Systematic Review and Meta-Analysis from 1980 to 2020," *Stress and Health*, 2021, 37(5), pp. 835-847.

⑤ Li, D., Zhang, D. J., Shao, J. J., et al., "A Meta-Analysis of the Prevalence of Depressive Symptoms in Chinese Older Adults," *Archives of Gerontology and Geriatrics*, 2014, 58(1), pp. 1-9.

⑥ Liang, M., Guo, L., Huo, J., et al., "Prevalence of Sleep Disturbances in Chinese Adolescents: A Systematic Review and Meta-Analysis," *PLos One*, 2021, 16(3), Article e0247333.

⑦ Liang, M., Guo, L., Huo, J., et al., "Prevalence of Sleep Disturbances in Chinese Adolescents: A Systematic Review and Meta-Analysis," *PLos One*, 2021, 16(3), Article e0247333.

⑧ Li, L., Wang, Y. Y., Wang, S. B., et al., "Prevalence of Sleep Disturbances in Chinese University Students: A Comprehensive Meta-Analysis," *Journal of Sleep Research*, 2018, 27(3), Article e12648.

⑨ Lu, L., Wang, S. B., Rao, W., et al., "The Prevalence of Sleep Disturbances and Sleep Quality in Older Chinese Adults: A Comprehensive Meta-Analysis," *Behavioral Sleep Medicine*, 2019, 17(6), pp. 683-697.

⑩ 潘珍、毛绍菊、唐寒梅等：《中国大学生非自杀性自伤检出率的 Meta 分析》，载《中国学校卫生》，2016，37(6)。

⑪ Lim, K. S., Wong, C. H., McIntyre, R. S., et al., "Global Lifetime and 12-Month Prevalence of Suicidal Behavior, Deliberate Self-Harm and Non-Suicidal Self-Injury in Children and Adolescents Between 1989 and 2018: A Meta-Analysis," *International Journal of Environmental Research and Public Health*, 2019, 16(22), Article 4581.

中生 16.6% 的检出率结果一致[1]，但低于 2010—2020 年我国高中生 18.1% 的检出率，高于全球大学生 1980—2016 年 10.62% 的检出率[2]，低于 2008—2017 年欧洲一般人群 3.62% 的检出率[3]。本研究结果在一定程度上表明心理尚未成熟的青少年比大学生和一般人群更容易产生自杀意念，处于社会转型期的我国初中生比世界其他人群更容易产生自杀意念。(6)关于自杀计划，本研究结果高于 2010—2018 年我国大学生 4.4% 的检出率[4]，低于 2008—2017 年欧洲一般人群 1.6% 的检出率[5]，这也表明我国初中生心理的脆弱性。(7)关于自杀企图，本研究结果低于 1989—2018 年全球儿童青少年 4.5% 的检出率[6]，高于 1999—2014 年我国大学生 2.8% 的检出率，高于 2008—2017 年欧洲一般人 0.57% 的检出率[7]。这表明我国初中生面临的自杀问题较为突出，可能与该阶段自身的心理不成熟和心理问题的困扰有关，也与中国当下社会转型过程中学生面对的生存压力增大有关。

(二)心理健康问题检出率的调节效应

本研究首次分析了 2010—2020 年初中生心理健康问题检出率的动态变化特点，发现焦虑和自杀企图呈现逐年恶化的趋势。该结果与以往的横断历史研究

---

[1]　邹广顺、吕军城、乔晓伟：《中国中学生自杀意念检出率的 meta 分析》，载《中国心理卫生杂志》，2021，35(8)。

[2]　Mortier, P., Cuijpers, P., Kiekens, G., et al., "The Prevalence of Suicidal Thoughts and Behaviours among College Students: A Meta-Analysis," *Psychological Medicine*, 2018, 48(4), pp. 554-565.

[3]　Castillejos, M. C., Huertas, P., Martin, P., et al., "Prevalence of Suicidality in the European General Population: A Systematic Review and Meta-Analysis," *Archives of Suicide Research*, 2021, 25(4), pp. 810-828.

[4]　茹福霞、黄秀萍、詹文韵等：《中国大陆大学生自杀计划检出率 Meta 分析》，载《中国学校卫生》，2019，40(1)。

[5]　Castillejos, M. C., Huertas, P., Martin, P., et al., "Prevalence of Suicidality in the European General Population: A Systematic Review and Meta-Analysis," *Archives of Suicide Research*, 2021, 25(4), pp. 810-828.

[6]　Lim, K. S., Wong, C. H., McIntyre, R. S., et al., "Global Lifetime and 12-Month Prevalence of Suicidal Behavior, Deliberate Self-Harm and Non-Suicidal Self-Injury in Children and Adolescents Between 1989 and 2018: A Meta-Analysis," *International Journal of Environmental Research and Public Health*, 2019, 16(22), Article 4581.

[7]　Castillejos, M. C., Huertas, P., Martin, P., et al., "Prevalence of Suicidality in the European General Population: A Systematic Review and Meta-Analysis," *Archives of Suicide Research*, 2021, 25(4), pp. 810-828.

结果交相呼应[1][2]——初中生的焦虑水平随时间发展呈现出恶化趋势。本研究则进一步表明，焦虑不仅仅是整体水平的恶化，存在焦虑问题的人数也在逐年增加。除了日益激烈的竞争环境影响外，社会转型期离婚率的增加、城镇化水平的提升所导致的青少年与原生家庭联结的削弱，以及数字化时代线下社交互动的减少都是导致初中生焦虑和自杀企图检出率日益增加的重要因素。[3][4] 该结果可能并不是我国独有的现象。有研究发现，2011—2018 年美国青少年的自杀企图检出率也显著增加了。[5] 但可喜的是心理健康恶化的趋势仅体现在个别方面，抑郁、睡眠问题、自我伤害和自杀意念在 2010—2020 年并未表现出明显的恶化趋势。该结果与特韦治（Twenge）的结果[6]不同，他发现美国青少年心理健康状况在 2011—2018 年几乎呈现全面恶化的趋势，重度抑郁和自我伤害行为的检出率也显著增加了。这说明近年来我国关于初中生心理健康教育政策的实施可能起到了一定作用[7]，但此类心理健康问题的检出率并未呈现降低趋势，未来针对初中生的心理健康教育工作仍然任重道远。

本研究发现，除自我伤害以外，其他心理健康问题的检出率均会受到测量工具的影响，甚至焦虑和抑郁还会受到不同检出标准的影响。具体来看，关于焦虑，使用 MSSMHS 和 CSSAS 测得的检出率最高。这两种工具均为王极盛等人

① 王勍、俞国良：《初中生心理健康的横断历史研究》，载《中国特殊教育》，2017(11)。

② Xin, S. , Wang, Y. & Sheng, L. , "Impact of Social Changes and Birth Cohort on Anxiety in Adolescents in Mainland China(1992—2017)：A Cross-Temporal Meta-Analysis," *Children and Youth Services Review*, 2020 (116)，Article 105159.

③ Twenge, J. M. & Spitzberg, B. H. , " Declines in Non Digital Social Interaction among Americans, 2003-2017," *Journal of Applied Social Psychology*, 2020, 50(6), pp. 363-367.

④ Xin, S. , Wang, Y. & Sheng, L. , "Impact of Social Changes and Birth Cohort on Anxiety in Adolescents in Mainland China(1992-2017)：A Cross-Temporal Meta-Analysis," *Children and Youth Services Review*, 2020(116), Article 105159.

⑤ Twenge, J. M. , "Why Increases in Adolescent Depression May Be Linked to the Technological Environment," *Current Opinion in Psychology*, 2020(32), pp. 89-94.

⑥ Twenge, J. M. , "Why Increases in Adolescent Depression May Be Linked to the Technological Environment," *Current Opinion in Psychology*, 2020(32), pp. 89-94.

⑦ 俞国良、琚运婷：《我国心理健康教育政策的历史进程分析与启示》，载《中国教育学刊》，2018(10)。

编制①②，虽然题目的编制具有调研基础，但常模的制定略显粗糙，与临床样本缺乏对照，且取样并不广泛，导致检出标准尤其是轻度焦虑的标准较为宽松，使得检出率较高。但从原始的研究来看，这种高检出率多半指的是轻度焦虑。关于抑郁，使用 MSSMHS 和 SDS 测得的检出率偏高。不同测量工具倚重的核心症状虽然相似，但边缘症状可能不同，因而导致了上述差异。③ 另外，不同学者对抑郁症状标定的检出分数并不相同，这也是导致研究结果差异大的重要因素。关于自我伤害，ANSAQ 和 OSI 测得的检出率差异不显著。这可能是因为两者测量的题目十分类似，ANSAQ 编制时借鉴了 OSI 的内容。关于自杀意念，单条目迫选题测得的检出率显著高于 SIOSS 量表。该结果提示，工具编制者应立足于中国大地，基于科学的调研程序制定适合新时代我国初中生群体的权威性心理健康问题筛查工具、筛查方案、常模标准、操作流程和解释系统。工具使用者应尽量选择权威性的测量工具并清晰地报告检出标准，还应该结合多种视角，如精神病理学网络分析技术，更加精准地识别有心理问题的个体，以便从筛查源头上降低诊断偏差，增加结果的可重复性，减少异质性结果。④ 工具的管理者有必要在相关政府部门设置专门的业务对具有筛查功能的心理健康量表进行备案、审查，甚至可领导、委托或指定相关机构或学术团体编制和更新科学的筛查工具，推荐较为科学的筛查方案。

　　本研究仅对能够支撑探讨检出时间调节效应的焦虑和抑郁问题进行了分析。睡眠问题由于检出时间多为一个月，自我伤害和自杀检出时间多为一年，均比较一致，因而未探讨检出时间的调节效应。最终本研究发现，对焦虑而言，检出时间的调节效应显著，1 周与 3 个月的检出率接近，但被试被问及最近一段时间的焦虑情绪时检出率最高；对抑郁而言，检出时间的调节效应显著，两周

　　① 王极盛、李焰、赫尔实：《中国中学生心理健康量表的编制及其标准化》，载《社会心理科学》，1997，46(4)。

　　② 王极盛、邱炳武、赫尔实：《中学生焦虑量表的编制及其标准化》，载《社会心理科学》，1997(3)。

　　③ Fried, E. I., "The 52 Symptoms of Major Depression: Lack of Content Overlap among Seven Common Depression Scales," *Journal of Affective Disorders*, 2017(208), pp. 191-197.

　　④ 陈琛、王力、曹成琦：《心理病理学网络理论、方法与挑战》，载《心理科学进展》，2021，29(10)。

的检出率最低，最近一段时间的检出率最高。这表明检出时间确实是影响检出率高低的重要因素。其中，当检出时间不那么确定时，检出率最高，这提示工具编制者和使用者应尽可能地给出明确的检出时间，否则被试可能无法清晰地把握测试的内容，测验的结果提供的证据价值也不够充分。值得注意的是，本研究中检出时间为"最近一段时间"的测量工具均为王极盛等人编制的问卷①②③，检出率偏高可能还有检出标准宽松的因素夹杂其中。另外值得注意的是，当检出时间确定时，无论是焦虑问题中的一周与三个月，还是抑郁问题中的一周与两周，检出率的差异均不显著。这表明已有工具中的这些明确的时间设定可能不会对检出率产生实质性的影响，但与本文之外的测量时间段，比如年检出率和终生检出率是否存在差异，仍然值得未来研究关注。

本研究对所有心理健康问题检出率涉及的年级差异进行了分析，其中自杀计划由于报告九年级检出率的研究数量少于 3，因而仅探讨了七年级和八年级的差异。最终结果发现，焦虑和自杀计划的年级差异显著，七年级至九年级学生的检出率随年级递增。焦虑问题是初中生检出率最高的心理健康问题。随着年级升高，初中生面对的学业难度和中考压力也逐渐显现，因而呈现出随年级升高的特点。④ 值得注意的是，除焦虑和自杀计划外，初中生抑郁、睡眠问题、自我伤害和其他自杀问题的检出率随年级增加仅呈现微增的发展趋势而差异均不显著。抑郁的研究结果同唐等人的研究结果⑤类似，但与傅小兰等人得出的抑郁平均水平存在年级差异的结果⑥不同，这表明随着年级的增长抑郁整体水

---

① 王极盛、李焰、赫尔实：《中国中学生心理健康量表的编制及其标准化》，载《社会心理科学》，1997，46（4）。

② 王极盛、邱炳武、赫尔实：《中学生抑郁量表的编制及其标准化》，载《社会心理科学》，1977（3）。

③ 王极盛、邱炳武、赫尔实：《中学生焦虑量表的编制及其标准化》，载《社会心理科学》，1997（3）。

④ Tang, X., Tang, S., Ren, Z., et al., "Prevalence of Depressive Symptoms among Adolescents in Secondary School in Mainland China: A Systematic Review and Meta-Analysis," *Journal of Affective Disorders*, 2019（245），pp. 498-507.

⑤ Tang, X., Tang, S., Ren, Z., et al., "Prevalence of Depressive Symptoms among Adolescents in Secondary School in Mainland China: A Systematic Review and Meta-Analysis," *Journal of Affective Disorders*, 2019（245），pp. 498-507.

⑥ 傅小兰、张侃、陈雪峰等：《心理健康蓝皮书中国国民心理健康发展报告（2019—2020）》，北京，社会科学文献出版社，2021。

平可能仅是特定阶段群体性抑郁水平自然升高的表现形式，真正受抑郁情绪影响产生抑郁症状的人数是相对稳定的。

本研究发现，初中生自杀意念检出率存在显著的性别差异，女生的检出率显著高于男生。该结果与美国青少年大型调查的结果[1]一致，也与胡等人关于青少年自杀未遂的元分析结果[2]一致。这可能与两性生理上的激素分泌差异（如睾酮与雌二醇）和大脑对情感信息的加工差异有关，使得女性面对应激性刺激更加敏感也更难适应，更易出现自杀意念。[3] 此外，男性一般遭遇生活事件或社会性创伤时可能更多地将不满的力量向外部释放，如发起攻击行为，女性则更容易指向自身，导致自杀意念检出率比男性高。[4] 另外一个因素则与中国的传统文化和性别角色差异有关。在我国，男孩和女孩的性别角色差异十分明显，男孩一般会被文化赋予坚强、勇敢、阳刚的标签，女孩一般被赋予可爱、温柔、乖巧的标签，使得社会对男性自杀的容忍度更低，男性自杀会被视为无能、没出息，对这种负面社会评价的恐惧反而成为男孩自杀意念出现的抑制因素。[5] 值得注意的是，除自杀外，焦虑、抑郁、睡眠问题和自我伤害仅呈现出女性检出率比男性略高的趋势，但差异并不显著。该结果与中国青少年睡眠问题检出率结果[6]、中国儿童青少年抑郁检出率结果[7]一致，均未发现显著的性别差异。这表明应对自杀时应着重关注女性的易感性，而应对焦虑、抑郁等心理健康问

---

[1] Twenge, J. M. , "Why Increases in Adolescent Depression May Be Linked to the Technological Environment," *Current Opinion in Psychology*, 2020(32), pp. 89-94.

[2] Hu, J. , Dong, Y. , Chen, X. , et al. , "Prevalence of Suicide Attempts among Chinese Adolescents: A Meta-Analysis of Cross-Sectional Studies," *Comprehensive Psychiatry*, 2015(61), pp. 78-89.

[3] Yang, X. & Feldman, M. W. , "A Reversed Gender Pattern? A Meta-Analysis of Gender Differences in The Prevalence of Non-Suicidal Self-Injurious Behaviour among Chinese Adolescents," *BMC Public Health*, 2018(18), Article 66.

[4] Freeman, A. , Mergl, R. , Kohls, E. , et al. , "A Cross-National Study on Gender Differences in Suicide Intent," *BMC Psychiatry*, 2017(17), Article 234.

[5] Zhang, J. , "The Gender Ratio of Chinese Suicide Rates: An Explanation in Confucianism," *Sex Roles*, 2014, 70(3), pp. 146-154.

[6] Liang, M. , Guo, L. , Huo, J. , et al. , "Prevalence of Sleep Disturbances in Chinese Adolescents: A Systematic Review and Meta-Analysis," *Plos One*, 2021, 16(3), Article e0247333.

[7] Tang, X. , Tang, S. , Ren, Z. , et al. , "Prevalence of Depressive Symptoms among Adolescents in Secondary School in Mainland China: A Systematic Review and Meta-Analysis," *Journal of Affective Disorders*, 2029(245), pp. 498-507.

题时应注重政策实施的全面性。

本研究仅对能够支撑探讨独生与否和生源地调节效应的焦虑、抑郁和自我伤害进行了分析。结果发现，上述三种心理健康问题的检出率在独生和非独生初中生中差异不显著，在城镇和农村的初中生中差异也不显著。该结果与研究者对中国儿童青少年抑郁检出率的元分析结果[1][2]一致，表明是否独生和生源地可能不是当下影响初中生心理健康问题检出率的关键因素。首先，关于独生与否的因素。由于近年来中国经济发展伴随的生存压力导致众多家庭不愿生育二孩，而有生育二孩意愿的家庭往往不存在较大的养育压力，因此，无论是独生还是非独生学生，在当下均能够享受家庭中的资源，心理健康水平并无显著差异。[3] 其次，关于生源地的因素。近年来由于国民素质普遍提升，使得城乡家庭教养理念进一步缩小。此外，由于我国农村家庭可支配收入增加，使得农村和城镇家庭对子女的教育投入差距进一步缩小。这些都使得城乡初中生面对的成长环境更加相似，心理健康水平更加趋同。

本研究将被试按经济区域归属分为东北、东部、中部和西部四个亚组，结果发现仅有焦虑和自我伤害存在显著的区域差异，中部、西部地区检出率偏高，东部和东北地区检出率偏低，而抑郁、睡眠问题和自杀均不存在显著的区域差异，仅呈现出中部、西部检出率偏高，东部偏低的趋势。这可能是因为东北地区和东部地区高教资源较多，尤其是东北地区人口相对较少但高教资源相对丰富，对于初中生乃至高中生而言，将来面对的升学压力和生存压力较小，心理健康问题较少。[4] 中西部地区属于高教资源较为贫乏的地区，并且教育的人均

① Li, J. Y., Li, J., Liang, J. H., et al., "Depressive Symptoms among Children and Adolescents in China: A Systematic Review and Meta-Analysis," *Medical Science Monitor: International Medical Journal of Experimental and Clinical Research*, 2019(25), pp. 7459-7470.

② Tang, X., Tang, S., Ren, Z., et al., "Prevalence of Depressive Symptoms among Adolescents in Secondary School in Mainland China: A Systematic Review and Meta-Analysis," *Journal of Affective Disorders*, 2019(245), pp. 498-507.

③ 廖友国、连榕：《独生与非独生子女心理健康变迁的差异——一项横断历史研究》，载《西南大学学报（社会科学版）》，2020，46(3)。

④ Rao, W. W., Xu, D. D., Cao, X. L., et al., "Prevalence of Depressive Symptoms in Children and Adolescents in China: A Meta-Analysis of Observational Studies," *Psychiatry Research*, 2019(272), pp. 790-796.

投入较少，关于心理健康教育方面的投入不如东部地区，从而导致了焦虑和自我伤害检出率区域差异的出现。[①] 总之，经济的发展给区域内带来的教育资源的供给和心理健康投入的增加是心理健康问题检出率较低的重要因素。因此，未来心理健康服务应重视中部、西部地区的初中生，在减负的同时提供更优质的教育，从而减少焦虑等心理问题的出现。

(三)研究意义与不足

本研究首次基于检索到的文献，采用元分析的视角估计了我国初中生2010—2020 年典型心理问题的检出率，并揭示了一些左右检出率大小的重要因素，初步澄清了关于检出率大小不一致的争论问题，为相关部门和人员了解初中生心理健康的基本状况提供了更加可靠的证据。但本研究也存在不足之处。首先，本研究在检索外文数据库时仅利用了 Web of Science 核心合集这一检索平台。虽然覆盖了重要研究，但难免有个别研究被遗漏。未来感兴趣的研究者可以按年份适当检索更多的数据库，并建立元分析数据库以备未来分析。其次，本研究仅分析了初中生较为典型的几类心理健康问题，无法完全覆盖心理健康的所有指标，未来可关注其他心理健康指标的检出率。最后，元分析是基于原始文献进行的二次分析，很难规避发表偏倚，仍然需要与高质量的原始研究互相印证，尤其是在动态发展过程中加以验证。

五、研究结论

研究结论如下：(1)初中生面临不同程度的心理健康问题，其中焦虑、抑郁和自我伤害排在前三位；(2)初中生心理健康问题随年份增加呈现恶化趋势，其中焦虑和自杀企图尤为明显；(3)初中生心理健康问题检出率受测量工具、

---

① 邹广顺、吕军城、乔晓伟：《中国中学生自杀意念检出率的 meta 分析》，载《中国心理卫生杂志》，2021，35(8)。

检出标准和检出时间不统一的影响；（4）初中生心理健康问题整体上随年级而增加，其中焦虑尤为明显；（5）女生的心理健康问题检出率高于男生，自杀尤为明显；（6）中部、西部地区的初中生比东北和东部地区的初中生更容易出现心理健康问题，尤其是焦虑和自我伤害。

第五章

我国高中生心理健康问题检出率的元分析：2010—2020 年

高中阶段是心理发展的关键期，也是多种心理问题的频发期。根据生态系统理论，社会对个体的影响可归结为以个体为圆心扩展而来的嵌套式系统。[1] 因此，高中生的心理健康状况是多种因素动态交互的结果。[2][3] 从个体自身来看，高中生正处于埃里克森心理发展理论中的青少年期，面临着自我同一性对角色混乱的心理冲突[4]，容易出现情绪波动而产生多种心理问题[5][6]；从外部环境来看，学业负担、师生关系、亲子关系、同伴关系以及他人期望，都使高中生面临较大的心理压力[7][8]；从宏观社会发展来看，随着社会转型和时代变迁，父母离婚率提高、高考制度改革等也对高中生的心理健康造成威胁[9][10]。由此可

---

①　Brofenbrenner, U. & Morris, P. A., "The Bioecological Model of Human Development," in R. M. Lerner & W. Damon(Eds.), *Handbook of Child Psychology*: *Theoretical Models of Human Development*, Hoboken, New Jersey, John Wiley & Sons Inc, 2006, pp. 793-828.

②　Crockett, L. J. & Beal, S. J., "The Life Course in the Making: Gender and the Development of Adolescents' Expected Timing of Adult Role Transitions," *Developmental Psychology*, 2012, 48(6), pp. 1727-1738.

③　Gaete, J., Rojas-Barahona, C. A., Olivares, E., et al., "Brief Report: Association between Psychological Sense of School Membership and Mental Health among Early Adolescents," *Journal of Adolescence*, 2016(50), pp. 1-5.

④　Erikson, E. H., "Identity and the Life Cycle," *Psychological Issues*, 1959(1), pp. 18-164.

⑤　Blankenstein, N. E., Telzer, E. H., Do, K. T., et al., "Behavioral and Neural Pathways Supporting the Development of Prosocial and Risk-Taking Behavior Across Adolescence," *Child Development*, 2020. 91 (3), pp. 665-681.

⑥　Zou, S., Wu, X., Huang, B., et al., "Double-Edged Effect of Coparenting on Chinese Adolescents' Emotional Instability: An Inconsistent Mediation Model," *Journal of Child and Family Studies*, 2029, 29(5), pp. 1413-1423.

⑦　Kulakow, S., Raufelder, D. & Hoferichter, F., "School-Related Pressure and Parental Support as Predictors of Change in Student Stress Levels From Early to Middle Adolescence," *Journal of Adolescence*, 2021(87), pp. 38-51.

⑧　Sun, J., Dunne, M. P. & Hou, X. Y., "Academic Stress among Adolescents in China," *Australasian Epidemiology*, 2012, 19(1), pp. 9-12.

⑨　Jackson, K. M., Rogers, M. L. & Sartor, C. E., "Parental Divorce and Initiation of Alcohol Use in Early Adolescence," *Journal of Addictive Behaviors*, 2016, 30(4), pp. 450-461.

⑩　俞国良、李建良、王勍：《生态系统理论与青少年心理健康教育》，载《教育研究》，2018, 39(3)。

见，高中生心理健康问题不仅源于个体自身，还会受到家庭、学校及社会的广泛影响。

一、文献回顾

为提升高中生心理健康水平，保证后续心理健康工作的有效开展，了解我国高中生心理健康问题的检出率，从而掌握高中生心理健康的基本状况是必要的。此前虽然已有不少研究涉及高中生心理健康问题的检出率，但是我国高中生心理健康问题检出率究竟如何，尚无一致结论，如高中生抑郁检出率在 5.6%~54.4%[1][2][3]均有发现。但此类研究由于样本数量有限，地域代表性不足，导致缺乏一定说服力。元分析则为弥补上述不足提供了有效解决办法。元分析所具有的可整合大量研究、降低抽样及测量误差、可推断结果异质性原因等优点，有助于研究者得到更准确的高中生心理健康问题检出率结果，进而为后续心理健康干预提供科学有效的指导。目前，已有一些关于心理健康问题检出率的元分析。例如，有研究者发现我国中学生抑郁的检出率为 24.3%[4]，还有研究者发现我国中学生自杀企图（未遂）的检出率为 2.94%[5]。然而，此类元分析代表性不强。首先，研究问题只关注到心理健康问题的某个

① Lan, G., Hong, L., Xue, G., et al., "Associations Between Depression Risk, Bullying and Current Smoking among Chinese Adolescents: Modulated by Gender," *Psychiatry Research*, 2016(237), pp. 282-289.

② Tan, Y. F., Chen, Y., Lu, Y. G., et al., "Exploring Associations Between Problematic Internet Use, Depressive Symptoms and Sleep Disturbance among Southern Chinese Adolescents," *International Journal of Environmental Research and Public Health*, 2016, 13(3), pp. 313-325.

③ 王鉴、刘念、陶莉：《父母冲突影响青少年焦虑和抑郁：自尊的中介作用》，载《中国健康心理学杂志》，2020，28(11)。

④ Tang, X. F., Tang, S. Q., Ren, Z. H., et al., "Prevalence of Depressive Symptoms among Adolescents in Secondary School in Mainland China: A Systematic Review and Meta-Analysis," *Journal of Affective Disorders*, 2019(245), pp. 498-507.

⑤ Hu, J., Dong, Y., Chen, X., et al., "Prevalence of Suicide Attempts among Chinese Adolescents: A Meta-Analysis of Cross-Sectional Studies," *Comprehensive Psychiatry*, 2015(61), pp. 78-89.

方面，未能全面反映我国高中生心理健康问题的全貌。其次，研究对象往往包含初中生在内的中学生，不能准确反映高中生心理健康问题的独特特点。最后，对调节变量梳理得也不够全面，缺乏对出版年代、测量工具和区域等重要调节变量的探讨。

因此，本研究拟对我国 2010—2020 年高中生（含高职生）检出率的文章进行全面、系统的元分析，以对其心理健康的一般状况形成更加清晰的认识。关于心理健康的内涵，目前主要存在三种观点：病理学取向、积极取向和完全取向。对心理健康问题检出率的探讨，决定了本研究是基于病理学取向的，即把心理健康视为不显著状态下的精神病理学症状。由于心理健康问题涉及的指标过多，难以全部呈现，结合对既有文献的梳理①，本研究重点对高中生中较为常见的内化问题（包括焦虑、抑郁、睡眠问题、躯体化、自杀意念、自杀计划）和外化问题［包括自我伤害、自杀企图（未遂）］的检出率进行分析。此外，本研究还考查了出版年代，测量工具相关因素（测量工具、检出标准、检出时间），以及人口统计学变量（年级、区域、性别、是否独生、生源地）对心理健康问题检出率的调节效应。

二、研究方法

（一）文献检索与筛选

本研究涵盖较多的心理健康问题指标，但各个心理健康问题指标是分别独立进行检索的。中文数据检索了知网硕博论文及期刊全文数据库，英文数据检索了 Web of Science 核心合集数据库，检索范围均设定为摘要。在中文数据库中检索时，焦虑的关键词需包含"焦虑"和"检出率"；抑郁的关键词需包含"抑郁"

---

① Achenbach, T. M. , "The Classification of Children's Psychiatric Symptoms：A Factor-Analytic Study,"*Psychological Monographs：General and Applied*, 1966, 80(7), pp. 1-37.

和"检出率"；睡眠问题的关键词需包含"睡眠障碍"或"睡眠问题"或"失眠"和"检出率"；躯体化的关键词需包含"躯体化"或"躯体主诉"和"检出率"；自我伤害问题的关键词需包含"自我伤害"和"检出率"；自杀的关键词需包含"自杀"和"检出率"。在英文数据库中检索时，焦虑的关键词需包含"anxi *"和"prevalence"或"detection rate"和"Chin *"；抑郁的关键词需包含"depress *"和"prevalence"或"detection rate"和"Chin *"；睡眠问题的关键词需包含"sleep"或"insomnia"和"prevalence"或"detection rate"和"Chin *"；躯体化的关键词需包含"somati *"和"prevalence"或"detection rate"和"Chin *"；自我伤害问题的关键词需包含"self-harm"或"self harm"或"self-injury"或"self injury"和"prevalence"或"detection rate"和"Chin *"；自杀的关键词需包含"suicid *"和"prevalence"或"detection rate"和"Chin *"。检索时间时间设定在 2010 年 1 月 1 日至 2020 年 12 月 31 日，最终获取文献的数目为：焦虑 3 126 篇、抑郁 3 844 篇、睡眠问题 1 255 篇、躯体化 551 篇、自我伤害 258 篇、自杀 628 篇。

文献导入使用 EndNote X9，筛选标准如下：（1）为第一手资料的实证研究；（2）有检出率或能计算出检出率的必要信息，且不存在明显错误；（3）明确介绍了测量工具；（4）重复发表的数据仅取其一；（5）研究对象为我国高中阶段或相应年龄段(15~18 岁)的学生；（6）研究对象为非特殊人群。文献筛选由 1 名博士生完成，最后按照心理健康指标将文献分给另外 3 名博士生，这 3 名博士生各自随机抽取 10%对剔除文献及保留文献进行核查，若出现不一致的结果，则需同最初文献筛选者协商解决。文献筛选流程如图 5-1 所示。

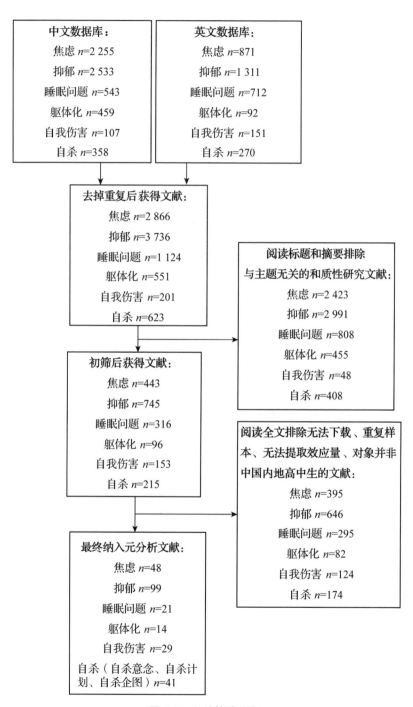

图 5-1　文献筛选流程

(二) 文献编码

每项研究均根据以下几种特征编码：作者、出版年份、出版类型、取样地区、测量工具、检出标准、检出时间、被试数以及检出率。选取检出率遵循以下原则：(1)若为追踪研究，则提取第一次的数据；(2)若同一时间点采用了多种评估方法，则选取测量工具效果最佳的数据；(3)若多篇研究使用相同数据，则提取信息最全的研究数据。编码先由一名博士生完成，之后再由另外一名博士生对照原文核查。若核查出与原文不一致，需进行讨论随即更正。

(三) 发表偏倚控制与检验

由于发表偏倚的存在，仅检索已发表文献可能无法全面代表该领域内研究现状，因此本研究同时对未公开发表的硕博论文数据库进行了检索，尽可能地减少发表偏倚。此外，p 值曲线也用来检验是否存在发表偏倚。其原理是根据已发表研究中的 p 值分布，来分析这些研究能否为真实现象提供证据价值。在真实效应(H_1 为真)的研究中，相比于较高显著性范围内的 p 值($0.025 < p < 0.05$)，较小的 p 值($p < 0.025$)更有可能出现。因此，若真实效应存在，则 p 值分布应是右偏的。

(四) 模型选择

目前有两种估计总体效应值的方法：固定模型和随机模型。固定模型假设众多研究测量结果包含相同真值及随机误差，结果差异都是由随机误差导致的。随机模型假设众多研究测量结果包含真值、系统误差以及随机误差三部分，结果差异不仅受随机误差影响，还受测量工具、检出标准等系统误差影响。本研究在文献编码时发现，众多研究样本的特征不尽相同，故进行元分析时选择了随机效应模型。另外，异质性检验中的 Q 检验结果及 I^2 值也被用于判定本研究中不同模型的适切性。随机效应模型优先适用于 Q 检验结果显著，或 I^2 值大于

75%的情况，否则应优先选用固定效应模型。[①]

(五) 数据处理

总检出率估计及调节效应检验采用 Comprehensive Meta-Analysis Version 3.3 软件。对于合并检出率的计算，CMA 软件先将输入的比率数据转化为 $logit$ 数据 $[logit = Log(p/(1\text{-}p))]$ 进行分析 $\left(var(logit) = \dfrac{1}{case} + \dfrac{1}{non\_\ case}\right)$，分析完成之后再将 $logit$ 结果转换为比率数据并进行输出。[②] 调节效应分析分为两种情况：若调节变量为分类变量，则用亚组分析进行检验；若调节变量为连续变量，则用元回归分析进行检验。参照以往研究[③]，亚组分析时，调节变量每个水平下的效应量数目不应少于 3 个，以确保每个水平下的研究均具有足够的代表性。

三、研究结果

(一) 文献纳入情况

本研究最终文献纳入情况如下：(1)焦虑 48 篇(48 个效应值，50 613 名被试)，包含 6 篇硕博论文，42 篇期刊论文；(2)抑郁 99 篇(99 个效应值，217 806 名被试)，包含 14 篇硕博论文，85 篇期刊论文；(3)睡眠问题 21 篇(21 个效应值，91 528 名被试)，包含 6 篇硕博论文，15 篇期刊论文；(4)躯体化 14 篇(14 个效应值，14 349 名被试)，包含 7 篇硕博论文，7 篇期刊论文；(5)自我伤害 29 篇(29 个效应值，149 028 名被试)，包含 3 篇硕博论文，26 篇期刊论文；(6)自杀意念 21 篇(21 个效应值，191 906 名被试)，包含 3 篇硕博论文，18 篇期刊论文；(7)自杀计划 7 篇(7 个效应值，39 775 名被试)，包含 2 篇硕

---

① Huedo-Medina, T. B., Sánchez-Meca, J., Marín-Martínez, F., et al., "Assessing Heterogeneity in Meta-Analysis: Q Statistic or I^2 Index?" *Psychological Methods*, 2006, 11(2), pp. 193-206.

② Card, N. A., *Applied Meta-Analysis for Social Science Research*, New York, Guilford Press, 2012.

③ 张亚利、李森、俞国良：《社交媒体使用与错失焦虑的关系：一项元分析》，载《心理学报》，2021，53(3)。

博论文，5 篇期刊论文；（8）自杀企图（未遂）13 篇（13 个效应值，158 416 名被试），包含 2 篇硕博论文，11 篇期刊论文。

（二）异质性检验

为确定随机效应模型是否适用于本研究，以及调节效应分析是否有必要进行，对最终纳入研究的效应值进行了异质性检验。结果发现，所有心理健康指标的 Q 值均显著，且 I^2 值均达到 75% 以上[1]，说明随机效应模型的选用是合适的。同时该结果也表明，一些研究特征因素可能干扰并导致了不同研究间估计值的差异，可以对调节效应进行分析。

（三）主效应检验

本研究采用随机效应模型对各类心理健康问题进行分析，结果表明：（1）焦虑检出率为 26%；（2）抑郁检出率为 28.0%；（3）睡眠问题检出率为 23.0%；（4）躯体化检出率为 10%；（5）自我伤害检出率为 23%；（6）自杀意念检出率为 17%；（7）自杀计划检出率为 7%；（8）自杀企图（未遂）检出率为 3%。如表 5-1 所示。

表 5-1　高中生心理健康问题的检出率

心理健康问题种类	k	被试数	效应值及 95% 的置信区间			异质性检验	
			检出率	下限	上限	I^2	p
焦虑	48	50 613	26%	0.22	0.31	99.17	<0.001
抑郁	99	217 806	28%	0.25	0.31	99.49	<0.001
睡眠问题	21	91 528	23%	0.21	0.26	98.61	<0.001
躯体化	14	14 349	10%	0.06	0.15	99.58	<0.001
自我伤害	29	149 028	23%	0.19	0.27	99.61	<0.001
自杀意念	21	191 906	17%	0.16	0.19	98.22	<0.001

---

① Huedo-Medina, T. B., Sánchez-Meca, J., Marín-Martínez, F., et al., Assessing Heterogeneity in Meta-Analysis：Q Statistic or I² Index?"*Psychological Methods*, 2006, 11(2), pp. 193-206.

续表

心理健康问题种类	k	被试数	效应值及95%的置信区间			异质性检验	
			检出率	下限	上限	I^2	p
自杀计划	7	39 775	7%	0.06	0.09	96.85	<0.001
自杀企图（未遂）	13	158 416	3%	0.025	0.033	91.78	<0.001

注：k 代表效应值的数量。

进行敏感性分析的结果表明，排除任一样本后，焦虑总检出率浮动范围为 25%～28%；抑郁总检出率浮动范围为 28%～29%；睡眠问题总检出率浮动范围为 22.3%～24.7%；躯体化总检出率浮动范围为 8.2%～11.0%；自我伤害总检出率浮动范围为 22%～24%；自杀意念总检出率浮动范围为 16%～18%；自杀计划总检出率浮动范围为 7%～8%；自杀企图（未遂）总检出率浮动范围为 2.8%～3.0%，均与各指标总体估计值差异不大，证明元分析的最终估计结果稳定性较高。

（四）调节效应检验

对焦虑进行调节效应检验发现（见表5-2）：（1）出版年份的调节效应显著（$b = 0.08$，95%的置信区间为 [0.01，0.15]），说明 2010—2020 年高中生焦虑的检出率随时间推移而显著升高；（2）测量工具的调节效应显著，SCL-90 中焦虑分量表测得的检出率偏低，MSSMHS 量表测得的检出率偏高，不同测量工具和测量标准得到的检出率为 7.7%～40.9%；（3）检出时间的调节效应显著，随着检出时间的增长，高中生焦虑情绪的检出率呈递增趋势，1 周内的检出率最低，3 个月内次之，最近一段时间的检出率最高；（4）年级的调节效应不显著，各年级高中生的焦虑检出率较为接近；（5）性别的调节作用不显著，男生与女生的焦虑检出率较为接近；（6）生源地的调节作用不显著，城镇与农村高中生的焦虑检出率较为接近；（7）区域的调节作用不显著，东部、中部和西部地区高中生的焦虑检出率较为接近。

表 5-2 焦虑检出率的调节效应分析

调节变量	异质性检验			类别	k	检出率	95% 的置信区间	
	Q_B	df	p				下限	上限
测量工具+ 检出标准	26.47	4	<0.001	MSSMHS≥2	9	41%	0.31	0.52
				SAS>50	5	38%	0.25	0.52
				SAS≥50	11	23%	0.16	0.30
				SCL≥2	7	23%	0.15	0.33
				SCL≥3	3	8%	0.04	0.16
检出时间	10.30	2	0.01	1 周	32	22%	0.18	0.27
				3 个月	6	34%	0.22	0.48
				近来	10	39%	0.28	0.50
年级	0.05	2	0.97	高一	10	31%	0.22	0.41
				高二	9	30%	0.21	0.41
				高三	10	32%	0.23	0.42
性别	0.65	1	0.42	男生	11	26%	0.17	0.38
				女生	14	33%	0.23	0.44
生源地	0.29	1	0.59	城镇	4	19%	0.11	0.32
				农村	8	23%	0.15	0.33
区域	3.13	2	0.21	东北	—	—	—	—
				东部	15	28%	0.20	0.37
				中部	14	20%	0.14	0.28
				西部	16	30%	0.22	0.39

注：k 代表效应值的数量，Q_B 代表异质性检验统计量，MSSMHS 为中国中学生心理健康量表[1]，SAS 为焦虑自评量表[2]，SCL 为 90 项症状自评量表[3]；工具后的符号及数字为检出标准，下同。

---

[1] 王极盛、李焰、赫尔实：《中国中学生心理健康量表的编制及其标准化》，载《社会心理科学》，1997，46(4)。

[2] Zung, W. W. , "A Rating Instrument for Anxiety Disorders," *Psychosomatics*, 1971, 12(6), pp. 371-379.

[3] Derogatis, L. R. , *SCL-90-R*: *Administration*, *Scoring*, *and Procedures Manual*, Baltimore, Clinical Psycho-metric Research, 1977.

　　对抑郁进行调节效应检验发现(见表5-3)：(1)出版年份的调节效应不显著($b=0.003$，95%的置信区间为$[-0.05, 0.05]$)，2010—2020年高中生抑郁的检出率虽有上升趋势，但并不明显；(2)测量工具的调节效应显著，SCL-90中抑郁分量表和CDI测得的检出率偏低，SDS和MSSMHS测得的检出率偏高，不同测量工具和测量标准得到的检出率在5.2%~42.3%；(3)检出时间的调节效应不显著，1周、2周、最近一段时间的检出率较为接近；(4)年级的调节作用不显著，各年级高中生的抑郁检出率较为接近；(5)性别的调节作用不显著，男生与女生抑郁的检出率较为接近；(6)独生与否的调节作用不显著，独生与非独生高中生抑郁的检出率较为接近；(7)生源地的调节作用不显著，城镇与农村高中生抑郁的检出率较为接近；(8)区域的调节作用不显著，东北、东部、中部和西部地区高中生的抑郁检出率较为接近。

表5-3　抑郁检出率的调节效应分析

调节变量	异质性检验			类别	k	检出率	95%的置信区间	
	Q_B	df	p				下限	上限
测量工具+检出标准	97.69	8	<0.001	CDI≥19	7	22%	0.17	0.29
				CESD≥16	7	33%	0.26	0.41
				CESD≥20	7	27%	0.21	0.35
				DSRSC≥15	3	27%	0.18	0.39
				MSSMHS≥2	7	41%	0.32	0.49
				SCL≥2	15	22%	0.18	0.27
				SCL≥3	4	5%	0.03	0.08
				SDS≥50	16	38%	0.33	0.44
				SDS≥53	5	42%	0.33	0.53
检出时间	1.87	2	0.39	1周	77	27%	0.24	0.31
				2周	14	29%	0.22	0.38
				近来	6	37%	0.24	0.52

续表

调节变量	异质性检验			类别	k	检出率	95%的置信区间	
	Q_B	df	p				下限	上限
年级	2.21	2	0.33	高一	26	28%	0.24	0.33
				高二	18	32%	0.27	0.38
				高三	13	34%	0.27	0.41
性别	0.33	1	0.56	男生	15	25%	0.16	0.36
				女生	17	29%	0.20	0.40
独生与否	0.34	1	0.56	独生	3	46%	0.37	0.55
				非独生	3	50%	0.40	0.59
生源地	0.04	1	0.83	城镇	5	37%	0.25	0.52
				农村	8	39%	0.29	0.51
区域	5.80	3	0.12	东北	6	35%	0.24	0.47
				东部	31	26%	0.22	0.31
				中部	27	26%	0.22	0.31
				西部	28	33%	0.28	0.38

注：k 代表效应值的数量，Q_B 代表异质性检验统计量；CDI 为儿童抑郁量表[1]、CESD 为流调中心抑郁量表[2]，DSRSC 为儿童抑郁自评量表[3]，MSSMHS 为中国中学生心理健康量表[4]，SCL 为 90 项症状自评量表[5]，SDS 为抑郁自评量表[6]。

对睡眠问题进行调节效应检验发现（见表 5-4）：（1）出版年份的调节效应不显著（$b=-0.04$，95%的置信区间为 [-0.09，0.02]），2010—2020 年高中生睡眠问题的检出率虽有下降趋势，但并不明显；（2）年级的调节作用显著，从高

[1] Kovacs, M., *Children's Depression Inventory*(*CDI*), New York, Multi-Health Systems, Inc, 1992.

[2] Radloff, L. S., "The CES-D Scale：A Self-Report Depression Scale for Research in the General Population," *Applied Psychological Measurement*, 1977(1), pp. 385-401.

[3] Birleson, P., "The Validity of Depressive Disorder in Childhood and the Development of a Self Rating Scale：A Research Report," *Journal of Child Psychology and Psychiatry*, 1981, 22(1), pp. 73-88.

[4] 王极盛、李焰、赫尔实：《中国中学生心理健康量表的编制及其标准化》，载《社会心理科学》，1997，46(4)。

[5] Derogatis, L. R., "*SCL-90-R：Administration, Scoring, and Procedures Manual*," Baltimore, Clinical Psychometric Research, 1977.

[6] Zung, W. W., "A Self-Rating Depression Scale," *Archives of General Psychiatry*, 1965, 12(1), pp. 63-70.

一到高三，随着年级升高，高中生睡眠问题的检出率显著提高；（3）性别的调节作用不显著，男生和女生的睡眠问题检出率较为接近；（4）区域的调节效应不显著，东北、东部、中部地区高中生的睡眠问题检出率较为接近。

表 5-4　睡眠问题检出率的调节效应分析

调节变量	异质性检验			类别	k	检出率	95%的置信区间	
	Q_B	df	p				下限	上限
年级	6.90	2	0.03	高一	3	12%	0.06	0.23
				高二	3	25%	0.14	0.41
				高三	3	37%	0.22	0.54
性别	0.16	1	0.69	男生	4	26%	0.20	0.33
				女生	4	25%	0.19	0.31
区域	0.93	2	0.63	东北	4	20%	0.13	0.29
				东部	6	25%	0.18	0.33
				中部	7	22%	0.16	0.29
				西部	—	—	—	—

注：k 代表效应值的数量，Q_B 代表异质性检验统计量。

对躯体化进行调节效应检验发现（见表 5-5）：（1）出版年份的调节效应不显著（$b=0.05$，95%的置信区间为 $[-0.19, 0.30]$），2010—2020 年高中生躯体化的检出率虽有上升趋势，但并不明显；（2）区域的调节效应边缘显著，东部地区高中生的躯体化检出率最高。

表 5-5　躯体化检出率的调节效应分析

调节变量	异质性检验			类别	k	检出率	95%的置信区间	
	Q_B	df	p				下限	上限
区域	4.73	2	0.09	东北	—	—	—	—
				东部	4	22%	0.09	0.42
				中部	5	7%	0.03	0.15
				西部	3	6%	0.02	0.18

注：k 代表效应值的数量，Q_B 代表异质性检验统计量。

对自我伤害问题进行调节效应检验发现（见表 5-6）：（1）出版年份的调节效应不显著（$b=0.01$，95% 的置信区间为 $[-0.07, 0.09]$），2010—2020 年高中生自我伤害问题的检出率虽有上升趋势，但并不明显；（2）年级的调节作用不显著，各年级高中生的自我伤害检出率较为接近；（3）性别的调节作用不显著，男生和女生的自我伤害检出率较为接近；（4）区域的调节效应显著，中部地区高中生的自我伤害检出率显著高于东部地区。

表 5-6　自我伤害检出率的调节效应分析

调节变量	异质性检验			类别	k	检出率	95% 的置信区间	
	Q_B	df	p				下限	上限
年级	0.03	1	0.86	高一	3	30%	0.15	0.53
				高二	3	33%	0.16	0.56
				高三	—	—	—	—
性别	0.03	1	0.86	男生	9	24%	0.19	0.29
				女生	10	24%	0.20	0.30
区域	6.01	1	0.01	东北	—	—	—	—
				东部	10	17%	0.12	0.23
				中部	9	29%	0.22	0.39
				西部	—	—	—	—

注：k 代表效应值的数量，Q_B 代表异质性检验统计量。

对自杀分别进行了自杀意念、自杀计划和自杀企图（未遂）的调节效应检验（见表 5-7），首先，就自杀意念而言，调节效应检验发现：（1）出版年份的调节效应不显著（$b=-0.01$，95% 的置信区间为 $[-0.04, 0.02]$），2010—2020 年高中生自杀意念的检出率虽有下降趋势，但并不明显；（2）年级的调节效应不显著，各年级高中生的自杀意念检出率较为接近；（3）性别的调节效应不显著，男生和女生的自杀意念检出率较为接近。其次，就自杀计划而言，调节效应检验发现：出版年代的调节效应不显著（$b=-0.002$，95% 的置信区间为 $[-0.07, 0.07]$），2010—2020 年高中生自杀计划的检出率虽有下降趋势，但并不明显。

最后，就自杀企图（未遂）而言，调节效应检验发现：（1）出版年份的调节效应不显著（$b=0.03$，95%的置信区间为[-0.01，0.06]），2010—2020 年高中生自杀企图（未遂）的检出率虽有上升趋势，但并不明显；（2）年级的调节效应不显著，各年级高中生的自杀企图（未遂）检出率较为接近。

表 5-7　自杀检出率的调节效应分析

自杀类别	调节变量	异质性检验			类别	k	检出率	95%的置信区间	
		Q_B	df	p				下限	上限
自杀意念	年级	0.44	1	0.51	高一	5	17%	0.14	0.21
					高二	4	16%	0.13	0.20
					高三	—	—	—	—
	性别	2.84	1	0.09	男生	6	15%	0.12	0.18
					女生	6	18%	0.15	0.22
自杀企图（未遂）	年级	0.31	1	0.58	高一	3	4%	0.03	0.06
					高二	3	3%	0.02	0.05
					高三	—	—	—	—

注：k 代表效应值的数量，Q_B 代表异质性检验统计量。

（五）发表偏倚检验

本研究采用 p 值曲线分别对高中生焦虑、抑郁、睡眠问题、躯体化、自我伤害、自杀意念、自杀计划、自杀企图（未遂）检出率的相关研究进行分析。分析结果表明，各个心理健康问题指标的 p 值曲线均呈显著右偏态。具体结果如下：（1）焦虑检出率研究中，二项检验（binomial test）$p<0.0001$，连续检验（continuous test）$z=-45.92$，$p<0.0001$，47 个小于 0.05 的 p 值中，有 45 个低于 0.025；（2）抑郁检出率研究中，二项检验 $p<0.0001$，连续检验 $z=-60.12$，$p<0.0001$，94 个小于 0.05 的 p 值中，有 90 个低于 0.025；（3）睡眠问题检出率研究中，二项检验 $p<0.0001$，连续检验 $z=-33.61$，$p<0.0001$，所有 p 值（21 个）均低于 0.025；（4）躯体化检出率研究中，二项检验 $p<0.001$，连续检验

$z=-27.40$，$p<0.000\,1$，所有 p 值（14 个）均低于 0.025；（5）自我伤害问题检出率研究中，二项检验 $p<0.000\,1$，连续检验 $z=-39.87$，$p<0.000\,1$，所有 p 值（29 个）均低于 0.025；（6）自杀意念检出率研究中，二项检验 $p<0.000\,1$，连续检验 $z=-35.23$，$p<0.000\,1$，所有 p 值（21 个）均低于 0.025；（7）自杀计划检出率研究中，二项检验 $p<0.01$，连续检验 $z=-20.52$，$p<0.000\,1$，所有 p 值（7 个）均低于 0.025；（8）自杀企图（未遂）检出率研究中，二项检验 $p<0.001$，连续检验 $z=-27.30$，$p<0.000\,1$，所有 p 值（13 个）均低于 0.025。这说明元分析结果不存在严重的发表偏倚，反映了真实的效应值。

四、分析与讨论

本研究首次采用元分析的方法，对我国高中生 2010—2020 年典型常见心理健康问题的检出率进行了估计，并发现了一些能影响检出率水平的具体因素。这不仅可以帮助澄清此前检出率高低不一的争论，还为关心、关注高中生心理健康状况的政府人员、专家学者提供了切实有效的参照和依据。

(一) 心理健康问题的总体检出率

本研究表明，2010—2010 年，我国高中生心理健康问题检出率中抑郁、焦虑排在前两位，说明高中生情绪类内化问题最为严重。这可能与高中生面临的发展阶段及所处环境有关。首先，高中生正处于青春期，青春期身心剧烈的变化使得他们往往更容易体验到较高的焦虑、抑郁情绪。生理上的迅速变化，使得高中生的身高、外貌、嗓音等都变得和以往不同，外貌焦虑、自我认同等问题也随之而来。[1][2] 心理上的不成熟，导致其自尊心脆弱又较为敏感，常被人际

---

[1]　Ahmadi, T. A., "Stress and Anxiety in Adolescence," *European Online Journal of Natural and Social Sciences*, 2013, 2(3), pp. 359-365.

[2]　Mastro, S., Zimmer-Gembeck, M. J., et al., "Young Adolescents' Appearance Anxiety and Body Dysmorphic Symptoms: Social Problems, Self-Perceptions and Comorbidities," *Journal of Obsessive-Compulsive and Related Disorders*, 2016(8), pp. 50-55.

关系、角色冲突等困扰，出现情绪问题。[1][2][3][4]　其次，诸多社会环境因素，如校园适应、学习考试压力、互联网暴力等都是焦虑抑郁产生的诱因。[5]　再加上高中生日常体育活动少且生活环境相对封闭单一，一旦未能找到适当的宣泄渠道，就容易郁结于心。[6][7]　因此，有必要健全中学心理健康服务体系，开设相应的心理健康课程并提供适当的心理咨询服务，同时引导高中生加强体育锻炼，纾解其情绪问题。此外，本研究还发现高中生存在较高比例的自我伤害问题和睡眠问题，相关人员应引起足够的重视，尤其应注意健全针对高中生自伤问题的心理健康干预机制，防止其进一步演变为自杀等后果更为严重的心理健康问题。

本研究结果与以往类似研究不同。（1）对于抑郁，本研究结果同元分析中2012—2018 年我国高中生 28.4% 的检出率[8]较为接近，但本研究纳入了未发表的2010—2020 年的文献，同时扩大了文献检索范围，估计结果更加准确。（2）对于焦虑，本研究结果高于 2000—2015 年我国焦虑障碍 4.11% 的终生检出率。[9]原因在于该研究关注的是焦虑障碍且不只关注高中生，表明高中生虽然焦虑问题突出，但大部分属于轻度或中度。（3）对于睡眠问题，本研究结果低于 2016

---

①　Masselink, M., Roekel, E. V. & Oldehinkel, A. J., "Self-Esteem in Early Adolescence as Predictor of Depressive Symptoms in Late Adolescence And Early Adulthood: The Mediating Role of Motivational and Social Factors," *Journal of Youth and Adolescence*. 2018, 47(5), pp. 932-946.

②　Price, R. B., Rosen, D., Siegle, G. J., et al., "From Anxious Youth to Depressed Adolescents: Prospective Prediction of 2-Year Depression Symptoms via Attentional Bias Measures," *Journal of Abnormal Psychology*, 2016, 125(2), pp. 267-278.

③　Tu, K. M., Erath, S. A. & El-Sheikh, M., "Coping Responses Moderate Prospective Associations Between Marital Conflict and Youth Adjustment," *Journal of Family Psychology*, 2016, 30(5), pp. 523-532.

④　Vannucci, A. & Ohannessian, M. C., "Self-Competence and Depressive Symptom Trajectories during Adolescence," *Journal of Abnormal Child Psychology*, 2018, 46(2), pp. 1089-1109.

⑤　Do, H. N., Onyango, B., Prakash, R., et al., "Susceptibility and Perceptions of Excessive Internet Use Impact on Health among Vietnamese Youths," *Addictive Behaviors*, 2020(101), 105898.

⑥　Essau, C. A., Torre-Luque, A., Lewinsohn, P. M., et al., "Patterns, Predictors, and Outcome of the Trajectories of Depressive Symptoms From Adolescence to Adulthood," *Depression and Anxiety*, 2020, 37(6), pp. 565-575.

⑦　Brière, F. N., Janosz, M., Fallu, J. S., et al., "Adolescent Trajectories of Depressive Symptoms: Codevelopment of Behavioral and Academic Problems," *Journal of Adolescent Health*, 2015, 57(3), pp. 313-319.

⑧　刘福荣、宋晓琴、尚小平等：《中学生抑郁症状检出率的 meta 分析》，载《中国心理卫生杂志》，2020，34(2)。

⑨　Guo, X., Meng, Z., Huang, G., et al., "Meta-Analysis of the Prevalence of Anxiety Disorders in Mainland China From 2000 to 2015," *Scientific Reports*, 2016, 16(6), pp. 1-15.

年及之前我国大学生 25.7%、老年人 35.9%的睡眠问题检出率[1][2]，表明睡眠问题可能随着年龄增长呈现递增趋势。（4）对于自我伤害，本结果高于 2007—2015 年我国大学生 16.6%的检出率[3]，表明高中阶段可能是自我伤害行为的高发期。（5）对于自杀，可以发现，从自杀意念，到自杀计划，再到自杀企图，检出率逐渐降低。本结果高于元分析中我国大学生自杀检出率[4][5][6]，表明高中生自杀情况更为严重。这可能是由于青少年调节负面情绪的前额皮层区发育滞后，认知控制能力发展不足，容易产生自杀意念。[7]（6）对于躯体化，检出率相对较低，躯体化和焦虑抑郁等情绪问题密不可分，焦虑和抑郁水平的升高常伴随着多种功能性躯体综合征。[8][9]因此，减轻高中生的躯体化，可先从改善焦虑、抑郁等心理健康问题着手。

（二）心理健康问题总体检出率的调节效应

首先是出版年份。对于焦虑，2010—2020 年我国高中生焦虑检出率显著增加。其他心理健康指标出版年份的调节效应虽不显著，但包括抑郁、躯体化、自我伤害、自杀企图（未遂）在内的多数指标检出率随时间推移而上升，表明心

---

[1] Li, L., Wang, Y. Y., Wang, S. B., et al., "Prevalence of Sleep Disturbances in Chinese University Students: A Comprehensive Meta-Analysis," *Journal of Sleep Research*, 2018, 27(3), e12648.

[2] Li, J. Y., Li, J., Liang, J. H., et al., "Depressive Symptoms among Children and Adolescents in China: A Systematic Review and Meta-Analysis," *Medical Science Monitor*, 2019(25), pp. 7459-7470.

[3] 潘珍、毛绍菊、唐寒梅等：《中国大学生非自杀性自伤检出率的 Meta 分析》，载《中国学校卫生》，2016，37(6)。

[4] Li, Z. Z., Li, Y. M., Lei, X. Y., et al., "Prevalence of Suicidal Ideation in Chinese College Students: A Meta-Analysis," *PLoS One*, 2014, 9(10), e104368.

[5] 茹福霞、黄秀萍、詹文韵等：《中国大陆大学生自杀计划检出率 Meta 分析》，载《中国学校卫生》，2019，40(1)。

[6] Yang, L. S., Zhang, Z. H., Sun, L., et al., "Prevalence of Suicide Attempts among College Students in China: A Meta-Analysis," *PLoS One*, 2015(10), e0116303.

[7] Morese, R. & Longobardi, C., "Suicidal Ideation in Adolescence: A Perspective View on the Role of the Ventromedial Prefrontal Cortex," *Frontiers in Psychology*, 2020(11), pp. 713-717.

[8] Bonvanie, I. J., Janssens, K., Rosmalen, J., et al., "Life Events and Functional Somatic Symptoms: A Population Study in Older Adolescents," *British Journal of Psychology*, 2017, 108(2), pp. 318-333.

[9] Schuler, M. S., Gilman, S. E., Burns, et al., "Associations Between Depression Subtype and Functional Impairment and Treatment Utilization in a National Sample of Adolescents," *Journal of Affective Disorders*, 2021(287), pp. 26-33.

理健康状况总体呈恶化趋势。该结果印证了某些研究中的结论①②③，也和 2020 年心理健康蓝皮书④中青少年心理健康状况稳中有降的结果基本一致。究其原因，一方面是由于互联网时代的来临。手机用户爆炸式增长，网民数量不断攀升，智能手机和网络游戏的出现虽然丰富了高中生的课余生活，但同时也剥夺了他们线下社交的时间，短暂的即时快乐后则陷入一系列负面情绪，尤以焦虑、抑郁最为突出。⑤⑥⑦ 另一方面，社会转型也是重要影响因素。近年来我国现代化进程提速，生活节奏明显加快，竞争日益激烈，物质主义盛行，价值观多元化，引发了诸多心理困扰。⑧⑨ 因而未来研究者可以考虑进行长时程、一体化的心理健康干预，着力构建心理健康教育长效机制。

其次是测量工具相关因素。该调节变量之所以只分析了焦虑和抑郁，是因为除焦虑、抑郁外的其他心理健康指标篇数较少，亚组分析时每个亚组能纳入的文献数量不足 3 篇，因而未分析其他心理健康指标。具体来看，第一，测量工具不同会影响焦虑、抑郁的检出率。对于焦虑，MSSMHS 的检出率最高，该量表虽已取得广泛应用，但由于常模制定粗糙，与临床样本缺乏对照，容易出

---

① Li, J. Y., Li, J., Liang, J. H., et al., "Depressive Symptoms among Children and Adolescents in China: A Systematic Review and Meta-Analysis," *Medical Science Monitor*, 2019(25), pp. 7459-7470.

② 韩阿珠、徐耿、苏普玉：《中国大陆中学生非自杀性自伤流行特征的 Meta 分析》，载《中国学校卫生》，2017，38(11)。

③ Tang, X. F., Tang, S. Q., Ren, Z. H., et al., "Prevalence of Depressive Symptoms among Adolescents in Secondary School in Mainland China: A Systematic Review and Meta-Analysis," *Journal of Affective Disorders*, 2019 (245), pp. 498-507.

④ 傅小兰、张侃、陈雪峰等：《心理健康蓝皮书中国国民心理健康发展报告(2019—2020)》，北京，社会科学文献出版社，2021。

⑤ Bratu, S., "Psychological and Contextual Risk Factors Related to Problematic Smartphone Use: Depression and Anxiety Symptom Severity," *Analysis and Metaphysics*, 2019(18), pp. 64-70.

⑥ Elhai, J. D., Levine, J. C., Dvorak, R. D., et al., "Problematic Smartphone Use: A Conceptual Overview and Systematic Review of Relations with Anxiety and Depression Psychopathology," *Journal of Affective Disorders*, 2017(207), pp. 251-259.

⑦ Geng, Y., Gu, J., Wang, J., et al., "Smartphone Addiction and Depression, Anxiety: The Role of Bedtime Procrastination and Self-Control," *Journal of Affective Disorders*, 2021(293), pp. 415-421.

⑧ Li, J. Y., Li, J., Liang, J. H., et al., "Depressive Symptoms among Children and Adolescents in China: A Systematic Review and Meta-Analysis," *Medical Science Monitor*, 2019(25), pp. 7459-7470.

⑨ 俞国良、王浩：《文化潮流与社会转型：影响我国青少年心理健康状况的重要因素及现实策略》，载《西南民族大学学报(人文社科版)》，2020，41(9)。

现更高的焦虑检出率结果。SCL-90 的检出率最低。该量表虽为我国最频繁使用的心理健康问题测验工具，但绝大多数调查都以成人常模或青年常模为标准，未能准确反映高中生群体真实的心理健康状况。[1] 对于抑郁，SDS 的检出率最高。从原始研究来看，其高检出率多半指的是轻度抑郁，实际抑郁状况并不严重。同焦虑类似，SCL-90 的检出率最低。第二，检出标准也会影响焦虑、抑郁的检出率。同一测量工具，检出标准越高，心理健康问题筛选就越严格，相应地，检出率也越低。第三，检出时间会影响焦虑的检出率。从 1 周到 3 个月，再到最近一段时间，焦虑的检出率显著增加。检出时间对抑郁的调节效应虽不显著，但从 1 周、2 周，再到最近一段时间，抑郁的检出率也呈逐渐增加的趋势。总体而言，两个指标在不同时段上的发展变化趋势均符合一般规律，即时间段越长，心理健康问题的检出率就越高。未来有必要编制标准化测评工具，统一测量标准并明确检出时间，使心理健康问题的筛查和界定更加科学合理。

最后是人口统计学变量。

（1）对于年级，本研究仅对能够支撑探讨调节效应的焦虑、抑郁、睡眠问题、自我伤害和自杀进行了分析，结果发现，睡眠问题检出率的年级差异显著，随着年级增长，高中生的睡眠问题检出率明显增加，该结果和陈（Chen）等人的研究[2]一致。相比于低年级学生，高年级学生不仅学习负担重，睡眠时间常被挤压，还要应对更加频繁的考试，容易产生考试焦虑，影响睡眠质量。[3][4] 与此同时，家庭、学校等外部环境也会对他们施压，他们的紧张感和对未来的担忧

---

① 范会勇、张进辅：《过去十年中学生 SCL-90 调查结果的元分析》，载《心理科学》，2005，28（6）。

② Chen, M. Y., Wang, E. K. & Jeng, Y. J., "Adequate Sleep among Adolescents is Positively Associated with Health Status and Health-Related Behaviors," *BMC Public Health*, 2006, 6(1), pp. 1-8.

③ Abdollahi, A., Carlbring, P., Vaez, E., et al., "Perfectionism and Test Anxiety among High-School Students: The Moderating Role of Academic Jardiness," *Current Psychology*, 2018, 37(3), pp. 632-639.

④ Raufelder, D., Regner, N. & Wood, M. A., "Test Anxiety and Learned Helplessness is Moderated by Student Perceptions of Teacher Motivational Support," *Educational Psychology*, 2018, 38(1), pp. 54-74.

程度都比低年级学生高很多①②③④，这也可以解释为何高年级学生的睡眠问题更为严重。另外，年级对其他心理健康问题检出率的调节效应不显著，仅表现出随年级增长而微增的趋势。抑郁的结果与傅小兰等人得出的不存在年级差异的结果⑤一致。结果表明社会应着重关注高年级学生的睡眠问题，而应普遍关注不同年级的抑郁等其他心理健康问题。

（2）对于区域，本研究仅对能够支撑探讨调节效应的焦虑、抑郁、睡眠问题、躯体化和自我伤害进行了分析。根据地理位置及经济发展状况，将区域划分为东北、东部、中部和西部四大区域。⑥ 结果发现，自我伤害的区域差异显著，中部地区高中生自我伤害的检出率高于东部地区。这可能是由于中部地区外出务工人员较多，父母关爱的缺失使中部地区高中生更容易体验到消极情绪，而自我伤害能帮助他们从糟糕的情绪体验中暂时解脱，导致中部地区自我伤害问题更严重。⑦⑧ 但本研究中东北及西部地区自我伤害问题的研究数据严重不足，并未纳入分析，仅有的两个区域是否有足够代表性，还有待进一步探讨。另外，焦虑、抑郁、躯体化和睡眠问题均不存在显著的区域差异，仅表现出西部地区焦虑问题的检出率最高，东北地区抑郁问题的检出率最高。因此，未来研究应对欠发达地区高中生的心理健康问题予以重点关注。

（3）对于性别，本研究结果发现，各个指标检出率的性别差异均不显著，

① Duan, C., Chen, C., Ouyang, Z., et al., "Association of Stress and Functional Gastrointestinal Disorders in High School Graduates," *Journal of Affective Disorders*, 2021(292), pp. 305-310.

② Wang, J., "Chinese Parental Academic Socialization Prior to College Entrance Examination: Insights from Urban and Rural Areas," *Journal of Family Studies*, 2021, 29(3), pp. 1-18.

③ Xu, X., Dai, D.Y., Liu, M., et al., "Parental Psychological Control and Academic Functioning in Chinese High School Students: A Short-Term Longitudinal Study," *British Journal of Developmental Psychology*, 2019, 38(1), pp. 90-107.

④ 俞国良、李天然、王勍：《高中生心理健康的横断历史研究》，载《教育研究》，2016, 37(10)。

⑤ 傅小兰、张侃、陈雪峰等：《心理健康蓝皮书中国国民心理健康发展报告(2019—2020)》，北京，社会科学文献出版社，2021。

⑥ 张子珍：《中国经济区域划分演变及评价》，载《山西财经大学学报(高等教育版)》，2010, 13(2)。

⑦ Chapman, A.L., Specht, M.W., Cellucci, T., "Borderline Personality Disorder and Deliberate Self-Harm: Does Experiential Avoidance Play a Role?" *Suicide and Life-Threatening Behavior*, 2005, 35(4), pp. 388-399.

⑧ 毛新雅、魏向东：《务工经历与返乡农民工收入——以中西部 7 省(市)为例的研究》，载《社会科学》，2017, 9。

仅呈现出女生高于男生的大体趋势。不少实证研究都支持了该结果。[1][2][3][4] 这可能是由于计划生育政策实施以来，许多家庭都是独生子女，男孩女孩被赋予了同样的期望，受到了同等的对待。此外，得益于性别平等、妇女解放等新思想、新观念深入人心，性别刻板印象和性别歧视现象得以减轻，因而不同性别高中生的心理健康状况也逐渐趋向一致。[5]

（4）对于独生与否，本研究仅对能够支撑探讨调节效应的抑郁进行了分析。结果发现，独生与非独生高中生的抑郁检出率差异并不显著，仅呈现出非独生高于独生的大体趋势。该结果与前人的元分析结果一致。[6][7] 原因可能在于，一方面非独生家庭中往往存在"同胞竞争效应"[8]，但另一方面，兄弟姐妹也会在困难时互帮互助，分享来自亲情的温暖和支持[9]，二者的作用相互抵消，导致独生与非独生高中生的抑郁水平差异不大。

（5）对于生源地，本研究仅对能够支撑探讨调节效应的焦虑和抑郁进行了分析。结果发现，城镇与农村高中生的焦虑、抑郁检出率差异均不显著，仅呈现出农村高于城市的大体趋势，说明城乡差异并非左右高中生心理健康检出率

① Baxter, A. J., Scott, K. M., Vos, T., et al., "Global Prevalence of Anxiety Disorders: A Systematic Review and Meta-Regression," *Psychological Medicine*, 2013, 43(5), pp. 897-910.

② Guo, X., Meng, Z., Huang, G., et al., "Meta-Analysis of the Prevalence of Anxiety Disorders in Mainland China From 2000 to 2015," *Scientific Reports*, 2016, 16(6), pp. 1-15.

③ Wang, L., Feng, Z., Yang, G., et al., "Depressive Symptoms among Children and Adolescents in Western China: An Epidemiological Survey of Prevalence and Correlates," *Psychiatry Research*, 2016(246), pp. 267-274.

④ Zhang, S. C., Yang, R., Li, D. L., et al., "Association of Health Literacy and Sleep Problems with Mental Health of Chinese Students in Combined Junior and Senior High School," *PloS One*, 2019, 14(6), e0217685.

⑤ 李唯博、陈倩、叶小舟：《武汉市高中生学业压力及心理健康状况的调查分析》，载《中国社会医学杂志》，2017，34(2)。

⑥ Li, J. Y., Li, J., Liang, J. H., et al., "Depressive Symptoms among Children and Adolescents in China: A Systematic Review and Meta-Analysis," *Medical Science Monitor*, 2019(25), pp. 7459-7470.

⑦ Tang, X. F., Tang, S. Q., Ren, Z. H., et al., "Prevalence of Depressive Symptoms among Adolescents in Secondary School in Mainland China: A Systematic Review and Meta-Analysis," *Journal of Affective Disorders*, 2019(245), pp. 498-507.

⑧ Falbo, T. & Hooper, S. Y., "China's Only Children and Psychopathology: A Quantitative Synthesis," *American Journal of Orthopsychiatry*, 2015(85), pp. 259-274.

⑨ Finan, L. J., Ohannessian, M. C. & Gordon, M. S., "Trajectories of Depressive Symptoms from Adolescence to Emerging Adulthood: The Influence of Parents, Peers, and Siblings," *Developmental Psychology*, 2018, 54(8), pp. 1555-1567.

高低的关键性因素。近年来，城乡一体化的有效推行，使得农村地区的教育投入、师资水平、学习环境等都在改善、提升，城镇与农村高中生基本上拥有相似的学习生活环境，城乡在物质条件和精神层次方面的差距也在不断缩小，因而心理健康水平也越来越接近。

（三）研究不足与展望

尽管本研究在开展过程中十分注重严谨性，但仍不可避免地存在一些不足之处。首先，本研究并未进行预注册，预注册作为当下研究中的一种流行趋势，既有助于检验先期假设和后期检验能否相互印证，又可使研究的开展更为规范，因此期盼未来元分析研究对此予以关注。其次，考虑到本研究所涉及的心理健康问题指标较多，外文数据库的检索仅采用了 Web of Science 核心合集。本研究即便可能已经涵盖了绝大多数研究结果，也难免会遗漏个别研究。未来对检出率等问题感兴趣的研究者，可按照时间逐年检索，建立专门的元分析数据库。最后，元分析终究是基于原始文献的二次分析，很难规避发表偏倚，所以仍需与高质量原始研究互相比照印证，特别是在动态发展过程中加以验证。

五、研究结论

研究结论如下：（1）2010—2020 年我国高中生心理健康问题检出率由高到低依次是抑郁、焦虑、睡眠问题、自我伤害、自杀意念、躯体化、自杀计划、自杀企图(未遂)；（2）2010—2020 年我国高中生心理健康问题随年代推移呈现逐渐恶化的趋势，其中焦虑问题尤为明显；（3）高中生心理健康问题检出率受测量工具相关因素(测量工具、检出标准和检出时间)的影响；（4）高中生心理健康问题随年级升高而增加，其中睡眠问题尤为明显；（5）高中生心理健康问题受区域影响，经济欠发达地区心理健康问题更为严重。

第六章

─────

我国大学生心理健康问题检出率的元分析：2010—2020 年

大学生是青年群体中的中坚力量，其身心健康和综合能力直接关系到国家和民族的未来。然而，变化的居住环境与生活方式、高强度的学习和工作、沉重的经济负担、复杂严峻的就业形势等多方的压力，使得大学生的心理健康问题频发。①②③ 不仅如此，随着网络时代的到来，各种网络游戏、网络社交平台、网络信息等给大学生心理健康带来了更加严峻的挑战。④ 毋庸置疑，心理健康状况不佳不仅会令大学生学业适应困难，影响其学业投入和学业表现，导致留级、辍学等消极后果⑤，还会降低其生活质量和幸福感⑥，甚至阻碍社会适应和职业生涯发展⑦。因此，大学生的心理健康状况现已成为家庭、学校乃至整个社会关注的焦点。

─────────────

① Cuijpers, P., Cristea, I. A., Ebert, D. D., et al., "Psychological Treatment of Depression in College Students: A Meta-Analysis," *Depression and Anxiety*, 2016, 33(5), pp. 400-414.

② Lun, K. W. C., Chan, C. K., Ip, P. K. Y., et al., "Depression and Anxiety among University Students in Hong Kong," *Hong Kong Medical Journal*, 2018, 24(5), pp. 466-472.

③ Thurber, C. A. & Walton, E. A., "Homesickness and Adjustment in University Students," *Journal of American College Health*, 2012, 60(5), pp. 415-419.

④ Shen, Y. M., Meng, F. C., Xu, H. M., et al., "Internet Addiction among College Students in a Chinese Population: Prevalence, Correlates, and Its Relationship with Suicide Attempts," *Depression and Anxiety*, 2020, 37(8), pp. 812-821.

⑤ Kalkbrenner, M. T., Jolley, A. L. & Hays, D. G., "Faculty Views on College Student Mental Health: Implications for Retention and Student Success," *Journal of College Student Retention: Research, Theory & Practice*, Advance online publication, 2019.

⑥ Kaur, J., Masaunz, M. & Bhatia, M. S., "Role of Physiotherapy in Mental Health Disorders," *Delhi Psychiatry Journal*, 2013, 16(2), pp. 404-408.

⑦ Gao, L., Xie, Y. C., Jia, C. H., et al., "Prevalence of Depression among Chinese University Students: A Systematic Review and Meta-Analysis," *Scientific Reports*, 2020, 10(1), Article 15897.

一、文献回顾

近年来，诸多研究对我国大学生心理健康问题的检出率进行了调查，但结果存在较大差异，以焦虑为例，检出率在 0.66% ~ 82.5% 均有报告[1][2]。因此，目前大学生的心理健康状况众说纷纭。因此，有必要采用元分析的方法对此类结果加以整合，以准确估计大学生的心理健康情况并分析影响检出率结果的关键因素。有研究者对我国大学生个别心理健康问题的检出率进行了元分析，结果发现，2004—2013 年我国大学生自杀意念的检出率为 10.72%。[3]但此类元分析存在不足之处。首先，大多数研究仅局限于某一种心理健康问题，缺乏对大学生心理健康问题的整体分析，无法全面反映大学生的心理健康状况。其次，部分研究距今时间较长，近几年来的文献未被纳入其中，难以反映大学生心理健康的新问题、新情况。最后，调节变量的选取不够全面，一些研究忽视了对测量工具、检出时间、区域、独生与否等关键变量调节作用的分析。因此，本研究拟采用元分析方法，对 2010—2020 年我国大学生典型心理健康问题的检出率进行估计，并详细分析背后的影响因素，以期更清楚、更全面地展现我国大学生的一般心理状况，同时为完善大学生心理健康教育相关政策、改进高校心理健康教育教学工作、有效提高大学生心理健康水平提供有益借鉴。

目前关于心理健康的内涵有病理学取向、积极取向和完全取向这三种不同的观点。本研究是对我国大学生典型心理健康问题检出率的元分析，故采取

[1]　Li, L., Wang, Y. Y., Wang, S. B., et al., "Prevalence of Sleep Disturbances in Chinese University Students: A Comprehensive Meta-Analysis," *Journal of Sleep Research*, 2018, 27(3), Article e12648.

[2]　刘爱敏、孙孟君：《理工科大学新生心理健康状况调查》，载《卫生研究》，2010, 39(1), pp. 71-73.

[3]　Li, Z. Z., Li, Y. M., Lei, X. Y., et al., "Prevalence of Suicidal Ideation in Chinese College Students: A Meta-Analysis," *PLoS One*, 2014, 9(10), Article e104368.

病理学取向，视心理健康为精神病理学症状的不显著状态。由于心理健康问题涉及的指标过多，无法全部纳入分析，本研究参照既有研究，将心理健康问题分为内化问题和外化问题两类。内化问题指过度抑制的或指向内部的行为表现，包括焦虑、抑郁、睡眠问题、躯体化、自杀意念五个指标，外化问题指不受抑制的或聚焦于外部的行为表现，包括自我伤害、自杀未遂两个指标。[①] 在确定内外化问题的具体指标时主要还有两方面考虑：一是大学生更易因考试、择业、人际交往等多重社会因素产生情绪问题并出现连带反应（如睡眠问题、自我伤害），且所处年龄阶段并非攻击、退缩等外化问题的高发期[②③④]；二是研究大学生攻击、违纪、退缩等心理行为问题检出率的文献较少，数据量不适合进行元分析。

二、研究方法

（一）文献检索与筛选

本研究包含的心理健康问题指标较多，故检索时按照各心理健康指标独立展开。为了使研究结果更加可靠，本研究还尽可能地检索了未发表的文献。另外，在检索时对于本文关注的特定学生群体即内地大学生，也未加限定，而是在全面检索之后，再进行筛选。中文数据库使用知网硕博论文和期刊全文数据库，英文数据库使用 Web of Science 核心合集，检索范围设定为摘要。中文数据

---

① Achenbach, T. M., "The Classification of Children's Psychiatric Symptoms: A Factor-Analytic Study," *Psychological Monographs: General and Applied*, 1966, 80(7), pp. 1-37.

② Coplan, R. J. & Bowker, J. C. (Eds.), *The Handbook of Solitude: Psychological Perspectives on Social Isolation, Social Withdrawal, and Being Alone*, West Sussex, Wiley, 2014.

③ Lin, H., Harrist, A. W., Lansford, J. E., et al., "Adolescent Social Withdrawal, Parental Psychological Control, and Parental Knowledge Across Seven Years: A Developmental Cascade Model," *Journal of Adolescence*, 2020 (81), pp. 124-134.

④ Sullivan, K., Zhu, Q., Wang, C., et al., "Relations among Peer Victimization, Aggression, and School Climate among Elementary School Students in China," *School Psychology Review*, Advance online publication, 2021.

库检索时，焦虑需包含关键词"焦虑"和"检出率"；抑郁需包含关键词"抑郁"和"检出率"；睡眠问题需包含关键词"睡眠问题"或"睡眠障碍"或"失眠"和"检出率"；躯体化需包含关键词"躯体化"或"躯体主诉"和"检出率"；自我伤害需包含关键词"自我伤害"和"检出率"；自杀需包含关键词"自杀"和"检出率"。英文数据库检索时，焦虑需包含关键词"anxi＊"和"prevalence"或"detection rate"和"Chin＊"；抑郁需包含关键词"depress＊"和"prevalence"或"detection rate"和"Chin＊"；睡眠问题需包含关键词"sleep"或"insomnia"和"prevalence"或"detection rate"和"Chin＊"；躯体化需包含关键词"somati＊"和"prevalence"或"detection rate"和"Chin＊"；自我伤害需包含关键词"self-harm"或"self-injury"或"self harm"或"self injury"和"prevalence"或"detection rate"和"Chin＊"；自杀需包含关键词"suicid＊"和"prevalence"或"detection rate"和"Chin＊"。检索时间设定为2010年1月1日至2020年12月31日，共获取文献：焦虑3 126篇，抑郁3 844篇，睡眠问题1 255篇，躯体化551篇，自我伤害258篇，自杀628篇。

　　将文献导入EndNote X9后进行筛选，筛选标准如下：(1)文献为实证研究且为第一手资料；(2)报告了检出率或能根据已有信息计算出检出率，且无明显错误；(3)明确说明了测量工具；(4)重复发表的仅取其一；(5)研究对象为我国本科和高职大学生，不包括硕士研究生和博士研究生；(6)研究对象不是特殊人群，如贫困大学生、残疾大学生等。最终纳入文献包括：焦虑128篇，抑郁237篇，睡眠问题56篇，躯体化49篇，自我伤害31篇，自杀59篇。文献筛选过程由1名博士生完成，最后按心理健康指标将文献分配给另外3名博士生，这3名博士生各自随机抽取10%对剔除文献和保留文献进行核查，若出现不一致的结果，则需要与最初文献筛选者协商解决。文献筛选流程如图6-1所示。

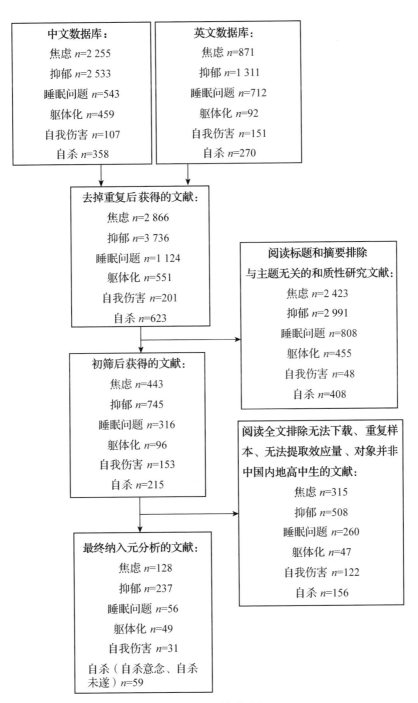

图 6-1 文献筛选流程

(二)数据提取和编码

对各项研究的特征进行提取和编码,包括作者、出版年份、取样地区、检出率、被试人数、测量工具、检出标准、检出时间和出版类型。编码规则还包括:若为纵向研究,则只取第一次调查的数据;在同一时间点采用多种评估方法时,提取测量工具效果最佳的结果;多篇研究基于相同的数据,根据信息最全的研究提取数据。一名博士生先独立完成编码,然后另一名博士生依据原文进行核查。若发现编码与原文不一致,讨论后进行更正,确保文献编码准确无误。

(三)发表偏倚控制与检验

发表偏倚是元分析必须要考虑到的问题。为避免该问题,本研究将知网硕博数据库纳入检索范围,尽量降低发表偏倚。此外,本研究使用 p 值曲线技术检验是否存在发表偏倚。如果某一研究存在真实效应量,p 值的分布应呈右偏态,即 p 值在 0~0.025 的数量会超过它在 0.025~0.05 的数量[1][2],反之则说明存在发表偏倚。

(四)模型选择

元分析可使用固定模型和随机模型来估计整体效应值。前者假设众多原始研究测量的结果包括相同的真值和随机误差两部分,所见结果差异全部由随机误差引起;后者假设众多研究测量的结果由真值、系统误差和随机误差三部分组成,结果的差异除了受随机误差影响,还受不同种类的系统误差影响,如测量工具、取样地区等。由于各研究差异明显,因而在此选用随机模型估计整体效应。此外,本研究还将通过 Q 检验及 I^2 值确定模型选择是否恰当。若 Q 检验结果显著或 I^2

① Simonsohn, U., Simmons, J. P. & Nelson, L. D., "Better P-Curves: Making P-Curve Analysis More Robust to Errors, Fraud, and Ambitious P-Hacking, a Reply to Ulrich and Miller(2015)," *Journal of Experimental Psychology: General*, 2015, 144(6), pp. 1146-1152.

② 张亚利、李森、俞国良:《自尊与社交焦虑的关系:基于中国学生群体的元分析》,载《心理科学进展》,2019, 27(6)。

值高于 75%，则表明存在较高异质性，适合选择随机模型。[①]

(五) 数据处理

使用软件 Comprehensive Meta-Analysis Version 3.3 进行数据分析。计算合并检出率时，CMA 软件会将输入的比率数据转化为 $logit$ 数据 $[logit = Log(p/(1-p))]$ 进行分析 $\left(var(logit) = \dfrac{1}{case} + \dfrac{1}{non\_case}\right)$，分析完成后会将 $logit$ 结果再次转换为比率数据输出。[②] 在分析调节作用时，元回归适用于调节变量为连续变量的数据(如出版年代)，而亚组分析适用于调节变量为分类变量的数据(如性别、是否独生)。亚组分析时为了保证调节变量各个水平下的研究具有代表性，参照既有研究[③]，每个水平下的效应量应不少于 3 个。

三、研究结果

(一) 文献纳入情况

在本研究中，焦虑共纳入文献 128 篇(136 个效应值，209 000 名被试)，包括硕博论文 29 篇，期刊论文 99 篇；抑郁共纳入文献 237 篇(244 个效应值，407 026 名被试)，包括硕博论文 52 篇，期刊论文 185 篇；睡眠问题共纳入文献 56 篇(58 个效应值，137 418 名被试)，包括硕博论文 6 篇，期刊论文 50 篇；躯体化共纳入文献 49 篇(49 个效应值，83 437 名被试)，包括硕博论文 20 篇，期刊论文 29 篇；自我伤害共纳入文献 31 篇(31 个效应值，126 130 名被试)，包括硕博论文 7 篇，期刊论文 24 篇；自杀意念共纳入文献 51 篇(51 个效应值，

---

①　Huedo-Medina, T. B., Sánchez-Meca, J., Marín-Martínez, F., et al., "Assessing Heterogeneity in Meta-Analysis: Q Statistic or I² Index?" *Psychological Methods*, 2006, 11(2), pp. 193-206.

②　Card, N. A., *Applied Meta-Analysis for Social Science Research*, New York, Guilford Press, 2021.

③　张亚利、李森、俞国良：《社交媒体使用与错失焦虑的关系：一项元分析》，载《心理学报》，2021，53(3)。

334 070 名被试），包括硕博论文 7 篇，期刊论文 44 篇；自杀未遂共纳入文献 8 篇（8 个效应值，36 512 名被试），包括硕博论文 4 篇，期刊论文 4 篇。

（二）异质性检验

对纳入的效应量进行异质性检验，以确定随机效应模型是否合适，以及是否有必要进行调节效应分析。由检验结果可知（见表 6-1），各指标的 Q 值均显著，且 I^2 值均超过了 75%[1]，表明样本具有高度异质性，使用随机效应模型进行分析是恰当的。该结果也提示，研究结果产生差异可能是受到了研究特征因素的影响，应进行调节效应分析以进一步确定异质性来源。

（三）主效应检验

本研究采用随机效应模型分别对各种心理健康问题检出率进行分析，结果显示（见表 6-1）：焦虑的检出率为 13.7%，抑郁的检出率为 20.8%，睡眠问题的检出率为 23.5%，躯体化的检出率为 4.5%，自我伤害的检出率为 16.2%，自杀意念的检出率为 10.8%，自杀未遂的检出率为 2.7%。

表 6-1　大学生心理健康问题的检出率

心理健康问题种类	k	被试人数	效应值及 95%的置信区间			异质性检验	
			检出率	下限	上限	I^2	p
焦虑	136	209 000	13.7%	0.12	0.16	99.29	<0.001
抑郁	244	407 026	20.8%	0.19	0.23	99.44	<0.001
睡眠问题	58	137 418	23.5%	0.20	0.27	99.46	<0.001
躯体化	49	83 437	4.5%	0.03	0.06	98.81	<0.001
自我伤害	31	126 130	16.2%	0.13	0.20	99.52	<0.001
自杀意念	51	334 070	10.8%	0.10	0.12	99.15	<0.001
自杀未遂	8	36 512	2.7%	0.02	0.04	96.80	<0.001

---

[1] Huedo-Medina, T. B., Sánchez-Meca, J., Marín-Martínez, F., et al., "Assessing Heterogeneity in Meta-Analysis: Q Statistic or I² Index?" *Psychological Methods*, 2006, 11(2), pp. 193-206.

　　敏感性分析发现，排除任意一个样本后的焦虑检出率在 13.5%～13.9%，抑郁检出率在 20.6%～21.0%，睡眠问题检出率在 22.9%～24.9%，躯体化检出率在 4.2%～4.8%，自杀意念检出率在 10.4%～11.1%，自我伤害检出率在 15.0%～17.3%，自杀未遂检出率在 2.4%～3.1%。各检出率均与各自的总体估计值相差不大，说明估计结果具有较高的稳定性。

(四)调节效应检验

　　针对焦虑，调节效应检验(表 6-2)发现：(1)出版年份的调节效应显著($b = 0.06$，95%的置信区间为[0.01，0.10])，说明 2010—2020 年来焦虑的检出率明显上升；(2)测量工具与检出标准的调节效应显著，DASS 所得检出率最高，SAS(≥ 50)次之，CCSMHS 所得检出率最低，不同检出标准下的 SCL-90 所得检出率差异较大，以因子分≥ 2和≥ 3为检出标准的检出率分别为 17.0% 和 3.9%；(3)检出时间的调节效应不显著，1 周与 2 周的检出率大致相当；(4)性别、独生与否、生源地、区域的调节效应均不显著。

表 6-2　焦虑检出率的调节效应分析

调节变量	异质性检验			类别	k	检出率	95%的置信区间	
	Q_B	df	p				下限	上限
测量工具+检出标准	206.89	7	<0.001	BAI(45)	3	6.7%	0.03	0.13
				CCSMHS(68)	3	1.6%	0.01	0.03
				DASS(8)	5	46.9%	0.34	0.61
				SAS(>50)	4	14.8%	0.09	0.25
				SAS(≥ 50)	58	18.1%	0.16	0.21
				SCL-90(2)	21	17.0%	0.14	0.21
				SCL-90(2.5)	3	2.6%	0.01	0.05
				SCL-90(3)	20	3.9%	0.03	0.05
检出时间	0.001	1	0.98	1 周	124	14.1%	0.12	0.16
				2 周	3	14.2%	0.06	0.31

续表

调节变量	异质性检验			类别	k	检出率	95%的置信区间	
	Q_B	df	p				下限	上限
性别	0.26	1	0.61	男生	45	15.1%	0.12	0.19
				女生	45	13.8%	0.11	0.17
独生与否	0.24	1	0.62	独生	14	20.5%	0.14	0.29
				非独生	14	18.0%	0.12	0.26
生源地	0.18	1	0.67	城镇	18	15.4%	0.11	0.22
				农村	18	17.1%	0.12	0.24
区域	5.43	3	0.14	东北	9	10.8%	0.06	0.19
				东部	41	15.4%	0.12	0.20
				中部	36	15.9%	0.12	0.21
				西部	30	10.6%	0.08	0.14

注：测量工具+检出标准中，BAI 为贝克焦虑量表①，CCSMHS 为郑日昌大学生心理健康量表②，DASS 为焦虑—抑郁—压力量表③，SAS 为焦虑自评量表④，SCL-90 为 90 项症状自评量表⑤；括号内为各工具的检出标准，下同。

　　针对抑郁，调节效应检验(见表 6-3)发现：(1)出版年份的调节效应显著($b=$ 0.06，95%的置信区间为[0.03，0.09])，说明 2010—2020 年抑郁的检出率显著升高。(2)测量工具与检出标准的调节效应显著。BDI-I(5)所得检出率最高，为 45.9%。检出率较高的还有使用 CES-D(16)和 SDS(≥50)的研究。SCL-90(2.5) 所得检出率最低，为 3.9%。此外，与焦虑测量工具表现出的特征一致，同一量表不同检出标准所得检出率相差较大。(3)检出时间、性别、独生与否、生源地、

①　Beck, A. T. & Steer, R. A. , *Beck Anxiety Inventory Manual*, San Antonio, The Psychological Corporation Harcourt Brace Jovanovich, Inc, 1990.

②　郑日昌、邓丽芳、张忠华等：《〈中国大学生心理健康量表〉的编制》，载《心理与行为研究》，2005，3(2)。

③　Taouk, M. , Lovibond, P. F. & Laube, R. , *Psychometric Properties of a Chinese Version of the 21-Item Depression Anxiety Stress Scales (DASS21)*, in Report for New South Wales Transcultural Mental Health Centre, Cumberland Hospital, Sydney, 2001.

④　Zung, W. W. , "A Rating Instrument for Anxiety Disorders,"*Psychosomatics*, 1971, 12(6), pp.371-379.

⑤　Derogatis, L. R. , *SCL-90-R：Administration, Scoring, and Procedures Manual*, Baltimore, Clinical Psychometric Research, 1997.

区域的调节效应均不显著。

表 6-3　抑郁检出率的调节效应分析

调节变量	异质性检验			类别	k	检出率	95%的置信区间	
	Q_B	df	p				下限	上限
测量工具+ 检出标准	402.07	15	<0.001	BDI-Ⅰ(14)	4	21.9%	0.13	0.34
				BDI-Ⅰ(5)	3	45.9%	0.30	0.63
				BDI-Ⅱ(14)	6	18.4%	0.12	0.27
				CES-D(16)	19	43.5%	0.37	0.50
				CES-D(20)	5	23.1%	0.15	0.34
				DASS(10)	5	28.6%	0.19	0.41
				PHQ-9(10)	3	12.6%	0.07	0.22
				SCL-90(>2)	5	19.5%	0.12	0.29
				SCL-90(≥2)	45	17.9%	0.15	0.21
				SCL-90(2.5)	4	3.9%	0.02	0.07
				SCL-90(3)	29	4.4%	0.04	0.06
				SDS(>50)	4	21.3%	0.13	0.33
				SDS(>53)	3	28.2%	0.16	0.44
				SDS(≥50)	36	32.2%	0.28	0.37
				SDS(≥53)	41	28.2%	0.25	0.32
				CCSMHS(69)	3	5.0%	0.03	0.10
检出时间	0.16	1	0.69	1 周	213	20.9%	0.19	0.23
				2 周	22	22.2%	0.17	0.29
性别	0.10	1	0.75	男生	90	25.8%	0.23	0.29
				女生	90	25.0%	0.22	0.28
独生与否	0.51	1	0.48	独生	31	31.8%	0.28	0.36
				非独生	31	29.7%	0.26	0.34

续表

调节变量	异质性检验			类别	k	检出率	95%的置信区间	
	Q_B	df	p				下限	上限
生源地	0.02	1	0.90	城镇	41	28.0%	0.24	0.32
				农村	41	28.4%	0.25	0.33
区域	2.81	3	0.42	东北	17	19.0%	0.13	0.26
				东部	71	19.1%	0.16	0.22
				中部	60	23.1%	0.19	0.27
				西部	62	20.7%	0.17	0.25

注：BDI-Ⅰ为贝克抑郁量表第一版[1]，BDI-Ⅱ为贝克抑郁量表第二版[2]，CES-D为流调中心抑郁量表[3]，DASS为焦虑—抑郁—压力量表[4]，PHQ-9为患者健康问卷[5]，SCL-90为90项症状自评量表[6]；SDS为抑郁自评量表[7]，CCSMHS为郑日昌大学生心理健康量表[8]。

针对睡眠问题，调节效应检验(见表6-4)发现：(1)出版年份的调节效应显著($b=0.07$，95%的置信区间为[0.01，0.13])，说明自2010年以来，越来越多的大学生出现睡眠问题。(2)测量工具与检出标准的调节效应显著。使用PSQI(6)的检出率最高，AIS次之，UPI最低。PSQI(6)和PSQI(8)所得检出率相差16%，说明检出标准能够显著影响检出率高低。(3)区域的调节效应显著，出现睡眠问题最多的是西部地区大学生，检出率近30%。东部地区和中部地区大学生睡眠问题的检出率差别不大，分别为24.6%和23.3%。东北地区大学生的睡眠问题显著较少，

[1]　Beck, A. T. & Beamesderfer, A., "Assessment of Depression：The Depression Inventory," *Modern Problems of Pharmacopsychiatry*, 1974(7), pp. 151-169.

[2]　Beck, A. T., Steer, R. A. & Brown, G. K., *Manual for the Beck Depression Inventory*, San Antonio, Psychological Corporation, 1996.

[3]　Radloff, L. S., "The CES-D Scale：A Self-Report Depression Scale for Research in the General Population," *Applied Psychological Measurement*, 1977(1), pp. 385-401.

[4]　Taouk, M., Lovibond, P. F. & Laube, R., *Psychometric Properties of a Chinese Version of the 21-Item Depression Anxiety Stress Scales(DASS21)*, in Report for New South Wales Transcultural Mental Health Centre, Cumberland Hospital, Sydney, 2001.

[5]　Kroenke, K., Spitzer, R. L. & Williams, J. B. W., "The PHQ-9：Validity of a Brief Depression Severity Measure," *Journal of General Internal Medicine*, 2001, 16(9), pp. 606-613.

[6]　Derogatis, L. R., *SCL-90-R：Administration, Scoring, and Procedures Manual*, Baltimore, Clinical Psychometric Research, 1977.

[7]　Zung, W. W., "A Self-Rating Depression Scale," *Archives of General Psychiatry*, 1965, 12(1), pp. 63-70.

[8]　郑日昌、邓丽芳、张忠华等：《〈中国大学生心理健康量表〉的编制》，载《心理与行为研究》，2005，3(2)。

检出率为 11.2%。(4)检出时间、性别、独生与否、生源地的调节效应均不显著。

表 6-4　睡眠问题检出率的调节效应分析

调节变量	异质性检验			类别	k	检出率	95%的置信区间	
	Q_B	df	p				下限	上限
测量工具+ 检出标准	15.81	3	0.001	AIS	4	32.9%	0.21	0.48
				PSQI(6)	8	37.9%	0.28	0.49
				PSQI(8)	33	21.9%	0.18	0.26
				UPI	3	13.3%	0.07	0.24
检出时间	3.34	1	0.07	1 个月	49	24.3%	0.21	0.28
				1 年	3	13.3%	0.07	0.25
性别	0.06	1	0.80	男生	30	24.1%	0.20	0.29
				女生	30	24.9%	0.21	0.30
独生与否	0.03	1	0.87	独生	3	22.0%	0.11	0.40
				非独生	3	23.8%	0.12	0.42
生源地	0.15	1	0.70	城镇	6	14.3%	0.09	0.22
				农村	6	16.1%	0.11	0.24
区域	9.46	3	0.02	东部	13	24.6%	0.18	0.33
				东北	5	11.2%	0.06	0.19
				西部	11	29.4%	0.21	0.39
				中部	20	23.3%	0.18	0.30

注：AIS 为阿森斯失眠量表[1]，PSQI 为匹兹堡睡眠指数量表[2]，UPI 为大学生人格健康问卷[3]。

针对躯体化问题，调节效应检验(见表 6-5)发现：(1)出版年份的调节效应不显著($b=0.09$，95%的置信区间为[-0.01, 0.19])，说明虽然自 2010 年以来

---

[1] Soldatos, C. R., "The Assessment of Insomnia: Rationale for a New Scale Based on ICD-10 Principles," in Szelenberger, W., Kukwa, A., *Sleep: Physiology and Pathology*, Warszawa, Elma Books, 1995.

[2] Buysse, D. J., Reyndd 3rd, C. F., Monk, T. H., et al., "The Pittsburgh Sleep Quality Index: A New Instrument for Psychiatric Practice and Research," *Psychiatry Research*, 1989, 28(2), pp. 193-213.

[3] Hirayama, K., *Japanese Association for College Mental Health*, User Guide for the UPI, Tokyo, Sozo-shuppan, 2011.

大学生躯体化的检出率逐渐上升，但增长幅度不明显；（2）检出标准的调节效应显著，同样使用SCL-90量表进行筛查，以2分为界的检出率显著高于以3分为界的检出率；（3）性别和区域的调节效应不显著。

表6-5　躯体化检出率的调节效应分析

调节变量	异质性检验			类别	k	检出率	95%的置信区间	
	Q_B	df	p				下限	上限
检出标准	73.75	2	<0.001	SCL-90(>2)	7	9.5%	0.06	0.16
				SCL-90(≥2)	21	10.0%	0.07	0.14
				SCL-90(3)	17	1.4%	0.01	0.02
性别	0.01	1	0.92	男生	9	8.5%	0.05	0.15
				女生	9	8.2%	0.05	0.14
区域	2.23	3	0.53	东部	18	4.4%	0.02	0.08
				东北	6	6.2%	0.02	0.16
				西部	11	5.4%	0.03	0.11
				中部	6	2.3%	0.01	0.07

注：SCL-90为90项症状自评量表[①]。

针对自杀意念，调节效应检验（见表6-6）发现：（1）出版年份的调节效应不显著（$b=-0.02$，95%的置信区间为[-0.06，0.02]），说明2010—2020年大学生自杀意念的检出率有所下降，但总体变化不大；（2）检出时间的调节效应显著，一年内的检出率显著高于一周内的检出率；（3）区域的调节效应显著，西部地区大学生的自杀意念检出率最高，为18.3%，是检出率最低的中部地区的两倍还多，东部地区的检出率居中，为11.6%；（4）测量工具、性别、独生与否、生源地的调节效应均不显著。

---

① Derogatis, L. R., *SCL-90-R*: *Administration*, *Scoring*, *and Procedures Manual*, Baltimore, Clinical Psychometric Research, 1977.

表 6-6　自杀意念检出率的调节效应分析

调节变量	异质性检验			类别	k	检出率	95%的置信区间	
	Q_B	df	p				下限	上限
测量工具	1.04	1	0.31	单条目迫选	16	10.2%	0.08	0.13
				SIOSS	19	8.6%	0.07	0.11
检出时间	18.40	1	<0.001	1 周	4	5.6%	0.04	0.07
				1 年	34	10.1%	0.09	0.11
性别	<0.001	1	0.10	男生	31	11.1%	0.09	0.14
				女生	31	11.1%	0.09	0.14
独生与否	1.04	1	0.31	独生	13	12.1%	0.10	0.15
				非独生	13	10.1%	0.08	0.13
生源地	0.27	1	0.60	城镇	13	13.1%	0.10	0.17
				农村	13	11.9%	0.09	0.15
区域	23.89	2	<0.001	东部	13	11.6%	0.10	0.14
				西部	7	18.3%	0.14	0.23
				中部	18	8.4%	0.07	0.10
				东北	—	—	—	—

注：SIOSS 为夏朝云等人编制的自杀意念自评量表①。

　　针对自我伤害，调节效应检验(见表 6-7)发现：(1)出版年份的调节效应显著($b=-0.16$，95%的置信区间为[−0.31，−0.01])，说明 2010—2020 年大学生自我伤害的检出率有所下降；(2)检出时间、性别、独生与否、生源地、区域的调节效应均不显著。

表 6-7　自我伤害检出率的调节效应分析

调节变量	异质性检验			类别	k	检出率	95%的置信区间	
	Q_B	df	p				下限	上限
检出时间	2.24	1	0.14	6 个月	4	27.3%	0.13	0.48
				1 年	16	14.8%	0.10	0.21

---

① 夏朝云、王东波、吴素琴等：《自杀意念自评量表的初步制定》，载《临床精神医学杂志》，2002，12(2)。

续表

调节变量	异质性检验			类别	k	检出率	95%的置信区间	
	Q_B	df	p				下限	上限
性别	0.63	1	0.43	男生	20	19.7%	0.14	0.28
				女生	20	16.1%	0.11	0.23
独生与否	0.001	1	0.98	独生	10	17.6%	0.09	0.31
				非独生	10	17.4%	0.09	0.31
生源地	0.12	1	0.73	城镇	10	11.9%	0.07	0.20
				农村	10	13.5%	0.08	0.22
区域	2.00	1	0.16	东部	3	25.3%	0.12	0.46
				中部	19	14.2%	0.10	0.19
				西部	—	—	—	—
				东北	—	—	—	—

　　针对大学生自杀未遂，调节效应检验(见表6-8)发现：(1)出版年份的调节效应显著($b=0.12$，95%的置信区间为[0.02，0.21])，说明2010—2020年大学生自杀未遂的检出率逐渐升高；(2)检出时间、性别、独生与否、生源地的调节效应均不显著。

表6-8　自杀未遂检出率的调节效应分析

调节变量	异质性检验			类别	k	检出率	95%的置信区间	
	Q_B	df	p				下限	上限
检出时间	0.29	1	0.59	6个月	3	3.3%	0.02	0.05
				1年	3	3.8%	0.03	0.05
性别	0.52	1	0.47	男生	6	3.6%	0.02	0.05
				女生	6	2.8%	0.02	0.04
独生与否	0.32	1	0.57	独生	3	5.8%	0.04	0.09
				非独生	3	4.9%	0.03	0.07
生源地	0.86	1	0.35	城镇	4	5.5%	0.04	0.08
				农村	4	4.4%	0.03	0.06

（五）发表偏倚检验

分别对大学生焦虑、抑郁、睡眠问题、躯体化、自杀意念、自我伤害和自杀未遂检出率的相关研究进行 p 值曲线分析，结果表明，p 值曲线均呈显著右偏态。各指标具体结果如下：在焦虑检出率的研究中，二项检验 $p < 0.000\,1$，连续检验 $z = -85.57$，$p < 0.000\,1$，132 个小于 0.05 的 p 值中有 131 个低于 0.025；在抑郁检出率的研究中，二项检验 $p < 0.000\,1$，连续检验 $z = -105.43$，$p < 0.000\,1$，235 个小于 0.05 的 p 值中有 229 个低于 0.025；在睡眠问题检出率的研究中，二项检验 $p < 0.000\,1$，连续检验 $z = -52.61$，$p < 0.000\,1$，56 个小于 0.05 的 p 值中有 54 个低于 0.025；在躯体化检出率的研究中，二项检验 $p < 0.000\,1$，连续检验 $z = -49.52$，$p < 0.000\,1$，48 个小于 0.05 的 p 值中有 47 个低于 0.025；在自杀意念检出率的研究中，二项检验 $p < 0.000\,1$，连续检验 $z = -54.84$，$p < 0.000\,1$，所有 p 值（51 个）均低于 0.025；在自我伤害检出率的研究中，二项检验 $p < 0.000\,1$，连续检验 $z = -41.24$，$p < 0.000\,1$，所有 p 值（30 个）均低于 0.025；在自杀未遂检出率的研究中，二项检验 $p < 0.000\,1$，连续检验 $z = -21.94$，$p < 0.000\,1$，所有 p 值（8 个）均低于 0.025。这些结果表明，本研究结果能够反映真实的效应值，不存在严重的发表偏倚。

四、分析与讨论

本研究从内化问题和外化问题入手，对 2010—2020 年我国大学生焦虑、抑郁、睡眠问题、躯体化、自杀意念、自我伤害和自杀未遂的检出率进行了元分析，澄清了以往研究中检出率高低不一的争论，探明了研究结果不一致的主要原因，有利于推动后续相关研究及教育实践。但需要注意的是，在本研究涉及的原始研究中，测量工具均为自评量表，即根据被试对自身症状做出的主观判断来确定结果，缺乏客观的评定指标，准确性因人而异，可能与综合采用客观生理指标判断心理健康情况的观点与结果有不同之处。[1][2][3] 此外，本研究关注的心理健康问题检出率与流行病学关于精神疾病(psychiatry)的患病率不同，前者的阳性分界点较低，通常涵盖轻、中、重等不同的程度，而后者的筛查标准更加严格，阳性分界点更高，涉及的一般是严重的心理障碍(如重度抑郁、重度焦虑)，因此在检出率结果上存在一定的差异。

(一) 主效应分析

本研究发现，2010—2020 年我国大学生心理健康问题检出率由高到低分别为：睡眠问题 23.5%，抑郁 20.8%，自我伤害 16.2%，焦虑 13.7%，自杀意念 10.8%，躯体化 4.5%，自杀未遂 2.7%。据此可以发现，相较于外化问题，我国大学生的内化问题，尤其是睡眠问题和情绪问题较严重。一方面是因为大学生内心敏感、丰富，情绪起伏大、变化快，加之情绪调节能力未发展至最佳水平，所以容易产生各种内在心理困扰。[4] 另一方面，大学生正处在由青春期向成年期过渡的关键时期，不仅需要"向内"探索，建立自我认同感[5]，而且还需要面对日趋激烈的外部竞争，因而容易产生过大的心理压力，陷入"精神亚健康"状态，出现失眠、焦虑、抑郁等各种心理症状，严重情况下也会产生自伤、自杀等极端负性行为[6]。此外，针对睡眠问题，睡前使用各种电子产品进行娱乐活动(包括在线聊天、玩网络游戏等)，极大地延迟了大学生的睡眠时间[7]，同时也降低了大学生的睡眠质量，给大学生带来入睡困难、醒来仍不清醒等持

①　Flake, J. K. & Fried, E. I., "Measurement Schmeasurement: Questionable Measurement Practices and How to Avoid Them,"*Advances in Methods and Practices in Psychological Science*, 2020, 3(4), pp. 456-465.

②　Fried, E. I., "The 52 Symptoms of Major Depression: Lack of Content Overlap among Seven Common Depression Scales,"*Journal of Affective Disorders*, 2017(208), pp. 191-197.

③　Insel, T., Cuthbert, B., Garvey, M., et al., "Research Domain Criteria(RDoC): Toward a New Classification Framework for Research on Mental Disorders,"*The American Journal of Psychiatry*, 2010, 167(7), pp. 748-751.

④　周少贤、窦东徽:《社会变革下大学生情绪特点新趋势及应对——以北京市某高校为例》，载《中国青年社会科学》，2019, 38(4)。

⑤　Chickering, A. W. & Reisser, L., *Education and Identity*, San Francisco, Jossey-Bass Inc, 1993.

⑥　林扬千:《精疲力竭的突围：大学生内卷化现象的表现、危害及应对》，载《当代青年研究》，2021(3)。

⑦　何安明、夏艳雨:《手机成瘾对大学生认知失败的影响：一个有调节的中介模型》，载《心理发展与教育》，2019, 35(3)。

续性的睡眠困扰。①② 并且，由于我国高校在住宿安排上一般采用多人宿舍的形式，所以因作息时间不一致而遭受干扰也是导致大学生产生睡眠问题的重要原因。③ 另外，对于自我伤害，原始研究中的筛查方式过于简单，不少研究仅通过调查被试是否出现故意掐自己、故意打自己等任意一种自伤行为来进行判断，这也是导致该指标检出率较高的关键原因。

对比以往的研究，本研究既有相似之处，又有所不同。（1）焦虑。国外一项元分析发现，焦虑障碍在 18 ~ 34 岁青年人中的检出率为 7.8%④，本研究结果远高于此。一方面是因为本研究所关注的焦虑症状在程度上包括轻度、中度、重度，而焦虑障碍仅包括重度，因此检出人数更少；另一方面是因为本研究仅关注青年群体中的大学生，上述研究则范围更广。（2）抑郁。本研究结果低于王蜜源等人和高（Gao）等人对我国大学生抑郁症状检出率的元分析，二者结果分别为 24.71% 和 28.4%。⑤⑥ 相较于这两项元分析，本研究纳入的原始文献数量更多，分析更为全面，从一定程度上来说结果更加可靠。此外，本研究结果低于全球大学生（其中中国数据仅占一成左右）抑郁症状 30.6% 的检出率⑦，说明中国大学生的心理健康情况相对较好，也表明不同的政治、经济、文化环境等会对个体的抑郁水平产生重要影响。同时，本研究结果高于我国小学生

① Gradisar, M., Wolfson, A. R., Harvey, A. G., et al., "The Sleep and Technology Use of Americans: Findings from the National Sleep Foundation's 2011 Sleep in America Poll," *Journal of Clinical Sleep Medicine*, 2013, 9(12), pp. 1291-1299.

② Thomée, S., Eklöf, M., Gustafsson, E., et al., "Prevalence of Perceived Stress, Symptoms of Depression and Sleep Disturbances in Relation to Information and Communication Technology(ICT)Use among Young Adults—An Explorative Prospective Study,"*Computers in Human Behavior*, 2007, 23(3), pp. 1300-1321.

③ Meng, Q., Zhang, J. W., Kang, J., et al., "Effects of Sound Environment on the Sleep of College Students in China,"*Science of The Total Environment*, 2020(705), Article 135794.

④ Baxter, A. J., Scott, K. M., Vos, T., et al., "Global Prevalence of Anxiety Disorders: A Systematic Review and Meta-Regression,"*Psychological Medicine*, 2013, 43(5), pp. 897-910.

⑤ 王蜜源、韩芳芳、刘佳等：《大学生抑郁症状检出率及相关因素的 meta 分析》，载《中国心理卫生杂志》，2020，34(12)。

⑥ Gao, L., Xie, Y. C., Jia, C. H., et al., "Prevalence of Depression among Chinese University Students: A Systematic Review and Meta-Analysis,"*Scientific Reports*, 2020, 10(1), Article 15897.

⑦ Ibrahim, A. K., Kelly, S. J., Adams, C. E., et al., "A Systematic Review of Studies of Depression Prevalence in University Students,"*Journal of Psychiatric Research*, 2013, 47(3), pp. 391-400.

17.1%的检出率①②，低于我国中学生 28.4%的检出率③④，说明在学生群体中，大学生的抑郁情况处于中等水平，中学生或因激烈的学业竞争承受着巨大的心理压力。(3)睡眠问题。本研究结果略低于李(Li)等人对中国大学生睡眠问题25.7%的检出结果⑤，且低于梁(Liang)等人关于我国青少年睡眠问题 26%的检出率⑥，说明睡眠问题不仅在大学生中表现突出，在中学生中也较为常见，家长和教师需给予充分重视。(4)躯体化。本研究结果明显低于埃及大学生和德国大学生躯体化问题的检出率，两国数据分别为 21.7%和 23.5%⑦⑧，表明中国大学生的躯体化问题并不严重。但也有研究指出，亚洲被试的身体症状往往先于情绪症状表现出来⑨，因而更有可能产生躯体化问题。出现这一矛盾可能与研究时间、研究工具、文献质量等多种因素有关。(5)自我伤害。本研究结果低于我国中学生 22.37%的检出率⑩，说明相对于处于青春期的中学生而言，大学生的心智相对成熟，自我调节能力有所发展，采用极端方法排解负面情绪的

---

① 刘福荣，吴梦凡，董一超等：《小学生抑郁症状检出率的 meta 分析》，载《中国心理卫生杂志》，2021，35(6)。

② Xu, D. D., Rao, W. W., Cao, X. L., et al., "Prevalence of Depressive Symptoms in Primary School Students in China: A Systematic Review and Meta-Analysis," *Journal of Affective Disorders*, 2020(268), pp. 20-27.

③ 刘福荣、宋晓琴、尚小平等：《中学生抑郁症状检出率的 meta 分析》，载《中国心理卫生杂志》，2020，34(2)。

④ Tang, X. F., Tang, S. Q., Ren, Z. H., et al., "Prevalence of Depressive Symptoms among Adolescents in Secondary School in Mainland China: A Systematic Review and Meta-Analysis," *Journal of Affective Disorders*, 2019 (245), pp. 498-507.

⑤ Li, S. S., He, J. N., Chen, Q. Y., et al., "Ocular Surface Health in Shanghai University Students: A Cross-Sectional Study," *BMC Ophthalmology*, 2018, 18(1), Article 245.

⑥ Liang, M. J., Guo, L., Huo, J., et al., "Prevalence of Sleep Disturbances in Chinese Adolescents: A Systematic Review and Meta-Analysis," *PLoS One*, 2021, 16(3), Article e0247333.

⑦ El-Gilany, A. H., Amro, M., Eladawi, N., et al., "Mental Health Status of Medical Students: A Single Faculty Study in Egypt," *Journal of Nervous and Mental Disease*, 2019, 207(5), pp. 348-354.

⑧ Schlarb, A. A., Claßen, M., Hellmann, S. M., et al., "Sleep and Somatic Complaints in University Students," *Journal of Pain Research*, 2017(10), pp. 1189-1199.

⑨ Dadfar, M., Asgharnejadfarid, A. A., Hosseini, A. F., et al., "Measuring Somatic Symptoms with the PHQ-15: A Comparative Study of Three Iranian Samples," *Mental Health, Religion & Culture*, 2020, 23 (3-4), pp. 289-301.

⑩ Lang, J. J. & Yao, Y. S., "Prevalence of Nonsuicidal Self-Injury in Chinese Middle School and High School Students: A Meta-Analysis, *Medicine*, 2018(97), Article 42(e12916).

可能性更小。此外，本研究结果略高于 1989—2015 年我国大学生 16.6% 的检出率[1]，可能与我国处于社会转型期，大学生所面临的诱惑与挑战明显增多，压力越来越大有关。(6)自杀。本研究所得自杀意念检出率与 2004—2013 年我国大学生自杀意念 10.72% 的检出率基本相当[2]，表明大学生的自杀意念并未随时代发展表现出明显的变化。除此之外，本研究所得自杀未遂检出率也与以往国内对大学生自杀未遂 2.8% 的检出结果[3]几乎一致。

(二) 调节效应分析[4]

1. 出版年份

元回归结果表明，2010—2020 年大学生焦虑、抑郁、睡眠问题和自杀未遂的检出率显著增高。这一趋势与国外的一些研究一致。例如，利普森(Lipson)等人发现，有抑郁情绪的美国大学生在 2007—2017 年有所增加[5]；萨(Sa)等人的研究指出，2015 年美国大学生自杀未遂率显著高于 2011 年[6]；另有研究显示，近年来大学生的睡眠质量在不断下降[7]。这足以说明情绪问题、睡眠问题和自杀问题日益恶化并非我国大学生特有的情况。究其原因，宏观社会环境的

---

[1]　潘珍、毛绍菊、唐寒梅等：《中国大学生非自杀性自伤检出率的 Meta 分析》，载《中国学校卫生》，2016，37(6)。

[2]　Li, Z. Z., Li, Y. M., Lei, X. Y., et al., "Prevalence of Suicidal Ideation in Chinese College Students: A Meta-Analysis," *PLoS One*, 2014, 9(10), Article e104368.

[3]　Yang, L. S., Zhang, Z. H., Sun, L., et al., "Prevalence of Suicide Attempts among College Students in China: A Meta-Analysis," *PLoS One*, 10(2), Article e0116303.

[4]　注：本研究仅对能够支撑探讨调节效应的指标进行分析，故在探讨测量工具与检出标准调节效应时，自我伤害与自杀未遂被排除在外；在探讨检出时间、生源地、独生与否调节效应时，躯体化被排除在外；在探讨区域调节效应时，自杀未遂被排除在外。

[5]　Lipson, S. K., Lattie, E. G. & Eisenberg, D., "Increased Rates of Mental Health Service Utilization by US College Students: 10-Year Population-Level Trends(2007—2017)," *Psychiatric Services*, 2019, 70(1), pp. 60-63.

[6]　Sa, J., Choe, C. S., Cho, C. B. Y., et al., "Sex and Racial/Ethnic Differences in Suicidal Consideration and Suicide Attempts among US College Students, 2011—2015," *American Journal of Health Behavior*, 2020, 44(2), pp. 214-231.

[7]　Wang, F. F. & Bíró, É., "Determinants of Sleep Quality in College Students: A Literature Review," *Explore*, 2020, 17(2), pp. 170-177.

变迁会对个体心理健康带来显著影响。[1][2] 我国社会发生了重大变化，国家现代化水平大幅提高，人民生活质量明显改善，但这个过程也伴随着日益增多的社会问题，如中国传统家庭观念和价值体系的式微、教育公平问题的凸显、网络文化的冲击等。这些都会间接导致大学生心理失衡，进而诱发焦虑、抑郁等不良情绪，加剧睡眠问题，甚至提高大学生产生自杀行为的概率。[3] 并且，大学生睡眠问题日益突出可能与过度使用手机有关。随着互联网的发展与普及，智能手机的功能越来越强大，大学生睡前越发沉迷于网络购物、游戏、聊天等手机娱乐活动，从而导致睡眠时间被占用，睡眠质量有所下降。[4][5] 但也有横断历史研究发现，大学生的心理健康状况整体向好，焦虑、抑郁、自杀意愿等心理健康问题正在逐渐改善[6][7][8]，可能是因为此类研究仅着眼于单一量表（如 SCL-90、自杀态度问卷）的调查结果，且涵盖的时间范围与本文不同。此外，本研究发现，自我伤害检出率随年份显著降低，但这并不能说明大学生的心理健康水平有所提高。结合自杀未遂指标的统计结果可以看出，随着社会的发展，避免短暂性的自伤痛苦，直接采取自杀行动来逃避压力与不良情绪的大学生数量或许有所增加。

2. 测量工具与检出标准

本研究发现，仅焦虑、抑郁、睡眠问题、躯体化的检出率在不同测量工具

① Twenge, J. M., "The Age of Anxiety? Birth Cohort Change in Anxiety and Neuroticism, 1952—1993," *Journal of Personality and Social Psychology*, 2000, 79(6), pp. 1007-1021.

② Xin, Z. Q., Zhang, L. & Liu, D., "Birth Cohort Changes of Chinese Adolescents' Anxiety: A Cross-Temporal Meta-Analysis, 1992—2005," *Personality and Individual Differences*, 2010, 48(2), pp. 208-212.

③ 俞国良、王浩：《文化潮流与社会转型：影响我国青少年心理健康状况的重要因素及现实策略》，载《西南民族大学学报（人文社科版）》，2020，41(9)。

④ 王纪申、刘文理、李强：《手机成瘾与大学生睡眠质量：焦虑和反刍思维的作用》，载《中国临床心理学杂志》，2021，29(5)。

⑤ 于增艳、刘文：《智能手机使用与焦虑、抑郁和睡眠质量关系的 meta 分析》，载《中国心理卫生杂志》，2019，33(12)。

⑥ 刘英慧、张永红、潘孝富：《中国研究生心理健康水平变迁的横断历史元分析》，载《内江师范学院学报》，2021，36(6)。

⑦ 辛素飞、王一鑫、林崇德：《高职生心理健康水平变迁的横断历史研究：1999—2016 年》，载《教育研究》，2018，39(11)。

⑧ 辛自强、张梅、何琳：《大学生心理健康变迁的横断历史研究》，载《心理学报》，2012，44(5)。

与检出标准之间差异显著。首先，各测量工具维度内容、条目数量、计分方式等的不同导致了检出率的差异。对于焦虑，使用 DASS 测得的检出率最高。这可能是因为该量表不直接询问被试的情绪体验，而是根据被试是否出现焦虑所对应的生理唤起进行筛查，符合中国的文化习惯。[①] 针对抑郁，研究者使用的测量工具多达 19 种，使用 BDI-Ⅰ、CES-D 和 SDS 的检出率偏高，使用 SCL-90 和 CCSMHS 的检出率偏低。这主要是因为 BDI-Ⅰ 和 CES-D 测量的是一般意义上的抑郁，包括正常的抑郁情绪困扰，如 BDI-Ⅰ 中"我现在比以前爱哭"，CES-D 中"我感到孤独"。而 SCL-90 更偏重病理性抑郁，程度更重，如"想结束自己的生命"。关于睡眠问题，大部分研究者使用的是 PSQI，也有极少数研究者使用 UPI，两种工具的检出率差异显著。实际上 UPI 并不是专门用来评估被试睡眠情况的问卷，仅用该问卷中"是否常常失眠"一题判定被试的睡眠质量，其科学性和有效性有待验证。

其次，在使用同一工具时，不同研究遵照的阳性分界值不同，这也导致检出率出现了较大差异。在研究躯体化的检出率时，同样是 SCL-90 量表，以 ≥ 2 分和 ≥ 3 分为阳性分界值的检出率分别为 10.0% 和 1.4%。焦虑和抑郁指标也展现出相似的规律。例如，在抑郁指标中，以 16 分和 20 分为阳性分界值的 CES-D 检出率分别为 43.5% 和 23.1%。从以上分析也可以看出，测量工具、检出标准的不统一是导致检出结果差异较大、不具有可比性的主要原因，这无疑不利于科学掌握我国大学生心理健康的真实状况。因此，由国家相关部门牵头组织，借由科研院所、学术组织等的共同力量，编制并确定具有中国特色、符合中国大学生心理特征的心理健康测评工具和检出标准，仍然是当前心理健康教育工作的重中之重。

3. 检出时间

本研究结果表明，检出时间在焦虑、抑郁、睡眠问题、自我伤害、自杀未

---

① 龚栩、谢熹瑶、徐蕊等：《抑郁—焦虑—压力量表简体中文版（DASS-21）在中国大学生中的测试报告》，载《中国临床心理学杂志》，2010，18(4)。

遂检出率中的调节效应不显著，仅在自杀意念检出率中的调节效应显著，一周与一年自杀意念检出率分别为 5.6% 和 10.1%。以往研究中大学生自杀问题的检出时间调节效应也不一致，如中国大学生自杀计划终生与一年检出率无显著差异[1]，而自杀未遂终生检出率却显著低于一年检出率[2]。检出时间的调节效应不显著可能是因为，记忆偏差、近期生活事件等因素会对被试作答产生影响，由此导致长时段(如半年、一年)与短时段(如一周、一个月)所得结果无实质性差异。还需指出的是，有研究并未对检出时间进行明确说明。虽然在进行调节效应分析时未将这部分文献纳入其中，但从本研究结果可以看出，检出时间会对检出率产生一定影响，这一因素不可忽视，不论是量表编制者还是使用者都应对检出时间进行具体说明，以提高测查结果的科学性与准确性。同时，本研究所有指标均未涉及终生检出率，这与原始研究中检出工具的选择有关，当终生检出率被考虑在内时，检出时间的影响如何还需进一步探究。

4. 区域

本研究按照经济区域归属，将被试分为东部、中部、西部和东北地区四个亚组。结果表明，仅睡眠问题和自杀意念检出率存在显著区域差异。具体而言，西部大学生的睡眠问题检出率最高，东北地区最低，东部和中部地区分别位列第二和第三。关于自杀意念，东北地区样本量少于 3 个，未纳入分析，其余三个区域同样表现出西部地区高于东部地区，东部地区高于中部地区的特点。原因可能包括以下几点：首先，长期以来西部地区经济发展落后，高等教育投入相对不足[3]，造成西部高校心理健康教育资源匮乏、心理健康教育课程短缺、心理健康教育教师缺乏专业性、心理健康咨询与辅导机制不健全的局面[4]。高

---

[1]　茹福霞、黄秀萍、詹文韵等：《中国大陆大学生自杀计划检出率 Meta 分析》，载《中国学校卫生》，2010，40(1)。

[2]　Yang, L. S., Zhang, Z. H., Sun, L., et al., "Prevalence of Suicide attempts among College Students in China: A Meta-Analysis." *PLoS One*, 2015, 10(2), Article e0116303.

[3]　蔡群青、袁振国、贺文凯：《西部高等教育全面振兴的现实困境、逻辑要义与破解理路》，载《大学教育科学》，2021(1)。

[4]　俞国良、赵凤青、罗晓路：《心理健康教育：高等院校的地区差异比较研究》，载《黑龙江高教研究》，2017(12)。

等学校心理健康服务体系的不健全导致西部地区大学生的心理健康知识储备不足，提升自身心理健康的意识不强，且在出现心理健康问题后无法获得及时有效的帮助，从而使得该地区睡眠问题和自杀意念的检出率较高。其次，受地理位置、经济条件、文化传统等多重条件的制约，西部高校中农村学生、少数民族学生、贫困学生占比较大。[1] 这些学生进入大学后面临的适应性问题相对更多，更容易出现心理健康问题。此外，东部地区检出率显著高于中部和东北地区可能是因为丰富的高等教育资源使得东部高校生源质量相对更高[2]，东部大学生因此面临更大的同辈压力。同时，东部地区经济发展水平较高，生活节奏较快，社会竞争更加激烈，身居其中的大学生感受到更高的生活和就业压力，从而导致该地区大学生的睡眠问题和自杀意念频发。

5. 性别

本研究发现，各项心理健康问题指标的检出率均无性别差异。该结果与对中国研究生抑郁症状检出率的元分析结果[3]一致，但也与部分研究相悖，如王蜜源等人发现男大学生抑郁症状的检出率显著高于女生[4]；李(Li)等人发现中国女大学生的自杀意念检出率显著高于男大学生[5]。实际上，从个体心理发展的角度来看，性别对个体心理健康产生影响最大的时期并非成年早期，一般在身体和心理快速成熟的青春期作用最为明显[6]，这可能是性别差异不显著的关键原因。总而言之，性别对个体心理健康的影响目前仍然存在争论，但无论如

---

① 尹子臣、胡韬：《西部大学生学习倦怠状况及影响因素分析》，载《新疆师范大学学报(哲学社会科学版)》，2014，35(5)。

② 刘进、林松月、王艺蒙：《西部生源大学生学业表现的多维对比分析——基于B大学N学院学生的实证研究》，载《重庆高教研究》，2019，7(4)。

③ Guo, L. P., Fan, H. L., Xu, Z., et al., "Prevalence and Changes in Depressive Symptoms among Postgraduate Students: A Systematic Review and Meta-Analysis from 1980 to 2020," *Stress and Health*, 2021.

④ 王蜜源、韩芳芳、刘佳等：《大学生抑郁症状检出率及相关因素的meta分析》，载《中国心理卫生杂志》，2020，34(12)。

⑤ Li, Z. Z., Li, Y. M., Lei, X. Y., et al., "Prevalence of Suicidal Ideation in Chinese College Students: A Meta-Analysis," *PLoS One*, 2014, 9(10), Article e104368.

⑥ Salk, R. H., Hyde, J. S. & Abramson, L. Y., "Gender Differences in Depression in Representative National Samples: Meta-Analyses of Diagnoses and Symptoms," *Psychological Bulletin*, 2017, 143(8), pp. 783-882.

何，系统、全面地开展心理健康教育工作是十分必要的。

6. 生源地和独生与否

本研究发现，独生子女与非独生子女、城镇与农村大学生的焦虑、抑郁、睡眠问题、自我伤害、自杀意念和自杀未遂检出率均无显著差异，与李（Li）等人对中国大学生睡眠问题检出率的元分析结果①以及郭（Guo）等人对我国焦虑障碍检出率的元分析结果②类似。首先，根据社会选择假设，在层层选拔的教育过程中，诸多学生被淘汰，最终筛选出来的是那些虽然有着不同家庭背景，但在学习能力、精神品质、心理素养等方面趋于同质的学生。③④ 因此，随着由低到高各教育阶段的分流与选拔，在"千军万马过独木桥中获胜"的大学生因家庭背景、成长环境受到的影响在逐渐减弱。其次，大学生离开自己的原生家庭开始独立的校园生活，师生关系、同伴关系、学校规章制度等学校环境对大学生起着更为关键的作用。最后，进入大学后，无论是城镇学生还是农村学生，独生子女还是非独生子女，面对的生活与学习环境基本相同，往往面临着相似的困难与挑战，因此产生的心理健康问题也趋于一致。但本研究结果与杨（Yang）等人发现中国农村大学生的自杀未遂检出率显著高于城镇大学生的结果⑤不同。可能是因为本研究筛选文献的时间范围与之相差较大，也可能是因为本研究纳入了部分未发表的硕士论文，使得研究结果更准确。无论如何，高校心理健康教育工作者不应对来自农村地区的学生，或其他少数学生群体持有刻板印象，应平等地看待所有学生，注重培养个体的优势力量。

---

① Li, L., Wang, Y. Y., Wang, S. B., et al., "Prevalence of Sleep Disturbances in Chinese University Students: A Comprehensive Meta-Analysis," *Journal of Sleep Research*, 2018, 27(3), Article e12648.

② Guo, X. J., Meng, Z., Huang, G. F., et al., "Meta-Analysis of the Prevalence of Anxiety Disorders in Mainland China From 2000 to 2015," *Scientific Reports*, 2016, 6(1), Article 28033.

③ 孙冉、梁文艳：《第一代大学生身份是否会阻碍学生的生涯发展——基于首都大学生成长追踪调查的实证研究》，载《中国高教研究》，2021(5)。

④ Mare, R. D., "Social Background and School Continuation Decisions," *Journal of the American Statistical Association*, 1980, 75(370), pp. 295-305.

⑤ Yang, L. S., Zhang, Z. H., Sun, L., et al., "Prevalence of Suicide Attempts among College Students in China: A Meta-Analysis," *PLoS One*, 2015, 10(2), Article e0116303.

（三）研究局限与展望

第一，受研究时间与指标数量限制，本研究仅检索了 Web of Science 核心合集数据库，虽然能够涵盖相关领域的重要文献，但仍可能导致文献遗漏，未来检索文献时应尽量扩大范围，并建立元分析数据库以方便后续研究。第二，元分析作为一种量化文献综述，本质上是对原始研究的再研究，因而无法完全避免发表偏倚。所以未来研究仍需要进行大规模的科学调查，与此元分析结果在动态发展变化过程中相互对比、验证，从而更加清楚地展现我国内地大学生心理健康的一般状况。

五、研究结论

研究结论如下：（1）睡眠问题、抑郁、自我伤害在大学生中较为突出；（2）2010—2020 年大学生焦虑、抑郁、睡眠问题和自杀未遂的检出率显著上升，自我伤害的检出率显著下降；（3）测量工具、检出标准和检出时间是导致检出率波动的重要原因；（4）整体而言，西部大学生的心理健康状况较差，睡眠问题和自杀意念的检出率偏高，东北和中部地区大学生心理健康状况较好；（5）性别、生源地、独生与否均不是影响大学生心理健康的关键因素。

第七章

————

我国学生心理健康问题检出率的比较研究：基于元分析

2010 年 7 月，《国家中长期教育改革和发展规划纲要（2010—2020 年）》率先将"加强心理健康教育，促进学生身心健康"作为教育发展战略主题，列入国家中长期教育改革和发展规划纲要，表明学生群体的心理健康问题业已引起国家和政府的高度关注与重视。自此，我国心理健康教育迎来了又一个茁壮成长时期。然而，值得注意的是，过去十几年间我国仍处于由传统型社会向现代型社会的快速转型时期，它在为社会结构带来深刻变化的同时，也给人们的思想观念和心理造成了巨大冲击。[①] 尤其对于学生群体而言，其自我、情绪、人格、社会适应能力等正值快速发展却又远未成熟之际，很可能会受到社会变迁的影响，致使各种心理健康问题不断滋生。那么，我国大中小学生（这里特指内地学生，以下同）的心理健康状况究竟如何？2010—2020 年心理健康教育的不断推进，能否弱化社会转型所引发的负面效应？特别是 2010 年智能手机出现作为学生心理健康问题的关键影响因素，长达十年的影响效果又如何？为回答上述问题，全面系统地了解我国大中小学生各类心理健康问题的检出率是首要任务。

尽管目前有关大中小学生心理健康问题检出率的研究并不少见，但所得结果仍然存在明显分歧与不足，这主要体现在以下方面。（1）检出率高低不一。由于样本量、地区、取样方式、检出工具等的不同，造成检出率存在较大差异。（2）研究的心理健康问题全面性不足。现有研究大多数针对单一心理问题进行检出率分析，即便有研究者试图涵盖更多的心理健康问题，但碍于测量工具本身的局限性，心理健康概念常常被缩减为两三个指标，使所得出的心理健康问

————

① 俞国良：《社会心理学的时代实践》，1~3 页，北京，商务印书馆，2021。

题检出率依旧略显单薄，全面性和科学性备受质疑。(3)解释力有限，难以系统比较。受制于时间、经费、成本等，大部分研究仍采取方便取样，探讨的影响因素也不够具体，导致各研究之间很难相互比较，缺乏一定的解释力度。一言以蔽之，上述这些分歧与不足，不利于对我国学生心理健康问题检出率的准确把握，很难得出心理健康总体状况的科学结论。

开展心理健康研究与教育，必须摸清"家底"。为探索我国大中小学生心理健康问题检出率不一的原因，我们课题组利用元分析技术，于 2021 年 3 月伊始对 2010—2020 年发表在知网和硕博论文数据库以及 Web of Science 核心合集数据库的文献进行了检索，共纳入 1 043 篇文献，囊括了我国 2 905 979 名大中小学生。下列研究工作及其成果，既阐明了我国大中小学生心理健康状况变化的特点与规律，也为心理健康问题筛查、心理健康教育实践、心理健康政策制定提供了一定的实证依据。

一、我国学生心理健康问题检出率的总体比较

基于科学临床经验的分类方法，我们借鉴阿肯巴克(Achenbach)提出的儿童青少年心理病理性问题两分法[1]，即代表"抑制过度"的内化问题和反映"抑制不足"的外化问题。该分类方式目前依然被大多数研究者所接受，具有较高的参考价值。[2] 然而，由于心理健康问题纳入指标较多，所得结果较为细碎且存在不一致情况，根据学校教育现实和实践经验中发现的大中小学生的心理健康突出问题，我们将焦虑、抑郁、睡眠问题、自杀意念、自我伤害、自杀行为六项指标统一整合为内化问题、外化问题。本研究将焦虑、抑郁、睡眠问题、自杀意念确定为内化问题，将自我伤害、自杀行为确定为外化问题。在探讨其检出率

---

[1]　Achenbach, T. M., "The Classification of Children's Psychiatric Symptoms: A Factor-Analytic Study," *Psychological Monographs*, 1966, 80(7), pp. 1-37.

[2]　罗云：《青少年内外化问题的形成：环境压力、应激反应及迷走神经活动的调节作用》，博士学位论文，陕西师范大学，2017。

共通点及其差异的同时，以便更清晰地理解与揭示我国大中小学生心理健康问题检出率的特征及规律。

（一）我国学生心理健康问题：整合六项指标

如前所述，学段、经济区域、检出工具和时间、年份是造成六项指标检出率波动的重要原因。就学段而言，如图 7-1 所示，每项指标的学段差异均显著。尤其值得注意的是，初高中阶段每项指标的检出率均处在上游位置（睡眠问题除外），这可能与初高中阶段面临的学业负担与升学压力有着密切联系。

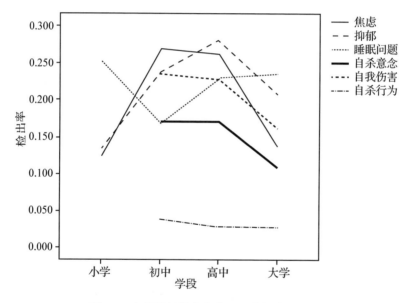

图 7-1　六项指标检出率在不同学段的折线图

就经济区域而言，虽然仅有睡眠问题、自杀意念的检出率在不同经济区域之间存在显著差异，但如图 7-2 所示，西部地区的检出率在多项指标中处于上游位置，这说明西部地区的检出率情况不容乐观，这可能与不同经济区域之间心理健康教育师资力量、人财物投入的差异息息相关。

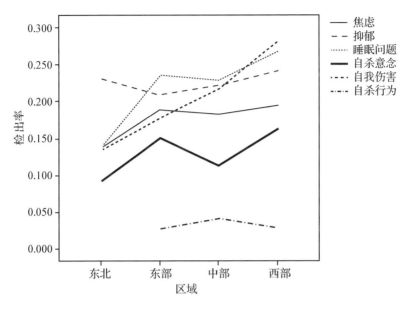

图 7-2 六项指标检出率在不同区域的折线图

就检出工具和时间而言，除了自我伤害和自杀行为的检出时间无显著差异之外，其余指标的检出工具、检出时间均存在显著差异。这意味着在学生心理健康问题的筛检工作中，测评量表及检出时间的正确选择，对准确地评估学生的心理健康状况极为重要。为了实现心理健康问题检出率的可比性，未来也应开发更科学的测量工具，以便统一检出标准和检出时间，便于相互对照。

就年份而言，除了睡眠问题、自杀意念、自我伤害无明显变化外，过去十年间焦虑、抑郁和自杀行为都随年份增加呈现出上升趋势，即年份越高检出率越高。究其原因可能是社会变迁和智能手机等文化信息对个体心理健康带来了无法消弭的负面影响。尽管心理健康教育自 2010 年便开始稳步推进，但其成效并不理想，未来的心理健康教育工作依然任重而道远。

(二)我国学生心理健康问题：内化问题

我国学生内化问题总体检出率为20.0%。如表7-1所示，对学段进行比较后发现，小学生的内化问题检出率为15.3%，初中生内化问题检出率为22.7%，高中生内化问题检出率为25.6%，大学生内化问题检出率为17.7%。学段的调节作用显著，具体而言，小学生、大学生显著低于初中生和高中生，而小学生与大学生之间、初高中生之间则无显著差异。对区域进行比较后发现，区域的调节效应显著，东北地区学生的内化问题显著低于西部地区，其余两者之间均无显著差异。对年份进行比较后发现，年份的调节效应显著($b=0.03$，95%的置信区间为[0.01，0.05])，说明2010—2020年我国学生的内化问题检出率呈现出显著的上升趋势，如图7-3所示。就学段而言，可能与不同学段的心理社会性发展任务和不同程度的学业压力有关；就区域而言，可能与不同地区的气候条件和社会心理因素有关；就年份而言，可能与社会转型、社会变迁和智能手机出现、快速普及应用等有关。

表7-1　内化问题检出率的调节效应分析

调节变量	异质性检验			类别	研究数量	检出率
	Q_B	df	p			
学段	74.24	3	<0.001	小学	55	15.3%
				初中	193	22.7%
				高中	189	25.6%
				大学	489	17.7%
经济区域	9.51	3	0.02	东北	60	17.5%
				东部	296	19.8%
				中部	245	19.8%
				西部	215	22.3%

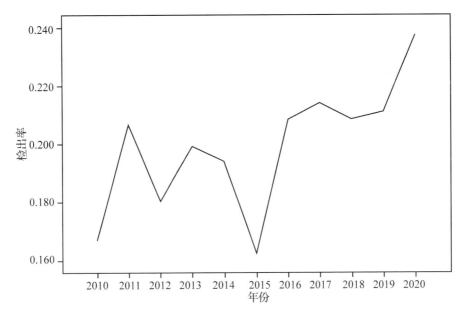

图 7-3　内化问题检出率的年份走势图

(三) 我国学生心理健康问题：外化问题

我国学生外化问题总体检出率为 11.7%。如表 7-2 所示，对学段进行比较后发现，初中生外化问题检出率为 11.0%，高中生外化问题检出率为 12.6%，大学生外化问题检出率为 11.4%。学段的调节作用不显著，即各学段之间的外化问题检出率无显著差异。对区域进行比较后发现，区域的调节效应显著，东部地区学生的外化问题显著低于中部地区，其余两者之间均无显著差异。对年份进行比较后发现，年份的调节效应显著（$b = 0.10$，95% 的置信区间为 $[0.02, 0.17]$），说明 2010—2020 年我国学生的外化问题检出率呈现出显著的上升趋势，如图 7-4 所示。以学段而论，可能与青春期前后自我意识和自我同一性的发展有关；以区域而论，可能与不同地区的社会经济发展条件和社会文化心理氛围有关；以年份而论，可能与心理健康内化问题一样，社会转型和文化潮流等因素发挥着决定性作用。

表 7-2　外化问题检出率的调节效应分析

调节变量	异质性检验			类别	研究数量	检出率
	Q_B	df	p			
学段	0.52	2	0.77	初中	36	11.0%
				高中	42	12.6%
				大学	39	11.4%
经济区域	20.87	3	<0.001	东北	3	13.3%
				东部	34	7.6%
				中部	37	19.2%
				西部	12	9.8%

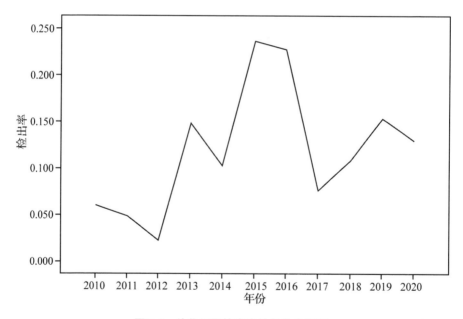

图 7-4　外化问题检出率的年份走势图

可见，我国学生心理健康内外化问题的检出率状况具有相似之处，也存在一定差异。具体而言，相似之处在于：（1）区域是影响我国内地学生心理健康内外化问题的重要因素；（2）2010—2020 年，我国学生心理健康内外化问题的检出率呈现出显著的上升趋势。而不同之处在于，学段是影响心理健康内化问题检出率的重要因素，而心理健康外化问题的检出率在不同学段之间均无显著差异。此外，我国学生心理健康内化问题检出率显著高于外化问题，心理健康问题总体检出率为 18.9%。根据我们的文献分析、现场观察与调查研究，上述结果与我国大中小学生心理健康问题的现状和特点基本吻合。

二、我国学生心理健康问题检出率的分类比较

诚如前述，我们的研究选取了六项指标进行文献检索，分别是焦虑、抑郁、睡眠问题、自杀意念，以及自我伤害、自杀行为。我们将从以下这六个指标来具体考查并比较我国大中小学生的心理健康问题检出率，特别是系统考查并比较不同心理健康问题的检出率大小、分布特点、影响因素与发展趋势，有利于全面掌握我国大中小学生焦虑、抑郁、睡眠问题、自杀意念、自我伤害、自杀行为等的检出率状况。

(一)焦虑

焦虑共纳入研究文献 243 篇，包含 356 183 名中国学生，原始研究的检出率在 0.7% ~ 72.8%，元分析显示焦虑的总体检出率为 18.1%。

学段比较。如表 7-3 所示，本研究对焦虑检出率进行学段比较后发现，小学生的焦虑检出率为 12.4%，初中生的焦虑检出率为 26.9%，高中生的焦虑检出率为 26.3%，大学生的焦虑检出率为 13.7%。不同学段的调节效应显著。具体而言，小学生与大学生无差异，但两者都显著低于初中生和高中生；初中生与高中生之间则无差异。

表 7-3　焦虑检出率的调节效应分析

调节变量	异质性检验			类别	研究数量	检出率
	Q_B	df	p			
学段	58.36	3	<0.001	小学	9	12.4%
				初中	50	26.9%
				高中	48	26.3%
				大学	136	13.7%
性别	0.22	1	0.64	男	75	18.5%
				女	78	19.5%
生源地	0.57	1	0.45	城镇	26	18.0%
				农村	30	20.3%
独生与否	0.59	1	0.44	独生	21	23.2%
				非独生	22	20.7%
经济区域	2.77	3	0.429	东北	15	13.8%
				东部	75	18.9%
				中部	66	18.3%
				西部	65	19.3%
检出工具	203.93	7	<0.001	BAI	5	8.7%
				CCSMHS	4	5.0%
				DASS	6	49.5%
				GAD	7	15.3%
				MSSMHS	24	40.4%
				SAS	101	20.2%
				SCARED	23	26.4%
				SCL	62	9.8%

续表

调节变量	异质性检验			类别	研究数量	检出率
	Q_B	df	p			
检出时间	53.91	4	<0.001	1周	183	16.2%
				2周	5	18.7%
				3个月	20	27.6%
				近来	10	38.8%
				无	16	33.8%

注：BAI 为贝克焦虑量表[1]，CCSMHS 为郑日昌大学生心理健康量表[2]，DASS 为焦虑—抑郁—压力量表[3]，GAD 为广泛性焦虑量表[4]，MSSMHS 为中国中学生心理健康量表[5]，SAS 为焦虑自评量表[6]，SCL 为症状自评量表[7]，SCARED 为儿童焦虑性情绪障碍筛查表[8]。

　　人口统计学特征比较。本研究对焦虑检出率进行人口统计学特征比较后发现，男生的焦虑检出率为18.5%，女生的焦虑检出率为19.5%，两者之间无显著差异；城镇学生的焦虑检出率为18.0%，农村则为20.3%，两者之间无显著差异；独生子女(23.2%)和非独生子女(20.7%)的焦虑检出率也无显著差异。这说明性别、生源地、独生与否均不是影响焦虑检出率的重要因素。

　　区域比较。本研究对焦虑检出率进行区域比较后发现，东北地区学生的焦

　　[1] Beck, A. T. & Steer, R. A., *Beck Anxiety Inventory Manual*, San Antonio, The Psychological Corporation Harcourt Brace Jovanovich, Inc, 1990.

　　[2] 郑日昌、邓丽芳、张荣华等：《〈中国大学生心理健康量表〉的编制》，载《心理与行为研究》，2005，3(2)。

　　[3] Taouk, M., Lovibond, P. F., Laube, R., "Psychometric Properties of a Chinese Version of the 21-Item Depression Anxiety Stress Scales(DASS21)," in Report for New South Wales Transcultural Mental Health Centre, Cumberland Hospital, Sydney, 2001.

　　[4] Spitzer, R. L., Kroenke, K., Williams, J. B. & Löwe, B., "A Brief Measure for Assessing Generalized Anxiety Disorder: The GAD-7," *Archives of Internal Medicine*, 2006, 166(10), pp. 1092-1097.

　　[5] 王极盛、李焰、赫尔实：《中国中学生心理健康量表的编制及其标准化》，载《社会心理科学》，1997，46(4)。

　　[6] Zung, W. W., "A Rating Instrument for Anxiety Disorders," *Psychosomatics*, 1971, 12(6), pp. 371-379.

　　[7] Derogatis, L. R., *SCL-90R(Revised Version)Manual I*, Baltimore, Johns Hopkins University School of Medicine, 1977.

　　[8] Birmaher, B., Khetarpal, S., Brent, D., et al., "The Screen for Child Anxiety Related Emotional Disorders(SCARED): Scale Construction and Psychometric Characteristics," *Journal of the American Academy of Child & Adolescent Psychiatry*, 1997, 36(4), pp. 545-553.

虑检出率为 13.8%，东部地区学生的焦虑检出率为 18.9%，中部地区学生的焦虑检出率为 18.3%，西部地区学生的焦虑检出率为 19.3%。不同区域的调节效应不显著。这意味着我国不同经济区域之间，大、中、小学生的焦虑检出率较为一致，无显著差异。焦虑是我国学生普遍存在的心理健康问题。

检出工具、时间比较。本研究对焦虑检出率进行工具比较后发现，检出工具的调节效应显著，使用 DASS 的检出率最高，而使用 CCSMHS 的检出率则最低。这表明不同的工具及筛查标准是影响焦虑检出率高低的重要因素。对焦虑检出率进行时间比较后发现，检出时间的调节效应显著，即当被问及"近来"时检出率最高，而"1 周"检出率则最低。这表明检出时间的差异也是影响焦虑检出率高低的重要因素。

年份比较。本研究对焦虑检出率进行年份比较后发现，年份的调节效应显著($b=0.06$，95%的置信区间为[0.02，0.10])，说明 2010—2020 年我国学生的焦虑检出率呈现显著的上升趋势(如图 7-5 所示)。

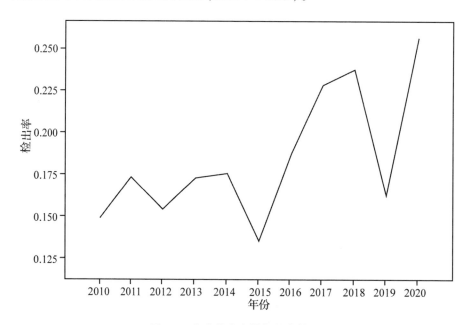

图 7-5　焦虑检出率的年份走势图

(二) 抑郁

抑郁共纳入研究文献 474 篇，包含 925 759 名中国学生，原始研究的检出率在 0.5% ~ 85.6%，元分析则显示抑郁总体检出率为 22.2%。与焦虑问题类似，原始研究几乎涵盖了全国所有省份。

学段比较。如表 7-4 所示，本研究对抑郁检出率进行学段比较后发现，小学生的抑郁检出率为 13.5%，初中生的抑郁检出率为 23.9%，高中生的抑郁检出率为 28.0%，大学生的抑郁检出率为 20.8%。不同学段的调节效应显著。具体而言，小学生低于初中生、高中生和大学生，高中生显著高于大学生，初中生和高中生无显著差异，初中生和大学生也无显著差异。

表 7-4 抑郁检出率的调节效应分析

调节变量	异质性检验			类别	研究数量	检出率
	Q_B	df	p			
学段	41.03	3	<0.001	小学	35	13.5%
				初中	96	23.9%
				高中	99	28.0%
				大学	244	20.8%
性别	0.02	1	0.88	男	152	23.3%
				女	153	23.5%
生源地	0.72	1	0.40	城镇	63	26.3%
				农村	66	28.3%
独生与否	0.10	1	0.76	独生	48	30.0%
				非独生	48	30.7%
经济区域	3.86	3	0.28	东北	29	23.0%
				东部	149	20.9%
				中部	122	22.1%
				西部	122	24.0%

续表

调节变量	异质性检验			类别	研究数量	检出率
	Q_B	df	p			
检出工具	248.97	9	<0.001	BDI	25	26.1%
				CBCL	5	5.6%
				CDI	35	19.6%
				CESD	75	28.4%
				DASS	7	30.5%
				DSRSC	18	19.2%
				MSSMHS	20	35.3%
				PHQ	8	28.5%
				SCL	113	11.8%
				SDS	127	31.9%
检出时间	48.681	4	<0.001	1周	372	22.8%
				2周	67	20.9%
				6个月	6	5.1%
				近来	15	36.3%
				无	8	10.3%

注：BDI 为贝克抑郁量表[1]，CBCL 量表为 Achenbach 儿童行为量表[2]，CDI 为儿童抑郁量表[3]，CESD 为流调中心抑郁量表[4]，DSRSC 为儿童抑郁自评量表[5]，PHQ 为患者健康问卷[6]，SDS 为抑郁自评量表[7]。

人口统计学特征比较。 本研究对抑郁检出率进行人口统计学特征比较后发

---

[1]　Beck, A. T. & Beamesderfer, A. , "Assessment of Depression: The Depression Inventory," *Modern Problems of Pharmacopsychiatry*, 1974(7), pp. 151-169.

[2]　Achenbach, T. M. & Edelbrock, C. S. , "The Child Behavior Profile: Ⅱ. Boys Aged 12-16 and Girls Aged 6-11 and 12-16," *Journal of Consulting and Clinical Psychology*, 1979, 47(2), pp. 223-233.

[3]　Kovacs, M. , *Children's Depression Inventory (CDI)*, New York, Multi-Health Systems, 1992.

[4]　Radloff, L. S. , "A Self-Report Depression Scale for Research in the General Population," *Applied Psychol Measurements*, 1977(1), pp. 385-401.

[5]　Birleson, P. , "The Validity of Depressive Disorder in Childhood and the Development of a Self-Rating Scale: A Research Report," *Journal of Child Psychology and Psychiatry*, 1981, 22(1), pp. 73-88.

[6]　Kroenke, K. , Spitzer, R. L. & Williams, J. B. W. , "The PHQ-9: Validity of a Brief Depression Severity Measure," *Journal of General Internal Medicine*, 2001, 16(9), pp. 606-613.

[7]　Zung, W. W. , "A Self-Rating Depression Scale," *Archives of General Psychiatry*, 1965, 2(1), pp. 63-70.

现，男生的抑郁检出率为 23.3%，女生的抑郁检出率为 23.5%，两者之间无显著差异；城镇学生的抑郁检出率为 26.3%，农村则为 28.3%，两者之间无显著差异；独生子女（30.0%）和非独生子女（30.7%）的抑郁检出率也无显著差异。这说明性别、生源地、独生与否均不是影响抑郁检出率的重要因素。

区域比较。本研究对抑郁检出率进行区域比较后发现，东北地区学生的抑郁检出率为 23.0%，东部地区学生的抑郁检出率为 20.9%，中部地区学生的抑郁检出率为 22.1%，西部地区学生的抑郁检出率为 24.0%。不同区域的调节效应不显著。这意味着我国内地不同经济区域之间，大、中、小学生的抑郁检出率较为一致，无显著差异。

检出工具、时间比较。本研究对抑郁检出率进行工具比较后发现，检出工具的调节效应显著，使用 MSSMHSS 的检出率最高，而使用 CBCL 的检出率则最低。这表明不同的工具及筛查标准是影响抑郁检出率高低的重要因素。对抑郁检出率进行时间比较后发现，检出时间的调节效应显著，即当被问及"近来"时检出率最高，而"6 个月"检出率则最低。这表明检出时间的差异也是影响抑郁检出率高低的重要因素。

年份比较。本研究对抑郁检出率进行年份比较后发现，年份的调节效应显著（$b=0.03$，95% 的置信区间为 [0.01，0.06]），说明 2010—2020 年我国内地学生的抑郁检出率虽然在个别年份有短暂的下降，但总体仍然呈现显著的上升趋势，如图 7-6 所示。

（三）睡眠问题

睡眠问题共纳入研究文献 111 篇，包含 307 573 名学生，原始研究的检出率在 0.2% ~ 69.3%，元分析则显示其睡眠问题总体检出率为 22.2%。与焦虑、抑郁类似，原始研究几乎覆盖了全国所有省份。

学段比较。如表 7-5 所示，本研究对睡眠问题检出率进行学段比较后发现，小学生的睡眠问题检出率为 25.2%，初中生的睡眠问题检出率为 16.7%，高中

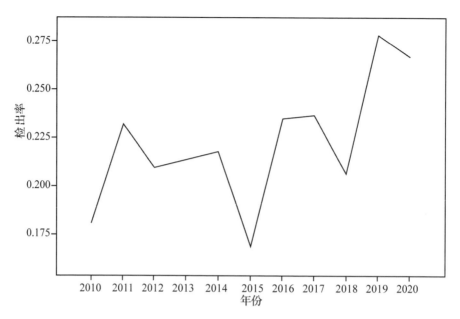

图 7-6　抑郁检出率的年份走势图

生的睡眠问题检出率为 22.9%，大学生的睡眠问题检出率为 23.6%。不同学段的调节效应显著。具体而言，小学生的睡眠问题检出率最高，初中生的睡眠问题检出率最低。

表 7-5　睡眠问题检出率的调节效应分析

调节变量	异质性检验			类别	研究数量	检出率
	Q_B	df	p			
学段	9.88	3	0.02	小学	11	25.2%
				初中	21	16.7%
				高中	21	22.9%
				大学	58	23.6%
性别	0.09	1	0.77	男	46	23.1%
				女	46	22.5%
经济区域	13.49	3	0.004	东北	14	13.7%
				东部	33	23.5%
				中部	34	22.8%
				西部	17	26.7%

续表

调节变量	异质性检验			类别	研究数量	检出率
	Q_B	df	p			
检出工具	20.54	3	<0.001	AIS	4	32.9%
				CSHQ	3	47.7%
				PSQI	86	21.1%
				UPI	3	13.3%
检出时间	15.45	3	0.001	1个月	95	22.0%
				4周	3	47.7%
				1年	3	13.3%
				无	5	20.7%

注：AIS 为阿森斯失眠量表[1]，PSQI 为匹兹堡睡眠指数量表[2]，CSHQ 为儿童睡眠习惯问卷[3]，UPI 为大学生人格健康问卷[4]。

性别比较。本研究对睡眠问题检出率进行性别比较后发现，男生的睡眠问题检出率为23.1%，女生的睡眠问题检出率为22.5%，两者之间无显著差异，这说明性别不是影响睡眠问题检出率的重要因素。

区域比较。本研究对睡眠问题检出率进行区域比较后发现，东北地区学生的睡眠问题检出率为13.7%，东部地区学生的睡眠问题检出率为23.5%，中部地区学生的睡眠问题检出率为22.8%，西部地区学生的睡眠问题检出率为26.7%。不同区域的调节效应显著。具体而言，东北地区学生的睡眠问题检出率显著低于其他三大区域，而东部、西部、中部地区之间差异则不显著。

检出工具、时间比较。本研究对睡眠问题检出率进行工具比较后发现，检出工具的调节效应显著，使用 CSHQ 的检出率最高，而使用 UPI 的检出率则最低。这表明不同的工具及筛查标准是影响睡眠问题检出率高低的重要因素。对睡眠问题检出率进行时间比较后发现，检出时间的调节效应显著，即当被问及

---

① Soldatos, C. R., *The Assessment of Insomnia*: *Rationale for a New Scale Based on ICD*-10 *Principles*, Warszawa, Elma Books, 1995.

② Buysse, D. J., Reynold 3rd, C. F., Monk, T. H., et al., "The Pittsburgh Sleep Quality Index: A New Instrument for Psychiatric Practice and Research," *Psychiatry Research*, 1989, 28(2), pp. 193-213.

③ Owens, J. A., Anthony, S. & Melissa, M. G., "The Children's Sleep Habits Questionnaire (CSHQ): Psychometric Properties of a Survey Instrument for School-Aged Children," *Sleep*, 2000, 23(8), pp. 1043-1051.

④ Hirayama, K., *Japanese Association for College Mental Health*, User Guide for the UPI, Tokyo, Sozo-shuppan, 2011.

"4周"时检出率最高，而"1年"检出率则最低。这表明检出时间的差异也是影响睡眠问题检出率高低的重要因素。

年份比较。本研究对睡眠问题检出率进行年份比较后发现，年份的调节效应不显著（$b = 0.01$，95%的置信区间为[-0.05，0.06]），说明2010—2020年我国内地学生的睡眠问题检出率变化不明显，总体呈现平稳趋势，如图7-7所示。

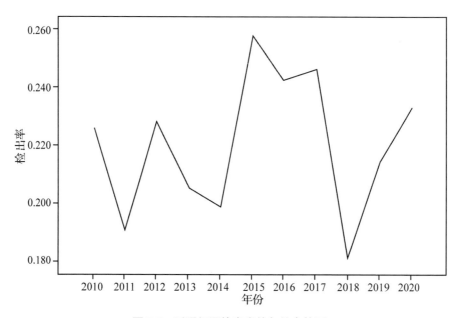

图7-7　睡眠问题检出率的年份走势图

(四) 自杀意念

自杀意念共纳入研究文献98篇，包含654 598名中国学生，原始研究的检出率在1.7% ~ 58.9%，元分析则显示自杀意念的总体检出率为13.6%。自杀意念检出率的原始研究多集中在东部、中部地区，较少关注到西部地区学生的自杀意念检出率情况。

学段比较。如表7-6所示，本研究对自杀意念检出率进行学段比较后发现，初中生的自杀意念检出率为17.1%，高中生的自杀意念检出率为17.1%，大学生的自杀意念检出率为10.9%。不同学段的调节效应显著。具体而言，大学学段的自杀意念检出率显著低于初中和高中学段，初中和高中学段之间则无差异。

表 7-6　自杀意念检出率的调节效应分析

调节变量	异质性检验			类别	研究数量	检出率
	Q_B	df	p			
学段	42.89	2	<0.001	初中	26	17.1%
				高中	21	17.1%
				大学	51	10.9%
性别	0.90	1	0.34	男	45	12.5%
				女	45	13.6%
经济区域	16.54	3	0.001	东北	2	9.2%
				东部	39	15.0%
				中部	24	11.3%
				西部	10	16.2%
检出工具	51.51	3	<0.001	Beck	4	20.9%
				SCL	3	8.3%
				SIOSS	27	9.6%
				单条目	52	15.3%
检出时间	52.58	2	<0.001	1 周	5	6.6%
				1 年	69	12.8%
				无	18	20.6%

注：Beck 为 Beck 自杀意念量表[1]，SIOSS 为夏朝云等人编制的自杀意念自评量表[2]。

性别比较。本研究对自杀意念检出率进行性别比较后发现，男生的自杀意念检出率为 12.5%，女生的自杀意念检出率为 13.6%，两者之间无显著差异，这说明性别不是影响自杀意念检出率的重要因素。

区域比较。本研究对自杀意念检出率进行区域比较后发现，东北地区学生

[1]　Beck, A. T., Steer, R. A. & Ranieri, W. F., "Scale for Suicide Ideation: Psychometric Properties of a Self Report Version," *Journal of Clinical Psychology*, 1988, 44(4), pp. 499-505.

[2]　夏朝云、王东波、吴素琴等：《自杀意念自评量表的初步制定》，载《临床精神医学杂志》，2002，12(2)。

的自杀意念检出率为9.2%，东部地区学生的自杀意念检出率为15.0%，中部地区学生的自杀意念检出率为11.3%，西部地区学生的自杀意念检出率为16.2%，结果表明不同区域的调节效应显著。

检出工具、时间比较。本研究对自杀意念检出率进行工具比较后发现，检出工具的调节效应显著，使用 Beck 的检出率最高，而使用 SCL 的检出率则最低。这表明不同的工具及筛查标准是影响自杀意念检出率高低的重要因素。对自杀意念检出率进行时间比较后发现，检出时间的调节效应显著，即当未规定检出时间时检出率最高，而"1 周"检出率则最低。这表明检出时间的差异也是影响自杀意念检出率高低的重要因素。

年份比较。本研究对自杀意念检出率进行年份比较后发现，年份的调节效应不显著（$b=-0.01$，95%的置信区间为$[-0.05, 0.03]$），说明 2010—2020 年我国内地学生的自杀意念检出率变化不明显，总体呈现平稳趋势，如图 7-8 所示。

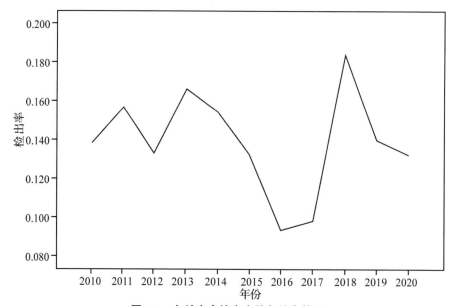

图 7-8　自杀意念检出率的年份走势图

(五) 自我伤害

自我伤害共纳入研究文献 80 篇，包含 352 898 名学生，原始研究的检出率在 1.8% ～ 75.2%，元分析则显示自我伤害总体检出率为 20.1%。有关自我伤害检出率的原始研究大多集中在中部、东部地区，对东北地区以及西部地区的研究仍然较少。

学段比较。如表 7-7 所示，本研究对自我伤害检出率进行学段比较后发现，初中生的自我伤害检出率为 23.4%，高中生的自我伤害检出率为 22.8%，大学生的自我伤害检出率为 16.2%。不同学段的调节效应显著。具体而言，大学学段的自我伤害检出率显著低于初中和高中，初中和高中两者之间则无差异。

性别比较。本研究对自我伤害检出率进行性别比较后发现，男生的自我伤害检出率为 20.8%，女生的自我伤害检出率为 19.6%，两者之间无显著差异，这说明性别并不是影响自我伤害检出率的重要因素。

区域比较。本研究对自我伤害检出率进行区域比较后发现，东北地区学生的自我伤害检出率为 13.3%，东部学生的自我伤害检出率为 17.8%，中部学生的自我伤害检出率为 21.6%，西部学生的自我伤害检出率为 28.1%，结果显示不同区域的调节效应不显著。

检出时间比较。本研究对自我伤害检出率进行时间比较后发现，无论是"6个月""1 年"还是未规定检出时间，其检出率均无显著差异。

年份比较。本研究对自我伤害检出率进行年份比较后发现，年份的调节效应不显著（$b = -0.01$，95% 的置信区间为 $[-0.08, 0.07]$），说明 2010—2020 年我国学生的自我伤害检出率无明显变化，如图 7-9 所示。

表 7-7　自我伤害检出率的调节效应分析

调节变量	异质性检验			类别	研究数量	检出率
	Q_B	df	p			
学段	7.92	2	0.02	初中	20	23.4%
				高中	29	22.8%
				大学	31	16.2%
性别	0.21	1	0.65	男	37	20.8%
				女	38	19.6%
经济区域	3.96	3	0.27	东北	3	13.3%
				东部	18	17.8%
				中部	34	21.6%
				西部	6	28.1%
检出时间	0.03	2	0.99	6个月	6	19.8%
				1年	56	19.6%
				无	13	20.1%

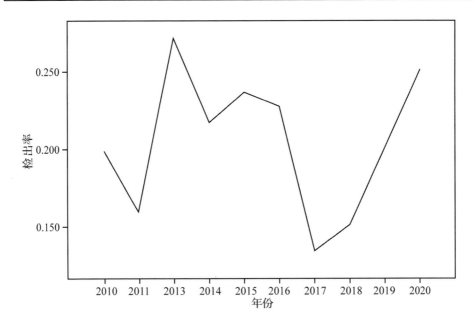

图 7-9　自我伤害检出率的年份走势图

(六) 自杀行为

自杀行为共纳入研究文献 37 篇，包含 308 968 名学生，原始研究的检出率在 0.5%~9.7%，元分析则显示自杀行为的总体检出率为 3.3%。整体而言自杀行为检出率的研究较少，只零星分布在东部、中部和西部少数几个省份，这说明在绝大多数省份中，学生自杀行为的检出率状况仍处在空白状态。

学段比较。如表 7-8 所示，本研究对自杀行为检出率进行学段比较后发现，初中生的自杀行为检出率为 3.9%，高中生的自杀行为检出率为 2.9%，大学生的自杀行为检出率为 2.8%。不同学段的调节效应显著。具体而言，初中生的自杀行为检出率显著高于高中生和大学生，高中生和大学生之间则无显著差异。

性别比较。本研究对自杀行为检出率进行性别比较后发现，男生的自杀行为检出率为 3.1%，女生的自杀行为检出率为 3.4%，两者之间无显著差异，这说明性别不是影响自杀行为检出率的重要因素。

区域比较。本研究对自杀行为检出率进行区域比较后发现，东部地区学生的自杀行为检出率为 2.8%，中部地区学生的自杀行为检出率为 4.1%，西部地区学生的自杀行为检出率为 2.9%，结果显示不同区域的调节效应不显著。

检出时间比较。本研究对自杀行为检出率进行时间比较后发现，无论是"6个月""1 年"还是未规定检出时间，检出率均无显著差异。

年份比较。本研究对自杀行为检出率进行年份比较后发现，年份的调节效应显著（$b=0.06$，95%的置信区间为 [0.03, 0.10]），说明 2010—2020 年我国内地学生的自杀行为检出率呈现出显著的上升趋势，如图 7-10 所示。

表 7-8   自杀行为检出率的调节效应分析

调节变量	异质性检验			类别	研究数量	检出率
	Q_B	df	p			
学段	10.34	2	0.006	初中	16	3.9%
				高中	23	2.9%
				大学	8	2.8%
性别	0.42	1	0.52	男	13	3.1%
				女	11	3.4%
经济区域	3.17	2	0.21	东北	—	—
				东部	16	2.8%
				中部	3	4.1%
				西部	6	2.9%
检出时间	4.96	2	0.08	6个月	3	3.3%
				1年	28	3.4%
				无	6	2.5%

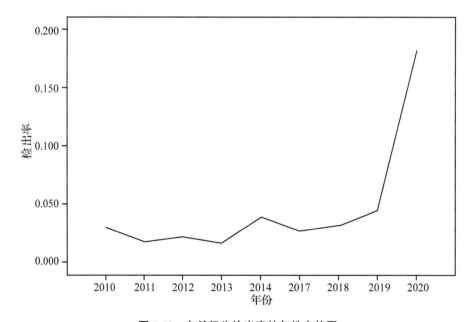

图 7-10   自杀行为检出率的年份走势图

三、教育对策与建议

毫无疑问，我国大中小学生抑郁、焦虑、睡眠问题和自我伤害检出率偏高，其整体心理健康状况堪忧，需要引起全社会的高度警觉。

(一) 心理健康研究重在"深耕细作"

本研究借鉴了内外化心理健康问题的框架，选取了六个指标对我国大中小学生的心理健康问题检出率进行了元分析。在实际的检索及整合过程中我们发现，不少原始研究使用的检出工具及测量标准杂乱不一，存在直接引用国外量表而不经过本土化的情况，也有个别研究仅将某类心理健康问题简单地视为精神障碍，旨在鉴别有关临床特征，不适合正常学生群体。此外，不同指标的数量差别较大，其全面性也有所差异。例如，抑郁指标包含原始文献 474 篇，囊括了 925 759 名中国的大中小学生，几乎遍布全国所有省份；而自杀行为指标则仅纳入原始文献 37 篇，包含 308 968 名中国学生，同时只对零星几个省份的学生进行了研究。这些都体现出了目前有关心理健康的研究存在认识不深、全面性不足的问题。据此，我们认为在未来的心理健康研究中，应重在"深耕细作"。

"深耕细作"，意味着对研究领域应有准确、深刻的认识，对研究问题应有细致、周密的考量。首先，就研究工具而言，需选取合适且具有较高信效度的本土化测量工具，明确检出时间和筛选标准。一方面可以杜绝因不熟悉检出工具导致数据无效、错误的现象出现；另一方面还能避免将旨在鉴别临床特征的工具误用于正常人群而造成不良后果。其次，就研究对象而言，应试图全面考量心理健康问题的内涵，仅个别指标或维度并不能覆盖心理健康问题的全貌，也难以对该群体的心理健康状况做出有力判断。最后，就研究方法而言，注重心理健康的动态变化，这样不仅能有利于认识心理健康问题的特点与差异，还能对心理健康问题的发生、发展及变化全貌具有更清晰的了解。因此，研究者在开展有关心理健康的研究时，应慎重选取研究工具，并考查心理健康的多个方面，建立起完整的心理健康识别与评估体系，从而有利于之后对心理健康问题的筛查、诊断与有针对性的干预。

(二) 心理健康教育重在"对症下药"

心理健康教育是学校德育、思想政治教育的重要组成部分[①]，也是提高国民心理健康素质的一大重要举措。本研究发现我国大中小学生都存在着不同程度的心理健康问题，已影响到学生群体的健康成长。但是，由于大中小学生处于不同的发展阶段，其心理与年龄特征迥异，面临的心理问题和压力也有所差异，因此，不同学段的学生群体心理健康问题的表现也存在着显著的差异。这提示我们，心理健康教育重在"对症下药"。

"对症下药"，意味着提供与大中小学生的心理特点与发展需要相匹配的心理健康教育。一方面，大中小不同学段的心理健康教育的具体内容和实施方法应该各有侧重，不应千篇一律、越俎代庖。[②] 例如，针对初高中学生的心理健康教育，应着重缓解学业压力、考试焦虑、抑郁等心理问题；针对小学生的心理健康教育，则应着重帮助他们建立良好的睡眠习惯。另一方面，不同的心理症状表现其严重程度与后果也不尽相同，心理健康教育工作者应体察不同心理健康问题的症状表现，并及时进行教育干预。例如，对于仅表现出睡眠问题的学生，可定期开展心理健康辅导等，防止其心理健康状况进一步恶化；但对于表现出自杀行为等严重心理问题的学生，则应尽早转介到心理专科医院寻求治疗。

(三) 心理健康服务重在"追根溯源"

本研究发现，针对我国大中小学生，其心理健康内化问题的检出率显著高

---

① 俞国良、黄潇潇：《国家层面设置心理健康课程的实践与探索》，载《清华大学教育研究》，2020，41(6)。

② 俞国良、张亚利：《大中小幼心理健康教育一体化：人格的视角》，载《教育研究》，2020，41(6)。

于外化问题。由于内外化问题经常以共病的方式出现，且共病率较高①，因此一旦某学生检出外化问题（如自我伤害、自杀行为），那么，该学生在很大程度上可能也存在内化问题。因而，心理健康服务不应仅局限于解决当下的外部行为表现，而更应"追根溯源"。

"追根溯源"，意味着从不良外部行为表现入手，探求解决个体内部的心理痛苦乃至痛苦来源的思路与方法。在治疗思路上，心理健康服务的终极追求并不是只停留在"头痛医头，脚痛医脚"的层面上，而是完善自我，从而以疾病为导向转向以健康为导向。在治疗方法上，不仅可以使用系统脱敏法弱化不良行为表现，还可利用认知行为疗法、正念疗法等，帮助个体缓解内在问题，正视问题来源，从而培养积极心理品质和健康心态，促进个性发展和人格完善，不断增强获得感、安全感和幸福感。

（四）心理健康政策制定重在"与时俱进"

研究发现，2010—2020 年我国大中小学生的焦虑、抑郁和自杀行为呈现出显著的上升趋势，即年份越高检出率越高，表明巨大且快速的社会变迁对大中小学生的心理健康产生了深远的影响。可以预见，未来我国学生群体的心理健康状况仍将受到社会转型以及数字化时代的影响。因而，心理健康政策的制定，应尤为注重"与时俱进"。

"与时俱进"，意味着我国心理健康政策的制定需紧跟时代脚步。第一，依据元分析数据及心理健康监测系统，深入刻画大中小学生心理健康问题的特点及差异，实现国家层面对大中小学生心理健康水平的宏观把握。第二，从年份等多个层面客观探寻影响大中小学生心理健康状况的相关因素，进一步揭示其心理健康问题背后存在的时代原因。第三，立足本国国情，结合我国大中小学生心理健康发展状况的新特点和新趋势，在政策制定中体现新时代赋予心理健

---

① 余萌、徐慊、朱雅雯等：《青少年内外化症状现状调查及预测因素》，载《中国健康心理学杂志》，2017，25(11)。

康概念的新内涵。第四，在政策制定后，也应实时监测国家心理健康教育和相关政策规定的执行情况，从而为改进心理健康教育教学、完善心理健康相关政策提供依据和参考。

　　总之，未来研究应立足中国大地，着力提高心理健康教育效能，编制科学的测量工具和筛查标准，建立、完善心理健康动态监测体系和学校心理健康服务体系，特别是重点考虑、梳理、整合、提升心理健康的干预手段，这对于改善学生群体和儿童青少年整体心理健康状况具有决定性作用。同时，应树立系统思维、综合治理的心理健康理念，在社会心理服务的大框架下，建立具有中国特色的心理健康教育体制体系观。[①] 着力构建立德树人、以生为本、生命至上和责任为重的价值体系，中国特色、健康第一、健康中国和幸福中国的理论体系，育心育德、全面发展、创新发展和特色发展的发展体系，制度建设、机构建设、师资队伍和课程体系建设的服务体系，个别咨询、团体咨询、危机干预和医教协同的实践体系，生态课堂、生态校园、家校协同和社教一体的生态体系，并对高危学生人群、贫困地区和经济欠发达地区学生的心理健康问题予以重点关注，形成学生心理健康教育的长效机制，实现学校心理健康教育效果的最大化、最优化。特别是应继续全面推进和进一步深化全社会心理健康教育工作，加强新时代学校心理健康教育的"软件"建设、"硬件"建设和环境建设，重视编制具有中国特色的不同年龄、不同学段心理健康标准化的本土测评工具，为我国学生的健康成长和幸福人生固本强基、保驾护航！

---

① 俞国良：《高等学校心理健康教育体制观：体系建设探微》，载《国家教育行政学院学报》，2021(7)。

第二篇

理论研究

　　理论研究属于基础研究的范畴，以认识现象、发现规律和开拓新的知识领域为目的。因此，心理健康归根结底是一个理论问题，即幸福感问题。在心理学意义上，作为幸福感主要成分的主观幸福感、心理幸福感和社会幸福感，与人们的学习生活、情绪情感、自我意识、人际关系和社会适应等要素紧密相连；而心理健康本身就是一种幸福状态，又使它与幸福感直接发生关系。实际上，从内涵上审视，心理健康与幸福感属伯仲之间；从溯源上考察，心理健康需要幸福感的支撑；从目标上解析，心理健康的价值追求就是幸福感；从结果上考察，心理健康应是幸福感的副产品。一句话，幸福感是心理健康的本质特征和核心所在。可以说，正是对幸福感的不懈追求，人们开始重视心理健康，也借此完成一场生命本质力量的精神突围。但心理健康不能就事论事，它有着特定的社会根源。我们从心理健康研究的社会学取向，系统探讨了本体安全感的两个核心变量：自我认同和环境适应。前者是人格发展中自我的连续性和一致性，后者是取得社会生活的平衡感和秩序感。由于自我内部的连续一致以及与环境之间的良好适应是心理健康的重要标志，因此，本体安全感与心理健康互为因果关系。本体安全感有助于提升心理健康水平，而心理健康为本体安全感固本强基，两者的目标都是实现人类生活的健康与幸福。事实是实现上述目标的道路并不平坦，如童年期虐待。它是指对儿童具有抚养、监管和操纵权的人，对儿童做出的足以对其健康、生存、发展及尊严造成实际或潜在伤害的一系列行为。它受到儿童自身因素、父母和家庭因素以及社会文化因素的共同影响。作为一种极端负性的早期人生经历，童年期虐待是青少年内化（如焦虑、抑郁、退缩和躯体主诉）和外化（如攻击行为和违纪行为）心理健康问题最有力的预测因素之一。并且，遭受虐待后个体通常会产生有关自我和他人的非适应性认知。

鉴于此，在应对心理健康问题时，亟须加强心理健康教育一体化、体系化、终身化等理论建设。从学校层面看，大中小幼道德认知发展与心理健康教育同步，且互为因果。首先，从道德认知发展的理论、内涵、功能和结果考察，它是心理健康教育的重要组成部分；其次，从大中小幼道德认知发展走向心理健康教育的过程分析，科尔伯格的道德认知发展理论举足轻重，这是在道德认知视角梳理心理健康教育一体化内容的理论依据；最后，道德认知发展为大中小幼心理健康教育一体化保驾护航，应从关注社会消极现象的影响，加强家庭、学校、社会的共同协作，重视道德认知的监测与干预三个方面下功夫，追求实效。同时，大中小幼心理健康课程一体化是心理健康教育一体化的关键，它强调心理健康课程在不同学段间的过渡与衔接。其课程目标是落实立德树人的根本任务，其主要任务是实现课程标准一体化、教材一体化、师资队伍一体化和教学内容一体化。在教学实践中，要把握好心理健康课程一体化建设的根本方向，明确心理健康课程发展的新趋势；统筹谋划各学段心理健康课程，推进心理健康课程的纵向衔接；注重优化心理健康课程管理体系，系统推动课程制度化建设。

率先是高等学校，既要重视政策建设也要重视体系建设。我国高等学校心理健康教育政策演变可以划分为四个阶段，即萌芽期、探索期、推进期和深化期，它已成为国家教育政策顶层设计中的重要组成部分，且展现出一种"大心理健康教育观"。定量分析结果表明，政策年度发布数量整体呈上升趋势，心理健康教育获得了越来越高的关注度；政策类型逐渐多样，不同类型政策在高等学校心理健康教育工作中扮演着不同的角色。未来我国应建立新时代中国特色的心理健康教育体制体系观。这一体系观应包括价值体系、理论体系、发展体系、服务体系、实践体系和生态体系。具体而言，价值体系是一组心理健康教育的价值观念、价值取向、价值判断和价值目标的集合体，包含"立德树人、以生为本、生命至上和责任为重"等丰富的内涵和价值要素；理论体系是在习近平新时代中国特色社会主义思想指导下，囊括中国特色、健康第一、健康中国和幸福中国等概念的理论支撑系统；发展体系是一种兼顾纵向和横向发展的系统的渐进过程，有效实现育心育德、全面发展、创新发展和特色发展的有机整合；服务体系是遵循心理健康的特点和规律，向学生和教职员工提供不同层级的心理健康与心理保健服务，包括制度建设、机构建设、师资队伍和课程体系建设等内容；实践体系则从个别咨询、团体咨询、危机干预和医教协同等实践途径入手，落到实处，抓到痛处，收到成效；生态体系重在建立学校、家庭和社会的协同联动机制，营造良好的学校、家庭和社会的生态环境，即生态课堂、生态校园、家校协同和社教一体，真正实现高等学校心理健康教育效果的最大化、最优化。其中，师资队伍建设最为关键。因为教师是多重角色承担者，在角色扮演和转换的过程中面临着巨大的心理压力，基本心理需要被剥夺，责任边界无限扩大，这些直接威胁着教师的心理健康。我们基于角色理论视角，分析了教师在角色认知、角色规范、角色期望以及角色冲突等过程中可能出现的情绪情感、人格异常、人际关系以及职业倦怠等问题的特点及成因，并有的放矢地提出了应对措施；在此基础上提出，新时代教师心理健康维护与促进，应从个体、人际、群体以及社会层面着手，锚定角色定位、角色承担、角色训练和角色协调，特别是妥善解决好他们的后顾之忧，如老龄化问题或老年心理健康问题。

借此，我们以老年心理健康研究特点与理论为基础，结合生命历程视角和生态系统理论构建了生命历程—生态系统观模型，试图从一种动态视角、四种系统入手，较全面地揭示老年心理健康的影响因素。同时，我们选取了与上述模型相关的五种老年心理健康领域的争议变量，利用元分析技术验证了该模型的适切性；进一步，从特殊老年群体和干预理论与实践视角，加以检验、论证。最后，立足该模型，深入探讨了老年心理健康的促进路径，以期实现全周期维护老年心理健康，全方位干预影响老年心理健康的因素，全社会共建老年心理健康支持环境的目标。综上，"十四五"时期或今后一段时期，我国心理健康教育事业发展的方向为：在学校教育领域，以青少年身体素质和心理健康教育为重；在卫生健康领域，要重视全体国民的精神卫生和心理健康；在社会建设领域，健全社会心理服务体系和危机干预机制。三者虽然在对象、目标、层次上有所侧重，但相互影响，相互促进，具有根本的一致性。构建个体、群体和社会真抓实干的新格局是促进心理健康教育事业的具体发展路径。在个体层面，要增强收获健康与幸福的能力；在群体层面，要提升国民的心理健康意识与水平；在社会层面，要培育良好的社会心态。

第八章

————

心理健康的终极诠释：幸福感视角

健康与幸福是人类永恒的论题。古今中外的哲人、圣贤对此有着无数的训诫和智慧，且已达成共识：对于一个人，这是改善生存生活状况、享受生命和成就生涯的前提；对于一个国家，这是创造财富、开创美好未来的根基；对于一个民族，这是繁荣文化、屹立世界民族之林的基石。1948 年 4 月 7 日生效的《世界卫生组织法》，开章明义指出，健康不仅为疾病或羸弱之消除，而系体格、精神与社会之完全健康状态；1978 年《阿拉木图宣言》再次重申，健康不仅是疾病与体虚的匿迹，而是身心健康、社会幸福的总体状态，是基本人权。1989 年，世界卫生组织又一次深化了健康的概念，认为健康包括躯体健康、心理健康、社会适应良好和道德健康。这种新的健康观念使单一的"生物—医学"模式演变为"生物—心理—社会—医学"模式，把心理健康和幸福状态更加紧密地联系起来。确实，两者是共生的关系，所谓皮之不存，毛将焉附！良好的心理健康与幸福状态可以提高个体生活质量，开发个体心理潜能，增强学习与发展能力，适应家庭和社会生活，支持可持久的人际生态和环境生态，并有助于个体安全、高效、快乐地融入社会生活。它既是发展资源，也是发展目的。对此，习近平总书记高瞻远瞩，在 2018 年 9 月召开的全国教育大会上，就明确提出"健康第一"的理念；并在不同场合(如党的十九大等)，多次强调"中国共产党人的初心和使命，就是为中国人民谋幸福，为中华民族谋复兴"。毫无疑问，健康且幸福地生活着，是一种极致的生命境界，也是新时代对心理健康宗旨和目标的一种全新诠释，更对人民安居乐业、社会和谐稳定、国家强盛发展具有特殊战略意义。

一、幸福感是心理健康的本质特征

众所周知，心理健康作为心理学的一个核心概念具有许多特征，如结构特征、动态特征、主观特征等。心理健康的积极、消极之分是其结构特征，"微笑下的抑郁"是其动态特征，而心理健康的诊断标准不能像对感冒一样来进行诊断，则是其主观特征。显然，上述特征都是表面化、现象化、非本质化的特征，而幸福感则是心理健康的本质特征。因为"从心理健康到获得幸福感"这一发展过程，本身就是一场生命本质力量的精神突围。

人类对幸福感的探索和实践，"有一个漫长的过去，只有一个短暂的历史"。在心理学意义上，幸福感主要指直接体验到的快乐、欣喜与愉悦的情绪，以及基于生命质量而产生的对生活、对自己、对社会关系的满意程度的评价，尤指主观幸福感、心理幸福感、社会幸福感的集合体。实际上，"幸福"一词属于舶来品。在英文中，将"幸福"作为一个科学问题讨论的有五个直接关联的主题词，分别为幸福或幸福状态（happiness），幸福感（well-being），主观幸福感（subjective well-being），心理幸福感（psychological well-being），以及社会幸福感（social well-being）。这几个概念，特别是作为幸福感主要成分的主观幸福感、心理幸福感和社会幸福感，既相互联系，又相互区别。然而，值得一提的是，它们都与心理健康有着千丝万缕的紧密联系。

幸福状态聚焦的是快乐，指人类基本情绪或复合的情绪状态，主要表现为情绪情感的满足感和强烈的喜悦感；幸福感重点关注人们对生活、生存、生涯状态的积极情绪感受和体验，其主要构成是综合的生命状态；主观幸福感尤指人们主观体验到的正、负性生活状态，主要指人们对生活品质、生命质量的情绪体验，由情绪反应和认知判断构成[①]；心理幸福感特指人的积极心理功能，包括自我接纳、个人成长、生活目标、与他人积极关系、环境掌控和自主性六

---

① Diener, E., "Subjective Well-Being," *Psychological Bulletin*, 1984, 95(3), pp. 542-575.

个方面要素①；社会幸福感重点强调个体对自己与他人和社区的关系质量，以及对自己所处环境和社会功能的自我评估，包括社会融合、社会认同、社会贡献、社会实现、社会和谐五个维度②。很显然，这几个幸福的主题词虽然提法有所不同，并从不同视角描述幸福感，但核心都是关注生存、生活状况和个体对生活质量、社会关系质量的情绪体验。无论是快乐情绪还是积极情绪，无论是生活满意度还是积极心理功能，抑或社会关系质量，幸福感显然与人们的学习生活、情绪情感、自我意识、人际关系和社会适应等心理健康要素相关，因而必定与心理健康存在着一定的逻辑关系。

以快乐论（hedonic）为哲学基础的主观幸福感，是人们根据自己的主观标准，即经验评价抑或自我评价的视角，对自己的生活质量所做的整体评价，包括积极情绪、消极情绪和生活满意度三个维度。事实上，关于主观幸福感的探讨，始于近代西方哲学领域关于"德与福"的探讨，而真正的实证研究始于20世纪早期。目前研究者普遍认为，主观幸福感就是一种快乐体验、一种对生活的满意感，并在情绪情感上予以表达。显然，人们对自己美好生活的主观想象是一种期盼，带有一定的理想主义色彩，与现实之间存在差异在所难免，人们能否正确、客观地认知和接受这种差异，是衡量心理是否健康的"分界岭"。人本主义心理学家马斯洛认为，心理健康的人能设定切合实际的生活目标，或者改变对生活的过高期望，使之与现实相符，从而提高生活满意度。同时，来自现实生活的压力或挫折会首先影响人们的情绪反应以及对生活的态度，如果人们体验到更多的负性情绪，就会出现心理健康问题而变得焦虑、抑郁、违纪、攻击、自我伤害等，进而无法体会到生活的快乐。而心理健康的人，则能够合理地调节社会环境或生活压力对心理健康的冲击，增强对负性情绪的控制，使自己体验到更多的积极情绪，从而维持较高的主观幸福感水平。可见，维持并提

---

① Ryff, C. D., "Happiness is Everything, or Is It? Explorations on the Meaning of Psychological Well-Being," *Journal of Personality and Social Psychology*, 1989, 57(6), pp. 1069-1081.

② Keyes, C. L. M., "Social Well-Being," *Social Psychology Quarterly*, 1998, 61(2), pp. 121-140.

高心理健康水平，实际上就是让人们生活得幸福快乐，至于人们是否真正体验到幸福快乐，则取决于个体的主观判断与评价，即主观幸福感在很大程度上，为个体心理健康奠定了情绪体验的认知基础。

心理幸福感的哲学渊源是实现论（eudaimonic）。它强调幸福感是客观的，是不以人们主观意志为转移的自我完善、自我实现，是人的心理潜能的完美再现。① 心理幸福感试图将从古希腊到现代心理学的有关幸福的观念整合到一起，融合荣格的个性化、奥尔波特的成熟形成、罗杰斯的完全功能和马斯洛的自我实现等诸家理论，认为快乐虽然属于幸福，但幸福不能仅仅归结为快乐，而是人的积极心理功能的能动反映。罗杰斯认为，实现的倾向是一种基本的动机性驱动力，是一个人主动、积极的过程。进一步探究，心理幸福感是建立在自我实现论（self-realizationism）基础之上的，强调人的心理健康、自我实现及人的本质的实现与显现，试图从客观的标准来评定个体的幸福感，与人本主义心理学家把自我实现与心理健康相提并论如出一辙。马斯洛从积极的角度定义心理健康，心理健康即自我实现。在这里，自我实现包含两层含义：一是完美人性（full humanness）的实现，指的是人类共性的潜能的自我实现，包括个体的友爱、合作、求知、审美、创造等特性或潜能的充分展现；二是个人潜能的实现，指的是具有个体差异的个人潜能的自我实现。对此，研究者从人的发展与人生意义的角度进行了诠释，认为幸福发生在人们从事的与深层价值最匹配的活动中，是人全身心地投入以完善自己的一种活动，这涉及人们与真实自我的协调一致。② 他们发现，个体毕生发展理论背景下的幸福，不仅是快乐的获得，还是个体以健康的身心有效投入社会实践以充分表现出个人的心理潜能，包括了人类自我实现的六个方面：自主性、个人成长、自我接受、生活目标、控制感和积极关系。可见，人类寻求心理健康、心理和谐的过程，并不仅仅是主观情绪上的体验，还是自我实现的过程，更是开发心理潜能、提高心理幸福感的过程，

① 张陆、佐斌：《自我实现的幸福——心理幸福感研究述评》，载《心理科学进展》，2007，15（1）。
② 俞国良：《社会转型：心理健康服务与社会心理服务》，载《黑龙江社会科学》，2018（4）。

即心理幸福感是个体心理健康的客观反映。

上述两类幸福感强调幸福感的主观或客观特性，但我们不能因此忽略幸福感的社会属性。因为个体是嵌入在社会结构和社区中的"人"，而"人的本质是社会关系的总和"，人们每天都会面对无数的社会任务和社会挑战，必定会产生或多或少的心理健康问题。为了更好、更确切地理解幸福感的最佳功能以及其与心理健康的关系，我们就必须纳入社会取向的因素。相比于主观幸福感关注个体主观感受，心理幸福感关注个体在群体中互动与发展的客观体验，社会幸福感应该关注个体的社会功能、社会价值和社会表现。为此，凯斯(Keyes)正式提出了社会幸福感的概念，并从个体社会机能健康的层面，将社会幸福感划分为五个维度：社会融合、社会认同、社会贡献、社会实现、社会和谐。这几个维度分别偏重个人对其社会参与的看法(社会融合)，对他人、集体、社会的认同程度(社会认同)，对社会的重要性(社会贡献)，实现目标的能力和在社会中的发展潜力(社会实现)，社会的有序运行(社会和谐)。这样，社会幸福感从"社会适应"角度被概念化为个体对其环境和社会功能的认知与评价，其实质是社会适应。与此对应，心理健康完全可以理解为一种社会适应良好的状态，这样符合逻辑的结果便是社会幸福感最后成为心理健康的社会产物，这也与目前心理健康研究的发展取向完全吻合。

进一步地，从幸福感研究与概念演变的发展轨迹来看，这是幸福感作为心理健康的本质特征的历史起点。心理学自 1879 年作为一门独立学科诞生以来，特别是第二次世界大战以后一直把研究重心放在了对心理病理问题的研究上，这使得心理学几乎成为病理心理学(pathology psychology)的代名词。许多有识之士对这一研究取向提出了严肃批评，认为心理学研究忽视了对人类积极品质的研究和探讨。[1] 通过对心理学研究文献摘要的检索也证明了这一点。研究者发现，自 1887 年以来有关焦虑的研究文献有 57 800 篇，有关抑郁的研究文献有

---

① Waterman, A. S., "Two Conceptions of Happiness: Contrasts of Personal Expressiveness (Eudaimonia) and Hedonic Enjoyment," *Journal of Personality and Social Psychology*, 1993, 64(4), pp. 678-691.

70 856 篇，与此同时，提到欢乐（joy）的研究文献只有 851 篇，关于幸福感的研究文献有 2 958 篇。① 这种研究取向使得心理学为心理疾病的治疗做出积极贡献的同时，也成为专门为一部分人服务的学科，使得学科的发展道路变得单一化和片面化。从长远来看，这样势必会削弱心理学对社会的影响和贡献。这一点引起了很多研究者的关注，他们认为心理学应该有三个主要任务：治疗心理疾病；使所有人生活得更加幸福，更加充实；发现并培养具有卓越才能的人。② 以心理健康问题研究为核心的积极心理学（positive psychology），正是在这样的背景下出现并迅速"异军突起"的。它强调心理学不仅要研究人或社会所面临的各种问题，还要研究人的各种积极力量（positive strength）和积极品质，而对幸福感的研究正是积极心理学的一个核心内容。心理学中对幸福感的研究始于 20 世纪 60 年代，当时并没有引起研究者的太多关注。据统计，到 1969 年的时候，相关的研究报告也只有 20 多篇，研究内容大多是对不同被试类型的幸福感状态进行简单的测量，描述各种外部因素，如各种人口统计学变量对幸福感的影响等。③ 1984 年，迪纳（Diener）在《心理学报》（Psychological Bulletin）上发表《主观幸福感》一文，他发现不到 20 年的时间，有关幸福感的研究报告已经有 200 多篇，呈现出旺盛的生命力和蓬勃发展的态势，而且研究的内容也从对影响幸福感的外部因素的关注逐步转变为对内部影响机制的关注与探索。④ 可以说，心理学虽然对幸福感的研究历史非常短，但很快取得了丰硕的成果，其结果不但加深了人们对心理健康的理解与认识，拓展了心理健康的研究内容与范围，而且强有力地促进了心理健康研究的进步，更是使幸福感与心理健康直接发生了联系。可以说，幸福感与心理健康的"历史演变"有异曲同工之妙，这是幸福感

---

① Seligman, E. P. & Cskszentmihalyi, M., "Positive Psychology: An Introduction," *American Psychologist*, 2000, 55(1), pp. 5-14.

② Myers, D. G., "The Funds, Friends, and Faith of Happy People," *American Psychologist*, 2000, 55(1), pp. 56-67.

③ Faller, G., "Positive Psychology: A Paradigm Shift," *Journal of Pastoral Counseling*, 2001(36), pp. 7-14.

④ Diener, E., Suh, E. M., Lucas, R. E., et al., "Subjective Well-Being: Three Decades of Progress," *Psychological Bulletin*, 1999, 125(2), pp. 276-302.

作为心理健康本质特征的社会历史基础。

二、心理健康是幸福感的重要载体和媒介

近年来，全社会对幸福感的追求、心理健康的关注度都在持续升温，人们越来越意识到心理健康是人的全面发展的必然要求，是人类快乐、幸福且体面、有尊严生活的基础，更是影响社会经济发展的公共卫生问题和社会心理问题。习近平总书记在 2016 年全国卫生与健康大会上特别强调，"要加大心理健康问题基础性研究，做好心理健康知识和心理疾病科普工作，规范发展心理治疗、心理咨询等心理健康服务"。经济合作与发展组织(Organization for Economic Co-operation and Development，OECD) 曾于 2015 年启动了主题为"教育 2030：未来的教育和技能"项目，提出了该项目的首个成果《OECD 学习框架 2030》。该框架将教育目标直指人类与社会福祉，将幸福 2030 作为总领未来教育活动全局的方向，致力于帮助每个学习者作为一个整体的人而发展，实现其潜能，并帮助塑造一个基于个体、社区和全球福祉的共享的未来。[①] 这从一个侧面明确提示我们：心理健康是幸福感的重要载体、媒介和具体表现形式。

心理健康作为幸福感的重要载体和媒介，主要基于以下几个理由。

第一，从内涵来审视，心理健康与幸福感当属伯仲之间。1946 年第三届国际心理卫生大会将心理健康定义为：所谓心理健康是指在身体、智能以及情绪上与他人的心理健康不相矛盾的范围内，将个人心境发展成最佳的状态。1948 年世界卫生组织将心理健康定义为：人们在学习、生活和工作中的一种安宁平静的稳定状态；1984 年将其定义为：超越没有疾病的一种身体、心理和社会状况完全良好的状态；2001 年又将其定义为：心理健康是一种健康或幸福状态，在这种情况下，个体得以实现自我，能够应对正常的生活压力，工作富有成效和成果，以及有能力对所在社会做出贡献。根据世界卫生组织的权威阐释，心

---

① Diener，E.，"Subjective Well-Being,"*Psychological Bulletin*，1984(95)，pp. 542-575.

理健康不仅是指没有心理、情绪、行为和社会领域的功能性障碍，而且还包括在心理和社会领域维持的最佳功能或积极的幸福状态。这里既有"负面清单"，又有努力方向。再进一步考察，心理健康有广义和狭义之分。从广义上来说，心理健康主要是指一种高效而满意的、持续的心理状态；从狭义上来说，心理健康指的是人的基本心理活动的过程内容完整、协调一致，即知、情、意、行和谐统一。① 确实，判断一个人心理健康状况应兼顾内外两个方面。从内部状况来说，心理健康的人的各项心理机能健全，人格结构完整，能用正当手段满足自己的基本心理需要，因而主观上烦恼少，痛苦少，能充分体验到幸福感。从个体对外部关系来说，心理健康的人的行为符合社会规范，人际关系和谐，社会适应良好。由此看来，心理健康与幸福感的内涵固然有相似的地方，但幸福感的内涵显然更为深厚，涉及内容更多，范围更广，站位也更高。一句话，所谓心理健康，归根结底就是一种幸福状态，一种幸福感的具体表现形式。

　　第二，从溯源来考察，心理健康需要幸福感的支撑。如前所述，心理健康实际上是一种幸福状态，而这种状态又来自个体要么根据经验的主观判断，要么根据事实的客观评价，要么根据社会适应的综合谋定。自然地，幸福感就成为心理健康的重要源泉，而心理健康作为幸福感的重要载体或媒介，特别需要幸福感的有力支撑。以主观幸福感为例，它是衡量人们生活质量、心理健康的一个重要指标，是一种积极情绪超过消极情绪，成为主导性的情绪体验，从而使个体能从整体上对生活感到满意的心理状态。② 主观幸福感由生活满意度和积极情绪、消极情绪三部分构成，前者是认知成分，后两者是情绪成分。后期研究者又在这一概念框架中加入了领域满意度（domain satisfaction），即个体对某一具体生活领域的满意度评价，包括健康满意度、学业满意度等，与生活满意度共同作为幸福感的认知成分。③ 上述这些心理维度，诸如积极情绪、消极情绪等，均是支撑并构成心理健康结构的核心成分。因为心理健康也主要由认

①　OECD, "The Future of Education and Skills Education 2030—OECD Learning Framework 2030," 2018.

②　俞国良：《社会转型：心理健康服务与社会心理服务》，载《黑龙江社会科学》，2018(4)。

③　俞国良、王诗如：《幸福感：测量、影响因素及其进展》，载《黑龙江社会科学》，2015(8)。

知成分和情绪成分组成，两者的结构具有部分重合性。再深入考察，即从心理健康和幸福感的影响因素来看，其中社会文化因素发挥着重要作用。关于心理健康和幸福感的跨文化研究表明，文化对它们的影响并不只体现在程度和水平的差异上，其内涵也具有显著的文化差异。[1] 因此，心理健康和幸福感具有共同的文化来源。有研究者发现幸福感在不同的文化中有不同的含义，在日本，幸福感涉及良好关系、履行义务、期望；而在美国则包含自尊与自我实现，因此在日本"规范性的行为表示'好的'与'正确'的感觉"。[2] 还有研究者发现在个人主义文化中，人们对生活满意的判断源于他们的情绪体验，经常感受到愉快情绪是生活满意的重要源泉；而集体主义文化中的个体更看重家庭和朋友对他们生活的评价。[3] 可见，心理健康凭借社会文化的媒介从而得到幸福感的支撑。目前，伴随着积极心理学的兴起，大量研究者开始关注人类的积极心理品质，如宽容、公正、感恩对个体心理健康及心理和谐发展的影响。[4] 这种带有鲜明幸福感价值取向的"美德"，不但体现了有关心理健康的主要特质，而且反映了人们在不同文化背景下对心理健康的共同认知，以及这种认知对幸福感的"反哺"作用。

第三，从目标来解析，心理健康的价值追求就是幸福感。首先，人格是心理健康的核心，也是幸福感的基础。在有关人格特质与幸福感的研究中，人们关注最多的就是大五人格特质（Five-Factor Model，FFM）与幸福感的关系。[5] 人们开始关注的主要是外向性和神经质两个维度与幸福感的关系，得出了几乎一致的研究结果，即认为外向性与积极情绪、生活满意度有关，可以提高个体的

① Diener, E., Eunkook, M. S., Richard, E. L., et al., "Subjective Well-Being: Three Decades of Progress,"*Psychology Bulletin*, 1999, 125(2), pp. 276-302.

② Lu, L., Gilmour, R. & Kao, S. F., "Culture Values and Happiness: An East-West Dialogue,"*The Journal of Social Psychology*, 2001, 141, pp. 477-493.

③ Markus, H. R., Kitayama, S. & Heiman, R. J., *Culture and "Basic" Psychological Principles*, New York, Guiford, 1996, pp. 857-913.

④ Suh, E., "Culture, Identity Consistency and Subjective Well-Being,"*Journal of Personality and Social Psychology*, 2002, 83(6), pp. 1378-1390.

⑤ 任梓荣、陈永涌：《国内积极心理学研究变迁：基于 CiteSpace 的可视化分析》，载《中国健康心理学杂志》，2020，28(1)。

幸福感；而神经质与消极情绪有关，会降低个体的幸福感。① 可见，仅仅是大五人格的外向性和神经质两个维度，就彻底"绑定"了幸福感，又顺便"捎上"了心理健康的积极情绪与消极情绪。为了验证上述观点，研究者采用完全本土化的中国人人格量表(Qingnian Zhongguo Personality Scale, QZPS)，通过对有关人格特质与心理健康的相关研究的回顾，认为除了对心理健康水平作用不显著的人际关系维度以外，其余的六个人格维度与心理健康水平之间呈现三种不同的关系模式，其中外向性、善良、处世态度以及情绪维度是心理健康的"促进者"；而行事风格维度是心理健康的"抑制者"；才干维度是心理健康的"促进—抑制者"。② 在这里，心理健康成为人格的"同义词"，它通过人格的媒介获得幸福感。其次，随着科学技术的不断发展，很多高新技术产品(如智能手机等)在为人们的生活带来便利的同时，也影响着人们心理健康水平的提高，进而影响着幸福感的获得。研究发现，移动电话、音乐播放器及个人计算机等需要与网络连接的物品，与个体的高水平幸福感有关。在对移动电话和宽带进行控制的情况下，个体的生活满意度水平会显著下降，特别是对已经拥有这些设备的个体来说，尤其如此。互联网的迅速发展，使人们对互联网的依赖程度越来越高，特别是对于青少年群体和职业人群而言，这一主要的社会交往媒介已成为其心理健康问题的高风险因素，对他们幸福感的体验与获得均产生了举足轻重的影响。

第四，从结果来考量，心理健康应是幸福感的副产品。这里，仅以幸福感通过社会支持的中介对心理健康发挥的重要影响为例加以说明。研究指出，社会支持可以缓冲生活压力的消极影响，并促进个体的社会适应和身心健康。③

---

① Costa, P.T., Jr., McCrae, R.R., "From Catalog to Classification: Murray's Needs and the Five Factor Model," *Journal of Personality and Social Psychology*, 1980(55), pp. 258-265.

② Schimmack, U. Oishi, S., Furr, B.M., et al., "Personality and Life Satisfaction: A Facet Level Analysis," *Personality and Social Psychology Bulletin*, 2004(30), pp. 1062-1075.

③ Zeidner, M., Matthews, G. & Shemesh, D.O., "Cognitive-Social Sources of Wellbeing: Differentiating the Roles of Coping Style, Social Support and Emotional Intelligence," *Journal of Happiness Studies*, 2005(17), pp. 1-21.

社会支持能够在一定程度上满足个体的自主需要、胜任需要和关系需要等基本心理需要，并通过三种需要的满足进而影响其幸福感、心理健康水平。[1] 例如，来自老师的支持有利于学生提升对自己自主性与能力的观念[2]，来自同伴的支持能够满足学生对关系的需要，增强其关系满足感[3]。对留守儿童来说，老师支持和父亲支持(经济、信息和情感支持)可以有效地缓冲压力事件对留守儿童的消极影响，降低其抑郁水平；母亲支持和同伴支持则可以有效地预测留守儿童的孤独感。[4] 对老年人来说，亲人支持(如日常照顾)对其幸福感具有正向预测作用。[5] 所有这些研究结果，都表明社会支持因素对心理健康的重要影响，这种社会支持的中介或调节因素进而作用于个体的幸福感，最终表现为他们的幸福或适应状态。从心理机制来看，社会支持对心理健康的这一提升过程主要通过四个方面来实现。首先，社会支持可以改变个体的认知方式，增加对自己和情境变化的积极认知与评价；其次，社会支持可以改善个体的情绪和动机状态；再次，社会支持有助于改善双方关系，改善个体应对情境的策略，产生良好的行为结果；最后，良好的社会支持甚至可以改变个体的神经生理机制，帮助个体形成健康、积极的生活方式。[6] 有研究表明，提供社会支持可以增强个体的社会联结感，提高其心理健康水平，降低病发率和病死率。[7] 可见，社会支持作为幸福感的重要"中介或调节变量"，作用于个体的知、情、意、行等心

① Tian, L., Tian, Q. & Huebner, E. S., "School-Related Social Support and Adolescents' School-Related Subjective Well-Being: The Mediating Role of Basic Psychological Needs Satisfaction at School," *Social Indicators Research*, 2015, 128(1), pp. 105-129.

② Skinner, E., Furrer, C., Marchand, G., et al., "Engagement and Disaffection in the Classroom: Part of a Larger Motivational Dynamic?" *Journal of Educational Psychology*, 2008, 100(4), pp. 765-781.

③ Danielsen, A.G., Samdal, O., Hetland, J., et al., "School-Related Social Support and Students' Perceived life Satisfaction," *The Journal of Educational Research*, 2009, 102(4), pp. 303-320.

④ 赵景欣、刘霞、申继亮：《留守青少年的社会支持网络与其抑郁、孤独之间的关系——基于变量中心和个体中心的视角》，载《心理发展与教育》，2008(1)。

⑤ Larsson, K., Silverstein, M., "The Effects of Marital and Parental Status on Informal Support and Service Utilization: A Study of Older Swedes Living Alone," *Journal of Aging Studies*, 2004, 18(2), pp. 231-244.

⑥ Feeney, B.C., Collins, N.L., "A New Look at Social Support: A Theoretical Perspective on Thriving Through Relationships," *Personality and Social Psychology Review*, 2015, 19(2), pp. 113-147.

⑦ Brown, S.L., Nesse, R.M., Vinokur, A.D., et al., "Providing Social Support May Be More Beneficial than Receiving It Results from a Prospective Study of Mortality," *Psychological Science*, 2003, 14(4), pp. 320-327.

理过程，同时也有效地影响了个体的心理健康水平，即心理健康成为幸福感的副产品。

　　总之，尽管人们对心理健康的价值目标存在不同的看法，但是，目前比较一致的观点是把心理健康理解为在良好的生理状态基础上的自我和谐及与外部社会环境的和谐，即心理和谐或幸福及良好的适应状态。研究表明，心理健康不仅是幸福感的重要内容，也是个体是否适应社会生活的重要标准。[①] 古今中外，许多思想家，如我国的道家学派以及古希腊的理性主义学派认为，人们要获得幸福关键在于节制自己的需求欲望和知足常乐。虽然这种自足自乐、节制节欲的"低成就动机"，可能会使得个体不思进取，满足于现状，缺乏远大的理想和抱负，从而使得整个社会缺乏发展的动力；但人们如果对自己的欲望从不加以限制，而是无休止地去追求最大的成功和满足，贪得无厌，最终会适得其反，陷入不幸福或适应不良的恶性循环中。人们发现，科学技术的进步和社会经济的发展并没有提高人们的生活满意度，反而有所下降；生活条件的改善使人们付出了个人"片面发展"的代价，因而幸福感不但没有提升，反而有所下降。造成这种状况的根本原因在于人们欲望膨胀，成就动机过于强烈，普遍陷入一种"急功近利"的心理不健康状态中，渴望"赢在起跑线上"，而且更为可怕的是这种"赢"和"起跑线"并没有一个严格的操作定义，这使得人们的神经因无时无刻不紧绷而衰竭，精神上因负荷太重而疲惫不堪，导致焦虑、抑郁等心理健康问题日益增多且日趋严重。为此，国家和政府反复强调要"倡导健康生活方式，加强心理健康服务""要注重人文关怀和心理疏导""健全社会心理服务体系和疏导机制、危机干预机制"。2021 年 3 月全国人大通过的《中华人民共和国国民经济和社会发展第十四个五年规划和 2035 年远景目标纲要》，其中，有三处关于心理健康的论述：在建设高质量教育体系中提出，要"重视青少年身体素质和心理健康教育"；在全面推进健康中国建设中提出，要"重视精神卫生和心理健康"；在维护社会稳定和安全中提出，要"健全社会心理服务体系和危机干预

---

① Diener, E., "Subjective Well-Being," *Psychological Bulletin*, 1984(95), pp. 542-575.

机制"。特别是习近平总书记在各种会议和批示(如党的十九大，2020 年 9 月召开的教育文化卫生体育领域专家代表座谈会，对平安中国建设的批示等)中反复强调，"不断增强人民的获得感、幸福感、安全感"。毫无疑问，提高全社会心理健康水平是使人们过上幸福而有尊严生活的必要条件。在这个意义上说，心理健康无疑是幸福感的重要载体和媒介，而幸福感则是心理健康的价值取向或价值追求。

三、幸福感与心理健康及其要素间的相互促进

对幸福感的不懈追求，使人们开始更加重视心理健康；维护与促进心理健康的实践，也使幸福感的实现进一步成为可能。幸福感业已成为新时代对心理健康的一种新诠释，而心理健康作为个体能够正确思考、表达情绪、相互交流和享受生活的基础，对人健康成长的有力推动，使自我得以充分的实现。从这个角度说，追求并获得幸福感，实现人最高层次的自我实现的心理需要，无疑是完成心理健康实践的过程，更是完成生命本质力量的精神突围、实现幸福感的过程。可见，幸福感与心理健康相互影响，相互促进。我们在考察心理健康时，要纳入幸福感要素，在考察幸福感时，也要纳入心理健康要素，即必须充分考虑幸福感与心理健康及其要素间交互作用后产生的协同效应、叠加效应。

心理健康影响幸福感的内容。幸福感和心理健康都是多学科的研究对象，也是一项复杂的系统工程。我们认为，在活动与实践层面，最终落实幸福感具体内容的载体就是心理健康。诚如 2021 年 3 月 23 日习近平总书记在福建考察调研时所言，健康是幸福生活最重要的指标，健康是 1，其他是后面的 0，没有1，再多 0 也没有意义。确实，健康、心理健康相对于经济建设是"软件"，但相对于幸福感是"硬件"。心理健康投入的人才、队伍和资金，是实现幸福感必需的物质基础，更为重要的是，心理健康的知、情、意、行等内容也深刻地影响

着幸福感的内容。就认知而言，智力正常是人们学习、生活和工作的最基本的心理条件，也是心理健康的智力保障。智力正常决定了人们可以通过自己的学习和劳动获得物质生活上的保障与满足，从而产生物质满足感带来的幸福感；物质生活的幸福是人们获得幸福感的必要条件，但人们的幸福感更需要精神生活的满足。心态平衡与心情愉快是心理健康的重要标志。一个人的心境稳定表明其中枢神经系统处于相对平衡的状态，能够对各种刺激产生不同的心理感受，并调节自己的行为以更好地适应环境、应对压力、解决问题，因此，能够产生对自己的认同感和价值感，从内心深处切实感受到愉悦。而愉悦的心境，积极向上、充满希望的感受正是人的幸福感在精神层面的反映，即愉悦感和希望感。同时，幸福感的形成离不开积极的情绪情感。情绪稳定，心情乐观、愉快，不仅能够改善个体的情绪体验和生活满意度，进而直接增进人的主观幸福感，也可以通过促进个人成长、心理潜能发挥，实现个人价值与社会价值相协调而有效增进人的心理幸福感和社会幸福感。心理健康的重要内容还表现在意志方面。一个人的意志健康表现为自觉性、果断性和自制力，即良好的意志力。这是个体在学习、工作中克服困难和挫折，在逆境中奋发图强，为社会做出贡献的重要品质保障。意志健康能让人产生社会贡献带来的意义感和幸福感，让人相信自己对社会的重要性，相信自己能够为社会创造价值。心理健康的内容还包括行为协调。无论是人际交往还是生活与社会适应，行为协调能让人建立良好的社会支持系统，获得安全感、自尊感、归属感等基本心理需要，这是幸福感和自我实现的基础。此外，反应适度也是心理健康的重要内容。人对外界刺激的反应存在个体差异，有的人敏感，有的人迟钝。心理健康的人的反应是既不过于敏感，也不过于迟钝，这有助于人的情绪稳定，有助于维持正常的人际关系，保持情绪与环境、与生活的协调，并提高生活与社会适应能力，最终实现幸福感或处于幸福状态。

幸福感主导心理健康的方向。追求幸福是人生的重要目标，也是所有目标中的重中之重。所谓"生活的理想是为了理想的生活"，但幸福不是品质，而是体验与感悟的过程，因此，幸福应该是快乐与意义的结合。① 追求幸福并从事幸福活动的人会有一种崇高的目标驱动，他们能为这个目标去努力，去奋斗，需要克服活动过程中的一切艰难险阻，在各种困难的情境中充分发挥自己最大的心理潜能，其中酸甜苦辣的体验和对生命意义的感悟，只有心理健康的自我实现者才能完成。在他们心目中，为预设目标奋斗的过程，也是一个实现快乐人生、幸福人生、有意义人生的过程，即使再苦、再难、再险，也应该是快乐且有价值的。这是由活动或实践本身的目标和意义所决定的。因为最大限度地整合个体需要与社会需要，才能使个体价值和社会价值有机结合，并得到最充分的发挥。具体而言，主观幸福感决定心理健康的性质。主观幸福感侧重从人们的情绪情感体验和对生活的总体评价来看待心理健康，其不同的生活满意度认知，以及积极情绪和消极情绪所占的不同比重，会显著影响个体的适应状况与情绪情感调适程度，进而影响心理健康的整体状态和发展态势，即决定了心理健康积极或消极的性质。心理幸福感决定心理健康的效果。心理幸福感不仅关注人们的情绪体验，还关注人们的自我发展和自我成长。自我接纳、个人成长、生活目标、与他人积极关系、环境掌控和自主性程度，均会直接影响个体对心理健康的自我意识和自我评价，而这种"自我决定倾向"对心理健康的效果至关重要。特别是对自己的能力需要、关系需要和自主需要的正确认知，不仅是推动自我成长的必要条件，也是实现幸福感的充分条件；不仅是心理健康的最低要求，也是促成其人格发展的基本养料。生活经验也告诉我们，积极人格特质，如勇气、乐观、人际技能、信仰、希望、忠诚、坚忍等，可以在一定程度上抵御心理障碍和心理疾患的侵蚀。社会幸福感决定心理健康的发展路径。社会幸福感重点关注社会存在价值对个体存在价值的意义，即幸福感在社会环境下的积极社会功能。这就要求人们保持积极、乐观的心态，承认并接受个体间的差异，充分认识到个体生命的独特意义；相信个人、群体和社会都有无限的心理潜力，可以积极地发展和成长，并认为自己的日常活动对社会和他人有

---

① 俞国良：《社会转型：国民幸福感的震荡与变迁》，载《黑龙江社会科学》，2016(2)。

价值；同时，也要求人们对社会活动和社会生活保持兴趣、充满乐趣，并认为这些活动和实践有意义、有价值，进而表现为对社区的归属感、舒适感和支持感。精神分析心理学家阿德勒认为，人具有一种为他人、为社会的自然倾向，有无社会兴趣是衡量个体是否心理健康的重要标准。社会兴趣的水平决定个体生活意义的大小和对社会贡献的程度。一个心理健康的人，往往有这样一些特点：有浓厚的社会兴趣，懂得互助合作，有健康的生活风格和正确的解决问题的方法。因此，把心理健康纳入幸福感的目标体系中，符合幸福感的最佳实现路径，从而使个体能更好地适应社会生活，更有效地为社会和人类做出自己应有的贡献。

心理健康与幸福感相互促进。如上所述，从学理背景看，幸福感研究受益于积极心理学的蓬勃发展，特别是积极心理学对心理健康的聚焦式研究；从社会背景看，源自人们对幸福生活的向往与憧憬；从更广阔的意义上看，体现了"以人为本""以人为中心"的现代人文理念、发展理念。一方面，心理健康的内容影响着幸福感的内容；另一方面，幸福感也主导着心理健康的发展方向。因此，二者是相互影响且相互促进的关系。毫无疑问，一个正常的社会，无论怎样都会有不同的声音出现。同样，幸福感也有不同的取向、不同的范式。主观幸福感主要从个体层面探讨幸福感，心理幸福感主要从群体层面探讨幸福感，而社会幸福感则主要从社会层面探讨幸福感，三者协同配合共同对心理健康发力、发威，并最后成为其新的诠释。而心理健康问题，作为我国社会转型时期具有中国特色的一大社会问题，同样需要在个体、群体、社会三个层面及时发现问题，进而以主观幸福感、心理幸福感、社会幸福感为方向培育良好的社会心态来解决问题。心理健康既是一个具有中国特色的社会科学概念体系，也是一种切实的社会实践。作为一个概念体系，心理健康能够启发我们系统思考和厘清转型社会中各种纷繁复杂的社会心理问题，内生性地构建相关理论和知识，再进一步将这些社会问题作为实验靶场进行理论检验。[1] 作为一种社会实践，

---

① 俞国良、谢天：《社会转型：中国社会心理学研究的"实验靶场"》，载《河北学刊》，2015，35(2)。

心理健康能帮助我们发现、评价、选择和解决主要的社会心理问题。[①] 显然，在心理健康问题的发生、发展过程中，幸福感作为人们的目标取向和价值追求，对分析和解决这个特殊社会问题虽具有重要的指导作用，但两者又是相互依存、相辅相成，且相互促进、相得益彰的关系。在幸福感的追求过程中，时时刻刻离不开心理健康的支撑，因为离开心理健康的幸福感，失去了发展的切实基础，难免沦为无源之水、无本之木。此外，值得关注的是，在社会问题的评价和选择过程中，是否偏离了良好社会心态的培育目标，成为评价和解决问题的标准——哪种社会问题距离良好社会心态的目标最远，便被选择成为最需要解决的问题。[②] 在心理健康问题的解决过程中，幸福感又为此树立了进一步努力的方向——不仅要减少、消除消极社会心态，还要培养积极社会心态。

换言之，良好的社会心态将为幸福感和心理健康保驾护航，幸福感和心理健康两者统一于积极的社会心态培育中。健全、务实、高效的心理健康能为幸福感扫清障碍，也会自然过渡到幸福感；而自尊自信、理性平和、积极向上的社会心态则是幸福感的重要保障，是幸福感的价值追求。毫无疑问，我们要从心理健康的新诠释——幸福感起步，牢记、夯实习近平总书记提出的"生活的幸福、人民的幸福、团结的幸福、和平的幸福、平安的幸福、健康的幸福、蓝天的幸福、精神的幸福、劳动的幸福、共享的幸福"[③]，大力加强良好社会心态培育与积极社会心理建设，真正实现人类命运共同体的"各美其美、美人之美、美美与共、天下大同"[④]。这不仅符合人类思维逻辑，也符合社会历史发展规律。

---

① 张掌然：《问题的哲学研究》，242~338 页，北京，人民出版社，2005。
② 俞国良：《心理健康教育理论政策研究》，34~52 页，北京，北京师范大学出版社，2020。
③ 周阳：《习近平"幸福十谈"》，载新华网，2015-08-11。
④ 费孝通：《"美美与共"和人类文明》，原文收录于《费孝通论文化自觉》（费宗惠、张荣华编，呼和浩特，内蒙古人民出版社，2009。）

第九章

———

本体安全感：心理健康研究的社会学取向

与幸福感相提并论的是安全感。心理健康不能就事论事，心理健康问题更不能脱离社会环境就事论事。就社会环境而言，生命第一，安全第一。因此，论及心理健康问题，必须论及人的安全感。安全感作为维持个人生存与社会生活秩序的必要条件，具有心理学和社会学的双重属性。[①] 美国心理学家马斯洛（A. Maslow）视安全需要为人类的五种基本需要之一，他认为人们在满足了生理需要即获得身体安全感后，就会寻求更高层次的安全需要——精神安全感；英国社会学家吉登斯（A. Giddens）认为，本体安全感是人们对自我认同的连续性以及对周围社会环境稳定性的信心，也是人类的一种基本需要。显然，"英雄"所见略同，两者具有异曲同工之妙。但从本体安全感这一概念的渊源看，它源于精神病学，后迁移到社会学，并在社会学领域对此进行了大量卓有成效的研究。[②] 这里，以本体安全感概念为明线，以心理健康研究的社会学取向——"人与环境"互动为暗线，系统阐述本体安全感的内涵及与心理健康的相互关系，并揭示两者对幸福感的理解及其矢志追求。

一、本体安全感概念的历史变迁

早在1960年，英国精神病学家莱因（R. D. Laing）在治疗精神分裂症患者时，为了描述患者的社会知觉（人际知觉），提出了本体安全感（ontological security）

---

① 俞国良、王浩：《社会转型：国民安全感的社会心理学分析》，载《社会学评论》，2016，4（3）。

② Karl Gustafsson, Nina C., Krickel-Choi, "Returning to the Roots of Ontological Security: Insights from the Existentialist Anxiety Literature," *European Journal of International Relations*, 2020, 26(3), pp. 875-895.

的概念。他认为，本体安全的个体感知到自己在世界上的存在是真实的、完整的，并且在时间意义上是连续的；如果本体安全感缺失，日常生活也会成为一种持续的威胁"。① 在《分裂的自我》（The Divided Self）一书中，他进一步强调，精神分裂症患者就是本体安全感受到威胁的个体，因无法符合社会对他们的期望，导致自我断裂，并且在绝望的孤独中体验到双重分裂：一是他与周围世界的关系出现了分裂，即没有能力把自己与他人一起加以体验；二是他与自身的关系出现了分裂，即没有能力把自己"置身于"环境中加以体验。这是因为，日常生活环境会威胁他们低阈限的安全感，导致他们总是感到焦虑和危险，进而产生自我与身体在某种程度上的分离。于是，分离的自我就会采取不同方式寻求安全感，形成真实的内自我和虚假的外自我系统——外自我顺从，内自我对抗顺从。而个体对外部的顺从，在很大程度上是为了维护自身的存在安全。因此，莱因认为，内自我与外自我的分裂正是精神分裂者解决本体安全感缺失的一种防御机制。② 他进一步发现，对于上述个体而言，正是因为"他"与他的"身体"是分离的，所以外界的任何行动或言语都只是作用在外部的假自我系统之上，不会真正地伤害到真实的内自我。这样，无论外自我经历了何种失败或成功，内自我都不会受到影响。但是，身心的分裂容易使各种焦虑继续存在下去，这种外显"正常"与内隐"失常"的矛盾，也为精神病的发生提供了契机。显然，莱因对本体安全感的理解，主要受到了存在主义哲学与精神分析学派思想的影响，他用存在主义哲学的术语（如"本体"一词），对精神分裂症患者的内部世界进行了生动的描述，使精神分裂的过程为世人所理解。此外，莱因还批评了现代社会对传统社会特征的吞噬和冲击，传统社会固有的生活方式、行为模式、价值系统等已被淹没，新建立起来的社会制度和规范对人的要求与期望不可同日而语，人们在这些新旧社会要求和期待之间链接与适应失败的经验，对自己的本体安全感造成了严重的威胁。

---

① Laing R. D. , *The Divided Self*: *An Existential Study in Sanity and Madness*, London, Penguin Books, 1965.

② 王蕾：《R. D. 莱因的存在精神病学思想研究》，硕士学位论文，南京师范大学，2007。

　　尽管莱因提出的本体安全感概念引起了学术界广泛共鸣，但并未有学者将它转移到不同的语境中，而且莱因自己也从未见过任何可超越他试图理解患者的适用性。① 然而，三十年后，英国社会学家安东尼·吉登斯赋予这一概念新的含义，并突现了社会学的"华丽"转型，借此开始研究现代社会经济全球化趋势对人的影响。他在《现代性的后果》(*The Consequences of Modernity*)一书中明确指出，"本体安全感是大多数人对自我认同的连续性以及对周围社会环境稳定性的信心，是人类的一种基本需要，也是对基本存在问题的回答，所有人类生活都以某种方式解决了这一问题"。② 与莱因不同的是，吉登斯更关心个人在社会中的存在，而不是个人的心理构成。他意识到，虽然日常生活与焦虑密切相关，但对大部分人不会造成严重的本体安全感威胁，因为焦虑是人类正常生活适应的一部分。尤其是在社会不断发展的情况下，伴随社会环境变化而产生的就是人们必须正确面对焦虑和担忧。

　　实际上，将本体安全感这一概念引申到社会学领域，源于吉登斯对人类在全球化浪潮下生存状态的观察，因此，对本体安全感的讨论，不能脱离全球化趋势和现代化的影响。全球化不仅改变了人们生活的外部环境，还改变了人们与外部环境的互动方式，从而显著地改变了人们已经形成的日常生活秩序，因而会对人们的本体安全感状态产生影响。虽然全球化可能提高了人们的经济收入，但这些收入并未转化为心理健康福利，反而使一部分人的焦虑、抑郁等心理行为问题凸显。吉登斯认为，现代性是"永久的全球化"，主要体现在世界资本主义经济、民族国家体系、世界军事秩序和全球信息网络，它允许时间和空间分离，以及社会关系的"抽离"，即"从当地关联的环境中分离出来，并在特定的时间—空间跨度内重组社会关系"。③ 这些现代化的后果虽然使身体的威胁减少了，但增加了心理或精神的威胁，如科技的快速发展，使得"手无寸铁"的

---

　　① Prince G. , "Is R. D. Laing's Concept of Ontological Security Applicable Beyond Schizophrenic Experience?"*Existential Analysis*, 2005, 16(2) , pp. 284-298.

　　② Giddens, B. A. , *The Consequences of Modernity*, Redwood City, Stanford University Press, 1990.

　　③ Giddens, B. A. , *The Consequences of Modernity*, Redwood City, Stanford University Press, 1990.

普通大众生活在焦虑而无助的环境中。可以看出，在全球化研究方面与其他学者相比，吉登斯对所谓全球化的观点有一种倾向，即认为当地人无论是在经济、政治还是文化方面，都是全球化的"受害者"①，因为地源性的隔离和变迁，会加剧社会群体的心理隔离和阻断，而寻求本体安全感，就是对这一问题做出的防御性反应。在现代社会，原始的人身威胁或身体不安全感，在很大程度上已被我们与他人之间的关系，以及对他人的依赖所带来的不确定性所取代。从某种程度上说，现代社会已成为一种风险社会。随着现代化的推进，一些混乱的倾向变得越加明显，这也造成了心理脆弱性的新形式，表现在寻找文化、宗教或稳定结构的丧失，使个人和群体渴望过去的安全。②

显然，在现代社会，焦虑是人类正常生活状态的一部分。对现代性的焦虑源于这样一个事实——生活在现代化社会中的人意识到，彼此之间互不了解，只有那些对自我建构及其一致性负责的个体才是可靠的。③ 可见，信任在现代社会的焦虑至正常的连续体中扮演着重要的角色，而吉登斯在莱因的基础上，引申出了本体安全感的另一层含义，将它与基本信任和经验联系起来。无独有偶，社会学家彼得·桑德斯(Peter Saunders)也进一步阐述了信任与本体安全感的重要性，认为现代世界的本体安全感本质上是脆弱的，这在很大程度上是由于信任机制的性质发生了变化。④ 因为现代社会信任机制的维持，不再基于责任附属的亲属关系，而是基于诸如金钱一类的利益交换以及诸如专业知识一类的专家系统。

---

① Kinnvall C. , "Globalization and Religious Nationalism in India: The Search for Ontological Security," London, Routledge, 2006.

② Giddens, B. A. , *The Consequences of Modernity*, Redwood City, Stanford University Press, 1990.

③ Gellner, E. , *Nations and Nationalism*, Ithaca, Cornell University Press, 1984.

④ Saunders, P. , "Space, Urbanism and the Created Environment," in D. Held and J. Thompson (eds) , *Social Theory of Modern Societies: Anthony Giddens and His Critics*, Cambridge, Cambridge University Press, 1989.

二、人与环境互动视角对本体安全感的理解

无论是莱因的认识，还是吉登斯的见地，本体安全感都是针对自我的安全，即作为存在的安全，而不是作为生存的安全，它源于个体在自己与环境互动过程中的心理感受，而人与环境的互动正是社会学、社会心理学的要旨。一方面，人与环境的稳定互动，让人们与环境之间建立起信任感和稳定感，相信自己所处的环境是稳定的、有序的和可预测的；另一方面，人与环境之间形成的信任感和稳定感，有助于人们形成对自我连续性的信心，即相信过去、现在、未来的自我之间具有连续性，是处于本体安全的状态。

(一) 自我认同的核心在于人格发展的连续性

自我认同，又称自我同一性(ego-identity)，是本体安全感的核心，指自我的连续性和稳定性，即个人的内部状态与外部环境的整合和协调一致。根据埃里克森的人格发展阶段理论，建立自我同一性和防止自我同一性混乱是十二三岁至十七八岁的个体心理发展的主要任务。若个体按照社会要求和准则去发展，就会受到赞许和奖赏，体验到勤奋感、主动感、信任感和自主感，最终形成青春期现实自我与理想自我的统一；若违反社会要求和准则，就会遭受批评或谴责，形成自卑感、反抗乃至敌对情绪，影响个体的人格发展，最终导致自我同一性危机。持续与尝试解决自我同一性危机的心理努力，容易导致青少年产生不确定感和无力感，使他们感到焦虑和抑郁，降低其心理健康水平。[①] 可见，同一性意味着成熟和自我完整，反之，则意味着困惑、僵化和分裂。而自我意识的独立性、不变性和连续性，以及与某一群体及其成员之间共有的连带感、价值感和目标追求等，会促成个体意识分化为理想

---

① Luyckx, K., Schwartz, S. J., Berzonsky, M. D., et al., "Capturing Ruminative Exploration: Extending the Four-Dimensional Model of Identity Formation in Late Adolescence," *Journal of Research in Personality*, 2008, 42(1), pp. 58-82.

自我和现实自我，建立自我同一性就是要使二者达到统一。更为重要的是，人格的主要成分是自我，人格的完善需要自我的连贯性和一致性。为此，可改变现实自我，使之与理想自我一致；亦可修正理想自我，使之符合现实自我。诚如弗洛姆所说，个人的整个一生不是别的而是自己不断诞生的过程。①可见，自我同一性是一个动态建构的过程，是个体依据自己的经历反思性整合的结果，其生长点在于"本体安全感"，而基本信任的建立恰恰是获得本体安全感的一个必要条件。

"基本信任"是埃里克森人格发展阶段理论的一个重要概念。埃里克森认为，"基本信任"是持久的自我认同的核心。在人类早期发展中，对自我身份和周围稳定环境的基本信任，首先并不基于事物或事件的连续性。相反，它源于对他人的信任，以及建立对他人信任的需求。而对他人的信任是建立在相互反应和参与的基础上，对他人完整性和真实性的信任，这是自我完整性和真实性的主要来源，也为稳定的自我认同提供了基础。埃里克森认为，婴儿时期形成的基本信任是一种人格化的信任，其形成取决于父母细心、有规律的抚养和照顾，使婴儿得到生理上和情感上的满足。当婴儿第一次接受母亲不在场的时候，相信母亲离开后还会回来，即建立起了存在感和信任感，这是个体与社会之间最初的社会联系，也是母婴之间长期"互动"的结果。诚如吉登斯描述的那样，它更像是一种保护性的情感疫苗，如果婴儿在早年就得到了基本"剂量"的情感接种，皆可以抵御存在性焦虑，减弱或削弱对是否存在的敏感性。②但是，如果母亲不能对婴儿的真正需要和情感做出肯定反应，而只是按照自己的需要来塑造婴儿，婴儿就会从家人的反应中逐渐习得什么行为是可以接受的，什么行为是不可以接受的。从某种意义上说，这些接受了父母预先为他们"准备好"的同一性长大的孩子，属于自我同一性早闭。他们虽然从表面上看上去是良好的、顺从的，但实际上是虚伪的、不真实的。而缺乏完整的、稳定的、真实的自我

---

①　参见［美］弗洛姆：《健全的社会》，孙恺祥译，贵阳，贵州人民出版社，1994。

②　Giddens A . , *Modernity and Self-Identity：Self and Society in the Late Modern Age*, Cambridge, Polity Press, 2008.

感觉，会阻止他们朝向本体安全感的趋势发展，从而导致将周围环境内化为不适宜生存的经验，与环境发生冲突。因此，如果个体缺乏内在的基本信任，从某种程度上也反映了他所在外部世界的不可靠性。

(二) 环境适应的关键在于生活的秩序感

吉登斯认为，本体安全感是个体与外部环境之间互动的结果，是个体环境适应的重要体现。环境适应(environmental adaptation)是社会适应的一种形式，是维持本体安全感的基础，也是个体在不断的运动变化中与环境取得平衡的过程，从一个侧面反映了个体的社会生活能力。稳定的外部环境提供了内源性张力，帮助人们形成稳定的日常生活秩序，建立起对周围物质环境及自我持续发展的稳定信心，此时人们处于本体安全的状态；而外部环境发生根本性改变时，则会打乱人们的日常生活秩序以及与环境之间的稳定互动，破坏他们长期以来在稳定环境中所形成的心理安全状态，也使得他们对自我连续性的信心降低，本体安全感则会受到威胁。社会学研究表明，当自然生态、制度环境等发生变化后，惊慌失措的人们往往处于一种本体不安全的状态[1]，即人们的本体安全感受到了威胁。而本体安全感受到威胁的人们，希望寻求本体安全感的恢复，倾向于采取不同方法来重获本体安全感，如寻求稳定的住所或重新构建日常生活秩序。[2] 研究者通过对印度性暴力事件的研究认为，由于特殊的种族制度和特定的社会历史环境，寻求本体安全感已成为印度女性永久的特征。[3]

在灾难、战争、疾病频发的时代，本体安全感深深植根于当地的环境中。个人体验到的安全感，在很大程度上取决于与当地环境稳定的嵌入式关系。对环境的依恋和认同表达了人们对当地社会实践活动的参与和记忆，而且深受其

---

[1] Hawkins, R. L. & Maurer, K., "You Fix My Community, You Have Fixed My Life: The Disruption and Rebuilding of Ontological Security in New Orleans,"*Disasters*, 2011, 35(1), pp. 143-159.

[2] Padgett, D. K., "There's No Place Like (a) Home: Ontological Security among Persons with Serious Mental Illness in the United States,"*Social Science & Medicine*, 2007, 64(9), pp. 1925-1936.

[3] Kinnvall, C., *Feeling Ontologically (in) Secure: States, Traumas and the Governing of Gendered Space*, Cooperation & Conflict, 2017.

影响。进化心理学认为，人们能够从心理上与特定自然情境产生情感联结，源于原始人类对自然栖息地的依赖。因为自然栖息地为他们提供了赖以生存的食物、资源和庇护场所，帮助他们提高生存机会，延长生存时间，产生积极的发展价值。[①] 因此，人们与熟悉的环境联结在一起时，往往会无意识地激活人们对自己与环境之间存在稳定互动联系的感知，将环境视为自我的一部分，并且与环境建立起亲密的情感联结。吉登斯认为，经济全球化之前，属地环境是交织在一起的社会关系群的场所，绝大多数人们是相对静止和孤立的，低空间跨度提供了相对的安全感和稳固性，内部人和外部人之间存在着明显的鸿沟或者陌生感。经济全球化之后，人口大幅度迁移和流动，削弱了人们的属地感，社会活动变成了与匿名他人进行互动的广阔领域，人与人之间的关系通常是一种重新嵌入的关系，这往往与不确定性和不稳定感相关联。在这种环境下，人际之间的相互猜测和防御就会加剧焦虑的产生，从而使人们很难体验到本体是安全的。

(三) 自我认同和环境适应统一于本体安全感

诚如上述，与自尊、控制感、社会排斥等有关自我的概念不同，本体安全感这一概念涵盖的自我，更加强调自我与环境之间的互动关系，强调环境对个体自身存在及发展的影响。如果个体对环境适应不良，就会出现自我混乱的状态。同时，本体安全感虽然可能涉及诸如自然灾害、战争等对人类产生重要影响的事件，但该概念关注的是这些事件对个体日常生活秩序的打乱，所引发的人们对自身连续稳定发展的焦虑和担忧，并非对生命本身的威胁。因此，本体安全感不仅是自我的安全，而且包括自我与环境的和谐一致，两者统一于本体安全感。值得注意的是，当个人需要确保自我的安全时，前提条件是他们对自我的理解必须相对稳定，但稳定并不意味着对自我的理解必须永远保持不变。

---

① Bailey, G. N. & King, G. C. P., "Dynamic Landscapes and Human Dispersal Patterns: Tectonics, Coast-lines, and the Reconstruction of Human Habitats," *Quaternary Science Reviews*, 2011, 30(11), pp. 1533-1553.

事实上，自我的变化对个人发展至关重要。这一观点更倾向于个体对自我连续性的重视，因为它保证了个体的能动性，而寻求本体安全感就是个体能动性的表现，更是个体自我实现不可或缺的前提。

在现实生活中，对本体安全感更一般性的理解是一种放心、踏实的感觉，或是在一个看似具有威胁性的环境中感受一种"家"的感觉。众所周知，家具有双重作用，它既是人们建立自我身份的安全基地，又提供了其他环境中所缺少的控制感。家让自我认同和对环境的适应统一于一体，从而维持了人们的本体安全感。可以说，对家的渴望，反映了人们对环境安全和自我身份的渴望。桑德斯研究了社会动荡（经济大萧条、第二次世界大战等）时期人们如何理解家的意义的变化，将本体安全感扩展到家的意义的议题中，认为房屋所有权提供了一条获得本体安全感的途径，家庭为人们提供了重新建立一种安全感的可能性。[1] 因为房屋的所有权意味着家庭的稳定，虽然它在建成之初就是一个空壳的物理结构，但住在里面的人将它当作家，为他们提供了与永久性和连续性最密切相关的物质环境，能够获得心理上的安全性和舒适性。吉登斯进一步指出，在经济全球化趋势下，本体安全感的意义已经被简化为单纯的身份保护。[2] 因为现代社会流动性增强，越来越多的人在匿名环境下生活，人们因漂泊在他乡而失去了家的感觉，他们的身份变得模糊不清。因此，在一个经常经历威胁和无法控制的环境中，家作为一个不受外在监控的私人空间，承载了一个人自我身份认同的功能。而且，家及其房屋所代表的连续性，在财产继承时得到了最明显的体现，并且通过无条件的代际传递机制维持了人们的本体安全感。

---

① Saunders, P., "Beyond Housing Classes: The Sociological Significance of Private Property Rights in Means of Consumption," *International Journal of Urban and Regional Research*, 1984, 8(2), pp. 202-227.

② Della Sala, V., "Homeland Security: Territorial Myths and Ontological Security in the European Union," *Journal of European Integration*, 2017, 39(5), pp. 545-558.

三、本体安全感与心理健康互为因果关系

心理健康是现代社会文明程度的一个重要标志，它反映了个体心理状态（如适应能力、人格健全等）保持正常或良好水平，且自我内部（如自我意识、自我控制、自我体验等）以及自我与环境之间保持和谐一致的良好状态。其目标就是要个体在与现实环境保持接触的情况下，拥有充分的安全感。已有研究表明，在本体安全感与心理健康的因果关系上，存在着交互作用的可能性，尤其是心理疾病可能导致知觉到的社会环境支持减少，进而威胁到本体安全感；而拥有本体安全感的个体，能够感知到来自社会环境的长期支持，有利于人格稳定和自尊发展，从而有助于心理健康。[①]

（一）本体安全感有助于提升心理健康水平

本体安全感与个体生命早期形成的身体安全感不同，更加强调与个人和社会发展的关系，即从"人与环境"的互动出发，强调人们在日常生活中与外部环境之间长期、稳定、有序和可预测的互动关系，以及在这种关系上建立和发展起来的安全感。[②] 并且，本体安全感还从自我建构的角度，而非仅仅从单纯的主观体验视角，强调了稳定、连续的环境互动与个体自我连续性之间的关联性。毫无疑问，自我认同以及自我与环境之间的协调一致，是一个人心理健康的重要特征。[③] 因此，本体安全感的获得，有助于心理健康水平的提升。尽管人们仍会被各种各样的问题所困扰，产生焦虑、抑郁等消极情绪，但他们始终相信自己是真实的、连续存在的、完整的，并且可以有效适应环境，与他人建立良

[①]　J. B. Tumer & R. Jay Tumer, "Social Relations, Social Integration, and Social Support," in Carol S. Aneshensel, Jo C. Phelan, & Alex Bierman（ed.）, *Handook of the Sociology of Menal Heath*, New York, Kluwer Academic Press, 1999.

[②]　Ann Dupuis & David C. Thorns, "Home, Home Ownership and the Search for Ontological Security," *The Sociological Review*, 1998, 46（1）, pp. 24-47.

[③]　俞国良：《社会转型：心理健康服务与社会心理服务》，载《黑龙江社会科学》，2018（4）。

好沟通，保持稳定的社会关系。因为对自己真实就意味着去发现自己，并且能够主动地建构自我，从而脱离虚假自我的困扰，维持心理平衡和心理健康。如果个体自我效能感低下，个体在面对这些困扰时，自我掌控感弱化，自我认同感丧失，就会产生焦虑、烦躁、恐惧、不安等负性情绪，影响心理健康水平。一项关于公共心理健康问题的研究发现，瑞典年轻人（主要是女性）患抑郁症和焦虑症等精神疾病的比率不断上升，他们心理和生存的脆弱性主要以三种方式表现出来，其中一个就是本体安全感缺失。①

在一些社会学家看来，心理健康问题有着特定的社会根源，能否适应社会环境决定着人类的心理健康水平，应建立社会结构性因素与心理问题结果之间的因果关系。② 研究也表明，快速变化的社会环境是影响个体心理健康水平的重大风险性因素。③ 因为现代社会的快速发展变化，使人们不仅遭遇了道德层面的不确定性，而且也遭遇了科技层面的不确定性，这种不确定性使以往稳固的、单一的信仰体系和知识体系不复存在。人们虽然通过各种科技手段获得了各种"见识"，却无法应用这些"见识"来把握现实生活，实现更好的发展。加之现代社会大工业生产导致非常精细的专业分工，人们只会被不断地"异化"，致使人格分裂等各种心理问题凸显。④ 然而，现代社会又对人的发展提出了更高的要求，如必须乐于接受新的生活经验，迎接社会的变革。这就意味着人必须不断地适应各种挑战，不断处在各种应激状态中，并根据变化了的环境来重新构建自我认同感。这种紧迫的情势，使许多人处于焦虑状态中，甚至有心理学家认为，这种因高度焦虑而产生的神经症是现代社会的社会病。⑤ 在这种情况下，关

---

① Lloyd, C. S., Klinteberg, B. A., Demarinis V., "An Assessment of Existential Worldview Function among Young Women at Risk for Depression and Anxiety—A Multi-Method Study," *Archive for the Psychology of Religion*, 2017, 39(2), pp. 165-203.

② 梁樱：《心理健康的社会学视角——心理健康社会学综述》，载《社会学研究》，2013，28(2)。

③ World Health Organization, *Promoting Mental Health*: *Concepts*, *Emerging Evidence*, *Practice*, Geneva, World Health Organization, 2004.

④ 张文军：《试论现代化对心理健康的负面影响及对策》，载《浙江大学学报（人文社会科学版）》，2001(5)。

⑤ 参见［美］卡伦·霍妮：《我们时代的神经症人格》，霍文智译，北京，北京理工大学出版社，2019。

注心理健康、维护心理健康就成为现代人更好地生存和发展的重要任务。

世界的快速变化源于现代化进程的不断加速，在这一过程中，有些人会显示出较强的适应能力，但往往会有过分自恋、自我陶醉和自我中心的倾向。而更多的人，则常常焦虑不安或疲于奔命，其自我认同感常常是支离破碎的、歪曲的。可以说，现代人所面临的最重要的问题就是自我认同以及自我与环境的适应问题，这往往是引发各种心理问题的根源。[①] 高度现代化条件下的快速、多变、多元化、全球化等特征，导致人在自我认同和环境适应问题上往往不知所措，应对失败的经验往往导致了对心理健康有害的自我认同的形成，从而罹患各种心理疾病。其中，经济全球化特征对人的影响更明显。经济全球化也意味着风险全球化，核战争、生态灾难、病毒传播、全球经济与贸易的崩溃以及其他潜在的风险，几乎把每个人带到了焦虑不安的危险境地。只要全球化和现代化继续存在，人们就永远无法完全控制或预测这一进程。这就意味着我们将永远无法获得彻底的安全感。然而，经济全球化带来的不确定性既可能是一种威胁，也可能是一种机会，本体安全感并不是要完全避免焦虑，而是要学会面对焦虑并建设性地使用它。焦虑的积极价值在于它可以利用人类的创造能力改变行为，而不是使行为僵化，实现这一创造的可能性是心理健康的最高标准，即"自我实现"。因为个体构建了对外部环境的理想化认知，但这种认知与个人实际经历相矛盾，且没有足够的经验证据支持他们对这种情况的理解，但对这一差距的弥合使创造性活动成为可能。[②]

(二)心理健康为本体安全感固本强基

心理健康问题大多可以归结为日常生活秩序的紊乱和失衡，而日常生活习惯的建立，给人们一种心理上的确定性，有助于维持本体安全感。习惯是一种独特的构建连续性和秩序感的模式，它是人们在与日常生活中经过反复实践达

---

① 张文军：《试论现代化对心理健康的负面影响及对策——心理健康社会学综述》，载《浙江大学学报（人文社会科学版）》，2001(5)。

② May, R., *The Meaning of Anxiety*, New York, W. W. Norton, 1977.

成的"契约"，具有约束性和引领性，连接着过去和未来。吉登斯认为，婴儿之所以相信看护者离开之后还能够回到自己的身边，是因为看护者所给予的惯例性照料起到了关键作用，本体安全感最初就是这样与习惯和惯例联系起来的。但对习惯的依赖制约着人们容忍变化的能力，因为建立习惯本身很不容易，过程充满了风险、无序和不确定，当已建立的惯例被打破时，焦虑就会涌来，无论出于什么原因，人们会本能性"捍卫"习惯，对抗改变。因为这种失衡的状态直接威胁着人们的本体安全感，导致心理失调，甚至出现心理健康问题。因此，心理健康的个体，辩证思维水平更高，能够认识到绝对安全是不可能实现的，可以容忍小的不确定性。因为他相信常规会被重新建立，或者需求最终会通过新的例程得到满足。① 换言之，个体不会把日常生活秩序当作目的，也不会有意识地引导自己的行为去维持它们。相反，当他追求其他目标时，会理所当然地相信环境的稳定。此外，心理健康的个体，其自我效能感也更高，拥有更加积极的认知和情绪反应，也更加相信周围环境是安全的、可靠的，而这有利于个体获得本体安全感。可以说心理健康为本体安全感的效能发挥一路护航。

　　然而，吉登斯注意到，人们在日常生活中反复实践达成的契约（习惯），具有脆弱性和依赖性。所谓契约，在很大程度上是一种形式上的"欺骗"与"自我欺骗"，是为了遮盖人们在生活中撒下的"善意谎言"。一旦谎言被揭穿，人们依赖的习惯系统就会受到攻击和损坏，恐惧和焦虑则会包围人们的生活，要正常地在世上"继续"已不可能。谎言的背后隐藏着自我概念的脆弱性以及对自我存在的担忧和焦虑，即本体安全感的缺失。② 莱因认为，对于大多数心理健康的人，在日常生活中建立一个基本的本体安全感并不需要太多的努力，但是，对于本体安全感缺失的个体来说，他们需要花费很大的精力来维持脆弱的自我意识，以至于他们在为自己的存在辩护之外的任务便是维持"自我"。尽管此时真正的社会拒绝、歧视抑或是排斥等还没发生，但对会被拒绝与贬低的担忧与

---

① 杜健：《自我概念一致性与幸福感间的关系：文化的调节作用》，载《心理科学进展》，2020，28(10)。
② Joanne Corrigall，"Global Trade and Mental Health，"*Global Social Policy*，2008，8(3)。

焦虑，足够对他们的生活造成负面影响。当需要应对的负面影响持续不断时，会进一步损耗他们的心理资源，使一些人变得更加分裂，并创造假象来面对世界。而这是他们维持最小自我意识、防止心理崩溃的一种防御性应对机制。对他们来说，创造假象维持了心理的平衡，也降低了本体安全感威胁。自我不会因未知而把自己困在一个模糊的空白中，而是联系过去经验，产生新的认知或认知幻觉对自我进行防卫。其中，自恋的防御过程在补偿了内部分裂和自我疏离的同时，提供了确认感、认同感和优越感，使得一个积极的自我得以保持。在这一过程中，自我并不追求准确，相反，自我愿意生活在一个虚幻的世界里，通过自我美化为自我辩护。① 从这个意义上讲，一个人的存在是否真的受到威胁并不重要，重要的是，这个人是如何体验环境和应对相应的恐惧的。当然，心理健康的个体通常会建设性地面对这些经历，做出良好的适应，并继续发展。

不可讳言，人们日常生活秩序和习惯的打乱或维系，会受到社会环境的影响，尤其是在经济全球化趋势下，不断重组和流动的生活状态，对人们来说是一种打破原有习惯、建立并适应新秩序的挑战。适应并融入这一经济全球化的环境，意味着熟悉程度以及与本源地点之间的联系比以往要少得多，英国社会学家齐格蒙特·鲍曼（Zygmunt Bauman）将这种现象描述为"液态现代性"。② "液态"指人类社会的生活样态与存在方式。在"液态"社会中，不再有永恒的关系纽带，人与人之间的互动模式即各种社会关系处于不断"液化"的状态，随时可以松绑。正如固态现代性产生出压制、极权、屈服和自由的窒息，流动的现代性则引发个体的孤独、自由的无用、世界的无序、安全的丧失，以及生存的恐惧和焦虑。全球化流动对应的是再嵌入，与其说是一种与当地人疏远的现象，不如说是一种在拥有共同经验的全球化"社区"内进行整合。高耸的办公楼和住宅楼被认为是现代景观的缩影，往往允许其他地区的人员和文化嵌入，这种社

---

① Figlio, K., "The Dread of Sameness," in L. Auestad（Ed.）, *Psychoanalysis and Politics：Exclusion and the Politics of Representation*, London, Karnac, 2012.

② 参见［美］齐格蒙特·鲍曼：《流动的现代性》，欧阳景根译，北京，中国人民大学出版社，2018。

会化脱密机制，使社会关系和信息交流脱离了特定的时空环境，同时也为他们的重新融入提供了新的机会。诚如桑德斯所言，现代世界在全球化过程中所创造的环境也可以保持本体安全性。这是因为，无论是自然环境还是人造环境，都不是本体安全感的基本构成，环境只能是安全感的来源。心理健康的个体能够通过重建认知，赋予环境积极意义以实现本体安全。因此，环境是自然的还是人造的无关紧要，因为轻松和熟悉的"时空路径"的常规性与舒适性，既可以在自然环境中实现，也可以在人为的现代建筑环境中实现。然而，问题的本质在于本体安全感在多大程度上依赖于环境，就在多大程度上需要人类去维护和适应。显然，本体安全感与现代全球化之间存在着既相"生"又相"克"的复杂关系。因此，优化外部环境，减少不良刺激对人的心理健康的损害，对实现本体安全感尤为重要。

四、幸福感：心理健康和本体安全感的共同追求

当国民幸福作为社会发展进步的重要标准时，心理健康工作固然要承担起对各种心理行为问题进行咨询、治疗，以便进行教育补救的任务，但它更应该担负起引导人们更为健康幸福生活的责任，为幸福社会服务。当今社会，世界环境复杂多变，且不稳定性和不确定性凸显，对人们自我概念和身份的冲击，使得诸如焦虑、恐惧、抑郁等心理健康问题已成为一种时代的预警信号。研究表明，保持连贯一致的自我概念和身份对心理健康与幸福感至关重要。自我概念的一致性越高，幸福感则越高，并且自尊和体验到的真实性也越高。[1] 无论是通过自助、他助或互助，还是通过改变自我或改造环境，幸福已成为心理健康和本体安全感的共同追求。

---

[1] Bleidorn, W. & Ködding, C., "The Divided Self and Psychological(mal)Adjustment: A Meta-Analytic Review," *Journal of Research in Personality*, 2013, 47(5), pp. 547-552.

（一）主观幸福感是心理健康的追求

幸福感是衡量一个人生活和适应状态的重要标准，也是国际上通行的衡量人民生活质量和社会发展水平的重要指标。基于快乐论的主观幸福感是个体依据自己设定的标准对其生活质量所做的整体评价，认为幸福是一种快乐的体验。研究者在此基础上提出，将生活满意度和快乐感共同作为主观幸福感的指标，生活满意度反映个体对现实与愿望的差异感觉，是主观幸福感的认知成分；快乐感则是在积极情感和消极情感之间的一种情感平衡，是情感成分。[①] 显然，人们对自己生活的想象是一种美好的期盼，带有一种理想的色彩，与现实之间的差异在所难免，个体能否正确、客观地认知和接受差异，是衡量其是否心理健康的"分水岭"。马斯洛认为，心理健康的人能设定切合实际的生活目标，或者改变对生活的过高期望，使之与现实相符，从而提高生活满意度。此外，现实生活中的压力会首先影响个体的情感反应及对生活的态度，如果体验到更多的负性情感，个体将变得郁闷、焦虑，无法体会到生活的快乐。而拥有健康心理的个体，能够合理地调节不良环境或生活压力对心理的冲击，加强对不良情感的控制，使自己的情感体验和主观评价更加积极，从而维持较高的主观幸福感。可见，维护心理健康，提高心理健康水平，就是让个体生活得幸福快乐，即主观幸福感是心理健康孜孜追求的目标。当个体的愉悦、兴奋等正性情感体验较多而负性情感体验较少时，他会以更美好、更正面的视角感知周围环境中的人和事，与他人保持良好的人际关系，获得较多的社会支持，这有助于提高心理健康水平。[②]

（二）心理幸福感是本体安全感的追求

与主观幸福感不同，心理幸福感是建立在幸福论或自我实现论基础之上的，

[①] Diener, E., Eunkook, S., Richard, L., et al., "Subjective Well-Being: Three Decades of Progress," *Psychological Bulletin*, 1999, 125(2), pp. 276-302.

[②] Shuguang Yao, Junbo Chen, Xiaobo Yu, et al., "Mediator Roles of Interpersonal Forgiveness and Self-Forgiveness between Self-Esteem and Subjective Well-Being," *Current Psychology*, 2017, 36(3).

它强调人的自我实现及人的本质的实现与显现。① 对此，研究者从人的发展与人生意义的角度进行了诠释，认为幸福发生在人们从事与深层价值最匹配的活动中，是人全身心地投入以完善自己的一种活动，这涉及人们与真实自我的协调一致。② 其他研究者也从自我实现论视角阐述了心理幸福感问题。他们发现，个体毕生发展理论背景下的幸福，不仅是快乐的获得，还是个体以健康的身心，有效投入社会实践以充分表现出个人的潜能，包括了人类自我实现的六个不同方面：自主性、个人成长、自我接受、生活目标、控制感和积极关系。③ 根据自我决定理论（self-determination theory，SDT），自我决定倾向是人的内在成长趋向和先天的心理需要，这种需要不仅是心理健康的最低要求，同时也是社会环境必须提供给人们以促进自己成长和发展的基本养料。基本需要在人生阶段中必须要得到满足，才能使人体验到一种持续的整合感和幸福感。④ 由此可见，心理幸福感检测了人在自我实现的过程中对困难引起的焦虑的化解，对自身存在的挑战的应对，这也是本体安全感主要追求的目标。一般情况下，我们对周围熟悉的环境习以为常，以至于在日常生活中很少体验到本体不安全感，但这正是问题所在——我们的日常生活将本体不安全感排除在意识之外。只有当对环境的认知或情感的破裂无法控制时，我们对本体安全感的需求才如此强烈。在这种情况下，质疑和不安全感都表明无法"继续"或"成为"一个人的正常自我。现代社会是一个全球层面上的风险社会，越是如此，本体安全感越重要。本体安全感是我们面对所有的风险而敢于"跳入未知"去创造、去实现的一种社会性的"原始冲动"，以此让自身的潜能得以充分发挥。可见，寻求本体安全感的过程，也是自我实现的过程，更是提高心理幸福感的过程。

---

① 张陆、佐斌：《自我实现的幸福——心理幸福感研究述评》，载《心理科学进展》，2007，15(1)。

② Waterman, A. S., "Two Conceptions of Happiness: Contrasts of Personal Expressiveness (Eudaimonia) and Hedonic Enjoyment,"*Journal of Personality and Social Psychology*, 1993, 64(4), pp. 678-691.

③ Ryff, C. D. & Keyes, C. L. M., "The Structure of Psychological Wellbeing Revisited,"*Journal of Personality and Social Psychology*, 1995, 69(4), pp. 719-727.

④ Ryan, R. M. & Deci, E. L., "Self-Determination Theory and the Facilitation of Intrinsic Motivation, Social Development, and Well-Being,"*American Psychologist*, 2000, 55(1), pp. 68-78.

(三) 从主观幸福感到心理幸福感是生命质的飞跃

主观幸福感和心理幸福感是现代幸福感研究的两大取向，从主观的自评到客观的他评，从简单的快乐、欲望的满足到对环境的掌控、自主成长、收获一生的追求，都表明幸福感不仅可以来自主观情绪方面的愉悦感，还可以来自内在的自我实现感。而自我实现源自个体自我发展的需要。根据吉登斯的观点，自我成长的每个过渡阶段，都包含着风险与希望，正是风险与自我挑战提升了自我的价值，实现了自我认同。这种自我探索的欲望与需求，促使个体愿意尝试一切可能的方式寻求自我认同，获得本体安全感。可以说，对于幸福感的追求，人们更加注重内在资源对人成长的推动，使它得到充分的实现。从这个角度考量，获得心理幸福感，实现人最高层次的心理需要，无疑是生命质的飞跃。而本体安全感在心理健康领域的回归，也是对人类自身健康发展的共同理解和追求。只有提高自己的健康水平，才是继续存在于不断变化的世界中的基础，也才能获得基本的安全与归属。

毫无疑问，心理健康确实不能就事论事，心理健康问题有着特定的社会根源。它是人与环境互动的产物，社会转型是影响心理健康的重大风险性因素，而社会环境则是影响心理健康的重要决定性因素。其中，本体安全感发挥着至关重要的中介或调节作用。这种心理健康研究的社会学取向，有别于心理学或医学模式，不仅着眼于个体层面的特质属性，而且也关注社会层面的环境因素的影响，为人类心理健康研究打开了另一扇"窗户"。

第十章

————

童年期虐待及其对青少年心理健康问题的影响

诚如前章所述，本体安全感奠定了个体心理健康的基础。但是，现实生活中本体安全感往往受到威胁甚至损害，如童年期虐待就是佐证，它已成为一个世界性的公共卫生问题。据估计，在世界范围内，每1 000人中就有127人在童年时期遭受过性虐待，226人遭受过身体虐待，363人遭受过情感虐待。[1] 大量研究表明，童年期虐待对青少年抑郁、焦虑、自伤行为、物质滥用以及攻击和暴力均有显著预测作用。[2][3][4][5] 可见，童年期虐待对青少年身心健康发展具有长期负面影响，是导致青少年内外化心理健康问题的主要风险因素之一。因此，我们拟从童年期虐待的视角，系统探讨这一早期不良经历对青少年内外化心理健康问题的不良影响及其内在作用机制，在"知其然"的基础上，力图"知其所以然"。最后，以此为基点，提出受虐待青少年心理健康问题的应对与教育干预策略，以期为我国心理健康服务，为社会心理服务体系建设与全面实现"健康中国"战略决策填石砌基、保驾护航。

---

[1] Stoltenborgh, M., Bakermans-Kranenburg, M. J., Alink, L. R., et al., "The Prevalence of Child Maltreatment Across the Globe: Review of a Series of Meta-Analyses," *Child Abuse Review*, 2015(24), pp. 37-50.

[2] Huh, H. J., Kim, K. H., Lee, H. K., et al., "The Relationship Between Childhood Trauma and the Severity of Adulthood Depression and Anxiety Symptoms in a Clinical Sample: The Mediating Role of Cognitive Emotion Regulation Strategies," *Journal of Affective Disorders*, 2017(213), pp. 44-50.

[3] Liu, R. T., Scopelliti, K. M., Pittman, S. K., et al., "Childhood Maltreatment and Non-Suicidal Self-Injury: A Systematic Review and Meta-Analysis," *Lancet Psychiatry*, 2018(5), pp. 51-64.

[4] Oshri, A., Kogan, S. M., Kwon, J. A., et al., "Impulsivity as a Mechanism Linking Child Abuse and Neglect with Substance Use in Adolescence and Adulthood," *Development and Psychopathology*, 2018, 30(2), pp. 417-435.

[5] Wang, X., Yang, L., Gao, L., et al., "Childhood Maltreatment and Chinese Adolescents' Bullying and Defending: The Mediating Role of Moral Disengagement," *Child Abuse & Neglect*, 2017(69), pp. 134-144.

一、青少年遭遇童年期虐待的基本情况

(一) 童年期虐待的界定及发生率

1962 年，美国一位儿科医生发表了有关童年期虐待的首篇文章，自此，童年期虐待现象开始受到关注，并演变为一个严重的社会问题。然而，受到文化、价值观等因素的影响，迄今为止，世界各国对童年期虐待还未形成一个统一的概念界定。有研究者提出，童年期虐待包括父母或其他照顾者的虐待行为或忽视，从而导致对儿童的伤害、潜在的伤害或伤害的威胁。[1] 还有一些研究者则直接从虐待的类型出发，认为童年期虐待是指发生在 18 岁之前，由父母或其他照顾者实施的一件或多件身体虐待、情感虐待、忽视和性虐待事件。[2] 当下，研究者普遍认可且引用较多的是世界卫生组织起草的童年期虐待定义，童年期虐待是指对儿童具有抚养、监管和有操纵权的人对儿童做出的足以对其健康、生存、发展及尊严造成实际或潜在伤害的一些行为，包括各种形式的性虐待、情感和身体虐待以及对儿童进行经济性的剥削及忽视。

可以看出，该定义通过施虐者主体、童年期虐待的严重程度以及童年期虐待的主要类型三个方面，对童年期虐待现象做出了限定：首先，施虐者和受虐待儿童之间有着亲密的人际关系，通常为亲子关系；其次，虐待事件的严重程度有一定的标准；最后，童年期虐待表现为不同的类型，分别为身体虐待、情感虐待、性虐待、身体忽视和情感忽视等。其中，虐待往往是照料者对儿童的一种"作为"。具体而言，身体虐待是指照料者对儿童造成实际或潜在身体伤害的行为；情感虐待是指照顾者无法给儿童提供一个支持性的环境，通过嘲笑、威胁和恐吓等非身体形式的敌意对待，向儿童传达出他们毫无价值、有缺陷、

---

[1] Leeb, R. T., Paulozzzi, L., Melanson, C., et al., "Child Maltreatment Surveillance: Uniform Definitions for Public Health and Recommended Data Elements," Atlanta, Centers for Disease Control and Prevention, National Center for Injury Prevention and Control, 2008.

[2] Li, S., Zhao, F. & Yu, G., "A Meta-Analysis of Childhood Maltreatment and Intimate Partner Violence Perpetration," *Aggression and Violent Behavior*, 2020(50).

不被爱或不受欢迎等信息；性虐待是指照顾者通过儿童来获得性满足，包括猥亵、强奸等。而忽视往往是照料者对儿童的一种"不作为"，包括身体忽视和情感忽视。其中，身体忽视是指未能为儿童提供基本的生活必需品，包括食物、衣服、住所等，以保护儿童不受伤害；情感忽视则是指照顾者未能满足儿童正常发展所需的情感和情感需求，如爱、鼓励、归属感和支持。[1][2][3]

　　童年期虐待是一个全世界共同关注的社会问题，其较高的发生率引起了研究者的普遍担忧。据估计，全世界每年约有23%的儿童遭受身体虐待，36%的儿童受到情感虐待，13%的儿童遭受性虐待，16%的儿童遭受身体忽视，18%的儿童受到情感忽视。[4] 尽管目前还没有关于童年期虐待的全国性调查数据，但一些研究显示，童年期虐待在中国也存在。

(二)童年期虐待的影响因素

　　童年期虐待受到儿童自身因素、父母和家庭因素以及社会文化因素的共同影响，是一个多因素共同决定的社会现象。

　　第一，儿童自身因素的影响。儿童自身的特点，如性别、气质类型、破坏性行为、身残、智残等均是导致他们遭受童年期虐待的重要危险因素。首先，童年期虐待的发生率显示出性别差异。一般而言，男孩比女孩更可能遭遇身体虐待，而女孩比男孩更容易遭遇性虐待和忽视。这种现象在一定程度上反映了父母对孩子的性别期望。与女孩相比，男孩在能力、成功以及养老方面承载着

---

① Dias, A., Sales, L., Hessen, D. J., et al., "Child Maltreatment and Psychological Symptoms in a Portuguese Adult Community Sample: The Harmful Effects of Emotional Abuse," *European Child & Adolescent Psychiatry*, 2015, 24(7), pp. 767-778.

② Mills, R., Scott, J., Alati, R., et al., "Child Maltreatment and Adolescent Mental Health Problems in a Large Birth Cohort," *Child Abuse & Neglect*, 2013, 37(5), pp. 292-302.

③ Trickett, P. K., Negriff, S., Ji, J., et al., "Child Maltreatment and Adolescent Development," *Journal of Research on Adolescence*, 2011, 21(1), pp. 3-20.

④ Stoltenborgh, M., Bakermans-Kranenburg, M. J., Alink, L. R., et al., "The Prevalence of Child Maltreatment across the Globe: Review of a Series of Meta-Analyses," *Child Abuse Review*, 2015(24), pp. 37-50.

父母更高的期望，父母更可能采用体罚甚至身体虐待的方式对他们严加管教。[①] 正因如此，他们比女孩更不容易被父母忽视。其次，儿童的不良行为会增加童年期虐待的发生。[②] 当儿童不服从管教，或表现出各种各样的问题行为时，可能会刺激父母采取敌对和强制性的管教措施，以便使孩子听话。[③] 一般而言，受虐待的儿童本身就具有高攻击性、反社会性和不服管教的特征。此外，由于我国家长普遍将学业成功视为实现向上流动的重要渠道，因此学习成绩差是儿童遭遇童年期虐待最常见的原因之一。一般而言，学习成绩差的儿童比学习成绩好的儿童更容易受到父母身体和情感上的虐待，那些学习成绩不好或没有达到父母期望的儿童更容易受到父母的严厉管教。[④] 最后，患有身心疾病的儿童，通常给父母和家庭带来较大的经济负担和心理负担，久而久之，增加了这些儿童遭受童年期虐待的可能性。

第二，父母或家庭因素。有关童年期虐待风险性因素的元分析结果表明，童年期身体虐待与三个风险因素（父母的愤怒/过度反应、家庭冲突和家庭凝聚力）有较强相关；童年期忽视和五个风险因素（亲子关系、父母认为孩子有问题、父母的压力水平、父母的愤怒/过度反应和父母的自尊）有较强的相关。[⑤] 在众多风险因素中，父母自身受到童年期虐待的经历被认为是他们虐待子女的重要预测因子。父母的童年经历在很大程度上影响着他们为人父母后的行为。在抚养孩子时，父母倾向于采取与自己父母相同或相似的教养方式，这通常被

---

① Cui, N., Xue, J., Connolly, C. A., et al., "Does the Gender of Parent or Child Matter in Child Maltreatment in China?"Child Abuse & Neglect, 2016(54), pp. 1-9.

② Gao, Y., Atkinson-Sheppard, S. & Liu, X., "Prevalence and Risk Factors of Child Maltreatment among Migrant Families in China,"*Child Abuse & Neglect*, 2017(65), pp. 171-181.

③ Gao, Y., Atkinson-Sheppard, S. & Liu, X., "Prevalence and Risk Factors of Child Maltreatment among Migrant Families in China,"*Child Abuse & Neglect*, 2017(65), pp. 171-181.

④ Gao, Y., Atkinson-Sheppard, S. & Liu, X., "Prevalence and Risk Factors of Child Maltreatment among Migrant Families in China,"*Child Abuse & Neglect*, 2017(65), pp. 171-181.

⑤ Stith, S. M., Liu, T., Davies, L. C., et al., "Risk Factors in Child Maltreatment: A Meta-Analytic Review of the Literature,"*Aggression and Violent Behavior*, 2009(14), pp. 13-29.

称为代际传递。① 大量研究均发现童年期虐待存在代际传递现象，即曾遭受过童年期虐待的父母虐待子女的可能性越高。② 儿童在经历虐待后会错误地认为，伤害他人是人际交往中正常、可以被接受的一种行为，因此，虐待行为被模仿和内化，并应用到自己对下一代的养育中。最后，家庭经济贫困也是童年期虐待发生的显著预测因素。在经济条件较差的家庭中，父母一般承受着较大的生活压力，且受教育程度较低，他们更缺乏科学的育儿知识。③ 因此，来自低收入或单亲家庭的儿童更有可能成为童年期虐待的受害者。

第三，社会文化因素。根据生态系统理论④，社会文化因素对父母养育行为（包括童年期虐待）的影响是弥散而持久的。随着社会变迁和经济的快速发展，一些新的社会问题开始出现，包括留守儿童以及离婚率和单亲家庭的增加。这些社会问题进一步增加了童年期虐待的发生率。例如，2018 年，有研究者对1066 名学龄儿童进行了调查，结果发现，留守儿童比非留守儿童更容易受到情感虐待、情感忽视和身体忽视。⑤

二、童年期虐待与青少年的内外化心理健康问题

家庭是青少年成长的基石，良好的亲子关系作为个体归属感和安全感的最初来源，对青少年的身心健康发展至关重要。依恋理论⑥认为，儿童会根据与

---

① Assink, M., Spruit, A., Schuts, M., et al., "The Intergenerational Transmission of Child Maltreatment: A Three-Level Meta-Analysis," *Child Abuse & Neglect*, 2018(84), pp. 131-145.

② Assink, M., Spruit, A., Schuts, M., et al., "The Intergenerational Transmission of Child Maltreatment: A Three-Level Meta-Analysis," *Child Abuse & Neglect*, 2018(84), pp. 131-145.

③ Gao, Y., Atkinson-Sheppard, S. & Liu, X., "Prevalence and Risk Factors of Child Maltreatment among Migrant Families in China," *Child Abuse & Neglect*, 2017(65), pp. 171-181.

④ Bronfenbrenner, U., "*The Ecology of Human Development: Experiments by Nature and Design*," Cambridge, Harvard University Press, 1979.

⑤ 王鑫强、霍俊好、张大均等：《农村留守与非留守儿童的心理健康、虐待经历比较及其关系研究——基于两维四象心理健康结构的分析与对策建议》，载《中国特殊教育》，2018(1)。

⑥ Bowlby, J., *A Secure Base: Parent-Child Attachments and Healthy Human Development*, New York, Basic Books, 1988.

主要照料者的关系而形成有关自我和他人的内部工作模式。当照顾者以一种敏感、有爱、一致性的方式对待孩子时，安全依恋就会形成，从而促进个体对自我与他人积极认知模式的产生。安全依恋型的儿童会认为"他人"是有爱的、可靠的和支持性的，且自己是有价值的以及值得被爱的。相反，当依恋对象成为个体发展过程中不安全感或恐惧感的来源时，个体就会建立消极的内在自我和他人的认知模式。例如，在虐待或忽视的情况下，依恋模式通常是负面的。受到虐待的儿童经常从这些经历中推断出消极的自我和他人特征，认为自己在本质上是不受欢迎的、不值得被爱的和无价值的，而把别人看作可怕的、危险的、不值得信任的，进而增加了个体出现内外化心理健康问题的风险。

(一) 童年期虐待与青少年的内化心理健康问题

内化问题指一系列指向个体内部，向内部表达痛苦的症状，通常表现为一些不愉快或消极的情绪体验，主要包括焦虑/抑郁、退缩和躯体主诉三个主要指标。[①] 内化问题具有明显的自我惩罚性，兼具相对隐蔽、"控制过度"或"抑制过度"等特点。童年期虐待是内化问题最强有力的预测因素之一。童年时期的不幸经历，包括童年期虐待可能会导致青少年在关键阶段的发展任务(如自我概念和安全依恋)中断，而存在自我概念问题和不安全依恋的青少年则更可能产生内化问题。童年期虐待对个体内化问题的影响是深远的，不仅会增加个体在童年期和青少年期出现内化问题的风险，而且这些内化问题往往会随着时间的推移而表现出逐渐的稳定性，并持续到成年期。

首先，童年期虐待会导致青少年抑郁问题的增加。由于人类具有强烈的归属需要和社会交往需要，因此，积极和可持续的人际关系对人们的身心健康至关重要。人际关系质量与抑郁症的发生和发展密切相关，不良的人际关系，尤其是亲子关系，通常会导致不安全依恋的产生，进而增加抑郁的可能性。有研

---

① Achenbach, T. M., *Manual for the Child Behavior Checklist/4-18 and 1991 Profile*, Burlington, University of Vermont, Department of Psychiatry, 1991.

究者对抑郁症的病因学模型进行了全面的综述并表明，父母的温暖/接受/支持程度、父母的排斥以及父母的控制/过度保护都与抑郁显著相关。[1] 童年期虐待作为一种极端负性的人际体验，不仅会干扰青少年心理资源的健全发展，增加消极的情绪调节策略和应对策略，如情绪抑制和反刍，还会导致受虐待者较低的自尊和自我效能感、较高的羞耻感以及较强的人际拒绝敏感性，而这些都是抑郁的易感性因子。此外，一些研究者探索了童年期虐待与抑郁之间的神经生物学机制并发现，童年期虐待会导致个体皮质醇反应的异常变化以及海马、杏仁核和前额叶等形态的不同，从而增加抑郁的可能性。[2] 实际上，童年期虐待与青少年抑郁的关系得到了大量理论与实证研究的支持。习得性无助理论认为，当青少年在童年期多次遭受虐待时，他们各种层次的需要得不到满足，就会产生一种对环境的无法掌控感和无助感，并表现出自我责备，从而增加了对抑郁的易感性。例如，前瞻性研究发现，童年期虐待确实是青少年抑郁的一个重要预测因子，个体在童年时期遭受父母的虐待能显著预测他在 18 岁时的抑郁症状。[3] 一些元分析结果也表明，每种类型的童年期虐待都与抑郁的诊断和得分呈显著正相关，受到虐待的个体发生复发性和持续性抑郁发作的可能性是无童年期虐待史个体的两倍。[4]

其次，一些研究者发现，童年期虐待也是其他一些内化问题(如青少年焦虑和躯体障碍)的重要风险性因素。童年期虐待与个体的焦虑水平呈显著正相关。一项来自国内的研究表明，父亲和母亲的身体与心理攻击均会增加孩子的焦虑

---

① Epkins, C. C. & Heckler, D. R., "Integrating Etiological Models of Social Anxiety and Depression in Youth: Evidence for a Cumulative Interpersonal Risk Model," *Clinical Child and Family Psychology Review*, 2011, 14(4), pp. 329-376.

② Dannlowski, U., Stuhrmann, A., Beutelmann, V., et al., "Limbic Scars: Long-Term Consequences of Childhood Maltreatment Revealed by Functional and Structural Magnetic Resonance Imaging," *Biological Psychiatry*, 2012, 71(4), pp. 286-293.

③ Gallo, E. A. G., De Mola, C. L., Wehrmeister, F., et al., "Childhood Maltreatment Preceding Depressive Disorder at Age 18 Years: A Prospective Brazilian Birth Cohort Study," *Journal of Affective Disorders*, 2017(217), pp. 218-224.

④ Nanni, V., Uher, R. & Danese, A., "Childhood Maltreatment Predicts Unfavorable Course of Illness and Treatment Outcome in Depression: A Meta-Analysis," *American Journal of Psychiatry*, 2012, 169(2), pp. 141-151.

情绪。[1] 此外，那些童年时期遭受过虐待的个体也报告了与健康相关的生活质量显著降低。研究发现，童年期虐待与慢性疼痛和躯体症状的增加有显著相关，包括头晕以及经常性的头痛等[2]，这一结论在不同年龄的人群中都得到了验证。更为严重的是，童年期虐待还大大增加了个体罹患癌症、心血管疾病和慢性阻塞性肺病等疾病的风险[3]，对个体的身体健康带来较大负面影响。

（二）童年期虐待与青少年心理健康的外化问题

外化问题是指一些违反道德和社会行为规范的行为，体现了个体对外部环境进行消极反应的特点，主要包括攻击行为和违纪行为两类。[4] 与内化问题更多指向自身不同，外化问题更多指向外部环境和他人，表现为"控制不足"或"抑制不足"等特征，并以发泄的形式表现出来。童年期虐待会损害青少年多种生理、认知、情感和社会发展过程，进而导致外化问题的出现。童年期虐待是外化问题最一致和最有力的预测因素之一。受虐待儿童在青少年期会出现更多的外化症状，包括攻击、违纪行为、吸毒和酗酒以及暴力犯罪等。一般压力理论和社会联结理论对此提供了理论解释。首先，根据一般压力理论[5]，由父母拒绝、童年期虐待和忽视等经历所导致的亲子关系不良是青少年日常生活中一个重要的压力来源。每个人都渴望被理解、被温暖、被爱和被支持，而父母的虐待行为则会给个体正常发展带来前所未有的心理压力，因此，童年期虐待经历更可能导致被虐待者的愤怒反应，进而增加攻击和违纪的可能性。另外，社

---

[1] Wang, M., Wang, X. & Liu, L., "Paternal and Maternal Psychological and Physical Aggression and Children's Anxiety in China," *Child Abuse & Neglect*, 2016(51), pp. 12-20.

[2] Anda, R., Tietjen, G., Schulman, E., et al., "Adverse Childhood Experiences and Frequent Headaches in Adults," *Headache: The Journal of Head and Face Pain*, 2010, 50(9), pp. 1473-1481.

[3] Khrapatina, I. & Berman, P., "The Impact of Adverse Childhood Experiences on Health in College Students," *Journal of Child & Adolescent Trauma*, 2017, 10(3), pp. 275-287.

[4] Achenbach, T. M., *Manual for the Child Behavior Checklist/4-18 and 1991 Profile*, Burlington, University of Vermont, Department of Psychiatry, 1991.

[5] Agnew, R., "Building on the Foundation of General Strain Theory: Specifying the Types of Strain Most Likely to Lead to Crime and Delinquency," *Journal of Research in Crime and Delinquency*, 2001, 38(4), pp. 319-361.

会联结理论①指出，人们之所以不会随意攻击他人或进行破坏性行为，就是因为社会以社会联结的形式对个人施加了社会控制。通过社会联结，我们依附于规范，参与亲社会活动，并相信社会规范背后的道德力量。而童年期虐待不利于良好亲子关系的建立，在极大程度上削弱了青少年最重要的社会联结，从而增加了攻击和违纪行为发生的可能性。

一些前瞻性追踪研究进一步支持了童年期虐待与青少年外化问题的关系。具体而言，一项研究发现，学龄前儿童的虐待经历预示着童年期外化问题的出现，而这些外化问题又会导致青少年时期出现更为严重的行为问题。② 另一项纵向研究对 574 名儿童进行了长达 17 年的追踪调查，以探索童年期身体虐待和青少年后期暴力犯罪之间的关系。结果表明，遭受过童年期身体虐待的个体在青少年时期因暴力、非暴力和犯罪行为被逮捕的风险更大。③ 实际上，童年期虐待所导致的青少年各种外化问题在很大程度上增加了暴力犯罪的可能性。例如，有研究者通过测量青少年(12~17 岁)的外化问题，研究了从童年期虐待(11 岁之前)到成人犯罪(18~26 岁)的发展路径。④ 他们的研究结果表明，童年期虐待对成人犯罪的影响部分可以通过青少年时期的外化行为来解释。

一方面，遭受虐待的儿童随着年龄的增长更有可能实施攻击和暴力行为。一些童年期虐待的受害者甚至会形成攻击性人格，以致他们在恋爱或婚姻关系中对亲密伴侣实施更多的暴力，这种现象被称为"暴力循环"。原因在于童年期虐待会导致个体社会信息处理模式的偏差，受虐待儿童倾向于在模糊和无害的互动中觉察到敌对意图，进而对模棱两可或无害的互动做出过激反应。同时，童年期虐待还会影响个体的道德判断和道德认知倾向。经历过童年期虐待的儿

① Hirschi, T. , *Causes of Delinquency*, Berkeley, University of California Press, 1969.

② Klika, J. B. , Herrenkohl, T. I. & Lee, J. O. , "School Factors as Moderators of the Relationship Between Physical Child Abuse and Pathways of Antisocial Behavior," *Journal of Interpersonal Violence*, 2013(28), pp. 852-867.

③ Lansford, J. E. , Miller-Johnson, S. , Berlin, L. J. , et al. , "Early Physical Abuse and Later Violent Delinquency: A Prospective Longitudinal Study," *Child Maltreatment*, 2007, 12(3), pp. 233-245.

④ Topitzes, J. , Mersky, J. P. & Reynolds, A. J. , "From Child Maltreatment to Violent Offending: An Examination of Mixed-Gender and Gender-Specific Models," *Journal of Interpersonal Violence*, 2012, 27(12), pp. 2322-2347.

童可能在道德上认为，攻击行为是应对分歧和处理人际冲突时一种可以接受的处理方式，以致在日常生活中展现出更多的攻击性。

另一方面，童年期虐待对青少年早期[①]、中期[②]和后期[③]的违纪行为均有显著预测作用，包括打架斗殴、顶撞师长、逃学、离家出走、偷窃以及损害学校财物等。[④⑤⑥] 不同的童年期虐待类型均与青少年的违纪行为有显著相关，且相比于家庭结构、社会经济水平、家庭规模或出生顺序，童年期虐待对违纪行为的预测作用更强。[⑦] 更为严重的是，经历过童年期虐待的个体在青少年时期的犯罪率显著高于未经历过虐待或忽视的个体，1/3~2/3 的少年犯都经历过某种形式的童年期虐待。[⑧]

最后，值得注意的是，不同虐待形式对青少年心理健康的内化和外化问题可能产生不同的影响。具体而言，身体虐待作为一种冲动和暴力行为，更易使受虐待者产生愤怒和攻击等行为，因而和外化问题之间可能具有更为紧密的联系，但与内化问题的相关较弱。与身体虐待不同，父母的情感虐待或忽视一般会涉及对孩子的直接贬损和轻视，它更容易使儿童产生自我否定和自我批判，因此，相比于身体虐待或性虐待，童年时期的情感虐待或忽视可能与青少年内化问题的关系更紧密。情感虐待可能是导致抑郁的最重要的伤害形式，童年时期的情感虐待比其他任何不良童年经历（包括身体虐待和性虐待），都更能预测

---

① Merrick, M. T., Litrownik, A. J., Margolis, B., et al., "Sexualized Behaviors Partially Mediate the Link Between Maltreatment and Delinquent Behaviors," *Journal of Child and Family Studies*, 2015, 24(8), pp. 2217-2228.

② Watts, S. J. & Iratzoqui, A., "Gender, Child Maltreatment, and Delinquency," *Victims & Offenders*, 2019, 14(2), pp. 165-182.

③ Watts, S. J., "The Link between Child Abuse and Neglect and Delinquency: Examining the Mediating Role of Social Bonds," *Victims & Offenders*, 2017, 12(5), pp. 700-717.

④ Merrick, M. T., Litrownik, A. J., Margolis, B., et al., "Sexualized Behaviors Partially Mediate the Link Between Maltreatment and Delinquent Behaviors," *Journal of Child and Family Studies*, 2015, 24(8), pp. 2217-2228.

⑤ Watts, S. J., "The Link Between Child Abuse and Neglect and Delinquency: Examining the Mediating Role of Social Bonds," *Victims & Offenders*, 2017, 12(5), pp. 700-717.

⑥ Watts, S. J. & Iratzoqui, A., "Gender, Child Maltreatment, and Delinquency," *Victims & Offenders*, 2019, 14(2), pp. 165-182.

⑦ Heck, C. & Walsh, A., "The Effects of Maltreatment and Family Structure on Minor and Serious Delinquency," *International Journal of Offender Therapy and Comparative Criminology*, 2000, 44(2), pp. 178-193.

⑧ Wiebush, R., Freitag, R. & Baird, C., "Preventing Delinquency Through Improved Child Protection Services," Washington, D. C., Office of Juvenile Justice and Delinquency Prevention, 2001.

抑郁症的近期和终生病史。

三、童年期虐待与青少年心理健康问题：非适应性认知的作用

（一）非适应性认知的概念及理论基础

根据认知理论，负性事件本身并不总是直接损害个体的心理健康，由这些不良经历所导致的消极认知模式，才是个体产生各种心理与行为问题的直接原因。自此，心理学研究者开始关注非适应性认知在个体成长中的作用。其中，扬（Young）关注了个体早期的非适应性认知，并对这一问题进行了较为系统的研究，将这一问题称为早期适应不良图式（early maladaptive schemas，EMSs）。[①] EMSs 指的是个体在童年或青少年时期形成的一种在记忆、情感、认知和身体感觉上广泛、普遍的模式，它包括了对自我以及自我与他人关系的非适应性认知，并可能导致严重的失调。2012 年，有研究者提出了创伤后非适应性认知（maladaptive cognitions following trauma）的概念。他们认为，创伤后非适应性认知是个体在经历创伤事件后，对事件本身以及更广泛的一般情境产生的不良信念和看法。[②]

我们认为，无论是早期适应不良图式还是创伤后非适应性认知，都属于一种消极的认知风格和认知方式，隶属于非适应性认知的范畴。童年期虐待作为生命早期的一种创伤经历，由此导致的非适应性认知可能兼具早期适应不良图式和创伤后非适应性认知的特点。结合以上研究者的观点，在本研究中，我们将非适应性认知看作认知的一种消极形式，它指的是个体在生命早期遭受虐待或其他负性事件后所产生的有关自己和他人的消极看法与评价，主要表现为负性的自我评价和低自我价值感以及对他人的不信任与威胁感知。

---

① Young, J. E., Klosko, J. S. & Weishaar, M. E., *Schema Therapy: A Practitioner's Guide*, New York, Guilford Press, 2003.

② Vogt, D. S., Shipherd, J. C. & Resick, P. A., "Posttraumatic Maladaptive Beliefs Scale: Evolution of the Personal Beliefs and Reactions Scale," *Assessment*, 2012, 19(3), pp. 308-317.

扬的图式理论①提出，童年期不良经历，如遭受童年期虐待会促使个体形成关于自我和他人的消极内部工作模式，或被称为非适应性认知，进而对个体身心健康产生持久且有害的影响。具体而言，受到童年期虐待的个体在试图理解童年期虐待事件时，可能倾向于内归因，认为是自己的错误或缺陷导致了虐待事件的发生，选择自己承担责任，并将自我批评的想法不断内化（例如，"我不值得被爱"），进而产生无价值感和不值得被爱的自我非适应性认知。同时，在经历童年期虐待后，受虐待个体也可能将虐待事件归咎为父母或其他照料者的过错和失误，导致受害者对父母或其他看护者的责备与敌对。在这种情况下，对他人的非适应性认知就会建立（例如，"每个人都有不好的意图"），认为其他人是危险的、不可靠的和不可信的。这些对自我和他人的非适应性认知，进一步增加了个体出现内化和外化心理健康问题的风险。

(二)非适应性认知的中介作用

非适应性认知在童年期虐待和青少年内外化心理健康问题间起到中介作用。赖特（Wright）等人通过层次回归分析发现，在控制了性别、收入、父母酗酒和其他童年期虐待经历之后，童年期情感虐待和忽视对随后的焦虑与抑郁症状有关，并受到易受伤害、羞耻和自我牺牲等非适应性认知的中介作用。② 另外，非适应性认知在童年期虐待与攻击等外化问题间也能起到中介作用。例如，童年期性虐待和情感虐待会增加个体出现攻击行为的风险，且这一关系受到非适应性认知的中介作用。③

---

① Young, J. E., Klosko, J. S. & Weishaar, M. E., *Schema Therapy: A Practitioner's Guide*, New York, Guilford Press, 2003.

② Wright, M. O. D., Crawford, E. & Del Castillo, D., "Childhood Emotional Maltreatment and Later Psychological Distress among College Students: The Mediating role of Maladaptive Schemas," *Child Abuse & Neglect*, 2009, 33 (1), pp. 59-68.

③ Şenkal Ertürk, I., Kahya, Y. & Gör, N., "Childhood Emotional Maltreatment and Aggression: The Mediator Role of the Early Maladaptive Schema Domains and Difficulties in Emotion Regulation," *Journal of Aggression, Maltreatment & Trauma*, 2020, 29(1), pp. 92-110.

　　一方面，童年期虐待会导致青少年的非适应性认知。扬等人认为，青少年的非适应性认知主要源于有害的童年环境，特别是儿童的核心家庭。① 孩子对父母经验和信息的内化为认知模式的建立提供了基础。父母对孩子的接纳和温暖促进了孩子对自我和他人的积极态度，与此相反，童年期虐待经历则会促使儿童建立非适应性认知风格。实际上，父母的不良教养方式、父母拒绝、父母的情感控制以及不良的亲子关系，都会导致青少年非适应性认知的形成。在一项历时 15 年的纵向研究中，研究者采用分离—重聚程序考查了一批 6 岁儿童的依恋类型，并采用自我报告问卷评估了他们在 21 岁时的非适应性认知情况。结果发现，那些在童年期形成非安全依恋的个体在成年早期具有更多的非适应性认知。② 因而，有理由推测，童年期虐待会导致青少年对自我和他人的非适应性认知。

　　另一方面，青少年的非适应性认知增加了内外化问题出现的可能性。认知理论的核心假设之一就是，对自我、他人及世界的消极基本信念，即非适应性认知，是各种情绪和行为问题发展与维持的基础。越来越多的文献表明，个体的非适应性认知与青少年内外化心理健康问题的出现呈显著正相关。例如，有研究者发现，社会隔离和易受伤害/疾病图式解释了内化问题 45% 的变异，特权/自大图式和依赖/无能图式解释了外化问题 19% 的变异。③ 首先，个体的非适应性认知增加了内化问题出现的可能性，导致创伤后应激障碍、进食障碍、更多的躯体化症状与疼痛疾病、更严重的抑郁和焦虑症状以及更高的自杀风险。具体而言，来自纵向研究的结果表明，非适应性认知可以预测青少年抑郁和焦虑症状随时间的增加。例如，一项为期 9 年的随访研究结果显示，T1 时的分离和拒绝图式直接预测了 T3 时的抑郁症状，T1 的他人导向图式则预测了 T3 时的

---

① Young, J. E., Klosko, J. S. & Weishaar, M. E., *Schema Therapy*: *A Practitioner's Guide*, New York, Guilford Press, 2003.

② Simard, V., Moss, E. & Pascuzzo, K., "Early Maladaptive Schemas and Child and Adult Attachment: A 15 Year Longitudinal Study," *Psychology and Psychotherapy*: *Theory*, *Research and Practice*, 2011, 84(4), pp. 349-366.

③ van Vlierberghe, L. & Braet, C., "Dysfunctional Schemas and Psychopathology in Referred Obese Adolescents," *Clinical Psychology & Psychotherapy*, 2007, 14(5), pp. 342-351.

社会焦虑症状。[①] 此外，一项干预研究发现，对于接受认知行为小组治疗的抑郁症患者而言，消极自动思维的减少与生活质量的提高及抑郁症状的减轻密切相关。[②] 另外，个体的非适应性认知也能显著预测个体更多的外化问题。受到虐待后，儿童可能认为自己与他人的关系是不稳定、不可预测的，并且他人是无法提供保护和同情、关爱的，久而久之，就会形成对他人行为的敌意性归因，进而增加攻击、违纪等外化问题出现的可能性。

(三) 非适应性认知中介作用的特异性

根据贝克(Beck)的认知内容特异性假说(Cognitive Content Specificity Hypothesis, CCSH)[③]，造成不同心理问题的认知因素是有区别的，不同的虐待亚型之所以对青少年内化问题和外化问题产生不同的影响，其原因就在于非适应性认知的中介特异性。一方面，特定类型的童年期虐待与特定的非适应性认知有关。例如，扬等人在临床工作中发现，那些经历过童年期虐待的患者会出现各种心理障碍，这是由不同的早期适应不良图式导致的。[④] 具体而言，童年期遭受的身体虐待或性虐待与个体的威胁和危险认知(如对他人的不信任感以及对伤害和疾病的易感性)有较强的关联，而情感虐待和忽视则与自身无价值感、损失感的图式(如情感剥夺和社交孤立认知)紧密相关。[⑤] 可以看出，身体虐待和性虐待可能更容易使个体产生对他人的非适应性认知，而情感虐待和忽视则更可能使

---

① Orue, I., Calvete, E. & Padilla, P., "Brooding Rumination as a Mediator in the Relation Between Early Maladaptive Schemas and Symptoms of Depression and Social Anxiety in Adolescents," *Journal of Adolescence*, 2014, 37(8), pp. 1281-1291.

② McEvoy, P. M., Burgess, M. M. & Nathan, P., "The Relationship Between Interpersonal Problems, Negative Cognitions, and Outcomes from Cognitive Behavioral Group Therapy for Depression," *Journal of Affective Disorders*, 2013, 150(2), pp. 266-275.

③ Beck, A. T., *Cognitive Therapy and the Emotional Disorders*, New York, International Universities Press, 1996.

④ Young, J. E., Klosko, J. S. & Weishaar, M. E., *Schema Therapy: A Practitioner's Guide*, New York, Guilford Press, 2003.

⑤ Gallo, E. A. G., De Mola, C. L., Wehrmeister, F., et al., "Childhood Maltreatment Preceding Depressive Disorder at Age 18 Years: A Prospective Brazilian Birth Cohort Study," *Journal of Affective Disorders*, 2017 (217), pp. 218-224.

个体发展出对自我的非适应性认知。

另一方面，不同的非适应性认知可能导致不同的发展结果。虽然还未有研究深入比较特定非适应性认知对内化问题和外化问题的不同作用，但一些研究支持了不同非适应性认知对个体心理健康的不同影响。例如，有研究发现，个体的消极自动思维能显著预测抑郁而非焦虑的发生；而担忧想法则显著预测焦虑的发生，但对抑郁没有显著预测作用。[①] 可见，有关抑郁和焦虑的研究为非适应性认知的内容特异性假说提供了一些实证研究支持。到目前为止，虽然还没有研究进一步检验在青少年内外化问题上，对自我和他人的非适应性认知影响是否存在"特异性"，但鉴于内化问题和外化问题在概念上存在本质的区别，我们认为，造成内化问题和外化问题的非适应性认知可能存在差异。对自我的非适应性认知可能与青少年内化问题有更强的相关，而对他人的非适应性认知则与青少年外化问题有更强的相关。

四、受虐待儿童青少年心理健康问题的应对与教育干预

综上所述，童年期虐待不利于青少年的健康成长与发展，经历过童年期虐待的青少年更容易出现焦虑/抑郁、退缩、躯体症状等内化问题，以及攻击与违纪行为等外化问题。因此，培养良好的亲子关系，减少童年期虐待的发生，是预防青少年内外化心理健康问题的重要举措，具体可采取以下教育干预策略。

一是防微杜渐，减少童年期虐待的发生。首先，父母应认识到，良好的亲子关系是儿童青少年心理健康发展的基础。它意味着儿童与父母之间有着紧密的亲子联结，不仅有利于儿童亲子依恋水平的提高，使儿童感知到更多的父母支持，还能促进儿童形成积极的认知方式，即认为自己是有价值的和值得被爱的，而他人是安全的、可靠的、可信的，从而与外部世界建立稳定的社会联系。

---

① Lamberton, A. & Oei, T. P., "A Test of the Cognitive Content Specificity Hypothesis in Depression and Anxiety," *Journal of Behavior Therapy and Experimental Psychiatry*, 2008, 39(1), pp. 23-31.

因此，父母应注重营造温暖、和谐的家庭氛围，发挥自己在孩子成长过程中潜移默化的作用。努力与孩子建立积极、温暖的亲子关系，关注孩子心理需求的满足，提高亲子沟通的质量，在孩子成长过程中提供充分的陪伴、支持、情感温暖等，满足孩子基本的安全感、归属感和爱的需求。其次，父母还应加强对童年期虐待的认识。童年期虐待包括多种亚型，不仅仅局限于对孩子的身体伤害，还包括对孩子的贬损和忽视等。换言之，父母对孩子的打骂、贬低和漠视都可能对孩子的长期发展造成严重的负面影响。因此，家长对孩子的管教应该把握好尺度与力度，注意教育孩子的方式方法。一方面，要避免"唯成绩论"的倾向，即只关注孩子的学习成绩而忽略了心理健康发展的重要性，更不应该因较差的学习成绩而成为孩子遭受童年期虐待的理由。另一方面，要避免粗暴型的养育方式，不仅要减少对孩子的身体攻击，还要减少对他们的心理攻击和"冷暴力"，如父母的"低头行为"、过度的手机依赖行为等，避免过度专制，甚至出现虐待行为，伤害孩子的自尊。与此同时，也要避免矫枉过正，出现对孩子的过度控制和过度保护，使孩子的心理变得脆弱。积极的教养行为应该具有反应性、支持性、民主性、一致性的特点。必要时，父母还可以通过接受有效的家长培训项目来习得更为高效的儿童教养策略，从而减少童年期虐待的发生。①

二是"亡羊补牢"，深入挖掘保护性因素。尽管童年期虐待可能给青少年的发展带来较大风险，但并不是所有童年期虐待的受害者在青少年期都表现出较高的内外化问题，有相当一部分个体在经历过这种童年不幸事件后，仍然获得了积极的发展。② 根据机体—环境交互作用模型，虽然童年期虐待会对青少年内外化问题产生不利影响，但个体的一些积极品质可以在很大程度上起到缓冲

---

① Eckenrode, J., Campa, M. I., Morris, P. A., et al., "The Prevention of Child Maltreatment through the Nurse Family Partnership Program: Mediating Effects in a Long-Term Follow-up Study," *Child Maltreatment*, 2017, 22(2), pp. 92-99.

② Tlapek, S. M., Auslander, W., Edmond, T., et al., "The Moderating Role of Resiliency on the Negative Effects of Childhood Abuse for Adolescent Girls Involved in Child Welfare," *Children and Youth Services Review*, 2017 (73), pp. 437-444.

作用。① 其中，心理韧性作为一个动态结构或类特质变量，反映出个体在经历逆境或风险性事件的情况下积极适应现实，以及成功克服逆境并保持正常发展的能力。② 心理韧性的保护模型认为，高心理韧性是个体应对挫折和逆境的重要心理资源及保护性因素，心理韧性较高的个体即使面对一些负性生活事件，也较少出现问题行为。③ 这是因为，心理韧性有助于青少年积极心理品质的形成与发展。心理韧性较高的青少年具有较强的内控倾向，在面对挫折时更具坚持性，更乐观，且对未来充满希望。因此，高心理韧性者往往能够承受更大的压力，并灵活机智地适应不利的环境，保护自己免受伤害。此外，高韧性青少年也具有更积极的自我概念和更高的自尊水平，从而减少心理健康问题的发生。实证研究对此提供了支持。首先，心理韧性可以缓冲童年期虐待对内化心理健康问题的负面影响。一项以大学生为被试的研究发现，心理韧性调节了童年期虐待和心理痛苦之间的关系：在高韧性个体中，无论童年期虐待的类型多少以及严重程度如何，被试的心理痛苦程度都较低。④ 其次，心理韧性在童年期虐待与外化心理健康问题中也具有调节作用。具有较高心理韧性的个体通常表现出较少的问题行为，包括反社会行为、饮酒、吸烟和学业问题。有研究者发现，心理韧性能够调节压力和吸烟状况的关系，在高压力情境下，高心理韧性降低了个体吸烟的可能性。⑤ 最后，根据生态系统理论⑥，家庭和同伴作为影响青少

---

① Li, D., Li, X., Wang, Y., et al., "School Connectedness and Problematic Lnternet Use in Adolescents: A Moderated Mediation Model of Deviant Peer affiliation and Self-Control," *Journal of Abnormal Child Psychology*, 2013, 41(8), pp. 1231-1242.

② Fergus, S. & Zimmerman, M. A., "Adolescent Resilience: A Framework for Understanding Healthy Development in the Face of Risk," *Annual Review of Public Health*, 2005(6), pp. 399-419.

③ Tlapek, S. M., Auslander, W., Edmond, T., et al., "The Moderating Role of Resiliency on the Negative Effects of Childhood Abuse for Adolescent Girls Involved in Child Welfare," *Children and Youth Services Review*, 2017(73), pp. 437-444.

④ Edwards, K. M., Probst, D. R., Rodenhizer-Stämpfli, K. A., et al., "Multiplicity of Child Maltreatment and Biopsychosocial Outcomes in Young Adulthood: The Moderating Role of Resiliency Characteristics among Female Survivors," *Child Maltreatment*, 2014, 19(3-4), pp. 188-198.

⑤ Tsourtos, G., Ward, P. R., Miller, E. R., et al., "Does Resilience Moderate the Relationship between Stress and Smoking Status?" *Substance Use & Misuse*, 2019, 54(3), pp. 412-425.

⑥ Bronfenbrenner, U., *The Ecology of Human Development: Experiments by Nature and Design*, Cambridge, Harvard University Press, 1979.

年发展的两个重要微系统，相互影响，相互联系，共同预测青少年的发展结果。具体而言，个体在某一微系统中的安全依恋能够调节在另一生态系统中的不安全依恋结果，从而补偿风险因素对心理健康的不利影响。同时，父母接受—拒绝理论也明确提出，当个体亲子关系不良，如遭受父母拒绝时，与同伴等重要他人的情感联结可以在一定程度上缓冲父母拒绝对个体问题行为的不利影响。[1]大量实证研究表明，积极的同伴关系不仅能够为青少年提供情感、认知、信息等各方面的支持与训练，还能帮助他们提高自我认同感，是促进青少年健康成长的一个保护性因素。例如，研究发现，同伴支持和高友谊质量可以缓冲父母拒绝、不良教养方式、家庭支持缺失等不良家庭因素对青少年孤独、攻击、违纪、网络成瘾等不良心理和行为问题的影响。[2][3][4]此外，一项对 998 名初中生的调查研究直接检验了同伴关系是否可以调节童年期虐待对青少年发展的不利影响。结果表明，遭遇过童年期心理虐待与忽视的青少年更有可能产生自杀意念，但是，这一效应受到青少年友谊质量的调节作用，二者的关系在低友谊质量的青少年中更显著，而高友谊质量的青少年在经历危机时可以得到同伴的支持，大大降低了产生自杀意念的可能性。[5]

三是顶层设计，加强正确的社会舆论引导。要充分发挥文化软实力的作用，利用各类媒体与网络等媒介，加强正确的社会舆论引导，减少童年期虐待的发生，培养青少年自尊自信、理性平和的社会心态。如前所述，社会文化因素潜移默化地影响着父母的教育理念以及对童年期虐待的看法。在我国，有些家长

---

①　Rohner, R. P. & Lansford, J. E., "Deep Structure of the Human Affectional System: Introduction to Interpersonal Acceptance-Rejection Theory," *Journal of Family Theory & Review*, 2017, 9(4), pp. 426-440.

②　Cutrín, O., Gómez-Fraguela, J. A. & Luengo, M. Á., "Peer-Group Mediation in the Relationship Between Family and Juvenile Antisocial Behavior," *The European Journal of Psychology Applied to Legal Context*, 2015, 7(2), pp. 59-65.

③　Ulu-Yalçınkaya, A. & Demir, A., "Loneliness with Regard to Maternal and Paternal Acceptance-Rejection and Sibling Relationship Quality," *Journal of Psychologists and Counsellors in Schools*, 2018, 28(2), pp. 197-211.

④　王琼、肖桃、刘慧瀛：《父母拒绝与留守儿童网络成瘾的关系：一个有调节的中介模型》，载《心理发展与教育》，2019，35(6)。

⑤　周菌、余思、刘勤学：《儿童心理虐待与忽视和自杀意念的关系：有调节的中介模型》，载《心理科学》，2019，42(2)。

将孩子作为自己的"私有物"，认为自己有权采用一些粗暴的方法对自己的孩子进行"管教"，以促使他"成才"。① 要打破这些"不打不成才"的教育观念，就要在全社会形成尊重孩子、科学教养的育儿观念。此外，还应加大相关法律法规的力度，以法律的形式制约父母的教养行为，最大限度地保护儿童，减少童年期虐待的发生，为青少年心理健康发展保驾护航。

与此同时，我国正处于社会转型期，生活方式的节奏加快。青少年具有过高的成就动机，这本身就冲击着他们的心理健康发展。另外，还有一些青少年存在盲目攀比以及过度的上行社会比较。他们渴望自己在学习成绩、人际关系甚至是父母提供的物质基础与情感支持等方面都超越同辈群体。因此，这些青少年可能对父母的教养行为存在过高的期待，并容易产生对父母的不满，致使这些青少年在调查中报告出遭受"童年期虐待"。因此，社会文化不仅影响着客观的童年期虐待的发生，还影响着青少年主观认为的"童年期虐待"的存在。这二者都不利于青少年的心理健康发展。当前，我国政府高度重视人民群众的心理健康问题，党的二十大提出，要"推进健康中国建设"。因此，教育工作者应顺势而上，加强正确的社会舆论引导，加强对青少年的心理健康服务，帮助青少年群体树立正确的社会主义核心价值观，着力构建大中小学心理健康教育一体化格局，推进和深化学校心理健康教育，全面协同家、校、社区联合育人，对童年期虐待做到早预防、早发现、早干预，从而切实减少青少年期各种内外化心理健康问题的发生。

---

① Wang, X., Yang, J., Wang, P., et al., "Childhood Maltreatment, Moral Disengagement, and Adolescents' Cyberbullying Perpetration: Fathers' and Mothers' Moral Disengagement as Moderators," *Computers in Human Behavior*, 2019(95), pp. 48-57.

第十一章

———————

大中小幼心理健康教育一体化：道德认知视角

当前，我国正处在社会转型这一特殊历史发展阶段，这不仅体现在经济、教育、科技等领域的社会结构性变革，还涉及社会和个体的心理性变革。[①] 其中，最为凸显的就是由社会快速转型所带来的一系列道德困境，包括信仰缺失、道德冷漠、缺乏诚信与社会责任感、价值取向扭曲等。这些道德危机的出现，已然引起全社会的高度重视。值得注意的是，尽管道德教育一直被认为是学校德育与思想政治教育的重要内容，但无论是道德动机的激发、道德人格的塑造，还是道德情感的熏陶、道德意志的培养，实际上都离不开各个学段的心理健康教育。从个体发展的视角考察，心理健康的发展规律、学生人格发展和其年龄特征不谋而合[②]，同时也与学生道德发展的阶段性规律殊途同归。尤其是学生道德认知的发展轨迹，更是与大中小幼心理健康教育一体化休戚相关。

一、道德认知发展是心理健康教育的重要组成部分

作为个体心理发展的一个方面，道德发展是个体认识社会伦理道德规范和准则，形成道德认知、道德情感和道德行为的过程。其中，道德认知是道德发展的核心，包括道德印象的获得、道德概念的掌握、道德评价和道德判断能力的发展、道德信念的产生和道德观念的形成等。毫无疑问，一切道德情绪、道德意志及道德行为的表现，都是自身依据有关道德认知，即对善恶是非、社会

———————

[①] 俞国良：《社会转型：心理健康服务与社会心理服务》，载《黑龙江社会科学》，2018(4)。
[②] 俞国良、张亚利：《大中小幼心理健康教育一体化：人格的视角》，载《教育研究》，2020，41(6)。

准则及其执行意义的认识、判断与推理，而进行分析决策的结果。[1] 在传统观念中，学校德育工作统领了道德教育的一切内容，它不仅关注社会伦理道德规则及道德规范的传授，而且还强调道德理论知识的学习与道德行为的培养、训练。然而，有研究者指出，我国学校德育实践，一方面充斥了大量与教育对象自身认知结构不相适应、理想化、绝对化的教育内容[2]，另一方面又常常凌驾于教育对象对道德的真实认知之上，造成德育成为书本上刻板的文字，以及被教师灌输的生涩概念术语、条文条律，使得许多学生对道德教育缺乏学习积极性，更缺乏发自内心的认同，从而无法形成对社会道德规则的内化。这表明道德发展，特别是道德认知的发展，遵循着一定的心理客观规律，即道德认知发展的年龄阶段性。此时，单纯依靠德育发挥的作用就会受到限制，必须结合和借助不同年龄阶段学生心理健康教育的"中介"和"调节"，才能实现道德认知的有序发展。道德认知作为心理健康教育的重要组成部分，主要基于以下几个理由。

第一，从理论上考察，道德认知发展需要心理健康教育的支撑。根据心理学中认知发展学派的理论观点，为了实现道德认知的良好发展，个体身心成熟、拥有充足的经验及环境与个体心理认知结构之间的交互作用缺一不可。[3] 这就意味着，道德认知的培育，并不单纯局限于社会伦理规范与道德习俗知识的简单传授，还强调应用心理健康教育的理论、知识和方法来匡助道德认知发展。科尔伯格的"三水平六阶段"道德认知发展理论进一步认为，每个学段的道德认知发展都有着质的差异，道德认知发展无法跃迁，但高阶的道德认知又包含低阶的结构和功能，因而学校应尊重个体道德认知发展规律，具有针对性地开展心理健康教育。[4] 一言以蔽之，在大中小幼不同学段开展侧重点相异的心理健康教育，帮助学生处理道德认知的冲突和矛盾，促进其道德认知由低到高、由

① 任月娥、黄永林：《培养学生良好品德应注意的心理学问题》，载《中国青年政治学院学报》，2000(5)。
② 杨威：《道德认知发展学派的德育观评析》，载《学校党建与思想教育》，2005(7)。
③ 客洪刚：《科尔伯格德育理论特点及其对学校道德教育的启示》，载《黑龙江高教研究》，2012，30(1)。
④ 俞国良、王浩：《大中小学心理健康教育一体化：理论的视角》，载《教育研究》，2019，40(8)。

浅入深发展，使不同年龄阶段的学生都能实现道德认知有序发展。这也是实现大中小幼心理健康教育一体化的重要任务。

第二，从含义上解析，道德认知健康是心理健康的标准之一。早在 1989 年，世界卫生组织就提出，健康不仅是没有疾病，而且包括躯体健康、心理健康、社会适应良好和道德健康。① 这表明道德健康状况会直接影响个体总体健康水平。同时，从大健康观出发，心理健康与躯体健康、道德健康之间始终都处于有机复杂的联系之中，各部分虽然看似独立，但本质上是相互包含、相互联系、相互制约的，即心理健康也蕴含着道德健康的内容。借此，许多研究者认为，心理健康的标准不仅应包含智力标准、情绪控制标准、意志健全标准、行为协调标准、人际关系适应标准、行为反应适度标准等，还应囊括道德健康标准。② 道德健康者具有辨别真与伪、善与恶、美与丑、荣与辱等是非观念的认知能力，这种认知能力，不但是智力的重要组成部分，而且要求个体能按照社会道德规范准则来约束及支配自己的思想与行为。换言之，这种对道德规范准则的认知，也属于心理健康的范畴。因而，心理健康教育同样不可疏忽教育对象的道德认知发展，不能脱离主体对社会规则的尊重、理解、认同和应用，而只关注"纯粹"的心理健康。

第三，从功能上考量，道德认知健康是心理健康的前提和保证。道德认知的良好发展有助于个体积极情绪如自豪感、钦佩感的获得，促进其公正道德信念的养成、道德判断能力的发展，以及道德行为如诚信行为、利他行为的出现。研究者发现，这些无一例外都能显著消除个体的抑郁情绪，帮助个体从消极心理状态恢复，重获心理平衡。③ 此外，许多心理学派也将道德认知健康视为心理健康的隐性内在前提，如精神分析学派的弗洛伊德区分了本我、自我和超我，其中超我是由社会规范、伦理道德、价值观念内化而来的，是道德认知化的自

① 张忠、陈家麟：《论道德健康与心理健康——兼议心理健康教育功能、价值、目标的拓展》，载《教育理论与实践》，2007(11)。
② 徐辉：《道德健康与心理健康的内在关联》，载《马克思主义学刊》，2015，3(4)。
③ 潘莉：《道德健康对心理健康的促进和发展》，载《当代青年研究》，2010(2)。

我，它在"三我"中处于最高层，凌驾于本我与自我之上，具有引导和控制本能冲动的作用，同时也监督着自我对本我的限制。可见，超我所代表的道德认知，在个体心理健康中起着重要的引领作用。

第四，从结果上分析，道德认知不良会引发一系列心理健康问题。伴随着积极心理学的兴起，大量研究者开始关注人类的积极品质，如宽容、公正、感恩，对个体心理健康及和谐发展的影响。[①] 这种带有鲜明价值取向的美德，不但体现了有关道德认知的全部内涵，而且反映了人们已然注意到道德认知的不良发展对心理健康的消极作用。确实，许多实证研究发现，不良道德认知倾向对个体的非道德行为具有较强的预测作用，能够引起个体社会适应程度降低，人际信任崩塌，导致个体遭受社会舆论及公众的谴责，从而陷入心理行为问题的泥潭。[②] 现实生活中诸多心理健康的危机案例和极端事件也表明，道德认知不良是抑郁、焦虑和自伤自杀的"导火索"。

二、从大中小幼道德认知发展到心理健康教育

从大中小幼道德认知发展到心理健康教育的过程考察，科尔伯格"三水平六阶段"道德认知发展理论是基础，也是从道德认知视角梳理和分析心理健康教育一体化在不同年龄阶段教育内容的理论依据。

(一)幼儿道德认知发展与心理健康教育

幼儿期是道德认知形成与发展的重要时期。幼儿所接受的善恶是非观念，将会深刻影响到成年后的道德行为表现。根据科尔伯格道德认知发展理论，幼儿期的道德认知主要表现为前习俗水平的第一阶段，即"惩罚与服从为导向"。

---

① 任梓荣、陈永涌：《国内积极心理学研究变迁：基于 CiteSpace 的可视化分析》，载《中国健康心理学杂志》，2020，28(1)。

② 王利萍、王宏升、江新会等：《道德发展与心理健康的关系——基于大学新生的实证研究》，载《人类工效学》，2014，20(4)。

此时，他们认为规则是由权威制定的，必须对它无条件服从；而行为好坏是由所得结果确定，得到赞扬就是好的，受到批评惩罚就是坏的。它具有表面化及自我中心特点。首先是表面化。一方面，幼儿在进行道德判断时容易受到个体的外在形象影响，这与其思维认知水平仍处在具体形象阶段有很大关系。例如，幼儿容易将"高大"与权威联系在一起，并认为"高大"权威对象所制定的规则就是对的。另一方面，幼儿往往会忽视行为的意图而将结果的好坏看得更加重要。与故意偷拿东西而导致打碎一个杯子相比，无意间打碎更多杯子在幼儿眼中是过失更重的行为。尽管后来有一些研究者对这一理论提出质疑，但大多数学者都同意年幼儿童比年长儿童更看重行为后果而非深层次的意图。[①] 其次是幼儿的道德认知表现出自我中心特点，他们不考虑他人的利益或无法区分出行为者与他人利益之间的区别，只从自己的立场与观点去认识事物，而不能从客观的、他人的角度去认识事物。此时，最典型的表现即为"快乐损人现象"。[②] 他们的意愿得到满足后将会产生愉悦感，而无法得到满足则会产生生气、愤怒等情绪，因而，他们的某些"损人"行为会不顾对方的利益，仅以自己的愉悦感作为驱动。

从道德认知视角，幼儿心理健康教育的重点是培养正确的自我意识、人际交往规则意识，帮助幼儿有序地进行生活适应。第一，家长和教师应重视幼儿的自我意识，避免对幼儿做出道德"审判"。由于此时幼儿的道德认知具有自我中心的特点，无法将社会普遍伦理道德准则内化，来自教师和家长的不恰当评价很可能导致其自我评价能力降低，自尊发展滞后，从而形成负面自我认同。因而家长和教师应在尊重幼儿自我中心特点的同时，逐步培养幼儿正确的自我意识，帮助其自尊自信、自我认同与自我效能感的建立。第二，家校要同心协力，培养幼儿的规则意识，包括人际交往的规则意识、情绪情感宣泄的规则意识等。一方面，家长和教师应尊重幼儿道德认知发展规律，通过树立权威这一

---

① 李晓东、王轶楠：《关于4~6岁幼儿道德判断特点的研究》，载《学前教育研究》，2002(2)。
② 李占星、朱莉琪：《道德情绪判断与归因：发展与影响因素》，载《心理科学进展》，2015，23(6)。

方式，使幼儿能够正确识别道德行为的优劣，初步建立起有关善与恶、对与错、是与非的价值观念；另一方面，通过设立鼓励性或禁止性的道德规则、社会规范，及时对幼儿的不良道德认知及行为加以制止，并对良好道德认知及行为予以肯定、强化，以此来培育健康道德认知和被社会所赞扬的规则意识。第三，帮助幼儿有序地进行生活适应。在家庭和学校中，家长和教师应主动培养幼儿的社会交往能力，同时创设良好道德认知培育环境，不断促使他们对道德现象进行思考，逐步学会沟通、合作与分享，以此来增强幼儿的生活适应能力，并协助幼儿的道德认知发展向下一个阶段迈进。

（二）小学生道德认知发展与心理健康教育

随着年龄的增长以及正式进入学校教育，小学生心智能力有明显提升。与此同时，他们的道德认知也从"惩罚与服从为导向"进入了更高阶段的"以工具性的相对功利主义为导向"，这属于科尔伯格前习俗水平的第二个阶段。相比于幼儿期的"自我中心"特点，小学生已经能区分个人利益与他人利益，在进行道德判断时，他们可以考虑他人的意图、信念、需要等心理状态，然而其行为结果的好坏仍是以个人利益为前提。并且，即使他们学会了公平、交换、互惠等原则，但也同样无法内化社会规则和习俗。亦即，小学生具有功利化与实用主义特点。首先是功利化。小学生往往以自己的利益为根据来判断好与坏，他们渐渐摆脱了对权威及惩罚服从的依赖，开始考虑个人利益是否受到损害。其次是实用主义倾向。他们往往不考虑行为结果是否会违反社会公序良俗，也不考虑是否会影响和谐人际关系的构建，只在公平、互惠的原则上追求自身利益的最大化，通过实用主义将彼此之间相互冲突的利益结合起来。

从道德认知视角，小学生心理健康教育的重点是帮助小学生初步认识自我、情绪调适以及建立良好的同伴关系、师生关系，并进一步提高其生活与社会适应能力。第一，正确认识自己。尽管道德认知发展具有客观规律，但并不意味着不加干预、任其"繁荣"。可以看到，"以工具性的相对功利主义为导向"具有浓厚的利己色彩，如果不匡助他们的道德认知向更高阶发展，那么，很可能导致他们终生都以自我利益为先，漠视他人利益，从而产生一系列内外化心理问题。[①] 研究发现，大多数成年罪犯仍处于这一阶段。[②] 这就意味着了解自我、认识自我、接纳自我，尤其是正确认识自己的特点、优缺点和兴趣爱好，初步学会情绪的自我控制和自我调节，是小学生心理健康教育的重要内容。第二，建立良好的人际关系。引导小学生将他人利益考虑在内，协助他们建立良好的同伴关系、师生关系。良好人际关系的建立有助于小学生理解群体的期望，并学会礼貌、开朗、和善、尊重、合群以及友好、谦让等，从而约束他们满足个人利益的需求，并认识到道德规则中他人利益的重要性。第三，有效的生活与社会适应。不仅要帮助他们适应学校环境、学习和生活环境，适应学校纪律、社会习俗和道德规范，而且还要培养他们对不同社会角色的适应。特别是正确处理学习与兴趣、爱好之间的矛盾，自己与他人利益的冲突，从小养成学校与社会肯定的道德行为和亲社会行为。

(三) 中学生道德认知发展与心理健康教育

中学生随着生理和心理的剧烈变化，他们的道德认知也在青春期这一阶段迎来了质的飞跃，即从前习俗水平跨越到习俗水平。就初中生而言，其道德认知发展跨进了习俗水平的第一阶段，即"以好孩子为导向"。此时，他们对个人利益的考虑不再凌驾于社会道德规则之上。具体来说，这一阶段的初中生已能理解人际关系的重要性，并且会因为群体的期望而积极维护和支持人际关系，表现出人际化和寻求认可的特点。就高中生而言，其道德认知发展阶段处于习俗水平的第二阶段，即"维护法律与秩序为导向"。这一阶段强调维护规则、法律秩序的重要性，主张恪尽职守、遵守规章制度以维持社会和谐，表现出社会化及规则中心的特点。

---

① 邵景进、刘浩强：《我国小学生品德发展关键期研究的述评与展望》，载《心理科学》，2005(2)。
② 罗俊丽：《科尔伯格道德教育理论及其对中国道德教育的启示》，载《道德与文明》，2008(2)。

　　初中生的道德认知发展表现为人际化和寻求认可的特点。首先，人际化意味着个体的道德价值开始以人际和谐为导向，倾向于顺从传统的要求并符合大多数人的意见。研究发现，初中阶段是人际交往发生重要转变的时期，人际关系比小学阶段更加复杂和多元。[①] 同时，初中生的社会交往关系也往往集中于合意组群间，即是否在该群体中感到满足快乐是交往成功与否的重要因素。其次，初中生的道德认知以获得赞赏和认可为基本准则。他们普遍认为好的行为就是受到他人称赞的、使别人愉快的行为，因而无论是在道德推理还是道德判断中，都倾向于将受到赞赏的行为当作"金科玉律"，并借此指导自身，希冀能获得周围人的认可。据此，初中生心理健康教育的重点是帮助初中生科学认识青春期的身心特征，在自我认识的基础上学会调控情绪情感，正确对待异性交往及继续引导他们建立良好的人际关系。第一，关注青春期的自我。这个阶段的道德认知发展水平，与青春期的生理、心理状态密切相关。因此，要帮助初中生增强自我意识，客观地认识自我、评价自我，正确认识青春期的生理性特征和心理特点。第二，强调情绪的力量。鼓励他们进行积极的情绪体验与表达，并对自己的情绪进行管理，正确处理消极情绪，抑制冲动行为。特别是，在道德认知层面，受到广泛褒扬与赞赏的道德榜样可以催生积极情绪，使他们能够在原有道德认知基础上产生共情，并进行顺应、认知和同化的加工，从而形成道德新知，并抑制不良道德认知及行为。第三，继续引导初中生建立良好的人际关系。积极与老师、父母进行有效沟通，建立良好的师生关系、亲子关系。值得注意的是，该阶段学生对家长和教师的心理及情感依赖日益减少，而更多依赖于同伴关系。如果出现交友不慎现象，那么，他们的道德认知则极有可能误入歧途，容易不顾社会公序良俗，错误地将在不良同伴关系中受到赞扬的行为（如逞凶斗恶等）内化为其道德准则。因此，该学段的心理健康教育，应促进其道德认知向高阶段发展，倡导法律法规的重要性。

------

　　① 陈英敏、李迎丽、肖胜等：《初中生人际关系与学校适应的关系：多重中介模型检验》，载《中国特殊教育》，2019(4)。

　　与初中生相比，高中生的道德认知表现为社会化及"以规则为中心"的特点。首先是社会化。在这个阶段，高中生能够把人际关系中的期望与社会期望区分开来，并采纳社会化的观点，将社会行为规范、准则等内化为自己的行为标准，包括履行社会义务、避免破坏制度等。其次是以规则为中心。高中生的道德认知倾向于服从社会规范，遵守公共秩序，尊重法律的权威。凡是有悖于法律的，即被高中生认为是不可取的、不道德的。据此，高中生心理健康教育的重点是在客观的、正确的自我意识的基础上，树立远大的理想目标，同时进一步发展良好的人际关系，特别是异性同伴关系，提高承受困难和应对挫折的能力，增强社会适应能力。第一，确立正确、客观的自我意识。虽然高中生的道德认知发展已能够将社会法律秩序、规章制度内化为自己的认知及行为准则，但由于许多对社会伤害不大的不道德行为无法被其他人所察觉，更不能被法律秩序所惩罚，因此，道德解约机制极易被诱发，使得他们会不顾及已经内化的道德准则，转而放任不道德行为的出现。最典型的表现是道德推脱。它会促使个体重新定义对自己行为的认知，使其伤害性降低并减少对受伤害对象的认同感。[①] 研究发现，道德推脱的不良自我认知倾向能够显著预测青少年的攻击行为，对亲社会行为也会产生负面影响。[②] 因而高中阶段的心理健康教育，首先应在客观、正确的自我意识基础上，帮助高中生树立远大理想、坚定信念，形成正确的世界观、人生观和价值观。第二，培养积极的人际交往能力。帮助学生正确认识自己的人际交往状况，尤其是学会正确把握与异性交往的尺度，把握友谊和爱情的区别与界限，防止因人际交往不良而出现道德认知错误等。第三，提高情绪的调节和控制能力。无论是在学业上还是在人际交往中，高中生都有可能出现一系列心理健康问题，并导致不道德认知及行为的出现。因此，要引导他们提高自身调控情绪的能力，以及应对挫折的耐受力、心理弹性、意

---

　　① Wang, X., Yang, J., Wang, P., et al., "Childhood Maltreatment, Moral Disengagement, and Adolescents' Cyberbullying Perpetration: Fathers' and Mothers' Moral Disengagement as Moderators," *Computers in Human Behavior*, 2019(95), pp. 48-57.

　　② 王兴超、杨继平、杨力：《道德推脱与攻击行为关系的元分析》，载《心理科学进展》，2014, 22(7)。

志力等，使他们正确对待学习与生活中的失意，在出现挫折或失败时能够坚守道德认知底线，坚决杜绝有损他人、学校与社会的不道德行为。第四，增强社会适应能力。在引导高中生充分了解自身兴趣和性格特点的基础上，帮助他们确立自己的职业志向，并进行职业生涯规划，树立社会担当意识和社会责任感。

(四) 大学生道德认知发展与心理健康教育

大学时代是个体道德认知发展的成熟阶段，大学生越来越注重现实，其道德判断已经超越了法律秩序的标准，拥有更深刻的认识，特别是对墨守成规的社会契约的理解。根据科尔伯格道德认知发展理论，大学生处在后习俗水平的第一阶段，即"以法定的社会契约为导向"。他们认为道德判断、道德推理及道德行为不仅应该考虑社会法律秩序，还应遵循由全社会普遍认同的社会契约，包括自由协议和口头约定。大学生道德认知发展具有复杂化与可逆性特点。首先是复杂化特征。这源于社会法律秩序与社会契约并不总是一致的，有时甚至存在矛盾与冲突。尤其是随着我国社会转型不断纵深发展，作为身处时代最前沿的群体，大学生往往感到其道德认知受到强烈冲击。多数大学生仍然认可社会规范与普遍道德原则，但少部分却持反对态度，并认为这是"超前"的价值理念。这反映了大学生道德认知发展的复杂性。其次是可逆性特点。科尔伯格研究发现，高达25%的青年出现过道德认知的倒退现象。具体而言，在进入大学之后，部分大学生的道德认知在持续2~3年的时间里倒退到了"以工具性的相对功利主义为导向"阶段，之后他们的道德认知大多又会回到"维护法律与秩序为导向"或"以法定的社会契约为导向"阶段。对此，科尔伯格解释道，这是因为部分大学生会对自己以往坚持的道德标准产生怀疑，从而造成结构性的倒退。这种倒退并不是指道德认知能力下降，也不是全盘否定过往道德思维经验，而是旨在进行道德反省，并据此重组道德认知。

从道德认知视角，大学生心理健康教育的重点是帮助大学生正确认识和处理学习成才、择业交友、恋爱婚姻、社会适应和健康生活方式等方面的问题。

第一，强化自我意识。以道德选择为核心，引导大学生选择正确的价值取向，帮助他们构建和谐统一的道德认知体系。大学生道德认知发展阶段的倒退现象，意味着个体对价值倾向的自我认知选择，尽管多数大学生在进行自我选择后，仍然会坚持先前的受社会认可的价值理念，但也有极少数大学生陷入价值取向扭曲的泥沼。第二，强调情绪的自我管理。道德认知阶段的后退，在很大程度上伴随着不良情绪(如焦躁、愤怒、抑郁)的出现，如果不通过心理健康教育进行干预，这种不良情绪将会积聚发酵，对大学生的学业与生活产生较大影响，并很可能造成无法挽回的恶果。因此，应进一步关注大学生情绪情感的调控，帮助他们形成良好的情绪品质，特别是养成对情绪情感的自我监测、自我调节、自我控制的能力和习惯。第三，完善人格。关注人格中德性的缺失，即对其道德人格进行培养，促进人格向"善"发展也是大学生心理健康教育的重要内容。进一步地，要倡导他们为实现大多数人的幸福而努力奋斗。根据科尔伯格道德认知发展理论，这种立志为人类正义尊严奋斗的阶段属于最后一个阶段，即"以普遍伦理原则为导向"。虽然很少有人能迈过这个阶段的门槛，但不可否认的是，这种崇高的道德人格和道德理想，对促进大学生心理健康具有强大的引领作用。第四，提高人际沟通能力。使大学生在人际关系(包括朋辈关系、异性关系等)中产生积极的情绪反应和体验，从而帮助他们树立正确的交友观、恋爱观、婚姻观，并为之后进入职场、组建家庭和成为父母做好准备。尤其是，在道德认知发展可能出现倒退的大学时期，应重点关注大学生在人际交往中可能出现的多疑、嫉妒、敏感、相互猜忌、索取无度等一系列退行状况。第五，增强社会适应能力。社会适应是衡量大学生社会性发展和社会成熟的重要标志，而社会成熟又是个体心理成熟的重要条件。① 大学生将要离开校园进入社会，学业、就业、经济与婚恋的压力纷至沓来，社会适应的内涵不断扩大并提出了新的要求。对此，从道德认知视角，应引导大学生学会忠诚、信任，遵守社会规范及规则，讲求社会诚信，树立社会责任意识和主人翁精神，全方位提高自

① 张大均：《大学生社会适应的心理学研究刍议》，载《西南大学学报(社会科学版)》，2014，40(6)。

己的社会适应能力。

三、道德认知发展为大中小幼心理健康教育一体化固本强基

如上所述，道德认知发展在大中小幼心理健康教育一体化过程中发挥着重要作用。从幼儿园到大学，道德认知发展涵盖了整个学生时代。大中小幼心理健康教育一体化，正是在尊重教育对象道德认知发展规律的前提下，与各个学段有机结合，依据不同学校道德认知发展特点有的放矢地对学生进行帮扶，帮助他们达到最优化的心理健康发展水平，同时促进其道德认知发展朝着更高阶段迈进，最终形成相互衔接、有机统一的心理健康教育一体化体系。然而，必须承认，随着社会心理和个体心理的变化，当前我国道德危机浮现，出现道德失范现象，不良道德乃至违法犯罪行为也逐渐出现低龄化倾向，这为大中小幼心理健康教育一体化工作带来了新的挑战。为了更好地应对这些挑战，须从以下三方面先行"破题"。

首先，亟须关注社会消极现象的影响。心理健康教育一方面要关注学生的道德认知发展状况，另一方面也必须注意到社会消极现象对其道德认知潜移默化的影响。特别是当下互联网及信息技术迅速发展，出现物质主义、拜金主义、享乐主义，有些人的社会责任感、集体荣誉感缺失，一些学生受此影响，出现道德认知偏差或道德价值观的偏移。研究表明，大规模的网络暴力事件会促使道德解脱出现"病毒式"传播，造成个体自控力下降，情绪情感冷漠等。[1] 此外，媒体被认为是改变道德认知发展的重要因素。[2] 因此，不良媒体报道的错误价值观念、虚假及污名化信息，易导致学生形成不正确的道德评价与道德判断，并产生身份认同感降低、人际交往障碍及社会适应不良等一系列问题。可见，

---

[1] Kevin C. Runions & Michal Bak, "Online Moral Disengagement, Cyberbullying, and Cyber-Aggression," *Cyberpsychology*, *Behavior*, *and Social Networking*, 2015, 18(7), pp. 400-405.

[2] Jessica McKenzie, *Globalization as a Context for Moral Development*, New York, Oxford University Press, 2020, p. 663.

社会消极现象影响学生的道德认知发展，严重危害心理健康的各个方面。第一，在自我意识方面，容易形成以自我为中心、自私自利倾向，表现出对自我的"异化"，甚至对自尊自信、自强自立、自爱自律等优秀人格特征不屑一顾。长此以往，容易出现严重心理健康问题，如反社会人格、反社会行为等。第二，在人际交往方面，容易诱发人际冲突，造成群体与群体之间隔阂加深、矛盾加重，攻击行为屡屡发生，严重的甚至会导致人际关系破裂及违法犯罪行为的出现。第三，在社会适应方面，无法及时将社会伦理规范和道德准则内化，在很大程度上会违反道德规范和伦理准则，从而出现不道德行为。因此，大学生心理健康教育工作，需开展多种多样的道德实践活动，使教育对象真正融入现实的道德情境中，形成正确的自我意识，丰富道德实践的情绪情感体验，促使他们在学习、生活、人际交往和社会适应中不断对自我进行纠偏，形成正确的世界观、人生观、价值观。

其次，亟须强调家庭、学校和社会的共同协作。心理健康教育绝不止于学校，道德认知发展也并不仅仅依靠家庭。学校心理健康教育应和家庭心理健康教育、社会心理健康教育互相支撑、互相补充、互相促进。① 具体而言，第一，以家庭心理健康教育为基础。早期的家庭心理健康教育在树立纪律与规则意识、培养道德人格、养成道德情绪情感及道德习惯中发挥着重要作用。对 6 000 多名美国青少年进行的纵向追踪研究发现，家庭教育对他们的道德认知发展有直接作用，该作用独立于个性、经济收入与其他因素的影响之外。② 这意味着，倘若家庭心理健康教育严重缺位，那么，学校和社会的心理健康教育就如无本之木、无源之水。第二，以学校教育为主要阵地。自幼儿入学后，学校教育几乎就涵盖了个人成长和发展的所有关键时期。因而，学校应充分发挥"主渠道"作用，从自我、学习、人际、情绪情感、社会适应等方面入手，不遗余力地促进学生健康发展，重点关注自我意识的形成、学习兴趣与学习能力的提高、良

---

① 杨雄、刘程：《关于学校、家庭、社会"三位一体"教育合作的思考》，载《社会科学》，2013(1)。

② Daniel Hart., "Family Influences on the Formation of Moral Identity in Adolescence：Longitudinal Analyses," *Journal of Moral Education*, 1999, 28(3), pp. 375-386.

好人际关系的建立、情绪调适能力的培养以及社会适应的促进。唯其如此，才能为道德认知发展筑牢根基，道德情感和道德行为才会得到充足的"心理营养"。第三，以社会心理健康教育为关键依托。社会心理健康教育包括开展社区心理健康教育，打造相互包容、相互尊重的社区氛围；利用大众媒体的积极力量，致力于减少偏见和社会排斥；培养良好的社会心态、社会风气，特别是大力倡导社会主义核心价值观，促进大学生对国家和社会的认同，增强他们的归属感、安全感和责任感、使命感。

最后，亟须重视道德认知的监督、测评及干预。与德育不同，心理健康教育具有成熟的测评工具以及成体系的干预手段，因而可以据此建立可观测的量化数据，即心理档案。[①] 这种心理成长信息，有利于提高学生对自我的认识，促进他们了解自身的心理健康状况。从道德认知发展和心理健康教育视角，第一，对自我意识偏差的学生，可以重点关注其认识自我、接纳自我的程度，帮助他们确立正确、客观的自我意识，防止不良道德自我评价和不良道德信念的出现；第二，对学习兴趣降低和学习能力不足的学生，着重对其学习能力的培养、学习动机的激发，引导他们体验学习的快乐，从而预防不良道德认知的出现，如防止学生通过课业抄袭、学术不端等不道德行为提升学习成绩等；第三，对情绪调控能力较差的学生，鼓励他们进行积极的情绪管理，以正确的方式和渠道管理消极情绪，而非通过自伤、攻击、破坏等行为宣泄情绪；第四，对人际交往困难的学生，则应帮助他们建立公平、互惠、友好的人际关系，培养沟通、合作与分享的道德认知观念，促进利他行为、亲社会行为等道德行为的养成；第五，对于由社会适应问题引发的道德认知不良，应帮助他们正确处理学习与生活中出现的挫折和困难，提高耐受力和心理弹性、意志力等，注重培养其社会责任感和社会担当，强调社会道德规范与规则的重要性，使他们逐步适

---

① 俞国良：《学校心理健康教育研究的回顾与展望——基于我个人 20 年研究实践的梳理与再分析》，载《中国教育科学》，2018，1(1)。

应来自学习、生活和社会的各种变化和不确定性。[①]

　　总之，促进道德认知健康发展是大中小幼心理健康教育一体化面临的重要任务，它不仅关乎儿童青少年道德行为习惯的养成及品德、美德的塑造，更与为国家和社会培养德智体美劳全面发展的新时代社会主义接班人息息相关。因此，未来的大中小幼心理健康教育一体化，应在尊重道德认知发展客观规律的基础上，以促进道德认知发展为核心，以防止不良道德认知倾向为要务，使学生道德认知发展既符合年龄特征又能朝着高阶段发展，并最终形成相互衔接、有机统一的心理健康教育一体化体系。

---

　　① 俞国良：《大中小幼心理健康教育一体化：实践的视角》，载《山西师大学报（社会科学版）》，2020，47（2）。

第十二章

————

大中小幼心理健康教育一体化：课程论视角

毫无疑问，心理健康教育与德育、思想政治教育，特别是道德教育有着密不可分的关系，而课程、课堂是实施道德教育的重要阵地。自 1983 年林崇德教授率先提出心理健康教育概念以来，党和政府始终将心理健康教育视为德育、思想政治教育的重要组成部分，且在教育教学实践中，心理健康教育也主要依托国家德育课程而展开。虽然在教育政策上和实践中如此，但有研究者指出将心理健康教育完全纳入德育范畴不够科学[①]，长期将此作为学校德育开展过程中的一项教育活动会给心理健康教育工作者开展工作带来困扰。[②] 因此，使心理健康教育获得独立的"学科身份"，构建新时代符合中国国情的学校心理健康课程，也逐渐受到教育研究者的重视。实际上，近年来心理健康教育已在一定程度上展现出独立的雏形。2018 年教育部颁布的《高等学校学生心理健康教育指导纲要》明确规定，在大学阶段对新生开设 2 学分的心理健康公共必修课；2020 年教育部颁布的《中等职业学校思想政治课程标准》将"心理健康与职业生涯"作为该课程的四个必修模块之一。这些都反映了这一新变化、新趋势。鉴于此，国家和政府在对心理健康教育进行顶层设计时，提出了心理健康教育一体化的目标、任务与要求。[③] 而要想有效地推进和实现心理健康教育一体化，最主要的路径就是在各级各类学校中开设专门的心理健康课程，并逐步完善大中小幼心理健康教育一体化建设的关键与核心——课程一体化，充分发挥课程作

---

① 范成祥：《对心理健康教育纳入德育范畴的质疑》，载《教育科学研究》，2006(9)。

② 叶子青、叶一舵：《学校心理健康教育三十年：历史演进与未来走向》，载《福建师范大学学报(哲学社会科学版)》，2020(2)。

③ 俞国良：《心理健康教育理论政策研究》，1 页，北京，北京师范大学出版社，2020。

为大中小幼各级各类学校心理健康教育主渠道的重要作用。

一、大中小幼心理健康课程一体化的内涵与价值逻辑

　　大中小幼心理健康课程一体化是心理健康教育一体化的核心内容、关键抓手，所以我们在对心理健康课程一体化内涵进行探讨时，不能脱离心理健康教育一体化的内涵。我们认为，心理健康教育一体化包括纵向与横向两个维度。纵向指大学、中学、小学以及幼儿园心理健康教育之间的过渡与衔接；横向指在任一学段的心理健康教育工作中注重对教育资源的整合，发挥环境中各个因素的心理健康教育价值。[①] 在此基础上，我们提出，大中小幼心理健康课程一体化，一方面是指在遵循各个年龄阶段学生心理发展特征的基础上，准确规范各层级诸类型心理健康课程的属性、目标、内容与方法等，使各学段之间心理健康课程能够有效衔接，分层递进，最终实现一体化的贯通与连接；另一方面是指合理整合、利用其他学科资源，将心理健康课程与其他相关学科有机融合，创造性地开设相关综合课程、融合课程等，以充分发挥学科间的心理健康教育功能。这里所关注的"大中小幼心理健康课程一体化"尤指前者——纵向的一体化，即强调大中小幼心理健康课程的过渡与衔接。

　　从上述基本含义可以看到，大中小幼心理健康课程一体化主要具备三个特征。一是差异性。大中小幼心理健康课程一体化强调尊重不同年龄阶段学生的心理发展特点，遵循由浅入深、循序渐进的教育原则，差异化安排各学段心理健康课程的具体目标、教学内容与实践策略。并且，在把握同一年龄学生群体心理发展特点的同时，关注个体间的心理差异，对同一年龄阶段下不同学校类别和学习层次间的心理健康课程进行差异设计、分类实施。二是整体性。心理健康课程一体化在追求因材施教、差异指导的同时，仍坚持整体观和系统论的

---

① 俞国良、王浩：《大中小学心理健康教育一体化：理论的视角》，载《教育研究》，2019，40（8）。

指导思想①，使各个学段的心理健康课程形成一个开放而有序的闭合系统，其中能够反映心理健康教育领域的共识，体现整体性的育人理念及人才培养目标。三是连贯性。心理健康课程一体化要求大、中、小学以及幼儿园阶段，要有的放矢地重点关注与之相衔接学段的心理健康课程教学情况，加强与上下学段之间的有机衔接，起始年级和毕业年级共同做好承上启下的工作，帮助各学段学生尽快适应变化，顺利开启下一阶段的学习任务。

　　构建大中小幼纵向衔接、螺旋上升的一体化心理健康课程，是为学生健康成长、成人成才固本强基，全面提升新时代心理健康教育质量的重要举措。为此，需要深刻理解和把握心理健康课程一体化的内在价值逻辑和价值本质。

　　第一，大中小幼心理健康课程一体化是对"人的全面而自由发展"的马克思主义人学的坚持。在马克思主义理论中，"人的全面而自由发展"是人自身发展的高级形态和人类社会历史发展的必然趋势，意味着人的劳动能力、社会关系、个性等方面自由、和谐的发展②，这些也正是心理健康教育首要关注的问题。心理健康教育旨在通过各种实践活动帮助个体建立良性的社会关系，使个体的心理需要得到满足，获得能力、素质与个性的全面、自由、和谐的发展，从而拥有人生意义感与幸福感。而为了促进个体"全面而自由的发展"，心理健康课程就必须开展一体化建设，弥补当前学段间存在的断层，改变心理健康课程教学随意化、碎片化、割裂化的状态，使心理健康教育成为学校系统性和整体性教学工作的重要组成部分，从而促进完整、健全个体的教育与培养。

　　第二，大中小幼心理健康课程一体化是对立德树人根本任务和"全过程育人"教育要求的贯彻落实。"全过程育人"是"三全育人"的重要组成部分，它要求将立德树人的根本任务融入学校教育，包括课程教学、学生成长、教师发展等全过程，并推进大中小幼一体化发展，建立长时段、可持续、贯穿式的人才

---

① 牛芃：《从分化到整合——心理健康教育的发展趋向》，载《教育理论与实践》，2008(28)。
② 胡凯：《马克思主义的人学思想对大学生心理健康教育的启示》，载《思想理论教育导刊》，2010(3)。

培养链条。^① 大中小幼心理健康课程一体化无疑是对这一创新理念与实践模式的呼应与弘扬。毫无疑问，大中小幼心理健康课程一体化建设就是要协调、整合各学段心理健康课程要素，建立心理健康课程从幼儿园到大学的学段联结，形成节节贯通的心理育人链条，以充分发挥心理健康教育"铸心育才"的教育功能。

第三，大中小幼心理健康课程一体化是对心理健康教育现实问题的观照。长期以来，我国学校心理健康教育在各学段间相对独立，缺乏学段之间的连续性，导致学生在由低学段到高学段过渡时极易出现心理行为问题[2]，给心理健康教育实践带来了困惑和难题。实证研究也表明，当前大学生对高校心理健康教育现状以及大中小学心理健康教育衔接情况的满意度较低，心理健康教育无法满足学生的多样化心理需求。[3] 一体化的心理健康课程在遵循人的自然属性的基础上，通过把握不同学习阶段、不同学校类型学生的心理发展特点和成长需要，使心理健康课程与教学能够真正"以学生为中心"，及时解决学生遇到的各种发展性心理行为问题，这是对学校心理健康教育现实需求的切实回应。

二、大中小幼心理健康课程一体化的目标与任务

课程一体化不仅是大中小幼心理健康教育一体化中最为关键的一环，也是实现大中小幼心理健康教育一体化的重要抓手。为此，心理健康课程一体化建设必须明确目标与任务，以此指导实践层面工作的展开，为心理健康课程内容选择、教学活动设计以及培养目标确立提供方向与依据。心理健康课程一体化的目标可以从宏观、中观、微观三个层面进行理解。

---

① 梁伟、马俊、梅旭成：《高校"三全育人"理念的内涵与实践》，载《学校党建与思想教育》，2020(4)。

② 张静、欧何生、黄丹媚：《大、中、小学心理健康教育模式的衔接与贯通研究》，载《黑龙江教育学院学报》，2016，35(4)。

③ 俞国良、赵凤青、罗晓路：《心理健康教育：高等学校学生的认知与评价》，载《黑龙江高教研究》，2017(9)。

在宏观层面，大中小幼心理健康课程一体化是为了"全面贯彻党的教育方针，落实立德树人根本任务，发展素质教育，推进教育公平，培养德智体美劳全面发展的社会主义建设者和接班人"[①]。各学段的心理健康课程要根据学生身心特征和教育规律，培育他们自尊自信、理性平和、积极向上的健康心态。

在中观层面，大中小幼心理健康课程一体化的目标是为社会心理服务体系建设助力。党的十九届四中全会明确指出，要健全社会心理服务体系和心理危机干预机制，而学校心理健康服务是社会心理服务体系建设的重中之重，课程则是学校心理健康服务的主渠道。[②] 只有这样，才能不断完善学生成长的"校园生态系统"，提供学生发展所需的心理健康教育。

在微观层面，大中小幼心理健康课程一体化则是为了提高每一个学生的心理健康水平。推进大中小幼心理健康课程一体化，意味着要面向全体学生，使每一个学生在心理健康课堂上都能够收获心理健康知识，增强心理健康意识，掌握心理保健方法，实现心理健康素质与思想品德素质、科学文化素质的协调发展。

具体而言，大中小幼心理健康课程一体化的主要任务有以下四个方面。

一是课程标准一体化。心理健康课程标准作为一种纲领性、规范性文本，其中应包括心理健康课程性质、课程理念与设计思路、课程目标、课程内容、学业质量和课程实施等总体规划和说明，它犹如一根指挥棒，是心理健康课程的灵魂所在，也是提高课堂教学质量、实现心理健康课程内涵式发展的重要基础。前几年，教育部已出台《中小学心理健康教育指导纲要（2012年修订）》、《中等职业学校学生心理健康教育指导纲要》和《高等学校学生心理健康教育指导纲要》，并把它们作为全面指导中小学（中职）心理健康教育工作和高等学校心理健康教育工作的指导性文件，但这离形成适合中国国情、具有时代特色和国际视野、内容科学、结构合理、衔接有序的教育标准体系，特别是连续性、

---

① 习近平：《决胜全面建成小康社会　夺取新时代中国特色社会主义伟大胜利——在中国共产党第十九次全国代表大会上的报告》，2017-10-27。

② 俞国良、侯瑞鹤：《论学校心理健康服务及其体系建设》，载《教育研究》，2015，36（8）。

贯通性的大中小幼心理健康课程标准体系还有很大的距离。对此，有关部门应组织全国各地的相关专家学者和优秀教师，投入充足的财力、物力与精力、智力，研发出不同学段的心理健康课程标准，使幼儿教育、初等教育、中等教育和高等教育各教育层次内部，以及层次之间形成相互贯通、逐级递进的一体化心理健康课程标准体系，以保障心理健康课程在大中小幼各学段顺利开展。

二是教材一体化。心理健康教材是课程的核心载体，对课程的有效开展起着不可替代的作用，是实现课程目标、完成课程任务、实施课堂教学的重要资源。虽然目前市面上心理健康教材种类繁多，但教材的质量参差不齐，一些教材结构设置不合理，内容陈旧，与学生的生活实际脱离，不利于课堂教学工作的开展。因此，大中小幼心理健康课程一体化的任务之一就是实现教材体系的优化、标准化。国家须在各学段推出系统化、权威性的心理健康示范教材，也就是说，要打造出一批既符合心理学学科知识逻辑，又符合学生心理发展逻辑和教师教学逻辑的高质量心理健康教材①，以满足教师和学生教与学的需要。具体来说，大中小幼心理健康教材都应达到以下标准：符合国家主流意识形态与该阶段心理健康教育目标；教材内容具有系统性和逻辑性，聚焦于该年龄阶段学生的心理发展任务，符合该阶段学生的学习特点，并且能够联系学生的真实生活，引入新时代下的新问题，解决学生的实际需求；知识、案例、活动、训练等不同板块有机组合在一起，内部结构均衡、合理，兼具知识性、活动性与实践性以及综合性；突出学生的主体地位和教师的引导作用，能够激发学生学习过程的主动性和参与性。

三是师资队伍一体化。高素质、高水平的师资队伍是提升心理健康课程质量的关键，也是心理健康课程可持续发展的重要基石。然而，目前各级各类学校心理健康教育的师资队伍质量还有待提高。以高等教育阶段为例，心理健康课程的授课教师年龄普遍偏低，缺乏心理学、教育学等必要的学科背景，且心

---

① 刘学智、王馨若：《基于立德树人的大中小学教材一体化建设》，载《课程·教材·教法》，2019，39（8）。

理咨询与心理辅导经验不足，一些师资短缺的高校甚至没有专门负责心理健康课程与教学工作的教师，而是采用辅导员、班主任、思政类课程任课教师兼职的工作方式，整体上反映出低龄化、低职称化、低专业化、低专职化等突出问题。① 未来，心理健康教育教师队伍建设应朝一体化方向发展，实现师资配置与发展一体化，职前、入职与职后培养一体化，大中小幼跨学段培训一体化。其中，师资配置与发展一体化是师资队伍一体化的基础。要在配齐、配足、配好各学校心理健康教育师资的基础上，建立跨地区、跨学校的数字化资源共享平台、专业能力训练平台以及教师发展联盟，打造区域间、学校间心理健康教育师资的协同创新发展模式。② 职前、入职与职后培养一体化是师资队伍一体化的重要一环，决定着心理健康教育师资队伍的质量。应改变传统的一次性服务的观念，探索构建"WTPTP"（网络教学—教师指导—教授、行业专家引领—团队共进—入职与发展档案）等师资一体化培养途径③，不断提高心理健康教育教师的终身学习与发展能力。最后，大中小幼跨学段培训一体化是师资队伍一体化的核心，要扩大教师培训的涵盖学段④，提升各学段教师对心理健康教育一体化的认识与理解，促进教师间的相互沟通与学习，帮助教师更好地在教育教学中落实一体化任务。同时，促成不同学段间教师的共同研讨，使之推动心理健康课程一体化的教学与相关研究。

四是教学内容一体化。课堂教学是课程建设的微观层面，也是供心理健康之花自由绽放的肥沃土壤。因此，扭转当前学校心理健康教育中教学内容重复、错位、脱节等不良倾向，做好课堂教学内容一体化工作对实现心理健康课程一体化至关重要。对此，不同学段的心理健康课程要以该学段的课程标准或教育内容为依据，根据学生身心发展阶段性和连续性的特点与规律，具体安排每一

---

① 马建青：《大学生心理健康教育课程 30 年建设历程与思考》，载《思想理论教育》，2016（11）。
② 刘义兵、常宝宁：《教师教育一体化师资队伍建设及其创新实践》，载《教育研究》，2015，36（8）。
③ 李升伟、朱立萍、李桂云：《县域中小学师资职前职后一体化——兼谈依托高师院校的"WTPTP"模式培养途径的研究》，载《教学与管理》，2012（15）。
④ 翁铁慧：《大中小学课程德育一体化建设的整体架构与实践路径研究》，载《上海师范大学学报（哲学社会科学版）》，2018，47（5）。

学期、每一单元、每一节课的教学内容，实现心理健康教学内容在各学段间的过渡与衔接。[①] 同时，在教学内容的呈现形式上，应针对不同教学材料的特点以及不同年龄阶段学生的认知发展规律，有侧重地应用知识讲授、案例分析、专家讲座、同辈互助、团体辅导、心理训练、问题讨论、情境体验、角色扮演、游戏辅导、心理情景剧等教学形式，使不同层次、不同学段的学生在享受不同教学形式带来的学习乐趣的同时得到收获。例如，在《中等职业学校思想政治课程标准》规定的"和谐交往快乐生活"心理健康教育主题下，教师可要求学生讲述与父母相处过程中的矛盾与冲突，并说出自己的处理方式，而后通过师生讨论、角色互换等活动，帮助学生理解父母、感恩父母，同时掌握与父母有效沟通及和谐相处的技巧与方法。并且，要充分挖掘、利用校内教学资源(如学校图书馆、心理健康服务中心)以及校外资源(如当地的科研院所、学生家庭)，随时补充、更新、整合教学内容，以进一步充实心理健康课堂的教学内容，提升心理健康教育教学的效果。

三、大中小幼心理健康课程一体化的路径与评价

在明确大中小幼心理健康课程一体化目标、细化课程任务的基础上，还必须将大中小幼心理健康课程一体化具体落实在生动活泼的教育教学实践中。在实践路径的选择上，大中小幼心理健康课程一体化应以习近平新时代中国特色社会主义思想为指导，以变革心理健康课程结构为核心，以制度化课程建设和评价为保障措施，加快新时代心理健康教育一体化的优化升级。

第一，把握心理健康课程一体化建设的根本方向，明确心理健康课程发展的新趋势。课程是学校育人的根本载体。2018 年习近平总书记在全国教育大会上明确指出，学科体系、教学体系、教材体系、管理体系要围绕立德树人这个

---

① 俞国良：《大中小幼心理健康教育一体化：实践的视角》，载《山西师大学报(社会科学版)》，2020，47(2)。

目标来设计，教师要围绕这个目标来教，学生要围绕这个目标来学。因此，只有牢牢坚持马克思主义指导地位和中国特色社会主义发展道路，将习近平新时代中国特色社会主义思想作为根本指导思想，始终把"培养担当民族复兴大任的时代新人"作为出发点和落脚点，才能建设出扎根中国大地的一体化心理健康课程。为此，心理健康课程一体化建设要站在"立德树人""心理育人"的高度，进行顶层设计、统筹规划，将习近平新时代中国特色社会主义思想有机地融入各学段的心理健康课程目标、课程内容、教材等方面，使心理健康课程真正发挥出树立心理健康意识、掌握心理保健方法、提高心理健康素质的重要作用。鉴于心理健康教育要立足于育人，这就意味着心理健康课程需要由关注部分学生的心理问题或心理疾病，转变为帮助和促进全体学生的全面发展。[1] 对此，各个学段心理健康课程目标应着重体现乐观、自信、进取、友善等积极心理品质的培养；课程内容要具有新颖性、实效性，要从学生的身心实际出发，考虑到学生的心理发展规律，且课程形式要丰富、多样，突出课堂教学的引导性与参与性。[2]

第二，统筹谋划各学段心理健康课程，推进心理健康课程的纵向衔接。大中小幼心理健康课程一体化建设须在坚持立德树人、培养德智体美劳全面发展的社会主义建设者和接班人的根本目标下，通过心理健康课程跨学段、跨年级的统筹设置，实现课程的纵向有机衔接。首先，不同学段的心理健康课程目标不应如出一辙，而是要遵循发展心理学中人格发展的一般规律，以解决该学段学生的心理矛盾，促进学生积极心理品质的发展为指向。具体而言，大中小幼心理健康课程的目标应分别突出人际交往能力、自我认同感、社会适应性、"主动感"与"成功感"的培养，使各学段心理健康课程要求能够按照学生的心理社会性发展任务而有序递进。[3] 其次，在课程目标的指导下，基于不同学段学生的心理特征和发展水平，从学生真实的生活世界中选择出心理健康课程所涉及

---

① 马建青、杨肖：《心理育人的内涵、功能与实施》，载《思想理论教育》，2018(9)。
② 俞国良、谢天：《大心理健康教育观：背景、内涵和路径》，载《教育科学研究》，2019(1)。
③ 俞国良、张亚利：《大中小幼心理健康教育一体化：人格的视角》，载《教育研究》，2020，41(6)。

的知识、原理、技能、价值观等，使它们保持适当的比例，且整体具备丰富性、多样性和实用性。最后，要遵循课程组织连续性和顺序性的原则，将不同阶段精心选择的课程内容由浅入深，由简到繁地"螺旋式"组织起来，并设计相应的教学活动，使学生能够在实践活动中将外部信息内化为自身的心理品质。通过对课程目标、课程内容等重点要素的变革与优化，构建起心理健康课程的纵向结构系统，以协调心理健康课程整体性与差异性的关系，推动实现大中小幼心理健康课程一体化，从而实现各个学段学生心理发展的最优化。

　　第三，注重优化心理健康课程管理体系，系统推动课程制度化建设。完善的课程制度能够对心理健康课程一体化建设起到保障作用。然而，目前我国部分课程制度仍然缺乏合理性和现实可行性，这严重影响着课程制度功能的发挥。因此，亟须改变当前课程制度存在的缺陷，使课程制度在创新发展中不断走向系统与整合，从而更好地为心理健康课程一体化建设保驾护航。一是要继续强化心理健康课程的分级管理体制。国家要在课程建设中发挥权威与领导作用，从大局出发，对心理健康课程未来发展进行顶层设计和整体规划，并提供相应的政策与资金支持；同时要注重协调地方政府、学校、社会等各主体间的关系，使之能够有效配合，共同推动心理健康课程一体化建设。地方政府要承担起主体责任，积极贯彻落实国家心理健康教育纲要中对课程的政策要求，并结合地方的实际情况与发展需要，充分利用地方课程资源，规划地方性心理健康课程。学校应在落实国家与地方心理健康课程要求的基础上，通过组建特色化的课程发展部门、建立教研小组等，自主参与到心理健康课程一体化的建设中。同时创设开放、合作、探究的学校课程文化，促使教师转变原有的"课程执行者"角色，树立创设心理健康课程的意识，并且逐步形成创造性地运作心理健康课程的能力。二是要健全课程管理规范。健全的课程管理规范能够有效避免课程运行出现偏差，对课程的全方位有序发展起着积极作用。因此，相关部门必须不断精细化、操作化现有的课程管理工作章程和有关规定，使它们能够成为心理健康课程一体化建设的坚实后盾。三是要着力提高心理健康课程管理人员的专业素质。心理健康课程管理因涉及管理学、教育学、心理学等多学科的知识与技能，且需要管理者深入了解心理健康教育教学实践，所以对管理人员的要求相对较高，依靠一般教育行政人员兼职，往往难以保证课程管理的实效。为此，相关部门要组织开展相关的培训，培养符合要求的专门性人才，使之能够做出科学决策，为心理健康课程一体化建设固本强基。

在按照科学、合理的实施路径推进大中小幼心理健康课程一体化的过程中，心理健康课程的进展与效果究竟如何，还需要对它展开正确的评价才能揭晓。因此，在大中小幼心理健康课程一体化建设中，必须突出课程评价改革，使评价发挥出应有的导向、修正和服务功能。对此，心理健康课程评价要以提高学生心理健康水平为本，采用科学的方法搜集、整理、分析课程的有关资料，在评价过程中不仅要关注预设目标的完成程度，还要将教师与学生在课程教学过程中的全部情况纳入评价范围，据此形成多元一体的综合课程评价体系。

一是课程目标与内容的评价。在教学实践过程中，心理健康课程往往容易出现科普化、学科化的倾向，因此，在对课程目标进行评价时，评价者首先要识别心理健康课程的目标是否被单纯地设置为心理学知识和理论的普及与传授。正确的心理健康课程目标应同时关注学生的知识掌握、心理体验以及行为发展。其次，应考查心理健康课程目标是否能够从根本上反映出"提高心理健康意识，提升心理健康素养"的时代要求，以及该学段学生的心理发展需要与任务，课程目标的语言表述是否具体、精确、可操作，是否有利于实现心理健康课程的整体性与层次性、个性与共性的统一。心理健康课程内容的评价主要是对教材的评价。教师和学生是教材的主要使用者，所以在听取专家学者和行政部门人员意见的同时，还须通过问卷调查、访谈、观察等多种形式，深入了解教师和学生对心理健康教材的使用感受，以此综合评判教材的科学性和有效性。

二是课程实施的评价。心理健康课程实施的评价，包括对课程实施过程和实施结果的评价。就实施过程的评价而言，一方面，要判断该课程是否严格按照各学段课程设计的标准与要求按时、按量展开；另一方面，要考虑到心理健康课程的建构性与生成性①，结合师生互动的具体情境判定课堂教学组织形式与方法是否恰当有效。对心理健康课程实施结果的评价是指对学生学习成效的评估。在评价时要注重学生心理发展的全过程，将诊断性评价、过程性评价、发展性评价等评价方式结合起来，对学生的知、情、意、行各个方面进行考查，切忌以考试分数来衡量学生心理健康课程学习效果。同时，开展学生自评、教师评价、家长评价、同伴评价等多元主体评价，综合应用心理量表、心理问卷等定量评价手段以及交谈、观察等定性评价手段，积极开发心理体验记录卡、心理发展档案袋等新型评价工具，使评价能够促进学生心理健康发展。

三是课程决策与管理的评价。课程决策与管理的评价代表着课程评价范围的扩大以及课程评价的发展方向，对心理健康课程的改善与革新起着重要的推动作用。因此，在心理健康课程一体化建设过程中，应在对心理健康教育实践情况真实把握的基础上，使评价进一步关注到：如何调整心理健康课程的结构，使心理健康课程发挥更大的功效；如何更好地契合学生的心理发展状态和认知机制，使学生的收获最大化；如何面向地区、学校的整体情况以及教师的心理健康教育工作情况，进而开展切实有效的评估；如何加强心理健康教育的分级管理等。这些都是使心理健康课程系统良性运行必不可少的条件。

① 方双虎：《学校心理健康教育课程建设的困境与出路》，载《中国教育学刊》，2007(8)。

第十三章
————————

高等学校心理健康教育政策：定性与定量分析

　　大中小幼心理健康教育一体化，基础在中小学，但关键是高校。大学生是青年群体的中坚力量，他们的心理健康状况关乎他们能否积极投身于全面建设社会主义现代化国家的伟大事业，在实现中华民族伟大复兴的征程中实现人生价值。但是，相较于西方国家，我国高等学校心理健康教育起步较晚。1989年，北京师范大学成立心理健康服务中心，此后，我国高等学校心理健康教育开始萌芽。经过近40年的发展，我国高校心理健康教育取得了巨大的进步，但仍然存在学生的多样化教育需求无法得到满足，心理健康教育课程趣味性、实用性低，心理咨询师水平较差等问题。[①] 鉴于高等学校心理健康教育政策能够为切实推进大学生心理健康教育工作做出独特贡献，促使高等学校心理健康教育迈向新台阶，本章综合利用定性与定量的研究方法，系统梳理改革开放以来我国高等学校心理健康教育的相关政策，深入分析政策演进的脉络与主要特征，以期在追本溯源的过程中不断明晰今后的发展方向，为未来高等学校心理健康教育政策的制定提供有益参考。

一、我国高等学校心理健康教育政策历史进程的定性分析

　　受政治体制、经济水平、文化特征等因素的影响，高等学校心理健康教育政策在不同时期、不同的社会条件下，会表现出不同的特征。结合我国社会发

————————

① 俞国良、赵凤青、罗晓路：《心理健康教育：高等学校学生的认知与评价》，载《黑龙江高教研究》，2017(9)。

展的整体脉络和教育事业的发展历程，回顾改革开放以来我国高等学校心理健康教育政策，我们可以发现高等学校心理健康教育政策的发展大体可以分为萌芽期、探索期、推进期、深化期四个阶段。

(一)高等学校心理健康教育政策的萌芽期(1978—1993年)

改革开放后，我国高等学校心理健康教育政策开始孕育、萌芽，高等学校心理健康教育也取得了初步的发展，这在很大程度上得益于一批教育学者与心理学者的探索。1983年，林崇德教授在《中学生心理学》一书中提出要培养学生良好的心理品质。[①] 同年，在重视发展智力的基础上，燕国材教授对培养学生的非智力因素进行了探讨。[②] 1989年，班华教授在《德育原理》一书中正式提出"心育"这一概念，意指"培养良好心理品质，包括个性心理品质的教育"。[③] 1991年，《教育研究》刊发班华教授《心育刍议》一文，对"心育"进行了更丰富的阐述。[④] 在这些学者的思想理论的推动下，国家和政府开始意识到个体心理健康的重要意义，学会学习、正确处理人际关系、适应生活和社会、了解职业、直面生涯规划等与大学生心理健康息息相关的内容，在该时期的重要教育政策中反映出来。例如，1987年国家教育委员会发布的《关于高等学校思想教育课程建设的意见》指出，要使学生"端正学习目的与态度……正确处理个人与集体的关系，以适应从中学到大学的转变，为大学期间的健康成长打下良好的思想基础……正确认识和处理个人与社会的关系……树立选择职业的正确态度"。

需要指出的是，在心理健康教育的关涉对象上，此时国家对中小学生、少数特殊学生给予了更多的关注，大学生并非学校心理健康教育工作的重点关注人群。1990年国家教育委员会、卫生部(现为卫健委)发布的《学校卫生工作条例》仅提到，"学校对残疾、体弱学生，应当加强医学照顾和心理卫生工作"。

---

① 林崇德：《中学生心理学》，290页，北京，北京教育出版社，1983。
② 崔景贵：《我国学校心理教育的发展历程、现状与前瞻》，载《教育理论与实践》，2003(5)。
③ 胡守棻：《德育原理》(修订版)，51页，北京，北京师范大学出版社，1989。
④ 班华：《心育刍议》，载《教育研究》，1991(5)。

1993 年中共中央、国务院印发的《中国教育改革和发展纲要》，仅针对基础教育领域提出"中小学要由'应试教育'转向全面提高国民素质的轨道，面向全体学生，全面提高学生的思想道德、文化科学、劳动技能和身体心理素质，促进学生生动活泼地发展"。这也表明，该时期国家和政府对心理健康教育的认识还不够深入、成熟，高等学校心理健康教育政策还有很大的发展空间。

（二）高等学校心理健康教育政策的探索期（1994—1999 年）

这一时期是高等学校心理健康教育政策持续探索、平稳过渡的时期。

首先，"心理健康教育"一词正式进入我国政策条文中。1994 年中共中央印发的《关于进一步加强和改进学校德育工作的若干意见》指出，要"指导学生在观念、知识、能力、心理素质方面尽快适应新的要求""积极开展青春期卫生教育，通过多种方式对不同年龄层次的学生进行心理健康教育和指导，帮助学生提高心理素质，健全人格，增强承受挫折、适应环境的能力"。这是中央文件首次正式使用"心理健康教育"这一概念，体现了国家对心理健康教育的认可与重视。并且，心理健康教育政策的目标群体也得以扩大，不同年龄阶段学生（包括大学生）的心理健康情况受到关注，心理健康教育政策迈上了新台阶。

其次，在大力实施素质教育的背景下，个体的心理素质作为重要的人才素质之一，① 得到了党和国家的进一步重视，高等学校心理健康教育政策也因此得到发展，政策搭建初具雏形。1995 年原国家教委颁布的《中国普通高等学校德育大纲》，明确将心理健康教育作为高等学校德育的重要组成部分，指出高校德育目标包括使学生"自觉地遵纪守法，具有良好的道德品质和健康的心理素质"。并且，为切实保证高等学校心理健康教育的有效实施，该政策文件对心理健康教育的内容和途径进行了具体规定。1999 年教育部出台《面向 21 世纪教育振兴行动计划》，强调要"实施劳动技能教育以及心理健康教育，培养学生具有良好的道德、健康的心理和高尚的情操"，以提高国民的综合素质。1999 年中

---

① 陆一：《强才智与强素质：素质教育改革新认识》，载《国家教育行政学院学报》，2020(12)。

共中央、国务院《关于深化教育改革全面推进素质教育的决定》明确将学生的健康成长作为素质教育的发展目标，并指出要"针对新形势下青少年成长的特点，加强学生的心理健康教育，培养学生坚韧不拔的意志、艰苦奋斗的精神，增强青少年适应社会生活的能力"。由此可见，在此阶段，提高学生的心理素质已经由学校层面的教育行为，转变为一种政府行为。

（三）高等学校心理健康教育政策的推进期（2000—2010 年）

2000—2010 年，国家和政府积极推进高等学校心理健康教育政策的制定，政策整体呈现出稳健发展的势头，这主要表现在以下三点。

第一，专门针对高等学校的心理健康教育政策出台。2001 年、2002 年、2003 年教育部连续颁发《关于加强普通高等学校大学生心理健康教育工作的意见》《普通高等学校大学生心理健康教育工作实施纲要（试行）》《关于进一步加强高校学生管理工作和心理健康教育工作的通知》；2005 年教育部、卫生部、共青团中央联合印发了《关于进一步加强和改进大学生心理健康教育的意见》。这些政策均强调要加强高校学生管理和心理健康教育工作，并对高等学校心理健康教育工作的主要任务和内容、原则、途径和方法、队伍建设、管理与领导等进行了详细的规定，大学生的心理健康被置于更加重要的位置。

第二，高等学校心理健康教育政策展现出更强的科学性。2002 年卫生部、民政部、公安部、中国残疾人联合会印发《中国精神卫生工作规划（2002—2010 年）》，该文件规定新世纪精神卫生工作的原则为"预防为主，防治结合，重点干预，广泛覆盖，依法管理"。转变问题导向的心理健康教育，重视全体大学生心理健康的促进与心理行为问题的预防，也成为后续高等学校心理健康教育开展的指导思想。2005 年《关于进一步加强和改进大学生心理健康教育的意见》则进一步指出，心理健康教育要"做到'一把钥匙开一把锁'，化解矛盾，润物无声"，反映出心理健康教育以学生为本、为学生服务的先进理念。2010 年《国家中长期教育改革和发展规划纲要（2010—2020 年）》重申"把促进学生健康成长作为学校一切工作的出发点和落脚点"。这些都表明我国高等学校心理健康教育政策正逐步走向成熟。

第三，心理健康教育积极融入经济与社会建设。2004 年《中华人民共和国宪法》序言部分，首次加入"推动物质文明、政治文明和精神文明协调发展"这一内容，将精神文明建设的重要性提升到了新高度。在加强精神文明建设的大背景下，2006 年党的十六届六中全会通过的《关于构建社会主义和谐社会若干重大问题的决定》进一步指出心理和谐在建设和谐文化、巩固社会和谐中发挥的重要作用，继续强调要"注重促进人的心理和谐，加强人文关怀和心理疏导……加强心理健康教育和保健，健全心理咨询网络，塑造自尊自信、理性平和、积极向上的社会心态"。这也是国家文件第一次明确个人心理和谐与社会和谐的关系。① 2007 年党的十七大报告再次强调"健康是人全面发展的基础"，要"加强和改进思想政治工作，注重人文关怀和心理疏导"。

(四) 高等学校心理健康教育政策的深化期(2011 年至今)

进入 21 世纪的第二个十年，高等学校心理健康教育政策在思想政治教育、卫生与健康等重要领域不断创新、深化，成为国家宏观政策顶层设计中至关重要的组成部分。2011 年《关于深化文化体制改革、推动社会主义文化大发展大繁荣若干重大问题的决定》指出，要在全社会形成积极向上的精神追求和健康文明的生活方式。2012 年党的十八大报告将"立德树人"写入教育方针，心理育人成为新时代重要的育人要素。2016 年《国民经济和社会发展第十三个五年规划纲要》首次将心理健康教育纳入国家国民经济和社会发展五年规划。同年，中共中央、国务院出台《"健康中国 2030"规划纲要》，2017 年在党的十九大会议上"健康中国"正式成为国家发展战略，2019 年国务院颁发《国务院关于实施健康中国行动的意见》，个体的心理健康被摆在了极其关键的位置，提升全民的心理健康素质也成为国家重要的发展目标之一。此外，2018 年修正的《中华人民共和国宪

---

① 俞国良、琚运婷：《我国心理健康教育政策的历史进程分析与启示》，载《中国教育学刊》，2018(10)。

法》在推动物质文明、政治文明和精神文明的基础上加入"社会文明"，这与党的十八大报告、《高校思想政治工作质量提升工程实施纲要》等政策强调的人文关怀和心理疏导，注重师生社会心态培育的内涵一致。2020年党的十九届五中全会审议通过的《中共中央关于制定国民经济和社会发展第十四个五年规划和二〇三五年远景目标的建议》，不仅在建设高质量教育体系中提出要重视青少年身体素质和心理健康教育，而且在"全面推进健康中国建设"和"维护社会稳定和安全"中分别指明要"重视精神卫生和心理健康""健全社会心理服务体系和危机干预机制"。这是党中央对今后五年及后续我国心理健康教育事业的宏观谋划、总体部署。

上述这些政策也体现出一种由强调心理健康教育向心理健康服务转变的"大心理健康教育观"。①《"健康中国2030"规划纲要》《关于加强心理健康服务的指导意见》《"十三五"推进基本公共服务均等化规划》《全国社会心理服务体系建设试点工作方案》《中华人民共和国基本医疗卫生与健康促进法》《中共中央关于制定国民经济和社会发展第十四个五年规划和二〇三五年远景目标的建议》等政策一致要求加强心理健康服务体系建设，以满足人民群众的需求及经济建设的需要。而针对高等学校心理健康服务，2011年教育部颁布《普通高等学校学生心理健康教育工作基本建设标准（试行）》，在以往政策的基础上，特别对大学生心理健康教育教学体系建设、活动体系建设、心理咨询服务体系建设、心理危机预防与干预体系等做出了规划。2018年《高等学校学生心理健康教育指导纲要》又再次强调，要形成教育教学、实践活动、咨询服务、预防干预"四位一体"的工作格局，真正实现由问题导向向积极心理品质促进的转轨。在具体举措上，教育部于2011年印发《普通高等学校学生心理健康教育课程教学基本要求》，其中对心理健康教育的性质与教学目标、主要教学内容、课程设置与教材使用、教学模式与教学方法等进行了详细说明。《高等学校学生心理健康教育指导纲要》则进一步将心理健康教育课程规定为新生公共必修课。总的来说，这一时期新的政策不断出台，基本形成了张弛有度、协调有序的高等学校心理健康

---

① 俞国良、谢天：《大心理健康教育观：背景、内涵和路径》，载《教育科学研究》，2019(1)。

教育政策体系。

二、我国高等学校心理健康教育政策历史进程的定量分析

为了更加深入地了解我国高等学校心理健康教育政策的演进过程，我们采用定量的方法，对高等学校心理健康教育政策文本的数量变化及关键词特征进行了分析。在研究对象上，我们在中华人民共和国教育部官网、中华人民共和国中央人民政府官网、"北大法宝"数据库中，以"健康""心理健康""卫生""教育""思想政治"为关键词进行搜索，共搜集到改革开放以来高等学校心理健康教育相关政策44项，主要可以分为五类（见表13-1）。

表13-1　高等学校心理健康教育政策分类

类型	代表性政策文件	数量（项）
国家整体发展规划类	《中华人民共和国国民经济和社会发展第十个五年计划纲要》 《中共中央关于构建社会主义和谐社会若干重大问题的决定》 《"健康中国2030"规划纲要》	14
教育发展规划类	《关于教育体制改革的决定》 《中国教育改革和发展纲要》 《国家中长期教育改革和发展规划纲要（2010—2020年）》	9
卫生/健康类	《学校卫生工作条例》 《中国精神卫生工作规划（2002—2010年）》 《中华人民共和国基本医疗卫生与健康促进法》	7
德育/思想政治教育类	《中共中央关于进一步加强和改进学校德育工作的若干意见》 《关于进一步加强和改进大学生思想政治教育的意见》 《教育部等八部门关于加快构建高校思想政治工作体系的意见》	6
心理健康教育专项	《教育部关于加强普通高等学校大学生心理健康教育工作的意见》 《高等学校学生心理健康教育指导纲要》 《关于加强心理健康服务的指导意见》	8

(一)政策文本的发布时间及数量

改革开放以来，我国高等学校心理健康教育政策年度发布数量在波动中上升(见图 13-1)，这表明在推动高等教育高质量、高水平发展的过程中，国家对高校心理健康教育日益重视。具体来看，政策数量在 1995 年出现了第一次波动，这与 1994 年《中共中央关于进一步加强和改进学校德育工作的若干意见》以及 1995 年《中国普通高等学校德育大纲》两项核心政策的出台有关。二者有力地推动了高等学校心理健康教育的发展，继而也带动了高等学校心理健康教育相关政策的产生，此后该领域政策数量的增长速度逐渐加快，发展也慢慢进入正轨。此外，在 2016 年和 2017 年，高等学校心理健康教育政策的年度出台数量达到了峰值，均为 4 项，这与十二届全国人大四次会议部署"十三五"时期工作、"健康中国"战略实行等重大事件有关。健康逐渐成为我国发展进程中的"关键词"，高等学校心理健康教育也进入了内涵式发展新时期。

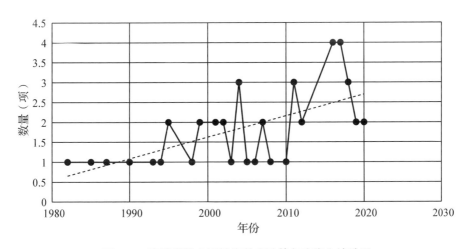

图 13-1　高等学校心理健康教育政策年度发文统计图

按照上文阶段进行划分，四个阶段分别有高等学校心理健康教育政策 5 项、6 项、13 项和 20 项，政策数量同样呈现出不断增长的趋势。各阶段中不同类型政策数量如图 13-2 所示。可以看出，在第一阶段和第二阶段，教育发展规划类政策和德育/思想政治教育类政策占据主导，心理健康教育专项政策还未出台。

这表明，人们对心理健康这一问题的讨论还仅局限在教育领域，未延伸到国家长治久安、社会可持续发展等更加宏观的层面。而在第三阶段和第四阶段，政策类型以国家发展规划类和心理健康教育专项为主，其他三种类型为辅。心理健康教育专项政策具有明确的指向性和较强的引导力，它的出台有利于切实应对和解决高校心理健康教育实践过程中产生的问题。而国家发展规划政策对心理健康教育的关切，则充分表明了党和国家越来越关心学生的心理健康状况，将学校心理健康教育的发展视为国家整体发展必不可少的组成部分。综合来看，我国高等学校心理健康教育政策在发展过程中表现出类型日趋多样、协同的重要特征。

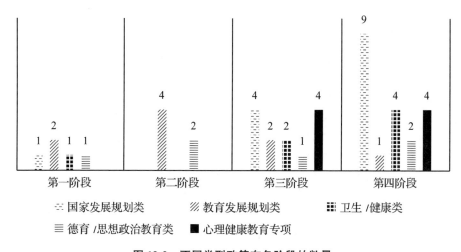

图 13-2　不同类型政策在各阶段的数量

（二）政策文本的词频分析

我们使用词频分析软件对各类高等学校心理健康教育政策文本进行关键词提取和词频统计。由于心理健康教育专项政策是专门针对心理健康教育而出台的，所以在进行词频统计时纳入政策全文。而心理健康或心理健康教育在其他四种类型的政策中仅作为其中的一小部分出现，所以我们仅对其中与之相关的重点语句或段落进行统计分析。结果发现，"心理""教育""健康""心理健康""心理健康教育"是所有政策中的共同高频词，它们在不同年份的政策中出现的频次如图 13-3 所示。

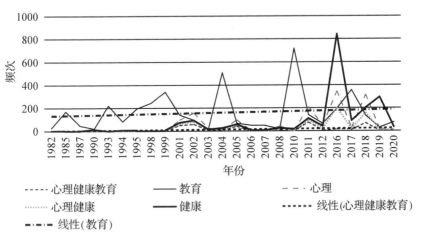

图 13-3　不同年份关键词频次统计图

从图 13-3 可以看出，各关键词频次存在阶段性波动，波动情况与上述四个阶段基本吻合，且整体上随时间变化呈现出上升趋势。"健康"一词的波动相对较大，在第一阶段、第二阶段各年份中出现频次均未超过 20 次，但在 2002 年出现了第一个增长高峰，该年份共出现 74 次，在 2011 年出现了第二个增长高峰，该年份共出现 110 次，2016 年达到峰值，为 842 次。"心理"与"心理健康"两词展现出相似的变化规律，二者的波动均比较明显，前两个阶段的总出现次数分别为 8 次和 3 次，第三阶段和第四阶段则取得了快速的增长，年度最高频次分别达到 347 次和 201 次。"教育"一词的频次波动相对均匀，在 2010 年出现次数达到峰值，该年份共出现了 718 次，其次为 2004 年（508 次）、2017 年（357 次）、1999 年（341 次）和 1998 年（224 次）。"心理健康教育"在第一阶段并未出现，在第二阶段 1994 年、1998 年、1999 年均出现了 1 次，第三阶段的阶段性最大值出现在 2002 年，为 58 次，第四阶段的阶段性最大值出现在 2011 年，为 75 次。从"心理健康教育"一词的线性变化趋势也可以看出，"心理健康教育"出现的频次不断增加，表明心理健康教育获得了越来越高的关注度。

除去以上关键词，各类型政策其他关键词词频统计如表 13-2 所示。对表 13-2 进一步分析可以得到以下结果。

第一，"大学生"一词在德育/思想政治教育类政策和心理健康教育专项政策中出现次数最多，且"高校""高等学校"频繁出现在心理健康教育专项政策中。这表明，虽然上述政策内容都围绕心理健康教育展开，但其他三类心理健康教育政策一般笼统覆盖所有学生群体乃至所有人群，而这两类政策在人群上则更具针对性，政策内容能够密切结合大学生的身心发展特点，差异化安排学校心理健康教育的各项工作，可以对全面提升高等学校心理健康教育质量起到较强的推动作用。

第二，"心理健康服务"在心理健康教育专项政策与卫生/健康类政策中的出现频次分别位列第四和第八，且"教学""预防""辅导""干预""调适""心理咨询"等与心理健康教育服务重点开展途径相关的词语在两类政策中不断出现。这说明，由心理健康教育走向心理健康服务是高等学校心理健康教育发展的必然趋势。心理健康课程与教学系统、心理辅导与咨询服务系统、心理疾病预防与危机干预系统等的建立与完善成为当下高等学校心理健康教育政策的焦点。

第三，"思想""素质""政治""社会主义""积极向上"等关键词在国家发展规划类政策和教育发展规划类政策中出现的次数较多。不难看出，相较于其他三种政策而言，国家发展规划类政策和教育发展规划类政策中的核心关键词更加上位，表明国家发展规划类政策和教育发展规划类政策具有更强的政治性、全局性和前瞻性，能够对高等学校心理健康教育改革与发展起到较强的方向引领与宏观调控作用。

表 13-2　不同类型政策关键词词频统计表

国家发展规划类		教育发展规划类		德育/思政教育类		卫生/健康类		心理健康教育专项	
关键词	词频	关键词	词频	关键词	词频	关键词	词频	关键词	词频
培养	7	学生	19	大学生	14	学生	24	大学生	278
思想	6	思想	10	素质	13	学校	14	学生	182
素质	6	社会主义	8	学生	8	教师	13	教学	129
积极向上	5	素质	8	思想	7	精神	13	心理健康服务	105
青少年	5	文化	6	教学	6	精神卫生	9	高校	76
健康服务	5	体育	5	教师	5	卫生	9	机构	73
政治	5	学校	5	干预	5	预防	7	高等学校	72
精神	5	科学	5	培养	5	心理健康服务	6	建设	72
卫生	5	集体主义	3	建设	4	干预	5	专业	69
疏导	4	身心健康	3	师生	4	辅导	5	思想	63
平和	4	爱国主义	3	科学	4	青少年	4	心理咨询	59
素养	4	树立	3	专业	4	心理健康教育教师	4	教师	59
关怀	4	精神	3	知识	4	素质	4	辅导	52
人文	4	青少年	3	品质	4	建设	4	素质	51
国民	4	政治	3	精神	4	知识	3	调适	34

三、高等学校心理健康教育政策的启示与前瞻

基于上述定性与定量分析，我们发现我国高等学校心理健康教育政策的发展经历了萌芽期、探索期、推进期和深化期这四个时期，每一时期都展现出了鲜明的特征，且不同的政策类型在高等学校心理健康教育工作中扮演着不同的角色。如今，新时代赋予了心理健康教育新内涵和新意义，也对心理健康教育提出了新要求和新挑战。全面推进和深化高等学校心理健康教育工作，必须牢固树立"大心理健康教育观"，其实质就是新时代中国特色的心理健康教育体制

观，即对符合中国国情、富有中国特色的心理健康教育体制的正确认识和判断①，包括心理健康教育的价值体系、理论体系、发展体系、服务体系、实践体系和生态体系。为此，高等学校心理健康教育政策的完善与发展应重点关注以下几点。

第一，"立德"是心理健康教育的出发点和落脚点，忽视了这一根本问题，所有心理健康教育活动都失去了意义，最终也会走向失败。审视我国高等学校心理健康教育政策的发展历程，立德树人的统领地位越发明显。2020年《教育部等八部门关于加快构建高校思想政治工作体系的意见》就明确指出，应"坚持社会主义办学方向，以立德树人为根本""健全立德树人体制机制，把立德树人融入思想道德、文化知识、社会实践教育各环节，贯通学科体系、教学体系、教材体系、管理体系"。今后，我国高等学校心理健康教育政策仍要坚持正确的政治方向，在指导思想上明确立德树人的根本地位，始终将心理健康教育作为高等学校思想政治工作的重要组成部分。在政策内容上需从对象、内容、任务、工作原则、教育规律等方面进一步明确高校心理健康教育与思想政治教育之间的异同，充分发挥思想政治教育的导向作用以及心理健康教育的基础性作用，使二者能够相互补充，相互促进，互惠共生。

第二，任何政策都需要理论的支撑，理论是政策的基础。所以，高等学校心理健康教育政策要想取得深度发展，必须在理论的引领下，积极吸收心理健康教育学的研究成果，不断"向内生长"。对此，需要全方位加强心理健康教育学的理论与学科建设，深入开展心理健康教育学科融合研究，改变传统的教育学研究重思辨、心理学研究学院派的思维定式，以我国现实心理健康教育问题为导向，应用心理学的研究方法，坚定地站在教育学的立场上，不断强化心理学与教育学研究范式的有机结合，使心理健康教育研究具备更多客观的、科学的逻辑属性，从而提升研究成果的先进性和适用性②，以更好地为高等学校心

---

① 俞国良、谢天：《大心理健康教育观：背景、内涵和路径》，载《教育科学研究》，2019(1)。
② 俞国良：《心理健康教育学：心理学与教育学的交叉融合研究》，载《教育研究》，2018，39(9)。

理健康教育政策制定与实践服务。

第三，目前我国尚未有明确、具体的政策对高等学校心理健康教育与中小学心理健康教育之间如何衔接进行规定，这就使得大学与中小学的心理健康教育工作出现了各自为政的现象。实际上对于大学生和高中生来说，他们虽然年龄差距不大，但面临的主要心理困扰和产生的心理健康教育需求不尽相同，因此，亟须总体规划、研制大学阶段与中小学阶段心理健康教育一体化工作指导方案或实施办法，以保障不同阶段心理健康教育相互贯通，逐级递进。此外，当前我国高等学校心理健康教育政策还缺乏对同一年龄阶段下不同学校类别和学习层次间心理健康教育工作的差异设计，相关政策重点针对本科院校，关于高职（专科）院校心理健康教育的政策文件尚未出台，这与心理健康教育一体化的理念相悖。未来应建立、健全专门针对高职（专科）院校心理健康教育的指导文件，保障高等教育阶段心理健康教育的分类指导，提高心理健康教育的精准性、科学性和服务性。

第四，我国学校心理健康工作从教育模式逐渐向服务模式转变已是大势所趋，积极推进独具中国特色的学校心理健康服务体系建设，需要在编制本土化的心理健康评价工具、开发学校心理健康课程与心理健康教育资源、加强学校心理辅导与心理咨询工作、完善学校危机预防与干预服务系统这四个方面努力。[1]　为此，高等学校心理健康教育政策要明确将编制符合中国大学生心理结构的心理健康测评工具作为高校研究者与教育行政管理人员的首要任务，并安排相关部门据此开展大规模的大学生心理健康筛查；要以学生的实际教育需求为导向，对高等学校心理健康教育课程教学的相关要素进行指导与安排，鼓励开发富有创造性的心理健康教育类地方课程、校本课程；要健全高等学校心理健康教育工作者的准入标准，对专兼职教师的比例进行明确规定，同时对其工作任务进行明确说明，对教师职前、入职与职后培养进行顶层设计；要明确卫生健康部门、民政部门等在日常危机预防工作中的职责，建立危机联动机制，

---

[1]　何妍、俞国良：《积极推进我国学校心理健康服务及体系建设》，载《中小学心理健康教育》，2021（4）。

确保紧急情况下的心理危机干预及时展开。

第五，在育人实践中，心理健康教育与德智体美劳教育之间存在着千丝万缕的联系。一方面，心理健康教育是实现德智体美劳全面发展的现实路径；另一方面，德智体美劳教育中的诸多要素可以为心理健康教育服务。鉴于此，高等学校心理健康教育政策应充分利用德智体美劳各育中独特的心理健康教育资源，借此提升心理健康教育课程内容的科学性、实用性和前沿性，创新课堂教学的路径与方法，从而有效提升教育教学的效果。同时，高等学校心理健康教育政策应对高校心理健康教育如何有机渗透、融入德智体美劳教育的各环节，使之与其他各育之间相互联系、相互配合进行全局设计，明晰心育与德智体美劳教育融合发展的蓝图路径，使之产生"1+1>2"的融合育人效果，以充分实现个体自由、和谐且全面的发展。

第六，按照布朗芬布伦纳提出的生态系统理论的观点，大学生的心理健康会受到学校、家庭、同伴、社会等来自不同系统的多种因素的影响。[①] 因此，提高大学生的心理素质和心理健康水平不只是需要教育部门的单方发力，而是需要整合多方力量，构建心理健康服务共同体。未来高等学校心理健康政策要进一步明确不同机构、部门的权力与责任，注重整合各方资源，协调多方力量服务于大学生心理健康工作，以形成家庭、学校、社会等育人合力。例如，相关政策可明确，宣传部门应加强心理健康知识的普及，利用各类媒体和传播媒介，特别是深受大学生喜爱的微信、微博、知乎等自媒体平台，加大心理健康知识的宣传力度，有效提升大学生的心理健康意识；相关社会组织（如书画协会、心理咨询协会等）可与高校形成长期合作关系，共同建立社会实践基地，定期组织学生开展相关心理健康实践活动，借此推动心理健康教育活动常态化运行。

---

① Brofenbrenner, U. & Morris, P. A., "The Bioecological Model of Human Development," in Lerner, R. M. & Damon, W. (Eds.), *Handbook of Child Psychology*: *Theoretical Models of Human Development 6th ed. Vol. 1*, Hoboken, New Jersey, John Wiley & Sons Inc, 2006.

　　总体来说，积极顺应时代发展，立足于健康中国、和谐社会的发展态势，在充分借鉴国外心理健康教育有益经验的同时扎根中国大地，加强我国高等学校心理健康教育政策的顶层设计，提高政策对心理健康教育现实问题的回应性，是推动我国高等学校心理健康教育深入发展的关键路径。

第十四章

———————

高等学校心理健康教育体制观：体系建设探微

无论任何时候，高等学校都与时代同呼吸共命运。自改革开放以来，我国开始了由传统型社会向现代型社会的快速转型，包括经济、政治、文化、心理等诸多领域密集的、普遍的、根本性的社会结构性变革。这一转型不仅带来了社会结构的深刻变化，也给人们的思想观念和心理状态、人格特征带来了巨大冲击，更为重要的是由此我们跨入了新时代，而高等学校学生正处于这个社会转型的特殊历史发展时期。大学生是国家的栋梁、民族的希望，大学阶段正是其价值观、人生观、世界观形成的重要时期，高等学校能否做好新时代心理健康教育工作，将决定这一特殊历史时期大学生心理健康和高等教育内涵式发展的整体水平。对此，2016 年，习近平总书记在全国卫生与健康大会上强调，"要加大心理健康问题基础性研究，做好心理健康知识和心理疾病科普工作，规范发展心理治疗、心理咨询等心理健康服务"。毫无疑问，新时代赋予心理健康教育新内涵、新意义，提出了新要求、新任务，全面推进和深化高等学校心理健康教育工作，必须树立"大心理健康教育观"。[①] 其实质就是新时代中国特色的心理健康教育体制观，即对符合中国国情、富有中国特色的心理健康教育体系的正确认识和判断。心理健康教育体制观包括心理健康教育的价值体系、理论体系、发展体系、服务体系、实践体系和生态体系。

———————————

[①]　俞国良、谢天：《大心理健康教育观：背景、内涵与路径》，载《教育科学研究》，2019(1)。

一、高等学校心理健康教育的价值体系建设

价值即客体对主体的意义，而价值体系则是价值的理论化、系统化。高等学校心理健康教育的价值体系是在新时代、社会转型时期形成和发展起来的，是社会意识、特别是社会主义核心价值观的具体反映，为大学生一切社会活动、社会行为提供价值导向和价值依据。它是一组蕴含心理健康教育的价值观念、价值取向、价值判断、价值目标和价值追求的集合体，包含"立德树人、以生为本、生命至上和责任为重"等丰富内涵和价值要素。

（1）立德树人。学校是立德树人的地方。立德树人在高等学校心理健康教育的价值体系中位居首位。党的十八大报告首次明确提出，将立德树人作为我国德育与思想政治教育发展战略的一项基本任务，而心理健康教育本来就是德育与思想政治教育的题中之义。目前，立德树人的教育实践，已经与我国社会主义发展阶段和基本国情遥相呼应，为培养德才兼备的社会主义建设事业接班人发挥了重要作用。其显著特征，一是立德树人任务明确，德育与思想政治教育地位空前提高；二是德育与思想政治教育政策海纳百川，通时合变。[1] 至关重要的是，立德树人框架下的高等学校心理健康教育，坚持了正确的政治方向与价值导向。价值导向，从本质上来讲，是对社会上存在的多种多样的价值取向进行整合和消解的过程[2]，是引导大学生认同社会主义核心价值观的重要手段，它指明了"立德树人""到哪里去"的问题，避免大学生在现代越加多元的价值和道德取向中误入歧途。习近平总书记明确指出："要坚持不懈培育和弘扬社会主义核心价值观，引导广大师生做社会主义核心价值观的坚定信仰者、积极传播者、模范践行者"[3]。这就要求高等学校必须把社会主义核心价值观体现在

---

① 俞国良、李森：《我国"立德树人"教育政策历史进程的文本分析与启示》，载《西南民族大学学报（人文社会科学版）》，2019，40（6）。

② 陈章龙、周莉：《价值观研究》，227页，南京，南京师范大学出版社，2004。

③ 《把思想政治工作贯穿教育教学全过程　开创我国高等教育事业发展新局面》，载《人民日报》，2016-12-09。

心理健康教育的全过程中，引导大学生准确理解和把握社会主义核心价值观的深刻内涵和实践要求，发挥对立德树人的价值导向作用。

（2）以生为本。立德树人必须坚持以人为本、育人为本、学生为本。全员育人、全过程育人、全方位育人，这是打通立德树人"最后一千米"的重要手段。心理健康教育作为一种以人的发展为目的的教育实践活动，促进学生更好地发展是其出发点和归宿。因为心理健康的主体是人，也只有人的主动、积极参与，心理健康教育的效果才能最大化。心理健康教育具有不同于学科专业教育的特点，特别强调潜移默化的影响，重视"润物细无声"的教育效果。要坚持面向全体学生，坚持正面教育，根据大学生身心发展特点和教育教学规律，聚焦他们的主要心理社会性发展任务，灵活应用心理辅导、心理咨询的理论知识和方法技能，培养他们的良好人格特质和积极心理品质，不断提高他们适应社会生活的能力；引导他们正确认识"义和利、群和己、成和败、得和失，培育自尊自信、理性平和、积极向上的健康心态，促进学生心理素质与思想道德素质、科学文化素质协调发展"。① 因此，高等学校心理健康教育，绝不是对大学生进行"宏大叙事"的灌输，也不是强调他们的社会属性而完全忽视其自然属性，而是应该以人心为主，表里如一，知行统一，实践育人，即提供适合大学生发展需要的心理健康教育。只有真正从大学生实际出发，充分考虑到他们的现实需要以及身心发展特点，遵循心理健康和教育规律，才能真正实现人的全面、自由的发展。

（3）生命至上。生命至上意味着不仅要热爱生命，而且要珍惜生命。苏格拉底曾说，生命中最有价值的事，莫过于生命本身。生命是珍贵的，因为每个生命都是唯一的、不可逆转的；生命是神圣的，因为生命的孕育要经历一个艰难的过程。胎儿在母体中要孕育十个月，在这期间，母体外发生的任何一次偶然的创伤、病毒的侵袭、过度劳累等都会影响胎儿的正常发育；分娩过程对母亲和婴儿来说都是巨大的挑战。个体能够顺利地降生到这个世界上本身就是一

---

① 高等学校学生心理健康教育指导纲要（教党〔2018〕41号）。

个奇迹，更不要说在成长过程中可能会遭遇各种风险、疾病的挑战。生命又是独特的。正如世界上找不出两片完全相同的叶子一样，世界上也找不出完全相同的两个人。人的独特性不仅表现在先天的遗传素质上，更表现在后天形成的不同个性、思维和精神上。因为生命是宝贵的、唯一的、独特的、脆弱的，所以我们需要用一生去呵护和珍爱，牢固树立生命至上的价值理念。首先要接纳生命，关爱自我；其次要对生命持有积极的态度，珍惜生命。无论遇到多大的挫折、困难，都不要厌恶甚至放弃自己的生命。

（4）责任为重。马克思认为，"人的本质不是单个人所固有的抽象物，在其现实性上，它是一切社会关系的总和"。[①] 人的生命与其他生命的本质区别在于人的心理生命和社会生命。前者指人具有自我意识，人能够通过自己的各种心理活动，自觉地思考、调控自己的生命价值；后者指人的生命存在是一种社会关系存在，它决定了生命的自由、尊严等价值取向，以及权利、义务和责任等价值要求。"世界因为我而有所不同"，一个人生命的意义和价值，在于对他人和社会做出贡献。拥有爱他人的能力，让生命在爱中得到滋养；从他人那里收获爱，让生命变得更有意义。这些都是生命价值的体现。当然，生命价值更体现在对社会的贡献上。每个人都从社会中获益，同时，也需要承担社会责任，为国家、民族和社会做出一定贡献，这是个人生命价值的最高体现。一个有社会责任感的人，首先是对自己负责，特别是对自己的生命及其生命价值负责，其次是对国家、民族和社会负责，最后才是对他人、职业和家庭负责。大学生必须认识到自己的社会责任，并将它内化为自身的社会信念，最终外化为社会行动。毫无疑问，社会责任意识只有落实到行动上才能最终履行社会责任，因此，践行社会责任是社会责任的归宿和落脚点。勇于承担社会责任，不仅关系到自身的生命、生存、生活和生涯，还关系到国家、民族和社会的未来！

---

① 马克思、恩格斯：《马克思恩格斯选集》（第 1 卷），中共中央马克思恩格斯列宁斯大林著作编译局编译，56 页，北京，人民出版社，1995。

二、高等学校心理健康教育的理论体系建设

恩格斯指出，"一个民族要想站在科学的最高峰，就一刻也不能没有理论思维"。[①] 理论思维是构建理论体系的基础，高等学校心理健康教育的理论体系就是在习近平新时代中国特色社会主义思想指导下，把心理健康教育的相关概念、理论有机组织起来，进行逻辑化的概念推演与理论展开，并通过推理和论证形成一个层次分明、结构严谨的理论支持系统，为实践活动提供理论依据、支撑和遵循。高等学校心理健康教育的理论体系包括中国特色、健康第一、健康中国和幸福中国等理论内核。

（1）中国特色。中国特色社会主义进入新时代，新时代出现了许多新问题、新变化和新现象。高等学校应立足于我国当下正在发生的广泛而深刻的社会变革，从心理健康教育角度回应、研究社会变革和社会变迁给当代大学生带来的心理、精神层面的变化，总结、提炼中国特色高等学校心理健康教育的新理念、新范畴、新表述，不仅能为大学生成长、成才提供现实助力，而且具有高度的本土独特性和全球启发性，这是构建中国特色高等学校心理健康教育理论体系的题中应有之义，即验证对比国内外研究成果，探索中国大学生心理发展中特有的和重要的心理现象，建立符合中国国情的具有中国特色的心理健康概念、理论与研究方法等，其基本途径是学习、选择、本土化。在此基础上，探索中国特色的高等学校心理健康教育发展道路，即面向大学生、直面现实需要研究心理健康，加强学科建设和理论建设，为新时代大学生的发展提供理论支持。具体包括：以辩证唯物主义为指导思想；以中国古代心理健康思想为历史背景；以中华民族文化圈的影响为潜在变量；以中国人的心理与行为为主要研究对象；以揭示人类心理发展规律为基本任务；以社会现实为主要服务方向。还要求我

---

① 马克思、恩格斯：《马克思恩格斯选集》（第 3 卷），中共中央马克思恩格斯列宁斯大林著作编译局编译，467 页，北京，人民出版社，1995。

们，选择中国人熟悉的概念、术语，寻找适合中国人的心理测量工具，发展解释中国人社会心理与社会行为的理论模式，以此来构建符合中国特色的心理健康教育的学科体系、学术体系、话语体系，从而走出一条既有中国特色，又能与世界进行对话的学术发展之路。

（2）健康第一。健康是人类永恒的话题，健康的体魄和平衡的心态构成健康的个体。古今中外的哲贤圣者对此有着无数的训诫和智慧，且已达成共识：对于一个人，这是改善生存生活状况、享受生命和成就生涯的前提；对于一个国家，这是创造财富、开创美好未来的根基；对于一个民族，这是繁荣文化、屹立世界民族之林的基石。1948 年 4 月 7 日生效的《世界卫生组织法》开章明义地指出，"健康不仅为疾病或羸弱之消除，而系体格、精神与社会之完全健康状态"；1978 年《阿拉木图宣言》再次重申：健康不仅是疾病与体虚的匿迹，而是身心健康、社会幸福的总体状态，是基本人权；1989 年，世界卫生组织又一次深化了健康的概念，认为健康包括躯体健康、心理健康、社会适应良好和道德健康。确实，良好的健康状态可以提高生活质量，开发个体心理潜能，增强学习与发展能力，适应家庭和社会生活，支持可持久的人际生态和环境，并有助于安全、高效、快乐地融入社会。它既是一种发展资源，也是一项发展目的。为此，在 2018 年 9 月召开的全国教育工作会议上，习近平总书记明确提出"健康第一"的健康教育理念，这是统揽高等学校心理健康教育工作的理论基石。

（3）健康中国。健康不仅关乎人民群众的幸福生活和美好期待，还对社会的稳定和民族的可持续发展、对国家的长治久安具有重要战略意义。2016 年在全国卫生与健康大会上，习近平总书记强调，没有全民健康，就没有全面小康，"要把人民健康放在优先发展的战略地位，以普及健康生活、优化健康服务、完善健康保障、建设健康环境、发展健康产业为重点，加快推进健康中国建设，努力全方位、全周期保障人民健康，为实现'两个一百年'奋斗目标、实现中华民族伟大复兴的中国梦打下坚实健康基础"。习近平总书记关于健康的一系列重要论述，为在全社会构建健康教育理论体系和支持服务体系提供了根本遵循。

为此，国家相关部门也陆续制定并出台了一系列旨在提高全民健康水平的政策与方案。特别是 2021 年 3 月第十三届全国人大四次会议通过了《中华人民共和国国民经济和社会发展第十四个五年规划和 2035 年远景目标纲要》，其中有三处关于心理健康的论述：在建设高质量教育体系中提出，要"重视青少年身体素质和心理健康教育"；在全面推进健康中国建设中提出，要"重视精神卫生和心理健康"；在维护社会稳定和安全中提出，要"健全社会心理服务体系和危机干预机制"。这是新时代我国心理健康教育事业发展的理论政策基础。因此，从促进社会健康的角度看，加强健康教育与服务是实施"健康中国"行动的必然要求。《国务院关于实施健康中国行动的意见》就明确提出，要实施心理健康促进行动。

（4）幸福中国。幸福感（主观幸福感、心理幸福感和社会幸福感的总称）是衡量个体生活和适应状态的重要标准，也是国际上通行的衡量人民生活质量和社会发展水平的重要指标。[①] 当幸福中国作为我国社会发展进步的重要指标时，心理健康工作固然要承担起对各种心理行为问题进行咨询、治疗，以便进行教育补救的任务，但它更应该担负起引导人们更为健康、幸福生活的责任，为幸福中国服务。目前，全社会对幸福感的追求、心理健康的关注度都在持续升温，人们越来越意识到心理健康是人的全面发展的必然要求，是人类快乐、幸福且体面、有尊严生活的基础。无论是通过自助、他助或互助，还是通过改变自我或改造环境，幸福已成为全体中国人民的共同追求。基于快乐论的主观幸福感是个体依据自己设定的标准对其生活质量所做的整体评价，认为幸福是一种快乐的体验，而维护心理健康，提高心理健康水平，就是让个体生活得幸福快乐；与主观幸福感不同，心理幸福感是建立在自我实现论基础之上的，它强调人的自我实现及人的本质的实现与显现，认为幸福发生在人们从事与深层价值最匹配的活动中，是人全身心地投入以完善自己的一种活动以此让自身的潜能得以充分发挥；相较于主观幸福感关注个体主观感受，心理幸福感关注个体在群体

---

① 俞国良：《社会转型：国民幸福感的震荡与变迁》，载《黑龙江社会科学》，2016(2)。

中互动与发展的客观体验，社会幸福感更关注个体的社会功能、社会价值和社会和谐，心理健康即可理解为社会适应良好的幸福状态。可以说，对于幸福感的不懈追求，是生命质的飞跃，也是对高等学校心理健康教育目标的终极诠释。

三、高等学校心理健康教育的发展体系建设

"发展是硬道理。"发展意味着事物由小到大、由简单到复杂、由低级到高级的运动变化，心理健康教育作为新兴事物也同样如此。随着我国改革开放进入大众视野，并由理论研究、政策设计与实践应用的推动获得蓬勃发展，目前我国高等学校心理健康教育初具雏形的发展体系，就是其必然结果。在结构上由松散变为紧密，在实践上由各部门独立到多部门联动，在理念上由单一教育走向多元服务，这是一种兼顾纵向和横向发展的系统的渐进过程，有效实现了育心育德、全面发展、创新发展和特色发展的有机整合。

（1）育心育德。德育是一个有着丰富思想内涵的动态发展着的概念体系，它与心理健康教育紧密联系，后者赋予德育全新的时代内涵。实际上，在我国高等学校教育实践中，心理健康教育在很大程度上就是在德育的大框架下展开的。[①] 即强调心理健康教育与德育、思想政治教育相统一，重视育心与育德相结合、育心为育德服务。但两者既有区别又有联系。两者所附庸的对象、理论依据、工作原则不同，两者的内容和任务、教育途径和方法也不同。但两者的终极目标具有一致性，使学生在德智体美劳诸方面得到全面发展，不管是德育还是心理健康教育，都必须服务于这个目标；两者所遵循的教育规律具有一致性，必须以学生的生理、心理和认知发展水平为出发点，遵循由易到难、由浅入深、螺旋上升的教育规律；两者的教育内容具有部分重叠，在一些基本的文明习惯和道德规范上，如合作、理解、尊重、奉献等，德育与心理健康教育的

---

① 俞国良、陈雨濛：《德育论对心理健康问题的研究》，载《黑龙江高教研究》，2021，39（4）。

关注点是一致的；两者的服务主体具有一致性，它们的服务主体都是学生，都需要充分考虑学生的主观能动性在发挥教育功能中所起到的决定性作用。一句话，德育与心理健康教育相互联系，相互促进，且互惠共生，相倚互补。德育和思想政治教育对学生进行世界观、人生观、价值观、道德观等方面的教育，为心理健康教育指明了方向，成为其背后强大的思想支撑；心理健康教育对学生个性、情感和意志品质等方面的培养，则赋予了德育新的时代内涵和教育范式。

（2）全面发展。开展心理健康教育，有利于提高学生的德性修养，培养良好品德（德育）；有利于开发学生的智力和创造力，成就一代创新型人才（智育）；有利于培养学生坚韧不拔的拼搏精神，增强身体素质（体育）；有利于培养学生健全的人格，促进审美能力的提高与发展（美育）；有利于形成良好的劳动习惯，增强生活与社会适应能力（劳动教育）。在全面发展教育中，心理健康教育具有乘数效应，它起着"酵母"式的促发和放大作用，与德育、智育、体育、美育、劳动教育一起，共同构成了一个既相互制约、相互渗透，又辩证统一的全面发展教育体系。其中，心理健康教育为学生形成良好的思想品德、发展智力、增强体质、塑造美感和提高劳动素养等全面素质，提供了良好的心理基础和前提条件。如果说德智体美劳是教育的总目标，那么，心理健康教育就是其具体内容和现实路径之一；如果说所有的教育归根结底都是身心健康教育，那么，教育就好比是人的一只手，德、智、体、美、劳是点石成金的五根手指，而心理健康教育则是手掌，连接着五育中的每一个要素。尽管德智体美劳五育都有各自的教育目的、任务、内容、规律和方法，也都处于各尽其能、各司其职的状态，但心理健康教育在五育的统领下深度融合，与五育重拳齐发，这是新时代铸造大格局教育的一个重要举措，切实体现了学生由教育客体向教育主体的转变，以及人的全面发展。

（3）创新发展。高等学校心理健康教育的创新发展包括两层含义：一是其本身的创新发展，二是其教育对象的创新发展。对于前者，要从心理健康概念的理解入手。心理健康，实际上是指个体各种心理机能的协调和完善，以及以最佳组合发挥作用；而创造力或创新素质作为人类心理机能的最高表现形式，其发展水平是心理健康的重要标志；创造力培养是心理健康教育新的制高点。换言之，心理健康是个体创造力、创新素质发展和发挥的基础。要以心理健康教育为突破口，全面培养和提高大学生的创新意识与创新精神、创新思维与创新人格、创新能力与实践能力。此外，还必须正确认识创造力和心理健康的相互关系。目前已有更多的证据表明，从事创造性学习和创造性活动，要以个人的心理正常或心理健康作为基本条件。心理健康是创造力成长的"土壤"，积极的心理品质可以为创造力的有效发挥提供前提与保障，而富有创造力的活动也会促进心理健康的发展。[①] 心理健康与创造力两者的关系如车之两轮，两者互为因果，相辅相成。这充分表明了在我国推进心理健康教育、实施心理健康服务的重要价值。加强高等学校心理健康教育，其根本目标就是促进大学生心理健康和个性全面发展，这是培养创造力、创新能力的前提条件，而把"创新人才培养"和"心理健康教育"有机地结合起来，在创新教育的理念指导下，积极有序地开展心理健康教育，塑造出心理健康、勇于创新的新一代大学生，则是新时代摆在教育工作者面前的重要任务与严峻挑战。

（4）特色发展。高等学校心理健康教育的特色发展，旨在对该项工作进行示范和引领，以有特色、高标准凸显标杆、样板和辐射效应。在宏观层面上，树立一批心理健康教育工作先进典型，推动其他学校全面普及和深化心理健康教育，以点带面，全面推进本地区的心理健康教育工作；在中观层面上，明确学校在促进学生身心健康发展方面的义务和责任，科学规范学校心理健康教育工作，使心理健康教育工作可持续发展和创造性发展；在微观层面上，保证本校心理健康教育以特色立足，上一个新台阶，获得新发展。根据中小学心理健康特色校建设的经验，其评估指标由组织领导、条件保障、教育教学、科学发

---

① 俞国良、张伟达：《创造力与心理健康：关系视角的诠释》，载《中国教育学刊》，2019(8)。

展等构成。① 具体而言，组织领导作为一级指标，包括落实国家政策、纳入学校规划、健全工作机制、成立工作机构和完善规章制度五个二级指标；条件保障作为一级指标，包括配齐配好教师、加强培养培训、保障教师待遇、加强阵地建设和加大经费投入五个二级指标；教育教学作为一级指标，包括保证课堂教学、注重学科渗透、加强文化建设、做足心理咨询和密切社会合作五个二级指标；科学发展作为一级指标，包括开展科学研究、提高教育实效和杜绝不良行为三个二级指标。需要指出的是，高等学校心理健康教育效果最终会体现在学生身上，要特别重视学生心理健康水平的提高，学生的健康成长与发展才是根本。

四、高等学校心理健康教育的服务体系建设

何谓心理健康服务？心理健康服务是以心理健康的理论、原理和方法为主导，来维护与促进人们心理健康的活动。高等学校心理健康服务体系，是全民心理健康服务体系的重要组成部分，是以心理健康教育教师为核心的工作队伍，遵循心理健康的特点和规律，向学生和教职员工提供不同层级的心理健康与心理保健服务，以及围绕该项工作的各种人财物的投入、教育培训、管理以及相应的制度建设等组成的服务系统。② 高等学校心理健康教育的服务体系包括制度建设、机构建设、师资队伍和课程体系建设。

（1）制度建设。制度建设是高等学校心理健康服务体系建设的基础。它是高等学校或教育行政部门为了贯彻执行国家和政府的各项心理健康教育政策，保障学校心理辅导、心理咨询工作顺利开展，依照法规、政策而制定的心理健康教育规则、规程或行动准则。制度建设可以划分为根本制度、基本制度和具

---

① 　教育部办公厅关于实施中小学心理健康教育特色学校争创计划的通知。
② 　俞国良、侯瑞鹤：《论学校心理健康服务及其体系建设》，载《教育研究》，2015，36(8)。

体制度。[①] 具体来说，心理健康教育的根本制度是党和国家的教育方针，把立德树人、提高学生心理素质、促进全面发展作为其根本任务；基本制度是指国家和政府颁布的相关心理健康教育政策、文件和条例，也可称心理健康教育的法规性制度；具体制度则包括心理咨询管理制度、心理危机预防及干预制度、朋辈心理辅导制度、心理健康课程管理制度、精神疾病筛查及转介制度、心理档案资料管理制度、心理咨询的伦理制度、心理咨询人员的资格准入制度、心理咨询队伍的培养及督导制度等，即心理健康教育的岗位性制度。一句话，高等学校应有明确的心理健康教育工作组织、实施、检查、督导、指导、评估等管理制度，有健全的心理健康教育表彰、奖赏、激励制度，并建立心理咨询与心理咨询室的各种更具操作性的规章制度，包括工作守则、保密制度、伦理规范、值班制度、档案管理制度、转介制度、心理危机预防与干预等行动层面的工作制度。

（2）机构建设。机构建设是高等学校心理健康服务体系建设的关键。学校应建立在校长领导下，以学生管理干部和专职心理健康教育教师为核心，以辅导员、班主任和兼职心理健康教育教师为骨干，全体教职员工共同参与的全员、全程心理健康工作机制；辅导员、班主任、党团干部、科任教师、专兼职心理健康教育教师分层负责、各司其职又协调配合的教育实践机制。具体而言，成立以分管校长为组长的心理健康教育工作领导小组，每学期至少 1 次领导小组例会，对本校心理健康教育工作进行全面规划与指导；校长办公会或学校行政会议每学年要专题研究心理健康教育工作，组织规划、定期检查、督促指导，并有明确的心理健康教育工作责任部门(如学生处、学工部或心理健康教育指导中心等)，专人负责心理健康教育的具体组织与实施；做到人员落实，岗位职责明确。在机构建设中，要特别重视心理健康教育或心理咨询中心建设。这是专业人员或心理健康教育专兼职教师开展个别辅导和团体辅导，有的放矢地帮助

---

① 俞国良、赵军燕：《论学校心理辅导制度建设》，载《教育研究》，2013，34(8)。

学生解决在学习生活和成长成才中出现的心理行为问题，排解心理困扰和心理障碍的特殊场所。中心必须由专人负责，专人咨询，有专用场地和基本设施，运作正常，并符合省市或教育部的基本要求。此外，建立和健全学校、院系、班级、宿舍四级预警防控体系，开展针对全员的心理危机预防与干预培训，提高危机识别能力。

（3）师资队伍建设。高素质、高水平的师资队伍建设，是提升心理健康教育质量的关键，也是心理健康教育可持续发展的基础。目前高等学校心理健康教育的师资队伍质量还有待提高，主要表现为低职称化、低专业化、低专职化等突出问题。鉴于此，建立一支1∶3 000的专职心理健康教育师资队伍，将以兼职教师为主转变为以专职教师为主、专兼职结合的模式；加强心理健康教育教师每年不少于40学时的专业培训，使他们掌握心理健康教育的专业知识和专业技能，并逐步形成持证上岗制度；对于专职心理健康教师，大力支持他们参加专业培训，由学校提供优质培训师或精品课、样板课，增强开展心理健康教育活动的理论与实践能力。同时，明确心理健康教育专职教师的工作范围，规范其工作流程；还要明确专职心理教师的工作量，完善对心理健康教育专职教师的人事管理、考核办法、薪酬管理办法及晋升路径等。实现师资配置与发展一体化，职前、入职与职后培养一体化。强调以实证为基础的干预行为，重视教育效果的评估与反馈。建立跨地区、跨学校的数字化资源共享平台、专业能力训练平台以及教师发展联盟，打造区域间、学校间心理健康教育师资的协同创新发展模式，探索构建"WTPTP"（网络教学—教师指导—教授、行业专家引领—团队共进—入职与发展档案）等师资培养途径，不断提高其终身学习与发展的能力。此外，还需要强调心理健康教育的全员参与，即全体教师提高心理健康教育意识，在日常工作中具备对学生心理健康问题较高的敏感性和判断力。

（4）课程体系建设。高等学校心理健康课程体系是心理育人的重要载体。2018年习近平总书记在全国教育大会上明确提出，"学科体系、教学体系、教材体系、管理体系要围绕立德树人这个目标来设计，教师要围绕这个目标来教，学生要围绕这个目标来学"。心理健康课程的宗旨就是落实立德树人的根本目标和全过程育人的基本要求，其主要任务是实现课程标准规范化，包括课程性质、课程理念与设计思路、课程目标、课程内容、学业质量和课程实施等，这是提高课堂教学质量、实现心理健康课程内涵式发展的重要基础。教材是课程的核心载体，规范教材使用对课程教学的有效开展起着不可替代的作用，是实现课程目标、完成课程任务、实施课堂教学的重要资源；教学内容作为课程建设的微观层面，对于扭转当前教学内容重复、错位、脱节等不良倾向，做好课堂教学内容规范化工作至关重要。此外，在教学实践中，要把握好心理健康课程建设的根本方向，明确心理健康课程发展的新趋势；推进心理健康课程的纵向衔接，注重优化心理健康课程管理体系，系统推动课程制度化建设。同时，还要重视心理健康课程评价改革，创建多元一体的综合课程评价体系。特别是统筹谋划心理健康课程教材体系，合理整合、利用其他学科资源，将心理健康课程与其他相关学科有机融合，创造性地开设相关综合课程、融合课程、精品课程等，充分发挥学科的心理健康教育功能，全面提升新时代心理健康教育质量。

五、高等学校心理健康教育的实践体系建设

时代是思想之母，实践是理论之源。随着大学生生理、心理成熟，知识经验、社会阅历增加与思维方式、行为方式变化，特别是面对新时代即社会转型期滋生的诸多矛盾、冲突，他们在学习生活、成长成才和自我意识、情绪调控、人际关系、社会适应等方面，容易出现各种各样的心理行为问题，急需疏导和调节。因此，加强理论应用、创新实践载体、采取务实措施、提高工作实效、高效推进高等学校心理健康教育实践，须从个别咨询、团体咨询、危机干预和医教协同等实践途径入手，真正把该项工作落到实处，抓到痛处，收到实效。

（1）个别咨询。这是咨询师与来访者之间一对一进行的咨询活动，是心理

咨询最常见的形式，包括门诊咨询、网络咨询、电话咨询和现场咨询等。其优势是咨询对象顾虑较少，可以毫无保留地倾吐内心的困扰，并能够在较深的心理、精神层面上得到个性化的服务。即心理咨询师根据良好咨询关系、教育与发展、整体与综合、计划与针对以及伦理与保密等咨询原则，对有特殊需要的学生进行个别辅导，有的放矢，提供具有针对性的心理援助；或根据咨询对象实际情况及时将其转介，并做好回归保健和后续心理支持工作。这里，良好咨询关系的建立是每一位咨询师首先要面对的问题。与到咨询室寻求帮助的学生建立良好的咨询关系，要求咨询师具备一定的个人素质，掌握一些特殊的谈话技巧和咨询技术，这是来访者积极改变现状、发挥潜力的动力，它本身就具有一定的积极作用。特别需要指出的是，没有任何一种咨询技术可以"包治百病"，每种咨询技术都有其使用范围与领域，咨询师要学会灵活使用不同技术、方法，以解决学生面临的心理行为问题为目标，"对症下药"才能"药到病除"。

(2)团体咨询。团体咨询又称小组辅导或集体辅导，这是针对个别心理咨询而言的。它是一种在特定情境下为团体成员提供共同心理帮助与指导的一种咨询形式，即由咨询师根据来访问题的相似性，组成辅导小组，通过活动、讨论、训练、引导等专业技术，解决成员共有的心理问题或促进成员的共同发展。将团体咨询活动应用于学校心理健康教育，可以很好地营造和谐的心理氛围，提供认识自我、发展自我的心理环境，可被广泛用于情绪管理、人际交往、职业规划、潜能开发等心理健康教育主题。其优势在于同时面对多人，影响广泛，效率较高，感染力强，咨询效果易巩固，以及关注全体学生的心理健康水平，并且团体创造的实际人际接触体验，尤其适用于孤僻、害羞、退缩等人际适应障碍类的主题。毫无疑问，团体心理咨询为团体成员提供了一个有着信任、温暖、支持的良好气氛的场所，使成员以他人为镜，建立积极的自我认同，发展自我效能感，同时也成为他人的社会支持力量。通常情况下，把团体心理咨询划分为团体创始阶段、团体转换阶段、团体工作阶段和团体结束阶段四个阶段。当然在整个团体过程中，每个阶段是连续的，相互影响的，而不是截然分开的。

对于较大的团体来说，教育的意义强于预防和治疗的意义；对较小的团体来说，预防和治疗的意义则大于教育的意义。对于大学生来说，因为他们有着团体生活的社会兴趣，面临着共同的成长课题及类似的心理困扰，所以在高等学校心理健康教育工作中使用团体心理咨询技术，可以收到事半功倍的教育效果。

（3）危机干预。敬畏生命，必须积极预防和干预心理疾病、心理障碍引发的危机事件，如自杀、暴力冲突、精神分裂和意外事故等。危机干预就是提供即时的帮助，以使危机中的人恢复心身平衡。危机事件的发生有一个过程，如果能在危机发生之前加以识别，并进行有效干预的话，就可能杜绝危机事件的出现。因此，建立"学校主导、部门合作、社会参与"的危机干预工作机制和三级预防（初级预防、二级预防和三级预防）的实践机制尤为重要，力求早发现、早诊断、早治疗。而对个人而言，开展针对性的心理干预措施，能够提升对危机事件的预防和应对能力，规避风险，获得成长。一是提升情绪调节能力。通过对情绪调节策略设计适当性的干预、引导方案，建立和增强认知重评能力，进而提升应对危机的信心和技能。二是增强心理复原力。通过教育和引导培养洞察力及自我反思力，提升学生评估情境的能力；通过家庭、学校和社会的支持及训练，培养学生坚韧的意志品质，提高学生解决问题的技能。三是提高压力应对能力。通过学习有效应对策略的训练计划，来提高压力应对技巧，提升压力应对能力，有助于预防大学生在风险中出现心理危机。四是加强社会支持力度。在危机情境中，可通过政府、媒体、社区、学校、家庭等多个渠道为他们提供社会支持，来提升他们应对危机的力量和资源。对学校而言，建立一个纵向危机应对联动机制，确保在第一时间及时响应，提供支援和帮助，这是危机发生后有效应对的保障。即自上而下包括不同级别部门人员的加入（如学校领导、德育处、学生处、保卫处、院系主管为一级，班主任和辅导员等为一级），方便调动资源和获得支持。总之，重视心理危机干预和心理援助工作，必须全方位构建心理危机预防与干预体系，强化对高危人群的心理健康管理，提升心理援助的专业性、及时性、响应性，特别要重视自杀、自残等极端事件的发生。

（4）医教协同。在高等学校心理健康教育工作中，要重点关注高风险学生的筛查与干预、心理障碍学生转介等工作，强化学校与医院合作，建立综合医院心理科或精神科、精神专科医院与学校危机干预合作协议；有条件的学校，要在校医院配备心理科或精神科医生，及时解决学生的就诊需求。通过医教结合、医教协同等方式，建立心理危机转介诊疗机制，打通从学校心理健康教育与咨询机构到精神卫生专业机构的心理危机转介绿色通道，及时转介疑似患有严重心理或精神疾病的学生，到专业机构接受诊断和治疗。学校心理咨询机构要科学地把握工作的任务和内容，严格区分心理咨询中心与专业精神卫生机构所承担工作的性质、任务和目标。在心理咨询中，不断提升学生心理危机识别精准度、干预有效性、转介顺畅度。如果发现患有严重心理障碍和心理疾病的学生，要对他们进行及时干预和转介。要建立和完善学生心理危机干预转介和治理机制之间的联动，切实提高预防和干预突发事件的能力。此外，学校和医院开展心理咨询以及心理健康测评，必须严格遵守职业伦理规范，在学生知情、同意、自愿参加的基础上进行，严格遵循保密原则，保护好学生的隐私，谨慎使用心理测评量表或其他测试手段，严禁使用任何可能损害学生心理健康的工具、仪器和设备，坚决反对心理健康教育的医学化倾向、"贴标签"倾向。

六、高等学校心理健康教育的生态体系建设

2016 年，习近平总书记在全国卫生与健康大会上一再强调，"良好的生态环境是人类生存与健康的基础"。而高等学校心理健康教育就是一项复杂的生态工程、系统工程，需要学校、家庭、社会诸方面共同配合、通力合作。根据布朗芬布伦纳的生态系统理论，环境是一组"嵌套结构"。从微观环境（如家庭）到宏观环境（如文化系统），无一不对个体发展产生重要影响。[1] 因此，要实现高

---

[1]　[美]费尔德曼（Feldman R.）：《发展心理学：人的毕生发展》（第 4 版），苏彦捷等译，9~11 页，北京，世界图书出版公司北京公司，2007。

等学校心理健康教育效果的最大化、最优化，就必须建立学校、家庭和社会的协同联动机制，营造良好的学校、家庭和社会的生态系统，着力构建大学生学习生活和成长成才的生态环境，即生态课堂、生态校园、家校协同和社教一体。

（1）生态课堂。生态课堂以课程效率、教育效果为出发点和立足点，包括专门的心理健康教育课程和其他学科课程渗透。前者是集知识传授、心理活动体验与行为训练为一体的德育课程。学校应积极挖掘潜力，创造条件，开设以活动、体验为主的心理健康教育专门课程，可以采取多种教学形式，包括知识传授、专题讲座、同辈辅导、团体辅导、心理训练、问题辨析、情境设计、角色扮演、心理情景剧等。教育部已明确规定：大学阶段要对新生开设 2 学分心理健康教育公共必修课，倡导面向全体大学生开设心理健康教育类选修课程。[①]不同专业的其他教职员工，特别是各学科专任教师要牢固树立心理健康教育意识和健康第一观念，将适合不同专业特点的心理健康教育内容，有机渗透到日常教育教学活动中；注重发挥自身人格魅力和为人师表的模范表率作用，塑造良好、民主、平等、相互尊重的师生关系。班主任、辅导员、党团工作者和学生管理工作者要将心理健康教育与德育工作、班级工作、党团活动、校园文化活动等有机结合起来，充分利用互联网等现代信息技术手段，多种路径、多种途径开展心理健康教育。在此过程中，不断创新心理健康教育教学手段，建立课程资源共享平台，提供网络课程、教学案例、教学辅助课件、教学经验分享、教学研究前沿动态等信息。通过线上线下、课内课外、校内校外等多种课程路径，激发大学生的学习兴趣，提高课堂教学的生态学效果。

（2）生态校园。生态校园的本质特征是富有生命活力，根本途径是校园文化建设。通过正向价值引导，以文化人、以文育人，即将心理健康教育贯穿于学校教育教学的全过程，贯穿于校园的各个人群、各个角落。利用电子屏幕、广播电视、校园网、校刊校报、橱窗板报等，多渠道、多形式地正面宣传、普及心理健康和心理疾病知识。重视心理健康教育网络新媒体平台建设，开办主

---

①　教育部：《高等学校学生心理健康教育指导纲要》，2018。

题网站、专题网站(网页)，充分开发利用网上教育资源进行心理健康教育。以校园文化建设为抓手，营造积极、健康、高雅的校园环境氛围，陶冶学生高尚的情操；通过微电影、网络社区、朋辈互助、心理情景剧等形式，增强学生之间、同伴之间相互关怀与支持的意识。大力开展有益于提高学生心理健康的社会实践活动、研学游学活动、第二课堂活动、志愿者活动、音乐艺术鉴赏活动，提高学生的自觉参与、主动参与意识，强化学生学习心理健康知识的兴趣和动力，及时解决他们在学习、成长、生活和社会适应中产生的各种心理困扰和行为问题，达到自助与助人的目的。如每年春季可举办"5·25"大学生心理健康节，秋季举办特色心理文化活动；定期开展院系心理文化主题活动，建立学生心理健康教育社团或兴趣小组；加强社团联动，鼓励大学生开展阳光心理志愿服务，充分发挥学科、专业优势，打造不同特色的品牌活动，增强心理健康教育的吸引力和感染力。

(3)家校协同。学校教育离不开家庭的支持和铺垫，家庭教育离不开学校的引导和深化。2018年，习近平总书记在全国教育大会上明确指出，办好教育事业，家庭、学校、政府、社会都有责任。家庭是人生的第一所学校，家长是孩子的第一任老师，要给孩子讲好"人生第一课"，帮助扣好人生第一粒扣子。家校协同就是在家庭与学校之间架起一座桥梁，使学校教育与家庭教育有机结合起来，优势互补，相互促进。一方面，家庭要积极配合、支持学校教育，积极关注孩子健康成长，创建夫妻关系和睦、亲子关系和谐的良好家庭氛围；同时父母应该成为终身学习者，随着孩子的成长不断地学习如何做个好父母，建立温暖有爱的家庭氛围和支持环境，引导孩子解决学习生活中的困难和问题。另一方面，学校要将关口前移，对成长环境不佳的家庭或已出现心理行为问题的孩子，要自觉提供指导与帮助；同时加强与家庭合作、互动，帮助家长树立正确的教育观念，加强亲子沟通，提高家长对孩子心理健康问题的重视程度，并掌握预防、识别、干预心理行为问题的基本方法和手段；建立学校、家庭的联动机制，成立家长学校，加强对家长的心理辅导，为家长提供促进学生心理发展的指导意见，协助他们解决学生在发展过程中的问题，形成心理健康教育合力，共同促进学生的健康成长。

(4)社教一体。学校"小教育"，社会大课堂。社会教育是教育社会化的一种趋势，主要通过社会活动来开展，学生置身于群体活动中，感受群体文化的发展变化，形成群体认知，从而影响自己的行为。大学生作为一个社会人，他们的生活空间不应仅仅局限于学校，还应走出校门，跨入社会，在社会实践活动中健全心智、完善人格。研究者一致认为，快速变化的社会环境是影响大学生心理健康的重大风险性因素。[①] 因此，高等学校应主动、积极有效地利用一切相关的社会教育资源开展心理健康教育。加强与政府机关、卫生机构、医疗机构、科研院所、社会团体、企事业单位、公共文化机构、街道社区以及青少年校外活动场所等的联系和合作，组织开展各种有益于大学生身心健康的文体娱乐活动和心理素质拓展活动，拓宽心理健康教育的范围、路径和方式方法。促成学校教育向社会教育的延伸，"小教育"与大课堂优势互补，有效融合，共同发力。社会也要支持高等学校开设心理健康教育方面的专业，培养更多相关专业人才，同时鼓励相关专业毕业生从事心理辅导、心理咨询行业，组建全民心理健康教育联盟，提高心理治疗效果，并考虑逐步将心理咨询、心理治疗等纳入医保报销范围。国家和政府则从政策上体现对心理健康教育的重视，各级行政管理部门也要加强对心理健康教育的组织协调和领导，教育工作者、卫生工作者和社会工作者更应牢固树立心理健康教育意识，引导大学生努力践行正确的世界观、人生观、价值观，培养理性平和、自我接纳、情绪乐观、人格健全的积极心理品质，提高社会适应能力、抗挫折能力和情绪调适能力，为成长成才和幸福人生固本强基。

[①]　俞国良、李建良、王勍：《生态系统理论与青少年心理健康教育》，载《教育研究》，2018，39(3)。

第十五章

生命历程—生态系统观模型下的老年心理健康问题

当教师职业生涯结束时，角色转换就会发生，老年生活开始招手，这是生命的自然规律。我国是老年人口最多且老龄化发展较快的国家，2021年第七次全国人口普查数据显示，60岁及以上老年人口已达2.6亿，占总人口数量的18.70%。[①] 这不仅表明我国庞大的老年人口规模正呈现总量扩张、增量提速的发展态势，还意味着与人口老龄化有关的一系列问题迫在眉睫。在众多老龄化问题中，老年心理健康问题已然成为社会各界关注的重点议题。世界卫生组织发现，由于身体、认知等各方面能力的退化，高达1/5的老年人口经历过多种多样的心理健康问题，包括焦虑、抑郁、感知觉下降、记忆力衰退、性格多变、认知失调等。研究证实，这些老年心理健康问题与幸福感及预期寿命、死亡率具有紧密联系[②③]，严重影响晚年生活质量。大量研究关注了老年心理健康问题背后的影响因素及机制，并试图利用多种干预手段降低负面作用，以期达到成功老龄化的终极目标。然而，值得重视的是，尽管研究者已认识到老年心理健康取决于个人资源、环境因素和个人与环境因素之间的复杂互动[④]，但在理论和实践两个层面，如何系统把握老年心理健康影响因素，如何促进老年心理健康，以及如何对老年心理健康问题进行预防和干预，仍未有研究者做出全

[①] 第七次全国人口普查主要数据情况，http：// www. stats. gov. cn/tjsj/zxfb/202105/t20210510 _ 1817176. html，2021-05-11。

[②] Kadariya, S., Gautam, R. & Aro, A. R., "Physical Activity, Mental Health, and Wellbeing among Older Adults in South and Southeast Asia：A Scoping Review," *BioMed Research International*, 2019, 19(1), pp. 1-11.

[③] Westerhof, G. J. & Keyes, C., "Mental Illness and Mental Health：The Two Continua Model across the Lifespan," *Journal of Adult Development*, 2010, 17(2), pp. 110-119.

[④] Niclasen, J., Lund, L., Obel, C., et al., "Mental Health Interventions among Older Adults：A Systematic Review," *Scandinavian Journal of Public Health*, 2019, 47(2), pp. 240-250.

面充分的解释和回应。因此，聚焦老年群体心理健康问题，梳理老年心理健康研究现状，从生命历程与生态系统观的视角出发，整合老年心理健康影响因素的相关理论、模型，以及验证其适切性，专注预防、干预与促进老年心理健康，不但可以相对完整地揭示其机理，也可在一定程度上深化对这一复杂现象的认知。

一、老年心理健康问题研究的特点

一般地，心理健康不仅指无心理疾病，还可被视为一种适应良好的幸福状态，即个体作为一个整体能有效地发挥自身的功能与发展潜能，从而达到心理的内部平衡与外部环境的平衡统一的良好状态。[1] 据此，我们认为，老年群体心理健康的概念至少包含以下三个要素：（1）个体心理机能基本正常，包括认知功能、情绪表达、意志力表现正常；（2）个体内部心理活动与环境（家庭、社区、社会）和谐一致；（3）善于调适，拥有适应老化并应对逆境的潜能。综合以往研究，目前老年心理健康问题研究主要表现为以下三个特点。

（一）从文化多元性扩展到地域多样性

第一，不同国家与文化之间的老年心理健康研究成果逐步积累。从世界范围看，由于各个国家所处的特定历史、经济及社会环境不同，老年群体的心理健康问题也存在一些差异。最初，老年心理健康问题的许多研究成果都是从西方文化中孕育产生，缺少对其他文化的适宜性。因此，对老年心理健康问题进行文化多元性研究，不仅能够极大丰富研究内容，还有利于寻求不同文化中老年心理健康问题的区别与共通点。一是 20 世纪 80 年代，有关老年心理健康的跨文化研究就开始兴起，主要聚焦于老年心理健康内容、影响因素的跨文化研

---

[1] Payton, A. R., "Mental Health, Mental Illness, and Psychological Distress: Same Continuum or Distinct Phenomena?" *Journal of Health and Social Behavior*, 2009, 50(2), pp. 213-227.

究。例如，已有不少研究证明高收入国家的老年心理健康水平优于中等收入国家。[1] 二是不同国家老年心理健康问题的患病率研究。据世界卫生组织分析，老年抑郁属于东南亚地区第四大疾病，在美洲地区患病率高居首位。针对精神障碍，美国患病率为 24.8%，我国上海地区患病率为 7.3%。[2] 鉴于心理健康内容及结构上的文化差异，一些研究者还致力于将老年心理健康测量工具如症状自评量表、老年抑郁量表等改编为适用于本土化的研究工具，并进行跨文化比较[3][4]，以了解、评估和对照不同国家与文化之间的老年心理健康水平。

第二，不同地域之间的老年心理健康研究也逐渐丰富。最典型的则是农村地区与城市地区老年人心理健康的对比研究。例如，研究者通过分析中国城乡老年人口状况追踪调查数据，发现农村老年群体抑郁症状检出率、焦虑水平均显著高于城市老年群体。[5] 导致该现象的主要原因可能在于，我国农村与城市老年群体之间存在着巨大的社会和经济差距，城市老年人普遍享有更好的医疗与健康保障措施；与此同时，较城市老年群体而言，农村老年群体的社会参与、养老条件、社区基础设施建设等也处在劣势。经济上的窘迫和医疗服务可及性的不公平等因素，使农村老年群体更容易产生焦虑、沮丧等负面情绪，并最终导致抑郁症、焦虑症的发生。同样，国外研究者也进行了农村和城市地区老年心理健康水平的比较研究。例如，以抑郁为指标，一项日本研究曾报告农村老年人与城市老年人心理健康状况没有显著差异，即城乡之间抑郁症的患病率几

---

[1] Prina, A. M., Ferri, C. P., Guerra, M., et al., "Co-occurrence of Anxiety and Depression amongst Older Adults in Low-and Middle-Income Countries: Findings from the 10/66 Study," *Psychological Medicine*, 2011, 41(10), pp. 2047-2056.

[2] World Health Organization, *The World Health Report* 2001: *Mental Health: New Understanding, New Hope*, Geneva World Health Organization, 2001.

[3] Guerra, M., Ferri, C., Llibre, J., et al., "Psychometric Properties of EURO-D, a Geriatric Depression Scale: A Cross-Cultural Validation Study," *BMC Psychiatry*, 2015, 15(1), pp. 1-14.

[4] Jang, Y., Small, B. J. & Haley, W. E., "Cross-Cultural Comparability of the Geriatric Depression Scale: Comparison Between Older Koreans and Older Americans," *Aging & Mental Health*, 2001, 5(1), pp. 31-37.

[5] 郭爱妹、Daniel W. L. Lai：《老年人抑郁症状的城乡比较研究》，载《山东师范大学学报(人文社会科学版)》，2011，56(1)。

乎一样①；另一项元分析研究则表明，在美国、加拿大等国家中城市老年人的心理健康水平处在劣势，即城市老年人抑郁症的患病率高于农村老年人②。很明显，来自西方国家的研究结果有别于中国。一方面，这可能是由于我国社会转型时期所带来的城市快速发展，导致农村与城市的经济、医疗保险、社会文化、生活方式等方面存在着巨大差距，使得依赖性与脆弱性较强的老年人群体更易受其影响。另一方面，与其他国家不同，我国是一个城乡二元结构突出的国家，独特的户籍制度造成农村与城市界限分明，在很大程度上限制了城乡人口之间的流动，致使我国城乡老年人心理健康水平的差异更为明显。无论如何，老年心理健康问题地域多样性的研究正处在蓬勃发展阶段，反映了其研究现状从宏观国别维度逐渐细化到微观地域维度。

(二) 特殊老年群体的心理健康问题研究

当前，特殊老年群体的心理健康问题，引起了国内外研究者的高度关注。尽管由于各国国情不同，研究者主要关注的特殊老年人群有所差异，但无论在哪个国家，特殊老年群体的心理健康通常都会比一般老年人遭受更大的威胁与挑战。③

第一，我国特殊老年群体心理健康研究的主要对象是空巢老人、留守老人、流动老人。这三类特殊老年群体的形成与发展，在很大程度上是因为我国青壮年劳动力不断向城市转移。为此，一部分老年人选择留在本地，从而导致被"留守"以及家庭"空巢化"现象产生；另一部分老年人则跟随子女生活继而成为流

---

① Abe, Y., Fujise, N., Fukunaga, R., Nakagawa, Y., et al., "Comparisons of the Prevalence of and Risk Factors for Elderly Depression Between Urban and Rural Populations in Japan," *International Psychogeriatrics*, 2012, 24(8), pp. 1235-1241.

② Purtle, J., Nelson, K.L., Yang, Y., et al., "Urban-Rural Differences in Older Adult Depression: A Systematic Review and Meta-Analysis of Comparative Studies," *American Journal of Preventive Medicine*, 2019, 56(4), pp. 603-613.

③ Reus-Pons, M., Mulder, C.H., Kibele, E.U., et al., "Differences in the Health Transition Patterns of Migrants and Non-Migrants Aged 50 and Older in Southern and Western Europe(2004—2015)," *BMC Medicine*, 2018, 16(1), pp. 1-15.

动老年群体。空巢老人与留守老人长期缺乏情感慰藉、生活照料甚至是经济供养，容易表现出焦虑抑郁、孤独悲观、不愿与他人交往、无所事事等负面情绪，心理健康状况普遍较差[①]；而流动老人不得不离开长期生活的环境，原本建立的人际关系网络不断收缩甚至消失，易经历社会适应不良以及不安全感，这些都会对他们的心理健康造成负面影响[②]。由于经济发展、人口流动、家庭结构变革等多种原因，特殊老年群体占有相当大的比例；同时，特殊老年群体所处的各种困境更加剧了其脆弱性。因此，有关特殊老年群体的心理健康已然成为一个严峻的社会问题。

第二，国外针对特殊老年群体心理健康的研究，主要包括残疾老人、老年移民群体以及老年难民。大量研究表明，残疾老人长期暴露在逆境中，自我效能感低下，易患焦虑、抑郁等心理疾病，绝望感甚至自杀风险都显著高于正常老年群体。[③] 有关老年移民及老年难民的研究显示，老年移民经历是一种潜在压力源，加之他们接触新文化后可能会遭受到社会排斥、被歧视等一系列负面事件，容易造成其主观幸福感、心理健康状况降低。[④] 尤其对于老年难民来说，移民压力源加速了战争创伤对心理健康的影响，使得该群体罹患创伤后应激障碍的可能性进一步增强。[⑤] 毫无疑问，上述研究都说明相比于正常老年群体，特殊老年群体的心理健康状况不容乐观。

(三)聚焦老年心理健康服务研究

全球人口老龄化的现状与发展趋势，使得老年群体心理健康问题逐年突出，

---

① 卢慕雪、郭成：《空巢老人心理健康的现状及研究述评》，载《心理科学进展》，2013，21(2)。

② 彭大松、张卫阳、王承宽：《流动老人的心理健康及影响因素分析——基于南京的调查发现》，载《人口与社会》，2017，33(4)。

③ Ramaprasad, D. , Rao, N. S. & Kalyanasundaram, S. , "Disability and Quality of Life among Elderly Persons with Mental Illness,"*Asian Journal of Psychiatry*, 2015(18), pp. 31-36.

④ Conkova, N. & Lindenberg, J. , "Health and Wellbeing of Older Migrants in the Netherlands: A Narrative Literature Review,"*Tijdschrift Voor Gerontologie en Geriatrie*, 2018, 49(6), pp. 223-231.

⑤ Mölsä, M. , Kuittinen, S. , Tiilikainen, M. , et al. , "Mental Health among Older Refugees: The Role of Trauma, Discrimination, and Religiousness,"*Aging & Mental Health*, 2017, 21(8), pp. 829-837.

为此，一些老年心理健康服务政策相继出台。例如，世界卫生大会于 2016 年通过了《2016—2020 年老龄化与健康全球战略和行动计划：建设每个人都能健康长寿的世界》；在我国，国务院印发的《中国老龄事业发展"十二五"规划》与《关于加快发展养老服务业的若干意见》明确提出，要广泛开展老年健康教育，加快发展养老服务业，注重其精神关怀和心理慰藉。《关于加强心理健康服务的指导意见》更进一步强调，要为心理健康状况不良的老年人提供更多心理辅导、情绪疏解、悲伤抚慰、家庭关系调适等心理健康服务。

与此同时，一系列有关老年心理健康服务的研究迅速开展。以往曾有大量研究表明，老年人利用心理健康服务的比率较其他年龄组群体更低。[1] 例如，一项针对中国四个省份的研究发现，超过 17% 的老年人患有可诊断的精神障碍，但其中只有 5% 的人接受过心理健康专业人员的护理。[2] 导致这种现象的原因，一是许多老年人将晚年的心理健康问题视为衰老的自然伴随物[3]，对其可治疗性抱有错误认识[4]，从而限制了他们寻求心理健康帮助和治疗的意愿；二是心理健康服务的污名化，即对寻求与精神疾病相关帮助和治疗感到耻辱也是影响老年人接受心理治疗的重要障碍之一[5]；三是心理健康服务的专业人员数量不足。不过，令人欣慰的是，最近一项针对我国老年群体的纵向追踪研究清楚地表明，随着心理健康服务普及率的上升，以及针对心理健康服务政策的出台，

---

① Crabb, R. & Hunsley, J., "Utilization of Mental Health Care Services among Older Adults with Depression," *Journal of Clinical Psychology*, 2006, 62(3), pp. 299-312.

② Phillips, M. R., Zhang, J., Shi, Q., et al., "Prevalence, Treatment, and Associated Disability of Mental Disorders in Four Provinces in China During 2001-2005: An Epidemiological Survey," *The Lancet*, 2009, 373(8), pp. 2041-2053.

③ Pettigrew, S., Donovan, R., Pescud, M., et al., "Mature Adults' Attitudes to Mental Health Service Utilisation," *Australian Psychologist*, 2010, 45(2), pp. 141-150.

④ Mackenzie, C. S., Pagura, J. & Sareen, J., "Correlates of Perceived Need for and Use of Mental Health Services by Older Adults in the Collaborative Psychiatric Epidemiology Surveys," *The American Journal of Geriatric Psychiatry*, 2010, 18(12), pp. 1103-1115.

⑤ Conner, K. O., Copeland, V. C., Grote, N. K., et al., "Mental Health Treatment Seeking among Older Adults with Depression: the Impact of Stigma and Race," *The American Journal of Geriatric Psychiatry*, 2010, 18(6), pp. 531-543.

我国老年群体越来越希望自己所在社区提供政府资助的心理咨询服务。[①]

二、老年心理健康影响因素：理论假说模型

为了更加系统地认识老年心理健康问题，并进一步应对及干预其心理健康状况，有必要对心理健康影响因素的相关理论进行深入分析与探讨。回顾、总结以往相关文献，有关老年心理健康影响因素的理论主要涉及以下两大视角：生命历程视角与生态系统观。进一步，作为老年心理健康影响因素的理论假说，我们提出了生命历程—生态系统观模型。

（一）生命历程—生态系统观模型

1. 生命历程视角

作为生命历程理论的核心要素，生命历程视角（life-course perspective）主张，人的发展与衰老是一个持续终生的过程，是由贯穿生命历程的所有事件与经历构成的。[②] 因此，许多研究者坚信老年心理健康问题的形成离不开个人成长、发展乃至最终衰老所经历的各类生活事件。[③④] 大量理论以此视角为基石，其中最具代表性的则是累积劣势理论。累积劣势理论类似于"马太效应"，它认为老年后期的心理健康问题，是由于早期生命历程中的劣势条件（如社会经济水平低、创伤性事件、压力等）随时间不断累积而形成的。[⑤] 显然，这种理论忽略了

---

① Olesiuk, W. J. & Wu, B., "Are Expectations for Community Mental Health increasing among Older Adults in China?"*Psychological Services*, 2017, 14(3), p. 397.

② Mortimer, J. T. & Shanahan, M. J. (Eds.), *Handbook of the Life Course*, Springer Science & Business Media, 2007.

③ Brod, M., Schmitt, E., Goodwin, M., et al., "ADHD Burden of Illness in Older Adults: A Life Course Perspective,"*Quality of Life Research*, 2012, 21(5), pp. 795-799.

④ Gong, F., Xu, J., Fujishiro, K., et al., "A Life Course Perspective on Migration and Mental Health among Asian Immigrants: The Role of Human Agency,"*Social Science & Medicine*, 2011, 73(11), pp. 1618-1626.

⑤ Dannefer, D., "Cumulative Advantage/Disadvantage and the Life Course: Cross-Fertilizing Age and Social Science Theory," *The Journals of Gerontology Series B: Psychological Sciences and Social Sciences*, 2003, 58(6), pp. 327-337.

个体的主观能动性以及内外部环境系统的相互作用等，致使广受批评。不难看出，尽管生命历程视角阐明了个体发展的连续性，但在探讨个体生存发展所依赖的各类环境因素方面仍有所欠缺。

2. 生态系统观或生态系统理论

20 世纪 70 年代末，为了克服早期遗传决定论的局限性，布朗芬布伦纳提出了生态系统理论（Ecological Systems Theory）。作为阐释人类发展的重要理论，生态系统理论将人的发展定义为个体不断感知和处理自身与环境之间关系的持续改变过程。因此，人的发展不是个体在个人层面上的单向线性成长，而是个体在多个环境系统中的多维调适过程。同时，人的发展不仅受环境系统的影响，也反过来作用于环境系统。作为生态系统理论的核心概念，生态环境可被视为一种由多个系统嵌套而成的环状结构系统。按照辐射范围的大小，这些系统由内往外依次是微系统、中系统、外系统和宏系统。这意味着，老年心理健康的影响因素不仅仅局限于微系统（个人系统，如个体的生物遗传特性、人格特质等），还涉及宏系统（外部系统，如家庭、社区、社会环境等）以及内外部系统的相互作用等。然而，生态系统观也有其局限性，如过分强调环境对人发展的作用，缺乏对个体完整的生命历程的探讨。

基于以上两种理论的内涵及相关实证研究结果，我们将这两大理论观点归纳整合为生命历程—生态系统观模型，试图更加系统地展现影响老年群体心理健康的各类因素。如图 15-1 所示，该模型包含四种系统，分别是个人系统、家庭系统、社区系统以及社会系统。与此同时，一条完整的生命历程线贯穿四种系统，代表了生命历程中的各类事件与经历对每种系统的影响。各个子系统之间相互作用、相互影响，缺一不可。

（二）模型对老年心理健康影响因素的诠释

诚如前述，生命历程视角、生态系统理论是生命历程—生态系统观模型的理论基础。该模型整合了老年心理健康的影响因素，即老年心理健康问题的形成与发展，在一定程度上都可以使用生命历程—生态系统观模型的要素进行分

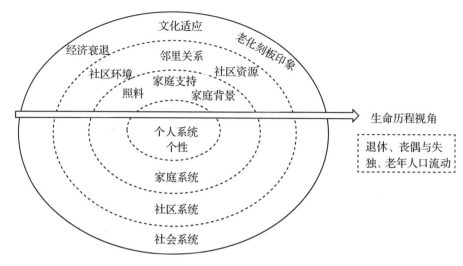

图 15-1　生命历程—生态系统观模型

析、诠释。

第一，个人系统。个人系统包括个体的生物遗传学特性（基因、年龄、性别等），人格特质与行为倾向，生活习惯等，它是区别不同个体最基本的符号系统。大量研究显示个人系统对老年心理健康的影响。例如，相比于男性，老年女性更易患抑郁、焦虑等心理疾病。[①] 还有研究发现，较高的神经质，较低的外向性、责任心及低水平自尊等特质，也是导致老年群体抑郁及焦虑的危险因素[②]，但良好的个人习惯，如适度体育锻炼、合理膳食等，可以有效减少老年个体罹患心理疾病的风险。[③] 这些研究都证明了个人系统能够在一定程度上影响老年人的心理健康。同时，由于个人系统反映了个体最基础的特性，因此构成了所有系统的内环，并与其他系统相互联系、相互作用。

---

① Evans, O., Singleton, N., Meltzer, H., et al., *The Mental Health of Older People*, *Report Based on the Analysis of the ONS Survey of Psychiatric Morbidity among Adults in Great Britain Carried out in 2000 for the Department of Health, the Scottish Executive Health Department and the Welsh Assembly Government*, Norwich, 2003.

② Hakulinen, C., Elovainio, M., Pulkki-Råback, L., et al., "Personality and Depressive Symptoms: Individual Participant Meta-Analysis of 10 Cohort Studies," *Depression and Anxiety*, 2015, 32(7), pp. 461-470.

③ Kwak, M. S. & Kim, D., "Non-Alcoholic Fatty Liver Disease and Lifestyle Modifications, Focusing on Physical Activity," *The Korean Journal of Internal Medicine*, 2018, 33(1), p. 64.

第二，家庭系统。伴随着脱离社会一线劳动生产领域，老年人逐渐与家庭成员开始频繁密切地接触[1]，使得老年群体的家庭系统变得日趋重要。家庭系统包括家庭中的重要组成关系，如亲子关系、婚姻关系、隔代关系等，还包括家庭功能以及家庭成员所扮演的角色(如照料者)等。已有研究指出，良好的家庭功能，如子女的情感支持以及与配偶的亲密关系，可以减少老年人抑郁、孤独以及认知缺陷的发生[2]，对维护老年个体的心理健康有着积极影响。相反，较弱的家庭背景可能对老年个体的心理健康状况存在着持久的影响。例如，研究者曾以我国台湾老年群体及其子女为调查对象，发现子女教育程度与老年父母的抑郁症状水平成反比，这种影响甚至大于老年父母自身社会经济水平对其抑郁症状的影响。[3] 原因可能在于，在中国文化里，老年父母会将子女与自身结为命运共同体，并把子女当作自己生命的延伸。因此，子女在某一领域的失败可能会导致老年父母情绪、认知等方面产生剧烈变化，从而成为影响老年个体心理健康的危险因素。不仅如此，还有研究指出，老年个体在家庭中承担的照料者角色会严重影响其心理健康状况。作为照料者，他们承担的经济压力与家务责任更大，来自配偶与家庭的冲突更多，心理健康状况更差。[4] 总之，家庭系统包含复杂关联的家庭成分、功能与结构，在老年心理健康中扮演着举足轻重的作用。

第三，社区系统。社区系统包括社区物理环境(如住房、公共卫生等)及社区资源(如邻里关系、朋辈支持、集体效能等)。许多研究都发现了社区系统与

① Fingerman, K. L., Miller, L. & Seidel, A. J., "Functions Families Serve in Old Age," in Qualls, S. H. & Zarit, S. H., *Aging Families and Caregiving*, 2009, pp. 19-44.

② Chatters, L. M., Taylor, R. J., Woodward, A. T., et al., "Social Support from Church and Family Members and Depressive Symptoms among Older African Americans," *The American Journal of Geriatric Psychiatry*, 2015, 23(6), pp. 559-567.

③ Lee, C., Glei, D. A., Goldman, N., et al., "Children's Education and Parents' Trajectories of Depressive Symptoms," *Journal of Health and Social Behavior*, 2017, 58(1), pp. 86-101.

④ Butterworth, P., Pymont, C., Rodgers, B., et al., "Factors that Explain the Poorer Mental Health of Caregivers: Results from a Community Survey of Older Australians," *Australian & New Zealand Journal of Psychiatry*, 2010, 44(7), pp. 616-624.

老年心理健康状况的联系。[①] 在老年人退休后，白天活动和参与的重要领域逐渐从工作转移到邻里关系中，这使得他们更倾向于依赖周边资源，并将与邻居的社会关系看得更为重要。[②] 邻里关系融洽的老年人享有更高的主观幸福感，心理健康状况更好。[③] 同样，更完善的社区服务设施、更和谐的社区文化，有利于提高老年人的社区活动参与率，从而减少老年人心理健康问题的出现。[④] 反之，社区资源较少的社区则与老年人的认知功能低下有关。[⑤] 例如，研究者在 4 年内追踪了 16 190 名中国老年人，发现居住在公交线路较少、社区环境较差、社区服务水平较低的社区老年人，其认知比拥有较多社区资源的老年人衰退得更快。[⑥] 在社区系统中，老年群体可以在社区里进行朋辈人际交流、发展兴趣爱好、学习娱乐甚至在社区系统中建立社区角色等。因此，社区不仅是老年群体的主要活动场所，还提供了除家庭以外与社会之间相互联系的平台，能够对老年群体心理健康产生一定影响。

第四，社会系统。社会系统包括社会政策、经济、文化和风俗习惯等。它类似于生物生态模型中的宏系统，指代存在于个人系统、家庭系统与社区系统以外的文化、亚文化及社会环境，构成整个模型的最外环，并直接或间接地影响每个系统。相比于其他三个系统，社会系统对老年群体心理健康的影响更具持久性、深刻性。其中，较为典型的是社会文化中普遍存在的老化刻板印象。大量实证研究已经证实老化刻板印象会加剧对心血管压力的影响以及损害老年

---

① Pan, X. I. , Chahal, J. K. & Ward, R. M. , "Quality of Urban Life among Older Adults in the World Major Metropolises: A Cross-Cultural Comparative Study," *Ageing and Society*, 2018, 38(1), p. 108.

② Oh, J. H. , "Social Bonds and the Migration Intentions of Elderly Urban Residents: The Mediating Effect of Residential Satisfaction," *Population Research and Policy Review*, 2003, 22(2), pp. 127-146.

③ Santini, Z. I. , Koyanagi, A. , Tyrovolas, S. , et al. , "The Association Between Social Relationships and Depression: A Systematic Review," *Journal of Affective Disorders*, 2015(175), pp. 53-65.

④ Kutek, S. M. , Turnbull, D. & Fairweather Schmidt, A. K. , "Rural Men's Subjective Well Being and the Role of Social Support and Sense of Community: Evidence for the Potential Benefit of Enhancing Informal Networks," *Australian Journal of Rural Health*, 2011, 19(1), pp. 20-26.

⑤ Cassarino, M. & Setti, A. , "Environment as "Brain Training": A Review of Geographical and Physical Environmental Influences on Cognitive Ageing," *Ageing Research Reviews*, 2015(23), pp. 167-182.

⑥ Luo, Y. , Zhang, L. & Pan, X. , "Neighborhood Environments and Cognitive Decline among Middle-Aged and Older People in China," *The Journals of Gerontology: Series B*, 2019, 74(7), pp. 60-71.

群体的记忆任务、驾驶行为、行走能力。[1] 除了即时作用，纵向追踪研究显示，暴露于更多的老化刻板印象的老年人，其记忆力更差，报告的主观健康水平和自尊水平更低。[2] 同时，社会系统中的文化适应也会对老年群体的心理健康产生影响。已有研究发现文化适应不良与老年移民群体的抑郁焦虑症状、患病风险甚至自杀之间存在直接联系。[3] 以我国随迁老人为对象，也有不少研究证实其归属感与社会认同感较差、焦虑抑郁检出率较高，同时幸福感显著低于本地老人。[4] 此外，不良的社会经济发展状况也是老年人心理健康问题的重要诱因。有研究者强调在日常生活中的一系列慢性压力源中，经济困难带来的压力最大，影响最严重。[5] 例如，有研究者发现经济衰退会导致老年群体财富减少以及抑郁症状的增加。[6] 还有研究者以 5 366 名美国老年人为被试，同样发现由 2008 年金融危机所引发的经济衰退是老年心理健康状况恶化的有力预测因素。[7]

第五，生命历程视角。生命历程视角贯穿了上述四个系统，代表了整个生命历程的所有事件和经历对每个系统的影响。尽管早期的生活事件如遭受霸凌等与老年抑郁症状有紧密联系，但很难说清楚这种联系是仅仅针对生命后期还是持续整个生命周期。因此，为了厘清老年群体心理健康诱因的独特性，我们将着重分析个体步入老年期后所经历的各类事件。

一是退休。退休不仅是大多数国家的制度安排，也是由中年迈入老年的标

① Dionigi, R. A. "Stereotypes of Aging: Their Effects on the Health of Older Adults," *Journal of Geriatrics*, 2015, pp. 1-9.

② Coudin, G. & Alexopoulos, T., "Help Me! I'm Old!" How Negative Aging Stereotypes Create Dependency among Older Adults," *Aging & Mental Health*, 2010, 14(5), pp. 516-523.

③ Kwag, K. H., Jang, Y. & Chiriboga, D. A., "Acculturation and Depressive Symptoms in Hispanic Older Adults: Does Perceived Ethnic Density Moderate Their Relationship?" *Journal of Immigrant and Minority Health*, 2012, 14(6), pp. 1107-1111.

④ 宋晓星、辛自强：《随迁老人和本地老人的群际接触与其幸福感的关系》，载《心理发展与教育》，2019, 35(5)。

⑤ Kahn, J. R. & Pearlin, L. I., "Financial Strain over the Life Course and Health among Older Adults," *Journal of Health and Social Behavior*, 2006, 47(1), pp. 17-31.

⑥ Riumallo-Herl, C., Basu, S., Stuckler, D., et al., "Job Loss, Wealth and Depression During the Great Recession in the USA and Europe," *International Journal of Epidemiology*, 2014, 43(5), pp. 1508-1517.

⑦ Wilkinson, L. R., "Financial Strain and Mental Health among Older Adults During the Great Recession," *Journals of Gerontology Series B: Psychological Sciences and Social Sciences*, 2016, 71(4), pp. 745-754.

志，是人生的重要分水岭。关于退休和心理健康之间的关系，存在两种截然对立的论点。一些研究者认为退休是对工作的一种解脱，在退休后老年人能追求自己的兴趣、爱好并进行休闲活动，对其心理健康有着积极影响。[①] 另一些研究者则将退休视为可能产生压力的主要生活事件，因为退休意味着之前的生活轨迹被打乱，工作和个人社会角色丢失，失落感、孤独感升高，自我效能感降低，从而造成老年群体心理健康水平进一步下降。[②] 这种矛盾结果的主要原因可能在于退休是否出于自愿。有研究者曾发现在被迫退休后，老年女性的抑郁症状显著增加。[③] 还有研究者通过纵向研究证明相比于自愿退休，非自愿退休对老年群体心理健康的负面影响更大。显然，非自愿退休主要对其个人系统产生损害，且已然成为部分老年人难以避免的负性事件。

二是丧偶与失独。首先，已有研究发现丧偶与老年心理健康状况的下降有关，如老年人在经历丧偶后抑郁症状会显著增强，悲痛感以及死亡风险也会随之上升。[④] 其次，有关失独的研究也表明，独生子女的去世是导致老年父母创伤后应激障碍与抑郁症的重要风险因素。[⑤] 配偶与子女是老年人晚年生活的主要照顾者，因而，丧偶与失独不只意味着家庭成员的离去与家庭关系的终结，还会对以家庭系统为主要支持系统的老年群体造成重大打击，严重危害其心理健康状况。

三是老年人口流动。在我国，随着城市经济的快速发展，大规模的农村人

[①] Olesen, K., Rod, N. H., Madsen, I. E., et al., "Does Retirement Reduce the Risk of Mental Disorders? A National Registry-Linkage Study of Treatment for Mental Disorders Before and after Retirement of Danish Residents," *Occupational and Environmental Medicine*, 2015, 72(5), pp. 366-372.

[②] van der Heide, I., van Rijn, R. M., Robroek, S. J., et al., "Is Retirement Good for Your Health? A Systematic Review of Longitudinal Studies," *BMC Public Health*, 2013, 13(1), pp. 1-11.

[③] Szinovacz, M. E. & Davey, A., "Retirement Transitions and Spouse Disability: Effects on Depressive Symptoms," *The Journals of Gerontology Series B: Psychological Sciences and Social Sciences*, 2004, 59(6), pp. 333-342.

[④] Monserud, M. A. & Markides, K. S., "Changes in Depressive Symptoms during Widowhood among Older Mexican Americans: The Role of Financial Strain, Social Support, and Church Attendance," *Aging & Mental Health*, 2017, 21(6), pp. 586-594.

[⑤] Wang, Q., Xu, W., Ren, L., et al., "The Relationship Between Hope and Post-Traumatic Stress Disorder in Chinese Shidu Parents: the Mediating Role of Perceived Stress," *Journal of Affective Disorders*, 2019(251), pp. 23-30.

口迁移到城市，并且越来越多的流动人口开始以家庭为单位进行迁移，老年流动人口呈稳定增多趋势。[1] 然而，这些老年流动人口基本被排除在流入地居民可享受的住房补贴、社会保障和医疗福利之外。与此同时，老年人口流动现象也带来一系列心理健康问题，包括遭受歧视、文化适应不良、孤独感与失落感、不安全感增强等。[2] 老年人口流动意味着与长期居住的原住地的脱离，个体面临着传统生活方式、社区及社会支持网络的变化，以及适应新的文化环境的需求，这在一定程度上会对他们的社区及社会系统造成威胁。

世界卫生组织曾归纳出影响老年群体心理健康的六大方面，包括：（1）社会决定因素；（2）收入、工作、社会保护等经济决定因素；（3）自然环境因素，如城市/农村环境、住房等；（4）个人决定因素即生物学及遗传学特性；（5）健康和社会服务决定因素，如健康促进、疾病预防、长期护理；（6）行为决定因素，如体力活动、健康饮食、停止吸烟、控制酒精问题。可见，尽管图 15-1 的生命历程—生态系统观模型仅梳理了现有研究中普遍关注的老年心理健康影响因素，但在理论上，生命历程—生态系统观模型能够涵盖世界卫生组织归纳的所有因素。基于此，我们认为该模型较为完整地建立了老年人心理健康影响因素的理论假说模型。

三、老年心理健康影响因素：理论假说模型的验证

（一）来自正常老年群体：元分析的证据

虽然在上文中我们通过梳理、整合相关理论及文献，建立了老年心理健康影响因素的生命历程—生态系统观模型，但是并没有使用定量方法，更大规模、系统地分析已有研究。为了验证该模型的有效性与适切性，我们采用元分析方法，探讨在该模型中，一些争议变量是否切实影响了老年群体的心理健康问题，

---

[1] 杨菊华：《流动时代中的流动世代：老年流动人口的多维特征分析》，载《人口学刊》，2018，40(4)。
[2] 孙克波：《老年流动人口心理问题及对策》，载《中国老年学杂志》，2016，36(9)。

以期利用实证分析结果为该模型提供数据支撑。

在这些争议变量中，一是体育锻炼（个人系统）。许多研究都表明，体育运动对维持老年群体的情绪稳定、积极乐观的生活态度具有显著的正向预测作用，能够在一定程度上预防焦虑、抑郁等不良症状的发生。[①] 然而，另一些研究也发现体育运动状况与心理健康相关较弱或无显著的相关关系[②]；还有研究者认为，过度体育运动或体育锻炼还会损害老年人的心理健康，造成个体紧张感进一步增强。二是家庭照料（家庭系统）。实证研究表明，在家庭中扮演的照料者角色与心理健康之间存在着不一致的关系。一方面，一些研究者认为，照料者承受着巨大的负担，这可能导致照料者心理健康问题的出现率提高。例如，已有研究发现相较于一般老年人，承担着照料工作的老年人，其焦虑和抑郁的发生率更高。[③] 同时，老年人本身面临的身体机能退化情况十分严峻，但照料者身份往往会使他优先照顾接受家庭照料者的健康，而自己得不到应有的医疗服务、社会支持，很可能致使家庭照料者的心理健康状况遭受严重威胁。[④] 另一方面，也有研究者认为，照料家庭成员并不一定会影响到照料者本身的心理健康，因为具有较强社会支持的照料活动，会让照料者体验到较强的满足感和自我效能感，在很大程度上能够削弱照料活动给他带来的负面影响。三是邻里犯罪（社区系统）。同上述两个变量的情形相似，研究者发现了邻里犯罪与心理健康问题相关的矛盾性，包括强相关和弱相关关系。这种在既有研究中存在的差异可能是因为一部分老年人从工作中逐渐脱离，朝着社区角色转变，从而对社区系统较为依赖，因而邻里犯罪的水平在很大程度上影响了老年人孤独感、焦

---

① 安涛：《体育锻炼对老年人心理健康的影响》，载《中国老年学杂志》，2019，39（3）。

② Chekroud, S. R., Gueorguieva, R., Zheutlin, A. B., "Association Between Physical Exercise and Mental Health in 1.2 Million Individuals in the USA Between 2011 and 2015: A Cross-Sectional Study," *The Lancet Psychiatry*, 2018, 5(9), pp. 739-746.

③ Lambert, S. D., Bowe, S. J., Livingston, P. M., et al., "Impact of Informal Caregiving on Older Adults' Physical and Mental Health in Low-Income and Middle-Income Countries: A Cross-Sectional, Secondary Analysis based on the WHO's Study on Global Aging and Adult Health," *BMJ Open*, 2017, 7(11), pp. 217-236.

④ Stenberg, U., Ruland, C. M. & Miaskowski, C., "Review of the Literature on the Effects of Caring for a Patient with Cancer," *Psycho-Oncology*, 2010, 19(10), pp. 1013-1025.

虑感的发生。① 四是文化适应(社会系统)。文化适应通常被发现对心理健康有积极影响，已有研究发现文化适应不良与老年移民群体心理健康问题，如抑郁焦虑症状、患病风险甚至自杀之间存在着直接联系。② 然而，两者的相关程度具体如何仍存在较大争议。因此，在得出文化适应对心理健康有影响之前，我们需要从经验上整合和巩固这些研究结果，以检验它们之间的联系。五是退休(生命历程视角)。有研究者发现退休会导致老年人心理健康状况下降，导致失落感、孤独感进一步增强。③ 但也有研究者认为，由于退休释放了个人的工作压力，使得老年人空闲时间更多，因此在一定程度上仍然可以改善精神健康状况。④

1. 文献检索与筛选

首先，在中文数据库中(中国知网期刊和硕博论文数据库)搜索摘要中包含上述关键词的文献。其次，在英文数据库中(Web of Science 核心合集，PsycINFO 和 ProQuest Dissertations and Theses)中搜索英文文献。使用 EndNote X9 导入文献并按照如下标准筛选。综合考虑研究主题与文献内容的相关程度，根据元分析的基本要求，制定以下文献筛选标准：(1)文献应当是上述有关争议变量以及老年人心理健康的研究。(2)文献是实证研究，且包含样本量、变量相关系数或能够转换成相关系数的其他效应值(β 值、路径系数、t 值)等信息。(3)研究样本应相互独立，倘若一篇文献中含有两个或两个以上的独立样本均应被纳入研究对象，倘若不同文献出现样本交叉的情况，则纳入样本量偏大的文献。(4)研究对象为正常

① Wong, F. H. C., Liu, T., Leung, D. K. Y., et al., "Consuming Information Related to COVID-19 on Social Media among Older Adults and Its Association with Anxiety, Social Trust in Information, and COVID-Safe Behaviors: Cross-Sectional Telephone Survey,"*Journal of Medical Internet Research*, 2021, 23(2), pp. 265-270.

② Kwag, K. H., Jang, Y. & Chiriboga, D. A., "Acculturation and Depressive Symptoms in Hispanic Older Adults: Does Perceived Ethnic Density Moderate Their Relationship?"*Journal of Immigrant and Minority Health*, 2012, 14(6), pp. 1107-1111.

③ Van der Heide, I., van Rijn, R. M., Robroek, S. J., et al., Is Retirement Good for Your Health? A Systematic Review of Longitudinal Studies,"*BMC Public Health*, 2013, 13(1), pp. 1-11.

④ Olesen, K., Rod, N. H., Madsen, I. E., et al., "Does Retirement Reduce the Risk of Mental Disorders? A National Registry-Linkage Study of Treatment for Mental Disorders before and after Retirement of Danish Residents,"*Occupational and Environmental Medicine*, 2015, 72(5), pp. 366-372.

老年群体，其他群体将被排除。（5）样本量大小明确。文献筛选流程如图 15-2 所示。

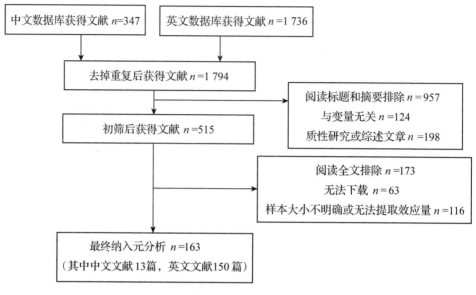

图 15-2　文献筛选流程

经过文献筛选，初步检索后共得到 2 083 篇文献。按照上述标准从所获文献中经过严格筛选，最终选出 163 篇中、英文文献。其中，中文文献 13 篇，英文文献 150 篇，涵盖期刊论文、学位论文等不同形式的文献。确定了纳入分析的文献之后，为了提取文献中各种所需的数据，我们对文献进行编码，包含研究描述项和效应值统计项两部分，其中研究描述项包括文献的题名、来源、文献的作者、出版年份等文献基本信息和研究对象、研究结果等研究特征信息；效应值统计项则包括相关系数 r、信度值等信息。

2. 研究结果

本研究采用相关系数作为效应值，并且对多个独立研究的效应值进行合并处理。首先对从每篇实证研究中获取的效应值进行信度修正，然后，由于一些研究中存在缺失部分变量信度的情况，则利用对其他相似研究样本的信度加权平均的处理方式来获取信度值。最终的影响因素结果如表 15-1 所示。

表 15-1 争议变量与老年心理健康的元分析结果

影响因素	K	N	Q	I^2	r_c	95%的置信区间		Failsafe-N
						低	高	
体育锻炼	62	62 315	406.32***	93.33	0.458	0.221	0.682	716
家庭照料	44	33 216	306.38***	82.84	-0.275	0.142	0.423	563
邻里犯罪	8	98 758	2508.68***	99.68	-0.281	0.106	0.246	201
文化适应	15	5 387	189.78***	95.71	0.359	0.185	0.620	189
退休	34	4 270	298.61***	94.34	0.263	0.310	0.433	467

3. 发表偏倚分析

发表偏倚用来描述当一个主题的已发表研究文献系统地不代表该主题的整个已完成研究时所产生的问题，通常用失效安全系数(Failsafe-N)来检验发表偏倚问题，失效安全系数满足大于 $5K+10$(K 指独立研究数)的条件时可以认为不存在发表偏倚问题。如表 15-1 所示，各类影响因素与老年心理健康之间的失效安全系数分别为 716，563，201，189，467，均满足大于 $5K+10$ 的条件。因此，不存在发表偏倚的问题。此外，为保证元分析结果的可靠性，本研究还将利用漏斗图评估是否存在发表偏倚。漏斗图是识别发表偏倚最常用的方法之一，它可以比较直观地展现原始效应量的分布有无偏倚的情况。横轴为原始研究加权后的效应量大小，纵轴为每一个效应量对应的标准误。如果样本中的原始研究没有发表偏误，那么，所有效应量的分布将大约呈现出倒漏斗形。从图 15-3 至图 15-7 可以看出，样本中效应量的分布基本呈现倒漏斗对策结构，因此，从总体上来看，研究结果具有良好的稳定性。

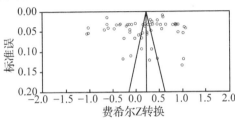

图 15-3 体育锻炼效应量分布漏斗图

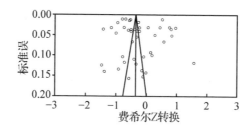

图 15-4　家庭照料效应量分布漏斗图

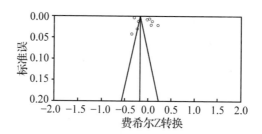

图 15-5　邻里犯罪效应量分布漏斗图

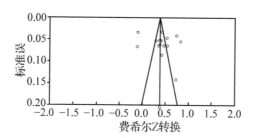

图 15-6　文化适应效应量分布漏斗图

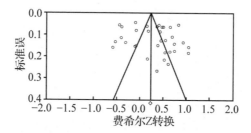

图 15-7　退休效应量分布漏斗图

4. 效应值异质性检验

效应值异质性检验通常以 Q 统计量、I^2 值作为衡量研究之间异质性的标准。休都-梅迪纳（Huedo-Medina）等人提出 75% 法则[①]，该法则认为 I^2 值如果超过 75% 即代表结果异质，说明研究中纳入的争议变量与老年人心理健康关系的效应量是由其真实差异引起的。如表 15-1 所示，各类影响因素与老年心理健康之间的 I^2 值均满足统计学要求。

5. 质量评价

根据专家建议并参照实验和干预类研究评价条目与标准，自行编制相关类元分析文献质量评价量表。（1）被试的选取。随机选取计 2 分，非随机选取计 1 分，未报告计 0 分。（2）数据有效率。数据有效率在 0.9 及以上计 2 分，介于 0.8~0.9 计 1 分，0.8 以下及未报告的计 0 分。（3）测量工具的内部一致性信度。信度在 0.8 及以上计 2 分，介于 0.7~0.8 计 1 分，0.7 以下及未报告的计 0 分。（4）刊物级别。按级别，CSSCI（含扩展版）及 SSCI 期刊>北大核心期刊>普通期刊及未公开发表的论文，分别计 2 分、1 分和 0 分。最终计算每条文献的总分，介于 0~10，得分越高表明文献质量越好。文献所选取质量均大于 7，证明选取文献质量较好。

6. 主效应检验

如表 15-1 所示，5 类影响因素的 r_c 分别为 0.458，−0.275，−0.281，0.359，0.263，并且它们对应的 95% 的置信区间内都不包含 0，也就是说有 95% 的把握认为该值显著。因此，体育锻炼、家庭照料、邻里犯罪、文化适应、退休，均与老年人的心理健康显著相关。具体而言，根据相关系数的评估方法，当 $|r_c|>0.4$ 时，相关关系为强相关；当 $0.25<|r_c|≤0.4$ 时，相关关系为中等相关；当 $|r_c|≤0.25$ 时，相关关系为弱相关。因此，体育锻炼与老年群体的心理健康呈现强相关；同时，家庭照料、邻里犯罪、文化适应、退休与老年

[①] Huedo-Medina, T. B., Sánchez-Meca, J., Marín-Martínez, F., et al., "Assessing Heterogeneity in Meta-Analysis: Q Statistic or I² Index?" *Psychological Methods*, 2006, 11(2), p. 193.

群体的心理健康呈中等相关。这说明，依据生命历程—生态系统观模型总结出的老年心理健康影响因素，包括体育锻炼、家庭照料、邻里犯罪、文化适应、退休五类争议变量，切实有效地影响了老年群体的心理健康状况，从实证分析角度侧面印证了该模型的可靠性。

（二）来自特殊老年群体的证据

如前所述，目前大量研究开始关注特殊老年群体的心理健康问题。相比正常老年人，这些特殊老年群体将面临更高的心理疾病罹患风险。与此同时，生命历程—生态系统观模型总结了老年心理健康问题出现的诱因，强调四类系统、一个视角，两者缺一不可，每个部分都对老年心理健康起着重要作用。因此，在实践中，我们认为特殊老年群体心理健康问题的高发性，源于四类系统或生命视角的崩溃或扭曲。

第一，以摧残个人系统为代表的特殊老年群体如失能老人。以往研究都支持了失能老人的主观幸福感更差，心理健康总体水平更低，个体失落感与自卑感更为严重。[①] 王玉兰等人的研究也表明，卧床状态会影响老年人心理健康水平，引发焦虑、抑郁等负面情绪。[②] 失能老人缺乏日常生活自理能力，机体活动能力逐渐下降，加之个体功能恢复时间漫长甚至无望，这都会对其个人系统造成沉重打击，继而影响其心理健康。

第二，空巢老人则代表其家庭系统存在着严重缺失。有关空巢老人心理健康的研究结论绝大部分都带有消极色彩。例如，有研究发现，空巢老人的家庭护理需求远高于非空巢老年人，且家庭关爱的缺乏使得他们更容易罹患孤独与

① 张国琴、王玉环：《失能老年人社会支持与心理健康状况的相关性》，载《中国老年学杂志》，2011，31(11)。

② 王玉兰、张超、邢凤梅等：《老年居家不出人群一般状况和心理健康状况 6 年后随访》，载《中国健康心理学杂志》，2014，22(3)。

抑郁，在心理上也更为脆弱，容易表现出更多的痛苦、不适与焦虑。① 这些心理健康问题统称"空巢综合征"。在中国，家庭养老仍然是最普遍的养老方式。子女对老年父母而言，不仅是主要的照顾与支持来源，也是重要的精神慰藉。因此，空巢对于老年群体家庭系统带来的损害无疑是巨大的，其心理健康也会遭受严重威胁。

第三，流动老年群体在一定程度上体现了其社区系统和社会系统在短时间的剧烈变化。依据生命历程—生态系统观模型，流动老人的社区及社会系统在流动后不可避免地会发生改变乃至完全倒置，在流入地的生活、社区融合、社会排斥等方面也将面临更多问题。同时，相比于一般老人，流动老人的生命历程具有断裂性、不连续性，这些都会给他们的心理健康带来巨大隐患。

可见，生命历程—生态系统观模型能够在实践中说明，特殊老年人群的形成及其心理健康频发的成因，正是源于四类系统和视角的崩溃或扭曲，从而对该群体心理健康造成严重危害。当然，除了失能老人、空巢老人、流动老人之外，还存在着其他特殊老年群体，如痴呆老人、失独老人、残疾老人等，这些特殊老年群体几乎都无一例外地表现出异于一般老年人的心理健康问题高发性。这也意味着我们可以根据该模型，重点关注一些特殊老年群体的心理健康问题，进一步加强对这类老年群体的关爱以及与之相关的心理健康服务支持。

(三)来自老年心理健康干预的证据

老年心理健康干预是指针对老年人群，以达到心理健康为目的的一系列有组织有计划的活动、手段及策略。目前，有关老年人心理健康的研究多对其影响因素进行探讨，干预研究相对较少。上述生命历程—生态系统观模型概括、总结了所有影响老年心理健康的因素，因此，它也提示我们可以依据此模型进

---

① Sun, X., Lucas, H. Meng, Q. & Zhang, Y., "Associations Between Living Arrangements and Health-related Quality of Life of Urban Elderly People: A Study from China," *Quality of Life Research*, 2011, 20(3), pp. 359-369.

一步干预老年心理健康。

首先，阿奇利（Atchley）提出的连续性理论①认为，如果一个人老年时仍能延续中年时代的个性和生活方式，那么，其心理健康状况将会得以维持。与脱离理论和活动理论强调的活跃度不同，连续性理论主张个体系统保持长时间的稳定性与连续性，从而防止心理健康问题以及消极老龄化的出现。例如，对于活跃程度较强且不愿退休的老年人来说，可以让他们返聘、再就业等缓解由退休带来的失落感、孤独感等。而对于活跃度较低的老年人来说，劝慰他们摆脱工作压力、享受退休后的休闲生活，则更有益于其心理健康。因此，活跃度本身并不重要，重要的是它所反映的老年个体系统中生活方式与个性的延续。然而，连续性理论忽略了外界系统，如家庭、社区、社会等给老年人生活方式所带来的不可避免的改变。因此，基于该局限，一些研究者开始试图从外界系统着手对老年心理健康进行干预，从而建立了一系列的干预理论，包括家庭系统理论与社会交换理论等。

其次，相较于只注重干预个体内在生活方式的连续性理论，家庭系统理论将外部因素即家庭看作干预心理健康的最佳着陆点。该理论认为，个体步入老年期后所经历的重大事件几乎都在家庭生活中发生，如离婚、丧偶、失独、迁移、孙辈抚养等，而紧密的家庭关系、充足的家庭支持、适当的家庭接触，则可以帮助老年群体平稳度过这些危险时期，对老年人心理健康问题有着积极影响。② 举例来说，家庭系统理论的主要干预方法包括：（1）与家庭成员及有心理健康问题的老年人进行会谈，了解其家庭背景、家庭结构、家庭角色和地位、家庭关系质量等；（2）对老年人的身心健康及家庭健康进行评估；（3）鼓励家庭成员多交流、多沟通，处理家庭冲突，动员家属理解、尊重、关心老年患者，巩固其家庭地位，从而提高老年人的心理健康水平。一言以蔽之，在个人系统之外，家庭系统理论更强调家庭对改善老年群体心理健康状况的重要作用。

---

① Atchley, R. C., "A Continuity Theory of Normal Aging," *The Gerontologist*, 1989, 29(2), pp. 183-190.

② Smyer, M. A. & Qualls, S. H., *Aging and Mental Health*, Blackwell Publishing, 1999.

　　最后，上述连续性理论与家庭系统理论分别从个人系统、家庭系统出发，主张从个体角度或家庭角度对老年心理健康进行干预。与二者不同，针对社区和社会系统，社会交换理论①则认为，必须要通过干预增加老年人的社会资源来平衡老年人的互动成本及收益，才能达到其心理健康状态的完满。社会交换理论的前提是人作为一个生活在社会中的个体，与社会必然存在着互惠关系，拥有不同资源的个体彼此交换以满足需要。这不仅反映了人类的社会属性，还反映了个人寻求满足其各种需要的心理状态。然而，随着老年群体可交换的物质和社会资源的减少，与老年人交换互动的付出成本大于收益，因此，老年人的需求将得不到满足，心理健康问题继而出现。为此，增加老年人社会资源的一系列手段，包括提高老年人地位、加强老年群体社区心理健康服务建设等，将有效缓解其心理健康问题。社会交换理论有关增强老年人资源的干预手段也得到了地图理论②的认同。不仅如此，他们还扩展了干预及促进心理健康的具体内容，更确切地解构出心理健康的十个要素，包括五个积极因素（环境质量、自尊、情绪处理、自我管理能力、社会参与）以及五个消极因素（环境剥夺、情感虐待、情感疏忽、压力、社会排斥）。地图理论指出，个体可以通过增强心理健康的积极因素、降低所包含的消极元素来实现心理健康。

　　综上，连续性理论、家庭系统理论、社会交换理论各自从个体、家庭以及社会的角度为老年心理健康的维持、改善及促进提供理论基础。这三个理论反映了心理健康的干预离不开个体系统、家庭系统、社区系统及社会系统。此外，在地图理论的具体心理健康促进方案里，所有因素也被包含在生命历程—生态系统观模型的内容中。③ 这意味着针对老年心理健康的干预，同样可以从个人系统、家庭系统、社区系统、社会系统四方面入手，降低系统中的危险因素，

---

① Dowd, J. J., "Aging as Exchange: A Preface to Theory," *Journal of Gerontology*, 1975, 30(5), pp. 584-594.

② MacDonald, G. & O'Hara, K., *Ten Elements of Mental Health*, *Its Promotion and Demotion*: *Implications for Practice*, Society of Health Education and Health Promotion Specialists, 1998.

③ MacDonald, G. & O'Hara, K., *Ten Elements of Mental Health*, *Its Promotion and Demotion*: *Implications for Practice*, Society of Health Education and Health Promotion Specialists, 1998.

增强支持和保护性因素，从而实现老年心理健康。

四、老年心理健康问题的研究局限与展望

前面我们详细讨论了老年心理健康的研究现状与影响因素，试图着力构建老年心理健康的生命历程—生态系统观模型。以往虽然有一些研究者试图从生态系统观（如生态系统理论）或生命历程的视角（如累积劣势理论），分析、概括老年心理健康的影响因素，但是我们尚未发现整合两大视角的先例。生命历程—生态系统观模型认为每种系统互相影响，缺一不可，所以某种系统的重大缺失或严重改变，可能是导致老年人心理健康问题的主要原因，这为研究者进一步探索其作用机制和实践干预路径提供了理论支持。

然而，该模型也存在一定的局限性。在生命历程—生态系统观模型中，每个系统并不是独立存在的，因此系统的互相流动与填补在理论上行得通，然而当个体的部分系统有缺失，其他系统能否完全代替它在心理健康上所发挥的作用仍不可知。比如，缺乏家庭支持的老人是否可以通过寻求社区支持、建立与周围社区老年人的紧密关系，来填补家庭系统带来的空缺，从而预防心理健康问题的产生？此外，该模型仅将老年心理健康问题视为被影响者，实际上其不良的心理健康状况也会反过来影响到个人系统、家庭系统、社区系统乃至社会系统。未来研究可依据这些局限，对生命历程—生态系统观模型的反作用进行进一步考察。尽管如此，我们认为从生命历程—生态系统观模型出发，来展开老年心理健康服务工作，并从中寻找、发现这些工作中的重点与难点，这是可能且有价值的。

第一，提高与促进老年心理健康是一项系统工程。从生命历程—生态系统观理论模型的构建可以看出，老年心理健康问题的干预与防治，不仅是一项个人的活动，还是一项复杂的系统工程。它不仅受到个体内部特性的影响，还受到家庭、社区、社会以及生活事件的制约。需要注意的是，以往研究尤

其是实证研究，仍然更为关注单个系统或单个生活事件对老年心理健康状况的影响，缺乏更为宏观和系统的研究。然而，由于老年人始终处在不断变化的系统和生活事件中，我们必须全面把握和综合理解老年心理健康的影响因素、干预及促进。这是重点，也是关乎老年心理健康服务工作是否行之有效的结构性问题。

第二，老年心理健康亟须心理健康服务的介入。基于生命历程—生态系统观理论，我们认为老年心理健康服务工作者必须同时从四个系统和生命历程视角来开展老龄化服务。首先，从生命历程视角的维度看，老年人心理健康问题的形成和发展脱离不了其个人生活事件，包括胎儿期、婴儿期、幼儿期、儿童期和青少年期、成年期和老年期。鉴于此，心理健康服务工作者必须具有生命全周期、立足全人群的服务理念，不仅要针对老年心理健康服务，还要从生命早期阶段开始，开展面向全人群的健康指导。其次，心理健康服务工作者还应当整合多个系统来综合考量心理健康的具体干预措施，将个人、家庭和社会的力量紧密整合起来。这是难点，也是未来改进的具体方向。

第三，老年心理健康的工作目标，需要同健康老龄化终极目标相结合。2016 年 10 月，中共中央、国务院发布了《"健康中国 2030"规划纲要》，立足我国人口老龄化的基本国情，明确提出了促进健康老龄化的总体规划目标和基本实现路径。2017 年 2 月，国务院印发了《"十三五"国家老龄事业发展和养老体系建设规划》，更为明确地阐述了我国养老服务和健康支持体系建设的具体实施策略和主要政策指标。2017 年 10 月，实施健康中国战略被正式写入党的十九大报告，着重强调要为人民群众（包括老年群体）提供全方位、全周期的健康服务。2019 年 7 月，国务院发布了《国务院关于实施健康中国行动的意见》，进一步跟进和保障健康中国战略（包括健康老龄化战略）的有效实施。这些政策的落地体现了健康老龄化对国家发展战略的重要性。因此，对于老年心理健康的提高与促进，应与国家和政府的健康老龄化的终极目标相结合，使其政策能够落地生根，开花结果。

　　当然，尽管心理健康问题的出现并不是衰老的必然结果，但相比于其他年龄群体，老年群体的心理健康问题的确尤为显著。例如，有研究者曾指出老年群体是所有人口群体中自杀率最高的群体，且我国老年群体自杀率正处于世界前列。[①]　因此，有关老年群体的心理健康问题已经引起了社会各界及多个研究领域的广泛关注。目前，针对老年群体心理健康问题主要包含研究现状、特点、影响因素以及预防干预。未来还应注重以下三个方面的研究发展趋势。

　　第一，在研究方法上，老年群体心理健康问题研究应重视从单维到多维、从横断到纵向、从微观到宏观的探索。从单维到多维即应全面考查老年心理健康的多个方面，包含认知、情绪、人际、社会适应等方面，建立起完整的老年心理健康识别与评估体系，从而有利于对老年心理健康问题的筛查、诊断与针对性的干预。从横断到纵向对老年心理健康问题的研究，不仅能发现不同群体间心理健康问题的特点与差异，还能对老年心理健康问题的发生、发展及变化全貌具有更清晰的了解，并因此进行因果关系的推断。从微观到宏观意味着现有研究不但要探讨影响老年心理健康的微观因素，还要将社会大环境、我国国情及相关政策考虑在内，从而厘清老年群体心理健康问题的社会根源。特别是，我国正处在社会转型的特殊历史发展时期，老年心理健康问题会随着社会风气、社会舆论、社会政策的变动而不可避免地受到影响。不理解宏观的社会元素，单纯就事论事，老年群体的心理健康问题很难得到根本上的解决。

　　第二，在测评工具上，老年群体心理健康问题的测量工具仍有待开发，这主要源于引进的国外量表不符合我国国情，以及现有工具缺乏对心理健康全面性的测量。当前我国老年心理健康问题研究所使用的工具大多来自国外，因文化异质性、适应性问题很可能无法准确地识别与评估我国老年群体的心理健康问题，研究者至少应将量表进行本土化的改编后才能投入使用。除此之外，现有工具还缺乏对心理健康全面性的测量：一方面，部分量表如自评焦虑量表

①　王武林：《中国老年人口自杀问题研究》，载《人口与发展》，2013，19(1)。

（SAS）、老年抑郁量表（GDS）等，只考虑了心理健康问题的个别维度，并不能覆盖全貌；另一方面，一些量表如康奈尔医学量表（CMS）仅将心理健康问题简单地视为精神障碍，旨在鉴别有关临床特征，不适合正常老年人或心理症状较少的老年群体。因此，研究者在借鉴国外相关老年心理健康问题研究测量工具的同时，应根据相关老年心理健康理论，尝试编制适合我国老年群体的心理健康量表，并涵盖心理健康的更多内涵，构建我国老年群体心理健康问题的常模。只有形成符合我国国情的、具有中国特色的老年群体心理健康量表，才能更准确、有效、可靠地评估我国老年群体的心理健康状况，并为老年群体心理健康的干预与促进打好基础。

第三，在学科建设上，老年心理健康问题研究应开展多学科交叉融合，进行优势互补。首先，老年群体心理健康研究可以与分子遗传学相结合，探讨老年心理健康问题的遗传基础，有利于日后研究者利用基因检测辅助临床诊断，识别心理健康的重大疾患。其次，当下研究还可以与脑科学交叉融合，应用脑功能成像技术，探讨一些老年心理健康问题，如阿尔茨海默病、精神分裂症的神经机制，有助于从临床实践中解释心理健康问题的脑功能定位。最后，引入教育学内容，开展老年群体心理健康教育，普及心理健康知识，树立心理健康意识，使老年群体能够有效处理应激事件，积极应对损害心理健康的风险因素，正确看待老年心理问题。未来研究实践应发挥多学科力量，推动多学科交流协作，促进相关的心理健康问题研究的创新，使其成果能够切实有效地惠及老年群体，并为其他群体的心理健康问题提供借鉴。

第十六章

————

新时代我国心理健康教育事业发展的方向及其路径

大力倡导和努力践行心理健康教育，功在当代，利在千秋。

一般而言，心理健康教育有广义和狭义之分。在广义上，包括学校心理健康教育、国民心理健康教育和社会心理健康教育；在狭义上仅指学校心理健康教育。党的十九届五中全会审议通过的《中共中央关于制定国民经济和社会发展第十四个五年规划和二〇三五年远景目标的建议》有三处关于心理健康教育的论述：一是在"建设高质量教育体系"中提出，要"重视青少年身体素质和心理健康教育"；二是在"全面推进健康中国建设"中提出，要"重视精神卫生和心理健康"；三是在"维护社会稳定和安全"中提出，要"健全社会心理服务体系和危机干预机制"。这是党中央对今后五年及后续我国心理健康教育事业的宏观谋划、总体部署，是推动我国心理健康教育事业蓬勃发展、构建"幸福校园""和谐社会""健康中国"的"新思维"，为在学校教育领域（学校心理健康教育）、卫生健康领域（国民心理健康教育）、社会建设领域（社会心理健康教育）开展心理健康教育相关工作建构了"新格局"，指明了"新方向"。

一、学校教育领域：以青少年身体素质和心理健康教育为重

党和国家历来高度重视学校心理健康教育工作。1994 年，《中共中央关于进一步加强和改进学校德育工作的若干意见》就明确指出，要积极开展青春期卫生教育，通过多种方式对不同年龄层次的学生进行心理健康教育和指导；2004年，《中共中央　国务院关于进一步加强和改进未成年人思想道德建设的若干意

见》和《关于进一步加强和改进大学生思想政治教育的意见》，均强调要加强和重视学校心理健康教育工作。随着心理健康教育政策体系的逐步建立，《中小学心理健康教育指导纲要》《中小学心理健康教育指导纲要(2012年修订)》《中等职业学校学生心理健康教育指导纲要》《高等学校学生心理健康教育指导纲要》相继出台，成为当前指导我国各类各层次学校开展心理健康工作的具体参照。[1] 可见，加强学校心理健康教育工作、提升青少年心理健康教育水平已成为全社会的重要冀盼。

青少年学生正处于身心发展的重要阶段，是世界观、人生观、价值观形成的关键时期。随着他们生理的发育、心智的成熟，知识经验、社会阅历的增加与思维方式、行为方式的变化，特别是面对新时代即社会转型期滋生的诸多矛盾冲突，作为一个承载国家、社会、家庭高期望值的特殊群体，他们在学习生活、成人成才和自我意识、情绪调控、人际关系、社会适应等方面，极容易出现各种各样的心理困惑和心理行为问题，亟须疏导和调节。第一，从个体成长的角度看，加强学校心理健康教育符合青少年心理发展的特点。青少年时期是个体心理发展的"疾风骤雨期"，这一时期个体自我意识快速发展，情绪体验强烈且稳定性差，人际交往呈现新的特点。加强青少年期的心理健康教育有助于解决青少年直接面临的自我同一性确立、增强自控能力、同伴友谊建立等问题，帮助青少年顺利完成从童年向成年的过渡，并为今后的成长、成才奠定坚实的基础。第二，从心理危机预防与干预的角度看，加强学校心理健康教育有助于及时干预青少年心理行为问题。研究者认为，心理健康问题影响着全球10%~20%的青少年[2]，已成为阻碍个体和社会发展的重大问题[3]。从发展心理病理学的视角来看，心理疾病的首次发作通常出现在儿童或青少年阶段。[4] 例如，神

---

① 俞国良、琚运婷：《我国心理健康教育政策的历史进程分析与启示》，载《中国教育学刊》，2018(10)。

② Kieling, C., Baker-Henningham, H., Belfer, M., et al., "Child and Adolescent Mental Health Worldwide: Evidence for Action," *The Lancet*, 2011, 378(9801): pp. 1515-1525.

③ 王勍、俞国良：《初中生心理健康的横断历史研究》，载《中国特殊教育》，2017(11)。

④ Kessler, R. C., Amminger, G. P., Aguilar-Gaxiola, S., et al., "Age of Onset of Mental Disorders: A Review of Recent Literature," *Current Opinion in Psychiatry*, 2007, 20(4), pp. 359-364.

经性厌食症、精神分裂症往往在个体中学时期首次发病。[①] 因此，加强学校心理健康教育有助于增进青少年对心理障碍和心理疾病的正确认识，做到早预防、早发现、早干预、早治疗。第三，从德育与思想政治教育的角度看，加强学校心理健康教育对德育与思想政治教育具有促进作用。道德认知是道德发展的核心，指个体对是非、善恶行为准则和社会道德规范的认识[②]，既是心理健康的重要组成部分，也是道德教育的重要内容。对于青少年而言，他们的道德认知从前习俗水平跨入习俗水平，更加关注他人观点与规则，[③] 面向青少年开展符合道德认知发展规律的心理健康教育，对于培育青少年良好道德、高尚情操具有积极的推动作用。

开展学校心理健康教育，其主要内容包括学习心理健康知识，树立心理健康意识，认识心理异常现象；提升心理健康素质，增强社会适应能力，开发自我心理潜能；应用心理调节方法，掌握心理保健技能，提高心理健康水平。其重点是认识自我、学会学习、人际交往、情绪调适、升学择业以及生活和社会适应等方面的内容。具体而言，一是帮助学生认识自我，促进学生自我意识发展，提高自尊水平；二是帮助学生学会学习，提升学习动机，尤其关注不同学段学习方法的转换与适应；三是提升学生情绪调适能力，掌握情绪调节的基本方法，具备自我心理保健技能；四是提升学生人际交往能力，增强人际沟通能力，促进良好人际关系的建立；五是加强升学择业期间的心理指导，帮助学生做好生涯规划，树立正确的择业观；六是增强学生的生活和社会适应能力，尤其注重提升学生应对挫折的能力，培养担当意识和社会责任感。

学校心理健康教育的目标在于促进青少年心理健康与幸福成长，即遵循思想政治教育和不同学段学生心理发展规律，引导学生努力践行正确的世界观、人生观、价值观，培养理性平和、自我接纳、情绪乐观、人格健全的积极心理

---

① "Kay, J., The Rising Prominence of College and University Mental Health Issues," in Kay, J., Schwartz, V., *Mental Health Care in the College Community*, Chichester, John Wiley & Sons, 2010, pp. 1-20.

② 林崇德：《发展心理学》，北京，人民教育出版社，2009。

③ 俞国良：《大中小幼心理健康教育一体化：道德认知视角》，载《国家教育行政学院学报》，2020(12)。

品质，充分开发他们的健康潜能，提高社会适应能力、抗挫折能力和自我调适能力，提高全体学生的心理素质，促进他们身心和谐、创造性发展与可持续发展，为成长成才和幸福人生固本强基。从更为具体的工作目标考察，要在把握各学段心理发展规律的基础上，关注不同类型学生的实际心理需要，做好一般层面、特殊层面、个别层面的分类指导。在一般层面，要做好心理健康知识的宣传普及，帮助青少年树立正确的自我意识，掌握情绪调节方法，增强学习适应性，提高人际交往能力。在特殊层面，对于存在发展性心理困扰的青少年，要从个体心理发展的视角提供有针对性的心理辅导，帮助青少年解决成长中遇到的心理问题。在个别层面，对于可能存在心理疾病的青少年，要及时做好转介就医工作，夯实家校合作、医校合作机制，为患病青少年的早日康复创造条件。

二、卫生健康领域：要重视全体国民的精神卫生和心理健康

随着社会转型、经济快速发展和心理健康意识的逐步树立，国民对心理健康教育与服务的需求也越来越迫切。卫生健康领域的国民心理健康教育，更多地体现在心理健康教育与心理健康服务并重，并努力向心理健康服务的转变上。从心理学服务社会的发展历程看，服务模式出现在医学模式和教育模式之后。与医学模式更关注心理行为问题与精神障碍、精神疾病的治疗不同，心理健康服务模式同时也关注通过心理健康教育，提高国民的整体心理健康素质；与教育模式更强调有计划、有目的的实施影响不同，心理健康服务模式更重视符合人的实际发展需要。[①] 2004 年卫生部等部门印发的《关于进一步加强精神卫生工作的指导意见》重点就在于做好精神疾病的防治，更多是以医学模式对精神卫生工作进行部署。2013 年，《中华人民共和国精神卫生法》施行，以立法的形式对"心理健康促进和精神障碍预防"做了明确规定，将提高国民心理健康水平作为

① 俞国良：《社会转型：心理健康服务与社会心理服务》，载《黑龙江社会科学》，2018(4)。

心理健康与精神卫生事业的一项重要目标。2016 年,《中华人民共和国国民经济和社会发展第十三个五年规划纲要》明确提出要加强心理健康服务。同年,中共中央、国务院印发《"健康中国 2030"规划纲要》,进一步要求加强心理健康服务体系建设和规范化管理。可见,党和国家对精神卫生事业的定位逐渐从防治心理行为问题与精神障碍、精神疾病,跨越至满足全体国民心理健康教育与服务的需要。2017 年,国家卫生计生委、中宣部、中央综治办、民政部等 22 个部门共同印发的《关于加强心理健康服务的指导意见》则更加强调了要提高全民心理健康意识、提升全民心理健康素养,对加强心理健康教育与服务做出系统部署。

第一,从疾病防治的角度看,加强心理健康服务有助于防治心理行为问题与精神障碍、精神疾病,减轻社会负担。有研究表明,除阿尔茨海默病外,2013 年我国各类精神疾病的加权 12 月患病率为 9.3%,加权终生患病率为 16.6%,远高于 1982 年和 1993 年的相关数据,也较 2002 年的数据有所提高。[1] 研究者估计,我国各类精神疾病患者总数高达 1.73 亿,其中 1.58 亿人从未接受过任何专业治疗。[2] 因此,加强心理健康服务是做好精神疾病防治的必然要求。另外,精神疾病的治疗也给社会带来了巨大的经济负担。[3] 加强心理健康服务,对各类精神疾病开展早期干预,能够促进患者康复,并由此降低社会负担。[4][5] 第二,从幸福感提升的角度看,加强心理健康服务有助于提升人民群众的主观幸福感、心理幸福感和社会幸福感。心理健康不只是没有心理与精神疾

---

[1]　Huang, Y., Wang, Y., Wang, H., et al., "Prevalence of Mental Disorders in China: A Cross-Sectional Epidemiological Study", *The Lancet Psychiatry*, 2019, 6(3), pp. 211-224.

[2]　喻月慧、冉茂盛:《社区精神卫生服务和精神卫生社会工作的发展》,载《社会建设》,2019,6(5)。

[3]　俞国良:《社会转型:心理健康服务与社会心理服务》,载《黑龙江社会科学》,2018(4)。

[4]　Correll, C. U., Galling, B., Pawar, A., et al., "Comparison of Early Intervention Services vs Treatment as Usual for Early-Phase Psychosis: A Systematic Review, Meta-Analysis, and Meta-Regression," *JAMA Psychiatry*, 2018, 75(6), pp. 555-565.

[5]　McGorry, P. D., Ratheesh, A., O'Donoghue, B., "Early Intervention-An Implementation Challenge for 21st Century Mental Health Care," *JAMA Psychiatry*, 2018, 75(6), pp. 545-546.

病，幸福感也是心理健康的一个重要维度。① 随着社会的发展，人民群众对幸福感的追求日益突出，已成为人们美好生活需要的重要指标。然而，随着经济社会发展到一定水平，经济收入与幸福感之间并不始终呈现线性关系②，这就要求社会从加强心理健康教育与服务的视角，综合多种因素、多种途径提升国民的幸福感。当前，我国仍处于社会转型期，存在着忧虑感、焦虑感等不良社会心态③，加强心理健康教育与服务有助于提升社会整体积极情绪，进而促进社会的和谐稳定。第三，从社会健康促进的角度看，加强心理健康教育与服务是实施"健康中国"行动的必然要求。《国务院关于实施健康中国行动的意见》就明确提出，要实施心理健康促进行动。加强心理健康教育与服务，推动精神卫生和心理健康教育事业从"以治病为中心"向"以人民健康为中心"转变，关系到国民的整体健康水平和社会的良性运行，这是一个实现中华民族伟大复兴的战略问题。

加强国民心理健康教育与服务的主要内容包括以下几个方面。一是构建心理健康宣传与教育系统，加强心理健康知识宣传与普及，推动全民心理健康素养提升，增强人民群众体验幸福、享受美好生活的能力；二是构建心理健康自评与他评系统，便于国民更便利地了解自身心理健康状态、职业兴趣、人格特点等内容，进而选择更符合实际需要的心理健康服务；三是构建心理辅导与咨询服务系统，建立专业人员的从业与评价标准，完善从业人员的职业发展机制，帮助国民解决在现实生活中遇到的各种心理困扰与心理冲突，自助他助，从而达到促进心理和谐、人际和谐、社会和谐的目标；四是构建心理疾病预防与干预系统，建立并完善心理疾病和精神疾病的预防、预警与转介干预机制，与此同时，加强突发事件、危机事件中的心理援助工作。

---

① Suldo, S. M., Shaffer, E. J., "Looking, Beyond Psychopathology: The Dual-Factor Model of Mental Health in Youth," *School Psychology Review*, 2008, 37(1), pp. 52-68.

② Easterlin, R. A., "Income and Happiness: Towards a Unified Theory," *The Economic Journal*, 2001(111), pp. 465-484.

③ 杜仕菊、程明月：《风险社会中的社会心态表征与重塑》，载《甘肃社会科学》，2020(4)。

　　加强心理健康教育与服务的目标在于切实提升国民心理健康水平，同样可以从一般、特殊、个别三个层面来理解。在一般层面，加强心理健康教育与服务应"全面开展心理健康促进与教育"，注重提高全体国民的心理健康意识和心理健康素养，提高他们对心理健康的理解，形成去污名化的社会氛围。在特殊层面，"积极推动心理咨询和心理治疗服务"，面向存在心理困扰和心理问题、心理疾病的个体，充分发挥医学、教育、康复、社会工作等专业人才优势，提供及时的心理健康服务。在个别层面，加强心理健康教育与服务应"重视心理危机干预和心理援助工作"，组织力量构建心理危机预防与干预体系，强化对高危人群的心理健康管理，提升心理援助的专业性、及时性、响应性，防微杜渐，"对症下药"，重视预防自杀和极端事件的发生。

三、社会建设领域：健全社会心理服务体系和危机干预机制

　　社会建设领域的心理健康教育，属于社会心理建设的范畴，重点在于心理健康教育、心理健康服务基础之上的社会心理服务。毫无疑问，心理健康服务是社会心理服务的基础，社会心理服务决定心理健康服务的效果。从服务对象来看，心理健康服务的对象更倾向于个体和群体，其直接目标是个体的健康与幸福，社会心理服务的对象更倾向于群体和社会，其直接目标是促进社会心理健康有序发展。二者各有侧重，相互促进，个体的健康幸福有助于社会和谐发展，健康有序的社会心理又有助于个体幸福感的提升。因此，推动新时代我国心理健康教育事业蓬勃发展，必须加强社会心理服务，培育良好社会心态。党的十九大提出，要"加强社会心理服务体系建设，培育自尊自信、理性平和、积极向上的社会心态"，与党的十七大报告和党的十八大报告中提出的"注重人文关怀和心理疏导"相比，更加凸显了社会治理的含义。① 2018 年，国家卫生健康

---

　　① 林颖、蒋俊杰：《从心理疏导到社会心理服务：我国社会治理体系的重大创新》，载《上海行政学院学报》，2019，20(4)。

委、中央政法委、中宣部等 10 部门联合印发《全国社会心理服务体系建设试点工作方案》，明确要求试点地区逐步建立健全社会心理服务体系，并从建立健全社会心理服务网络、加强心理服务人才队伍建设、保障措施等方面做了部署。

与学校心理健康教育更重视个体的心理发展、心理健康服务，更重视心理疾病防治及幸福感提升不同，社会心理健康教育与服务的重点在于通过社会心理服务体系建设培育良好社会心态，即从社会治理的高度出发，推动社会有序、规范、和谐发展，创造有利于心理健康的社会环境。第一，从社会心理与心理健康的关系看，健全社会心理服务体系体现了心理健康的系统观。社会心理服务与心理健康服务有着根本的区别①，但通过社会心理服务体系建设促进心理健康服务是从更为宏观的视角来认识心理健康的。个体处于社会之中，是"社会关系的总和"，其心理健康水平无疑要受到社会氛围、社会环境的影响。从生态系统理论来看，宏系统、时间系统中的相关因素能够对外系统、中系统、微系统产生一系列的影响，进而对个体的心理健康产生影响。② 第二，从社会治理的角度看，健全社会心理服务体系是社会治理体系现代化的重要内容、应有之义。社会心理服务体系是打造共建、共治、共享的社会治理格局的"四大体系"之一，是对刚性社会治理的重要补充③，是"治理"区别于"管理"的重要体现。健全社会心理健康教育与服务体系，有助于发挥多元主体在社会治理中的重要作用，从而达到凝聚社会共识、协同社会力量的作用。第三，从社会维稳的角度看，健全社会心理健康教育与服务体系是深化"平安中国、美丽中国"建设的内在要求。维护社会稳定和安全是建设更高水平的"平安中国"的重要内容，其重要的工作举措就是健全社会心理健康教育与服务体系以及危机干预机制。健全社会心理健康教育与服务体系，有助于对社会情绪、社会焦虑及时预警，进而开展有效的社会心理疏导、危机干预，培育良好社会心态，维护社会的和谐稳定，促进社会的良性运行。

---

① 辛自强：《会心理服务体系建设的定位与思路》，载《心理技术与应用》，2018，6(5)。
② 俞国良、李建良、王勍：《生态系统理论与青少年心理健康教育》，载《教育研究》，2018，39(3)。
③ 周芮、闫洪丰、李康震：《我国社会心理服务体系的基本构成探析》，载《残疾人研究》，2019(4)。

　　健全社会心理健康教育与服务体系的主要内容包括以下几个方面。一是正确的社会态度服务和健康的社会情绪服务，即及时了解民意和民情，为社会政策的制定提供依据，并引导民众树立正确的社会态度和健康的社会情绪；二是客观的社会认知服务和健全的社会影响服务，即引导民众克服偏见、刻板印象等认知偏差，形成客观的社会认知，进而建立良好的人际关系，促进群体内和群体间的和谐相处，形成良好的社会风气和社会舆论氛围；三是积极的社会行为服务和公平的社会公共服务，即强化社会主义核心价值观的引领作用，促进社会成员的亲社会行为，面向不同群体提供公平的社会公共服务，增强社会凝聚力。[①]

　　健全社会心理健康教育与服务体系的目标是培育良好社会心态。在一般层面，健全社会心理服务体系要及时了解居民的社会态度和社会情绪，及时了解社会心理动态，注意培养民众的亲社会心理与行为，培育自尊自信、理性平和、积极向上的社会心态。在特殊层面，健全社会心理服务体系要加强社会心态预测预警，关注社会舆论中的风险点、风暴区，加强社会心理风险和危机研判，做好不良社会情绪的疏导，及时化解各类矛盾冲突。在个别层面，健全社会心理服务体系要加强对重点人群的心理疏导与干预，完善对老年群体、服刑人员、社区矫正人员、刑满释放人员等特殊人群的心理沟通机制，构建有助于这些人群重构社会心理支持系统的配套机制，在开展心理疏导的同时注重构建安全保护机制，防止极端恶性事件的发生。

四、发展路径：建构个体、群体和社会真抓实干的新格局

　　综上所述，重视学校心理健康教育、加强心理健康服务、健全社会心理服务体系，都统一于心理健康教育体系中，这是新时代我国心理健康教育事业发展的三个主要方向（领域）。在学校教育领域，要重视学生心理健康教育，其目

---

① 俞国良：《社会转型：社会心理服务与社会心理建设》，载《心理与行为研究》，2017，15(4)。

标是促进青少年健康、幸福成长，重点在于个体层面；在卫生健康领域，要加强心理健康服务，其目标是大力提升国民心理健康水平，重点在于群体层面；在社会建设领域，要健全社会心理服务体系，其目标是培育良好社会心态，重点在于社会层面。三者联系密切，相互影响，相互促进，且互为因果。进一步开展学校心理健康教育，在促进学生人格完善、心理发展的同时，也降低了心理健康服务和社会心理服务的压力；加强心理健康服务，在全力做好群体心理健康工作的同时，也能够为青少年学生的心理健康教育创造氛围，发挥榜样群体、参照群体的教育价值，并能够为社会心理服务奠定基础；健全社会心理服务体系，直接关注于在社会层面培育良好社会心态，这同时有利于学生的健康成长和各类群体幸福感的提升。因此，三者虽然在对象、目标、层次上有所侧重，但有着根本的一致性，且殊途同归。显然，我国心理健康教育事业的蓬勃发展、再创佳绩，离不开上述三者的统筹兼顾、齐抓共管，这就要求个体、群体、社会各管其地、各司其职，并着力构建个体、群体和社会真抓实干的心理健康教育新格局。

第一，增强收获健康与幸福的能力。在个体层面上，要牢固树立"每个人是自己心理健康的第一责任人"的意识，努力提升自身心理健康与幸福水平。具体而言，在学校教育领域，青少年学生要主动了解心理健康的基本知识，积极参与各类有益于身心发展的活动，提升自己对积极情绪、积极心理的体验，增强心理弹性和心理复原力；同时，学会正确认识自我，特别是自己的优势与不足，克服消极自我概念，提升自我效能感和自我价值感；积极参与学校组织的心理测评，客观真实填写测评问卷，增进对自我心理状态的认知与把握，克服对心理行为问题和心理障碍、精神疾病的偏见，正确认识个人成长过程中遇到的心理困惑、心理冲突，从而增强担当意识，提高抗压和抗挫折能力，培养生命价值感、社会责任感。在卫生健康领域，个体要承担心理健康的宣传教育义务，自觉了解心理疾病预防与治疗的相关知识，树立"健康第一"的理念[①]和正确的

---

① 杨玉春、刘春迎：《"健康第一"：尽快将健康教育融入国民教育体系》，载《中小学管理》，2020(4)。

心理健康意识，认可科学的心理诊断标准，加深对精神障碍、心理疾病引发生命安全风险可能性的认识。存在严重心理问题、心理障碍的个体，要主动寻求社会支持和专业帮助，及早缓解或减少心理痛苦，防止心理行为问题的进一步泛化；已经确诊的心理疾病、精神疾病患者，要遵医嘱自觉接受治疗，定期复诊，促使自己早日康复。在社会建设领域，个体应培育自身的亲社会心理与志愿者行为，树立正确的道德认知与判断，克服对其他社会群体的刻板印象，理性看待社会问题、社会矛盾，以合情、合理、合法的方式解决日常生活中的心理冲突；要自觉遵守社会规范，尊重他人观点，提高观点采择水平；并与单位、社区等相关社会团体、社会组织建立密切联系，就社会心理建设提出合理化建议，有能力者可积极参与社区的社会心理服务工作。

　　第二，提升国民心理健康意识与水平。在群体层面上，要注重创造促进心理健康的环境氛围，提升群体成员的心理健康意识与心理健康水平。具体而言，在学校教育领域，各级各类学校要全面落实上级教育行政部门对心理健康教育工作的任务、要求，开设科学规范、符合要求的心理健康课程，加强校内心理健康知识宣传，开展心理健康教育活动，按要求配备心理健康教育教师，设置心理咨询室或心理辅导室，加强与医院的沟通，完善转介机制。另外，家庭也是青少年教育的重要场所，家长要树立正确的心理健康教育观念，重视孩子的全面发展，将培育健康人格作为家庭教育的重要任务，逐步形成家、校协同育人合力。[①] 在卫生健康领域，各地卫生健康部门和医疗单位要重视心理疾病、精神疾病防治，尤其在心理疾病的预防上出台相关具体举措，如纳入医疗保险等。与此同时，加强重点人群、特殊人群的心理健康服务，对心理与精神疾病采取早发现、早诊断、早治疗。在这个过程中，运用"生物—心理—社会"的医学模式开展心理疾病治疗，将药物治疗与心理咨询、心理治疗紧密结合起来，共同发挥作用，提高疗效。在社会建设领域，社区（乡镇、街道）要发挥在基层综合治理中的基础作用，及时了解本社区的民意民情，了解本社区需要提供心

[①]　康丽颖：《家校共育：相同的责任与一致的行动》，载《中国教育学刊》，2019(11)。

理健康教育与服务的重点人群,帮助他们树立心理健康意识,解决心理健康问题,提高心理健康水平。在这个过程中,要充分发挥一线社会工作者的重要作用,及时化解各类人际冲突、生活矛盾,防患于未然。各机关、企事业单位、群团组织也应高度重视个体的心理动态,加强心理健康教育与宣传,并提供优质高效的心理健康服务、社会心理服务。

第三,培育良好社会心态。在社会层面上,要加强社会心理健康教育,健全社会心理服务体系建设,培育自尊自信、理性平和、积极向上的社会心态。"心态对了,这个世界就对了。"具体而言,在学校教育领域,坚持育心与育德相统一,引导学生正确认识义和利、群和己、成和败、得和失,将个人成长方向与社会发展需要紧密结合起来。重视发挥青少年学生的主观能动性,帮助他们实现自我教育、自我管理、自我成长。通过组织讨论、参观访问、社会实践等方式,引导学生从正反两方面看待社会问题,使他们在活动体验中学会从他人角度进行思考。全体教职员工要树立心理健康教育、社会心理服务意识,在课程教学中引导学生正确看待社会现象。在卫生健康领域,要通过媒体的宣传教育等途径,从社会层面转变人们对心理行为问题的污名化认识,增进社会成员对心理健康的正确认识。充分发挥社区卫生服务中心和乡镇卫生院在心理障碍与精神疾病防治中的重要作用,有的放矢地积极开展心理健康教育指导活动。特别是加强心理危机风险研判,防止因心理健康问题导致恶性社会事件发生;规范严重精神疾病患者管理,在充分保障其合法权益的前提下,提升规范管理率和治疗率。在社会建设领域,要统筹兼顾,全面推进搭建基层社会心理服务平台,加强针对重点人群的社会心理健康教育与社会心理服务,完善社会心态预测预警机制;创新社会治理方式①,组织多元主体协同开展社会心理服务工作,将社会心理促进与解决实际生活困难密切结合;统筹推进社会心理服务队伍建设,充分发挥社会工作专业人员优势②,支持他们开展心理咨询与心理疏

①　吕小康:《建设社会心理服务体系的本质在于创新社会治理方式》,载《苏州大学学报(教育科学版)》,2020,8(2)。

②　卢俊、陈成文:《从社会心理服务体系建设看社会工作的专业化发展》,载《学海》,2020(6)。

导相关工作。同时，健全社会心理服务专业机构管理，制定行业相关规章制度与伦理规范，促进社会心理服务事业蓬勃有序发展。

　　总之，"十四五"时期是我国开启全面建设社会主义现代化国家新征程、向第二个百年奋斗目标进军的第一个五年。在"决胜百年"至关重要的第一个五年，学校教育领域、卫生健康领域、社会建设领域的心理健康教育，要沿着既定方向和路径，协同作战，共同发力，并确保"开门红"，努力开创我国心理健康教育事业发展的新格局、新气象，为促进青少年健康成长和全面发展、构建"健康中国""平安中国""幸福中国"奠定坚实的社会心理基础。

第三篇

应用研究

　　应用研究主要针对某一特定的目的或目标，为解决实际问题提供科学依据。显然，心理健康的应用研究，主要是为了应对、解决诸如无聊、父母倦怠、手机教养、老年身体症状等心理健康问题。

　　无聊作为一种消极情绪体验，有一般型无聊和特定型无聊之分，并随着时代变迁的特点变得越来越凸显，这可能与个体因素、活动性质和环境因素有关。它会损害个体的自我、情绪、学业、人际关系和社会适应等心理健康要素，给他们的心理发展和健康成长带来的威胁不容小觑；应对和矫治无聊需"内外兼修"，首先是提高自尊、自主性和自控力，以及增强自信心，其次是建设良好的客观环境和积极的心理环境。双管齐下方能为个体的心理健康保驾护航。

　　鉴于此，我们以国家大中小思政课程体系中"道德与法治""心理健康与职业生涯""大学生心理健康"等课程为蓝本，系统阐述了在国家课程中单独或部分设置心理健康课程的教学实践，详细分析了在国家课程体系层面设置心理健康课程的目标与任务、思路与特点、核心素养与教学内容以及课程实施建议。在此基础上，提出了国家层面"心理健康教育课程化"的建议与对策，即心理健康教育"进政策""进课标""进头脑""进课堂"。与此对应的配套策略是加强家、校协同，着力提高父母心理健康水平，重点破解父母倦怠和手机教养问题。父母倦怠是由于家庭资源和心理需求之间可感知的差异而产生的心理健康问题。从学理与概念溯源上看，它由职业倦怠的概念演化而来，其特点是对孩子养育的退缩、不负责任，情感和身体的衰竭，以及对家庭生活态度消极、情感冷漠，成就感降低等，这些都与父母的人格特征、养育压力、亲子关系和生活压力等因素密切相关，这种消极症状对父母和孩子都有严重的不良后果。缓解、减少和消除父母倦怠状况，构建父母压力源和资源之间的平衡系统最为重要，这是维持和促进父母心理健康的前提条件。而手机教养由手机依赖发展而来，它的出现和流行不仅与客观环境因素有关，还与父母的人格特征、教养压力及生活压力等个体因素有关。手机教养貌似缩短了亲子之间的沟通距离，实际上它限制了父母对孩子的言传身教，为孩子逃避与父母的沟通提供了机会，严重影响亲子关系和父母对自己的身份认同，进而损害其心理健康。为减少父母手机教养行为，社会应合理分配资源，让父母尽可能陪伴在孩子身边；同时父母也要学会缓解自身的教养压力，学习心理健康知识，树立心理健康意识，为孩子的健康成长固本强基。

当然，除了父母外，家庭中老人对孩子的言传身教也不可忽视。我们采用日记追踪法，以 53 名老年人为被试，探讨日常小团体的多样性对其身体症状的影响及机制。结果显示：(1) 日常小团体内多样性能够直接负向影响当天老年人的身体症状；(2) 在个体内水平上，团体积极情绪在老年人小团体内多样性对身体症状的关系中起部分中介作用；(3) 心理压力感能够跨层调节日常小团体内多样性对每日身体症状的影响。研究结果有助于揭示小团体多样性如何与老年人身体症状相联系，以及两者之间的关系在何种条件下更强或更弱，这对未来老年人身体症状的干预工作具有一定的实践意义。鉴于上述，全社会都必须提供适合学生发展需要的心理健康教育，相信他们的自我成长和自我教育能力，重视不同发展阶段学生的自我发展需要，提供适合其心理社会性发展特征的心理健康教育，通过激发学生的自我洞察、自我认同、自我接纳、自尊和自我表露等，满足学生的发展需要，提高学生的心理健康水平。我们则从成长咨询、朋辈咨询等角度进行了论证与详细诠释。

第十七章

———

青少年无聊的心理效应与应对：心理健康视角

"我很无聊"已经成为越来越多人的口头禅，用来表达自己无所事事、对什么都无兴趣且无精打采的精神状态。其实，无聊并不是现代社会的独特现象，作为一种情绪状态和一个永恒话题，早在我国先秦时期就被提及，但生活在信息爆炸和竞争日益激烈的现代社会，闲暇时间和自身兴趣也变相地被挤占和剥夺，于是"无聊"一词再次以爆炸性词语映入人们的眼帘，几乎成为现代人，尤其是青少年的"紧箍咒"。调查发现，12~19岁青少年群体中有51%回答"很容易感到无聊"；更有研究发现，有91%~98%的青春期学生在某个时候经历过无聊。[1][2] 因此，无聊成为当下一个新兴的研究主题，众多研究基于心理健康视角展开了系列探讨，发现无聊不仅与焦虑、抑郁、压力、自杀意念等内化问题存在密切关系[3][4]，还与手机依赖行为、情绪化进食行为、认知失败行为、攻击行为、自杀行为等外化问题有关[5][6][7][8]。更为可怕的是，研究发现无聊竟然是人

---

① Eastwood, J. D., Cavaliere, C., Fahlman, S. A., et al., "A Desire for Desires: Boredom and Its Relation to Alexithymia,"*Personality and Individual Differences*, 2007, 42(6), pp. 1035-1045.

② Chin, A., Markey, A., Bhargava, S., et al., "Bored in the USA: Experience Sampling and Boredom in Everyday Life,"*Emotion*, 2017, 17(2), pp. 359-368.

③ Lee, F. K. S. & Zelman, D. C., "Boredom Proneness as a Predictor of Depression, Anxiety and Stress: The Moderating Effects of Dispositional Mindfulness,"*Personality and Lndividual Differences*, 2019(146), pp. 68-75.

④ 罗嘉文、赖雪芬、鲍振宙等：《生命意义、无聊倾向性与大学生自杀意念/企图的关系研究》，载《高教探索》，2016(7)。

⑤ 罗嘉文、赖雪芬、鲍振宙等：《生命意义、无聊倾向性与大学生自杀意念/企图的关系研究》，载《高教探索》，2016(7)。

⑥ 张亚利、李森、俞国良：《述情障碍与青少年攻击行为：无聊倾向的中介作用》，载《中国临床心理学杂志》，2020，28(2)。

⑦ 田志鹏、刘勇、杨坤等：《无聊与进食行为问题的关系：自我控制的中介作用》，载《中国临床心理学杂志》，2016，24(6)。

⑧ 张亚利、李森、俞国良：《大学生无聊倾向与认知失败的关系：手机成瘾倾向的中介作用及其在独生与非独生群体间的差异》，载《心理发展与教育》，2019，35(3)。

类"折寿"的重要因素,与感觉充实的人相比,备感无聊的人因心脏病或中风致死的风险高出2.5倍。① 因此,正确认识和理解个体的无聊现象,了解其形成机制和心理效应并给予及时的矫治,对个体心理健康、青少年成长成才至关重要。

一、对无聊与青少年无聊的理解

无聊又称无聊症候群或无聊综合征,英文为 boredom,但国内学者在早期学业情绪的研究中,对 boredom 的翻译除了无聊外,还译为"厌倦"和"厌烦"。关于无聊的内涵,可从不同角度来理解。从词汇学角度考察,无聊一词在我国最早出现在《楚辞》中,如"心烦愦兮意无聊",主要用来代指"由于某种内在和外在的因素而导致的无法寄托"以及"郁闷而不想做任何事情"。到了元明清时期,无聊则多用来表示"心理空虚郁闷"之意。《现代汉语词典》将无聊释义为"由于清闲而烦闷"以及"(言谈、行动等)没有意义而使人讨厌",而 APA 心理学词典(*APA Dictionary of Psychology*)中则将无聊定义为"因环境中缺乏刺激而导致的一种厌倦状态"。②③ 从哲学角度来看,无聊体验的本质是缺少存在价值或意义感,可将它理解为一种度时、空虚和退缩不前的存在状态。④ 换言之,无聊的症结并不是因无事可做而感到乏味,而是感到没有事情有意义、有价值而值得去做。从心理学的视角来看,无聊的定义显得多样而丰富,如费舍将它定义为"因个体对当前活动缺乏兴趣并且无法集中注意力所产生的一种不愉快的情绪体验";巴巴莱特将它界定为"因生活和活动缺少意义而诱发的消极情绪体验"。⑤ 由此可见,不同学科视角对无聊的理解并不相同,但就科学性和严谨性而言,当下研

---

① 黄时华、张卫、胡谏萍:《"无聊"的心理学研究述评》,载《华南师范大学学报(社会科学版)》,2011(4)。

② 倪永泽、郭立建:《"无聊"一词形成初探》,载《现代语文(学术综合版)》,2012(5)。

③ 周浩、王琦、董妍:《无聊:一个久远而又新兴的研究主题》,载《心理科学进展》,2012,20(1)。

④ 黄时华、张卫、胡谏萍:《"无聊"的心理学研究述评》,载《华南师范大学学报(社会科学版)》,2011(4)。

⑤ 周浩、王琦、董妍:《无聊:一个久远而又新兴的研究主题》,载《心理科学进展》,2012,20(1)。

究倾向于将无聊界定为因外部刺激的低感知和内生兴趣的匮乏，导致心理需求难以充分满足时所体验到的空虚、茫然、无趣、厌倦、烦闷等不愉悦的复合情绪体验。① 值得注意的是，无聊并非一味地空虚低落，它同样存在着唤起性，即无聊个体的唤醒水平可能是动态变化的。从某种意义上讲，无聊也有积极的一面，如有助于自我反思、预警和保护以及激发人类的创造力等，此等特殊含义不在我们的讨论范围内。

无聊表现为多种形式，按照持续时间的长短可归为两大类：一般型无聊和特定型无聊。一般型无聊又可视为无聊倾向，用来表示对无聊的易感程度，指相对持久的无聊情绪反应和行为风格，是一种心境，属于一种人格特质，具有弥散性和稳定性，反映的是个体对生活本身感到无聊。特定型无聊是指个体在特定情境下所感受到的暂时的无聊体验，存在多种亚类型，与青少年有关的主要有学习无聊、休闲无聊、闲暇无聊和关系无聊等。学习无聊属于学业情绪的一种，指的是青少年在学习情境下或学习过程中体验到的无聊感，处在消极低唤醒状态。研究发现，42.2%的青少年在听课或学习过程中产生了无聊体验，被体验到的频率仅次于快乐。② 休闲无聊指的是个体在休闲活动中体验到的无聊感受，其针对的对象是休闲活动本身。就青少年而言，其主要任务为学习，在学习任务之外从事的各项活动中体验到的无趣、乏味等消极情绪体验就可被称为休闲无聊。③ 与休闲无聊类似的是闲暇无聊，闲暇无聊主要指个体在闲暇时间或空闲时间里体验到的无聊感受，但它并不针对休闲时间里的特定休闲活动，其特征是无法达到最佳的感觉水平或觉醒水平。这是由于在闲暇时间里，个体缺少身体和精神刺激，社交孤立，在情感和环境方面缺乏令人愉快的奖励，

---

① 张亚利、李森、俞国良：《述情障碍与青少年攻击行为：无聊倾向的中介作用》，载《中国临床心理学杂志》，2020，28(2)。

② Pekrun, R., Goetz, T., Daniels, L. M., et al., "Boredom in Achievement Settings: Exploring Control-value Antecedents and Performance Outcomes of a Neglected Emotion," *Journal of Educational Psychology*, 2010, 102(3), pp. 531-549.

③ Wang, W. C., "Exploring the Relationship among Free-Time Management, Leisure Boredom, and Internet Addiction in Undergraduates in Taiwan," *Psychological Reports*, 2019, 122(5), pp. 1651-1665.

从而引发低满足状态。① 最后一种状态的无聊即关系无聊，指的是在与同伴或伴侣相处的过程中出现的无聊感受，最后往往会导致同伴关系、亲密关系终止和友谊关系破裂。②

除了上述分类外，按照效价和唤醒度又可分为无谓型无聊、神游型无聊、找事型无聊、烦躁型无聊以及无感型无聊。③ 无谓型无聊是最愉悦的一种无聊形式，体验起来非常放松，甚至是积极的。青少年只是放空了大脑，在大脑走神中感到愉悦，并没有刻意寻求刺激的需求。神游型无聊不会令青少年产生舒服的体验，在这种状态下，青少年大脑中会产生万千思绪，但并不知道自己想做什么，因而不会得到真正的满足，原因在于个体并不知道怎样才能找到那种刺激，或者所在的环境中根本不存在该类刺激。例如，在一个枯燥的课堂中，其他令人兴奋的选择是受到约束的。找事型无聊体验起来会更不愉悦，这种状态下的青少年会更为积极主动地寻找有趣但无害甚至是创造性的行为，例如找个密友聊天或者涂鸦。烦躁型无聊是更为消极的一种无聊形式，被这种状态控制下的青少年焦躁不安并对体验到的无聊感到恐惧，由于他们将体验到的无聊感归咎于所在的外在环境，因而往往会通过对抗环境（如实施故意破坏行为或攻击行为等）来寻找摆脱无聊的办法。无感型无聊是最新发现的一种无聊形式，是一种非常不舒服的无聊，陷入其中的青少年会感到动机缺乏，活力丧失。调查发现，约有36%的受测学生体验到了这种无聊。该类无聊进一步发展往往会使青少年产生倦怠感，进而恶化为抑郁感，因而是产生最大消极影响的无聊类型。④

青少年无聊的特点可以从表现特征和发展特征来理解。从表现特征来看，青少年无聊一般突出表现在 10 个方面。⑤ （1）经常觉得没意思，心理空虚，不

---

① Ragheb, M. G., Merydith, S. P., "Development and Validation of a Multidimensional Scale Measuring Free Time Boredom," *Leisure Studies*, 2001, 20(1), pp.41-59.

② Harasymchuk, C., Fehr, B., "A Prototype Analysis of Relational Boredom," *Journal of Social & Personal Relationships*, 2013, 30(5), pp.627-646.

③ Goetz, T., Frenzel, A.C., Hall, N.C., et al., "Types of Boredom: An Experience Sampling Approach," *Motivation and Emotion*, 2014, 38(3), pp.401-419.

④ 俞国良：《无聊、浮躁和少耐心或是抑郁的前奏》，载《中国社会科学报》，2015-04-22(B03)。

⑤ 杨波、刘宣文、何伟强：《青少年"无聊症候群"问题探讨》，载《心理与行为研究》，2005(1)。

清楚干什么。(2)希望结交朋友，但关系一般。(3)自我中心化严重，经常有抱怨和消极言谈。(4)缺乏责任感和从事活动的激情或动力。(5)物质渴求感强烈，着迷于感官刺激的满足。(6)自信心不足，常因主观因素拒绝成人的建议。(7)投机取巧，缺乏深度思维及价值观，精神生活乏味。(8)行为方式简单或退化，话题常与性和暴力有关。(9)对自身缺乏洞察力，常有无力感，成长停滞在童年期。(10)缺乏有意义的休闲及兴趣。从发展特征来看，有研究分析了青少年无聊的年龄、年代和世代特征。[①] 首先是年龄特征，总体而言，青少年无聊水平从八年级到高一年级再到高三年级经历了一个先升后降的过程，高一年级最高，高三年级最低。其中男生高一年级无聊水平最高，八年级和高三年级水平相当，而女生的无聊水平从八年级到高一年级则呈现出持续下降的特点。其次是年代特征，青少年无聊水平从 2008 年到 2010 年无显著变化，之后开始缓慢增加，其中男生的无聊水平自 2014 年开始上升，女孩的则从 2010 年开始上升。最后是世代特征，八年级学生的无聊水平自 2008 年至 2012 年无显著变化，之后开始显著上升；高一年级学生的无聊水平自 2008 年至 2010 年无显著变化，之后开始显著上升；高三年级学生的无聊水平自 2008 年至 2017 年一直在显著上升。

青少年的无聊缘何产生呢？可能与个体自身、活动性质和环境因素有关。首先，自身因素对青少年的无聊产生影响。从生理特点来看，容易感到无聊的青少年可能与多巴胺水平偏低有关，而多巴胺分泌不足容易使个体在活动过程中难以产生兴奋和刺激的感觉[②]；从心理特点来看，容易感到无聊的青少年往往在人格、情绪和情感上存在易感缺陷。研究发现，具有述情障碍人格特质的青少年在情绪的识别和表达上均存在困难，使他们在人际交往中情绪的信号功能无法充分发挥，导致其情感诉求难以满足，因而很难在生活中找到目标和意

---

① Weybright, E. H., Schulenberg, J., Caldwell, L. L., "More Bored Today than Uesterday? National Trends in Adolescent Boredom from 2008 to 2017," *Journal of Adolescent Health*, 2020, 66(3), pp. 360-365.

② Toohey, P., *Boredom: A Lively History*, New Haven, Yale University Press, 2011.

义，最终陷入无聊的深渊。① 其次，活动性质也会对青少年的无聊产生影响。根据唤醒理论，当注意力没有保持在最佳的唤醒水平时，个体就会产生无聊。因此，当一项任务太简单导致刺激不足或任务太难导致过度刺激时都会使刺激水平与青少年的认知发展阶段不相称，因而容易出现无聊。② 最后，环境因素也可能对青少年的无聊产生影响。研究发现，青少年无聊感的增加与当下互联网普及和数字媒体频繁使用有关。③ 今天数字媒体已经深深融入青少年的学习和生活中，甚至休闲娱乐也离不开数字媒体的身影。新异刺激几乎全方位占领了青少年学生的感官，使青少年失去了应对重复、平淡的日常生活的能力，对低水平刺激的容忍度日益降低，令无聊现象越来越凸显。

一言以蔽之，从心理健康视角来看，青少年无聊属于一种消极的情绪体验，并且存在多种表现形式和类型。同时，随着时代变迁，青少年的无聊现象变得越来越凸显，个体自身因素、活动性质、环境因素和文化潮流可能加剧了这一趋势，使它对青少年心理健康、成长成才的威胁和挑战日益增加。

二、青少年无聊的心理效应与心理后果

无聊会对青少年的自我产生影响。研究发现，无聊能够扰乱青少年的自我调控系统，降低其意志控制水平及自我控制能力。④ 根据自我调节的损耗理论，无聊作为一种负向情绪体验，会给个体造成心理压力从而损耗自我调控资源，如降低大脑激活水平，削弱执行控制功能，分散注意力等，进而对个体自我调控系统造成严重损害。此外，研究还发现无聊能够对自我知觉到的幸福感产生

---

① 张亚利、李森、俞国良：《述情障碍与青少年攻击行为：无聊倾向的中介作用》，载《中国临床心理学杂志》，2020，28(2)。

② Raffaelli, Q., Mills, C., Christoff, K., "The Knowns and Unknowns of Boredom: A Review of the Literature,"*Experimental Brain Research*, 2018, 236(9), pp. 2451-2462.

③ Whelan, E., Najmul Islam, A. K. M., Brooks, S., "Is Boredom Proneness Related to Social Media Overload and Fatigue? A Stress-Strain-Outcome Approach,"*Psychometrika*, 2020, 49(2), pp. 155-173.

④ 童伟：《无聊与青少年问题性移动社交网络使用：多重中介模型》，载《中国临床心理学杂志》，2019，27(5)。

影响。① 这是因为无聊情绪压抑了青少年的本我冲动，使他们难以有效地认知、标定和监控自己的情绪状态，这种对自我情绪状态认知的不足，可能导致了情绪调节自我效能感的降低，使得无聊情绪难以排遣，令青少年的生活满意度下降，积极情绪减少，消极情绪增加，从而造成对幸福感的体验较少。研究还发现，无聊甚至会对青少年的个体认知产生影响，容易导致认知失败。② 按照积极情绪的神经心理学理论，无聊状态能够影响大脑功能的联通性，使得处于消极情绪下的青少年多巴胺递质分泌减少，从而影响大脑的认知灵活性，损害注意力和记忆力。因此，无聊水平较高的青少年不仅注意力难以集中，选择性注意的功能也存在一定程度的缺失，完成简单任务的能力大大降低且更容易疏忽当下正在进行的任务，最终表现出更多的认知失败行为。同时，无聊情绪的弥漫还降低了个体对外界刺激的感受性，使其思维变得呆板而迟钝，因而在学习和活动中经常会出现一些认知失败行为。

无聊也会对青少年的情绪产生影响。情绪是心理健康的重要指标，无聊与消极情绪的关系得到了众多研究者的关注。有研究者发现，无聊与焦虑、抑郁和孤独感等心理健康的常见指标呈显著正相关，即无聊水平越高的青少年，越容易表现出焦虑、抑郁和孤独。③ 有研究者尝试给出了解释，认为个体的自我意识（对于内部状态的意识）水平将直接影响青少年对自身情绪的判断和评估，并导致情绪状态的分离，而无聊体验较高的青少年自我意识相对消极，因而更容易陷入负性情绪体验的深渊。④ 也有研究者认为，无聊水平较高的青少年由于很难意识到社会交往的意义和价值，在社会交往和互动中难以集中注意力，不利于亲密关系的建立和友谊质量的提升，难以构建有效的社会支持系统，因

---

① 王琦、俞国良、董妍等：《无聊倾向与主观幸福感：情绪调节效能感的作用》，载《心理与行为研究》，2014，12(1)。

② 张亚利、李森、俞国良：《大学生无聊倾向与认知失败的关系：手机成瘾倾向的中介作用及其在独生与非独生群体间的差异》，载《心理发展与教育》，2019，35(3)。

③ Yang, X. J., Liu, Q. Q., Lian, S. L., et al., "Are Bored Minds More Likely to be Addicted? The Relationship Between Boredom Proneness and Problematic Mobile Phone Use," *Addictive Behaviors*, 2020, 108 (2), p. 106426.

④ 周浩、王琦、董妍：《无聊：一个久远而又新兴的研究主题》，载《心理科学进展》，2012，20(1)。

而常常产生消极的心理感受。此外，根据意义和注意成分模型，无聊可以被视为认知需求和可用认知资源、当前活动和有价值目标之间不匹配的结果。[①] 无聊水平较高的青少年在试图从事令人向往的或有意义的活动时可能会不断失败，这也可能会导致焦虑和抑郁情绪的产生。从新近出现的网络心理学理论的视角来看，不同心理障碍之间存在相互作用的反馈环路，并因此形成了一整套复杂的系统，在这套系统内，无聊情绪如同一个靶点，会自动激活与之关联的序列消极情绪体验，从而给青少年带来心理困扰。[②]

无聊还会对青少年的学业产生影响。毫无疑问，青少年的主要任务是学习，而无聊会导致其学业适应不良，较为典型的是引发学业拖延行为。无聊的本质是价值缺失或无意义感，可被视为一种回避情绪，它能够触发青少年逃避目标任务或活动的动机，使青少年失去从事当下活动与任务的热情和动力。换言之，当青少年感受不到学习任务和活动中的趣味与价值时，他们就会对从事的活动产生恐惧和退缩，出现拖延行为以缓解内心的无聊感受。无聊程度较高的青少年还会产生时间知觉偏差，感到时间流逝较慢，因而会低估完成任务的时限，导致拖延行为的增加。此外，身处互联网环境，感到无聊的青少年更容易受到无关线索的吸引，导致注意力分散，任务完成出现拖延。除学业拖延外，无聊还会引发青少年学业倦怠的出现，进而导致逃学和辍学。[③] 青少年无聊水平过高的青少年往往与学习困难群体存在高度交叉，该群体在实现学习目标和完成学业任务的过程中遭遇挫折，这种挫折相当于给青少年提供了心理惩罚，容易削减青少年的学习兴趣和热情，降低青少年的学业自我效能，甚至会使他们产生习得性无助，久而久之会在大脑中形成学习任务过难、学业目标难以实现等非理性信念，从而引发学业倦怠感。总之，无论是学业拖延行为，还是学业倦

---

① Yang, X. J., Liu, Q. Q., Lian, S. L., et al., "Are Bored Minds More Likely to be Addicted? The Relationship Between Boredom Proneness and Problematic Mobile Phone Use," *Addictive Behaviors*, 2020, 108 (2), p. 106426.

② Borsboom, D., "A Network Theory of Mental Disorders," *World Psychiatry*, 2017, 16(1), pp. 5-13.

③ 赵鑫、李莹莹、金佳等：《大学生无聊倾向对学习倦怠的影响：情绪调节策略的中介作用》，载《中国临床心理学杂志》，2016，24(1)。

怠行为，都不利于青少年的学业适应，而学业适应不良又可能会对青少年的心理健康恶化产生连锁反应。

无聊更会对青少年的人际关系产生影响。研究发现，无聊水平较高的青少年不仅脾气暴躁、易发怒、敌意心重、好冲动，还容易表现出诸如身体攻击（如推搡、殴打），言语攻击（如说一些恶毒的谣言或伤人的话）和关系攻击（如为损害人际关系取笑某人或当众让人感到难堪）等多种形式的攻击行为，从而威胁人际关系和良好社会支持系统的构建。① 这可以用一般压力理论来解释，无聊情绪的产生意味着个体要为提高注意力付出更多的努力，这对于青少年而言是一种心理压力，压力的积聚有可能导致攻击行为的出现。无聊是一种内部的不满足、厌恶的体验，高无聊倾向的个体往往对刺激的需求也更大，他们通常选择通过对外界的破坏行为来释放或缓解这种消极的心理感受，以获得一定的心理满足。② 此外，无聊水平较高的个体的执行控制功能往往也会受到削弱，当产生攻击意图时，由于冲动抑制和行为控制能力的不足，他们也容易表现出攻击行为。不仅如此，近来研究者还发现，随着时代的发展和互联网技术的普及，无聊水平较高的青少年还将现实生活中的欺负行为转移到了虚拟的网络世界中，表现出了更多的网络欺负行为或线上攻击行为③，为和谐人际关系的建立增加了新的挑战。根据唤醒理论的观点，人们倾向于喜欢适度的刺激，高无聊倾向的青少年往往机体唤醒水平较低，这意味着他们对有意义刺激的渴求感增加，因此做出一些网络欺负行为往往是为了获得一定的心理刺激。

无聊还能影响青少年的社会适应。无聊会催生一系列的非适应性行为，无聊水平较高的青少年往往存在两类较为明显的社会适应障碍，一类是行为上瘾，另一类是物质使用。研究表明，青少年无聊能够导致网络成瘾、手机成瘾、游

① 张亚利、李森、俞国良：《述情障碍与青少年攻击行为：无聊倾向的中介作用》，载《中国临床心理学杂志》，2020，28(2)。

② 张亚利、李森、俞国良：《大学生无聊倾向与认知失败的关系：手机成瘾倾向的中介作用及其在独生与非独生群体间的差异》，载《心理发展与教育》，2019，35(3)。

③ 金童林、陆桂芝、张守臣等：《无聊倾向对大学生网络偏差行为的影响：网络消极情绪体验的中介作用》，载《中国临床心理学杂志》，2016，24(4)。

戏成瘾以及社交媒体成瘾。①② 这可以用使用与满足理论的观点来解释，无聊反映的是某种心理需求满足受阻状态，在满足动机的推动下，青少年会寻求使用特定的数字媒体来满足特定的心理需求，如社交、娱乐、信息获取，从而使机体获得兴奋，用以缓解内心的无助和落寞。③ 此外，补偿性互联网使用理论还强调，无聊水平较高的青少年往往会伴随着诸多心理困扰和消极心理体验，在逃避动机的推动下，青少年会使用数字媒体进行娱乐消遣或进行无目的的浏览和观看行为以寻求短暂的心理慰藉，暂时逃避痛苦的心理体验。④ 不仅如此，无聊水平较高的青少年还容易出现对毒品、烟酒等物质使用的明显偏好，这是除了压力和高消费外，导致物质滥用的高风险因素之一。⑤ 处于无聊状态的个体对当前状态不满意，难以维持注意力和参与度，这会驱使青少年寻求那些能带来正性刺激的活动，而物质使用能够刺激有机体多巴胺等兴奋物质的产生和传输，激活大脑奖赏系统，产生兴奋感，因而会导致青少年产生强迫使用的习惯，产生社交退缩行为，影响有效的社会适应。

综上所述，青少年无聊能够对其自我、情绪、学业、人际和社会适应产生消极影响，而上述诸要素又是心理健康的核心组成部分。由此可见，青少年无聊对其心理健康的影响可谓"牵一发而动全身"，不容小觑，更不容忽视。

三、青少年无聊的应对与教育对策

青少年无聊情绪的凸显同时受内部因素和外部因素的影响。其中，内部因

---

① Wang, W. C., "Exploring the Relationship among Free-time Management, Leisure Boredom, and Internet Addiction in Undergraduates in Taiwan," *Psychological Reports*, 2019, 122(5), pp. 1651-1665.

② 童伟：《无聊与青少年问题性移动社交网络使用：多重中介模型》，载《中国临床心理学杂志》，2019，27(5)。

③ Kardefelt-Winther, D., "A Conceptual and Methodological Critique of Internet Addiction Research: Towards a Model of Compensatory Internet Use," *Computers in Human Behavior*, 2014(31), pp. 351-354.

④ Yang, X. J., Liu, Q. Q., Lian, S. L., et al., "Are Bored Minds More Likely to be Addicted? The Relationship Between Boredom Proneness and Problematic Mobile Phone Use," *Addictive Behaviors*, 2020, 108(2), p. 106426.

⑤ Csabonyi, M., Phillips, L. J., "Meaning in Life and Substance Use," *Journal of Humanistic Psychology*, 2020, 60(1), pp. 3-19.

素主要包括自尊心和自信心不足、自主性和自控力较差；外部因素主要包括客观环境的约束和心理环境的单调。因而对青少年无聊的应对、矫治和教育，应从内、外两方面着手"内外兼治"，才能实现事半功倍的效果。

一是要培养青少年的自尊心和自信心。自尊和自信不仅代表了青少年重要的心理素质，也反映了当代青少年积极向上的心态、风气和面貌，更顺应了党的二十大报告中加强社会心理服务体系建设的发展路径和主旨要义。心理学研究表明，自尊的提升可增强青少年的价值感和自我认同感，进而提升生命意义感和主观幸福感，最终减轻无聊感。关于自尊培养的方法，可以从引导青少年做恰当的自我提升策略、合理的归因方式及多元的自我评价入手。需要注意的是，培养自尊也要掌握"火候"，要做到不偏不倚，让青少年摆脱自卑感的同时避免自大和自恋情况的出现，否则对无聊感的降低无济于事。同时，培养自信有利于增强青少年的自我效能感，从自我决定理论的视角来看，有利于增强青少年的胜任感。自信心的增强有利于青少年积极应对学习上和生活上的困境，面对各项任务时会表现出更多的好奇心以及创造性，并能沉浸于解决问题的过程中，更少地知觉到无聊情绪。关于自信心的培养，教师和家长可以让学生直接体验更多成功的经历，在经历中收获成功的喜悦；可以以身作则或寻找榜样人物传授成功的经验，对青少年起到激励作用；可以给予青少年更多言语上的鼓励和鼓舞，让青少年大胆尝试，挑战自我；还可以培养青少年积极的情绪和乐观的心态，积极情绪通过拓展心理资本和应对资源，也能助力自我效能感的提升。总之，自尊和自信的培养与提升是减轻无聊感的基础。

二是要培养青少年的自主性和自控力。自主性是三种基本心理需求之一，对于正处于叛逆期的青少年而言尤为宝贵。自我决定理论认为，只有某一活动或任务由自身意志支配和决定，青少年才会为之产生热情和动力。因此，培养青少年独立自主思考和解决问题的能力有利于满足青少年的基本心理需求，促进青少年内在动机的形成，从而找到活动的目标和意义，减轻无聊感。关于主动性的提升策略，首先要减轻对青少年的心理控制和行为控制，允许青少年在遵纪守法、不越"红线"的前提下，自主探索，大胆寻找到自身的兴趣点并为之付出努力。其次要提升青少年的个人成长主动性，让青少年在了解自身的亮点、优势和价值的基础上，加强职业生涯规划，树立崇高的理想和目标，增强责任感和使命感，将付出和努力置于自身的光明前景和民族的伟大复兴征途中。只有"为所应为"，才会减轻无聊感的产生。最后，青少年正处于"疾风骤雨"期，自控力还不够成熟，思维方式也存在片面性，这使得青少年很难静下心来审视事物与活动的价值和意义，总在寻求刺激，却发现做什么事情都可能是三分钟热度，难以摆脱无聊的侵袭。因此，除了自主性外，还可以着力提升青少年的自控力。利用心理辅导、心理咨询中的冥想策略，帮助青少年掌握调节身心的技巧，提高做事的专注力和情感投入程度，当沉浸体验产生时，无聊情绪便会自动削减。

三是要建设良好的客观环境。青少年无聊感的产生与外部刺激的缺乏有关，在干预和矫正时应注意打造多彩的生活条件和环境。由于青少年的主要任务是学习，因而校园环境的建设应该着力丰富学校资源，提升教学质量。就学校资源而言，应打造高质量的师资队伍。教师是为学生传道、授业和解惑之人，高质量的师资队伍能够激发青少年的成长动力和探索精神，使他们在成长的路上不无聊。还要为青少年建设整洁的课堂环境和优美的校园环境（如花卉植被、雕塑画卷、休闲场地与设施等），以陶冶情操，培养青少年的审美能力。就学校教学而言，应设置合理的教学目标，灵活选用教学方法，合理搭配教学素材，让教学进程不断匹配青少年的"最近发展区"。揠苗助长会挫伤青少年的积极性，因循守旧会扼杀青少年的好奇心，这些都会导致无聊的产生。除了学校环境的建设外，家庭和社区作为青少年休闲的主要场所，客观环境的建设也不容忽视。家庭可以种植盆栽、豢养萌宠等，为青少年相对单调的学习生活增添一抹色彩。社区可以量力而行，适当配备室内休闲设施和室外休闲场所，如运动健身室、室外篮球场等，让青少年的天性得以自由展现，也让青春期躁动的心有所安放。

　　四是要营造积极的心理环境。心理环境的建设主要包括家庭氛围和学校氛围的建设，对无聊情绪的削减作用往往比客观环境更大。家庭氛围不同于教养方式，它包括所有家庭成员之间的互动模式，不局限于父母与子女之间的相处模式，良好的家庭氛围有助于青少年基本心理需求的满足，使他们体验到更多的积极情绪，减少产生无聊感的机会。就家庭氛围的建设而言，需要警惕出现忽视型、批评型和冲突型家庭氛围。忽视型家庭氛围下的成员间往往缺乏充分的互动、关心和深入了解，甚至彼此之间存在厌恶的倾向，彼此对于任何一方而言都不是必需的。青少年置身于此，心理需求得不到充分满足，就会感觉生活索然无味。而在批评型和冲突型家庭氛围中，成员之间则增加了指责和攻击的频率，这样会对青少年原本的心理需求产生剥夺，不利于无聊情绪的控制。此外，学校氛围建设对青少年无聊情绪的预防也大有裨益。学校氛围的建设可从多个方面入手，如建设良好的师生关系和同伴关系以及良好的校园秩序和纪律等，满足青少年的关系需求，为无聊情绪的缓解提供必要的社会支持；减轻青少年的学业压力和学习负担，满足其胜任需求，让青少年在成功和成长的激励中体味学习的快乐与意义；鼓励青少年发展的多样性，以满足其自主需求，让青少年在自主探索中寻求幸福和价值。总之，只有营造积极的心理环境，才能从根本上满足青少年的心理需求，减轻无聊感。

第十八章

———————

国家层面设置心理健康教育课程的实践与探索

针对无聊等现象，大中小幼各级各类学校必须承担起教育、矫治的责任，其重要途径便是以课程为抓手，积极实施心理健康教育。毫无疑问，心理健康教育是学校德育、思想政治教育的重要组成部分。教育实践经验也清楚地告诉我们，与德育、思想政治教育一样，普及、推进和深化学校心理健康教育，课程设置、课堂教学是主渠道。这是我作为亲历者、当事者和研究者，对国家和政府心理健康教育政策的认识与理解。国家和政府对此的深谋远虑和高瞻远瞩，充分体现了政策设计的高度、气度和力度，且该政策承上启下、分层推进，也为我国社会心理服务体系建设与心理健康教育事业发展奠定了坚实的基础。2002 年，受教育部基础教育司委托，我们完成了《中小学心理健康教育指导纲要》的编制（后在 2012 年修订）；2004 年，受教育部职业教育与成人教育司委托，完成了《中等职业学校学生心理健康教育指导纲要》的编制；2016 年年底受教育部思想政治工作司委托，完成了《高等学校学生心理健康教育指导纲要》的编制。上述三项工作及其成果，既是从国家层面设置心理健康课程、开展心理健康教育的教学大纲，也是进一步推进和深化学校心理健康教育工作的政策依据。

一、义务教育课程中的心理健康教育：以"道德与法治"课程为例

在义务教育阶段开展心理健康教育，不仅是深入贯彻落实"立德树人，育人为本"的重要举措，还是促进学生德智体美劳全面发展的必然要求。同时，这也

是中小学教育改革、创新的突破点和着力点。在中国特色社会主义进入新时代的大背景下，值此义务教育国家课程标准的修订之际，分析梳理一些存在的问题，无疑表明生命安全与健康教育、心理素质教育等都还有待进一步加强。心理健康教育进课程、进教室的呼声日益高涨，显然，现在已经到了在国家战略层面，让心理健康课程建设在义务教育阶段"初露端倪、初见成效"的时候了。

（一）"道德与法治"中心理健康进课标的理念与目标

通过整合对 2011 年教育部颁布的义务教育阶段德育学科（品德与生活、品德与社会、思想品德）课程标准①的文本分析，以及中小学校实地调研和专家咨询的结果，在修订"道德与法治"课程标准、心理健康进课标过程中，始终坚持以习近平新时代中国特色社会主义思想为指导，全面贯彻落实"提供适合学生发展需要的心理健康教育"的课程理念，强调在活动中体验，在体验中调适，在调适中成长，为学生健康成长保驾护航。

在一般课程理念上，一是坚持育人为本，突出思想性。紧密联系学生思想政治、道德品质现状和特点，强调应用心理健康教育的理论和方法，达到价值引领、铸魂育人的目标。二是贴近现实生活，具有时代性。从学生的社会生活实际出发，选取他们关心的具有现实意义的日常生活事件和常见心理行为问题，把教学内容融入反映时代现实生活的主题模块中。三是重视健全人格，突出实践性。鼓励学生进行活动和探究，着重培养他们的开放、灵活、自信、专注、合作等良好品质和实践能力。四是整合不同知识经验，实现综合性。从学生参与社会公共生活的需要出发，强调课程的综合性以及与学生生活经验的关联性。在具体课程理念上，一是发展性理念。依据学生身心发展特点，贴近他们的现实生活需要，选择具有适用性和前瞻性的教学内容，真正使"教学走在发展前面"。二是全面性理念。学生心理健康教育涉及学习、自我、人际关系、情绪调适和社会适应等不同发展领域，须将它们作为一个完整的系统来看待和理解。

---

① 参见教育部：《义务教育品德与生活课程标准》，北京，北京师范大学出版社，2012。

三是差异性理念。根据学生现有的知识经验和理解能力做到由易到难、由浅入深，呈现出一定的阶梯性，并充分体现教学的渐进性、针对性和实效性。四是活动性理念。在确定心理健康的教学目标、任务和内容时，强化活动的特点，让学生在活动和体验中获得感悟。

在上述课程理念统率下的课程目标，强调把健全人格、提高全体学生心理健康素质的总目标放在第一位，可细分为一般目标和具体目标。前者主要在于培养学生能够积极适应、主动发展。后者又可以划分为认知目标、情感目标、意志目标和个性目标。（1）认知目标指帮助学生开发智力和潜力，掌握学习方法，改善学习习惯，积极适应学校环境；尤指提高正确的自我认知能力。（2）情感目标指帮助学生学会情绪体验和情绪识别，更好地觉察和理解自己的情绪状态，主动地调节、控制自己的情绪；尤指培养积极、健康、乐观的情绪，以及更高级的社会情感。（3）意志目标指培养学生坚强的意志品质，使他们形成对困难、逆境的正确态度和良好的耐挫折能力；尤指培养坚韧不拔、矢志不渝的精神；（4）个性目标指培养学生正确而适宜的动机水平、广泛而稳定的兴趣，以及良好的人际沟通能力；尤指塑造健全人格和良好的个性心理品质。上述诸目标归结为一句话，便是"认知合理，情绪稳定，行为恰当，人际和谐，适应变化"。

（二）"道德与法治"中心理健康进课标的核心素养与教学内容

根据教育部《中小学心理健康教育指导纲要》（2012年修订）和义务教育课程设置方案，"道德与法治"课程标准修订中涉及心理健康教育的核心素养可以概括为健全人格。它包含三层含义：一是自尊自信，主要表现为正确认识自己，学会学习，有效学习，能自我调节和管理情绪，做到自立自强，坚韧不拔，养成自信、自律、乐观、开朗的个性心理品质；二是理性平和，主要表现为具有较强的人际交往与沟通能力，同伴关系、师生关系和亲子关系良好、和谐，并学会合作与竞争，能正确处理自我与他人及群体的关系；三是积极向上，主要表现为主动适应环境，确立符合社会需要和自身实际的生活目标，具有责任感和进取心，以及适应生活、应对挫折和失败的积极心理品质。实际上，这也是心理健康课程教学内容的一个浓缩与集中体现。

由此，"道德与法治"课程标准中包含心理健康的教学内容可归纳为以下三个层面：学习心理健康知识，认识心理异常现象，树立心理健康意识；提升心理健康素质，增强社会适应能力，开发心理潜能；利用心理调节方法，掌握心理保健技能，提高心理健康水平。这三个层面以"道德与法治"课程设计思路中"成长中的我"为基点，与"我与自然""我与他人""我与社会""我与国家、人类文明"四个维度匹配后，其重点是认识自我、人际交往、学会学习和社会适应。

从纵向看，不同学段具有不同的教学内容，这是心理健康教育的年龄特点；从横向看，不同学段具有相同的教学内容。一是认识自我。一个心理健康的人应该正确认识自我、接纳自我，并能控制自我。认识自我包括：(1)引导学生正确地看待自己与他人比较时的相对位置，正确对待他人对自己的评价，并初步形成对自己正确、客观的评价；(2)在正确认识自己的基础上，帮助学生确立合理的个人发展目标；(3)引导学生不但要欣赏自己的优点，还要接纳自己的缺点，从而树立自信心；(4)培养学生自我控制以及抑制冲动性行为的能力，激励他们为达到既定目标而克服困难。二是人际交往。每个学生都位于人际关系网络中的特定节点，这是维护其心理健康的重要因素。人际交往包括：(1)了解自己的人际关系状况，让他们理解人际关系对成长、成才的重要性；(2)引导学生体验自身人际关系的亲疏关系和满意程度，促进其人际交往能力的提高，鼓励他们建立良好的同伴关系、师生关系和亲子关系；(3)帮助学生以积极的态度待人，掌握沟通技巧，学会倾听和表达，并培养团队意识、合作意识。三是学会学习。中小学阶段形成的学习习惯、学习兴趣是终身学习的基础。它包括智力因素和非智力因素两方面。(1)开发智力应侧重学生的思维训练，即提高逻辑思维能力和概括能力，以及培养他们的思维品质，主要是创造性思维和批判性思维。(2)培养学生的非智力因素，这主要源于人格对学习有一定的调节作用。因此须培养学生对学习的间接兴趣和良好的学习习惯，帮助他们掌握科学的学习方法，形成对考试和成绩的正确态度，克服考试焦虑。四是适应社会。提高学生的心理素质，归根结底是为了培养他们良好的社会适应能力。适应社会包括：（1）培养学生正确的世界观、人生观和价值观，养成健康的生活方式和行为习惯，提高其生活自理、自立能力；（2）提高学生适应环境的能力，避免他们在新环境中出现退缩、攻击和过分敏感现象；（3）对学生进行挫折教育，引导他们掌握积极的挫折应对策略，这是提高社会适应能力的关键方面。

(三)"道德与法治"课程中实施心理健康的教学建议

一是加强课程的师资队伍建设。第一，建立一支专、兼职结合的心理健康师资队伍。目前，从事该项教学工作的专职人员较少，兼职人员较多。因而，必须改变这种状况，即由兼职教师为主转变为以专职教师为主、专兼职结合的模式。第二，加强专业培训。从事心理健康教学是一项专业技能，必须通过培训并逐步完善持证上岗制度；同时，还要注意引进心理健康教育方面的专业人才，使外部引进和内部培养结合起来。第三，重视教师自身的心理健康问题。教师自身的心理健康问题不仅影响教师个人的发展，还会影响学生的心理健康。因此，应把师源性的心理行为问题降到最低程度，进而优化学生成长的教学生态环境。

二是充实课程的教学内容和模式。学生的心理健康问题主要是发展性的，因此，心理健康课程的重点要放在学生发展指导上，即以全体学生作为心理健康教育的对象，对学生成长中的普遍问题予以指导，同时还要兼顾对少数有心理障碍学生的心理辅导与行为矫正。根据学生的不同年龄特征和认知特点，教学内容和模式的侧重点应有所不同，小学以游戏和活动为主，初中以活动和体验兼顾。此外，心理健康课堂教学的内容应从自我认知、人际交往、情绪调适等方面逐步扩展到学习辅导与社会适应并重，并注重学生积极心理品质的培养和心理潜能的开发。

三是丰富课程的教学途径和方法。心理健康教学要采用多种途径和多样化的方法。例如，提高各科教师的心理健康教育意识，在学科教学中渗透心理健康教育；在心理健康的课堂教学中，可以有针对性地传授一些心理调节的方法和技能，使学生更好地应对学习、生活中的各种心理困惑。把课内与课外心理健康教育活动结合起来，如通过兴趣小组、心理剧社、社会实践活动等，让学生参与到活动中来，利用活动、体验、调适来提高心理素质。同时，也可以通过互联网进行超时空的对话与交流，建设、健全网上心理健康课程，及时、准确、有效地解决学生的心理行为问题。

四是开设国家或地方层面的专门课程。心理健康课程化是学校为实现心理健康教育的培养目标，而规定的心理健康教学内容及其进程，包括教学计划、课程标准、课程内容等方面。我们认为，心理健康教育要推向深入，重要的抓手便是课程化。[①] 然而，心理健康课程不能等同于一般学科教学，因为它不仅仅是一门课程，还需与学生的学习实践、生活环境相结合，帮助学生解决学习、成长、生活和人际关系等方面的心理困扰，维护学生的心理健康，提高学生的心理素质。这也是我们今后努力的方向。

二、中职思政课程中的心理健康教育：以"心理健康与职业生涯"为例

随着教育改革不断深化，心理健康教育理念已深入职业教育者之心。特别是教育部 2020 年发布的《中等职业学校思想政治课程标准》中的"心理健康与职业生涯"部分，开启了心理健康课程化并进入国家课程体系的先例。这是在 2008 年《教育部关于中等职业学校德育课课程设置与教学安排的意见》基础上，通过分析、总结并继承已有"心理健康"选修课和"职业生涯规划"必修课的成功经验，也是有的放矢地对中等职业学校思想政治课程的内容进行调整，全面推

---

① 参见俞国良：《中小学校心理健康教育研究》，北京，北京师范大学出版社，2020。

进与深化学校心理健康教育的"开山之作"。

(一)"心理健康与职业生涯"中"心理健康教育"的定位与特点

"心理健康与职业生涯"课程是中等职业学校思想政治课的四个组成部分之一，其宗旨是为中职学生适应未来社会生活打下坚实的思想政治素质基础；其最大亮点是将原来的"心理健康"从选修课程变为必修课程，并与原来的必修课程"职业生涯规划"合并成为国家层面的新课程"心理健康与职业生涯"。因此，对于该课程的定位和性质，要有深刻的认识。从宏观层面考察，这是全面推进素质教育，增强德育工作的针对性、实效性和主动性，培养身心健康、具有创新能力和实践能力的高素质劳动者和技能型人才的必要条件；从微观层面分析，这是提高全体中职学生的心理素质，帮助他们正确认识和处理成长、学习、生活和求职就业中遇到的心理行为问题，促进其身心全面和谐发展的充分条件。

该课程要求在心理健康框架下积极开展职业生涯教育。理由是职业生涯是人生的一个重要阶段，而心理健康作为生命的中流砥柱，伴随人的一生，并决定职业生涯规划的质量与效率、方法与路径。职业生涯规划是一种主动的、不断调整的、具有创造性的动态过程，是实现价值感、成就感和获得感的有效行动计划；而心理健康是一种相对稳定的心理状态和良好的适应状态，是个体进行合理生涯规划、获得职业发展的前提和保证。换言之，心理正常或心理健康是成功职业生涯的前提，也是下一个阶段生涯的心理准备。该课程在内容上将心理健康与职业生涯有机整合，在研制思路上，从"我的成长"破题，按照"社会我""个体我""职业我""人际我""现实我""理想我"的逻辑思路进行系统设计。其主要特点表现为以下几方面。

一是系统整合了 2008 年教育部发布的《中等职业学校心理健康教学大纲》，在内容上将个体心理健康与职业生涯规划整合起来，表现在将社会发展与个人发展、自我心理特点与职业生涯发展特点、人际交往与职业生活、学会学习与职业素养、社会理想与职业理想有机结合起来，帮助学生在心理成长过程中学会并做好职业生涯规划，在职业生涯规划中实现自我心理成长，并把心理健康视为"人与环境""人与社会"互动的产物。

二是课程核心内容与原来的"心理健康"与"职业生涯规划"两个教学大纲保持相对一致性、稳定性。在"心理健康"方面主要表现在：在自我认识上，引导学生学会从自我评价和他人评价中客观认识自我，并引导学生学会情绪调节，正确面对挫折、压力；在人际交往上，引导学生与老师、同伴、父母和谐相处，建立积极、健康的人际关系；在学会学习上，掌握科学的学习方法，培养学习兴趣，激发学习动机；在社会适应上，敢于接受生活中的挑战，直面挫折和困难。在职业生涯规划方面，其重点是解决中职学生在求职就业中的心理行为问题，尤其是帮助他们在自我认知上明确职业意识、学习理解职业理想的内涵与特点、提高对未来职业生涯的适应能力，从而形成正确的职业观、择业观、创业观与成才观，并最终在职业生涯规划中获得成长。

三是体现了从"大我"到"小我"的逻辑思路。该课程标准的研制，按照从"大我"到"小我"的内在逻辑，精心设计了"时代导航生涯筑梦—认识自我健康成长—立足专业谋划发展—和谐交往快乐生活—学会学习终身受益—规划生涯放飞理想"六个模块。[①] 其中，心理健康教育的逻辑思路为"认识自我—和谐交往—学会学习—成就生涯"，这和教育部颁布的《中等职业学校学生心理健康教育指导纲要》的主旨不谋而合。特别是，该课程将"职业精神"和"健全人格"作为其核心素养，能够有的放矢地培养学生适应时代发展和毕生发展的心理品质与关键能力。

(二)"心理健康与职业生涯"中心理健康的教学内容解析

如前所述，"心理健康与职业生涯"包括六个模块的内容。其中，心理健康部分不但发挥着对整个课程的引领、框架作用，而且其具体教学内容也占据课程的"半壁江山"。

---

① 中华人民共和国教育部：《中等职业学校思想政治课程标准》，17~21 页，北京，高等教育出版社，2020。

　　第一，以"认识自我、健康成长"为题，从"我的成长"中的"个体我"出发，从正确认识自己和评价自己、理性对待自我和社会的差距，提高抗挫能力，增进对青春期心理，尤其是对性心理的认识，以及提高情绪觉察和情绪调节能力等方面，阐释了认识自己对个体身心健康发展和获得人生成功的重要意义。主要议题包括：认识自我，弄清楚"自己想成为什么样的人"；更好地应对和战胜挫折，并以此为契机，促进自我成长和人格完善；正确认识与理解青春期的生理、心理特征；掌握合理的情绪调节方法，使自己成为情绪的主人。

　　第二，以"和谐交往、快乐生活"为线索，从"我的成长"中的"人际我"出发，帮助学生在人际交往过程中，建立良好的同伴关系、师生关系和亲子关系，正确认识和处理人际关系中的矛盾与冲突，拒绝校园欺凌、暴力和各种不良诱惑，积极地适应生活环境，提升人生意义和生命价值。主要议题包括：了解同伴交往过程中常见的心理困惑与心理障碍，学会沟通、合作和竞争；正确对待和处理师生关系中存在的矛盾与冲突，掌握正确的矛盾应对策略和冲突解决技巧；尊重家长，感恩父母，加强与父母沟通的意识，对父母和长辈心怀感恩之情；自觉抵制不良诱惑，防微杜渐，搭建起心灵的"防火墙"。

　　第三，以"学会学习、终身受益"为题，从"我的成长"中的"现实我"出发，强调"学会学习"的重要性，充分发挥中职学生自身学习动机、兴趣和信心对学习的重要作用，体验学习过程中的积极感受。同时，掌握科学的学习方法，正确应对学习中的压力、挫折和考试焦虑；在学校学习、实习实训中，不断培养、提高自己的数字化学习能力和信息素养，强化终身学习意识。主要议题包括：正确认识时间管理和学习兴趣对职业技能掌握与学习的重要作用，掌握有效管理时间的策略和培养学习兴趣的方法；探索适合自己的学习方法与策略，为知识学习和职业发展奠定坚实的基础；牢固树立终身学习的意识，包括一切场合的正规学习和非正规学习。

　　第四，以"规划生涯、放飞理想"为线索，从"我的成长"中的"理想我"出发，在正确认识职业与心理、现实与理想的基础上，勇于面对职业压力与职业倦怠等心理冲突,认同职业角色规范,不断提高职业适应能力;同时,进一步明确生涯和调整职业生涯的方法、步骤,为成功的求职就业与创新创业奠定心理基础,实现"适应职业,适应社会"的人生目标。主要议题包括:初步实现由"学校人"到"职业人""社会人"的角色转换,完成适应社会、融入社会的准备;在职业生活、社会生活中不断追求自我价值与社会价值的统一,实现从"个体我""职业我""现实我"到"人际我""社会我""理想我"的落地、开花和结果。

(三)"心理健康与职业生涯"中实施心理健康教育的建议

推进中等职业学校"心理健康与职业生涯"课程标准的实施,必须充分把握课程定位,加强课程标准的宣传解读、理论学习和实践训练,实施高质量的心理健康师资培训以及相应的管理制度与措施。

第一,正确认识中职学生身心发展的特殊性。中职学生处于青春期,心理发展过程中面临的各种心理问题和心理冲突尤为突出,而毕业之后又面临职业选择和职业适应。因此,建议在该课程实施过程中,不能单纯采用传统的知识灌输形式,而是要设计多元的活动方式,让学生在活动中提出问题、分析问题、解决问题。例如,设计小组讨论、角色扮演、社会调查、心理情景剧、研究性学习等,通过体验、感悟、反思,培养学生的探究能力,并通过探究解决问题。同时,各级教育行政部门应加大该课程标准的官方宣传力度,组织有关专家学者和职教教研员编写高质量的解读读本,普及该课程标准的教育教学内容;任课教师则要进一步提高认识,认真学习、正确理解、深刻把握课程标准,不断创新课程的教学内容和模式,丰富课程的教学途径和方法。

第二,加强专兼职教师的系统培训。帮助该课程专兼职教师提高思想业务水平和教育教学能力,进一步夯实政治理论与专业基础。通过科学系统的培训,使他们在个人素质、理论修养、教学能力、实践操作和科研能力等方面都能得到显著的提高。为此,我们建议有关部门:(1)确定该课程专兼职教师的职责,以及从事该课程的基本条件和资质;(2)确定该课程专兼职教师的能力标准,包括心理健康的标准和教育教学能力的标准；（3）对该课程专兼职教师的资格认证进行试点工作，确定认证标准、认证机构和认证方式；（4）研制该课程专兼职教师基础培训和提高培训方案，对非专业背景的教师进行基础培训，对有专业背景的教师进行提高培训；（5）编写统一的专兼职教师培训大纲和培训教材；（6）定期对上述培训效果进行第三方的质量评估，并定期开展师资队伍建设的调查研究。

第三，从具体政策措施上体现对该课程的重视。作为一门新课程，心理健康教育具有较强的专业性，因而在具体实施过程中一定会遇到许多新问题、新困难。除了保证课时、开足开好该课程外，尤其对师资培训与培养也有较高的要求，这就需要国家、地方政府和学校在不同层面出台相应的政策，采取有力的保障措施，狠抓落实，确保该课程标准能够学习理解到位、教学实践到位、评价考核到位。例如，各级教育行政部门要加强组织协调和领导，各级学校要将心理健康教育师资纳入学校的师资培养培训计划，特别是列入中等职业学校教师素质提高计划，列入继续教育培训计划，列入"国培计划"和教育硕士培养计划。

三、高校公共课程中的心理健康教育：以"大学生心理健康"为例

大学生正处于身心发展的重要阶段，所面临的心理行为问题较多。只有开展形式多样的心理健康教育，特别是充分发挥课堂教学在大学生心理健康教育工作中的主渠道作用，才能有效地解决大学生的种种心理行为问题。因此，教育部在 2011 年印发的《普通高等学校学生心理健康教育课程教学基本要求》中明确提出，"保证学生在校期间普遍接受心理健康课程教育"；2018 年《高等学校学生心理健康教育指导纲要》进一步提出，"把心理健康教育课程纳入学校整体教学计划，规范课程设置，对新生开设心理健康教育公共必修课，大力倡导面向全体学生开设心理健康教育选修和辅修课程，实现大学生心理健康教育全覆盖"。

(一)"大学生心理健康"课程的目标与任务

"大学生心理健康"课程是集知识传授、心理体验与行为训练为一体的公共课程。从课程目标看，必须遵循思想政治教育和大学生心理发展规律，引导他们努力践行正确的世界观、人生观、价值观，培养理性平和、乐观开朗、健康向上的积极心理品质，提高他们的社会适应能力、承受挫折能力和情绪调节能力，促进他们的心理素质与思想道德素质、科学文化素质、身体素质的全面协调发展。具体可以表述为：在认知或意识层面，使大学生树立心理健康的自主意识，了解自身的心理特点和性格特征，能够对自己的身心状况、行为能力等进行客观评价，正确认识自己，接纳自己，提高心理调节能力，培养良好的心理品质；在知识层面，使大学生明确心理健康的标准及意义，了解大学阶段人的心理发展特征及异常表现，掌握自我调适、自我保健和心理危机预防的基本知识并应用这些知识，培养自我认知能力、人际沟通能力、情绪调节能力等；在方法或技能层面，使大学生掌握自我探索技能、心理调适技能及心理发展技能，包括提高知识学习技能、环境适应技能、压力管理技能、问题解决技能、自我管理技能、人际交往技能和生涯规划技能等，增强调控情绪、承受挫折、适应环境、适应职业的能力。

该课程的主要任务是：(1)根据大学生的身心特点，学习、普及心理健康知识，通过多种形式的心理健康活动和体验，帮助大学生理解和掌握心理保健的方法与技能，特别是树立心理健康意识，优化心理品质，开发心理潜能，增强心理调适能力和社会生活适应能力，预防和缓解心理行为问题；(2)了解并掌握增进心理健康的方法和途径，帮助大学生培养良好的心理品质和自尊、自爱、自律、自强的优良品格，培养他们的创新精神和实践能力；(3)帮助他们正确处理好知识学习、人际交往、环境适应、自我管理、交友恋爱、求职择业、人格发展和情绪调节等方面的困惑；(4)面向全体大学生，为他们提供及时、有效、高质量的心理健康指导与服务；(5)努力构建和完善大学生心理行为问题高危人群预警机制，做到心理障碍和心理疾病及时预防，及早发现，有效干预。概括起来，就是推进知识教育与掌握保健技能、强化咨询服务和加强预防干预这两项主要任务。前者主要依靠课程，后者是课程的应用与实践。

(二)"大学生心理健康"课程的主要内容

"大学生心理健康"课程的基本内容包括：普及与巩固心理健康基础知识，夯实心理健康意识，学会有效地辨别心理行为问题；提升自我心理健康素质，在发现自我、悦纳自我的基础上进一步实现自我，增强社会适应能力；学会心理调适，掌握多样化的心理调节与心理发展技能，从而预防心理健康问题出现，提高心理健康水平。其重点是学习成才、人际交往、恋爱婚姻、自我与人格发展、情绪与压力管理、社会与生活适应以及就业创业与生涯规划等方面的内容。

对于普通高校，该课程重点应帮助大学生正确认识和处理好知识学习、择业交友、健康生活方式等方面的具体问题。该课程主要包括：（1）树立终身学习的理念，培养学习兴趣，掌握学习策略，提高学习效率，积极应对考试压力，克服考试焦虑，为成才和创新精神、创新能力奠定基础；（2）正确认识自己的人际关系状况，培养人际沟通能力，促进人际的积极情感反应和体验，正确对待和异性同伴的交往，树立正确的恋爱观、婚姻观，为建立家庭和为人父母做好准备；（3）帮助大学生进一步调节和管理自我情绪，提高克服困难、承受失败和应对挫折的能力，形成良好的情绪品质和意志品质；（4）关注社会，服务社会，自觉培养亲社会行为和志愿者行为，不断提高自己的社会适应能力；（5）培养积极心理品质，优化人格特征，增强自我调节、自我教育能力，培养自尊、自爱、自律、自强的优良品格，促进自我与人格发展的进一步完善；（6）在充分了解自己的兴趣、能力、性格、特长和社会需要的基础上，确立自己的职业志向和职业生涯规划，进行升学就业的选择和准备。

对于高职院校，该课程重点应帮助大学生正确认识和处理成长、学习、情绪和职业生活中遇到的心理行为问题，增强其自强意识、成才意识和创业意识。该课程主要包括：（1）了解激发学习兴趣和动机的方法，理解终身学习概念的新内涵，培养自己的学习信心和兴趣，体验学习过程中的积极感受和体验，树立终身学习和在职业实践中学习的理念；（2）正确认识人际交往和社会适应障碍的成因，理解和谐人际关系、快乐生活的意义，热爱职业，强化劳动光荣理念，并追求健康的生活方式，不断提升自己的生活质量；（3）关注自己性生理和性心理发展的特点，从而能主动进行自我心理调适、情绪管理，做积极、乐观、善于面对现实的人；（4）了解自己的性格特征、行为方式和成长规律，积极接纳自我，学会欣赏自我，敢于接受职业的挑战，追求自己的人生价值。特别是让他们享受成功体验，从而增强职业意识，培养职业兴趣，提高职业选择的能力，做好职业心理准备；（5）了解职业心理素质的重要性，正确对待求职就业与创业中可能出现的心理行为问题，勇于面对职业压力和职业倦怠，认同职业角色规范，不懈追求创业和创新，提高职业适应能力，在职业体验和实践中提高职业心理素质，做一个身心健康的高素质劳动者。

(三)"大学生心理健康"课程的实施建议

在宏观层面，国家和政府正在大力加强对大学生心理健康教育工作的统领、规范和指导，不断解决大学生日益增长的心理健康需要与发展不平衡、不充分之间的矛盾。在微观层面，"大学生心理健康"课程的具体实施及其教学工作处在首要地位。

一是必须加强心理健康教育师资队伍建设。如前所述，心理健康教育是一项专业性很强的工作，因而必须大力加强专业师资队伍建设，通过专、兼、聘等多种形式，逐步增大专职人员配比，建设一支以专职教师为骨干，专兼结合，师德高尚、业务精湛、结构合理、充满活力的心理健康教育专业化师资队伍。心理健康教育师资队伍宜少量、精干，数量可根据实际需要自行确定，编制可从学校总编制或专职学生思想政治工作编制中统筹解决，原则上应纳入学生思想政治工作队伍管理序列，应享受辅导员同等待遇，并评聘相应的教师职务（职称）。建议每所学校专职教师的人数原则上按师生比 1∶4 000 配置，最低不得少于 2 名，同时还可根据学校的实际情况配备兼职教师。兼职教师和心理辅导或咨询人员，可按学校有关规定计算工作量或给予报酬。

二是大力开展心理健康教育专、兼职教师培训。要鼓励教师积极开展教学研究和团队教学，参与心理咨询和心理训练。特别是开展对心理健康教育专、兼职教师的业务培训，培训工作列入学校师资培训计划。切实提高专、兼职心理健康教育教师的基本理论、专业知识和操作技能水平。要通过培训，不断提高他们从事大学生心理健康教育工作的职业道德以及所必备的基本理论、专业知识和技能水平。对于通过培训达到上岗要求者，由教育部认定的有关承训机构颁发资格证书，逐步做到持证上岗。此外，还要保证心理健康教育专职教师每年接受不低于 40 学时的专业培训，或参加至少 2 次省级以上主管部门及二级以上心理学专业学术团体召开的学术会议。特别要重视对班主任、辅导员以及其他从事学生思想政治工作的干部、教师进行有关心理健康方面的业务培训（每学期至少一个星期），以提升专业水平。

三是高度重视全体教师的心理健康教育工作。各级教育行政部门和学校要关心教师的工作、学习和生活，从实际出发，采取切实可行的措施，减轻教师的心理压力。要把教师心理健康教育作为教师教育和教师职业生涯发展的重要方面，为教师学习心理健康教育知识提供必要的条件，使他们学会自我心理调适，增强应对能力，从而有效地提高其心理健康水平和开展心理健康教育的能力。除此以外，教师要以高度负责的态度，率先垂范、言传身教，以良好的思想、道德、品质和人格给大学生以潜移默化的积极影响。特别是基于我国大学生心理健康教育的现状，在进一步提高心理健康教育师资队伍专业化水平的同时，必须注重提升专兼职教师的敬业精神和职业道德。

四是创新心理健康教育课程教材建设。我国大学生心理健康教育已经取得了较大成效，但高质量的心理健康教育教材还比较缺乏，这在一定程度上影响了心理健康教育的效果。调查表明，在教材的正规性上，41.4%的教师使用教育部审定的教材，16.4%使用学校自行编写的教材，25.6%使用自选教材，16.6%表示没有教材；在教材的针对性上，80.4%的教师表示所使用的教材是专门针对大学生编写的，19.6%对此表示否认。在心理健康教育教材能否满足实际教学需要这一问题上，40.4%的教师表示能够满足，51.0%认为一般，8.6%表示不能满足。[①] 心理健康教育教材，不仅是学生上课时的蓝本，还应该成为学生心理健康的自助手册。因此，在教材的编排上，应力求理论与实际相结合，贴近学生实际，竭诚为他们提供心理健康的知识、心理调适的方法以及心理自助的指南。

四、国家层面实现"心理健康教育课程化"的建议

无论如何，心理健康教育作为学校教育本身就具有的重要内涵，已在国家大中小思政课程体系中占有一席之地。显然，在国家层面实现大中小"心理健康教育课程化"，试图更好地发挥它应有的作用，关键在"师资"，重点在"实施"。前者，《国务院关于印发国家教育事业发展"十三五"规划的通知》就明确提出，"注重各级各类学校心理教师队伍建设，进一步完善学生心理健康服务体系，在学校普遍开展心理健康教育，提高学生心理健康意识和心理保健能力，培养身心健康、体魄强健、意志坚强的一代新人"。对这个问题，前面多有涉及。后者，我们更关注心理健康教育的"四进"，即"进政策""进课标""进头脑""进课堂"。

（一）全面落实心理健康教育"进政策"

国家和政府一直十分重视心理健康教育工作。早在 1988 年，《中共中央关

---

① 俞国良：《高等学校心理健康教育研究》，99 页，北京，北京师范大学出版社，2020。

于改革和加强中小学德育工作的通知》就提出，对学生道德情操、心理品质要进行综合的培养和训练；1999 年教育部印发《关于加强中小学心理健康教育的若干意见》，对中小学如何开展心理健康教育提出了指导性意见。进入新世纪后，国家和政府颁布了一系列心理健康教育的政策文件。2012 年 10 月 26 日通过的《中华人民共和国精神卫生法》，不但对精神、心理治疗领域做出了相关的严格规定，而且对学校心理健康教育做出了明确要求。同年，党的十八大报告明确提出，加强和改进思想政治工作，注重人文关怀和心理疏导；党的十九大报告则进一步指出，加强社会心理服务体系建设，培育自尊自信、理性平和、积极向上的社会心态。党的十九大报告提出，重视心理健康和精神卫生。为此，《国务院关于实施健康中国行动的意见》要求，"实施心理健康促进行动""通过心理健康教育、咨询、治疗、危机干预等方式，引导公众科学缓解压力，正确认识和应对常见精神障碍及心理行为问题。健全社会心理服务网络，加强心理健康人才培养"。特别是习近平总书记多次在不同场合和批示、指示中强调心理健康教育工作的重要性、紧迫性。例如，习近平总书记在 2016 年全国卫生与健康大会上指出，"要加大心理健康问题基础性研究，做好心理健康知识和心理疾病科普工作，规范发展心理治疗、心理咨询等心理健康服务"；在 2016 年全国高校思想政治工作会议上，习近平总书记又再次强调要培育理性平和的健康心态，加强人文关怀和心理疏导。因此，国家层面实现"心理健康教育课程化"，就是学习贯彻习近平新时代中国特色社会主义思想主题教育的重要举措，也是贯彻落实中共中央办公厅、国务院办公厅印发的《关于深化新时代学校思想政治理论课改革创新的若干意见》，推动国家卫生计生委、中宣部、中央综治办、民政部等 22 个部门联合印发的《关于加强心理健康服务的指导意见》等落地生根的实际行动，更是新时代学校思政工作"心理育人""铸魂育人"，着眼新征程、谋划新篇章、聚焦新要求、落实新任务的具体表现。

(二) 中小学校心理健康教育重在"进课标"

基于心理健康教育在儿童青少年成长过程中的重要作用，国家和政府反复强调要加强中小学心理健康教育。从 1999 年教育部印发的《关于加强中小学心理健康教育的若干意见》到 2002 年《中小学心理健康教育指导纲要》，从《中小学心理健康教育指导纲要（2012 年修订）》到 2015 年《中小学心理辅导室建设指南》，以及 2014 年 3 月、2015 年 9 月启动的中小学心理健康教育第一批和第二批特色学校争创计划，力度在不断加强。时至今日，中小学心理健康教育在课程建设、师资建设和心理辅导室建设诸方面成效显著，但仍然还有很长的路要走。特别是如何确定新时代中小学心理健康的教学内容标准，并使之顺利成为国家课程标准的重要内容，如何在国家层面实现"心理健康教育课程化"，编制具有中国特色的本土化中小学心理健康课程标准，这些是摆在发展道路上的两个难题。

1997 年，国家教委印发《九年义务教育小学思想品德课和初中思想政治课课程标准（试行）》，第一次以课程标准形式规定了初中心理健康教育的主要内容和要求。之后，经过 2001 年、2011 年的两次课程改革和课程标准研制，心理健康教育的内容始终作为中小学德育学科各课程标准的有机组成部分，在初中阶段素有道德、法律和心理"三足鼎立"之称。然而令人遗憾的是，21 世纪以来在第三次修订义务教育国家课程标准中，尤其在中小学德育学科"道德与法治"课标修订中，"心理健康"教学内容被设置在"生命安全与健康教育"框架下，致使其重要性无法凸显。不过，教育部于 2020 年 9 月 10 日公开《对十三届全国人大三次会议第 1519 号建议的答复》，将"统一编订中小学心理健康课程教材的建议"进行答复。教育部指出，将立足中小学实际情况，进一步加强研究，谋划推动持续深入开展心理健康教育。根据《生命安全与健康教育进中小学课程教材指南》，研究设置专门课程的可行性，并修订相关课程标准和教材，采取专题讲述与渗透融入相结合的方式，进一步加强中小学生心理健康教育，提升中小学生健康素养。对中小学心理健康教育工作者来说，这无疑是一个"特大喜讯"。

（三）中职学校心理健康教育重在"进头脑"

中职学生正处于青春期，伴随着生理的剧烈变化，他们的自我、学习、情绪、人际交往、社会适应乃至毕业后的择业就业都会经历一系列的心理矛盾和冲突。因此，在这个阶段开展心理健康教育非常必要。2008 年，《教育部关于中等职业学校德育课课程设置与教学安排的意见》明确把"心理健康"作为选修课纳入德育课程体系，旨在帮助中职学生正确认识并处理成长、学习、生活和求职就业中遇到的心理行为问题，促进其身心全面和谐发展。该课程总学时为 34 学时，每周两学时。这是在国家层面，第一次把"心理健康"作为正式的选修课程。

为了对中职学生适应未来社会的必备品质、关键能力打下坚实的思想政治素质基础，2014 年教育部启动了《中等职业学校思想政治课程标准》的研制工作，并于 2020 年正式颁布。这次课程标准编制的一个特色，是将原来的"心理健康"从选修课程变为必修课程，并与"职业生涯规划"课程合并作为中等职业学校思想政治课程的一个组成部分，即"心理健康与职业生涯"课程。该课程聚焦提高学生心理素质，帮助学生了解心理健康知识，掌握心理调节的方法，学会处理学习与生活中的心理行为问题，促进身心和谐发展。该课程作为中职学生一年级第二学期的一门公共必修课程，除了有统一的课程标准外，对课时和学分也有明确规定。然而，难题在于如何把这门国家层面的"心理健康课程"开足开好并落到实处，不但让该课程成为深化中职学校心理健康教育的"抓手"，而且真正让心理健康意识、心理健康知识和心理保健方法进入中职学生头脑。显然，这是一个复杂的系统工程。

（四）高等学校心理健康教育重在"进课堂"

自 2002 年教育部印发《普通高等学校大学生心理健康教育工作实施纲要（试行）》以来，我国大学生心理健康教育工作进入了快速发展期。其共同特点，一是注重在与国外大学生心理健康教育的比较中提高。虽然我国大学生心理健康教育起步较晚，但通过对国外高校相关经验的汲取与比较，已经获得了较快的发展。二是重视心理健康教育课程的打造和规范化。课程是当前我国高校开展心理健康教育的重要载体，同时它也受到了广大大学生的欢迎与好评。三是与辅导员工作相结合形成心理健康教育的合力。将学生管理与心理健康教育有机结合，不仅能够让辅导员的心理健康教育专业水平得以提高，也能使他们及时、有效地预防、发现和干预大学生在学习、生活中出现的心理健康问题。

此外，教育部在2011年印发的《普通高等学校学生心理健康教育课程教学基本要求》和2018年印发的《高等学校学生心理健康教育指导纲要》中明确规定了必须开设专门的心理健康教育课程，通过线上线下、案例教学、体验活动、行为训练、心理情景剧等多种形式提高课堂教学效果，通过教学研究和改革不断提升教学质量。然而，问题在于大学生心理健康课程往往是"雷声大雨点小"，许多高校存在表面化、形式化倾向，心理健康教育课程仅仅是停留在宣传口号上，没有真正落到实处。因此，如何让高等学校心理健康教育"进课堂"，便是摆在我们面前的一个十分艰巨的任务。为了攻克这个"难题"，从课程指导思想与主要任务看，需要与时俱进，明确把目标定位在提高全体大学生的心理素质和心理健康水平上；从教学内容看，需要进一步强调大学生的人文关怀和心理疏导，培养他们自尊自信、理性平和、积极向上的健康心态；从实施途径和方法看，需要独立设置课程，将它纳入学校整体教学计划，并作为考评督查依据，开展全员全程多种形式的心理健康教学；从领导、管理以及师资队伍建设看，需要从制度、教师、教材、课时、职称、工作量等具体层面上进一步规范，以构建具有新时代中国特色的高等学校心理健康服务体系，真正实现《中共中央关于制定国民经济和社会发展第十四个五年规划和二〇三五年远景目标的建议》提出的，"建设高质量教育体系……重视青少年身体素质和心理健康教育""全面推进健康中国建设……重视精神卫生和心理健康""维护社会稳定和安全……健全社会心理服务体系和危机干预机制"①。

---

① 中共中央关于制定国民经济和社会发展第十四个五年规划和二〇三五年远景目标的建议，http：//www.gov.cn/zhengce/2020-11/03/content-5556991.htm，2022-03-16。

第十九章

———————

父母倦怠逼近家庭：父母的心理健康问题

全面推进与深化学校心理健康教育，需要家庭、特别是父母的配合与支持。父母的心理健康问题应该摆上议事日程，引起全社会的高度重视。家庭教育是父母与孩子之间的媒介，父母应与孩子一起共同成长。然而，现实生活中许多父母常常感叹：父母越做越累，越来越难，可谓是心有余而力不足！确实，为人父母能带来最美好的时光，但是，也会体验到最糟糕的时刻；为人父母可以是一种有价值感、令人享受人生的经历，也可以是一种否定自我价值和令人沮丧的经历。在这里，我们试图揭示一个"禁忌般"存在的事实或社会现象：父母倦怠（parental burnout）。这种与父母、孩子乃至整个家庭密切相关的倦怠形式，正在慢慢逼近很多家庭，使人们彻底陷入"家家都有一本难念的经"的魔咒。父母倦怠具有消极性、破坏性，会给父母的身心健康和工作生活带来巨大的不良影响。这种状态使父母情绪低落，对孩子的教育缺乏兴趣和动力，对家庭生活产生厌烦和心力交瘁之感，最终导致家庭教育的绩效直线下降。目前，我国经济社会高速发展，正进入社会转型的特殊历史时期，人们承受的压力是史无前例的。而父母群体不仅承担着高负荷的工作、生活压力，还肩负着养育孩子成长、成才的重大责任。日复一日的养育内容，长时间超支的、不求回报的情感付出，使得广大父母成为心理健康问题的高危、高发人群。因此，关注为人父母者的心理健康，不仅关系父母自身的幸福生活，关系"祖国花朵"的健康成长，而且关系到国家的长治久安和中华民族的伟大复兴。因此，父母倦怠及其相伴相生的心理健康问题必须引起全社会的高度重视。

一、从职业倦怠到父母倦怠

何谓父母倦怠？从学理与概念溯源上看，父母倦怠显然由职业倦怠的概念演化而来。

职业倦怠（job burnout，又译"职业枯竭"或"工作倦怠"）是指由情感衰竭、去人性化和个人成就感降低构成的一种生理上、心理上多维度的综合性症状。[①] 它是人们在紧张的工作中受环境、情感等因素影响而出现的一种身心不适、心力衰竭的亚健康状态，是个体在职业压力长期负面的影响下形成的一种累积性的慢性反应。这种现象易于发生在面向人、为人服务的职业中，如教育、服务、家庭、医疗行业。国外有研究显示，医疗行业中 1/3 的护理人员有职业倦怠症状。[②] 从这个概念的形成过程考察，20 世纪 70 年代中期，美国学者（Freudenberger）最早提出了职业倦怠这个概念。该学者认为职业倦怠是一种相当普遍的现象，是指个体过分执着于生活的理想与方式，因而无法获得预期所得的美好而产生的疲劳与耗竭的状态。这个概念提出伊始并不是一个学术概念，而是作为一个社会问题被提出来的，因此，并未引起学术界、理论界的关注。20 世纪80 年代后，由于经济社会发展对人的工作绩效提出了更高的要求，因此研究者开始对职业倦怠进行集中的、结构化的实证研究，进行问卷调查、访谈、临床个案研究，并试图勾勒出职业倦怠现象的工作模型。其中，职业倦怠的标准化测量问卷（Maslach Burnout Inventory，MBI）[③]，为后继研究者系统地探索该现象提供了更为精确的操作定义、方法和工具，因此被广泛接受。研究者在编制

---

① 唐昕辉、李君春、耿文秀：《国外工作倦怠观的理论探索》，载《心理科学》，2005，28(5)。

② Poncet, M. C., Toullic, P., Papazian, L., et al., "Burnout Syndrome in Critical Care Nursing Staff," *American Journal of Respiratory and Critical Care Medicine*, 2007, 175(7), pp. 698-704.

③ Maslach, C., Jackson, S. E. & Leiter, M. P., *The Maslach Burnout Inventory* (3rd ed.), CA, Consulting Psychologists Press, 1996.

MBI之前对职业倦怠进行了操作性的界定，并发展出一个多维度的模型。[①] 该模型将职业倦怠视为社会关系背景下的一种个人压力体验，这种体验既涉及对自我的感受，也涉及对他人的感受。职业倦怠的多维模型包括三种成分——个体压力成分、人际关系成分，以及自我评价成分。更具体地说，职业倦怠被界定为包括情绪衰竭(emotional exhaustion，个体压力成分)，人格解体(depersonalization，人际关系成分)和个人成就感降低(reduced personal accomplishment，自我评价成分)这三个维度的心理综合征。情绪衰竭意指与服务对象(如学生)交互作用过程中一种情感资源被耗尽，疲乏不堪，精力丧失的体验；人格解体指用消极的、冷漠的、疏远的甚至不人道的态度对待服务对象，甚至视对方为无生命的物体；个人成就感降低特指在工作中成功感和能力感降低，在工作中体会不到成就感。在职业倦怠的三个维度中，情绪衰竭被认为是核心的症状，它出现得最早，随后出现人格解体，这两个维度的关系更为密切，均为情绪维度，而个人成就感降低则被视为独立发展的结构，是认知维度。

关于职业倦怠，有人曾质疑：这个概念与其他心理学概念的区别在哪里？这是一个特殊的概念，还是一种"老"现象的新名称(比如就是指压力感或抑郁)，或者只是将现存的一些理论概念重新组合起来？有研究者认为，职业倦怠确实可以区别于其他概念，其特殊性可从时间和领域两个方面来分析。[②] 从时间方面看，大多数研究者认为职业倦怠不是压力的短期效应，而是一个长期的过程，人们长时间处于工作压力之下，逐渐产生情绪衰竭、人格解体和个人成就感降低。因此，职业倦怠对应于一般适应综合征的衰竭期，而不是早期的预警期和抵抗期。由此可见，职业倦怠发生在压力感之后，是应对压力感失败后出现的症状。从领域方面看，职业倦怠是在一定的工作环境下产生的，受社会

[①] Maslach, C., "Burnout: A Multidimensional Perspective," in Schaufeli, W. B., Maslach, C., Marek, T. (Eds.), *Professional Burnout: Recent Developments in Theory and Research*, Washington, Taylor & Francis, 1993, pp. 19-32.

[②] Maslach, C., Schaufeli, W. B., "Historical and Conceptual Development of Burnout," in Schaufeli, W. B., Maslach, C., Marek, T. (Eds.), *Professional Burnout: Recent Developments in Theory and Research*, Washington, Taylor & Francis, 1993, pp. 1-18.

和组织背景的影响，而抑郁是全球性的、独立于文化背景的心理问题。尽管职业倦怠的某些表现，如失败感和悲伤，与抑郁相似，但职业倦怠是在面向人的职业所特有的工作环境中产生的，而抑郁在任何生活领域中都有可能产生。

从上述对职业倦怠概念的简要诠释中，我们似乎可以清晰地看到父母倦怠的雏形。父母养育子女和工作之间的相似之处显而易见：父母角色和身份既能让人感到幸福、满足，有成就感，也会给人带来压力和倦怠感。当父母长期面对压力而没有适当的资源来应对时，就可能会产生父母倦怠。然而，有趣的是，尽管人们成年后很早就开始从事职业生活和承担为人父母的责任，学术界有很多关于职业倦怠的文章，但关于父母倦怠的研究屈指可数。是熟视无睹，还是另有原因？其实，父母有压力是很正常的，但父母倦怠是压力水平和资源长期不匹配、不平衡而导致的。[①] 父母倦怠的主观体验是这种长期压力的结果，正所谓"温水煮青蛙"，这种累积效应让父母备感身心不适、筋疲力尽，乃至心力衰竭，最终被自己的父母角色所拖累。如果你目前正在经历父母角色的话，只要一想到你对孩子需要履行的责任、所花费的人力物力，如上下学接送，回家后做饭，饭后辅导作业……所有这些，就会让你觉得自己已经到了忍耐的极限、崩溃的边缘，衷心希望孩子尽快长大。随着时间的推移，这会导致你和孩子逐渐疏远，开启一种"自动驾驶"的模式。你将仅仅处于一种"生存模式"中。除了平时生活的基本环节（如交谈、吃饭、睡觉等），你再也不能投入任何时间和精力来经营与孩子的关系。你不再为父母的称号而自豪，不再享受陪伴孩子的快乐，并且在为人父母这方面缺乏成就感，甚至有时候，你受不了自己作为父亲或母亲的这一角色了。最后，你再也不是以前那个你想要成为的父亲或母亲角色了！然而，君不见，只有和父母建立了安全依恋关系的孩子，才会积极主动地对事物进行探索，解决遇到的问题，并在不断解决问题的过程中获得成长。

可见，父母倦怠是由于家庭资源和心理需求之间可感知的差异而产生的情

---

① Mikolajczak, M. & Roskam, I. A., "Theoretical and Clinical Framework for Parental Burnout: The Balance Between Risks and Resources(BR2)," *Frontiers in Psychology*, 2018(9), p.886.

感衰竭、去人性化和个人成就感降低的现象，它并不是短期的家庭资源和心理需求矛盾导致的暂时性压力，而是一种长期的慢性压力，是父母在家庭生活压力长期负面的影响下形成的一种累积性的慢性反应。父母倦怠的症状不仅体现在心理健康方面，而且反映在生理健康上。研究显示，经历父母倦怠的父母头发皮质醇水平是实验对照组父母的两倍[1]，且他们的头发皮质醇比患有严重慢性疼痛的病人还要高[2]。并且，父母倦怠与个体的生理不适具有因果关系，因为针对父母倦怠的心理治疗能够使皮质醇值恢复正常。[3] 可见，父母不易，父母难做，可怜天下父母"心"，绝不是危言耸听，全社会必须正视父母的心理健康问题。

二、父母倦怠的特点、成因和后果

"幸福的家庭都是相似的，不幸的家庭各有各的不幸。"大文豪托尔斯泰对家庭的这个论断，同样适用于对父母倦怠特点的描述。就一般特点而言，经历父母倦怠的个体在生理上表现为注意力分散、记忆力下降、反应迟钝、行动迟缓、精神恍惚等；心理上表现为缺乏成就动机，情绪烦躁易怒，无生活兴趣爱好，对孩子和家庭缺乏热情甚至产生厌倦，对人生前途感到失望、无望，对周围人、事、物漠不关心等；在家庭中表现为无法顺利应对养育压力，以及在上述压力体验下产生的情绪、态度和行为的衰竭状态。从父母倦怠形成与发展的过程考察，父母一旦产生倦怠，通常首先会表现出缺乏积极的生活态度、对孩子的热情减少、对婚姻和家庭生活不满等特点；具体到家庭行为中，可以表现为做家务事敷衍、对教育孩子有畏难情绪、对家庭的投入时间减少等。我们称

---

① Brianda, M. E., Roskam, I. & Mikolajczak, M., "Hair Cortisol Concentration as a Biomarker of Parental Burnout," *Psychoneuroendocrinology*, 2020, 117, p. 104681.

② Uum, S. H. M. V., Sauvé, B., Fraser, L. A., et al., "Elevated Content of Cortisol in Hair of Patients with Severe Chronic Pain: A Novel Biomarker for Stress," *Stress*, 2008, 11(6), pp. 483-488.

③ Brianda, M. E., Roskam, I., Gross, J. J., et al., "Treating Parental Burnout: Impact of Two Treatment Modalities on Burnout Symptoms, Emotions, Hair Cortisol, and Parental Neglect and Violence," *Psychotherapy and Psychosomatics*, 2020, 89(5), pp. 330-332.

之为父母的角色倦怠。这种状态如果没有得到及时改变或制止，其家庭生活满意度会进一步下降，进而会对自己的婚姻和家庭失去信心，甚至产生离家出走、自伤、离婚等意念或行为，我们将之命名为父母的婚姻倦怠。最后，父母倦怠会使他们始终以一种消极的、否定的、冷漠的情绪去对待伴侣和孩子，对他人缺乏信任和同情心，把他人当作一件无生命的物体看待，最终导致夫妻关系、亲子关系淡漠，我们将之确定为父母的亲密倦怠。从角色倦怠、婚姻倦怠到亲密倦怠，这是一个连续的发展过程，其中也可以窥探到父母倦怠的主要特点：对孩子养育的退缩，不负责任，自身身体、情绪情感的衰竭，如疲劳、烦躁、紧张、易怒、焦虑、悲伤、自尊心降低等，以及对家庭生活态度消极、冷淡，缺乏积极的情绪体验。在上述消极的家庭氛围中，家庭教育的功能与绩效，以及孩子未来的成长与发展状况就可想而知。

父母怎么会对家庭、养育子女如此厌倦呢？与经验相反的是，社会人口因素并不能很好地预测父母倦怠。虽然女性而非男性、家庭人口较多、专职家庭主妇等，都会增加父母倦怠的风险，但综合来说，社会人口因素的解释率较低。[1] 更令人遗憾的是，在认知心理学领域，对父母倦怠的研究相当匮乏。但人们有充分的理由相信认知过程（如执行功能、注意、评价或记忆过程）参与到了父母倦怠的产生和维持的过程中。首先，社会人口统计学因素（如孩子的数量和年龄，或单亲与否）在预测父母倦怠中的重要性较小，这表明认知因素是有效的。其次，众所周知，认知过程在大多数心理状况中起着至关重要的作用。在这里，认知过程也可以调节社会人口和情境压力对父母倦怠的影响。例如，如果父母过多地关注孩子的问题行为，或者没有得到配偶的帮助，父母倦怠产生的负面影响会更大。认知过程除了在客观环境和父母倦怠之间发挥作用外，还可以调节父母倦怠的后果（例如，父母的抑制、控制水平可以调节父母倦怠与父母暴力之间的联系）。但概括来说，父母倦怠最强的预测因素，或者说其主要成

---

① Mikolajczak, M. & Roskam, I. A., "Theoretical and Clinical Framework for Parental Burnout: The Balance Between Risks and Resources(BR2)," *Frontiers in Psychology*, 2018(9), p. 886.

因与下列因素有关。

第一，人格特征。父母的人格特征(如完美主义①、缺乏情绪和压力管理能力②)对其倦怠症状有重要影响。在探讨倦怠的人格心理机制时，有研究者就提出了"付出—回报"不对称理论。他们将倦怠定义为"一种迫不得已的生存方式调整的结果，即在现实与所期待的'付出—回报'逻辑不能吻合时导致的一种心理疲劳和挫折状态"③。如果父母是控制型人格，把孩子视为私有财产，现在养育孩子就是为了将来的报答，即"养儿防老"，其结果必然是对孩子的控制和百般苛求，自己也会筋疲力尽，陷入倦怠状态。此外，研究者考察了五大人格中的神经质、外向性和宜人性3个特征，发现人格特征可以通过影响个体对情绪性社会支持的感知来影响职业倦怠状况。具体而言，外向性的人更易感受到情绪性社会支持，宜人性则与非工作相关内容、正性内容以及同情性内容的谈话相关，而神经质则预测负性主题的谈话内容，这些不同性质的社会支持进一步影响职业倦怠状况。④ 这也从一定侧面说明了父母的人格特征会对其父母倦怠水平产生重要影响。

第二，养育压力。"子不教，父之过。"父母倦怠的最大压力来自养育压力。已有研究表明，医护人员的工作压力与职业倦怠存在相关⑤；医生职业倦怠的产生与医疗事故、工作负荷呈正相关⑥。同样，父母作为一个特殊群体，需要不断与孩子接触、沟通、交往，必须直面孩子的饮食营养、学业辅导、人际矛盾，乃至身体疾患、心理问题、成长风险，其养育性质决定了日常工作量巨大且烦琐，生活时间相对缺乏规律，经常处于一种不良的生活状态与家庭环境中；

① Sorkkila, M. & Aunola, K., "Risk Factors for Parental Burnout among Finnish Parents: The Role of Socially Prescribed Perfectionism," *Journal of Child and Family Studies*, 2020, 29(3), pp. 648-659.

② Vigouroux, S. L. & Scola, C., "Differences in Parental Burnout: Influence of Demographic Factors and Personality of Parents and Children," *Frontiers in Psychology*, 2018(9), p. 887.

③ 李先锋、李义安：《教育生涯中的心理枯竭问题研究》，载《聊城大学学报(社会科学版)》，2003(3)。

④ 贾晓燕、朱永新：《医护人员工作倦怠研究现状》，载《现代医院》，2006(4)。

⑤ 李兆良、高燕、冯晓黎：《医护人员工作压力状况及与职业倦怠关系调查分析》，载《吉林大学学报(医学版)》，2006(1)。

⑥ Cordes, C. L. & Dougherty, T. W., "A Review and an Integration of Research on Job Burnout," *Academy of Management Review*, 1993, 18(4), pp. 621-656.

加之孩子成长过程中生理、心理发展变化复杂，不确定因素较多，风险、危机频发，对父母构成了更多威胁，提出了更高的要求。这种特殊的工作性质和高强度的养育压力，通常会使父母生活于"水深火热"之中，从而产生倦怠感。特别是父母双方对孩子的养育方式不一致时①，更会使养育过程"雪上加霜"，令父母陷入养育压力的恶性循环中不能自拔。

第三，亲子关系。亲子关系本质上是平等的、没有等级差别的血缘关系，实际上则是父母在起主导作用，父母对孩子的健康成长举足轻重。心理学家鲍尔比就明确地提出了儿童的人际关系经验是其心理发展的关键这一鲜明的观点，而儿童与母亲的关系，正是这一发展时期最重要的亲子关系（人际关系）经验。确实，家庭是一个复杂多变的环境，也是一个充满焦虑、存在沟通障碍的场所，父母终日要面对的是不谙世事、顽皮可爱、幼稚又随时叛逆的孩子，而且还要面对他们不可言喻的愤怒、恐惧、悲伤等情绪变化，难免会出现亲子关系的紧张局面。亲子关系究竟如何发展，一方面取决于父母的素质与应对策略，另一方面则受限于孩子。例如，孩子的特征（如缺乏责任心的孩子或有特殊需要的孩子②），与另一方父母关系的质量（例如，被另一方父母不支持、不认同或贬低③），都会对亲子关系和父母倦怠产生重要且难以逆转的影响。

第四，生活压力。父母倦怠者在家庭生活中也会表现出种种不适，感受到来自家庭内外部的巨大生活压力。他们更容易把家庭外部的矛盾内化，例如把工作中的不顺、烦恼、痛苦发泄到孩子或配偶身上，从而引起家庭内部的冲突。同时，他们会表现出多种因生活压力而产生的心理症状，但往往又否认自身的问题，耻于承认自身已处于行为、态度和心理失衡的状态，"讳疾忌医"，拒绝

①　Mikolajczak, M., Raes, M.-E., Avalosse, H., et al., "Exhausted Parents: Sociodemographic, Child-related, Parent-Related, Parenting and Family-Functioning Correlates of Parental Burnout," *Journal of Child and Family Studies*, 2018, 27(2), pp. 602-614.

②　Sánchez-Rodríguez, R., Perier, S., Callahan, S., et al., "Revue de la LittéRature Relative au Burnout Parental," *Canadian Psychology*, 2019, 60(2), pp. 77-89.

③　Lindström, C., Åman, J. & Norberg, A.L., "Parental Burnout in Relation to Sociodemographic, Psychosocial and Personality Factors as well as Disease Duration and Glycaemic Control in Children with Type 1 Diabetes Mellitus," *Acta Paediatrica*, 2011, 100(7), pp. 1011-1017.

主动寻求帮助和社会支持。[1] 已有研究表明，家庭外支持的程度（如缺乏大家庭或其他朋友的支持[2]）、家庭生活的组织方式（如缺乏生活规律）和可用的休闲活动时间（如缺乏休息放松的时间[3]）等，均会显著影响生活压力应对和父母倦怠水平。

总的来说，父母倦怠主要取决于父母的压力水平及其感知到的资源情况。毋庸置疑的是，许多父母在养育孩子的过程中都会面临一些风险因素（增加育儿压力的因素），但他们也或多或少拥有一些资源（减少育儿压力的因素）。例如，一位母亲可能是一个完美主义者，且有一个处于青春期的孩子，但她在面临养育困难时，能够获得丈夫及其母亲及时的帮助与支持，同时，她的爱好（绘画）能够帮助她缓解日常生活中的压力，那对这位母亲来说，感知到的风险和资源之间是平衡的，倦怠感就不会出现。但是，当上述平衡被破坏时，父母倦怠就会"不请自来"。

确实，父母倦怠因相对较高的普遍性及后果的严重性而令人担忧。一项针对比利时、法国、英国和美国的研究表明，目前至少有5%的父母有倦怠感。[4] 另有研究表明，在南美洲的一些国家，父母倦怠的比例已高达8%。[5] 这种倦怠状态不仅影响着为人父母者的身心状态，而且对孩子会造成巨大的伤害。就父母本人而言，父母倦怠会导致严重的自杀倾向和逃避意念。[6] 研究表明，父母

---

[1]　Williams, E. S. & Skinner, A. C., "Outcomes of Physician Job Satisfaction: A Narrative Review, Implications, and Directions for Future Research," *Health Care Management Review*, 2003, 28(2), pp. 119-139.

[2]　Sánchez-Rodríguez, R., Perier, S., Callahan, S., et al., "Revue de la Litté Rature Relative au Burnout Parental," *Canadian Psychology*, 2019, 60(2), pp. 77-89.

[3]　Mikolajczak, M., Raes, M.-E., Avalosse, H., et al., "Exhausted Parents: Sociodemographic, Child-Related, Parent-Related, Parenting and Family-Functioning Correlates of Parental Burnout," *Journal of Child and Family Studies*, 2018, 27(2), pp. 602-614.

[4]　Roskam, I., Brianda, M.-E. & Mikolajczak, M., "A Step Forward in the Conceptualization and Measurement of Parental Burnout: The Parental Burnout Assessment(PBA)," *Frontiers in Psychology*, 2018(9), p. 758.

[5]　Roskam, I., Aguiar, J., Akgun, E., et al., "Parental Burnout Around the Globe: A 42-Country Study," *Affective Science*, 2021.

[6]　Mikolajczak, M., Gross, J. J. & Roskam, I., "Parental Burnout: What Is It, and Why Does It Matter?" *Clinical Psychological Science*, 2019, 7(6), pp. 1319-1329.

倦怠导致的自杀倾向比职业倦怠甚至抑郁症更为频繁。① 这一发现并不令人惊讶，因为一个人永远不能摆脱父母的角色，或者是向自己的孩子"请病假"。此外，父母倦怠也会导致下丘脑—垂体—肾上腺（HPA）轴的失调②③，这可能会使父母经历身体不适和睡眠障碍④。对于孩子来说，父母倦怠强烈线性地增加了他们遭受忽视甚至暴力的风险⑤，童年期虐待现象就是一个有力的佐证。此外，值得注意的是，父母倦怠与错误的教养行为之间具有因果关系，当针对父母倦怠进行心理干预治疗时，父母的忽视和暴力都随着父母倦怠水平的下降而成比例地减少，同时父母的 HPA 活动也逐渐趋于正常。⑥

三、父母倦怠的应对与干预策略

父母倦怠作为父母心理健康问题的一种特殊表现形式，无疑给父母和孩子都带来了巨大的痛苦。考虑到父母的无奈境遇和对孩子忽视或虐待所造成的终生影响⑦，因此，寻求积极应对方式，采取有效的应对策略，学会自我调节和缓解养育压力的各种方法，使压力始终适时、适度，处于可调节和可控制的范围内，为维持和促进父母心理健康创造良好的环境是十分必要的。

---

① Mikolajczak, M., Gross, J.J., Stinglhamber, F., et al., "Is Parental Burnout Distinct from Job Burnout and Depressive Symptoms," *Clinical Psychological Science*, 2020, 8(4), pp. 673-689.

② Brianda, M.E., Roskam, I. & Mikolajczak, M., "Hair Cortisol Concentration as a Biomarker of Parental Burnout," *Psychoneuroendocrinology*, 2020, 117, p. 104681.

③ Brianda, M.E., Roskam, I., Gross, J.J., et al., "Treating Parental Burnout: Impact of Two Treatment Modalities on Burnout Symptoms, Emotions, Hair Cortisol, and Parental Neglect and Violence," *Psychotherapy and Psychosomatics*, 2020, 89(5), pp. 330-332.

④ Mikolajczak, M., Gross, J.J., Stinglhamber, F., et al., "Is Parental Burnout Distinct from Job Burnout and Depressive Symptoms," *Clinical Psychological Science*, 2020, 8(4), pp. 673-689.

⑤ Mikolajczak, M., Gross, J.J. & Roskam, I., "Parental Burnout: What Is It, and Why Does it Matter?" *Clinical Psychological Science*, 2019, 7(6), pp. 1319-1329.

⑥ Brianda, M.E., Roskam, I., Gross, J.J., et al., "Treating Parental Burnout: Impact of Two Treatment Modalities on Burnout Symptoms, Emotions, Hair Cortisol, and Parental Neglect and Violence," *Psychotherapy and Psychosomatics*, 2020, 89(5), pp. 330-332.

⑦ Gilbert, R., Widom, C.S., Browne, K., et al., "Burden and Consequences of Child Maltreatment in High-Income Countries," *The Lancet*, 2009, 373(9657), pp. 68-81.

　　一是减少压力源、提供支持源。由于父母倦怠主要来源于压力源和资源之间的不匹配、不平衡，因此在社会和个人层面上有两种干预途径，一是减少社会的压力源（例如，减少对父母的压力），二是为父母提供更多的外部资源（例如，来自国家和社区的更多支持）。因为父母面对的是孩子，一群特殊的养育对象，需要较多的时间、较大的情感投入，并且这种投入是一种长期行为，一种风险投资，这就很容易使父母失去耐心，产生焦虑、急躁乃至厌烦情绪，造成不良应激反应，且各种消极因素可能会产生叠加效应，给父母带来更大的伤害。因此，除了减少压力源，孩子孝敬父母，家人懂得感恩外，丰富应对压力的资源非常重要，这些资源可能是物质的、个体的或社会的。具体来说，物质资源包括良好的身体状况和体力，还包括能满足基本需要的财、物等；个体资源包括自我效能感（指对自己能力的知觉，相信自己拥有个人技能和工作能力，使自己能在特定的情境中正确而成功地行动。它是一种关于个人能力及技巧的自我图式），控制感（指一个人在多大程度上认为事情的结果是内控的或者外控的。所谓内控，就是认为事情的结果是受自己的努力和行动所控制的；所谓外控，是指事情的结果是受机遇或者外在的力量所控制的），自尊（指一个人全面的自我评价，或自我价值感），信念（可理解为个体对有关自然和社会的某种理论观点、思想见解坚信不疑的看法。它是人们从事一切活动的激励力量）以及种种有益的特点和态度。社会资源主要指社会支持系统。家庭、社会应认识到父母在养育孩子过程中的不易，不过分苛责他们，在他们遇到困难与挫折时，给予更多的物质帮助与情感支持，这样父母才可能在付出与回报、压力与资源之间建立一种平衡。研究也已证明，在与倦怠有关的压力源中，社会支持是重要的应对资源，社会支持与职业倦怠有一定程度的相关。[①] 拥有较强社会支持系统的父母身心更健康，心理更不易枯竭。在日常生活中，应通过加强孩子、家人的支持，创建良好的家庭气氛等方式，为父母提供充分的支持，以有效防止产生倦怠感。同时，更多社会支持的存在，也意味着父母有了更多的缓解压力和倦

---

①　陈晶、吴均林：《医护人员工作倦怠及其与社会支持的关系》，载《医学与社会》，2007(12)。

怠的途径。此外，发挥政府的政策、舆论导向作用也是解决这一问题尤为重要的途径。媒体应针对社会对父母的过高期望，积极优化社会舆论，倡导新型父母价值观，确立对父母和孩子的合理期望水平，为他们创造一个宽松的舆论环境。

二是早预防、早发现、早干预。随着父母倦怠研究不断取得进展，家庭环境变化与父母的相互适应问题已成为预防倦怠的关键问题。日常生活经验表明，家庭养育效能的提高和父母层面改善的结合，才是最有效的预防倦怠的措施，二者缺一不可。父母层面的改善有以下几方面措施：首先，要营造良好的家庭文化，使他们在价值取向、养育风格、管理方式等方面获得家人，特别是孩子的认同；其次，要制定合理的奖惩机制，家庭规章制度的制定要考虑到可行性与可操作性，重视投入—产出平衡，不能只在意数量，更要注重质量；最后，要让家人特别是孩子更有安全感，父子（女）矛盾、母女（子）冲突有时是不可避免的，如果父母对此漠视不管，孩子很容易对父母产生疏离感。因此，一个成功的父母应当建立一套处理不利事件的机制，以增强孩子的安全感和家庭的凝聚力。同时，应着力提高家庭养育效能。对此，父母必须承担以下责任。一是营造美满的婚姻生活。对孩子而言，婚姻不美满的情境是危险的，父母间的不和谐关系很容易对孩子的身心健康发展产生消极影响。二是父母必须合力协商有关孩子教育的每件事情，使孩子觉得父母是平等的、合作的，这样他们就会对与家人的互助、合作有良好的准备。三是父母不应在家庭中过分强调自己的成功，也不应在孩子面前抱怨生活艰难、世道险恶，这会使孩子泄气、自卑，或是产生对社会、对他人歪曲的看法，不利于家庭养育效能的提高。实践已经证明，一个民主管理、不过多干涉孩子行使自主权的父母必然会受到孩子的欢迎。良好的家庭心理氛围能为父母和孩子的成长、发展提供有力支持，能激发其成就动机，有效预防倦怠的产生。父母倦怠的产生还与其养育兴趣和动机的丧失有关，因而父母应激发自己内在的养育兴趣，把养育兴趣和孩子的理想抱负有机结合起来，进一步激发自己的家庭责任感、使命感、成就感，使家庭真正成为自己和孩子的"避风港"。针对父母工作负荷较重的问题，孩子和家庭其他成员也应本着感恩、感谢的心态，从父母身心健康及利益等出发，合理安排自己的时间，自己的事情自己负责，尽量为父母排忧解难，降低父母的工作强度，保证父母必要的休息时间，定期安排家庭旅行、聚会、锻炼等活动，丰富家庭生活内容，积累家庭生活经验，提高家庭生活质量，有效预防父母倦怠的产生、发展。

三是认知重组、调适情绪、提高素质。认知重组可以改变一个事件的意义或改变个体对情境掌握能力的认知。由于父母倦怠源自父母的压力认知，要减少或消除上述现象，必须首先从改变父母的压力认知开始。这种改变有两种方式，即改变个人的认知从而降低感知压力，或改善个人内部资源从而更好地增加对压力的认知。具体而言，第一，从某一特定的压力事件中寻求意义，父母可以通过独立思索、阅读书籍，或咨询朋友或长辈的看法，来改变压力事件的意义；第二，对某一压力事件或对生活的各方面重新获取主动，在积极面对困难、解决困难的过程中持续成长；第三，通过积极的自我评价来增强自尊。在此基础上，再进行必要的情绪调节。情绪调节的过程模型是一个可以将干预概念化的框架，它为减少父母压力和建立内部资源以应对压力都贡献了重要的视角。[①] 应用于父母倦怠时，该框架在几个互补的层面上进行干预。例如，父母可以更好地选择他们自己所处的环境（例如，减少孩子的课外活动数量）；改变情境以减轻相关的负担（例如，与其他家长一起乘车）；改变他们的注意力（例如，更少注意房间里的杂物）；以更积极的方式重新评估困难的情况（例如，将孩子困难的行为重新评估为孩子的压力而不是挑衅），或者调节他们的生理活动（花时间放松和呼吸，远离压力）。随着对使用这些策略的信心的增强，父母可能会越来越确信他们有足够的资源来管理和调节他们所面临的育儿压力。当然，在这个过程中，父母提高自身素质显得尤为重要。父母要充分认识自我的生命

① Gross, J. J., "Emotion Regulation: Current Status and Future Prospects," *Psychological Inquiry*, 2015, 26(1), pp. 1-26.

价值，了解自己的优势与不足并预测自己倦怠的征候，主动设置缓冲区，加强学习，提高自身知识水平和心理素质，增强自身承担父母这一角色的信心。同时，要加强亲子交流、沟通的训练与学习，掌握家庭人际关系处理技巧，学习自我调节和减压的方法(如增加与朋友休闲娱乐的时间，关注自身健康，加强饮食营养与运动等)，从而逐渐适应复杂的家庭生活环境。总而言之，通过学习和活动，父母可以使自己尽可能每天保持愉快的心情，真正感觉到家庭生活是美好生活的重要组成部分；为人父母是一种神圣的职业，父母可以通过家庭生活来体悟自我的人生价值和人生意义，以及为孩子、家人服务所带来的乐趣。

综上所述，缓解、减少和消除父母倦怠状况，建构父母压力源和资源之间的平衡系统最为重要。在高强度压力下，父母、孩子和社会、社区要共同努力，不断积累、充实和丰富各类资源支持系统，有效抑制父母倦怠现象，确保其生活质量和心理健康水平都得到显著提高，真正成为一个为国尽责、为家尽心、"持证上岗"的好父母。

第二十章

————

手机教养逼近家庭：父母的心理健康问题

从现实生活中我们发现，父母倦怠等心理健康问题与父母手机教养有着直接联系。因为，随着科技日新月异地飞速发展，智能手机已经成为现代人日常生活中必不可少的组成部分，它在为我们的生活提供诸多便利的同时，也严重影响了人们的生活习惯和行为方式乃至心理健康。例如，当手机与家庭相结合，父母的手机依赖、手机教养不仅会诱发孩子出现更多的问题行为[1]，还是他们自身心理健康问题的"投射"。[2] "父母是孩子最好的老师""家庭是孩子的第一所学校"，家庭教育的关键在于父母的言传身教。对此，习近平总书记明确指出，"不论时代发生多大变化，不论生活格局发生多大变化，我们都要重视家庭建设，注重家庭、注重家教、注重家风"[3]。然而，随着智能手机时代的到来，原本就相对薄弱的家庭教育再次受到外部因素的强烈冲击，父母依赖手机所造成的对孩子教养方式的改变，使得原本就不知该走向何处的家庭教育"雪上加霜"。因此，伴随手机依赖而来的手机教养这一新生事物，究竟是如何影响和作用于父母的心理健康，又会给孩子、家庭和社会带来怎样的心理效应，需要研究者的进一步探究和全社会的高度关注。

————————

① 丁倩、张永欣、周宗奎：《父母低头族与中学生手机成瘾的关系：父母监控的调节作用》，载《中国特殊教育》，2019(1)。

② Chen, L., Yan, Z., Tang, W., et al., "Mobile Phone Addition Levels and Negative Emotions among Chinese Young Adults: The Mediating Role of Interpersonal Problems," *Computers in Human Behavior*, 2016(55), pp. 856-866.

③ 习近平在 2015 年春节团拜会上的讲话，http://www.chinanews.com/gn/2015/02-17/7072454.shtml，2021-07-07。

一、从父母的手机依赖到手机教养

手机教养(mobilephone parenting)问题的出现，一方面是因为智能手机的普及为此提供了客观的条件，另一方面，更本质上还是因为父母对手机的过度依赖，才最终导致连教养孩子都要通过手机完成。[1] 换言之，手机教养是父母手机依赖的必然产物。同样，对手机教养的理解也需要从手机依赖入手。

手机依赖又被称为手机成瘾、问题性手机使用、手机过度使用等，通常被定义为过度沉迷于以手机为媒介的各种活动，从而导致个体出现生理、心理和社会功能受损的非物质成瘾或行为成瘾现象。[2] 而父母手机依赖则侧重于在父母这一身份背景下，强调父母的手机依赖行为对他们自身、孩子及家庭可能造成的不良影响。[3] 虽然目前对父母手机依赖的研究较少，也缺少对父母手机依赖检出率的统计数据，但是2015年一项对父母手机使用的研究发现，父母每天在手机上花费的时间在0.5~7.5小时[4]；并且已有很多实证研究结果都表明，父母的手机依赖行为已经严重影响到亲子关系和家庭的日常人际沟通，使得家庭成员间的矛盾冲突增多，并促使儿童青少年出现更多的心理行为问题。[5]

对手机依赖的探讨起源于国外学者对问题性手机使用行为的研究，该研究

---

① Waruwu, B. K., "Smartphone Mothering and Mediated Family Display: Transnational Family Practices in polymedia Environment among Lndonesian Mothers in Hong Kong," *Mobile Media and Communication*, 2021, 10(1), pp. 97-114.

② Gutiérrez, J. D. S., de Fonseca, F. R. & Rubio, G., "Cell-Phone Addiction: A Review," *Frontiers in Psychiatry*, 2016(7), p. 175.

③ 周机利、黄海、陈银杏等：《父母手机使用对儿童语言和行为发育的影响》，载《中国学校卫生》，2020, 41(3)。

④ Blackman, A., "Screen Time for Parents and Caregivers: Parental Screen Distraction and Parenting Perceptions and Beliefs," Doctoral Dissertation, Pace University, 2015.

⑤ 姜倩云、王兴超、刘兵等：《父母低头行为对儿童青少年心理发展的影响》，载《心理发展与教育》，2021, 37(1)。

探讨了性别、年龄、外向性、自尊以及神经质等因素与手机依赖之间的关系①。之后，随着手机尤其是智能手机的普及，手机依赖问题越来越严重，并且也得到了越来越多研究者的关注。② 从研究对象来看，目前手机依赖问题多集中于青少年或大学生，很少涉及其他年龄群体。虽然对青少年和大学生手机依赖行为的研究非常重要，但追根溯源，父母的教养方式或者父母的手机依赖行为，也许才是导致青少年和大学生表现出手机依赖问题的根本原因。

那么，手机依赖行为究竟如何影响个体的心理健康，又具有怎样的心理效应呢？手机依赖作为一种成瘾行为，必然会对手机依赖者的心理健康造成一系列负面影响，加重其内化和外化的心理健康问题。根据补偿性网络使用理论③和应对风格理论④，具有手机依赖问题的个体通常承受着较大的生活压力和心理压力，消极被动地应对和处理生活中的各种问题，通过过度使用手机以逃避现实问题，从而进一步导致其心理健康水平的下降。因此，个体的手机依赖行为，一方面体现了其心理健康本身就存在较多问题，如在婚姻关系、人际关系、生活压力等方面；另一方面，手机依赖作为一种消极的应对方式，只会进一步加重个体的心理健康问题，导致他们出现焦虑、抑郁、睡眠质量下降、人际关系受损、生活满意度下降等心理行为问题。⑤

鉴于父母手机依赖行为与一般的手机依赖行为的区别，父母手机依赖行为更强调这一行为对孩子及家庭所造成的不良影响。因此，目前对父母手机依赖行为的直接研究较少，更多的是探讨父母过度依赖手机而造成的对孩子的冷落行为，又称父母低头行为或父母手机冷落行为。父母低头行为强调的是在亲子

---

① Bianchi, A. & Phillips, J. G., "Psychological Predictors of Problem Mobile Phone Use," *CyberPsychology and Behavior*, 2005(8), pp. 39-51.

② 张亚利、李森、俞国良：《孤独感和手机成瘾的关系：一项元分析》，载《心理科学进展》，2020，28(11)。

③ Kardefelt-Winther, D., "A Conceptual and Methodological Critique of Internet Addiction Research: Towards a Model of Compensatory Internet Use." *Computers in Human Behavior*, 2014(31), pp. 351-354.

④ Lazarus, R. S. & Folkman, S., *Stress, Appraisal, and Coping*, New York, Springer Publishing Company, 1984, p. 120.

⑤ 俞国良、王鹏程：《手机依赖的心理效应及其应对——以新冠肺炎疫情为例》，载《黑龙江社会科学》，2020(5)。

互动过程中，父母过分关注手机而忽视孩子的行为。① 从本质上说，父母低头行为属于父母手机依赖行为的一种直接不良后果，与手机教养行为之间存在并列关系。二者的区别在于，父母低头行为发生在父母与孩子在一起时，而父母手机教养行为则是父母无法与孩子在一起时依赖手机对孩子进行口头教育的行为。② 一言以蔽之，父母低头行为表现的是父母对孩子的忽视，而手机教养行为则是父母对孩子的关注，只不过这种通过手机表达的关注并不是一种积极、有效的教养方式。

不管怎样，父母的手机教养行为都是由于父母过度使用手机所造成的对孩子教育方式的改变，由父母手机依赖行为延伸而来，属于父母手机依赖的一种长期不良后果。虽然目前已有的关于父母手机教养行为的研究较为有限，但这一现象早已融入我们的日常生活，而且很可能会越来越普遍。

手机教养一词最早在对菲律宾移民母亲（菲佣）的研究中提出，不过这里的手机尤指传统的非智能手机，只能通过短信或电话与孩子联系。③ 之后，随着科技发展和多媒体时代的到来，智能手机成为手机教养的主要媒介，并且在一项对印度尼西亚母亲的研究中手机教养一词被翻译为"smart phone mothering"，充分体现了多媒体时代下智能手机的重要作用。不过，就一般意义而言，手机教养不仅限于母亲，还应该包括父母的共同教养，因此，我们认为对手机教养更为准确的英文翻译是"smart phone parenting"。不可否认，手机教养是一种时代的新生事物，目前对手机教养的研究仍处于起步阶段，研究方法也多以探索式的访谈法为主，并且研究对象多局限于对菲律宾、印度尼西亚等地区的跨国

---

① Hong, W., Liu, R. D., Ding, Y., et al., "Parents' Phubbing and Problematic Mobile Phone Use: The Roles of the Parent-Child Relationship and Children's Self-Esteem," *Cyberpsychology*, *Behavior*, *and Social Networking*, 2019, 22(12), pp. 779-786.

② Madianou, M. & Miller, D., "Mobile Phone Parenting: Reconfiguring Relationships Between Filipina Migrant Mothers and Their Left-Behind Children," *New Media and Society*, 2011, 13(3), pp. 457-470.

③ Madianou, M. & Miller, D., "Mobile Phone Parenting: Reconfiguring Relationships Between Filipina Migrant Mothers and Their Left-Behind Children," *New Media and Society*, 2011, 13(3), pp. 457-470.

家庭的研究。① 虽然手机教养行为通常发生于某些特定人群，例如跨国家庭、留守儿童、流动儿童、需要住校或在异地上学的孩子与他们的父母之间，但是也不完全限于这些人群。例如，即使每天都可以见到孩子的父母，也可能因为过度依赖手机而通过手机对孩子进行教育，而这也符合手机依赖者表现出的失控性的特点。② 无论是否是因为父母与孩子分隔两地，选择通过手机教养孩子的父母最终都只能借助"言传"教育孩子，而这种即时而短暂的"言传"方式就像快餐之于人的身体，看似可以迅速缓解饥饿，但实则毫无营养，长此以往甚至会严重威胁身心健康。手机教养也是如此，父母以为通过手机通信的方式看似"直击要害"地告诉孩子应该如何为人处世，实则不过是父母依赖手机这一媒介，逃避了更多教养孩子的责任与义务③；并且对于孩子而言，失去了"身教"的"言传"只是说教，教育意义和教育效果大打折扣。

虽然从某种意义上，我们并不能否认手机教养以其快速、灵活、直接的特点，使得分隔两地的父母与孩子能够彼此交流、互相联系④，增进了感情，提高了效率，且快捷方便，但是我们也应反思这种快捷方便、类似快餐式的教养方式是否真的能解决家庭教育的需求，解决家庭教育的深层次问题，特别是认识自我、调适情绪、和谐人际关系和提高社会适应能力等心理健康问题。从长远看，父母长期不在身边，仅通过一个屏幕的教养方式，可能会对孩子、家庭以及父母自身的心理健康都造成不可逆转的消极影响。

---

① Kim, Y. , "Digital Media for Intimacy: Asian Nannies' Transnational Mothering in Paris," *Journal of International Communication*, 2017, 23(2), pp. 200-217.

② Gutiérrez, J. D. S. , de Fonseca, F. R. & Rubio, G. , "Cell-Phone Addiction: A Review," *Frontiers in Psychiatry*, 2016(7), p. 175.

③ Madianou, M. , "Smartphones as Polymedia," *Journal of Computer-Mediated Communication*, 2014, 19(3), pp. 667-680.

④ Baldassar, L. , "De-Demonizing Distance in Mobile Family Lives: Co-Presence, Care Circulation and Polymedia as Vibrant Matter," *Global Networks*, 2016, 16(2), pp. 145-163.

二、父母"手机教养"的特点、成因与后果

相比于传统的家庭教育，手机教养以手机作为媒介，自然具有很多与传统父母教养方式不同的特点。首先，从积极方面来看，不可否认手机教养在一定程度上缩短了父母教养的时空距离，使得父母即使不在孩子身边，也可以对孩子进行指导和教育，建立父母与孩子之间的情感联结，促进家庭关系的和谐发展。[①] 就消极方面而言，手机虽然可以克服时空距离鸿沟，但是绝不等于没有心理距离，甚至根本不能起到有效交流的目的[②]，更谈不上预期的教育效果了。通过手机屏幕，父母只能以言语表达的方式教育孩子，而"言传"毕竟有限，肢体语言等非言语方式对孩子的教育意义可能会更大，可以为孩子树立更好的榜样，所谓"千教万教不如身教"。其次，手机同时具备的即时性和延迟性的特点，使得父母既可以随时随地与孩子进行联系，也可以因为情绪不适或感到倦怠等自身原因主观选择不联系孩子。显然，这也在客观上为父母逃避教养责任提供了机会。另外，由于社会和文化给予父亲与母亲在教养责任上的差异，通常母亲被认为应该承担更多的教养责任，因此，手机教养行为会受到父母性别的影响。相比于父亲的手机教养行为，母亲可能会更频繁地通过手机对孩子进行教养[③]，而父亲缺席显然不是理想意义上的家庭教育了。最后，依据通信形式的不同，手机教养过程的实施包括短信、视频等多种形式，而不同形式的联系也会影响最终的教养效果。相比于短信，视频的亲密性更强，可以更直接地进行交流，但反过来也会表现出父母对孩子更强的控制意图；而与视频相比，

---

① Chib, A., Malik, S., Aricat, R.G., et al., "Migrant Mothering and Mobile Phones: Negotiations of Transnational Identity," *Mobile Media and Communication*, 2014, 2(1), pp. 73-93.

② Kim, Y., "Digital Media for Intimacy?: Asian Nannies' Transnational Mothering in Paris," *Journal of International Communication*, 2017, 23(2), pp. 200-217.

③ Kim, Y., "Digital Media for Intimacy?: Asian Nannies' Transnational Mothering in Paris," *Journal of International Communication*, 2017, 23(2), pp. 200-217.

短信的灵活性更强，能够避免过度的情绪化表达或对抗性。① 但无论哪种形式，可能都无法与亲身教养的教育效果相提并论。

手机教养行为日益普遍和流行，除了客观上智能手机的普及为它提供了硬件条件外，究竟还有哪些更为重要的因素，使得越来越多的父母选择依赖手机对孩子进行教养？首先，从表面上看，环境因素似乎是影响父母是否依赖手机教养的重要因素。例如，目前对手机教养的研究多集中以跨国家庭的父母为研究对象，父母尤其是母亲为了家庭的生活条件和经济收入不得不选择外出打工，对于身处异地的父母，手机似乎是他们教养孩子的最佳方式，也是唯一的方式。相似地，对于留守儿童来说，父母离开他们的原因，往往也是因为家庭的经济压力，从而使得手机教养成为一种迫不得已的教养方式，而这也说明依赖手机教养的父母往往承担着较大的经济压力和生活负担。另外，对于大学生的父母来说，大学生在另一个城市上学，父母又有固定工作，不可能与孩子陪伴随读，于是，手机教养就成为父母与孩子进行学习、生活、经济联系的桥梁。不过，换一个角度看，手机教养之所以越来越普遍，也许不仅仅是因为远离孩子的父母不得不依赖手机教养孩子，还可能是因为父母认为即使离开孩子，分隔两地，手机也能成为一种教养的有效途径，而且手机教养的方式更方便、更灵活，使得父母可以主动选择承担或逃避教养孩子的责任，因为"时空距离"或"心理距离"的原因，从而"心安理得"地离开孩子。

当然，环境因素虽然重要，但可能并不是父母手机教养行为越来越普遍的关键因素。人们清楚地知道父母的亲身陪伴对孩子健康成长的重要性，为什么还有越来越多的父母选择手机教养？这背后的原因，也许更多的还是父母自身的因素。

第一，人格特征。根据以往关于手机依赖行为的研究，手机依赖行为与个

---

① Waruwu, B. K., "Smartphone Mothering and Mediated Family Display: Transnational Family Practices in Polymedia Environment among Lndonesian Mothers in Hong Kong," *Mobile Media and Communication*, 2021, 10(1), pp. 97-114.

体的人格特质之间关系密切。研究发现，高神经质、高外向性和低开放性的人更容易表现出手机依赖行为。① 但是，这一结果不一定适用于手机教养行为，因为人们依赖手机具体进行的活动种类繁多，包括娱乐功能成瘾和社交功能成瘾等②，而手机教养则是家庭教育的延伸，特定于父母与孩子之间的联系，更倾向于父母对手机社交功能的成瘾。因此，在借鉴手机依赖与人格关系的研究时应该注意区分二者之间的不同。如此，与人际交往密切相关的内向型、外向型人格特质可能是影响父母手机教养行为的重要因素。内向型的父母无论在面对面的生活中还是通过手机，可能都不会与孩子进行过多的言语交流③，而是更多通过"身教"以非语言的方式来影响孩子。相比于内向型的父母，外向型的父母会更愿意与孩子进行交流和建立情感联结，更频繁地和他们互发消息或视频交流，并对他们进行言语上的教育。④ 也就是说，父母的外向性人格特质可能是影响其手机教养行为的重要因素。

第二，教养压力。父母依赖手机对孩子进行教养的一个重要目的，就是为了维持与孩子之间的情感关系。⑤ 父母与孩子之间，不仅孩子需要父母的帮助与支持，父母也需要孩子满足他们对自身的认同以及归属感的需要。因此，为了满足父母自身的需要，缓解父母的教养责任所带来的多重压力，很多时候父母依赖手机教养孩子，都是出于对自己无法陪伴在孩子身边的焦虑和担忧、愧疚和自责，担心其他人会将自己看作不称职的父母。实际上，手机教养更像是一种"安慰剂"，并不能在本质上解决问题。它既不能把父母带回孩子身边，也无法让原本可能就相对疏远的亲子关系变得亲密。就像人们的手机依赖行为往

---

① Takao, M., "Problematic Mobile Phone Use and Big-Five Personality Domains," *Indian Journal of Community Medicine*, 2014, 39(2), pp. 111-113.

② 刘勤学、杨燕、林悦等：《智能手机成瘾：概念、测量及影响因素》，载《中国临床心理学杂志》，2017, 25(1)。

③ 李燕、肖博文：《父母的人格、教养行为与儿童发展》，载《东北师大学报(哲学社会科学版)》，2015(2)。

④ Leary, M. R. & Hoyle, R. H., *Handbook of Individual Differences in Social Behavior*, New York, Guilford Press, 2009, pp. 27-45.

⑤ Billieux, J., "Problematic Use of the Mobile Phone: A Literature Review and a Pathways Model," *Current Psychiatry Reviews*, 2012, 8(4), pp. 299-307.

往是为了逃避现实问题，父母的手机教养行为，不过是为了逃避父母所需承担的对孩子的教养责任，属于一种消极的压力应对方式。因此，父母对自身教养责任以及教育孩子方式方法的选择性认知，也是导致其手机教养行为的重要因素。

第三，生活压力。根据补偿性网络使用理论，人们对网络或是智能手机的依赖，往往是为了逃避现实生活中的问题或缓解焦虑情绪。[①] 对于成年人来说，经济收入的高低通常是其生活压力的主要来源。因此，当父母在现实生活中被经济收入所胁迫时，很可能会通过依赖手机来逃避问题，缓解压力。手机教养作为父母手机依赖的一种重要形式，可以帮助那些在现实生活中感受到压力的父母，通过手机教养加深自己的父母身份认同，从而改善自己的心理感受，缓解生活压力，属于一种策略性的应对机制。[②] 此外，根据婚姻关系的补偿假说，对婚姻关系的不满也会使父母更多地将注意力放在孩子身上。例如，与丈夫关系不好的孩子母亲，在用手机与家庭通话时会更多地与孩子交流[③]，通过突出自己的母亲身份以缓解自己与丈夫之间关系的不和谐所带来的挫败感。因此，无论是在日常生活、工作还是婚姻关系中，承受较大生活压力的父母，更可能通过手机教养以加强对自己的身份认同，补偿自己作为其他身份时的地位下降和需要满足。

毫无疑问，手机教养作为一种高科技时代的产物，我们不能否认它在某些情况下确实拉近了父母与孩子之间的距离，为家庭教育的展开提供了新途径、新方式。但是，很多时候这种"家庭快餐"式的教养方式，并不能真正有效地起到教育惩戒作用，反而会给父母和孩子带来长期的不利影响。比如，父母通过手机与孩子交流时，只能停留在言语教育和短时效益层面，情绪和身体语言等

---

① Kardefelt-Winther, D., "A Conceptual and Methodological Critique of Internet Addiction Research: Towards a Model of Compensatory Internet Use," *Computers in Human Behavior*, 2014(31), pp. 351-354.

② Kim, Y., "Digital Media for Intimacy?: Asian Nannies' Transnational Mothering in Paris," *Journal of International Communication*, 2017, 23(2), pp. 200-217.

③ Hinde, R. A. & Hinde, J. S., "*Relationships within Families: Mutual Influences*," England, Oxford University Press, 1988, pp. 104-118.

信息都很难准确地传达①，更可能会引起错误的解读，甚至孩子会将它当成父母对自己的监视，最终影响亲子关系、家庭功能。而亲子关系的好坏，不仅会影响儿童和青少年的心理健康，也会反过来影响父母对自己的认同，进而影响父母的心理健康。② 此外，手机教养的弊端还包括父母与孩子双方的交流意愿不匹配，孩子可能根本就不想和父母交流，如果手机是唯一的交流媒介，那么逃避的机会就非常大。③ 孩子的逃避会降低父母的身份认同，怀疑自己，对父母的心理健康造成一系列不良影响。④ 另外，手机教养方式的流行，还会让父母被动地承担更多的教养责任，使得他们在为家庭、为生活打拼的同时，还需要时刻记挂着孩子的教育问题，从而加重了父母的焦虑感、倦怠感，威胁父母的身心健康。

可见，手机教养的出现貌似拉近了父母与孩子之间的沟通距离，实则对家庭教育、对父母和孩子心理健康的危害是潜移默化又不可逆转的。家庭教育不只是父母对孩子的单向教育，而是父母与孩子之间的相互教育，共同成长。⑤ 显然，手机教养绝不是一个良好的家庭教养方式，它无法实现家庭教育的双向性，父母只能通过言语教育单向地关心孩子，却无法在与孩子的互动过程中得到来自孩子的反馈，这不仅不利于亲子关系的建立，而且会限制父母与孩子的共同成长，不利于父母心理素质的提高和心理健康问题的解决，最终危及的将是整个家庭、国家和社会的未来与发展。

---

① 段成荣、吕利丹、王宗萍：《城市化背景下农村留守儿童的家庭教育与学校教育》，载《北京大学教育评论》，2014，12(3)。

② 吴旻、刘争光、梁丽婵：《亲子关系对儿童青少年心理发展的影响》，载《北京师范大学学报(社会科学版)》，2016，(5)。

③ Waruwu，B. K.，Smartphone Mothering and Mediated Family Display：Transnational Family Practices in Polymedia Environment among lndonesian Mothers in Hong Kong," *Mobile Media and Communication*，2021，10(1)，pp. 97-114.

④ 周宗奎：《亲子关系作用机制的心理学分析》，载《西南师范大学学报(哲学社会科学版)》，1997(2)。

⑤ 俞国良、靳娟娟：《新时代"大家庭教育观"：理念和路径》，载《教育科学研究》，2020(10)。

三、父母手机教养的应对与干预策略

家庭教育的本质是家庭生活，是家庭成员所构成的日常生活方式。[①] 家庭教育需要一个特定的场所和亲身的体验，所以解决手机教养的根本，其实就是不应让父母通过手机来教养孩子。所谓言传身教，与其告诉孩子无数遍做人、做事的道理，都不如父母自己做给孩子看，躬身实践。因此，应对手机教养问题的最佳方法就是不要用手机来教养孩子。但是，如果手机教养已经发生，或者确实有某些不可抗力的存在，我们也可以通过一些卓有成效的干预措施来减小或缓解手机教养对父母、孩子和整个家庭可能带来的负面影响。

从社会环境因素考虑，父母不在孩子身边，与孩子分隔两地，这是父母不得不通过手机进行教养的重要客观条件，但这不能成为父母手机教养的充分理由，因为父母还可以采取其他更为有效的教养方式，如书信等。鉴于父母教养的重要性，尤其对于未成年的孩子来说，父母的陪伴和言传身教对他们的成长非常重要，因此，如何将父母留在孩子身边，这不仅是一个家庭的选择，还需要整个社会的参与。例如，对于目前研究较多的跨国家庭来说，资源的不合理分配使很多母亲离开孩子，不得不通过手机进行教养。相比之下，对于我国的许多留守家庭，城市化进程的加快，城乡经济发展的不平衡，使得很多父母不得不背井离乡，离开孩子，远赴外地打工，于是，只能通过手机询问孩子的学习情况，叮嘱孩子要听话，注意健康和安全。家庭教育功能被手机取代，这不得不说是一件无奈的事情，也是许多家庭悲剧的序幕。因此，如何让父母留在孩子身边，既为孩子提供良好的生活条件，也可以陪在孩子身边对他们进行亲身教育，是整个社会都需要考虑的问题。例如，国家应大力推进"美丽乡村建设"，加快发展农村社会经济，实施乡村振兴战略，在家乡为农村父母提供更多的工作机会，提高农村父母的经济收入和生活水平，从根本上解决问题，将父

[①] 清伯:《家庭教育的本质是家庭生活》，载《教育科学研究》，2021(6)。

母留在孩子身边，以言传身教的方式更好地教养孩子。此外，对于那些不得不外出打工的父母，国家和政府也应提供更多的保障措施，保障流动儿童的教育资源，使父母有能力、有条件、有信心将孩子带在自己身边，对他们进行更好的教育、指导。不仅如此，这也有利于保证家庭教育的互动性，实现父母与孩子的共同成长，促进父母的心理健康发展。

不过，当面对我们难以决定的客观因素时，改变自身永远是更为有效的方法。首先，父母要学会缓解自身的教养压力。父母是一种责任，也是一种身份，父母除了做父母更要做自己。随着新时代"大家庭教育观"的推行，家庭教育已不再是一个家庭内部的"私事"，而是服务于社会和国家的"公事"①，家庭教育得到越来越多的重视，却很少有人关注到父母由此所承受的巨大的教养压力。当父母为了家庭经济收入的改善，为了让孩子有好的生活条件，远离家乡，不辞辛苦地为生活打拼，却仍要时刻记挂着孩子的家庭作业有没有按时完成时，当父母在辛苦疲惫的工作后只想自己一个人独处，却担心被人指责是"缺失父母"时，又有多少人关心过父母的心理健康。因此，要想缓解父母的教养压力，减少不良的手机教养行为，不仅需要父母自己学会正确、积极、有效的教养方式，还需要国家和社会为父母提供帮助与支持，共同推进家庭教育事业的发展。在具体措施上，首先，父母要尽可能以"身教"参与孩子的成长过程，起到榜样作用；其次，当无法陪在孩子身边时，父母也不要过多依赖手机对孩子进行说教，不要无限制地干涉孩子的生活，不要把教养孩子当成负担，保持积极健康的心理状态，父母自身的心理健康状况对孩子的成长有着潜移默化的重要影响②；最后，社会和国家应通过具体的政策与举措减轻父母的经济、社会负担，提供更多的补助措施，开办家庭教育相关课程，帮助父母掌握积极有效的教养方式，从实践应用层面真正减轻父母的教养压力。

---

① 靳娟娟、俞国良：《我国家庭教育政策历史进程的文本分析与启示》，载《中国人民大学教育学刊》，2021(1)。

② 李燕、肖博文：《父母的人格、教养行为与儿童发展》，载《东北师大学报（哲学社会科学版）》，2015(2)。

　　同时，父母需要学会调节自身的生活压力。手机教养行为从本质上仍属于手机依赖行为的一种，虽然对促进亲子交流存在一定的积极意义，但更多情况下是父母生活压力导致心理健康失调后的表现。例如，当父母的社会经济水平较低时，他们会希望通过教养孩子从父母角色中寻求对自身的认同①；当夫妻关系不融洽时，父母之间的交流减少，反过来他们可能会增加对孩子的手机教养②。那么，父母应该如何调节自身的压力，避免依赖手机教养孩子以补偿自己在生活中遇到的其他困难和挫折？首先，从认知层面，父母应清晰地意识到自身压力的来源，不要把孩子当作自己的附属品，承担起对孩子的教养责任，不要误将手机教养的无限制性当作彰显自己父母身份的特权，更不要把教养孩子作为缓解自身生活压力时的替代品。其次，从情绪层面，父母要学会调节生活压力给自己带来的焦虑、抑郁等不良情绪，经常参加体育锻炼，发展自己的兴趣爱好，重视自己的身心健康。最后，从实践层面，父母还可以通过心理咨询、心理辅导等具体的心理干预措施，缓解生活中难以排解的压力，从而减少不良的手机教养行为，避免手机教养对孩子、家庭及父母自己造成负面影响。

　　加强父母心理健康教育必须摆上议事日程。目前我国的心理健康教育工作大多局限于中小学生，但殊不知父母的心理健康水平是决定孩子心理健康的关键因素。根据生态系统理论③，父母是影响孩子心理健康最直接的微系统，因此，如何加强对父母的心理健康教育，亟须研究者和社会的重点关注。首先，国家和政府应从政策层面重视对父母的心理健康教育。例如，通过电视、网络等媒体普及与父母有关的心理健康知识，加大对父母心理健康教育的宣传力度；在社区开办与父母心理健康教育有关的课程和培训，为父母提供学习渠道和支

---

① Kim, Y., "Digital Media for Intimacy?: Asian Nannies' Transnational Mothering in Paris," *Journal of International Communication*, 2017, 23(2), pp. 200-217.

② Waruwu, B. K., "Smartphone Mothering and Mediated Family Display: Transnational Family Practices in Polymedia Environment among Indonesian Mothers in Hong Kong," *Mobile Media and Communication*, 2021, 10(1), pp. 97-114.

③ Brofenbrenner, U. & Morris, P. A., "The Bioecological Model of Human Development," in R. M. Lerner & W. Damon, *Handbook of Child Psychology: Theoretical Models of Human Development*, Hoboken, New Jersey, John Wiley & Sons Inc., 2006, pp. 793-828.

持与帮助。其次，父母自身应树立心理健康意识，注重自身心理健康水平的提高，转变对心理行为问题的刻板印象或污名化，出现心理问题时及时求助于心理医生、心理咨询师等专业人士，通过心理咨询、心理辅导等方式正确有效地解决所出现的心理问题。最后，心理健康教育的目的，不仅要实现个体的心理健康，还要使个体感到幸福。对于父母来说，要想获得幸福感，首先，需要在日常的工作和生活中学会与他人保持良好的人际关系；其次，掌握有效的情绪调节技巧，保持积极乐观的情绪状态；再次，正确处理婚姻中出现的各种问题，保持和谐、稳定的婚姻关系；最后，能够较好地适应社会生活，先成为一个心理健康并感到幸福的个体，才能最终成为优秀的父母。

综上所述，父母应该重视对孩子的教养，但更应该知道什么是好的教养方式；社会应该重视家庭教育，但更应该重视父母作为家庭教育实施者的心理健康。手机教养作为高科技时代的产物，虽像快餐一样方便快捷，但也像快餐一样缺少营养，长期食用危害巨大。因此，如何让沉迷于手机的父母意识到手机教养的危害，如何让父母学会调节自身的教养压力和生活压力，最终提高父母的心理健康意识，实现"健康中国，幸福中国"的目标，需要每一个家庭、每一对父母和全社会的共同努力。

第二十一章

老年人日常小团体的多样性对其身体症状的影响

众所周知，家庭是一个系统、整体，因此，除重视父母的心理健康外，老年人的心理健康问题也不容忽视。2000 年，我国正式步入老龄化社会。第七次全国人口普查数据显示，我国 60 岁及以上人口约为 26 402 万人，占总人口数量的 18.70%。[①] 这意味着，目前我国老年人口规模仍呈现总量扩张、增量提速的发展态势，与此同时，与人口老龄化有关的一系列问题迫在眉睫。在众多老龄化问题中，老年人身体健康状况已然成为社会各界关注的重要议题。据统计，我国有超过 1.9 亿老年人患有慢性病[②]，患有一种及以上慢性病的比例高达 75%。[③] 研究证实，此类不良身体症状不仅会造成老年群体的生活质量普遍下降，而且会对其预期寿命及死亡率产生严重影响。[④] 因此，探讨影响老年人身体症状的因素，对提高老年人生活水平与维护社会和谐稳定具有重要意义。

一、问题提出

值得注意的是，以往针对老年人身体症状的研究，大多都与个体因素如社

[①]　中华人民共和国国家统计局，第七次全国人口普查公报（第五号），http：//www.stats.gov.cn/tjsj/tjgb/qgrkpcgb/202106/t20210628_ 1818824. html，2021-05-11。

[②]　《养老服务新需求旺盛　新职业就业空间可观》，新华网，2022-09-09。

[③]　《焦点访谈：老有所医解难题》，新华网，2022-03-24。

[④]　Sha, M. C., Callahan, C. M., Counsell, S. R., et al., "Physical Symptoms as a Predictor of Health Care Use and Mortality among Older Adults," *American Journal of Medicine*, 2005, 118(3), pp. 301-306.

会经济水平、健康控制策略、抑郁水平等联系在一起①②，即便有研究者关注到了群体因素如社会关系、社会互动对身体症状造成的影响③④，但仍然缺乏对老年人日常社交活动的重要形式——小团体，尤其是小团体多样性的研究。可见，日常小团体的多样性对老年人身体症状的影响及其作用机制，仍有待进一步深入探讨。

（一）小团体多样性与身体症状

小团体多样性这一概念最初被概念化为"在 3 人及以上，15 人及以下人数组成的基于一系列广泛目标而存在的一种非正式联合中，由于个体间存在的差异导致个人/群体产生自己与另一人/另一群体不同的认知"⑤。虽然理论上多样性涉及任何属性上存在的个体间差异，但在实践中，有关小团体多样性的研究仍主要关注性别、年龄、种族之间的差异。针对这一局限，阿什卡纳西（Ashkanasy）等人⑥曾对团体多样性研究进行过概述，他们认为，目前大量团体多样性研究仍采用一维多样性分类，即根据参与团体成员的性别、年龄、种族进行定义，虽然有研究者试图从不同的团体多样性维度（如态度、价值多样性等）出发，但很少认识到团体间多样性（参与不同团体活动）的重要性。此外，阿西

①　Cronin-Stubbs, D., De Leon, C. F. M., Beckett, L. A., et al., "Six-Year Effect of Depressive Symptoms on the Course of Physical Disability in Community-Living Older Adults," *Archives of Internal Medicine*, 2000, 160(20), pp. 3074-3080.

②　Wrosch, C. & Schulz, R., "Health-Engagement Control Strategies and 2-Year Changes in Older Adults' Physical Health," *Psychological Science*, 2008, 19(6), pp. 537-541.

③　Choi, E., Kwon, Y., Lee, M., et al., "Social Relatedness and Physical Health Are More Strongly Related in Older than Younger Adults: Findings From the Korean Adult Longitudinal Study," *Frontiers in Psychology*, 2018, 9(3), pp. 1-12.

④　Zhaoyang, R., Sliwinski, M. J., Martire, L. M., et al., "Social Interactions and Physical Symptoms in Daily Life: Quality Matters for Older Adults, Quantity Matters for Younger Adults," *Psychology & Health*, 2019, 34(7), pp. 867-885.

⑤　Tichy, N. M., Tushman, M. L. & Fombrun, C., "Social Network Analysis for Organizations," *Academy of Management Review*, 1979, 4(4), pp. 507-519.

⑥　Ashkanasy, N. M., Härtel, C. E. J. & Daus, C. S., Diversity and Emotion: the New Frontiers in Organizational Behavior Research," *Journal of Management*, 2002, 28(3), pp. 307-338.

（Athey）等人①也指出现实生活中的个体会参加不同的小团体活动，因而团体多样性也应当涉及多重群体，即团体间多样性也是团体多样性的重要指标。研究发现，人际关系网络在很大程度上是由多种多样的小团体组成的，这些小团体有着不同规模、人口学特征组成、身份和互动模式，能够满足人际交往需求，并快速帮助人们获取身份感、资源、信息以及共同完成小团体目标。② 由此可见，小团体具有丰富的多样性（包括小团体内多样性及小团体间多样性）。

身体症状（physical symptoms）一直被视为研究老年人身体健康状况的重要变量，它指的是出现在我们身体各个系统的不适表现，并对个体造成痛苦的主观体验。③ 具体而言，出现在呼吸循环系统的身体症状，可以表现为呼吸困难、咳嗽、胸闷等；出现在消化系统的身体症状可以表现为恶心、消化不良、腹泻、腹痛等；出现在神经系统的症状则可以表现为头痛、头晕。这种身体症状通常与某些异常生理活动联系在一起，可以作为判断病灶的重要临床依据。④ 根据社会资本理论⑤，小团体多样性越高，小团体之间的"联结"和"桥接"类型越复杂，所提供的社会资源也就越多，更能够帮助个体应对和调整身体的变化及转变。⑥⑦⑧ 例如，有研究者曾以性别、年龄、居住地点的差异化程度作为团体多样性的测量指标，要求老年人对他们所参与的六种不同类型社团活动的多样性

---

① Athey, S., Avery, C. & Zemsky, P. B., "Mentoring and Diversity." *American Economic Review*, 2000, 90(4), pp. 765-786.

② Lowry, P. B., Roberts, T. L., Romano, N. C., et al., "The Impact of Group Size and Social Presence on Small-Group Communication: Does Computer-Mediated Communication Make a Difference?" *Small Group Research*, 2006, 37(6), pp. 631-661.

③ Pennebaker, J. W., *The Psychology of Physical Symptoms*, New York, Springer-Verlag Inc., 1984.

④ Kroenke, K., Spitzer, R. L., Williams, J. B., et al., "Physical Symptoms in Primary Care. Predictors of Psychiatric Disorders and Functional Impairment," *Archives of Family Medicine*, 1994, 3(9), p. 774.

⑤ Dubos, R., *Social Capital: Theory and Research*, Routledge, 2017.

⑥ Brook, A. T., Garcia, J. & Fleming, M. A., "The Effects of Multiple Identities on Psychological Well-Being," *Personality and Social Psychology Bulletin*, 2008, 34(12), pp. 1588-1600.

⑦ Jetten, J., Haslam, S. A. & Haslam, C., "The Case for a Social Identity Analysis of Health and Well-Being," in J. Jetten, C. Haslam & S. A. Haslam(Eds.), *The Social Cure: Identity, Health, and Well-Being*, New York, Psychology Press, 2012, pp. 3-19.

⑧ Iyer, A., Jetten, J., Tsivrikos, D., et al., "The More(and the More Compatible)the Merrier: Multiple Group Memberships and Identity Compatibility as Predictors of Adjustment After Life Transitions," *British Journal of Social Psychology*, 2009, 48(4), pp. 707-733.

进行评估。① 结果发现，与那些团体多样性较差的老年人相比，团体多样性越强的老年人自评健康状况越好②。相似地，不少研究也表明，拥有更多不同的社会关系及团体成员身份时，个体的中风发病率将会显著降低③；同时认知能力退化④与阿尔茨海默病⑤等疾患发生的风险也更低。虽然目前尚未有实证研究明确表明小团体多样性与身体症状的直接联系，但基于上述理论及相关研究，我们仍然可以预计小团体多样性会对老年人的身体症状产生影响。因此，本研究提出假设 H1：小团体多样性能够显著负向影响身体症状。

(二) 团体积极情绪的中介作用

小团体多样性还可能通过一些中介变量间接影响老年人身体症状，如团体积极情绪。如上所述，社会资本理论认为小团体之间的"联结"和"桥接"类型的复杂程度在个体社会资源的累积中起着重要作用，它不仅为个人提供了获得各种信息的渠道，还对他体验到的情感性支持具有显著正向影响。⑥ 以往有研究者以自尊、团体积极情绪作为幸福感指标，证实在生活转型前后，相较于那些团体多样性较低的运动员，团体多样性较高的运动员的幸福感水平更高。⑦ 布

---

① 在该研究中，小团体多样性的操作定义为某个小团体在性别、年龄、居住地点差异化程度的总和。具体如下：参与某小团体活动，积1分；该小团体的性别组成为"男女混合"，积1分；年龄组成为"有不同辈（年龄差大于或等于20岁）人"，积1分；居住地点组成为"有来自不同城市的人"，积1分。其余情况不积分，总分即为该小团体的多样性得分。

② Zaitsu, M., Kawachi, I., Ashida, T., et al., "Participation in Community Group Activities among Older Adults: Is Diversity of Group Membership Associated with Better Self-Rated Health?" *Journal of Epidemiology*, 2018, 28(11), pp. 452-457.

③ Boden-Albala, B., Litwak, E., Elkind, M.S.V., et al., "Social Isolation and Outcomes Post Stroke," *Neurology*, 2005, 64(11), pp. 1888-1892.

④ Ertel, K.A., Glymour, M.M. & Berkman, L.F., "Social Networks and Health: A Life Course Perspective Integrating Observational and Experimental Evidence," *Journal of Social and Personal Relationships*, 2009, 26(1), pp. 73-92.

⑤ Jetten, J., Haslam, C., Pugliese, C., et al., "Declining Autobiographical Memory and the Loss of Identity: Effects on Well-Being," *Journal of Clinical and Experimental Neuropsychology*, 2010, 32(4), pp. 408-416.

⑥ Ryan, L., Sales, R., Tilki, M., et al., "Social Networks, Social Support and Social Capital: the Experiences of Recent Polish Migrants in London," *Sociology*, 2008, 42(4), pp. 672-690.

⑦ Grenn, J., "The Effects of Multiple Group Memberships on Psychological Well-Being, Performance, and Persistence in Sporting Transitions and Sporting Tasks," unpublished doctoral thesis, University of Exeter, 2013.

林科（Blincoe）等人①的一项有关 IT 团队多样性的研究也发现，性别多样性对团队内部冲突的减少、和谐团体氛围的形成及团队积极情绪水平的提高等都具有显著的预测作用。这些理论和研究在一定程度上支持了小团体多样性与团体积极情绪之间的密切联系。此外，根据积极情绪扩建理论②，积极情绪能够扩建个体即时的思想和行为资源，帮助人们建立持久的个人发展资源，包括身体资源。目前，国内外的许多研究都支持了这一理论，表明积极的团体情绪对身体健康状况有着积极的影响，所发生的无法用病理学解释的身体症状表现将会大大降低。例如，研究者发现，积极的团体情绪可以增强我们的免疫系统，降低血压，增加催产素的水平，进而有效地改善身体症状。③ 同时，依据前瞻性证据，经历过更温暖、更乐观的情绪的个体的预期寿命更长、更健康④；除此以外，还有研究更确切地表明频繁地体验团体积极情绪能够预测较低的感冒风险⑤，减轻炎症⑥，罹患心血管疾病的可能性降低等⑦。这些理论和研究都说明小团体多样性、团体积极情绪与身体症状之间有着密切关系。基于上述分析，本研究提出假设 H2：小团体多样性通过团体积极情绪影响身体症状。

（三）心理压力感的调节作用

事实上，虽然小团体多样性会对身体症状产生重要影响，但不可否认的是，

---

① Blincoe, K., Springer, O. & Wrobel, M. R., "Perceptions of Gender Diversity's Impact on Mood in Software Development Teams," *IEEE Software*, 2019, 36(5), pp. 51-56.

② Fredrickson, B. L. & Branigan, C., "Positive Emotions Broaden the Scope of Attention and Thought-Action Repertoires," *Cognition & Emotion*, 2005, 19(3), pp. 313-332.

③ Kumsta, R. & Heinrichs, M., "Oxytocin, Stress and Social Behavior: Neurogenetics of the Human Oxytocin System," *Current Opinion in Neurobiology*, 2013, 23(1), pp. 11-16.

④ Howell, R. T., Kern, M. L. & Lyubomirsky, S., "Health Benefits: Meta-Analytically Determining the Impact of Well-Being on Objective Health Outcomes," *Health Psychology Review*, 2007(1), pp. 83-136.

⑤ Cohen, S., Alper, C. M., Doyle, W. J., et al., "Positive Emotional Style Predicts Resistance to Illness after Experimental Exposure to Rhinovirus or Influenza a Virus," *Psychosomatic Medicine*, 2006, 68(6), pp. 809-815.

⑥ Steptoe, A., O'Donnell, K., Badrick, E., et al., "Neuroendocrine and Inflammatory Factors Associated with Positive Affect in Healthy Men and Women: The Whitehall II Study," *American Journal of Epidemiology*, 2008, 167(1), pp. 96-102.

⑦ Boehm, J. K. & Kubzansky, L. D., "The Heart's Content: the Association Between Positive Psychological Well-Being and Cardiovascular Health," *Psychological Bulletin*, 2012, 138(4), pp. 655-691.

这种影响存在一定的个体差异。因此，考查小团体多样性与身体症状的关系是否受到其他因素的调节就十分必要。通过对相关文献进行梳理后发现，小团体多样性对身体症状的作用也可能受到心理压力感的调节。心理压力感被定义为个体面对日常生活中的各种生活事件、突然的创伤性体验、慢性紧张等压力源时所产生的心理紧张状态，它是由压力源引起的主观感受和体验。[1] 科恩（Cohen）等人指出，心理压力感是一种非特定的反应，个体相信自己的资源足以应付环境所需时，很可能不会感受到压力所带来的威胁[2]；而当个体认为压力源超出了他们应付的能力和所持有的资源时，其心理压力感可能会进一步提高。这也从侧面说明，心理压力感在不同个体之间存在较大差异。

已有研究发现，在众多影响身体症状的因素中，心理压力感的作用举足轻重。[3] 例如，研究发现心理压力感与生理、心理功能的紊乱致病具有密切联系[4]，包括导致罹患心血管疾病的风险增加50%[5]，癌症发生率上升[6]等。如前所述，根据社会资本理论，小团体多样性较高时，其社会资源也就越多，更能够帮助个体应对和调整生活及身体上的转变。因此，我们推测，当心理压力感较强时，个体所持资源已然被大量消耗，此时由小团体多样性所提供的资源将显得尤为重要，因此小团体多样性对身体症状的负向影响作用将会更强。基于上述分析，本研究提出假设 H3：心理压力感调节小团体多样性与身体症状的关系。

---

① 车文博、张林、黄冬梅等：《大学生心理压力感基本特点的调查研究》，载《应用心理学》，2003，9（3）。

② Cohen, S., Alper, C. M., Doyle, W. J., et al., "Positive Emotional Style Predicts Resistance to Illness after Experimental Exposure to Rhinovirus or Influenza a Virus," *Psychosomatic Medicine*, 2006, 68(6), pp. 809-815.

③ Cohen, S., Alper, C. M., Doyle, W. J., et al., "Positive Emotional Style Predicts Resistance to Illness after Experimental Exposure to Rhinovirus or Influenza a Virus," *Psychosomatic Medicine*, 2006, 68(6), pp. 809-815.

④ 龚勋：《湖南省高校大学生心理压力感、人格特征与应对方式及其关系的研究》，硕士学位论文，中南大学，2010。

⑤ Kivimäki, M., Head, J., Ferrie, J. E., et al., "Work Stress, Weight Gain and Weight Loss: Evidence for Bidirectional Effects of Job Strain on Body Mass Index in the Whitehall II Study," *International Journal of Obesity*, 2006, 30(6), pp. 982-987.

⑥ Antoni, M. H., Lutgendorf, S. K., Cole, S. W., et al., "The Influence of Biobehavioural Factors on Tumour Biology: Pathways and Mechanisms," *Nature Reviews Cancer*, 2006, 6(3), pp. 240-248.

综上，本研究旨在考查在老年群体的日常生活中，小团体多样性预测其身体症状的中介（团体积极情绪）和调节（心理压力感）机制，以此更好地回答日常小团体多样性"如何"以及"何时"影响老年人身体症状表现这一重要问题。鉴于所研究变量常在自然、自发情况下发生快速变化，本研究特采用为期 7 天的日记式追踪研究方法。日记式追踪研究（diary study）是一种通过被试重复测量的自我报告来获得数据的纵向研究方法。① 相比于横断研究和一般的纵向研究，日记式追踪研究不仅能够把握变量的动态性变化，还能帮助减少被试回忆偏差的影响，使研究人员能够研究那些在每日互动过程中不断发生变化的变量。依据日记式追踪研究形成的数据呈两层嵌套结构，其中，重复测量的多个时间点为第一层（个体内水平），而每个被试个体形成的差异为第二层（个体间水平）。本研究以老年群体为被试，构建出两层嵌套模型（图 21-1）。

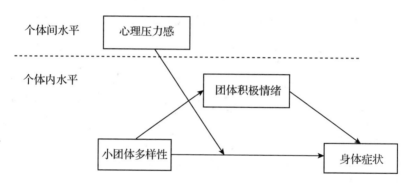

图 21-1　小团体多样性、团体积极情绪、心理压力感与躯体症状的关系模型图

二、研究方法

（一）被试

本研究采用经验取样法，最终招募到来自西安市的 57 名老年被试，在研究过程中由于 4 名被试不愿继续参与研究，故在后续分析中排除了这 4 名被试。

---

① Bolger, N., Davis, A. & Rafaeli, E., "Diary Methods: Capturing Life as It Is Lived," *Annual Review of Psychology*, 2003, 54(1), pp. 579-616.

被试选取的标准为：年龄在 55 岁及以上，无重大疾患的老年人。余下的 53 名被试的年龄范围为 56~86 岁，共形成 371 个数据有效点，平均年龄 66.45 岁（$SD=5.60$），其中男性 22 人（平均年龄 65.57 岁，$SD=6.33$），女性 31 人（平均年龄 67.08 岁，$SD=5.03$），男女之间无显著的年龄差异（$t=-0.97$，$p=0.34$）。

(二)研究程序

本研究采用日记式追踪研究方法，对每位老年被试进行持续一周的追踪调查。在研究开始前，研究者查阅天气预报，对连续一周出现晴和多云的时间进行了选定，尽量排除恶劣天气和季节对所研究变量的影响。在数据收集的前一天，研究者向每位自愿报名参加研究的老年被试讲解研究内容及程序，在老年被试签署知情同意书之后，发放基本信息调查问卷，以获取被试的年龄、性别等信息。在正式的研究过程中，老年被试需要在接下来连续 7 天的固定时间段（18：30—20：00）到达实验室，并根据当天的经历和感受对所有问卷调查进行纸笔作答。

(三)研究工具

1. 小团体多样性问卷

对于小团体间多样性的测量，本研究采用格林（Green）编制的团体间多样性清单①。首先研究者向被试阐述小团体活动的定义，并要求被试按顺序写下当天依次参与的小团体活动，包括具体人员、参与人数以及小团体活动内容。未参与则不填写该问卷。为了更有效、准确地分析小团体清单，将人数少于 3 人或多于 15 人的团体活动以及重复小团体活动内容排除在外，以确保被试填写小团体活动的准确性。当天所参与的小团体活动的数量即意味着小团体间多样性的得分。得分越高意味着被试当天所参与的小团体活动数目越多，小团体间多

---

① Grenn, J., "The Effects of Multiple Group Memberships on Psychological Well-Being, Performance, and Persistence in Sporting Transitions and Sporting Tasks," unpublished doctoral thesis, University of Exeter, 2013.

样性越强。

对于小团体内多样性的测量，依据扎伊苏（Zaitsu）等人在研究团体内多样性时采用的分类①，将小团体多样性分为四个维度，分别是性别、年龄、不同地区以及不同社区。具体赋值如下：所有参与者的性别（0=全是男人/全是女人；1=两者皆有），所有参与者的年龄（0=全是同辈人，即年龄差小于20岁；1=有不同辈的人，即年龄差大于或等于20岁），所有参与者是否来自不同地区（0=全是本地人/全是外地人；1=两者皆有），所有参与者是否来自不同社区（0=全来自同一社区，1=有不同社区的人）。四个维度的总分代表该小团体内多样性高低。最后，小团体内多样性的得分则用所有小团体活动的总分除以参与的团体数目。得分越高意味着被试当天的小团体内多样性越强。

2. 团体积极情绪量表

本研究采用团体积极情绪量表②来测量老年被试每日的团体积极情绪体验。该量表采用5点计分，共14个项目。被试需要判断在当天参与小团体活动的经历中所经历的情绪感受。在进行反向计分后，总分得分越高，则表明被试当天的团体积极情绪水平越高。该量表的Cronbach's α系数为0.82。

3. 身体症状问卷

本研究依据豪格（Haug）等人开发的身体症状清单③，向被试呈现出了21种不同的身体症状，包括：头痛、头晕、背痛、关节/四肢疼痛、胸痛/胸闷、腹痛/胃痛、手脚发麻/刺痛、四肢沉重感、恶心/消化不良、便秘/腹泻、呼吸急促/呼吸困难、心动过速、颤抖/打哆嗦、发冷/发热、喉咙肿痛、鼻塞、流鼻涕、打喷嚏、疲劳、虚弱、食欲差。研究者另外还添加了"其他"选项，以供老

---

① Zaitsu, M., Kawachi, I., Ashida, T., et al., "Participation in Community Group Activities among Older Adults: Is Diversity of Group Membership Associated with Better Self-Rated Health?" *Journal of Epidemiology*, 2018（23）, pp. 102-114.

② Van Katwyk, P. T., Fox, S., Spector, P. E., et al., "Using the Job-Related Affective Well-Being Scale（JAWS）to Investigate Affective Responses to Work Stressors," *Journal of Occupational Health Psychology*, 2000, 5（2）, pp. 219-230.

③ Haug, M. R., Musil, C. M., Warner, C. D., et al., "Interpreting Bodily Changes as Illness: A Longitudinal Study of Older Adults," *Social Science & Medicine*, 1998, 46（12）, pp. 1553-1567.

年被试自行填写当天出现过但未涉及的身体症状，如牙疼。被试每选择一项记为 1 分，总分即为当天身体症状得分。

4. 心理压力感项目

本研究采用埃洛(Elo)等人在测量心理压力感时使用的单一项目①，询问被试"今天，你感受到的压力程度是多少"(1 = 没有压力，5 = 压力非常大)，得分越高代表当天的心理压力感越高。

(四)统计分析

首先，由于本研究进行的是老年被试在多个变量上多个时间点的重复测量，研究者需要确认各个变量在个体内水平和个体间水平的变异程度，即使用组内相关系数 $ICC_{(1)}$(Interclass Correlation Coefficient)进行数据适用性检验，以判断数据是否呈现多层嵌套结构，是否适合进行多水平分析。其次，采用 SPSS22.0 对数据进行描述性统计分析和相关分析，包括各个变量的个体内水平的相关系数和个体间水平的相关系数，并使用 Mplus7.0 构建多水平模型，进一步分析中介作用(1→1→1)及调节作用2×(1→1)。1 代表着变量处在个体内水平，2 代表着变量处在个体间水平。

三、研究结果

(一)数据适用性检验

研究者首先采用组内相关系数 $ICC_{(1)}$ 这一指标判断本研究是否适合多水平分析。根据科恩的建议，$ICC_{(1)}$ 大于 0.059 时不能忽略组间差异。② 如表 21-1 所示，各个变量均通过数据适用性检验，符合多层数据结构，适合进行多水平分析。

---

① Elo, A. L., Leppänen, A. & Jahkola, A., "Validity of a Single-Item Measure of Stress Symptoms," *Scandinavian Journal of Work, Environment & Health*, 2003, pp. 444-451.

② Cohen, J., "The Cost of Dichotomization," *Applied Psychological Measurement*, 1983, 7(3), pp. 249-253.

表 21-1　各研究变量的方差及 ICC$_{(1)}$

变　　量	组间方差	组内方差	总方差	ICC$_{(1)}$
小团体间多样性	8.365	0.710	9.075	0.079
小团体内多样性	0.365	0.398	0.763	0.479
团体积极情绪	37.610	17.827	55.437	0.679
身体症状	2.234	1.207	3.441	0.649
心理压力感	0.424	0.604	1.028	0.412

(二)研究变量之间的相关分析

个体内相关和个体间相关系数结果如表 21-2 所示。值得注意的是，在个体内水平上，小团体间多样性与团体积极情绪($r=0.31$，$p<0.001$)、小团体内多样性与团体积极情绪($r=0.42$，$p<0.001$)呈显著正相关，而小团体间多样性与身体症状($r=-0.23$，$p<0.001$)、小团体内多样性与身体症状($r=-0.35$，$p<0.001$)、团体积极情绪与身体症状($r=-0.57$，$p<0.001$)呈显著负相关。这为接下来的中介检验奠定了初步基础。

表 21-2　各个变量的描述性统计与相关矩阵

变量	M	SD	1	2	3	4	5
小团体间多样性	1.73	0.82	—	0.12*	0.09	0.02	-0.19***
小团体内多样性	1.77	0.87	0.01	—	0.30***	-0.27***	-0.39***
团体积极情绪	50.40	7.19	0.31***	0.42***	—	-0.31***	-0.54***
身体症状	2.17	1.86	-0.23***	-0.35***	-0.57***	—	0.48***
心理压力感	1.68	0.94	-0.03	0.05	-0.02	-0.01	—

注：*代表 $p<0.05$，**代表 $p<0.01$，***代表 $p<0.001$，下同。该表中位于对角线下方的是个体内相关系数，位于对角线上方的是个体间相关系数。

(三)中介作用分析结果

本研究使用 Mplus7.0 软件构建多水平模型，对团体积极情绪在小团体多样性(小团体间多样性、小团体内多样性)与老年人身体症状间的中介作用进行（1→1→1）检验，结果如图 21-2 所示。在个体内水平上，团体积极情绪对身体症状（$\beta=-0.73$，$p=0.01$）的直接效应显著，而小团体间多样性对团体积极情绪（$\beta=-0.09$，$p=0.31$）以及身体症状（$\beta=-0.05$，$p=0.79$）的直接效应均不显著。同时，95% 的中介效应置信区间包含 0（95% 的置信区间为 $[-0.014，0.957]$），表明"每日小团体间多样性→每日团体积极情绪→每日身体症状"的中介效应不显著。

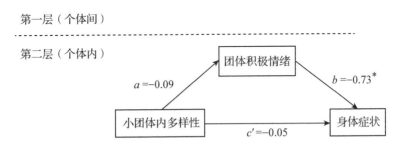

图 21-2 小团体间多样性、团体积极情绪与身体症状的关系模型图

此外，如图 21-3 所示，每日小团体内多样性对当天团体积极情绪（$\beta=0.10$，$p=0.03$）以及当天身体症状（$\beta=-0.23$，$p=0.02$）的直接效应均显著，同时，每日团体积极情绪对当天身体症状（$\beta=-0.79$，$p=0.04$）的直接效应也显著。最后，95% 的置信区间不包含 0（95% 的置信区间为 $[-0.490，-0.285]$），表明"每日小团体内多样性→每日团体积极情绪→每日身体症状"的中介效应显著，中介效应为 -0.29。结果显示，在个体内水平上，团体积极情绪在小团体内多样性以及身体症状中扮演着部分中介作用。

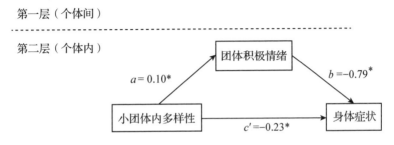

图 21-3 小团体内多样性、团体积极情绪与身体症状的关系模型图

(四) 跨层调节作用分析结果

由于本研究试图探讨不同老年个体的心理压力感对小团体内多样性与身体症状的调节作用，即心理压力感的跨层调节效应，因此需将心理压力感的个体内数据整合为个体间数据。根据卡斯特罗(Castro)的建议，$ICC_{(2)}$ 可判断个体内数据能够整合为个体间数据，即能否使用在个体内水平上所有数据的平均数值代替个体间水平。[1] $ICC_{(2)}$ 大于 0.6 则表示可以用个体内数据整合为个体间数据。结果显示，心理压力感的 $ICC_{(2)}$ 为 0.831 >0.6，因而，将心理压力感个体内的数据作为组间层次变量的可靠性高。依据该指标，本研究使用 Mplus7.0 软件进行 2×(1→1)分析。此外，为了探究身体症状是否会随着时间增加和减少，本研究还将时间这一个体内变量纳入模型中，所得数据如表 21-3 所示。

表 21-3　心理压力感对日常小团体内多样性与每日身体症状的调节作用

变量	身体症状		95%的置信区间	
	β	*SE*	上限	下限
个体内水平	无	无	无	无
时间	-0.03	0.04	-0.09	40.027
个体间水平	无	无	无	无
心理压力感	1.03*	0.48	0.24	01.817
小团体内多样性*心理压力感	0.44***	0.17	0.168	0.718

结果显示，首先，身体症状在时间上并没有显著的线性趋势($\beta = -0.03$，$p = 0.38$)，95%的置信区间为[-0.094，0.027]。换言之，身体症状并没有随着时间变化而显著地增加或减少。其次，心理压力感对身体症状的预测作用显著($\beta = 1.03$，$p = 0.48$)，95%的置信区间为[0.240，1.817]；同时，小团体内多样性与心理压力感的交互项对身体症状的预测作用也显著($\beta = 0.44$，

---

[1] Castro, S. L., "Data Analytic Methods for the Analysis of Multilevel Questions: A Comparison of Intraclass Correlation Coefficients, Rwg(j), Hierarchical Linear Modeling, Within-and Between-Analysis, and Random Group Resampling," *The Leadership Quarterly*, 2002, 13(1), pp.69-93.

$p = 0.008$），95%的置信区间为[0.168，0.718]，说明心理压力感正向调节了小团体内多样性以及身体症状间的关系，即当心理压力感越高时，小团体内多样性对身体症状的负向作用就越强。此外，对该跨层调节作用进行简单斜率分析，将其按 $\pm 1SD$ 分出高、低分组。结果表明，对于小团体内多样性对身体症状的预测作用，高心理压力感的老年人显著高于低心理压力感的老年人（$\beta = 0.63$，$p = 0.008$），95%的置信区间为[0.236，0.625]。综上，心理压力感在日常小团体内多样性对每日身体症状的关系中起跨层调节作用。

四、分析与讨论

本研究采用生态效度较高的日记式追踪研究法，考查了老年群体小团体多样性对身体症状的影响及其影响机制，结果发现，日常小团体内多样性能够直接负向影响当天老年人的身体症状；同时，在个体内水平，团体积极情绪在老年人小团体内多样性对身体症状的关系中起部分中介作用；此外，心理压力感能够跨层调节日常小团体内多样性对每日身体症状的影响。

（一）小团体多样性与身体症状的关系

本研究将小团体多样性分离为两个概念：小团体间多样性与小团体内多样性。首先，本研究发现，日常小团体内的多样性能够负向预测当天老年人身体症状，假设 H1 得到验证。这与国外研究结果一致。根据社会资本理论，小团体内多样性更高的个体，拥有的社会关系网络更强，社会资源更多，社会互动更复杂。例如，韦斯特曼（Westermann）等人的一项研究表明，男女混合群体（21.9%）在解决问题时需要帮助的频率低于纯男性群体（33.3%）或纯女性群体（25.0%），这说明多样性本身能为团体内部提供更多的资源。[1] 此外，研究也

---

[1]　Westermann, O., Ashby, J. & Pretty, J., "Gender and Social Capital: The Importance of Gender Differences for the Maturity and Effectiveness of Natural Resource Management Groups," *World Development*, 2005, 33(11), pp. 1783-1799.

证实，在社会环境、社会关系和我们所属的群体中，无论是职业、体育，还是其他类别，都对我们的健康和福祉做出了重要贡献，为个体提供免受身心健康威胁的渠道。[①] 同时，社交网络和社会资本与更好的健康结果有着积极的联系，对老年人而言，这种联系会更加紧密。[②] 因此，老年人的身体症状将会受到日常小团体内多样性的极大影响。

其次，小团体间多样性对老年人身体症状的预测作用不显著。究其原因可能在于，一方面，相比于小团体数量而言（小团体间多样性），小团体内多样性所提供的社会资源更为重要。已有实证研究发现，老年人社会互动的质量对自我报告的身体症状影响显著，而社会交往的频率与数量对身体症状则没有显著影响[③]；另一方面，即使较强的小团体间多样性意味着所参与小团体数量较多，但实际上，由于老年人的社会网络较年轻人有所收缩，因此我们推测，老年人在日常生活中所从事的小团体活动的组成人员可能存在着一定程度的重叠，致使小团体的数量并不能为老年期的身体变化和转变提供更多资源，从而对身体症状表现无显著预测作用。未来研究者仍需要针对小团体间多样性这一变量进行更加深入的研究，厘清其内在机理。

(二) 团体积极情绪的中介作用

本研究发现，小团体内的多样性通过团体积极情绪影响老年人身体症状，假设 H2 得到验证。小团体内多样性更高的老年人，在小团体中体验到的团体情绪更积极，进而能够帮助个体应对和调整身体的变化与转变，并抑制不良身体症状表现。首先，研究发现小团体内多样性能够正向预测团体积极情绪的发

---

① Jetten, J., Haslam, S. A. & Haslam, C., "The Case for a Social Identity Analysis of Health and Well-Being," *The Social Cure: Identity, Health, and Well-Being*, 2012, pp. 3-19.

② Boden-Albala, B., Litwak, E., Elkind, M. S. V., et al., "Social Isolation and Outcomes Post Stroke," *Neurology*, 2005, 64(11), pp. 1888-1892.

③ Zhaoyang, R., Sliwinski, M. J., Martire, L. M., et al., "Social Interactions and Physical Symptoms in Daily Life: Quality Matters for Older Adults, Quantity Matters for Younger Adults," *Psychology & Health*, 2019, 34(7), pp. 867-885.

生。根据社会资本理论，小团体内多样性提供了更多的社会资源。这种在人际关系网络中潜在的、可获得的益处或资源，不仅能提供更多信息支持，还对个体所感知到的情感支持具有重要的正向预测作用。① 因而拥有较高水平的小团体内多样性的老年人，通常将会体验到较高水平的团体积极情绪。此外，情绪扩建理论也表明，团体积极情绪对身体资源的获取具有重要影响。例如，越来越多的研究已经发现积极情绪与免疫功能相关的生理变化之间的联系，如增强免疫功能以及降低传染性疾病的易感性。② 因此，结合社会资本理论与情绪扩建理论，个人可利用的资源越多，相应地所提供的情绪资源和身体资源也就越充足。③④ 因此，当小团体内多样性较高时，无疑是给老年人提供了较为丰富的资源，使得他们能够在小团体中收获更多团体积极情绪体验，这些团体积极情绪被视为身体健康与幸福的重要保护因素，能够预防老年人不良身体症状的出现，从而使老年群体身体健康状况保持在良好水平。

(三) 心理压力感的跨层调节作用

本研究还发现，心理压力感跨层调节小团体内多样性与身体症状的关系。相对于低心理压力感的个体，高心理压力感的老年人的小团体内多样性对身体症状的负向预测作用更大。该调节效应体现了"小团体内多样性→身体症状"的个体差异性。尽管大多数研究支持了小团体内多样性对身体症状的负向预测作用，但也有部分研究者主张，由于团体角色冲突和混淆造成的不确定性和压力，

---

① Kabayama, M, Watanabe, C., Ryuno, H., et al., "Positive and Negative Associations of Individual Social Capital Factors with Health among Community Dwelling Older People," *Geriatrics & Gerontology International.* 2017, 17(12), pp. 2427-2434.

② Steptoe, A., O'Donnell, K., Badrick, E., et al., "Neuroendocrine and Inflammatory Factors Associated with Positive Affect in Healthy Men and Women: the Whitehall II Study," *American Journal of Epidemiology*, 2008, 167(1), pp. 96-102.

③ Fredrickson, B. L. & Branigan, C., "Positive Emotions Broaden the Scope of Attention and Thought Action Repertoires," *Cognition & Emotion*, 2005, 19(3), pp. 313-332.

④ Dubos, R., *Social Capital: Theory and Research*, New York, Routledge, 2017.

团体多样性较强可能会损害幸福感继而影响身体健康。① 这表明，"小团体内多样性→身体症状"的作用可能受到心理压力感的调节作用。大量研究显示，老年人同样面临着各种压力的威胁，包括刻板印象经历、歧视，以及非自愿退休、丧偶等负性事件带来的压力体验等。② 同时，在众多影响身体症状的因素中，心理压力感的作用举足轻重③，比如会增加中风、心脏病发作、溃疡和抑郁症等疾病发生的风险，也会加重原有的疾病等。④ 如上文所述，根据社会资本理论，小团体内多样性可以为老年人提供晚年生活中所需要的各种资源，但是，由于心理压力感是一种慢性的个体产生持续痛苦的体验，因此会大大消耗个体心理资源。如果此时小团体内多样性下降，则意味着老年人失去了重要的资源。这种双重的资源打击可能对身体症状有着更为负面的影响，即当老年个体心理压力感较高时，较低的小团体内多样性水平更能预测较高的身体症状表现。

(四)研究意义、局限与展望

本研究采用日记式追踪研究法对老年人的小团体活动的多样性、团体积极情绪、心理压力感以及身体症状展开调查，发现了团体积极情绪在小团体内多样性与身体症状间的部分中介作用，以及心理压力感在小团体内多样性与身体症状间的跨层调节作用。研究结果不仅丰富了有关小团体多样性的研究，在一定程度上填补了该领域的空缺，而且在实践方面也为干预老年人的不良身体症状提供了解决思路。比如，多参加内部多样性较高的小团体活动以改善不良身体症状，以及提升在小团体活动中感受到的团体积极情绪是减少老年人身体症状的重要途径，同时，在日常生活中也可通过排遣压力和心中的烦闷，以降低

① Marks, S. R., "Multiple Roles and Role Strain: Some Notes on Human Energy, Time and Commitment," *American Sociological Review*, 1977, pp. 921-936.

② Cuddy, A. J., Norton, M. I. & Fiske, S. T., "This Old Stereotype: The Pervasiveness and Persistence of the Elderly Stereotype," *Journal of Social Issues*, 2005, 61(2), pp. 267-285.

③ Cohen, S., Alper, C. M., Doyle, W. J., et al., "Positive Emotional Style Predicts Resistance to Illness after Experimental Exposure to Rhinovirus or Influenza a Virus," *Psychosomatic Medicine*, 2006, 68(6), pp. 809-815.

④ Nixon, A. E., Mazzola, J. J., Bauer, J., et al., "Can Work Make You Sick? A Meta-Analysis of the Relationships Between Job Stressors and Physical Symptoms," *Work & Stress*, 2011, 25(1), pp. 1-22.

较低的小团体多样性对身体症状所带来的负面影响。然而，目前本研究还存在以下几方面的不足之处。

首先，日记式追踪研究法能够研究实验室之外的日常行为、活动和身心变化的关系，帮助减少回忆偏差的影响，并使研究人员能够研究低强度的行为或事件等，但该方法本身可能也是一种影响结果变量的干预。[①] 即本研究会因占据一定时间对小团体活动频率、次数等产生影响，同时虽然也考虑到了季节、天气和温度的影响，但未能完全排除其他额外变量。其次，该研究采用了生态效度较高的日记式追踪研究法，但未来研究可以结合访谈法与实验室设计，使结果更具有解释力、更精准并且能够被有效重复。最后，以往有研究曾显示，小团体活动的连续性、内部成员的亲密程度、依赖程度也会对小团体多样性及其结果变量产生影响。[②] 因此未来研究者在对小团体进行研究时，除了多样性外，还应考虑更多的小团体本身所富含的多种特征，尝试建立完善的小团体研究框架和理论。

五、研究结论

研究发现：(1)日常小团体内多样性对当天的老年人身体症状具有显著的负向预测作用；(2)在个体内水平上，团体积极情绪在老年人小团体内多样性对身体症状的负向预测关系中扮演着部分中介作用；(3)心理压力感能够跨层调节日常小团体内多样性对当天身体症状的影响。具体而言，当个体心理压力感较高时，较低的小团体内多样性越能预测较高的身体症状。

---

① Reis, H. T. & Gosling, S. D., "Social Psychological Methods outside the Laboratory," in S. T. Fiske, D. T. Gilbert & G. Lindzey (Eds.), *Handbook of Social Psychology*, New Jersey, John Wiley & Sons, Inc, 2010, pp. 82-114.

② Smeekes, A. & Verkuyten, M., "Collective Self-Continuity, Group Identification and In-Group Defense," *Journal of Experimental Social Psychology*, 2013, 49(6), pp. 984-994.

第二十二章

────────

成长咨询：提供适合学生发展需要的心理健康教育

心理健康问题正日渐成为全社会的焦点，如何做好学校心理健康教育工作，如何为学生提供适合他们发展需要的心理健康教育，已经成为横亘在研究者和教育者面前的两个难题。对此，习近平总书记明确指出，"要加大心理健康问题基础性研究，做好心理健康知识和心理疾病科普工作，规范发展心理治疗、心理咨询等心理健康服务"[1]。即学校心理健康教育可以从两个方面入手：一是对心理健康知识的普及，以心理健康课程的形式呈现；二是心理咨询服务，包括干预性的补救性咨询以及预防性的发展性咨询。但从现实来看，目前学校心理健康教育的形式仍以心理健康课程和以补救为主的心理咨询、干预为主，缺少从预防视角对学生心理成长与发展需要的关注。[2] 我们认为，"亡羊补牢，犹未为晚"，但"防患于未然"显然更为重要。因为以学生成长与发展需要为目标的发展性咨询服务，更能从根源上大大减少心理健康问题出现的概率，特别是发展性咨询中以关注个体成长需要为核心的成长咨询，更是强调对学生心理健康问题的针对性、预防性和个性化的咨询服务，突出以学生为主导，重视学生自身的发展需要，相信学生具有自主成长的能力，这显然是学校心理健康教育的重要组成部分。鉴于此，我们以成长咨询为突破口，就如何提供适合学生发展需要，特别是学生自我发展需要的心理健康教育，进行较为系统的诠释。

────────

① 《习近平：把人民健康放在优先发展战略地位　努力全方位全周期保障人民健康》，http：//health. people. com. cn/n1/2016/0821/c398004-28652254. html，2021-11-14。

② 李小鲁、宋翎：《学校心理健康教育工作应面向全体学生的发展》，载《高教探索》，2010(2)。

一、成长咨询的渊源：自我的召唤

在心理学意义上，成长咨询被定义为一种"利用个体的发展过程和潜能来建立自信、发展自尊和创造积极的自我意象的心理咨询"①。毫无疑问，成长咨询是一种发展性咨询，它主要关注个体在生理、心理和社会诸方面的全面发展，以及个体在发展过程中关于成熟、学习、人际关系、社会适应和情绪稳定等方面的问题。与成长咨询相关的两个概念是成长辅导与成长教育。一般而言，成长辅导范围较广，不仅针对心理问题，同时也关注现实中实际的学习生活问题，并且多由中小学的心理辅导教师或大学的辅导员来完成②；而成长咨询突出其咨询的"心理性"，强调咨询过程应符合心理咨询的设置③。成长教育作为较早提出的概念，其目的是培养身心健康、适应社会生活、能够自食其力、家庭和睦、追求幸福生活的人，强调人的终生发展④，虽然与成长咨询的目的基本一致，但成长教育更侧重整体性和一般化的教育过程⑤；而成长咨询更多是针对心理相对健康、存在成长困扰的学生所采取的心理咨询服务，致力于促进学生对自我的探索和潜能开发，帮助他们解决在成长过程中及心理发展中所遇到的心理行为问题，侧重个体性和特殊性的自我发展过程。

成长咨询之所以能发挥作用，是因为人们相信自己拥有成长的能力⑥，即能够依靠自己的能力提高和改变自己，自己（更确切地说是自我）在成长过程中扮演了重要角色。根据成长咨询的理论假设，个体的内在特质决定了自己是否有能力改变行为，发展是改变的力量之源，决定了个体是否能够有所实现，是

---

① 心理学百科全书编辑委员会：《心理学百科全书》（第二卷），1460 页，杭州，浙江教育出版社，1995。
② 俞国良、赵军燕：《论学校心理辅导制度建设》，载《教育研究》，2013，34(8)。
③ 江光荣：《心理咨询的理论与实务》（第 2 版），18 页，北京，高等教育出版社，2012。
④ 陈巍：《大学生成长教育的路径研究》，载《教育评论》，2011(2)。
⑤ 刘铁芳：《走向整全的人：个体成长与教育的内在秩序》，载《教育研究》，2017，38(5)。
⑥ Fazio, R. J., "Growth Consulting: Practical Methods of Facilitating Growth Through Loss and Adversity", *Journal of Clinical Psychology*, 2009, 65(5), pp. 532-543.

否能形成积极的自我概念。① 因此，成长咨询的目标是发展，而发展的核心是自我发展。自我发展决定了个体是否能够拥有自我的力量，是否能够通过正确地认识自我、接纳自我、发展自我和协调自我，来解决个体发展过程中的一系列问题，从而支持自身的健康成长。根据埃里克森的心理社会性发展理论②，拥有一个健康的自我，可以帮助个体创造性地解决人生发展过程中每一阶段所产生的各种问题。如果个体无法在青少年期和成年早期形成对自我的认同感，将会对个体之后的人格完善和心理健康的发展产生一系列的不良影响。因此，对于学校心理健康教育来说，教师既要了解和重视每个阶段学生的关键性发展需要，也要关注学生自我发展的持续性需要，时刻"以生为本""以学生成长为核心"，了解他们的成长需求，为他们提供符合自我发展的成长咨询服务。

确实，每个人的一生都在为"我是谁"的问题苦苦追寻着答案，既然促进自我的健康发展是成长咨询的重要目标，那么，对自我的研究，必定成为提高成长咨询效果的重要理论基础。心理学对自我的探索源于精神分析学派。从弗洛伊德(Sigmund Freud)提出自我、本我和超我的人格发展理论伊始，心理学家对自我的探索就没有停止过。弗洛伊德认为，自我属于个体的前意识部分，受到本我的驱动和超我的监控，是个体成长过程中遵循现实原则的一种人格特征。虽然弗洛伊德认为自我的强大是精神分析的重要目标，但是他始终强调本我和超我对自我的影响，因此并未将过多的关注点集中到个体的自我发展上。弗洛伊德之后，个体心理学的创始人阿德勒(Alfred Adler)提出了创造性自我的概念③。创造性自我强调个体的意识层面，认为我们每个人都具有创造性，可以主动选择适合自己的生活风格，利用自我的力量决定自己与外界的关系。由此，突出了自我的发展对个体心理健康的主动、积极的影响。而埃里克森对自我的

---

① 心理学百科全书编辑委员会：《心理学百科全书》(第二卷)，1460 页，杭州，浙江教育出版社，1995。
② 俞国良：《20 世纪最具影响的心理健康大师》，42~51 页，北京，商务印书馆，2017。
③ 俞国良、雷雳等：《心理健康经典导读》，25~58 页，北京，北京师范大学出版社，2019。

研究使得自我独立于本我和超我而存在，促成了自我心理学的诞生。埃里克森认为，健康的人的一生是一个自我意识持续发展的生命周期，从婴儿期到老年期，共分为八个发展阶段。每个阶段都有特定的危机解决任务，危机的积极解决有利于增强自我的力量，形成积极品质，促进个体的心理健康；反之，如果危机得不到解决就会削弱自我的力量，损害个体的心理健康。由此推演，每个阶段危机的顺利解决是心理健康发展的前提，心理健康教育的任务就是在每个阶段发展该阶段的积极品质，避免消极品质。此外，埃里克森还提出了自我认同的概念，认为青春期是个体自我认同感获得的关键时期，自我认同感的形成与否将直接影响个体的心理健康水平。① 此后，越来越多的心理学家开始关注自我领域。其中，玛西亚(Marcia)特别针对埃里克森关于自我认同的理论观点，以"探索"和"承诺"为变量对自我认同进行了更具体和可操作性的定义，提出了自我认同发展的四种模式，包括认同获得、认同延缓、认同早闭和认同扩散，使自我理论有了更深入的发展，并且使对自我认同的实证研究成为可能。② 所有这些，使自我成为成长咨询的重要理论来源和科学依据。

二、成长咨询的核心：适合学生发展的需要

自我发展、自我成长持续一生，但是，在不同的年龄阶段，自我发展的需要不尽相同。学生的成长是基于身体的自然性发展，遵循身心发展的自然规律。③ 对于不同年龄阶段的学生来说，其身心发展规律不同，对自我认识的需要也有所不同。因此，要提供适合学生发展需要的成长咨询，首先应该对个体自我意识或心理社会性的年龄发展规律有所了解。埃里克森认为，个体的成长可以按年龄分为八个阶段，每个阶段都有特定的危机解决任务，前一阶段危机的成功解决可以扩大后一阶段危机解决的可能性，而危机的顺利解决是

① 俞国良、雷雳等：《心理健康经典导读》，25~58 页，北京，北京师范大学出版社，2019。
② Marcia, J. E., "Identity in Adolescence," *Handbook of Adolescent Psychology*, 1980, 9(11), pp. 159-187.
③ 刘铁芳：《走向整全的人：个体成长与教育的内在秩序》，载《教育研究》，2017，38(5)。

心理健康发展的重要前提。① 因此，学校为学生提供有效的、符合学生不同年龄阶段发展需要的心理健康教育，将对学生的成长与发展具有至关重要的影响。

(一)对幼儿的成长咨询

幼儿阶段(3~6岁)是自我意识开始出现的关键时期。此时，幼儿对自我的认识还处于具体形象阶段，只能区分出自我的外在特征与其他事物之间的差别，而无法对内在自我有所知觉。另外，幼儿从3岁开始自我评价能力逐渐发展，但他们对自我的评价往往依据外部线索而非内在品质，这进一步导致了幼儿的自尊水平很容易受到父母或其他重要他人评价的影响。因此，对于幼儿来说，成长咨询可以通过其支持性和引导性的作用，帮助幼儿建立积极的自我意识，提高自尊水平。② 具体到实践层面，对幼儿的成长咨询，应充分考虑幼儿的自我发展的特点，提供适合幼儿发展需要的成长咨询方案。首先，在与幼儿的咨询过程中，应创设不同于青少年和成人的心理咨询环境设置，确保自由宽松的活动环境，不对幼儿的活动区域过多限制。③ 其次，应考虑适合幼儿的学习方式，可以采用沙盘、绘画等游戏治疗方法，让幼儿在游戏中更好地了解自我、认识自我。最后，由于幼儿还未过多受到后天环境的影响，先天特质使得每个幼儿表现出不同的气质类型，但是无论哪种气质类型的幼儿都有成长和探索自我的需要，因此在对幼儿的成长咨询过程中，对各种气质类型的幼儿都应该基于同等的关注，针对每个幼儿形成一对一、有针对性的成长咨询方案。

(二)对小学生的成长咨询

小学阶段(7~12岁)自我意识呈上升发展趋势，尤其是小学一至三年级。

---

① 俞国良、雷雳等：《心理健康经典导读》，25~58页，北京，北京师范大学出版社，2019。
② Tobol, Y. & Yaniv, G., "Parents' Marital Status, Psychological Counseling and Dishonest Kindergarten Children: An Experimental Study," *Journal of Economic Behavior and Organization*, 2019(167), pp. 33-38.
③ 刘艳：《幼儿心理健康问题及其影响因素分析与应对》，载《学前教育研究》，2015(3)。

在该阶段，小学生对自我的认识逐渐由外在转向内在，可以抽象化地对自身的内在品质和个性特征进行描述和评价。尽管如此，这种发展趋势并不意味着小学生可以对自己的内心世界进行准确的评价，小学阶段的自我评价、自尊以及自我控制能力仍处于较低水平。因此，在成长咨询过程中，要了解小学生如何看待成长咨询的过程及目的，这将决定他能否从成长咨询中获得自我意识的发展。① 具体来说，首先，从咨询方式上，以学生为中心的游戏疗法仍是对小学生进行成长咨询的主要方式。② 其次，在咨询设置上，应形成从自由宽松到严格规范的逐渐转变，帮助小学生形成一定的社会规范意识。最后，在咨询内容上，小学低年级学生处于适应学校学习生活的关键期，应格外注意他们在适应新环境时所产生的适应性问题，以及自我在适应新规则和社会规范时产生的矛盾、冲突；从小学中年级开始，小学生开始转向对学习成绩的关注，此时应帮助他们学会学习，正确认识自我与学习成绩之间的关系，提高他们在面对失败与困难时的情绪调节能力；小学高年级的学生将第一次面对毕业升学的挑战，因此，如何面对学习成绩对自己未来的影响，以及因与亲密朋友分离而造成的情绪问题，是对小学高年级学生成长咨询的关键。

(三) 对中学生的成长咨询

中学阶段(13~18 岁)是自我意识发展的第二个飞跃期，也是最为重要的时期。这个阶段学生的主要发展目标是获得自我认同感，加深对自我的认识，避免出现自我同一性危机，影响成年后的自我意识发展。由于初中阶段正处于青春期，此时第二性征的出现将对初中生的心理发展产生巨大挑战，尤其是自我性别意识的快速发展，使得如何处理与异性同伴之间的关系，成为该阶段成长咨询的重要问题。因此，对于初中生，应该格外关注他们在与异性交往时的自

---

① Prout, H. T. & Fesewa, A. L., *Counseling and Psychotherapy with Children and Adolescents：Theory and Practice for School and Clinical Settings*, New York, John Wiley & Sons Inc., 2007, pp. 8-91.

② Prout, H. T. & Fesewa, A. L., *Counseling and Psychotherapy with Children and Adolescents：Theory and Practice for School and Clinical Settings*, New York, John Wiley & Sons Inc., 2007, pp. 8-91.

我发展，是否能够在与异性接触时对自己的性格特点有清楚的了解，并且能够自信地表达自己，最终与异性建立积极健康的同伴关系。之后，进入高中阶段，该阶段有普高生和中职生，虽然两者按年龄属于同一身心发展阶段，但是在自我的发展上存在明显差异，如中职生的自尊水平普遍低于普高生①，因此对高中阶段学生的成长咨询应按学生的类型和发展需要及时调整。普高生正处于学习压力的高峰期，因此，如何应对考试压力、进行适当的情绪调节，以及如何建立与未来自我发展之间的关系，是普高生成长咨询的重点。相比于普高生，中职学生虽然没有升学压力，但是他们将直接面对社会和职业的选择，此时，如果没有形成积极的自我认同，很可能会影响他们进入社会后的心理健康水平，甚至出现严重的反社会行为，危害社会的发展。② 因此，对中职生的成长咨询应以提高自尊、正确认识职业自我、增强心理健康意识、提高职业适应能力，以及形成正确的世界观、人生观和价值观为重中之重。

(四)对大学生的成长咨询

大学阶段(19~25岁)的自我意识逐渐成熟，但并不完善。尤其是，如果中小学或幼儿阶段的自我意识发展滞后或存在危机，那么，在大学阶段将会出现心理健康问题的"大爆发"。另外，大学生正处于从青少年向成年人身份转变的重要发展时期，关于自我意识的发展性问题是大学心理咨询中占比最大的心理健康问题。③ 而成长咨询可以通过增进大学生对自我的认识、增强自信心、树立正确的学业观等方式，帮助大学生在对过往心理健康问题"查漏补缺"的基础上，积极适应大学生活，形成健康、完善的自我意识。④ 具体来说，依据不同

①　俞国良、李天然、王勍：《高中生心理健康的横断历史研究》，载《教育研究》，2016，37(10)。

②　田录梅、夏大勇、李永梅等：《积极同伴压力、自尊对青少年不同冒险行为的影响》，载《心理发展与教育》，2016，32(3)。

③　Dogan, T. , "Problem Areas of Students at a University Psychological Counselling Centre：A 16-Year Analysis," *British Journal of Guidance and Counselling*, 2018, 46(4), pp. 429-440.

④　McKenzie, K. , Murray, K. R. , Murray, A. L. , et. al. , "The Effectiveness of University Counselling for Students with Academic Issues," *Counselling and Psychotherapy Research*, 2015, 15(4), pp. 284-288.

的学生类型，成长咨询应分别给予他们更为个性化的自我发展建议。[①] 本科生需要重点学会平衡学习与生活，适应并学会解决从青少年向成年人身份转变过程中的各种问题[②]；高职生因为学历层次低于本科生，所以很容易产生自卑心理，影响未来的职业选择和社会适应，因此对高职生的成长咨询应格外注重对其自信心的培养，提高其自尊水平[③]；对于研究生，他们的自我发展普遍已经进入成熟阶段，自我意识较为完善和稳定，自我独立和自我管理能力提高，但是他们往往会面对更多来自社会、家庭和职业选择方面的压力，因此，对研究生的成长咨询可以更侧重实际的应用层面，帮助他们解决在生涯规划、恋爱交友、择业就业等方面所遇到的现实问题。

三、成长咨询的归宿：自我发展的寻觅

既然自我是成长咨询的核心问题，那么，成长咨询究竟可以从哪些方面满足学生自我发展的需要，最终实现自我发展？这里，我们根据阿科夫的自我理论，将自我洞察、自我认同、自我接纳、自尊和自我暴露作为评定自我发展水平的五个重要方面[④]，以此探究成长咨询如何促进学生的自我发展，最终满足学生的成长需要，提高学生的心理健康水平。

第一，启发学生自我洞察（self-insight）。自我洞察通常被定义为对自身想法、感受和行为的清晰认识，对优点和缺点的准确概括，反映了个体对自我概念的认知与现实情况相符的程度。[⑤] 研究表明，良好的自我洞察能力可以提高

---

① 俞国良：《大中小幼心理健康教育一体化：实践的视角》，载《山西师大学报（社会科学版）》，2020，47（2）。

② Dogan, T., "Problem Areas of Students at a University Psychological Counselling Centre: A 16-Year Analysis," *British Journal of Guidance and Counselling*, 2018, 46（4）, pp. 429-440.

③ 俞国良、王浩、赵凤青：《心理健康教育：高职院校学生的自卑与超越》，载《中国职业技术教育》，2017（7）。

④ Arkoff, A., *Psychology and Personal Growth*, New York, Academic Press, 1980, pp. 1-10.

⑤ Harris, M. A., Beer, J. S. & Harris, M. A., "The Advantages and Disadvantages of Self-Insight: New Psychological and Neural Perspectives," *Advances in Experimental Social Psychology*, 2019（60）, pp. 121-173.

学生的心理幸福感、生活满意度和自尊，并且可以减少焦虑、抑郁等心理问题的发生。① 因此，在成长咨询过程中，对学生自我洞察能力以及自我洞察结果的评估，即是否对自我有清晰、正确的认识，是判断其自我发展水平的第一步。

第二，促进学生自我认同（self-identity）。自我认同，又被称为自我同一性，自己能意识到自我区别于他人而存在，以及自我的连续性和稳定性，即个人的内部状态和外部环境的整合与协调一致。埃里克森认为，青少年面临的主要发展障碍是获得自我认同感，即建立自我同一性和防止自我同一性混乱是这个阶段的重要发展任务。自我认同的建立，可以帮助学生形成对自我的清晰认识，提升自尊水平；相反，如果个体未在青春期时形成较为完善的自我认同，则可能加深对未来不确定性的迷茫，无法进入亲密关系，并妨碍人格的正常发展。因此，成长咨询应特别注意大中小学生，尤其是处于青春期的中学生的自我认同感的形成与发展，引导他们通过修正和改变理想自我或努力改变现实自我等方法，缩小两者之间的差距，从而提高自我认同感。

第三，鼓励学生自我接纳（self-acceptance）。这是一种健康成熟的人格特征。自我接纳是评定学生心理健康的重要方面，其基础来自自我了解、自我认识，特别是学生前期已经有所发展的自我意识，此时他们有能力也愿意让其他人看到真实的自己，并且能够对自己的优缺点、人格特征、身材外貌等进行适当的自我评价。自我接纳作为预测学生心理健康的重要指标，影响学生自我概念的形成。② 较低的自我接纳水平会增加焦虑与抑郁的发生③，而较高的自我接

---

① Silvia, P. J. & Phillips, A. G., "Evaluating Self-Reflection and Insight as Self-Conscious Traits," *Personality and Individual Differences*, 2011, 50(2), pp. 234-237.

② Mualifah, A., Barida, M. & Farhana, L., "The Effect of Self-Acceptance and Social Adjustment on Senior High School Students' Self-Concept," *International Journal of Educational Research Review*, 2019(4), pp. 719-724.

③ Popov, S., "When is Unconditional Self-Acceptance a Better Predictor of Mental Health than Self-Esteem?" *Journal of Rational-Emotive and Cognitive-4 Behavior Therapy*, 2019, 37(3), pp. 251-261.

纳水平则能提升学生的创造力①，提高其主观幸福感②。目前，自我接纳的理念已经在心理咨询中被广泛应用。例如，理性情绪疗法和人本主义的咨询取向，均认为自我接纳是解决心理健康问题的重要因素。③ 因此，作为以促进学生心理健康为目标的成长咨询，更应重视对学生自我接纳水平的提高。

第四，提高学生自尊（self-esteem）水平。自尊是个体基于自我评价产生和形成的一种自重、自爱，并要求受到他人、群体和社会尊重的情感体验。它体现了个体对自我价值的判断。自尊水平的高低是判断学生自我发展的重要指标，对学生心理健康水平有着重要的影响，可以显著预测学生的抑郁与焦虑水平以及人际交往情况。④ 自尊的发展与年龄呈 U 形曲线关系，青少年尤其中学生的自尊水平最低。⑤ 此外，青春期学生的自尊变化还存在明显的性别差异，女生的自尊水平普遍低于男生，从而导致女生比男生更容易出现抑郁症状。⑥ 因此，在成长咨询过程中，应格外注意不同年龄、不同性别学生的自尊发展特点及心理需要。

第五，激发学生自我表露（self-disclosure）。自我表露是一个认识自我的过程，也是发展和维持人际关系的重要内容，对心理健康具有特别重要的意义。自我表露是将自己的真实、重要、隐秘的私人细节和内心想法向他人展示，并与他人一起分享。适当的自我表露有利于他人了解自己、认识自己，同时也有利于自己从他人的反馈中加深对自我的认识，"以他人为镜"，促进自我意识的发展。对于青少年来说，良好的自我表露可以促进友谊关系的发展，减少孤独

---

① Mostafavi, H., Yoosefee, S., Seyyedi, S. A., et al., "The Impact of Educational Motivation and Self-Acceptance on Creativity among High School Students," *Creativity Research Journal*, 2020, 32(4), pp. 378-382.

② Popov, S., "When is Unconditional Self-Acceptance a Better Predictor of Mental Health than Self-Esteem?" *Journal of Rational-Emotive and Cognitive-Behavior Therapy*, 2019, 37(3), pp. 251-261.

③ Ellis, A., *Reason and Emotion in Psychotherapy*, New Jersey, Carol Publishing Group, 1994.

④ 高爽、张向葵、徐晓林：《大学生自尊与心理健康的元分析——以中国大学生为样本》，载《心理科学进展》，2015，23(9)。

⑤ 潘颖秋：《初中青少年自尊发展趋势及影响因素的追踪分析》，载《心理学报》，2015，47(6)。

⑥ Kling, K. C., Hyde, J. S., Showers, C. J., et al., "Gender Differences in Self-Esteem: A Meta-Analysis," *Psychological Bulletin*, 1999, 125(4), pp. 470-500.

感，降低抑郁和焦虑的发生率①，提高心理幸福感②。尤其在心理咨询中，适当的自我表露既是判断来访者心理健康状况的标准，也是心理咨询最终能发挥作用的基础。因此，成长咨询不仅要激励学生在咨询过程中学会自我表露，找到心理健康问题的真实原因，还要鼓励学生在日常学习生活中进行适当的自我表露，从根本上为学生持续的自我发展、健康的人际关系以及心理健康保驾护航。

四、成长咨询的本质：特色发展与全面发展

毫无疑问，成长咨询作为解决学生成长与发展问题的心理咨询方法，必须坚持"以生为本""以学生成长为核心"，以每个学生的发展需求为导向，符合学生的成长发展规律，保证学生的特色发展与全面发展，为学生提供真正适合其发展需要的心理健康教育。

一是特色发展。诚如世界上没有两片完全相同的叶子，同样，也没有两个完全一样的人。因此，提供适合学生自身发展需要的成长咨询服务，必须从个体和群体两个层面分别考虑学生的个体差异，以及特殊群体中学生的普遍性差异，从而为学生的自我发展提供更具个性化的心理健康教育特色服务，最终使每个学生实现各具特色的发展。

虽然我们可以按照所属年龄阶段的不同，将学生划分为大中小幼不同的年龄群体，并总结出每个群体所共有的发展特点，但是这并不意味着我们可以忽略同一群体中不同学生的独特性和个性化发展需要。因此，成长咨询应充分考虑性别、人格等个体差异的影响。首先，性别对学生心理健康的影响从儿童期就已经出现，并且从青春期开始，女生的心理健康水平普遍低于男生，尤其在

---

① Wei, M., Russell, D. W. & Zakalik, R. A., "Adult Attachment, Social Self-Efficacy, Self-Disclosure, Loneliness, and Subsequent Depression for Freshman College Students: A Longitudinal Study," *Journal of Counseling Psychology*, 2005, 52(4), pp. 602-614.

② Luo, M. & Hancock, J. T., "Self-Disclosure and Social Media: Motivations, Mechanisms and Psychological Well-Being," *Current Opinion in Psychology*, 2020(31), pp. 110-115.

抑郁、焦虑和恐怖因子上的得分要显著高于男生。[①] 因此，成长咨询应考虑不同性别学生的不同发展特点及需要，关注不同性别学生的易感问题，并通过成长咨询给予女生更多的心理支持。其次，从人格角度来说，人格特质不同的学生所适合的成长咨询方式必然不同。例如，对于内向的学生来说，绘画或沙盘等咨询方式更有利于他们自在、完全地表达自我；而对于外向的学生来说，互动型游戏或谈话等咨询方式更有利于他们自我表露，从而更好地实现自我发展。可见，成长咨询不同于一般心理健康教育方式的地方，就在于它的专业化和个性化，这是确保心理健康教育可以让每一个学生实现特色发展的重要基础。除了关注不同学生的个性化发展需要以外，还应特别关注某些特殊群体中学生所特有的成长与发展规律，从群体层面了解边缘群体、特殊群体的特殊发展需求，在特色发展的基础上实现所有学生心理健康的共同发展。例如，相比于普高生和本科生，中职生和高职生往往因为学习成绩差而自卑，自我认同感较低，人际关系较差，心理健康问题较多。[②③] 因此，在为中职生和高职生提供成长咨询服务时，应充分考虑到他们与同龄的普通院校学生的区别，更加注重其自卑心理的改善和自信心的培养，通过引导他们自我接纳、自我表露等增强自我认同感，实现对特殊群体的"特别关注"，确保为中职生、高职生提供适合其发展需要的心理健康教育。

二是全面发展。成长咨询除了要特别关注不同年龄发展阶段，以及同一年龄阶段不同个体、特殊群体学生心理健康的特色发展以外，还需要从时间的纵向与横向相结合的视角出发，坚持大中小幼心理健康教育一体化发展，促进全体学生德智体美劳全面发展。

从学生的纵向发展来看，虽然处于不同年龄发展阶段的学生，各有其不同的主要发展目标，但是对自我发展的需要贯穿人生发展的每个阶段，很多成长

---

① 俞国良、李天然、王勍：《高中生心理健康的横断历史研究》，载《教育研究》，2016，37(10)。
② 俞国良、李天然、王勍：《高中生心理健康的横断历史研究》，载《教育研究》，2016(10)。
③ 俞国良、王浩、赵凤青：《心理健康教育：高职院校学生的自卑与超越》，载《中国职业技术教育》，2017(7)。

问题和心理健康问题的本质都是自我意识的不成熟、不完善。从幼儿阶段，自我意识开始出现，到小学阶段较为持续稳定的增长，再到中学阶段的飞跃式发展，最终在大学阶段逐渐成熟并形成较为平稳的发展趋势，自我的发展始终是决定学生心理健康的内在力量。因此，以自我发展为核心的成长咨询服务，应坚持大中小幼心理健康教育一体化的格局，时刻关注不同年龄阶段学生的自我意识发展，帮助学生认识自我、接纳自我和更新自我，以学生自身的发展需要为导向，促进全体学生心理健康成长和心理素质的全面提高。从学生的横向发展来看，学生的发展具有整体性。这意味着学生作为一个整体的人，自我意识的发展可以促进学生人格的完善和道德认知的发展，真正实现德智体美劳全面发展。根据埃里克森心理社会性发展理论，学生的人格发展与自我意识的发展阶段相吻合，每一阶段的顺利度过与否都将直接影响该阶段所对应的人格发展水平。[①] 同时，对于学生的道德认知发展，科尔伯格的道德认知发展理论认为，大中小幼不同阶段的学生分别处于不同的道德认知发展阶段，有不同的道德发展目标，但无论学生处于哪一阶段，自我意识的发展与强化都将对每一阶段学生的道德认知发展起到推动作用。[②] 特别是，提供适合学生发展需要的心理健康教育，使其真正成为学生德智体美劳全面发展的助推器，使心理健康教育不仅成为德育的重要组成部分、智育的前提条件，也成为体育的心理基础、美育的基本内涵，并为劳动教育把薪助火，保驾护航。这样，心理健康教育就能发挥"乘数效应"，有的放矢地指向学生的全面发展，构成全体学生德智体美劳的现实教育路径，成为全面发展教育的基础和保障，切实体现学生由教育客体向教育主体的回归，以及人的全面发展对人的本质的真正占有，实现人的本质力量的精神突围。

综上，通过对成长咨询的定义、起源、内涵、意义以及实践应用等方面的系统阐述，我们认为，成长咨询作为学校心理健康教育工作的重要组成部分，

---

① 俞国良、张亚利：《大中小幼心理健康教育一体化：人格的视角》，载《教育研究》，2020，41(6)。
② 俞国良：《大中小幼心理健康教育一体化：道德认知视角》，载《国家教育行政学院学报》，2020(12)。

必须重视学生的自我发展需要，以学生成长为核心。针对学生所处的不同发展阶段，学校应提供符合其自我发展特点、适合其自我发展需要的成长咨询服务，从自我发展的各个方面加强和改进心理健康教育工作，实现心理健康教育的特色发展与全面发展，既满足不同个体、不同群体的个性化需要，又能进一步促进学生德智体美劳全面发展。

第二十三章

朋辈咨询：提供适合学生发展需要的心理健康教育

随着社会经济快速发展，学生的成长环境日新月异。在这个社会转型的新时代，心理健康教育如何真正满足学生的成长与发展需要，成为横亘在全体心理健康教育工作者面前的一个难题。尤其是一些学校盲目追求"心理健康教育做大做强"的目标，花大力气引进高科技设备，花大价钱装修心理健康教育中心，导致硬件设施完备有余，软件建设不足、不强，忽视学生身心发展特点和教育发展规律，再加上心理健康教育师资队伍严重不足，更是使心理健康教育现状"雪上加霜"。于是，倡导心理健康教育回归本位的呼声一浪高过一浪，这就是提供适合学生发展需要的心理健康教育。为了实现这一目标，其中一条重要途径便是大力倡导与推广朋辈咨询、朋辈互助。为此，2021 年 7 月 12 日教育部在《关于加强学生心理健康管理工作的通知》中明确提出，"鼓励同学间开展朋辈帮扶，帮助学生纾解心理压力、提振学习信心"。

一、朋辈咨询的溯源：从学生中来

在心理学意义上，朋辈咨询(peer counselling)是指学习生活环境、年龄以及受教育程度相似的学生在持续的专业训练和督导下，通过语言或非语言的支持、倾听、交流、分享等为有需要的学生提供帮助和服务的一种活动。[1] 它起源于20 世纪六七十年代的美国，到 20 世纪末逐渐成为欧美国家学校心理健康教育

---

[1] Mamarchev, H. L. , "Peer Counseling. Searchlight Plus：Relevant Resources in High Interest Areas. No. 52+," 1981, p. 12.

的重要形式之一。① 我国的朋辈咨询兴起于 20 世纪 80 年代的香港和台湾地区，后逐渐影响并传入内地(大陆)。虽然我国开展朋辈咨询的历史不长，但在严格规范的朋辈咨询形成之前，形式多样的同伴互助与朋辈互助就已存在，如学习小组、课外兴趣小组、一对一结对子及高年级"以老带新"的经验分享活动等。这些产生于学生实际管理实践和工作需要的教育形式，不仅满足了学生的成长需要和心理需求，还蕴含着一定的科学依据。研究发现，在学习和生活中遇到困扰时，学生首先求助的不是老师、家长或心理咨询师，而是身边的同伴和朋友。② 这是因为同龄人之间年龄相仿且观念相似，有着天然的亲近感、吸引力，更容易沟通交流，产生共鸣、共情，所以朋辈咨询的心理健康教育形式，从它产生之日起，就在促进学生自我发展与成长方面有着天然的独特优势。

"从学生中来"作为朋辈咨询的源头"活水"，其主要理由如下。

一是满足学生不同的心理需求，提高心理健康教育工作的针对性。学校心理健康教育工作应依据学生身心发展特点和规律，以个体身心发展的独特性、稳定性、整体性为核心，针对不同年龄阶段身心发展的特征，满足学生的心理诉求。③ 以心理社会性发展为例，小学生的主要心理诉求是获得勤奋感，其能力和成就感能得到老师和同学的首肯；中学生的主要心理诉求是获得角色同一性，建立自我认同感；大学生的主要心理诉求是获得亲密感，学会处理人际关系问题。研究发现，不同年龄阶段学生的心理诉求满足对提升个体的心理健康水平有重要作用。④ 但是，随着价值取向、思想观念多元化，层出不穷的新生事物不断冲击着学生的身心发展，造成了心理诉求呈现形式的多样化，现实生活中学生的心理诉求很难得到及时识别和满足。"从学生中来"的朋辈咨询，正是解决这一现实问题的重要抓手。具体来说，朋辈助人者能够深入了解学生(同

---

① Vriend, T. J., "High Performing Inner City Adolescents Assist Low Performing Peers in Counseling Groups," *The Personnel and Guidance Journal*, 1969(9), p. 897.

② 詹启生、卢传赟：《大学生对心理委员的非专业心理求助的研究》，载《教育学术月刊》，2019(7)。

③ 俞国良、张亚利：《大中小幼心理健康教育一体化：人格的视角》，载《教育研究》，2020，41(6)。

④ Marcia, J. & Josselson, R., "Eriksonian Personality Research and Its Implications for Psychotherapy," *Personality*, 2013, 81(6), p. 618.

辈人)存在的心理行为问题，且设身处地，感同身受，最大限度地满足其心理诉求。同时，摆脱以往心理咨询者高高在上的教育模式，从学生不同的价值需求、多元化的心理诉求出发，真正解决学生现实的迫切需要，即心理健康教育应该"做什么"的问题。

二是相信学生的人际关系"爆发力"，提高心理健康工作的时效性。朋辈咨询省去了重新建立关系的过程。在专业的心理辅导、咨询中，首先咨询师要与来访者建立良好的信任关系，有效的朋辈咨询也离不开良好的咨访关系。研究发现，只有咨询师贴近来访者的内心，给予来访者信任感、安全感，减少其内在防御，达到一种相互信赖、彼此坦诚相见的关系，心理咨询才能产生效果。[1]由于朋辈咨询者从学生中来，分布在学生中间，能与同学广泛接触，且已经与同学建立了良好的人际关系，所以与心理咨询师相比，他们能迅速有效地展开心理辅导，有的放矢地缓解来访者的心理压力，从而提高心理健康工作的时效性。

三是依靠学生的发展能力，创新心理健康教育工作体制。现代教育教学工作有着明确的角色分工，教师作为教育者，学生作为受教育者。但是，这一模式满足不了我国新时代学生不断增长的心理健康教育需要。当前，我国各级各类学校中专职心理健康教育教师较为紧缺，远远达不到国家政策要求的师生比。《教育部办公厅关于加强学生心理健康管理工作的通知》明确指出，高校按师生比不低于1∶4 000的比例配备心理健康教育教师，且高校至少配备2名、中小学至少配备1名专职心理健康教育教师。但研究者对湖南省8 375所学校的调研发现，专职心理健康教育教师仅有714名。[2] 因此，为弥补专职心理健康教师的不足，充分依靠学生群体推进心理健康教育工作体制创新就显得十分重要。朋辈咨询"从学生中来"的心理健康教育模式，充分利用学生的积极性和自主

① Marcia, J. & Josselson, R., "Eriksonian Personality Research and Its Implications for Psychotherapy," *Journal of Personality*, 2013, 81(6), pp. 617-629.

② Cahill, J., Barkham, M., Hardy, G., et al., "A Review and Critical Appraisal of Measures of Therapist-patient Interactions in Mental Health Settings," *Health Technology Assessment-Southampton*, 2008(24), p. 879.

性，拓展延伸心理健康教育工作队伍，完善心理健康工作体系，这对全面推进、创新我国现阶段心理健康教育工作具有特别重要的现实意义。

那么，朋辈咨询又该如何从学生中来呢？朋辈咨询作为一种高投入、高付出、高智力、高情感倾注的教育活动，不仅要用自身的技术和知识为同学提供帮助，还要洞悉同学的内心世界，深入同学的个人隐私，其工作具有专业性、特殊性，对朋辈咨询者有较高的职业要求。

第一，要保证朋辈咨询者人格特质的适宜性。朋辈咨询者的人格特质是指在心理健康教育工作中拥有的自我品质方面的修养，最重要的是在朋辈咨询过程中所呈现的健康的人格特质，如积极、乐观、热情、接纳、客观等。[①] 良好的人格特质是开展朋辈咨询的关键和核心。其中，宜人性和开放性是朋辈咨询者胜任心理健康教育工作的关键。[②] 宜人性指个体在与人相处中让人感到舒服、信任、富有同情心等方面的特质；开放性不仅指对不同经历、价值观的探究和开放态度，还包括人格意义上的真正开放。这两大特质都侧重沟通交流方面的能力，并对朋辈咨询者在传递和接受他人信息方面提出了很高的要求。这与美国国家心理委员会要求心理咨询师所具备的文化适应和交流能力一致。[③] 因此，在朋辈咨询人选的挑选上要着重关注沟通交流能力，选择人格特质适合朋辈咨询工作的学生。

第二，要保证朋辈咨询者的专业性。咨询者的专业性建立在系统的专业培训和完善的督导机制的基础上。[④] 良好的朋辈咨询者应具备一定的基础理论知识，如普通心理学、社会心理学、发展心理学、变态心理学、心理咨询学等，这是进行有效咨询的知识基础。同时，能够了解并应用一些简单的咨询技巧，

---

① 王瑞瑶、彭玮婧、郭晓艳等：《湖南省中小学心理健康教育工作现状调查》，载《中国临床心理学杂志》，2021，29(4)。

② Bleidorn, W., Hopwood, C. J., Ackerman, R. A., et al., "The Healthy Personality from a Basic Trait Perspective," *Journal of Personality and Social Psychology*, 2020(6), p. 486.

③ 王智、张大均：《学校心理健康教育教师胜任特征结构及测量》，载《心理科学》，2011，34(2)。

④ Rodolfa, E., Greenberg, S., Hunsley, J., et al., "A Competency Model for the Practice of Psychology," *Training and Education in Professional Psychology*, 2013, 32(2), p. 823.

如积极关注、内容反应、情感反应等，这是进行有效咨询的专业前提。此外，由于朋辈咨询者缺乏相应的实战经验，所以需要持续的实践和督导。专业的督导可以帮助朋辈咨询者看到自己在实践中的不足，避免自身受到伤害，实现自我成长，从而提高朋辈心理健康教育工作的质量。[①] 许多研究发现，持续的督导对咨询师自我意识、自我效能、专业技能、支持感以及咨询效果方面都会产生积极的影响。[②][③] 一句话，朋辈咨询工作对朋辈咨询者的基本素养要求较高，需要朋辈咨询者不断自我成长、自我提高。

二、朋辈咨询的归宿：到学生中去

如果说"从学生中来"，意味着在心理健康教育中充分发挥学生的力量，那么"到学生中去"就是将这种力量用到实处、痛处，收到实效。同传统教育一样，在朋辈咨询中学生是教育的对象和目标，不同的是"到学生中去"的对象不再是教师而是学生。"到学生中去"，可以将"从学生中来"的问题、成果、经验和教训应用到具体的教育实践中，利用情绪情感共鸣、共情和共生，全面提升全体学生的心理健康素质。具体来说，朋辈咨询的归宿可以从原因和制度形式两个方面来理解。

从原因来看，一是可以体现"以生为本"、以学生为中心的教育理念。以学生为中心的教育理念体现了马克思主义唯物史观，特别是群众史观在心理健康教育工作中的灵活运用和具体实践。长期以来，我国的心理健康教育工作都是以教师为主体，很难具体落实到学生中去，很难真正提高学生的心理健康水平，

---

① 宗敏、吕大为、贾晓明：《实习心理咨询师及其督导师对督导期待过程的定性研究》，载《中国心理卫生杂志》，2018，32(10)。

② Newman, D. S., Simon, D. J., Swerdlik, M. E., "What We Know and Do Not Know about Supervision in School Psychology: A Systematic Mapping and Review of the Literature Between 2000 and 2017," *Psychology in the Schools*, 2019, (3), p.231.

③ Newman, D. S., Simon, D. J., Swerdlik, M. E., "What We Know and Do Not Know about Supervision in School Psychology: A Systematic Mapping and Review of the Literature Between 2000 and 2017," *Psychology in the Schools*, 2019, (3), p.68.

这使得我国的心理健康教育事业发展缓慢。在新时代全面推进和深化心理健康教育的背景下，通过朋辈咨询将心理健康教育工作做到每一个学生心里，切实为每一个学生的心理健康服务是所有心理健康教育工作者的共同目标。同时，这也是坚持心理健康教育为了学生、依靠学生的具体体现，使全体学生在心理健康教育中有更多获得感，从而增强心理健康教育的原动力，提高心理健康水平，朝着身心全面和谐发展的方向稳步前进。[1] 二是可以让朋辈咨询者在实践中发展、成长。毛泽东在《实践论》中指出，人们通过实践验证真理，又通过实践发现真理、发展真理。[2] "到学生中去"就是朋辈咨询的具体实践。朋辈咨询师、班级心理委员在对遇到心理行为问题的学生给予劝导和帮助的过程中，一方面学习理论，验证理论，促进理论的发展；另一方面在帮助他人的过程中增强自信心，实现自我价值，这一过程亦可提升自身的心理健康水平，在知、情、意、行方面得到改善与提高；三是可以让朋辈受助者提高心理健康素养。教育工作的最终受益者是学生，只有学生的心理健康水平产生"看得见、摸得着"的实际效果，心理健康教育才是真正有效的教育。研究发现，朋辈咨询能够有效改善抑郁症状，并且与专业咨询师提供的咨询效果相似[3][4]；还可以降低受助者的自杀风险，减轻孤独感和耻辱感，增加求助行为，传递生存的希望[5]。坚持"到学生中去"作为朋辈咨询的归宿，就是要把朋辈咨询各方面取得的成果，体现在受助者不断提高的心理健康水平上，体现在受助者不断提高的心理健康知识和意识上，体现在受助者不断提高的心理健康素养与素质上。只有提升每一个学生的心理健康水平，才能"积沙成塔"，真正改善我国学生的心理健康状

---

[1] Joyce-Beaulieu, D. & Rossen, E. A., *The School Psychology Practicum and Internship Handbook*, New York, Springer Publishing Company, 2015.

[2] 俞国良、黄潇潇：《国家层面设置心理健康课程的实践与探索》，载《清华大学教育研究》，2020，41(6)。

[3] 李维武：《毛泽东"实践论"的创立与20世纪上半叶中国认识论的开展》，载《武汉大学学报(哲学社会科学版)》，2020，73(4)。

[4] Bryan, A. E. B. & Arkowitz, H., "Meta-Analysis of the Effects of Peer-Administered Psychosocial Interventions on Symptoms of Depression," *American Journal of Community Psychology*, 2015(55), pp. 455-471.

[5] Pfeiffer, P. N., Heisler, M, Piette, J. D., et al., "Efficacy of Peer Support Interventions for Depression: A Meta-Analysis," *General Hospital Psychiatry*, 2011(1), p. 4.

态，促进心理健康教育事业的蓬勃发展。

从制度来看，"到学生中去"作为朋辈咨询的归宿，要确保朋辈咨询的心理健康教育落到实处。朋辈咨询者对不同层级、不同心理需求的同学开展可持续、有针对性的心理健康教育活动，必须要有制度、规范提供有效的保障。结合我国学校心理健康教育实践经验，我们认为主要有以下几种实现的制度形式。一是班级心理委员制度。该制度在 2004 年诞生于天津大学，经过心理健康教育工作者十几年的不懈努力，班级心理委员制度不断完善，队伍不断发展壮大。班级心理委员是为班级同学心理健康负责的班委成员，是学校朋辈咨询工作贯彻落实到班级的具体执行者、操作者。[①] 他们主要负责为班级宣传心理健康知识，组织心理健康教育活动，参与心理危机预警等。此外，作为班级心理委员的进一步拓展，宿舍心理信息员在朋辈心理健康教育工作中也扮演着越来越重要的角色。二是朋辈心理咨询师制度。如前所述，朋辈心理咨询即通过选拔、训练和督导，非专业的心理工作者向年龄相仿的来访者提供拥有心理咨询功能的助人过程，由朋辈心理咨询师实施完成。朋辈心理咨询师与班级心理委员对同学的帮助和关心不同，他们具有一定的专业色彩，但由于受训时间和内容的差异，专业能力发展有一定限制，与专业心理咨询师尚有一定差距。因此，朋辈心理咨询被称作"类专业心理咨询""准心理咨询"。[②] 该模式采用专业、科学的训练和系统、持续的督导，培养能够为学生解决心理问题、提供情绪疏导的朋辈心理咨询师。三是朋辈心理社团组织制度。心理社团是一种专业性不高、以学生自我管理为主的朋辈心理咨询形式，它蕴含趣味性、灵活性和娱乐性。心理社团推动了学生课外活动的开展，丰富了校园文化建设，是对以学习为主的第一课堂的拓展和延伸。它主要开展主题为心理健康教育的教育宣传活动，与学校德育工作和思想政治教育工作相辅相成，从心理健康的角度践行立德树人，帮助学生在自我探索、自我认识的基础上，形成符合我国国情、富有中国特色的

---

① Bowersox, N. W., Jagusch, J., Garlick, J., et al., "Peer Based Interventions Targeting Suicide Prevention: A Scoping Review," *American Journal of Community Psychology*, 2021, 68(1-2), pp. 232-248.

② 张雯谦、马晓云、李瑜琴：《班级心理委员制度的实践与探讨》，载《思想教育研究》，2009(S2)。

世界观、人生观、价值观，提升学生解决心理行为问题的能力，使学生在自助、助人的过程中不断成长、发展。

三、朋辈咨询的核心：适合学生发展的需要

成长与发展是学生最基本的内在需要。心理健康教育活动只有将身心健康的理念与学生发展需要有机结合起来，学生才能自觉接受、认同心理健康教育的基本观点和理论，才能主动、积极地参与到广泛的心理健康教育活动中来，并将心理健康教育所传递的理念和方法应用到实际生活中去，促进自身发展，减少心理健康问题。"鞋子舒服与否，脚趾最为清楚"，学生的发展需要是开展学校心理健康教育工作的核心。朋辈咨询以"从学生中来，到学生中去"的工作方法，真正提供了适合学生发展需要的心理健康教育，提升了心理健康教育工作的针对性、有效性和科学性。

一是满足了学生客体关系的需要。客体关系理论认为人的成长和发展都离不开各种各样的客体，寻求客体关系是人的最基本驱力。人们在与客体的关系中得到满足、成长和自我实现。[①] 客体是弗洛伊德精神分析理论的一个重要概念，是能够满足个体需求的人、地方或幻想，以及被个体视为感受或内驱力目标的那些事物。许多研究发现，客体能通过满足个体需求促进人格发展。[②] 但是在学生的成长过程中，不同阶段、不同时期对满足自身发展的客体有不同的需求，而任何心理健康教师或心理咨询师都不可能是一个包罗万千的完美客体，不可能满足所有人的需要。一旦学生在成长过程中缺少合适的客体，最基本的驱力得不到满足，他们的身心发展就会滞后，甚至扭曲，出现严重的心理行为问题。研究发现，客体需求得不到满足的个体产生的自杀念头是客体需求得到

---

① 周莉、雷雳：《美国朋辈心理咨询模式及其对我国的启示——以美国斯坦福大学为例》，载《教育理论与实践》，2016，36(15)。

② 王礼军、郭本禹：《客体关系取向的发展模型：独立学派的心理与人格理论析评》，载《心理科学》，2020，43(4)。

满足个体的 2.5 倍。[①] 朋辈咨询成功解决了这一难题，为学生提供了适合他们身心发展需要的客体。由于朋辈咨询者来自不同的家庭，有着迥异的生活环境和成长经历，所以他们每个人都是独一无二的，拥有不同的人格特质和精神属性。因此，他们能够成为学生发展所需的目标客体，满足学生在不同阶段、不同时期下对客体的多样化需求。在这一教育过程中，学生能从目标客体中学到发展人格、适应社会的对己、对人、对事的方法。一句话，对学生来说，朋辈咨询的心理健康教育在提供满足他们身心发展需要的客体，助力个体在不同时期完成身心发展课题、调整良好心态、处理心理不适、适应社会现实、形成完美人格方面，有着不可替代的独特优势。

二是满足了学生认知发展的需要。学生的成长和发展，尤其是认知发展离不开与环境的交互作用。[②] 朋辈咨询为学生提供了适合他们认知发展需要的人际环境。从皮亚杰的认知发展理论来看，人的认知发展是一个不断建构的过程，是在主体与环境的交互作用中实现的。思维、智力、心理的成熟既不是源于先天，也不是得益于后天的经验，而是来自主体的动作。[③] 这种主体动作的本质是主体对客体的学习和适应，包括图式、同化、顺应和平衡四种方式。朋辈咨询的心理健康教育活动为学生的这四种认知发展方式提供了机遇。首先，每一个朋辈咨询者对学生来说，都是一个图式，有着独特的结构和组织；其次，每一个朋辈咨询的活动都是一次同化的过程，学生可以把满足自身发展需要的图式纳入自己的图式或结构，丰富和加强自身的认知发展；再次，学生利用纳入的图式和结构改变已有的思维、心理和智力，从而完成顺应的过程；最后，学生通过同化和顺应的方式获得满足自身发展的需要，达到主体与环境的平衡。同样，布朗芬布伦纳的生态系统理论也强调真实环境对儿童青少年认知发展的

[①] Milivojevic, L. & Ivezić S., "Importance of Object Relations Theories for Development of Capacity for Mature Love," *Croatian Medical Journal*, 2004, 45(1), pp. 18-24.

[②] Kealy, D. & Laverdière, O., "Quality of Object Relations and Suicidal Ideation among Community Mental Health Outpatients," *Psychoanalytic Psychotherapy*, 2019(4), p. 8.

[③] 陶沙、刘红云、周翠敏等：《学校心理环境与小学 4~6 年级学生认知能力发展的关系：基于全国代表性数据的多水平分析》，载《心理科学》，2015，38(1)。

影响。他认为个体的认知发展受到了一系列环境系统的影响，特别是微观环境系统的影响，因为它是最内层的环境，是个体直接接触的环境，如家庭、学校等。① 对于学生来说，学校是除家庭以外对他们影响最大的微环境系统。在这个环境系统内，除了教师，对学生影响最大的就是他们的同学、同伴，即朋辈。因此，提供良好的朋辈环境对学生的认知发展举足轻重。

三是满足了学生道德发展的需要。人的存在依赖于道德的存在，人的发展依赖于道德的发展。② 道德依附理论认为，人的道德的发展需要依附于他人和环境，需要以道德依附的方式实现。学生道德发展中的道德依附不仅是学生自觉理性选择的结果，还是道德秩序基于社会基本制度和基本结构的要求。③ 道德依附对于学生来说是成本最小的道德发展方式，他们能够在代价同等的情况下，获得发展和成长的最大化。同时，对于学生这样身心脆弱、不完善的个体来说，他们需要利用他人的帮助来面对自身在道德发展中无能为力的情况。具体来说，学生在道德依附过程中，需要有良好的道德资源提供保障。朋辈咨询为道德依附提供了条件，朋辈咨询者对于学生来说正是最好的道德资源。首先，他们经过选拔，都是同龄人中的佼佼者，综合素质较高，拥有良好的道德水平和道德修养。其次，他们持续接受专业的心理学训练和督导，是同学的榜样，懂得利用"替代强化"帮助同学发展道德。④ 最后，他们生活在学生中，能时时刻刻为学生的道德发展提供需要的道德资源，满足学生发展需要。一言以蔽之，依附策略是学生道德发展的重要方式，利用优秀朋辈带来的道德资源对学生这样脆弱、不完善的个体的道德发展至关重要。

四是满足了学生社会支持和自我实现的需要。社会支持和自我实现都离不

①　Hanfstingl, B., Benke, G. & Zhang, Y., "Comparing Variation Theory with Piaget's Theory of Cognitive Development: More Similarities than Differences," *Educational Action Research*, 2019, 27(4), p. 272.

②　Hong, J. S. & Garbarino, J., "Risk and Protective Factors for Homophobic Bullying in Schools: An Application of the Social-Ecological Framework," *Educational Psychology Review*, 2012(2), p. 514.

③　Kohlberg, L. & Hersh, R. H., "Moral Development: A Review of the Theory," *Theory into Practice*, 1977(2), p. 92.

④　方蕾蕾：《道德教育的使命：对人之依附性生存的超越》，载《中国教育学刊》，2017(6)。

开与同伴的交往。①②　朋辈咨询为同伴交往创造了良好的条件。从朋辈受助者的角度来看，朋辈咨询满足了他们对同伴支持的需求，即社会支持。许多研究表明，足够的社会支持对个体的身心健康起着积极作用，能够帮助人们有效地应对生活中的压力和困境。具体来说，足够的社会支持可以缓解由负性事件带来的压力、消极情绪和攻击性，维护个体的身心健康。③　理想情况下，社会支持得到满足的学生，在面对生活的压力和困境时能够以积极的心态面对和处理。遗憾的是，现在很多学生是独生子女，且父母工作繁忙，缺乏可靠的亲密关系、良好的社会支持。④　社会支持的缺乏导致他们遭遇负性事件和消极情绪时无人倾诉，独自承受心理的伤痛，心理健康水平较差。⑤　针对这一现状，朋辈咨询通过班级心理委员、朋辈心理辅导、朋辈心理社团等形式，为学生提供他们发展所需要的社会支持，通过良好的社会支持为学生的心理社会性发展"添砖加瓦"，帮助他们有效地应对生活和学习中的心理行为问题。从朋辈咨询者的角度来看，朋辈咨询满足了他们对同伴认可的需求，即自我实现。自我实现的满足对人格的健全发展尤为重要。研究表明，通常有此情感体验的人表现得更加自信。⑥　此外，马斯洛的需要层次理论也强调了自我实现的重要性，他认为每个人都有自我实现的需要，自我实现有助于个人开发心理潜能，更好地适应社会生活。确实，朋辈咨询者在对他人的帮助中收获了自尊和尊重，获得了自我价值感，实现了自我和人格的健康发展，既满足了他人的发展需要，又满足了自

①　冯文全、徐东：《论班杜拉社会学习道德教育思想》，载《湖南师范大学社会科学学报》，2006，35(5)。

②　Yang, X., "Exchanging Social Support in Social Commerce: The Role of Peer Relations," *Computers in Human Behavior*, 2021(124).

③　Oetzel, J. G., Hokowhitu, B., Simpson, M., et al., "Kaumātua Mana Motuhake: A Study Protocol for a Peer Education Intervention to Help Māori Elders Work Through Later-Stage Life Transitions," *BMC Geriatrics*, 2019(1), p. 1121.

④　李相南、李志勇、张丽：《青少年社会支持与攻击的关系：自尊、自我控制的链式中介作用》，载《心理发展与教育》，2017，33(2)。

⑤　董佳、谭顶良、张岩：《流动儿童社会支持和城市适应的关系：希望和是否独生子女的作用》，载《中国特殊教育》，2019(6)。

⑥　杨会芹、刘晖、周宁：《社会支持在城市流动儿童生活事件与心理健康关系中的调节效应》，载《中国临床心理学杂志》，2016，24(6)。

身的发展需要，形成了"助人—自助"的良性循环。

四、朋辈咨询的本质：以生为本，生命至上

在诸多心理健康教育原则中，"以生为本，生命至上"，这两大价值理念是维护学生生命安全与身心健康中最基础、最核心的教育原则。坚持以生为本，必须贯彻落实生命至上；坚持生命至上，才能确保实现以生为本。两者相辅相成，交融一体，相互映射，共同彰显了具有中国特色的心理健康教育观。

"以生为本"即对学生本身的关怀和照顾。首先，"以生为本"是当代教育追求的根本目标所在，不仅充分显示了学生在教育中的主体地位，还遵循了当代教育教学的基本理念。[①] 教育不仅要面向全体，还要关注个体，因材施教，关注学生的每一个成长变化；要依靠学生，尊重学生，根据学生心理行为发展需要来设计教学内容和教学目标。其次，"以生为本"是"以人为本"科学发展观在新时代教育领域的拓展和延伸。[②] 科学发展观的本质是"以人为本"，即人是首位，是一切行动的出发点和落脚点；在教育中就是要"一切为了学生，为了一切学生"。具体来说，就是让学生参与到学校的教育和管理工作中，保障和尊重学生的独立人权，使学生成为教育的对象和目标。

坚持"以生为本"是朋辈咨询的本质。朋辈咨询者利用身份特点及朋辈咨询独特的教育功能开展心理健康教育活动，使每一个学生都能够在心理健康教育中有获得感、幸福感、安全感，感受朋辈的帮助、互动的乐趣及心理健康的魅力，从而完善人格、提升认知、发展个性、提高心理健康素养。[③] 具体来说，体现在尊重学生、依靠学生、信任学生、服务学生、关爱学生五个方面。一是

[①] Mandal, E. & Moroń, M. , "Contingencies of Self-Worth and Global Self-Esteem among College Women,"*Social Psychological Bulletin*, 2019, 14(3), p. 158.

[②] 马文：《以生为本：美国大学的办学主旨——以美国北德克萨斯大学为例》，载《贵州社会科学》，2013(7)。

[③] 高翠欣、姜伟、喻芒清等：《"以生为本"教育理念的现实困境与对策研究》，载《学校党建与思想教育》，2018(14)。

尊重学生，朋辈咨询将每一个学生都看作有着不同需要、独立发展的个体，始终坚持为每一个学生提供身心发展所需的心理健康教育。[①] 二是依靠学生，朋辈咨询以"从学生中来"为源头，以朋辈咨询者补充心理健康教育教师队伍，充分发挥学生自身的主导力量。三是信任学生，朋辈咨询得以开展的基础就是用发展的眼光看待学生，相信学生能够用自己的力量去帮助他人，相信学生能够利用他人的力量提升自身的心理健康水平。四是服务学生，朋辈咨询本身就是以满足学生发展需要、改善学生心理行为问题为目标的心理健康服务活动。五是关爱学生，朋辈咨询就是一个传递爱、感受爱的过程，不仅包含同学之间的相互关爱，还包含为朋辈咨询付出努力的领导、教师对学生的关爱。简言之，"以生为本"作为朋辈咨询的本质，体现在朋辈咨询的方方面面，既是朋辈咨询的指导思想，又是朋辈咨询的行动指南。

如果说"以生为本"是我们从朋辈咨询实践形式推演出的本质结论，那么"生命至上"就是朋辈咨询更深层次的本质。"生命至上"即将生命放在首位。生命是一切的基点，失去生命意味着失去一切。"生命至上"的价值理念在中国传统文化中有着深厚的历史底蕴和文化根基。[②] 在远古时期，"生命至上"价值理念的雏形就已形成，我国古代的《易经》就将生命的延续看作"天地之大德"，认为生命是珍贵的、至高无上的。当前，"生命至上"已成为新时代的价值理念，尤其是处在世界不确定性骤增、百年未有之大变局中的青少年学子，更是感受到了生命的无价和可贵。习近平总书记曾多次告诫我们，要不惜一切代价保护身体健康和生命安全。例如，2021年3月23日他在福建考察调研时明确指出，健康是幸福生活最重要的指标，健康是1，其他是后面的0，没有1，再多的0也没有意义。[③]

朋辈咨询虽然时时刻刻都在以"生命至上"为终极目标，但最能体现"生命

---

① McWilliams, S. A., "Effects of Reciprocal Peer Counseling on College Student Personality Development," *Journal of American College Health Association*, 1979, 27(4), p. 126.

② 俞国良:《"心育研究"的思路解析与心路历程》, 载《中国教育科学(中英文)》, 2020, 3(3)。

③ 张晓松、朱基钗:《习近平:健康是幸福生活最重要的指标》, 新华社, 2021-03-24。

至上"的还是朋辈咨询在心理危机干预中发挥的作用。心理危机是超过个体心理承受能力的状态，容易使人失去控制，陷入极度焦虑、抑郁和攻击中不能自拔，有着危害性大、发作突然的特点。处在严重心理危机中的个体，轻则自伤、攻击他人，重则自杀、伤害他人生命。朋辈咨询者在心理危机干预中，利用自身信息获取覆盖面广、沟通交流阻抗小、学生信任度高的特点，采用心理健康的理论和方法，保障学生在心理危机时的生命安全。具体来说，在危机发生时，朋辈咨询者利用自身特点对危机学生进行 24 小时心理陪护，在陪护过程中，朋辈咨询者不仅可以疏导和稳定学生的心理状态，还可以利用专业知识引导学生探索替代自我伤害或冲动的方法，防止更严重的心理危机发生；在危机发生之后，朋辈咨询者对危机学生进行跟踪随访，减少危机学生因心理危机问题在同学中产生的负面影响，同时帮助院系了解其心理健康状况。总之，应随时随地把"生命至上"的理念融入朋辈咨询中，充分发挥心理健康教育的作用，用"生命至上"的理念帮助学生武装心理，在日常学习生活中树立坚定的生命信念，在朋辈咨询的社会交往中丰富现实生命的本质力量。

图书在版编目（CIP）数据

心理健康教育研究／俞国良著. —北京：北京师范大学出版社，2023.12

ISBN 978-7-303-29752-8

Ⅰ．①心… Ⅱ．①俞… Ⅲ．①心理健康-健康教育-教学研究-中国 Ⅳ．①G444

中国国家版本馆 CIP 数据核字（2023）第 247524 号

图书意见反馈 gaozhifk@bnupg.com 010-58805079

心理健康教育研究・第六卷 心理健康教育基础应用研究
XINLI JIANKANG JIAOYU YANJIU・DI-LIU JUAN
XINLI JIANKANG JIAOYU JICHU YINGYONG YANJIU

出版发行：北京师范大学出版社　www.bnupg.com
　　　　　北京市西城区新街口外大街 12-3 号
　　　　　邮政编码：100088
印　　刷：北京盛通印刷股份有限公司
经　　销：全国新华书店
开　　本：710 mm×1000 mm　1/16
印　　张：31.25
字　　数：497 千字
版　　次：2023 年 12 月第 1 版
印　　次：2023 年 12 月第 1 次印刷
定　　价：528.00 元（全六卷）

策划编辑：周雪梅　　　　　　　　责任编辑：朱冉冉
美术编辑：焦　丽　李向昕　　　　装帧设计：焦　丽　李向昕
责任校对：陈　荟　　　　　　　　责任印制：马　洁